Instalação,
Armazenamento
e Computação
com Windows
Server 2016

Exam Ref 70-740

O autor

CRAIG ZACKER é autor e coautor de vários livros, manuais, artigos e *sites* sobre tópicos referentes a computadores e redes. Ele também foi professor de inglês, editor, administrador de redes, webmaster, instrutor em empresas, engenheiro de suporte técnico, operador de minicomputador, estudante de literatura e filosofia, atendente de biblioteca, técnico em revelações fotográficas na câmara escura, atendente de expedição e entregador de jornais. Vive em uma pequena casa com sua linda esposa e um gato neurótico.

```
Z15e    Zacker, Craig.
            Exam ref 70-740 : instalação, armazenamento e
        computação com Windows Server 2016 / Craig Zacker;
        tradução: Aldir José Coelho Corrêa da Silva ; revisão
        técnica: Luciana Monteiro Michel. – Porto Alegre :
        Bookman, 2018.
            xii, 451 p. : il. ; 25 cm.

            ISBN 978-85-8260-466-3

            1. Sistema operacional. 2. Windows Server 2016. I.
        Título.

                            CDU 004.451Windows Server 2016
```

Catalogação na publicação: Karin Lorien Menoncin – CRB 10/2147

Craig Zacker

Instalação, Armazenamento e Computação com Windows Server 2016

Exam Ref 70-740

Tradução:
Aldir José Coelho Corrêa da Silva

Revisão técnica:
Luciana Monteiro Michel
MCSA, MCSE, MCTS, MCITP, MCT

2018

Obra originalmente publicada sob o título
Exam Ref 70-740: Installation, Storage and Compute with Windows Server 2016, 1st Edition
ISBN 9780735698826

Copyright ® 2017 by Craig Zacker.

Tradução autorizada a partir do original em língua inglesa publicado por Pearson Education, Inc., sob o selo Microsoft Press. Todos os direitos reservados.

Gerente editorial: *Arysinha Jacques Affonso*

Colaboraram nesta edição:

Editora: *Mariana Belloli*

Capa: *Kaele Finalizando Ideias*

Preparação de original: *Clara Petter*

Projeto gráfico e editoração: *Techbooks*

Reservados todos os direitos de publicação, em língua portuguesa, à
BOOKMAN EDITORA LTDA., uma empresa do GRUPO A EDUCAÇÃO S.A.
Av. Jerônimo de Ornelas, 670 – Santana
90040-340 Porto Alegre RS
Fone: (51) 3027-7000   Fax: (51) 3027-7070

Unidade São Paulo
Rua Doutor Cesário Mota Jr., 63 – Vila Buarque
01221-020 São Paulo SP
Fone: (11) 3221-9033

SAC 0800 703-3444 – www.grupoa.com.br

É proibida a duplicação ou reprodução deste volume, no todo ou em parte, sob quaisquer formas ou por quaisquer meios (eletrônico, mecânico, gravação, fotocópia, distribuição na Web e outros), sem permissão expressa da Editora.

IMPRESSO NO BRASIL
PRINTED IN BRAZIL

Sumário

Introdução **1**

Organização deste livro 1

Certificações da Microsoft 2

eBooks gratuitos da Microsoft Press (em inglês) 2

Microsoft Virtual Academy 2

Acesso rápido a referências online 2

Errata, atualizações e suporte ao livro 3

Queremos saber sua opinião 3

Mantenha contato 3

Como usar este livro para estudar para o exame 3

Capítulo 1 Instalação de Windows Servers em ambientes de host e de computação **5**

Objetivo 1.1: Instalar, fazer o upgrade e migrar servidores e cargas de trabalho 5

    Determine requisitos de instalação do Windows Server 2016 6

    Determine edições apropriadas do Windows Server 2016 por cargas de trabalho 8

    Instale o Windows Server 2016 10

    Instale recursos e funções do Windows Server 2016 15

    Instale e configure o Windows Server Core 20

    Gerencie instalações do Windows Server Core usando o Windows PowerShell, a linha de comando e recursos de gerenciamento remoto 24

    Implemente o Desired State Configuration (DSC) do Windows PowerShell para estabelecer e manter a integridade de ambientes instalados 29

    Faça upgrades e migrações de servidores e cargas de trabalho básicas do Windows Server 2008 e Windows Server 2012 para o Windows Server 2016 30

    Determine o modelo de ativação apropriado para a instalação do servidor 37

Objetivo 1.2: Instalar e configurar o Nano Server 44
    Determine cenários de uso apropriados e requisitos do Nano Server. . . 45
    Instale o Nano Server. 46
    Implemente funções e recursos no Nano Server. 50
    Gerencie e configure o Nano Server 52
    Gerencie o Nano Server remotamente usando o PowerShell 57

Objetivo 1.3: Criar, gerenciar e fazer a manutenção de imagens
para implantação 59
    Planeje a virtualização do Windows Server 59
    Planeje implantações de Linux e FreeBSD 62
    Avalie cargas de trabalho de virtualização usando o
    Microsoft Assessment and Planning (MAP) Toolkit. 62
    Determine considerações para a implantação de cargas de
    trabalho em ambientes virtualizados 71
    Atualize imagens com patches, hotfixes e drivers. 72
    Instale funções e recursos em imagens offline. 77
    Gerencie e faça a manutenção do Windows Server Core, de imagens
    do Nano Server, e de VHDs usando o Windows PowerShell 78

Resumo do capítulo 80

Teste de raciocínio 81

Resposta do teste de raciocínio 82

Capítulo 2   Implementação de soluções de armazenamento   83

Objetivo 2.1: Configurar discos e volumes 83
    Configure tamanhos de setores apropriados para várias cargas
    de trabalho 84
    Configure discos com tabela de partição GUID (GPT) 86
    Crie arquivos VHD e VHDX usando o Server Manager ou o
    Windows PowerShell 90
    Monte discos rígidos virtuais (VHDs). 93
    Determine quando usar os sistemas de arquivos NTFS e ReFS 95
    Configure compartilhamentos NFS e SMB usando o
    Server Manager. 97
    Defina configurações de compartilhamento e sessão SMB
    usando o Windows PowerShell 107
    Defina configurações de servidor e cliente SMB usando o
    Windows PowerShell 109
    Configure permissões de arquivos e pastas 112

Objetivo 2.2: Implementar o armazenamento no servidor 123
    Configure pools de armazenamento. 124
    Implemente as opções de layout de armazenamento simples,
    espelhamento e paridade para discos ou enclosures 125
    Configure o armazenamento em camadas 131
    Configure target e initiator iSCSI 133
    Configure o iSNS. 140
    Configure o Datacenter Bridging (DCB) 142
    Configure o Multipath I/O (MPIO). 145
    Determine cenários de uso para o Storage Replica 149
    Implemente o Storage Replica para cenários de servidor
    para servidor, cluster para cluster e cluster estendido 152

Objetivo 2.3: Implementar a desduplicação de dados 156
    Implemente e configure a desduplicação. 156
    Determine cenários de uso apropriados para a desduplicação. 159
    Monitore a desduplicação. 161
    Implemente uma solução de backup e restauração com a
    desduplicação 163

Resumo do capítulo 163

Teste de raciocínio 164

Resposta do teste de raciocínio 165

Capítulo 3 Implementação do Hyper-V   **166**

Objetivo 3.1: Instalar e configurar o Hyper-V. 166
    Determine requisitos de hardware e compatibilidade para a
    instalação do Hyper-V 167
    Instale o Hyper-V 171
    Instale ferramentas de gerenciamento 172
    Faça o upgrade de versões existentes do Hyper-V 173
    Delegue o gerenciamento de máquinas virtuais. 174
    Execute o gerenciamento remoto de hosts Hyper-V 174
    Configure máquinas virtuais usando o Windows PowerShell Direct ... 179
    Implemente a virtualização aninhada. 180

Objetivo 3.2: Definir configurações de máquina virtual (VM) 181
    Crie uma máquina virtual 182
    Adicione ou remova memória em uma VM em execução. 185
    Configure a memória dinâmica 185
    Configure o suporte ao Acesso Não Uniforme à Memória (NUMA) ... 188

Configure a paginação inteligente 191
Configure a avaliação do uso de recursos 193
Gerencie os serviços de integração 194
Crie e configure VMs Geração 1 e 2 e determine cenários de
uso apropriados 196
Implemente o modo de sessão avançado 199
Crie VMs Linux e FreeBSD 201
Instale e configure o Linux Integration Services (LIS) 203
Instale e configure o FreeBSD Integration Services (BIS) 204
Implemente o Secure Boot para ambientes Windows e Linux 204
Mova e converta VMs de versões anteriores do Hyper-V
para a versão do Windows Server 2016 207
Exporte e importe VMs 208
Implemente o Discrete Device Assignment (DDA) 211

Objetivo 3.3: Configurar o armazenamento do Hyper-V 212
Crie arquivos VHD e VHDX usando o Hyper-V Manager 213
Crie arquivos VHDX compartilhados 219
Configure discos diferenciais 221
Modifique discos rígidos virtuais 222
Configure discos pass-through 224
Redimensione um disco rígido virtual 226
Gerencie pontos de verificação 227
Implemente pontos de verificação de produção 229
Implemente um adaptador virtual Fibre Channel 230
Configure a qualidade do serviço (QoS) para o armazenamento 232

Objetivo 3.4: Configurar a rede do Hyper-V 234
Adicione e remova placas de interface de rede virtual (vNICs) 234
Configure os switches virtuais do Hyper-V 237
Otimize o desempenho da rede 241
Configure endereços MAC 243
Configure o isolamento da rede 245
Configure adaptadores virtuais de rede sintéticos e legados 246
Configure o NIC teaming em VMs 248
Configure a fila de máquina virtual (VMQ) 251
Ative o Acesso Direto à Memória Remoto (RDMA) em
adaptadores de rede conectados a um switch virtual do
Hyper-V usando o Switch Embedded Teaming (SET) 253
Configure o gerenciamento da largura de banda 254

Resumo do capítulo 256

Teste de raciocínio 257

Resposta do teste de raciocínio 258

Capítulo 4   **Implementação de contêineres de Windows**   **259**

Objetivo 4.1: Implantar contêineres de Windows 259

    Determine requisitos de instalação e cenários apropriados para contêineres de Windows 260

    Instale e configure o host do contêiner Windows Server em ambientes físicos ou virtualizados 261

    Instale e configure o host do contêiner Windows Server com o Windows Server Core ou o Nano Server em um ambiente físico ou virtualizado 264

    Instale o Docker no Windows Server e no Nano Server............. 265

    Configure opções de inicialização para o Daemon Docker........... 268

    Configure o Windows PowerShell para uso com contêineres......... 269

    Instale um sistema operacional base............................. 270

    Adicione tags a uma imagem................................... 271

    Desinstale uma imagem de sistema operacional................... 272

    Crie contêineres do Windows Server............................ 273

    Crie contêineres do Hyper-V................................... 275

Objetivo 4.2: Gerenciar contêineres de Windows 276

    Gerencie contêineres de Windows ou de Linux usando o daemon Docker 276

    Gerencie contêineres de Windows ou de Linux usando o Windows PowerShell 278

    Gerencie a rede de contêineres 280

    Gerencie volumes de dados de contêiner 284

    Gerencie o controle de recursos................................ 285

    Crie novas imagens de contêiner usando o Dockerfile 287

    Gerencie imagens de contêiner usando o Repositório do DockerHub para cenários públicos e privados...................... 289

    Gerencie imagens de contêiner usando o Microsoft Azure........... 291

Resumo do capítulo 292

Teste de raciocínio 293

Resposta do teste de raciocínio 293

Capítulo 5 Implementação da alta disponibilidade   294

Objetivo 5.1: Implementar opções de alta disponibilidade e
recuperação de desastre no Hyper-V. 294

    Implemente o Hyper-V Replica 295

    Implemente a migração ao vivo. 300

    Implemente a migração ao vivo sem compartilhamento 304

    Configure o protocolo de autenticação CredSSP ou Kerberos
    para a migração ao vivo 305

    Implemente a migração de armazenamento. 306

Objetivo 5.2: Implementar o cluster de failover. 308

    Implemente clusters em grupo de trabalho, domínio único e
    múltiplos domínios 311

    Configure o quórum 314

    Configure a rede de cluster. 319

    Restaure a configuração de um único nó ou do cluster. 321

    Configure o armazenamento do cluster. 324

    Implemente a atualização com suporte a cluster 326

    Implemente o upgrade do sistema operacional sem interrupção
    do cluster. 330

    Configure e otimize volumes compartilhados de cluster (CSVs). 331

    Configure clusters sem nomes de rede. 334

    Implemente o Scale-Out File Server (SoFS) 335

    Determine diferentes cenários para o uso de SoFS vs. servidor de
    arquivos em cluster 338

    Determine cenários de uso para a implementação de cluster
    convidado 339

    Implemente uma solução Clustered Storage Spaces usando
    enclosures de armazenamento SAS compartilhados 340

    Implemente o Storage Replica. 342

    Implemente a testemunha de nuvem. 343

    Implemente a resiliência da VM. 346

    Implemente o VDHX compartilhado como solução de
    armazenamento para clusters convidados. 347

Objetivo 5.3: Implementar o Storage Spaces Direct 349

    Determine requisitos de cenário para a implementação do
    Storage Spaces Direct 349

    Ative o Storage Spaces Direct usando o Windows PowerShell 351

    Implemente um cenário desagregado do Storage Spaces Direct
    em um cluster 352

Implemente um cenário hiperconvergido do Storage Spaces Direct
em um cluster 354

Objetivo 5.4: Gerenciar o cluster de failover. 355

Defina configurações específicas de funções, inclusive
compartilhamentos disponíveis continuamente 356

Configure o monitoramento da VM 358

Defina configurações de failover e preferências 360

Implemente clusters de failover estendidos e com
reconhecimento de sites 362

Ative e configure a equidade de nós. 364

Objetivo 5.5: Gerenciar a movimentação de VMs em nós de um cluster 365

Execute uma migração ao vivo. 366

Execute uma migração rápida 367

Execute uma migração de armazenamento. 368

Importe, exporte e copie VMs 369

Configure a proteção de integridade de rede da VM. 369

Configure a drenagem ao desligar 370

Objetivo 5.6: Implementar o Network Load Balancing (NLB) 371

Configure os pré-requisitos do NLB 372

Instale nós NLB 373

Configure a afinidade 378

Configure regras de porta. 379

Configure o modo de operação do cluster 380

Faça o upgrade de um cluster NLB 381

Resumo do capítulo 381

Teste de raciocínio 382

Resposta do teste de raciocínio 382

Capítulo 6 Manutenção e monitoramento de ambientes de servidor 383

Objetivo 6.1: Fazer a manutenção de instalações de servidor. 383

Implemente soluções do Windows Server Update Services (WSUS) . . . 384

Configure grupos do WSUS 394

Gerencie o controle de patches em ambientes mistos. 396

Implemente uma solução antimalware com o Windows Defender 400

Integre o Windows Defender ao WSUS e ao Windows Update 403

Execute operações de backup e restauração usando o
Backup do Windows Server 405

Determine estratégias de backup para diferentes funções e cargas de trabalho do Windows Server, inclusive para o host Hyper-V, convidados Hyper-V, o Active Directory, servidores de arquivos e servidores web usando ferramentas e soluções nativas do Windows Server 2016 416

Objetivo 6.2: Monitorar instalações de servidor 421

    Monitore cargas de trabalho usando o Monitor de Desempenho 421

    Configure conjuntos de coletores de dados 426

    Determine contadores de CPU, memória, disco e rede apropriados para cargas de trabalho de armazenamento e computação 429

    Configure alertas 433

    Monitore cargas de trabalho usando o Resource Monitor 435

Resumo do capítulo 437

Teste de raciocínio 438

Resposta do teste de raciocínio 438

Índice   439

Introdução

Muitos livros sobre o Windows Server usam a abordagem de ensinar todos os detalhes do produto. Esses livros acabam sendo imensos e difíceis de ler. Sem mencionar que é um desafio nos lembrar de tudo que lemos. É por isso que tais livros não são a melhor opção para se preparar para um exame de certificação como o Exame 70-740 da Microsoft, "Instalação, armazenamento e computação com o Windows Server 2016". Neste livro, queremos que você examine as habilidades de uso do Windows Server que serão necessárias para maximizar suas chances de passar no exame. Nosso objetivo é abordar todas as habilidades avaliadas no exame, trazendo ao mesmo tempo um enfoque do mundo real para as informações. Este livro não deve ser seu único recurso de preparação para o exame, mas pode ser o recurso principal. Recomendamos que você combine as informações do livro com exercícios práticos em um ambiente de laboratório ou como parte de seu trabalho em situações reais.

O Exame 70-740 se destina a profissionais de TI que tenham no mínimo 3 anos de experiência trabalhando com o Windows Server. Isso não significa que você não possa fazer o exame e passar com menos experiência, mas provavelmente será mais difícil. É claro que as pessoas são diferentes. É possível obter o conhecimento e as habilidades necessárias para passar no Exame 70-740 em menos de 3 anos. No entanto, mesmo se você for um administrador sênior do Windows Server ou se tiver começado sua jornada há apenas alguns anos, acreditamos que achará as informações do livro valiosas como seu principal recurso de preparação para o exame.

Este livro aborda todos os principais tópicos encontrados no exame, mas não cobre cada questão. Apenas a equipe examinadora da Microsoft tem acesso às perguntas do exame, e novas questões são acrescentadas regularmente, tornando impossível abordarmos perguntas específicas. Considere este livro um complemento de sua experiência real e de outros materiais de estudo. Se encontrar neste livro um assunto com o qual não se sinta completamente à vontade, use os links "Precisa de mais informações?" espalhados ao longo do texto para obter mais informações e dedique um tempo para pesquisar e estudar o tema. Informações valiosas estão disponíveis na MSDN, na TechNet e em blogs e fóruns.

Organização deste livro

Este livro está organizado pela lista "Skills measured" (Habilidades medidas) publicada para o exame. A lista de cada exame está disponível no site da Microsoft Learning: *https://aka.ms/examlist*. Cada capítulo do livro corresponde a um dos tópicos principais da lista e as tarefas técnicas de cada tópico determinam a organização do capítulo. Se um exame abordar seis tópicos principais, por exemplo, o livro conterá seis capítulos.

Certificações da Microsoft

As certificações da Microsoft dão destaque ao candidato aprovado, comprovando seu domínio em um amplo conjunto de habilidades e vivências ao usar produtos e tecnologias da empresa. Os exames e as certificações correspondentes são desenvolvidos para validar o domínio em habilidades cruciais no momento do projeto e desenvolvimento, ou na implementação e no suporte de soluções que envolvam produtos e tecnologias da Microsoft tanto localmente quanto na nuvem. A certificação traz vários benefícios para profissionais, empregadores e empresas.

> *MAIS INFORMAÇÕES* **TODAS AS CERTIFICAÇÕES DA MICROSOFT**
>
> Para obter informações sobre certificações da Microsoft, inclusive uma lista completa de certificações disponíveis, acesse *https://www.microsoft.com/learning/pt-br/default.aspx*.

eBooks gratuitos da Microsoft Press (em inglês)

De visões gerais a informações detalhadas sobre tópicos especiais, os ebooks gratuitos da Microsoft Press abordam uma ampla variedade de tópicos. Eles estão disponíveis nos formatos PDF, EPUB e Mobi, prontos para download em:

https://aka.ms/mspressfree

Acesse sempre para ver o que há de novo!

Microsoft Virtual Academy

Desenvolva seu conhecimento das tecnologias da Microsoft com treinamento online gratuito conduzido por especialistas da Microsoft Virtual Academy (MVA). A MVA oferece uma abrangente biblioteca de vídeos, eventos ao vivo e muito mais, para ajudá-lo a aprender as tecnologias mais recentes e a se preparar para exames de certificação. Você encontrará o que precisa aqui:

https://www.microsoftvirtualacademy.com

Acesso rápido a referências online

No decorrer deste livro encontram-se endereços de páginas web que o autor recomenda que você visite para obter mais informações. Alguns desses endereços, também conhecidos como URLs, podem ser difíceis de digitar em um navegador web, logo, compilamos todos eles em uma lista que os leitores da edição impressa podem consultar no momento da leitura.

Baixe a lista a partir de *https://aka.ms/examref740/downloads*.

As URLs estão organizadas por capítulo e título. Sempre que você se deparar com uma URL no livro, localize o hiperlink na lista a fim de ir diretamente para a página web.

Errata, atualizações e suporte ao livro

Todos os esforços foram feitos para garantir a precisão deste livro. Você pode acessar atualizações – na forma de uma lista de erratas enviadas e correções relacionadas – em:

https://aka.ms/examref740/errata

Se encontrar um erro que ainda não está listado, envie-o para nós na mesma página.

Você pode fazer comentários, dar sugestões ou reportar erros para a editora brasileira do livro pelo endereço secretariaeditorial@grupoa.com.br.

Caso precise de suporte adicional, envie um e-mail para a Microsoft Press Book Support, no endereço *mspinput@microsoft.com*.

É importante ressaltar que não é oferecido suporte de produto para software e hardware da Microsoft por meio dos endereços anteriores. Para obter ajuda com software ou hardware da Microsoft, acesse *http://support.microsoft.com*.

Queremos saber sua opinião

Na Microsoft Press, sua satisfação é nossa prioridade máxima e sua opinião, nosso bem mais valioso. Diga-nos o que achou deste livro em:

https://aka.ms/tellpress

Sabemos que você é ocupado, logo, faremos poucas perguntas. Suas respostas seguirão diretamente para os editores da Microsoft Press. Não será solicitada nenhuma informação pessoal. Agradecemos antecipadamente a sua colaboração!

Mantenha contato

Podemos continuar a conversar! Estamos no Twitter: *http://twitter.com/MicrosoftPress*.

Como usar este livro para estudar para o exame

Os exames de certificação validam sua experiência prática e o conhecimento do produto. Para avaliar se você está pronto para o exame, use este livro para verificar sua compreensão das habilidades testadas. Determine os tópicos que você conhece bem e as áreas nas quais precisa de mais experiência. Para ajudá-lo a atualizar suas habilidades em áreas específicas, também fornecemos indicações em "Precisa de mais informações?", que o direcionarão para informações mais aprofundadas fora do livro.

A série Exam Ref não substitui a experiência prática. Este livro não foi escrito para lhe ensinar novas habilidades.

Recomendamos que você complemente sua preparação para o exame usando uma combinação de materiais de estudo e cursos disponíveis. Saiba mais sobre o treinamento em sala de aula no endereço *https://www.microsoft.com/learning*. Para muitos exames, existem Testes Práticos Oficiais da Microsoft disponíveis em *https://aka.ms/practicetests*. Você também encontra cursos online gratuitos e eventos ao vivo da Microsoft Virtual Academy no endereço *https://www.microsoftvirtualacademt.com*.

Este livro foi organizado de acordo com a lista "Skills measured" (Habilidades medidas) publicada para o exame. Essa lista está disponível no site da Microsoft Learning:

https://aka.ms/examlist.

É importante ressaltar que a série Exam Ref é baseada em informações disponíveis publicamente e na experiência dos autores. Para proteger a integridade do exame, os autores não têm acesso às perguntas.

CAPÍTULO 1

Instalação de Windows Servers em ambientes de host e de computação

O Windows Server 2016 fornece aos administradores várias maneiras de implantar servidores. Você pode instalar o sistema operacional em um computador físico, como sempre, mas também pode criar uma implantação virtual, usando máquinas virtuais do Hyper-V e a nova opção de instalação Nano Server.

Objetivos deste capítulo:
- Instalar, fazer o upgrade e migrar servidores e cargas de trabalho
- Instalar e configurar o Nano Server
- Criar, gerenciar e fazer a manutenção de imagens para implantação

> **IMPORTANTE**
> **Você leu a página 3?**
> Ela contém informações importantes sobre as habilidades necessárias para ser bem-sucedido no exame.

Objetivo 1.1: Instalar, fazer o upgrade e migrar servidores e cargas de trabalho

A instalação do Windows Server 2016 não se restringe à execução de um assistente de instalação. A implantação de servidores, independentemente de como for feita, requer um planejamento cuidadoso antes de chegarmos ao hardware. Esse planejamento inclui a seleção da edição de sistema operacional apropriada e a melhor opção de instalação para as necessidades da empresa. Se houver servidores executando versões anteriores do Windows Server, será preciso decidir como fazer seu upgrade ou migrá-las para o Windows Server 2016.

> **Esta seção aborda como:**
> - Determinar requisitos de instalação do Windows Server 2016
> - Determinar edições apropriadas do Windows Server 2016 por cargas de trabalho
> - Instalar o Windows Server 2016
> - Instalar recursos e funções do Windows Server 2016
> - Instalar e configurar o Windows Server Core
> - Gerenciar instalações do Windows Server Core usando o Windows PowerShell, a linha de comando e recursos de gerenciamento remoto
> - Implementar a Desired State Configuration (DSC) do Windows PowerShell para estabelecer e manter a integridade de ambientes instalados 26
> - Fazer upgrades e migrações de servidores e cargas de trabalho básicas do Windows Server 2008 e Windows Server 2012 para o Windows Server 2016
> - Determinar o modelo de ativação apropriado para a instalação do servidor, como o Automatic Virtual Machine Activation (AVMA), o Key Management Service (KMS) e a ativação baseada no Active Directory

Determine requisitos de instalação do Windows Server 2016

O planejamento de uma instalação do Windows Server 2016 requer várias decisões importantes que afetam não só a implantação inicial do servidor, mas também sua contínua manutenção. Embora o processo de instalação do Windows seja relativamente simples, há opções a serem consideradas tanto antes de você comprar o hardware do servidor e o sistema operacional quanto após a instalação inicial ser concluída.

Algumas das perguntas que você deve considerar quando planejar uma implantação de servidor são as seguintes:

- **Que edição do Windows Server 2016 você deve instalar?** A Microsoft fornece o Windows Server 2016 em muitas edições, que variam nos recursos que elas incluem, nos recursos que suportam e no custo da licença. Os detalhes das edições serão descritos posteriormente neste capítulo.

- **Que opção de instalação você deve usar?** A maioria das edições do Windows Server 2016 inclui duas opções de instalação: Desktop Experience e Server Core. A opção Desktop Experience contém todos os recursos do Windows e uma interface gráfica de usuário (GUI, graphical user interface) completa. A opção Server Core tem uma interface de usuário mínima e um footprint de recursos significativamente reduzido, logo, pode utilizar menos memória e espaço em disco do que uma instalação Desktop Experience. Também há uma terceira opção de instalação, Nano Server, que requer um footprint de recursos ainda menor, mas essa opção não aparece no assistente de instalação inicial, pois é implantada posteriormente, com uso do Windows PowerShell.

- **Quais funções e recursos o servidor precisa?** O tipo e o número de funções e recursos que você planeja instalar podem afetar enormemente os recursos de hardware requeridos pelo servidor, assim como a edição a ser comprada. Por exemplo, normalmente funções complexas como o Active Directory Certificate Services (AD CS, Serviços de Certificados do Active Directory) e o Failover Clustering requerem recursos adicionais e não estão disponíveis em todas as edições. Aplicativos de terceiros também afetam a utilização de recursos.

- **Que estratégia de virtualização você deve usar?** O aumento da ênfase na virtualização em redes corporativas tem alterado profundamente o processo de implantação do servidor. A facilidade com a qual os administradores podem migrar máquinas virtuais de um servidor host para outro tem levado-os a considerar não só quais funções o servidor físico executará, mas também que funções poderiam ser necessárias em servidores virtuais que ele esteja hospedando. Também é importante considerar que recursos podem ser necessários se um servidor tiver que hospedar máquinas virtuais adicionais durante uma situação de desastre.

Respondendo a essas perguntas, você pode começar a determinar de que recursos um servidor precisará. A Microsoft publica os requisitos mínimos de hardware para uma instalação do Windows Server 2016, mas é difícil prever de que recursos um servidor precisará para ser executado eficientemente, uma vez instaladas todas as funções, recursos e aplicativos necessários para ele funcionar.

Requisitos mínimos de hardware

Se seu computador não atender às especificações mínimas de hardware, o Windows Server 2016 não será instalado corretamente (ou possivelmente nem será instalado):

- Processador: 1.4-GHz 64 bits
- RAM: 512 MB ECC para Server Core, 2 GB ECC para servidor com Desktop Experience
- Espaço em disco: Mínimo de 32 GB em uma unidade SATA ou compatível
- Adaptador de rede: Ethernet, com throughout em gigabits
- Monitor: Super VGA (1024 x 768) ou resolução superior
- Teclado e mouse (ou outro dispositivo apontador compatível)
- Acesso à Internet

32 GB de espaço disponível em disco devem ser considerados o mínimo absoluto. Uma instalação Server Core mínima apenas com a função Web Server (IIS) adicionada deve ser instalada com sucesso em 32 GB, mas uma instalação Desktop Experience com adição de funções extras demandam mais espaço de armazenamento.

O Windows Server 2016 não dá suporte ao uso das interfaces ATA, PATA, IDE ou EIDE para unidades de inicialização, paginação ou dados. A partição do sistema também precisará de espaço adicional se você instalá-lo através da rede ou se o computador tiver mais de 16 GB de RAM. Espaço adicional em disco é necessário para arquivos de paginação, hibernação e descarga.

> **NOTA INSTALANDO UMA CONFIGURAÇÃO MÍNIMA DE HARDWARE**
> Uma instalação do Windows Server 2016 em uma máquina virtual com processador single core mínimo e 512 MB de RAM falhará. No entanto, você pode alocar mais memória para a instalação, reduzindo-a depois para 512 MB, e o sistema operacional será executado.

Limites máximos de hardware e virtualização

A virtualização complicou a questão das configurações máximas de hardware suportadas pelo Windows Server 2016. Não é mais apenas um simples problema de quantos processadores, quanta memória e do tamanho máximo possível para o disco. Enquanto antes os limites máximos dos processadores eram medidos pelo número de soquetes, agora eles são estabelecidos pelo número de núcleos e processadores lógicos. Atualmente também há limites máximos diferentes para máquinas físicas e virtuais em alguns recursos.

As configurações máximas de hardware para o Windows Server 2016 são as seguintes:

- **Processadores**   Um servidor host dará suporte a até 512 processadores lógicos (LPs, logical processors) se o Hyper-V estiver instalado.
- **Memória**   Até 24 terabytes por servidor host e até 12 terabytes por máquina virtual.
- **Tamanho do VHDX**   Até 64 terabytes.
- **Máquinas virtuais**   Até 1.024 por servidor host.
- **Processadores de máquinas virtuais**   Até 240 por máquina virtual.

> **NOTA ENTENDENDO OS LPS**
>
> Os processadores Intel têm um recurso chamado hyperthreading, que permite que um único núcleo processe duas threads simultaneamente quando o Hyper-V está sendo executado. Logo, considera-se que um processador Intel tem dois LPs por núcleo quando o Hyper-V está sendo executado e um único LP quando não está. Em um processador AMD com vários núcleos, cada núcleo é equivalente a um LP.

Determine edições apropriadas do Windows Server 2016 por cargas de trabalho

O Windows Server 2016 está disponível em muitas edições, com preços e recursos variados. Para selecionar uma edição para a implantação de seu servidor, você deve considerar as perguntas a seguir:

- Quais funções e recursos você precisará executar no servidor?
- Como obterá licenças para os servidores?
- Pretende executar o Windows Server 2016 em máquinas virtuais ou físicas?

A tendência atual na implantação de servidores é usar servidores relativamente pequenos que executem uma única tarefa, em vez de servidores grandes que executem muitas. Em implantações em nuvem, sejam públicas, privadas ou híbridas, é comum vermos máquinas virtuais executando uma única função, como um servidor web ou um servidor DNS. É por isso que a Microsoft introduziu a opção de instalação Server Core no Windows Server 2008 e o Nano Server no Windows Server 2016, para que as máquinas virtuais possam funcionar com um footprint menor de recursos.

Antes de escolher uma opção de instalação, no entanto, você deve selecionar a edição apropriada do Windows Server 2016 para a carga de trabalho de servidor que deseja implementar. As edições do Windows Server 2016 são as seguintes:

- **Windows Server 2016 Datacenter**   A edição Datacenter foi projetada para servidores grandes e poderosos em um ambiente altamente virtualizado. A licença permite um número ilimitado de ambientes de sistema operacional (OSEs, operating system environments) ou contêineres do Hyper-V. A edição Datacenter também inclui recursos adicionais não disponíveis nas outras edições, como o Storage Spaces Direct, o Storage Replica, máquinas virtuais blindadas e uma nova pilha de rede com mais opções para a virtualização.

- **Windows Server 2016 Standard** A licença da edição Standard permite dois OSEs e inclui o mesmo conjunto básico de recursos da edição Datacenter. No entanto, ela não tem os novos recursos de armazenamento e rede listados na descrição da edição anterior.
- **Windows Server 2016 Essentials** A edição Essentials inclui quase todos os recursos das edições Standard e Datacenter, mas não inclui a opção de instalação Server Core. Essa edição também está restrita a um único OSE (físico ou virtual) e a um máximo de 25 usuários e 50 dispositivos. Ao contrário das edições Standard e Datacenter, a edição Essentials inclui um assistente de configuração que instala e configura o Active Directory Domain Services (AD DS, Serviços de Domínio do Active Directory) e outros componentes essenciais necessários para uma rede de um único servidor.
- **Windows Server 2016 Multipoint Premium Server** Disponível apenas por licenciamento acadêmico, a edição Multipoint permite que vários usuários acessem a mesma instalação de servidor.
- **Windows Storage Server 2016 Server** Disponível apenas por canais OEM (original equipment manufacturer, fabricante original do equipamento), a edição Storage Server é incluída como parte de uma solução de hardware de armazenamento dedicada.
- **Windows Hyper-V Server 2016** Disponível gratuitamente, a edição Hyper-V Server é um download apenas do hypervisor, sem uma interface gráfica, que hospeda máquinas virtuais como sua única função.

> **NOTA ENTENDENDO OS OSES**
>
> Atualmente a Microsoft usa o termo Ambiente de Sistema Operacional (OSE) para se referir às instâncias do Windows que estão sendo executadas em um computador. Um OSE pode ser físico ou virtual. Por exemplo, um servidor executando uma única máquina virtual no Hyper-V estaria usando dois OSEs porque a instalação de servidor físico conta como um. Logo, a licença da edição Standard permite executar uma única máquina virtual no Hyper-V.

No Windows Server 2012, as edições Datacenter e Standard eram funcionalmente idênticas. A única diferença era o número de máquinas virtuais do Hyper-V que a licença nos autorizava a criar. No Windows Server 2016, a edição Datacenter inclui vários recursos novos que podem afetar nossa decisão de escolher essa edição em vez da Standard. Os recursos da edição Datacenter que não estão incluídos na edição Standard são os seguintes:

- **Storage Spaces Direct** Permite que os administradores usem conjuntos de unidades relativamente baratos para criar soluções de armazenamento de alta disponibilidade. Em vez de usar um conjunto (array) de discos ou uma controladora caros, com inteligência interna para gerenciamento de armazenamento, essa inteligência é incorporada ao sistema operacional, permitindo a utilização de conjuntos de discos baratos com um "simples arranjo entre discos" ou "Apenas um Monte de Discos" (JBOD, Just a Bunch of Disks).
- **Storage Replica** Fornece replicação de volume de armazenamento, síncrona ou assíncrona, entre servidores locais ou remotos, por meio do protocolo Server Message Block (SMB, Bloco de Mensagens do Servidor) versão 3.
- **Máquinas virtuais blindadas** Fornecem às VMs proteção criptografando seu estado e seus discos virtuais contra administradores comprometidos que tenham acesso ao computador host Hyper-V.
- **Controlador de rede** Fornece um ponto central de automação para a configuração, monitoramento e resolução de problemas de infraestrutura de rede.

Na maioria das empresas, a seleção de uma edição é baseada no custo. A edição Essentials é barata e fácil de implantar, mas é limitada em seus recursos. No entanto, pode ser ideal para uma empresa pequena.

Em empresas de tamanho médio a grande, a escolha típica fica entre as edições Standard e Datacenter. Se os novos recursos da edição Datacenter não forem importantes para você, provavelmente a decisão será baseada em sua estratégia de virtualização. Se o plano for um servidor executar um número relativamente pequeno de máquinas virtuais, pode ser mais econômico comprar várias licenças da edição Standard em vez de uma única licença da edição Datacenter. Pelos preços atuais, você pode comprar até sete licenças Standard (com dois OSEs cada) por um custo menor do que o de uma licença Datacenter.

Outra questão que deve ser considerada é o potencial de crescimento da empresa. Se atualmente você pretende executar 10 máquinas virtuais, pode ser melhor gastar algumas centenas de dólares a mais por uma licença Datacenter, que fornece OSEs ilimitados para expansão futura, do que comprar cinco licenças Standard.

DICA DE EXAME

O Exame 70-740 pode conter perguntas sobre licenciamento em que você tenha que determinar qual edição do Windows e quantas licenças seriam necessárias para dar suporte a um número específico de máquinas virtuais em um servidor Hyper-V, reduzindo ao mesmo tempo o custo de licenciamento.

Instale o Windows Server 2016

O processo de instalação do Windows Server 2016 pode ser relativamente simples, quando você estiver executando uma instalação limpa em um único computador novo. Ele também pode ser extremamente complexo, se você estiver automatizando uma implantação em massa ou migrando servidores existentes para o novo sistema operacional.

Execute uma instalação limpa

Uma instalação limpa – também chamada de instalação bare-metal – é quando você instala um sistema operacional em um computador que ainda não possui um. Para fazê-lo, é preciso estar com os arquivos do sistema operacional em uma mídia de instalação inicializável. O Windows Server 2016 ainda está disponível em um DVD inicializável, mas a maioria dos administradores baixa o pacote de instalação como um arquivo de imagem de disco com extensão ISO.

- Para instalar um arquivo ISO em um computador físico, é preciso gravá-lo em um disco removível, como em uma unidade flash ou um DVD. Você pode fazer isso em qualquer computador que esteja executando o Windows Server 2016 ou o Windows 10 selecionando ISO no File Manager e, em seguida, selecionando o menu Disk Image Tools\Manage e clicando no botão Burn.

- Para instalar o Windows Server 2016 em uma máquina virtual no Hyper-V, você pode usar o arquivo ISO diretamente. Quando você criar uma VM, poderá especificar o arquivo ISO ao configurar a unidade de DVD virtual. Ao iniciar a VM, o arquivo ISO aparecerá e funcionará como um disco inicializável no sistema.

Uma vez que você tiver um disco inicializável, poderá executar uma instalação limpa do Windows Server 2016 em uma máquina física usando o procedimento a seguir.

1. Ligue o computador e insira a unidade flash ou o disco de instalação do Windows Server 2016.
2. Pressione qualquer tecla para executar a inicialização a partir da mídia de instalação, se necessário. Uma tela de indicação do progresso aparecerá enquanto o Windows carrega os arquivos.

> **NOTA** **MODIFICANDO CONFIGURAÇÕES DE BIOS**
>
> O dispositivo que um PC usa para a inicialização é especificado nas configurações do sistema (ou da BIOS). Em alguns casos, você pode ter que modificar essas configurações para permitir que o computador seja inicializado a partir da mídia de instalação que será usada. Se você não conhecer a operação de um computador específico, observe a tela com cuidado à medida que o sistema inicia e procure uma instrução que indique que tecla deve ser pressionada para o acesso às configurações.

3. O computador carregará a interface gráfica de usuário e a página Windows Setup aparecerá, como mostrado na Figura 1-1.

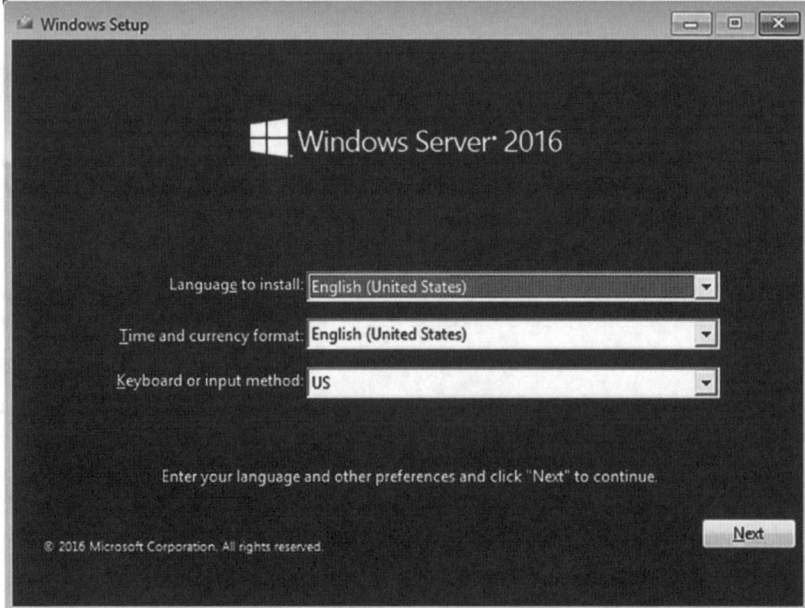

FIGURA 1-1 A página Windows Setup.

4. Usando as listas suspensas fornecidas, selecione o idioma apropriado à instalação, o formato de hora e moeda, o teclado ou método de entrada, e clique em Next..Outra página Windows Setup aparecerá.
5. Clique em Install Now. O Windows Setup Wizard aparecerá, exibindo a página Select The Operating System You Want To Install.
6. Selecione a edição do sistema operacional e a opção de instalação que deseja usar e clique em Next. A página Applicable Notices And License Terms aparecerá.

7. Marque a caixa de seleção I Accept The License Terms e clique em Next. A página Which Type Of Installation Do You Want aparecerá, como mostrado na Figura 1-2.

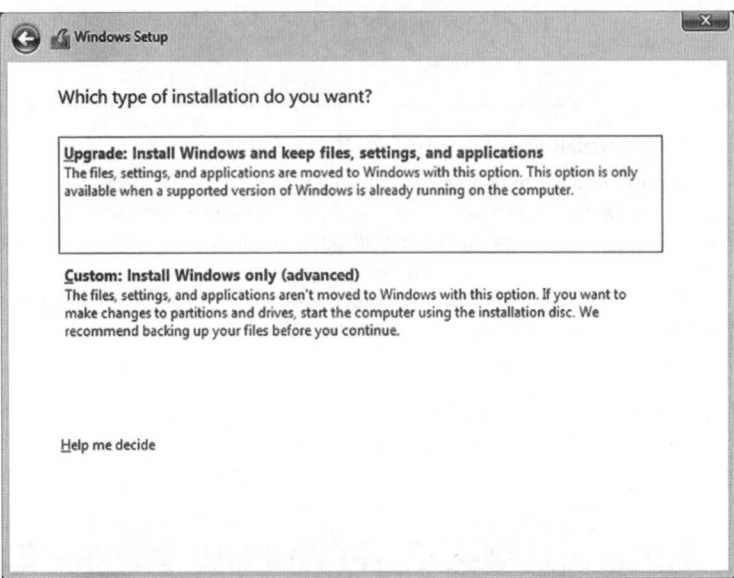

FIGURA 1-2 A página Which Type Of Installation Do You Want.

8. Já que você está executando uma instalação limpa e não um upgrade, clique na opção Custom: Install Windows Only (Advanced). A página Where Do You Want To Install Windows aparecerá, como mostrado na Figura 1-3.

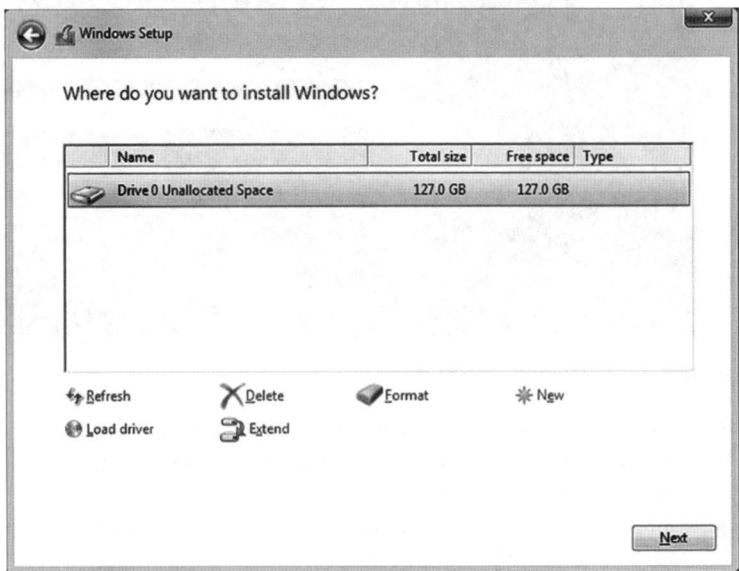

FIGURA 1-3 A página Where Do You Want To Install Windows.

CAPÍTULO 1 Instalação de Windows Servers em ambientes de host e de computação **13**

9. Na lista fornecida, escolha a partição em que deseja instalar o Windows Server 2016 ou selecione uma área de espaço em disco não alocado na qual o programa de instalação possa criar uma nova partição. Em seguida, clique em Next. A página Installing Windows aparecerá.

10. Após vários minutos, durante os quais o programa instalará o Windows Server 2016, o computador será reiniciado e a página Customize Settings aparecerá, como mostrado na Figura 1-4.

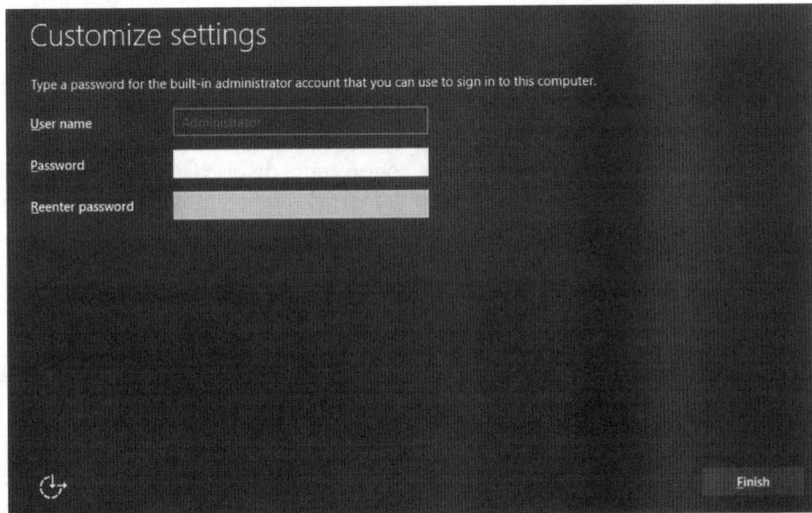

FIGURA 1-4 A página Customize Settings.

11. Nas caixas de texto Password e Reenter Password, digite a senha a ser associada à conta de administrador local do sistema e pressione Enter. O sistema finalizará a instalação e a tela de bloqueio do Windows aparecerá.

Trabalhando com partições

Em alguns casos, quando você instalar o Windows Server 2016, pode achar necessário trabalhar com seus discos e partições. Para facilitar, o programa de instalação inclui controles na página Where Do You Want To Install Windows que permitem a criação, o gerenciamento e a exclusão de partições nos discos.

Os botões da página têm as seguintes funções:

- **Refresh** Exibe as partições que estão disponíveis como resultado de um driver recém carregado.
- **Load driver** Permite adicionar drivers de disco a partir de mídia externa, como um CDROM, um DVD ou uma unidade USB.
- **Delete** Remove uma partição existente em um disco, apagando permanentemente todos os seus dados. Você pode querer excluir partições para consolidar espaço não alocado em disco, permitindo a criação de uma partição nova, maior.
- **Extend** Permite aumentar uma partição existente, contanto que haja espaço não alocado disponível imediatamente após a partição selecionada no disco.

- **Format** Permite formatar uma partição existente em um disco, apagando assim todos os seus dados. Você não precisa formatar nenhuma partição nova que criar para a instalação, mas pode querer formatar uma partição existente para eliminar arquivos indesejados antes de instalar o Windows Server 2016 nela.
- **New** Cria uma nova partição com o tamanho especificado pelo usuário na área de espaço não alocado selecionada.

Às vezes, durante uma instalação, não vemos partições listadas na página Where Do You Want To Install Windows. Essa página lista as partições de todas as unidades de disco do computador os quais o procedimento de instalação consegue detectar com os seus drivers default. Se nenhuma partição aparecer é porque o controlador de disco requer um driver de dispositivo que não vem incluído no conjunto de drivers padrão do Windows. Algumas controladoras avançadas, como as de arrays de discos, requerem seus próprios drivers, que você pode implantar durante o processo de instalação.

Consulte o site do fabricante da controladora de disco em busca de um driver que dê suporte ao Windows Server 2016, ou outra versão recente do Windows Server, e use o procedimento a seguir para instalá-lo.

1. Na página Where Do You Want To Install Windows, clique no botão Load Driver. Uma caixa de mensagem Load Driver aparecerá, como mostrado na Figura 1-5.

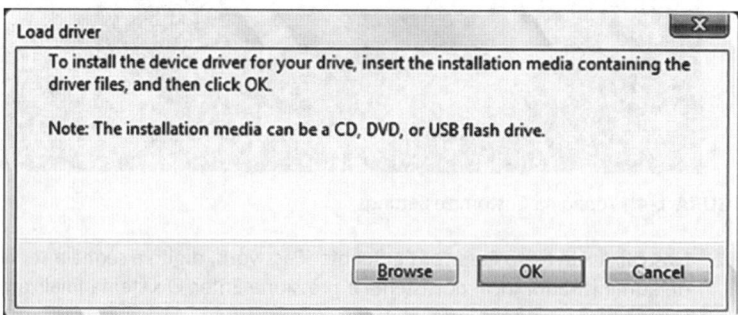

FIGURA 1-5 A caixa de mensagem Load Driver.

2. Insira a mídia de armazenamento que contém o driver no computador. Você pode fornecer drivers em um CD, DVD, unidade flash USB ou disquete.
3. Clique em OK se o driver estiver no diretório raiz da mídia de armazenamento ou em Browse se precisar localizar o driver na estrutura de diretórios do disco. Uma lista com os drivers encontrados no disco aparecerá na página Select The Driver To Install.
4. Selecione um dos drivers da lista e clique em Next.
5. Quando o driver for carregado, as partições e o espaço não alocado dos discos associados aparecerão na lista da página Where Do You Want To Install Windows.
6. Selecione a partição ou a área de espaço não alocado em que deseja instalar o Windows Server 2016 e continue com o resto do procedimento de instalação, como abordado anteriormente neste capítulo.

Execute uma implantação em massa

Se você tiver um grande número de servidores para instalar, talvez possa montar um disco e executar uma instalação manual em cada um, mas isso pode se tornar impraticável. Para fazer uma implantação de um sistema operacional em massa, é possível usar uma tecnologia baseada em servidor, como Windows Deployment Services (WDS, Serviços de Implantação do Windows), e implantar arquivos de imagem automaticamente.

O WDS é uma função incluída no Windows Server 2016 que você pode usar para fornecer imagens de disco para clientes na rede. Para funcionar, no entanto, o cliente precisa ter alguma maneira de entrar em contato com o servidor WDS e iniciar o processo. O WDS permite criar imagens de inicialização, que podem ser gravadas em discos removíveis, mas então será necessário ir até cada computador e seguir o procedimento de instalação.

Uma maneira melhor de implantar a imagem de inicialização do WDS é usar o recurso *Preboot Execution Environment* (*PXE*) incluído na maioria dos adaptadores de rede. O PXE fica embutido no firmware do adaptador e permite que um computador sem sistema operacional descubra um servidor DHCP (Dynamic Host Configuration Protocol) na rede e solicite a ele uma configuração. O servidor DHCP fornece ao cliente o endereço IP de um servidor WDS, que o cliente então usa para se conectar com o servidor e baixar uma imagem de inicialização. Assim o sistema cliente pode proceder a inicialização a partir dessa imagem e executar um programa cliente WDS que inicie a instalação do sistema operacional.

Instalar e configurar um serviço de implantação de software automatizado, como o WDS ou o System Center Configuration Manager, pode ser por si só uma tarefa complexa. Cabe aos administradores decidirem se o número de servidores que eles precisam implantar vale o tempo e o custo.

Instale recursos e funções do Windows Server 2016

O Windows Server 2016 inclui combinações de serviços predefinidas, chamadas *funções*, projetadas para configurar o servidor para executar tarefas específicas. O sistema operacional também inclui outros componentes menores chamados *recursos*. O Windows Server pode executar qualquer número de funções para as quais ele tiver recursos de hardware para suportar, mas a tendência atual é o uso de servidores mais especializados executando apenas uma ou duas funções.

Para adicionar funções e recursos ao Windows Server 2016, você pode usar um assistente gráfico do console Server Manager (Gerenciador do Servidor) ou pode instalá-los a partir da linha de comando do Windows PowerShell, como descrito nas seções a seguir.

Use o Server Manager para instalar funções

Para instalar funções e serviços em um computador executando o Windows Server 2016 com o Server Manager, use o seguinte procedimento:

1. No Server Manager, abra o menu Manage e selecione Add Roles And Features. O Add Roles And Features Wizard será iniciado.
2. Ignore a página Before You Begin para prosseguir para a página Select Installation Type, como mostrado na Figura 1-6.

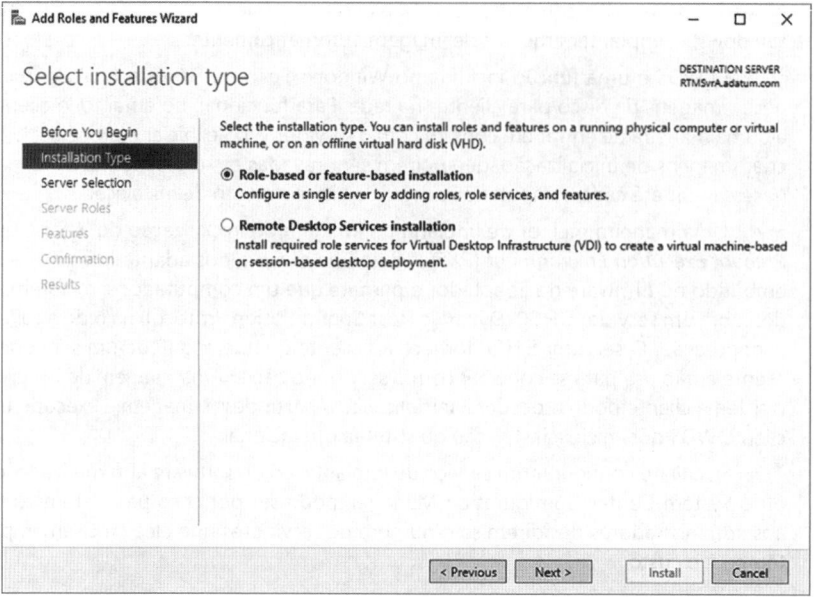

FIGURA 1-6 A página Select Installation Type no Add Roles And Features Wizard.

3. Clique em Next para aceitar a opção de instalação padrão Role-Based ou Feature-Based que está selecionada. A página Select Destination Server aparecerá, como mostrado na Figura 1-7.

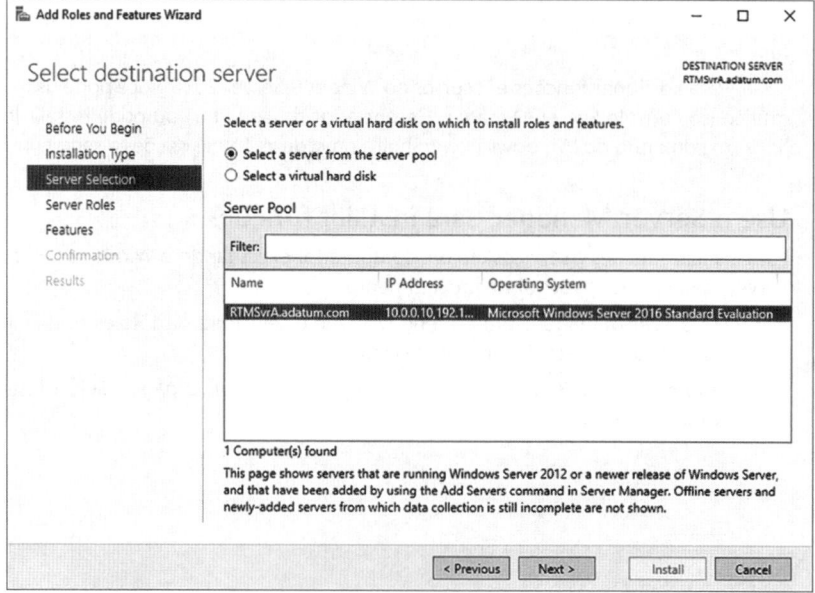

FIGURA 1-7 A página Select Destination Server no Add Roles And Features Wizard.

4. Clique em Next para aceitar as configurações padrão do servidor. A página Select Server Roles será aberta, como mostrado na Figura 1-8.

> *NOTA* **CONFIGURANDO VÁRIOS SERVIDORES**
>
> Quando você executar o Server Manager pela primeira vez, só o servidor local aparecerá na página Select Destination Server. Porém, é possível adicionar outros servidores ao Server Manager para que eles sejam gerenciados remotamente. Quando você o fizer, poderá usar o Add Roles And Features Wizard para instalar componentes em qualquer servidor que tiver adicionado, mas não poderá usá-lo para instalar componentes em vários servidores ao mesmo tempo. É possível fazer isso, no entanto, usando o cmdlet Install-WindowsFeature no Windows PowerShell.

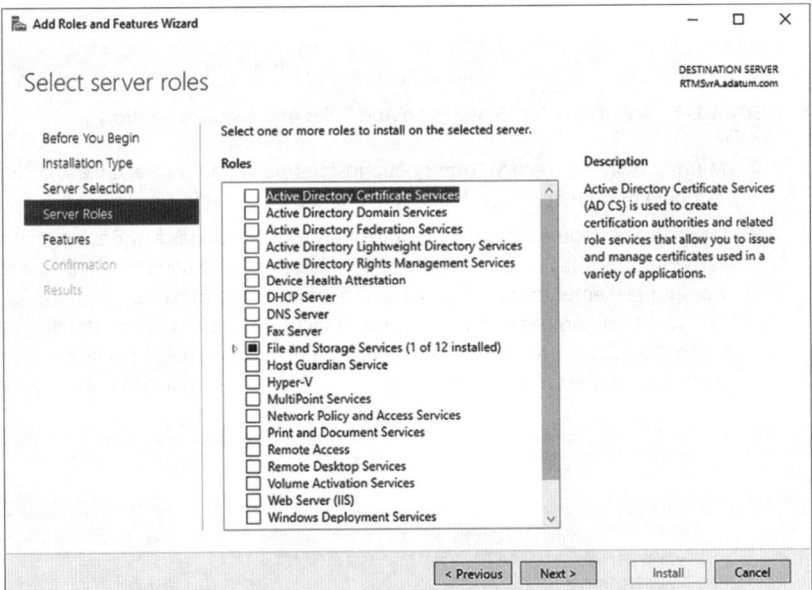

FIGURA 1-8 A página Select Server Roles no Add Roles And Features Wizard.

5. Marque a função ou as funções que deseja instalar no servidor selecionado. Se as funções selecionadas tiverem outras funções ou recursos como dependências, uma caixa de diálogo Add Features That Are Required aparecerá.

6. Clique em Add Features para aceitar as dependências e clique em Next para abrir a página Select Features, como mostrado na Figura 1-9.

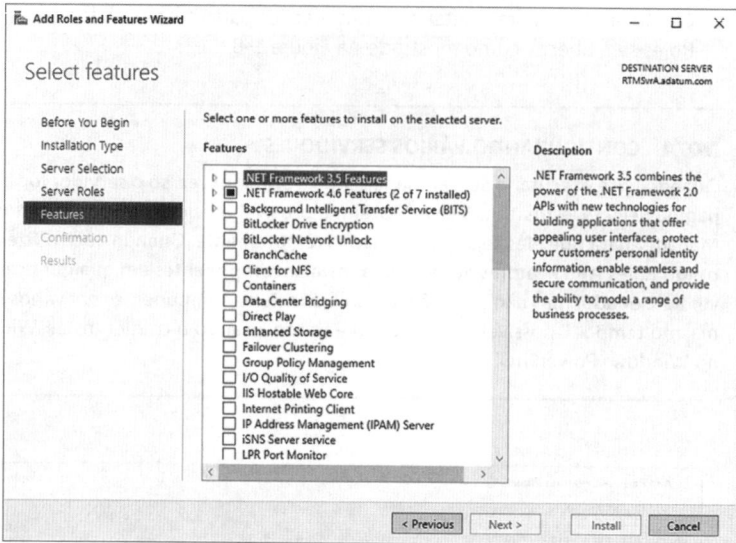

FIGURA 1-9 A página Select Features no Add Roles And Features Wizard.

7. Marque qualquer recurso que queira instalar no servidor selecionado e clique em Next. Também podem aparecer dependências para sua seleção de recursos.

8. O assistente pode exibir páginas adicionais específicas das funções ou recursos que você selecionou. Muitas funções têm uma página Select Role Services, na qual você pode selecionar que elementos da função deseja instalar, como mostrado na Figura 1-10. Algumas também têm páginas que contêm informações introdutórias ou definições de configuração. Conclua o preenchimento de cada uma das páginas específicas de funções ou de recursos e clique em Next. Uma página Confirm Installation Selections aparecerá.

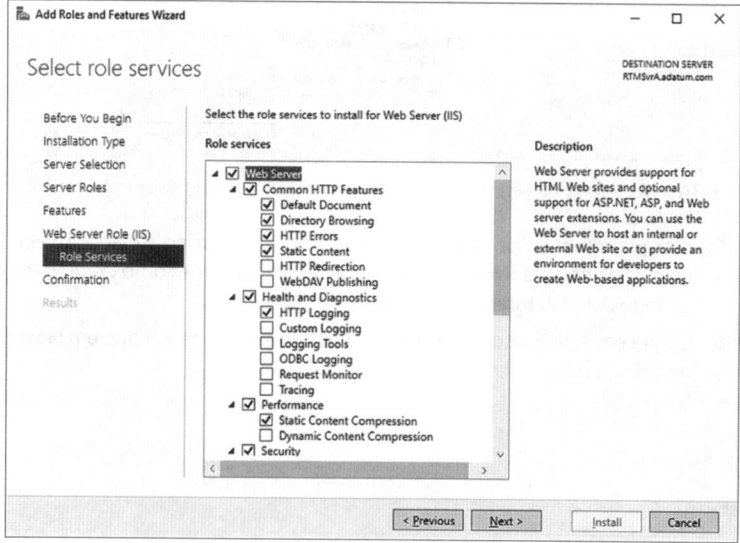

FIGURA 1-10 Uma página Select Role Services no Add Roles And Features Wizard.

9. Na página Confirm Installation Selections, você pode executar as seguintes tarefas opcionais:
   - **Restart The Destination Server Automatically If Required**   Marcar essa caixa de seleção faz o servidor ser reiniciado automaticamente quando a instalação for concluída, se as funções e recursos selecionados o demandarem.
   - **Export Configuration Settings**   Cria um script XML contendo os procedimentos executados pelo assistente. Você pode usar o script para instalar a mesma configuração em outro servidor usando o Windows PowerShell.
   - **Specify An Alternate Source Path**   Especifica a localização de um arquivo de imagem contendo o software necessário à instalação das funções e recursos selecionados. Em uma instalação padrão do Windows Server 2016, isso não é necessário, mas se você tiver excluído o arquivos-fonte do sistema usando a função Features on Demand (Recursos sob Demanda), precisará de um arquivo de imagem para instalar funções e recursos.
10. Clique em Install para abrir a página Installation Progress. Dependendo das funções e recursos que você selecionar, o assistente pode exibir hiperlinks para as ferramentas ou assistentes necessários para a execução de tarefas de pós-instalação obrigatórias. Quando a instalação terminar, clique em Close para fechar o assistente.

Usando o Windows PowerShell para instalar funções

Para administradores que preferem trabalhar com linha de comando, ou para quem estiver trabalhando em sistemas usando a opção de instalação Server Core, também é possível instalar funções e recursos utilizando o cmdlet Install-WindowsFeature no Windows PowerShell. A sintaxe básica do cmdlet é a seguinte:

```
install-windowsfeature -name featurename [-includeallsubfeature]
[-includemanagementtools]
```

Para instalar uma função ou recurso, você deve usar uma sessão do PowerShell com privilégios administrativos. Será preciso determinar então o nome correto a ser usado para a função ou recurso que deseja instalar. Para fazê-lo, você pode listar todas as funções e recursos disponíveis no Windows executando o cmdlet Get-WindowsFeature, cuja primeira parte é mostrada na Figura 1-11.

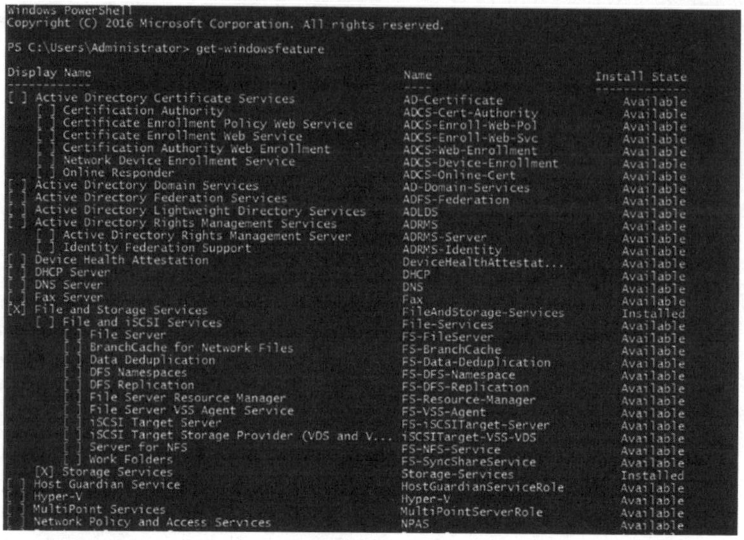

FIGURA 1-11 Saída do cmdlet Get-WindowsFeature.

> **NOTA TERMINOLOGIA DO POWERSHELL**
>
> O Windows PowerShell não faz distinção entre funções e recursos em sua linguagem de comandos, como o faz o Server manager. Todos os componentes são chamados de recursos e são instalados com o uso do cmdlet Install-WindowsFeature. Não há cmdlets que usem o termo role.

A lista resultante exibe primeiro todas as funções e depois todos os recursos. A coluna Name especifica a string exata que você deve usar no parâmetro Name da linha de comando do Install-WindowsFeature.

As caixas de seleção especificam que componentes estão instalados atualmente no sistema. A lista é indentada com o objetivo mostrar os componentes que são serviços de função subordinados ou sub-recursos, para que você possa instalar elementos específicos de uma função, como no Server Manager. Você também pode adicionar o parâmetro IncludeAllSubFeature para instalar todos os componentes subordinados de uma função.

Ao contrário do Server Manager, que inclui automaticamente as ferramentas de gerenciamento associadas a uma função quando ela é instalada, o cmdlet Install-WindowsFeature não faz isso. Se você quiser instalar o snap-in para o Microsoft Management Console (MMC, Console de Gerenciamento Microsoft) ou outras ferramentas usadas para gerenciar uma função ou recurso, deve adicionar o parâmetro IncludeManagementTools à linha de comando.

Instale e configure o Windows Server Core

Para muitos administradores de rede, executar uma interface gráfica de usuário (GUI) em um servidor que permanecerá toda a sua existência em um data center ou em um rack parece um desperdício de recursos. Em muitos casos, raramente os administradores têm que manipular os servidores após sua instalação e configuração iniciais, exceto para verificar logs, o que pode ser feito remotamente. O Server Core é uma opção de instalação do Windows Server 2016 que elimina grande parte da GUI, exibindo uma tela padrão apenas com a interface de linha de comando, como mostrado na Figura 1-12.

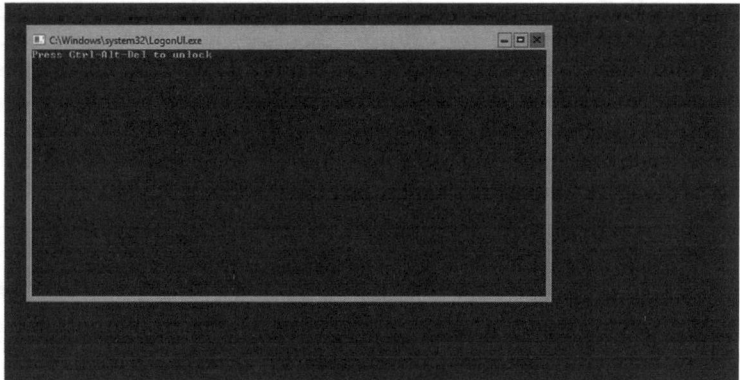

FIGURA 1-12   A tela padrão da opção Server Core no Windows Server 2016.

Instale o Server Core

Quando você instala o Windows Server 2016, a página Select The Operating System You Want To Install do Windows Setup Wizard aparece, com a opção Server Core selecionada por padrão, como mostra a Figura 1-13. Ao contrário do que ocorre no Windows Server 2012 R2, o termo Server Core não aparece na página e a opção de GUI completa é identificada pelo termo Desktop Experience. No Windows Server 2012 R2, as opções se chamavam Server With A GUI e Server Core Installation. Com exceção dessa página, a instalação do sistema operacional é igual a da opção Desktop Experience, descrita anteriormente neste capítulo.

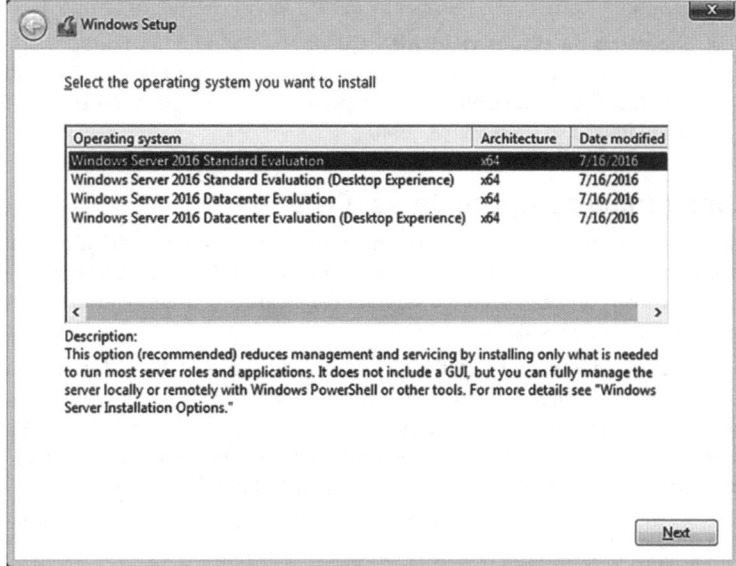

FIGURA 1-13   A página Select The Operating System You Want To Install do Windows Setup Wizard.

DICA DE EXAME

No Windows Server 2016 não é mais possível adicionar ou remover os elementos de GUI após a instalação do sistema operacional. Além disso, não há a opção de interface Minimal Server, como no Windows Server 2012 R2. Ou seja, na hora da instalação, você deve escolher entre uma interface gráfica completa, semelhante à do Windows 10, ou apenas uma linha de comando. No Windows Server 2012 R2, era possível instalar e configurar o servidor usando a opção de GUI completa e depois remover os recursos de GUI uma vez que o servidor estivesse sendo executado. Isso não é mais possível. Administradores familiarizados com essa prática devem se lembrar da alteração ao prestar o Exame 70-740.

Quando você selecionar a opção de instalação Windows Server Core, receberá uma versão reduzida do sistema operacional. Não há barra de tarefas, shell do Explorer, Server Manager, Microsoft Management Console e praticamente nenhum outro aplicativo gráfico.

No entanto, as vantagens da execução de servidores com o uso da opção Server Core são várias, incluindo as seguintes:

- **Conservação de recursos de hardware** A opção Server Core elimina alguns dos elementos do sistema operacional Windows Server 2016 que fazem uso mais intenso da memória e do processador, dedicando, portanto, uma parcela maior dos recursos do sistema à execução de aplicativos e serviços essenciais.

- **Menor espaço em disco** A opção Server Core requer menos espaço em disco para os elementos do sistema operacional que são instalados, assim como menos espaço de armazenamento dedicado ao swapping de memória, o que maximiza a utilização dos recursos de armazenamento do servidor.

- **Menos atualizações** Os elementos gráficos do Windows Server 2016 estão entre os recursos que sofrem mais atualizações, logo, executar a instalação Server Core reduz o número de atualizações que os administradores devem aplicar. Menos atualizações também significam menos reinicializações do servidor e menor tempo de inatividade.

- **Superfície de ataque reduzida** Quanto menor o número de softwares sendo executados no computador, menor o número de entradas disponíveis para os invasores explorarem. A opção Server Core reduz possíveis brechas apresentadas pelo sistema operacional, aumentando sua segurança geral.

Configurando a opção Server Core

Para trabalhar interativamente com um computador instalado usando a opção Server Core, você pode empregar a interface de linha de comando CMD ou o Windows PowerShell. Também é possível conectar-se com o servidor remotamente, usando ferramentas gráficas como o Server Manager e os snap-ins do MMC.

Imediatamente após a instalação, no entanto, você pode ser forçado a executar interativamente algumas tarefas básicas pós-instalação, como configurar o adaptador de rede, renomear o computador e associar o servidor a um domínio. Para processar essas tarefas usando o PowerShell em um computador executando a opção Server Core, primeiro você deve digitar **powershell** na janela do CMD para iniciar uma sessão do PowerShell.

Se sua rede não tiver um servidor DHCP para configurar automaticamente o adaptador de rede do computador, você pode fazê-lo manualmente com o cmdlet New-NetIpAddress. Primeiro, é preciso descobrir o índice de interface do adaptador usando o cmdlet Get-NetAdapter, que produz a saída mostrada na Figura 1-14.

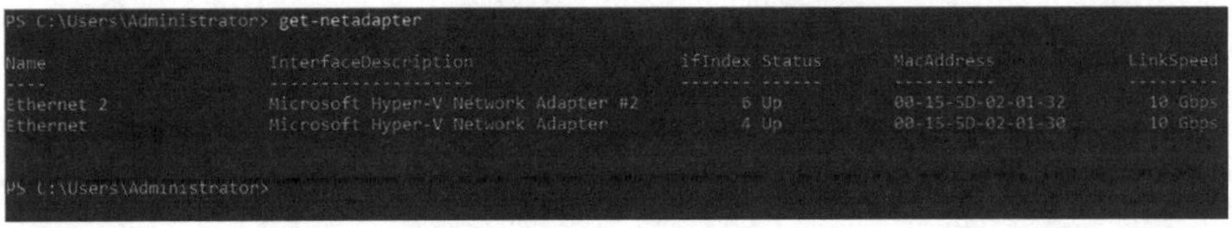

CAPÍTULO 1 Instalação de Windows Servers em ambientes de host e de computação

FIGURA 1-14 Saída do cmdlet Get-NetAdapter.

Com essa informação, você pode selecionar a interface do adaptador que deseja configurar e usar um comando como o seguinte para configurá-lo:

```
new-netipaddress -interfaceindex 6 -ipaddress 192.168.0.200 -prefixlength 24
-defaultgateway 192.168.0.1
```

As funções dos parâmetros de linha de comando são as seguintes:

- **interfaceindex** Identifica o adaptador no computador a ser configurado, usando os números de índice exibidos pelo cmdlet Get-NetAdapter.
- **ipaddress** Especifica o endereço IP a ser atribuído ao adaptador.
- **prefixlength** Especifica o valor de máscara de sub-rede a ser associado ao endereço IP. O numeral estabelece o número de bits de rede do endereço IP. Por exemplo, um valor de prefixlength igual a 24 equivale ao valor de máscara de sub-rede 255.255.255.0.
- **defaultgateway** Especifica o endereço IP de um roteador local que o computador deve usar para acessar outras redes.

A saída resultante é mostrada na Figura 1-15.

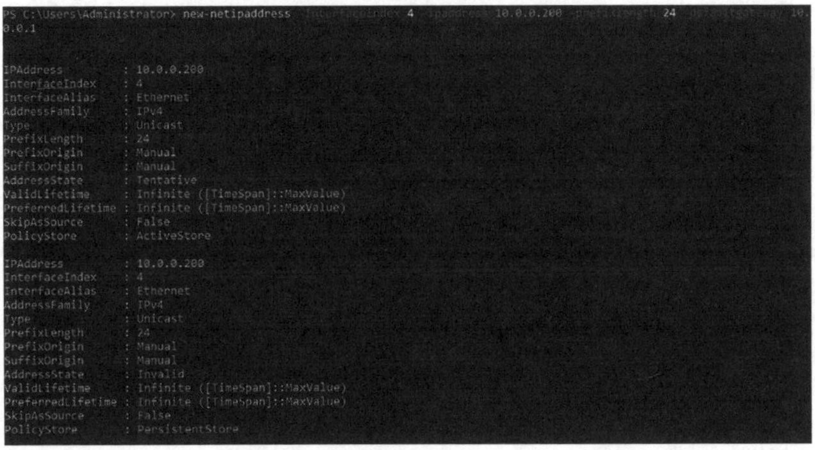

FIGURA 1-15 Saída do cmdlet New-NetIpAddress.

Para configurar endereços de servidor DNS para o adaptador, use o cmdlet Set-DnsClientServerAddress, como no exemplo a seguir:

```
Set-dnsclientserveraddress -interfaceindex 6 -serveraddresses
("192.168.0.1","192.168.0.2")
```

Para renomear o computador e associá-lo a um domínio, você pode usar o cmdlet Add-Computer, como no próximo exemplo:

```
add-computer -domainname adatum.com -newname ServerB -credential adatum\administrator
```

As funções dos parâmetros de linha de comando são as seguintes:

- **domainname** Especifica o nome do domínio ao qual você deseja que o computador se associe
- **newname** Especifica o nome que você deseja atribuir ao computador
- **credential** Especifica o nome do domínio e a conta de um usuário do domínio com privilégios para a associação

Gerencie instalações do Windows Server Core usando o Windows PowerShell, a linha de comando e recursos de gerenciamento remoto

Embora a maioria das ferramentas gráficas padrão não estejam disponíveis em um computador instalado com o uso da opção Server Core, há muitas maneiras de gerenciar o servidor, tanto local quanto remotamente. Na seção anterior, você aprendeu como configurar o adaptador de rede e associar-se a um domínio usando cmdlets do Windows PowerShell. Há milhares de outros cmdlets do PowerShell disponíveis em um computador Server Core e eles podem executar quase qualquer tarefa que as ferramentas gráficas executariam, exceto exibir resultados em uma janela colorida. O PowerShell também fornece um recurso de script poderoso que você pode usar para automatizar tarefas complexas.

Para exibir a longa lista com os cmdlets do PowerShell que estão disponíveis, execute o cmdlet Get-Command. Para aprender como usar qualquer um dos cmdlets, execute o cmdlet Get-help com o nome do cmdlet sobre o qual deseja aprender.

Além do Windows PowerShell, a opção Server Core também inclui o shell de comando padrão CMD, que você pode usar para executar qualquer um dos programas de linha de comando contidos no Windows Server 2016.

Por exemplo, como alternativa ao cmdlet Add-Computer do PowerShell, podemos usar a ferramenta Netdom.exe a partir da linha de comando para renomear um computador e associá-lo a um domínio. Para renomear um computador, use o comando:

```
netdom renamecomputer %computername% /newname: newcomputername
```

Para reiniciar o computador após alterar seu nome, use a ferramenta Shutdown.exe, como mostrado a seguir:

```
shutdown /r
```

Para associar um computador a um domínio usando o Netdom.exe, use o comando:

```
netdom join %computername% /domain: domainname /userd: username /passwordd:*
```

Nesse comando, o asterisco (*) do parâmetro /password faz o programa nos solicitar a senha da conta de usuário que especificamos.

Use o PowerShell remoto

No caso de computadores Server Core que estejam trancados em racks de servidor ou data centers, ou que estejam em locais remotos, você pode acessar seus prompts de PowerShell remotamente. No Windows Server 2016, o serviço Windows Remote Management (WinRM, Gerenciamento Remoto do Windows) vem ativado por padrão, logo, você pode criar uma sessão remota do PowerShell usando o cmdlet New-PsSession, como no exemplo a seguir:

```
new-pssession -computername rtmsvrd
```

Nesse exemplo, Rtmsvrd é o computador Server Core remoto que você deseja gerenciar. A execução desse comando cria uma conexão com o computador remoto e atribui a ela um número identificador (ID) como mostrado na Figura 1-16.

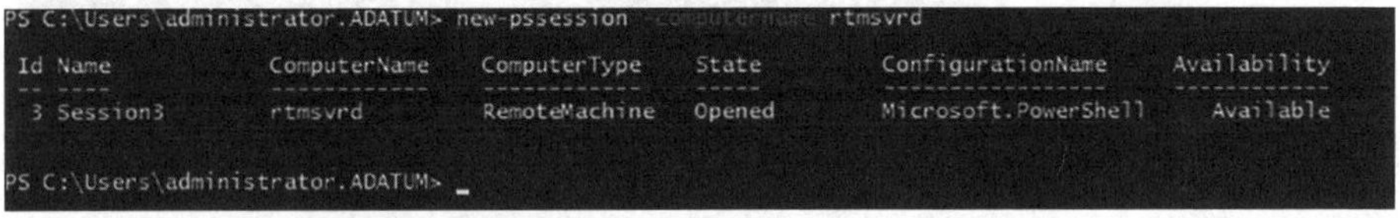

FIGURA 1-16   Saída do cmdlet New-PsSession.

Uma vez que você criar a sessão, poderá se conectar a ela usando o cmdlet Enter-PsSession especificando o número que a identifica, como mostrado na Figura 1-17. Observe que o prompt de comando muda para indicar o nome do computador no qual você está trabalhando.

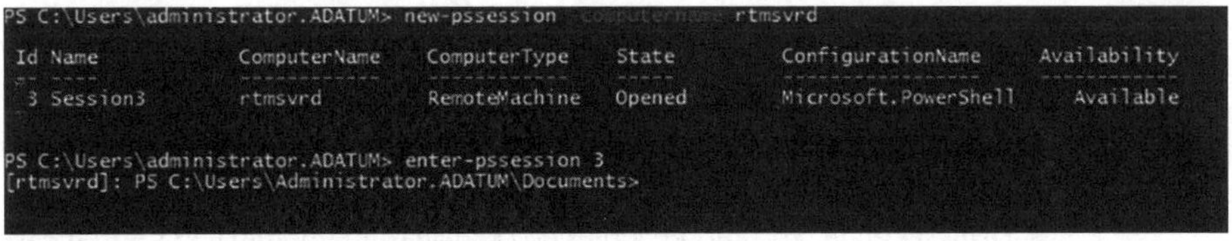

FIGURA 1-17   Saída do cmdlet Enter-PsSession.

Enquanto você estiver conectado à sessão, os comandos que digitar serão executados, definirão as configurações e utilizarão os recursos no computador remoto.

Para sair da sessão e voltar para o prompt local do PowerShell, execute o cmdlet Exit-PsSession ou digite apenas Exit. Quando o fizer, mesmo assim a sessão permanecerá ativa e você poderá voltar para ela executando o cmdlet Enter-PsSession novamente. Para encerrar a sessão, execute o cmdlet Disconnect-PsSession.

Use o Server Manager remotamente

Para administradores que não se sintam à vontade trabalhando na linha de comando do CMD ou do PowerShell, é possível usar ferramentas gráficas de gerenciamento ou outro sistema para gerenciar um computador que esteja executando a opção Server Core. O console Server Manager contido na opção de instalação Desktop Experience do Windows Server 2016 permite adicionar vários servidores à sua interface, adicionar e remover funções e recursos em qualquer servidor e monitorar as funções instaladas.

Para adicionar servidores no Server Manager, use o procedimento a seguir.

1. Abra o Server Manager e, no painel esquerdo, clique em All Servers. O painel Servers aparecerá, como mostrado na Figura 1-18.

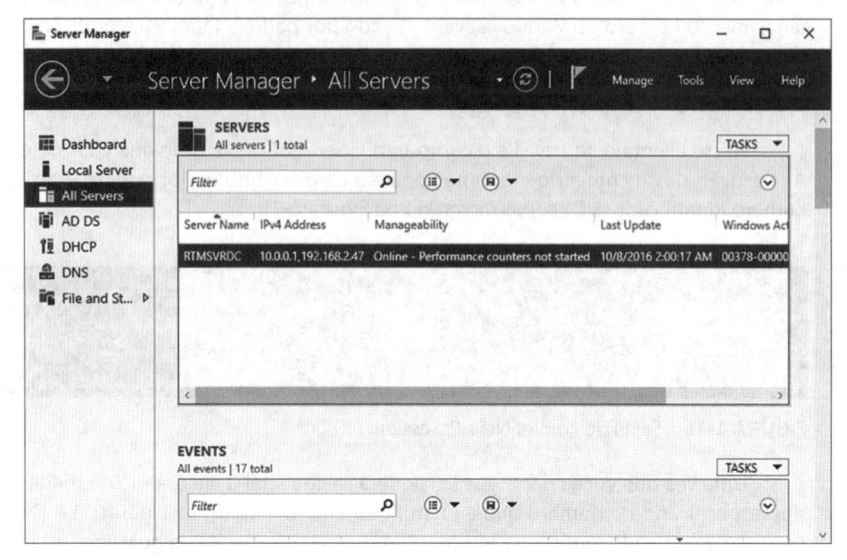

FIGURA 1-18 O painel Servers no Server Manager.

2. No menu Manage, selecione Add Servers. A caixa de diálogo Add Servers aparecerá.
3. Selecione uma das guias a seguir para procurar servidores:
   - **Active Directory** Permite procurar servidores que estejam executando versões específicas do Windows em locais específicos do Active Directory.
   - **DNS** Permite procurar servidores no Domain Name System (DNS, Sistema de Nomes de Domínio)
   - **Import** Permite que você forneça um arquivo de texto especificando nomes de servidor
4. Selecione parâmetros de busca ou forneça um arquivo de texto para exibir uma lista de servidores disponíveis, como mostrado na Figura 1-19.

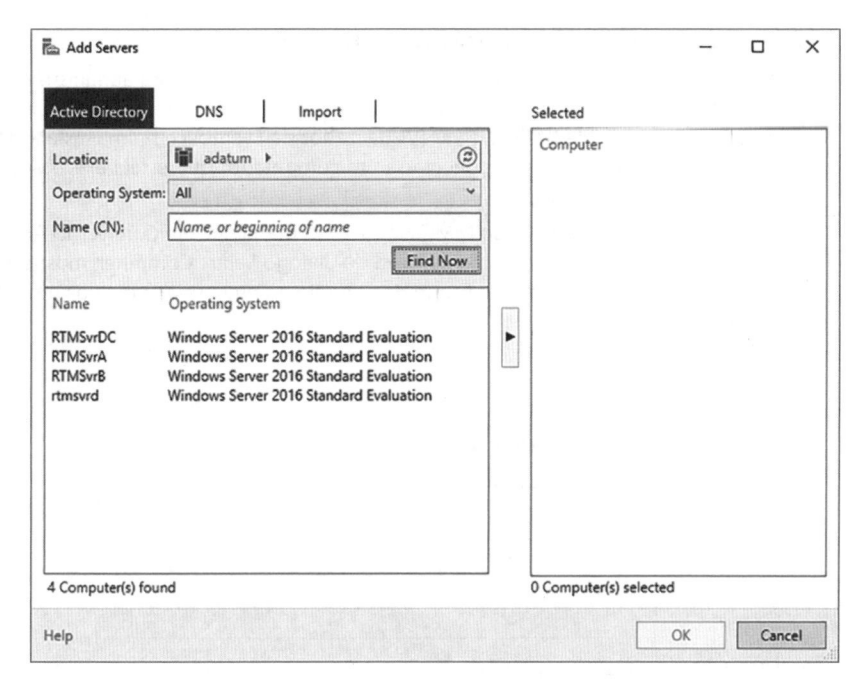

CAPÍTULO 1 Instalação de Windows Servers em ambientes de host e de computação 27

FIGURA 1-19 Resultados da pesquisa por servidores no Server Manager.

5. Selecione cada servidor que deseja adicionar ao Server Manager e clique no botão de seta à direita para adicioná-los à lista Selected.
6. Clique em OK. Os servidores da lista Selected aparecerão no painel Servers, como mostra a Figura 1-20.

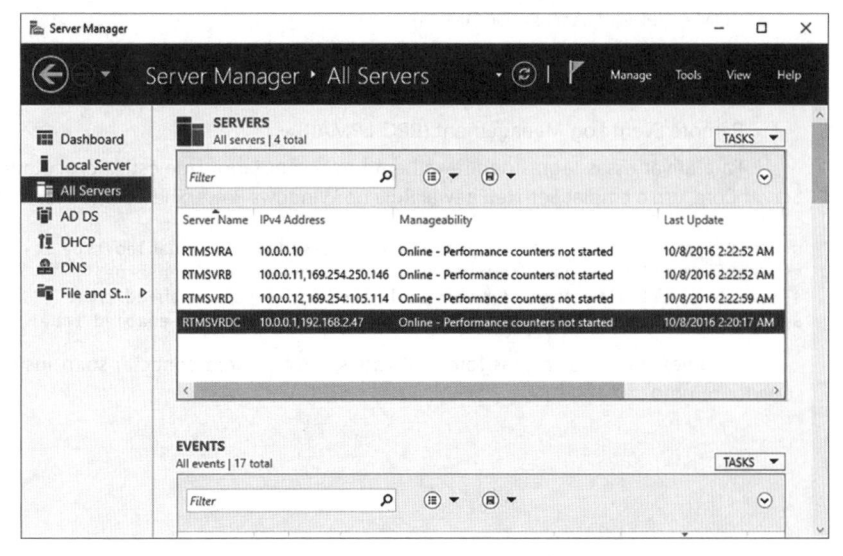

FIGURA 1-20 O painel Servers no Server Manager, com servidores.

Use snap-ins do MMC remotamente

Muitos dos snap-ins do Microsoft Management Console usados para administrar serviços do Windows podem se conectar com outro computador e gerenciá-lo remotamente. Por exemplo, você pode usar o console Event Viewer (Visualizador de Eventos) em uma instalação do Windows com GUI completa para se conectar a um computador que esteja executando a opção Server Core e visualizar seus logs.

Para conectar um snap-in do MMC a outro sistema, clique em Connect To Another Computer no painel Actions e será exibida a caixa de diálogo Select Computer, mostrada na Figura 1-21. Selecione a opção Another Computer e digite ou procure o nome do computador que deseja gerenciar.

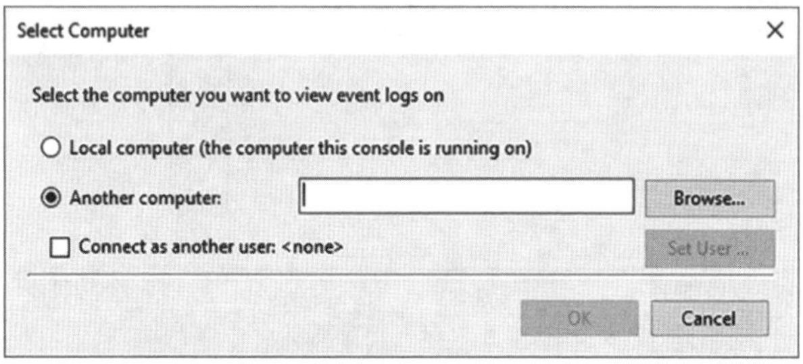

FIGURA 1-21 A caixa de diálogo Select Computer.

No Windows Server 2016 em sua configuração padrão, uma tentativa de gerenciá-lo usando um snap-in do MMC em outro computador gera um erro. Isso ocorre porque o MMC usa o Distributed Component Object Model (DCOM) para o gerenciamento remoto e as configurações de comunicação do DCOM não vem ativadas por padrão. Para conectar-se a um sistema remoto com o MMC, você deve ativar as regras a seguir no Firewall do Windows no sistema a ser gerenciado:

- COM+ Network Access (DCOM-In)
- Remote Event Log Management (NP-In)
- Remote Event Log Management (RPC)
- Remote Event Log Management (RPC-EPMAP)

Para ativar essas regras de firewall em um computador que esteja executando a opção Server Core, use o cmdlet Set-NetFirewallRule no Windows PowerShell, como mostrado a seguir:

```
set-netfirewallrule -name complusnetworkaccess-dcom-in -enabled true
set-netfirewallrule -name remoteeventlogsvc-in-tcp -enabled true
set-netfirewallrule -name remoteeventlogsvc-np-in-tcp -enabled true
set-netfirewallrule -name remoteeventlogsvc-rpcss-in-tcp -enabled true
```

Uma vez que essas regras forem ativadas, você poderá conectar snap-ins do MMC ao servidor remoto.

Implemente o Desired State Configuration (DSC) do Windows PowerShell para estabelecer e manter a integridade de ambientes instalados

Desired State Configuration (DSC, Configuração do Estado Desejado) é um recurso do Windows PowerShell que usa arquivos de script para aplicar, monitorar e manter uma configuração específica do sistema. Os arquivos de script são armazenados em um servidor DSC central. Os clientes extraem os scripts do servidor, ou o servidor os entrega para os clientes.

A DSC é formada por três componentes, como descrito a seguir:

- **Configurations (Configurações)** Scripts do PowerShell que contêm blocos de nós (nodes) que especificam os nomes dos computadores a serem configurados e blocos de recursos que especificam as configurações de propriedades a serem aplicadas
- **Resources (Recursos)** Os blocos de construção que especificam configurações ou componentes e os valores que o script de configuração deve atribuir a eles
- **Local Configuration Manager (LCM, Gerenciador Local de Configurações)** O mecanismo executado no sistema cliente que recebe configurações do servidor DSC e as aplica no computador

Para implementar a DSC, os administradores criam scripts de configuração contendo blocos de recursos, compilam os scripts em módulos e os implantam em um servidor de arquivos ou servidor web central. O LCM que está sendo executado nos clientes recebe os módulos de configuração do servidor, usando uma arquitetura de extração ou envio (push or pull) e os aplica ao sistema. O LCM também mantém a configuração através de monitoramento do sistema, assegurando que as configurações dos recursos requeridas sejam mantidas e reaplicando-as se necessário. As configurações da DSC são *idempotentes*, ou seja, os scripts podem ser aplicados a um sistema repetidamente sem gerar erros ou outros resultados indesejados.

Crie scripts de configuração DSC

Um script de configuração DSC simples para a configuração do endereço do servidor DNS no cliente poderia ter a aparência mostrada na Listagem 1-1. Esse é apenas um modelo básico de uma configuração. Com frequência, scripts de configuração reais são muito mais complicados e contêm configurações completas do sistema.

LISTAGEM 1-1 Exemplo de script de configuração DSC

```
Configuration DnsClient
{
    Import-DscResource -ModuleName "xNetworking"
    Node ("ServerA","ServerB")
    {
        xDnsServerAddress DnsServer
        {
            Address = 10.0.0.1
            AddressFamily = "Ipv4"
            InterfaceAlias = "Ethernet"
        }
    }
}
```

Os comandos desse script específico executam as ações a seguir:

- **Configuration** Especifica o nome da configuração, nesse caso DnsClient
- **Import-DscResource** Carrega um modulo chamado xNetworking

- **Node** Especifica os nomes dos computadores a serem configurados, nesse caso ServerA e ServerB
- **xDnsServerAddress** Especifica o recurso do módulo a ser configurado, nesse caso DnsServer
- **Address** Especifica o endereço do servidor DNS, que é a propriedade do recurso – nesse caso, 10.0.0.1
- **AddressFamily** Identifica a versão de IP do endereço DNS – nesse caso, Ipv4
- **InterfaceAlias** Identifica o adaptador de rede a ser configurado nos sistemas de nós

Quando você executar o script de configuração, o PowerShell criará um arquivo MOF (Management Object Format) para cada computador especificado no bloco Node. Os arquivos MOF são os scripts que são realmente distribuídos para os clientes DSC.

Quando a DSC aplicar essa configuração a um sistema cliente, o LCM verificará se o endereço IPv4 do servidor DNS do adaptador de rede especificado está definido corretamente. Se estiver, nada ocorrerá. Caso contrário, o LCM o configurará.

Implante configurações DSC

Para implantar um módulo de configuração DSC em clientes, você deve decidir entre uma arquitetura de push ou pull. Em uma arquitetura pull (extração), os arquivos MOF são armazenados em um servidor de pull, que é um servidor SMB ou um servidor web IIS com uma interface OData, contendo sua própria configuração DSC.

Uma vez que você publicar os arquivos MOF no servidor de pull, configure o LCM nos computadores clientes com um script de configuração que especifique a URL do servidor de pull e crie uma tarefa agendada. Quando tanto o servidor DSC quanto o cliente estiverem configurados apropriadamente, a tarefa agendada no cliente fará o LCM procurar periodicamente configurações no servidor de pull e examinar a compatibilidade do sistema local. Quando necessário, o LCM baixará arquivos de configuração do servidor de pull e os aplicará ao computador cliente.

Em uma arquitetura de push, você executará o cmdlet Start-DscConfiguration no servidor, especificando no parâmetro Path o local em que os arquivos MOF estão armazenados. Por padrão, o cmdlet enviará a configuração especificada para todos os clientes que tiverem arquivos MOF no caminho informado.

Faça upgrades e migrações de servidores e cargas de trabalho básicas do Windows Server 2008 e Windows Server 2012 para o Windows Server 2016

Se você tiver servidores de nível inferior nos quais queira executar o Windows Server 2016, há duas opções: fazer o upgrade ou migrar. Um upgrade é um tipo de instalação do Windows Server 2016 executada em um servidor existente. No fim do processo, você tem um computador executando o Windows Server 2016 com todas as suas funções, aplicativos, definições de configuração e arquivos de dados intactos. Uma migração é quando você executa uma instalação limpa do Windows Server 2016 em um novo computador e transfere todas as funções, aplicativos, definições de configuração e arquivos de dados do computador antigo para o novo. A Microsoft recomenda a execução de migrações, em vez de upgrades, sempre que possível.

Faça o upgrade de servidores

Um upgrade "in-place" é a forma mais complicada de instalação do Windows Server 2016. Também é a que leva mais tempo e a mais provável de apresentar problemas durante sua execução. Durante um upgrade in-place, o programa de instalação cria uma nova pasta do Windows e instala nela os arquivos do sistema operacional Windows Server 2016.

No entanto, essa é apenas metade do processo. Em seguida, o programa deve migrar os aplicativos, arquivos e configurações do sistema operacional antigo. Isso demanda vários procedimentos, como importar os perfis de usuário, copiar todas as configurações pertinentes do registro antigo para o novo, localizar aplicativos e arquivos de dados e atualizar drivers de dispositivos com novas versões.

Logo, o upgrade não é realmente um upgrade e sim uma migração interna entre dois sistemas operacionais instalados no mesmo computador. A probabilidade de ocorrência de problemas durante um upgrade vem do fato de que o sistema operacional original fica relegado a um diretório chamado Windows.old durante o processo, o que dificulta devolver ao computador sua configuração original. Em uma migração entre dois computadores, o sistema original permanece inalterado e ainda é usável, caso ocorra um problema.

Embora, na maioria das vezes, os upgrades in-place ocorram sem problemas, a complexidade do processo de atualização e o grande número de variáveis envolvidas significam que muitas coisas podem dar errado. Para diminuir os riscos envolvidos, é importante que os administradores tenham cuidado com o processo de atualização, preparem o sistema antecipadamente e tenham habilidade para resolver qualquer problema que surgir.

Caminhos de atualização

Quase sempre, é possível fazer o upgrade de um computador que esteja executando o Windows Server 2012 ou o Windows Server 2012 R2 para uma edição equivalente do Windows Server 2016. No entanto, há algumas limitações no processo de upgrade, como descrito a seguir:

- **Versões** Upgrades do Windows Server 2012 e Windows Server 2012 R2 para o Windows Server 2016 são suportados. Não há um caminho de atualização direto de qualquer versão anterior ao Windows Server 2012. Porém, é possível executar um upgrade em duas etapas, da versão 2008 para a 2012 e da 2012 para a 2016, por exemplo.
- **Edições** Upgrades entre edições de sistemas operacionais equivalentes são suportadas, assim como o são upgrades do Windows Server 2012 Standard ou Windows Server 2012 R2 Standard para o Windows Server 2016 Datacenter. Upgrades das edições Datacenter para a edição Standard não têm suporte.
- **Opções de instalação** Upgrades entre computadores que estejam executando as opções de instalação Server Core e de GUI completa não são suportados, em nenhuma direção. Upgrades entre Nano Servers e as outras opções de instalação do Windows Server também não são suportados.
- **Plataformas** Upgrades de versões do Windows Server de 32 para 64 bits nunca tiveram suporte. Já que o Windows Server 2008 foi a última versão de servidor a estar disponível em 32 bits, não haveria mesmo um caminho de atualização para o Windows Server 2016.
- **Idiomas** Upgrades de uma versão do Windows de um idioma para outro não são suportados, independentemente da versão.
- **Estações de trabalho** Upgrades de sistemas operacionais Windows de estação de trabalho para o Windows Server 2016 não são suportados, independentemente da versão.

Em qualquer um desses casos sem suporte, o programa de instalação do Windows não permite que o upgrade prossiga, mas oferece para executar uma instalação limpa.

Prepare-se para o upgrade

Antes de começar um upgrade in-place para o Windows Server 2016, você deve executar vários procedimentos preliminares para antecipar possíveis dificuldades e proteger os dados de seu servidor.

Considere o seguinte antes de executar uma atualização para o Windows Server 2016:

- **Verifique a compatibilidade de hardware**   Verifique se o servidor atende os requisitos mínimos de hardware para uma instalação do Windows Server 2016. De uma maneira geral, se o Windows Server 2012 ou o Windows Server 2012 R2 estiver sendo executado satisfatoriamente, seu hardware deve ser suficiente para executar o Windows Server 2016. Se você está planejando fazer upgrades de hardware, como a instalação de memória adicional, deve concluí-los e testá-los totalmente antes de executar o upgrade, ou espere o upgrade ser concluído e testado.

- **Remova o NIC Teaming (agrupamento NIC)**   O Windows Server 2016 não preserva agrupamentos NIC durante o processo de upgrade. Se seu servidor usa o NIC teaming, você deve remover todos os agrupamentos antes de executar o upgrade e recriá-los depois.

- **Verifique o espaço em disco**   Verifique se há espaço livre suficiente em disco na partição em que o sistema operacional antigo está instalado. Durante o processo de upgrade, a partição precisa de espaço suficiente em disco para conter simultaneamente os dois sistemas operacionais Quando a atualização for concluída com sucesso, você poderá remover os arquivos antigos, liberando algum espaço adicional.

- **Confirme se o software está assinado**   Todos os softwares de modo de kernel do servidor, inclusive drivers de dispositivos, devem estar assinados digitalmente ou o upgrade não prosseguirá. Se você não conseguir localizar uma atualização de software para algum aplicativo ou driver assinado, deve desinstalar o aplicativo ou driver antes de prosseguir com a instalação.

- **Verifique a compatibilidade dos aplicativos**   O programa de instalação exibe a página What Needs Your Attention que avisa sobre possíveis problemas de compatibilidade de aplicativos. Às vezes, conseguimos resolver esses problemas atualizando os aplicativos. Crie um inventário dos produtos de software instalados no servidor e procure atualizações, disponibilidade de upgrades e notificações relativas a suporte para o Windows Server 2016 nos sites dos fabricantes. Em um ambiente corporativo, você deve testar todos os aplicativos em relação à compatibilidade com o Windows Server 2016, não importando o que diz o fabricante, antes de executar upgrades do sistema operacional

- **Instale atualizações do Windows**   Verifique se o sistema operacional antigo está totalmente atualizado com os últimos patches antes de prosseguir com o upgrade.

- **Verifique a funcionalidade do computador**   Verifique se o Windows Server 2012 ou o Windows Server 2012 R2 está funcionando apropriadamente no computador antes de começar o processo de upgrade. Procure avisos e erros no console do Event Viewer. Você deve iniciar um upgrade in-place de dentro do sistema operacional existente, logo não pode esperar que o Windows Server 2016 corrija problemas que impeçam o computador de ser inicializado ou de executar o programa de instalação.

- **Faça um backup completo**   Antes de executar qualquer procedimento de upgrade, você deve fazer o backup do sistema inteiro, preferivelmente usando um produto com recurso de recuperação de desastre, para poder retornar o servidor ao seu estado original, se necessário. No mínimo, você deve fazer o backup de seus arquivos de dados essenciais. Unidades de disco rígido removíveis simplificam esse processo, mesmo se o computador não tiver um dispositivo de backup apropriado.

CAPÍTULO 1   Instalação de Windows Servers em ambientes de host e de computação   **33**

- **Compre o Windows Server 2016**   Cuide para comprar a licença do Windows Server 2016 correta para o upgrade e de ter a mídia de instalação e a chave do produto em mãos, se necessário.

Execute uma instalação de upgrade

Uma vez que o sistema estiver preparado e você tiver todos os componentes necessários, o procedimento de upgrade in-place será semelhante ao de uma instalação limpa, exceto por demorar mais.

Em vez de inicializar o sistema usando uma unidade flash ou um disco de instalação, você iniciará o sistema operacional antigo como faria normalmente e executará o programa Setup. exe do Windows Server 2016. O Windows Setup Wizard aparecerá e o processo de instalação começará.

A primeira diferença é que aparecerá uma página Choose What To Keep, como mostrado na Figura 1-22. Essa página lhe pedirá para escolher entre duas opções, Keep Personal Files And Apps, que é um upgrade, e Nothing, que é uma instalação limpa.

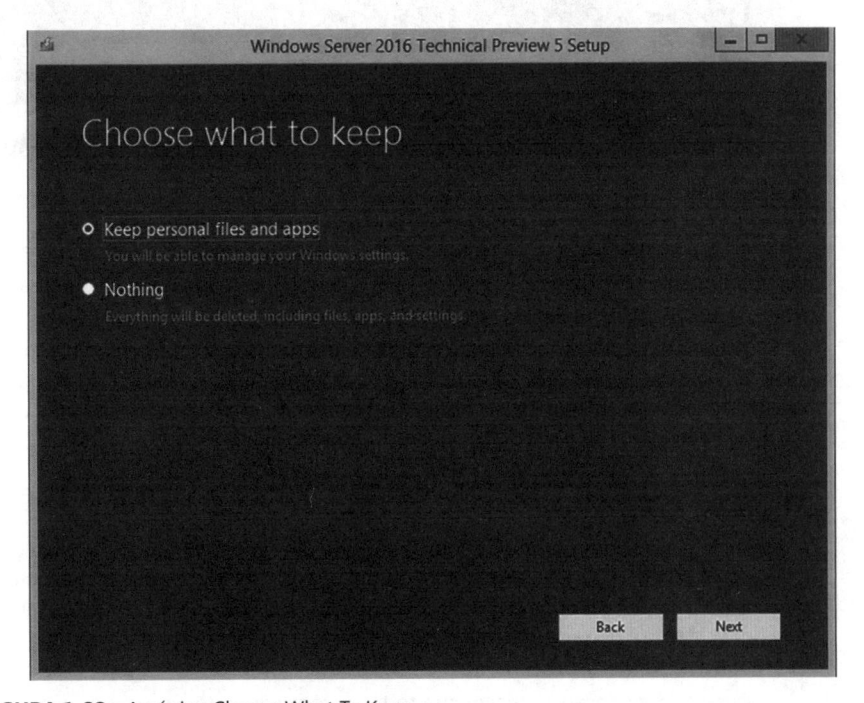

FIGURA 1-22   A página Choose What To Keep.

Em seguida, aparecerá a página What Needs Your Attention, como mostrado na Figura 1-23, informando sobre qualquer incompatibilidade de driver ou aplicativo conhecida.

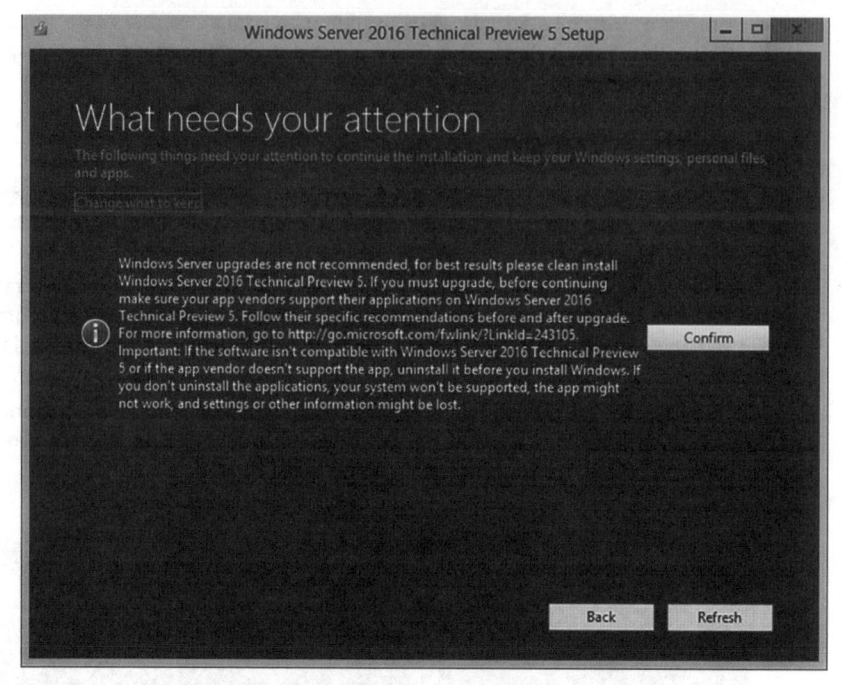

FIGURA 1-23 A página What Needs Your Attention.

Se as informações de compatibilidade fornecidas pelo programa de instalação indicarem algum problema em potencial, você pode ter que fechar o programa para atualizar ou desinstalar um aplicativo incompatível.

Após você clicar em Install, o programa de instalação fará o upgrade do Windows Server 2012 ou Windows Server 2012 R2 para o Windows Server 2016 e reiniciará o computador várias vezes. Dependendo do que estiver instalado no servidor, pode demorar um pouco até o sistema finalizar a instalação e a tela de logon do Windows aparecer.

Migre funções

A migração é o melhor método de substituição de um servidor existente por um que execute o Windows Server 2016. Diferentemente de um upgrade in-place, uma migração copia informações vitais de um servidor existente para uma instalação limpa do Windows Server 2016. O servidor existente é deixado intacto e o novo servidor não tem resquícios pendentes do sistema operacional anterior.

Durante a migração, praticamente todas as restrições listadas anteriormente em relação aos upgrades podem ser desconsideradas. Usando os guias de migração e as Windows Server Migration Tools (Ferramentas de Migração) fornecidos com o Windows Server 2016, você pode transferir dados entre servidores em qualquer uma das condições a seguir:

- **Entre versões** A partir do Windows Server 2003 SP2, você pode transferir dados de qualquer versão para o Windows Server 2016. Isso inclui migrações entre dois servidores executando o Windows Server 2016.
- **Entre plataformas** Você pode transferir dados de um servidor x86 ou x64 para um servidor x64 executando o Windows Server 2016.

- **Entre edições** Você pode transferir dados entre servidores executando diferentes edições do Windows Server.
- **Entre máquinas físicas e virtuais** Você pode transferir dados de uma máquina física para uma virtual ou vice-versa.
- **Entre opções de instalação** Você pode transferir dados de um computador que esteja executando a opção de instalação Server Core do Windows Server 2012 ou do Windows Server 2012 R2 para um sistema de GUI completa que esteja executando o Windows Server 2016. Também pode migrar dados de um sistema de GUI completa para a opção Server Core do Windows Server 2016.

> *NOTA* **LIMITAÇÕES DA MIGRAÇÃO**
> O Windows Server 2016 não dá suporte a migrações entre versões do sistema operacional que usem idiomas diferentes. Você também não pode transferir dados de instalações Server Core do Windows Server 2008, porque a opção Server Core dessa versão não inclui o suporte ao Microsoft .NET Framework.

A migração de servidores Windows é muito diferente de migrações executadas em estações de trabalho. Em vez de efetuar um único procedimento de migração que copie todos os aplicativos e dados do usuário do computador de origem para o de destino de uma só vez, em uma migração de servidor você transferirá funções ou serviços de funções individualmente.

O Windows Server 2016 inclui um conjunto de guias de migração que fornece instruções detalhadas e individualizadas para a migração de cada função suportada pelo sistema. Enquanto algumas funções requerem o uso das Windows Server Migration Tools, outras têm seus próprios recursos internos de migração. Normalmente, eles assumem a forma de uma ferramenta que salva todas as configurações de funções e dados em um arquivo que podemos copiar para o novo servidor e importar.

Instale as Windows Server Migration Tools

As Windows Server Migration Tools são um recurso do Windows Server 2016 composto por arquivos de ajuda e cinco cmdlets do Windows PowerShell que permite que os administradores transfiram certas funções entre servidores.

Os cinco cmdlets incluídos nas Windows Server Migration Tools são os seguintes:

- **Export-SmigServerSetting** Exporta certos recursos do Windows e configurações do sistema operacional para um armazenamento de migração.
- **Get-SmigServerFeature** Exibe uma lista de recursos do Windows que podem ser migrados do servidor local ou de um armazenamento de migração.
- **Import-SmigServerSetting** Importa certos recursos do Windows e configurações do sistema operacional a partir de um armazenamento de migração e os aplica ao servidor local.
- **Receive-SmigServerData** Permite que um servidor de destino receba arquivos, pastas, permissões e propriedades de compartilhamento transferidos de um servidor de origem. O cmdlet Send-SmigServerData tem que estar sendo executado ao mesmo tempo no servidor de origem.

■ **Send-SmigServerData** Transfere arquivos, pastas, permissões e propriedades de compartilhamento de um servidor de origem para um servidor de destino. O cmdlet Receive-SmigServerData tem que estar sendo executado ao mesmo tempo no servidor de destino.

Antes de poder usar os cmdlets das ferramentas de migração, você deve instalar o recurso Windows Server Migration Tools no servidor de destino que estiver executando o Windows Server 2016 e, então, copiar a versão apropriada das ferramentas no servidor de origem

As Windows Server Migration Tools são um recurso padrão que você pode instalar no Windows Server 2016 usando o Add Roles And Features Wizard (Assistente de Adição de Funções e Recursos) do Server Manager ou o cmdlet Install-WindowsFeature do Windows PowerShell, como mostrado a seguir:

```
install-windowsfeature migration
```

Após instalar o recurso Windows Server Migration Tools no servidor de destino, você deve criar uma pasta de distribuição contendo as ferramentas para o servidor de origem. Essa pasta de distribuição conterá os arquivos apropriados para o sistema operacional que estiver sendo executado no servidor de origem.

Para criar a pasta de distribuição em um servidor que esteja executando o Windows Server 2016 com o recurso Windows Server Migration Tools já instalado, use o seguinte procedimento:

1. Abra uma janela de prompt de comando com privilégios administrativos.
2. Alterne para o diretório que contém os arquivos das Windows Server Migration Tools com o comando a seguir:

   ```
   cd\windows\system32\ServerMigrationTools
   ```

3. Execute o programa SmigDeploy.exe com os parâmetros de linha de comando apropriados referentes à plataforma e à versão do sistema operacional do servidor de origem, usando essa sintaxe:

   ```
   SmigDeploy.exe /package /architecture [x86|amd64]
   /os [WS16|WS12R2|WS12|WS08|WS08R2|WS03] /path foldername
   ```

O programa SmigDeploy.exe criará uma nova subpasta no caminho que você especificar para a variável foldername, atribuindo a ela um nome e uma localização de acordo com os parâmetros de linha de comando especificados. Por exemplo, se você digitar o comando a seguir e pressionar Enter, o programa criará uma pasta chamada c:\temp\SMT_ws12R2_amd64 contendo as Server Migration Tools.

```
SmigDeploy.exe /package /architecture amd64 /os WS12R2 /path c:\temp
```

Após criar a pasta de distribuição, copie-a no servidor de origem por algum meio padrão e, em seguida, registre as Windows Server Migration Tools no servidor executando o programa SmigDeploy.exe a partir de um prompt de comando com privilégios administrativos.

Quando você executar o programa SmigDeploy.exe, ele registrará as Windows Server Migration Tools no servidor de origem e abrirá uma janela do Windows PowerShell na qual elas poderão ser usadas.

Use guias de migração

Depois de instalar as Windows Server Migration Tools tanto no servidor de origem quanto no servidor de destino, você poderá executar a migração de dados entre os dois. Usando as ferramentas de migração, você pode transferir certas funções, recursos, compartilhamentos, configurações do sistema operacional e outros dados do servidor de origem para o servidor de destino que estiver executando o Windows Server 2016.

Não há um procedimento exclusivo para a migração de todas as funções do Windows Server, tenham elas suas próprias ferramentas de migração ou não. Em vez disso, a Microsoft fornece guias de migração detalhados para funções individuais e às vezes para os serviços individuais de uma função.

Um guia de migração típico contém elementos como os seguintes:

- **Notas de compatibilidade**   Listas ou tabelas contendo circunstâncias específicas em que os procedimentos do guia são aplicáveis e circunstâncias nas quais eles não se aplicam. Aí estão incluídas notas relacionadas a migrações entre diferentes versões, plataformas e opções de instalação do sistema operacional
- **Conteúdo do guia**   Uma lista das seções que existem no guia de migração.
- **Visão geral da migração**   Uma lista de alto nível dos procedimentos necessários à conclusão da migração, vinculada às instruções dos próprios procedimentos.
- **Requisitos da migração**   Uma lista dos softwares, permissões e outros elementos necessários à conclusão da migração, assim como o período de tempo estimado requerido.
- **Tarefas pré-migração**   Instruções detalhadas de procedimentos que devem ser concluídos antes de começar a migração, inclusive a instalação dos softwares requeridos e o backup de dados existentes.
- **Procedimentos da migração**   Instruções detalhadas dos procedimentos individuais que devem ser executados para concluir a migração.
- **Procedimentos pós-migração**   Instruções para a remoção ou desativação de uma função no servidor de origem ou a restauração dos sistemas para seus estados anteriores.

Determine o modelo de ativação apropriado para a instalação do servidor

Quando você compra uma cópia de varejo do Windows Server 2106, ela vem com uma chave de produto de 25 caracteres. Você digita a chave durante a instalação do sistema operacional e posteriormente o Windows a ativa conectando-se a um servidor da Microsoft e validando-a. No entanto, para administradores de rede responsáveis por dezenas ou centenas de servidores, digitar uma chave diferente em cada computador e fazer seu acompanhamento posterior é praticamente inviável. Para resolver esse problema, a Microsoft fornece vários modelos de ativação de volume que podem simplificar esse aspecto de uma implantação em massa, como os seguintes:

- Chaves de Ativação Múltipla (MAK, Multiple Activation Keys)
- Serviço de Gerenciamento de Chaves (KMS, Key Management Service)
- Ativação Baseada no Active Directory

As próximas seções examinarão cada um desses métodos de ativação de volume.

> **NOTA** **LICENCIAMENTO E ATIVAÇÃO**
>
> É importante entender que o processo de validação de softwares da Microsoft é composto por duas partes: a compra das licenças do software e a ativação das chaves de produto associadas às licenças. Os mecanismos de ativação de volume descritos aqui são apenas o meio de ativar as chaves de produto que você obteve por intermédio de um programa de licenciamento de volume. Eles não têm nenhuma ligação com a compra das licenças.

Chaves de Ativação Múltipla (MAKs)

Uma *chave de ativação múltipla (MAK)* é basicamente uma chave de produto que você pode usar para ativar vários sistemas Windows. Projetada para redes relativamente pequenas, como as que não atingem o limite para o uso de ativação KMS, a ativação MAK elimina a necessidade dos administradores obterem e gerenciarem uma chave de produto individual para cada computador.

Quando você entra em um acordo de Licenciamento de Volume Mak com a Microsoft, pode obter uma chave de produto que dê suporte ao número específico de licenças compradas. Se comprar licenças adicionais em um momento posterior, poderá incluí-las na MAK existente.

Já que a mesma MAK é usada para vários computadores, você pode incorporar a chave de produto a uma imagem de sistema operacional ou especificá-la em um script de implantação. A mesma chave é então copiada em todos os computadores.

Há duas maneiras de utilizar uma MAK na ativação de computadores Windows, como descrito a seguir:

- **Ativação independente de MAK**   Nesse modo, cada computador que usa a MAK deve executar uma ativação individual com a Microsoft, usando uma conexão de Internet ou por telefone. Os administradores podem incorporar a MAK a um script de implantação do Windows, para que todos os computadores recém instalados recebam a chave e a ativem assim que estiverem conectados à Internet. Essa opção também é adequada para computadores que não estejam conectados à rede corporativa, porque ela não requer uma conexão com servidor interno.
- **Proxy de MAK**   Nesse modo, os computadores Windows recebem a MAK de um sistema executando a Ferramenta de Gerenciamento de Ativação de Volume (VAMT, Volume Activation Management Tool). A VAMT coleta IDs de instalação nos computadores de destino, envia-as para a Microsoft usando uma única conexão, e recebe em retorno IDs de confirmação, que ela implanta nos destinos. A autenticação por proxy deve ser usada para sistemas que não tenham acesso direto à Internet, seja por razões de segurança ou por fazerem parte de um ambiente de laboratório ou sala de aula.

Serviço de Gerenciamento de Chaves

O *Serviço de Gerenciamento de Chaves (KMS)* é um aplicativo cliente/servidor que permite que computadores clientes ativem seus sistemas operacionais licenciados comunicando-se com o host KMS na rede local. Os clientes não precisam de acesso à Internet para concluir o processo de ativação, mas o computador que funciona como host KMS precisa.

O KMS é o método de ativação recomendado pela Microsoft para redes grandes. Ao contrário das ativações MAK, em que um servidor funciona como proxy executando transações de ativação individuais para seus clientes, o host KMS funciona como uma autoridade real de ativação para os computadores da rede. Uma vez que a chave de produto do host KMS for validada, ele próprio ativará os produtos do cliente e renovará as ativações desses produtos regularmente.

Para administradores de rede, isso significa que eles podem executar implantações de sistemas operacionais em massa sem ter que especificar uma chave de produto individual e sem ter que concluir uma transação separada na Internet para cada ativação. Uma vez que a instalação do sistema operacional licenciado é concluída, os computadores clientes localizam um host KMS na rede e ativam seus produtos automaticamente. Nenhuma interação adicional é necessária na extremidade tanto do cliente quanto do host KMS.

Limitações do KMS

Antes de decidir escolher o KMS para as ativações de volume de sua rede, você deve estar ciente das limitações que podem impedi-lo de usá-lo. A versão do KMS incluída no Windows Server 2016 e Windows 10 pode ativar o Windows Vista e versões posteriores, o Windows Server 2008 e versões posteriores e o Office 2010 e versões posteriores. No entanto, se você usar o Windows 10 como host KMS, só poderá ativar as versões de estação de trabalho do Windows e não as versões de servidor.

O KMS também requer um mínimo de 25 sistemas de estação de trabalho ou cinco sistemas de servidor como clientes. Isso se chama *limite de ativação*. À medida que os computadores enviam suas solicitações de ativação para o host KMS, este mantém uma contagem de solicitações e não executa nenhuma ativação até a contagem alcançar o requisito mínimo. Enquanto o host não tiver alcançado esse mínimo, os clientes repetirão suas solicitações a cada duas horas para determinar sua contagem de ativações atual. Além disso, se a contagem de ativações de um host KMS operacional cair abaixo do mínimo, o host parará de executar ativações até se recuperar.

Os hosts KMS mantêm um cache de solicitações de ativação cujo total é duas vezes o número do limite de ativação. Logo, um host mantém um registro de suas 50 solicitações de estação de trabalho mais recentes, para ajudar a impedi-lo de ficar abaixo do mínimo requerido. A Microsoft recomenda então que redes que usem o KMS tenham pelo menos 50 computadores. Redes compostas por menos de 50 computadores devem usar outros mecanismos para a ativação de volume.

Ao contrário das ativações individuais e de MAK, que ocorrem apenas uma vez, as ativações KMS expiram em 180 dias. Isso é conhecido como *intervalo de validade de ativação*. Os clientes tentam renovar suas ativações a cada sete dias. Se não conseguirem efetivar a reativação, as ativações de seus produtos expiram.

Instale um host KMS

Um único host KMS pode gerenciar as ativações de uma rede de praticamente qualquer tamanho, mas muitas empresas mantêm dois, para fins de tolerância a falhas. Para instalar um host KMS em um computador que esteja executando o Windows Server 2016, você deve adicionar a função Volume Activation Services e então configurar as Volume Activation Tools.

A instalação de um host KMS no Windows Server 2016 demanda, em primeiro lugar, a obtenção de uma chave de host KMS no Centro de Serviços de Licenciamento por Volume da Microsoft (Microsoft Volume Licensing Service Center). Em seguida, execute o procedimento a seguir.

1. Usando uma conta com privilégios administrativos, inicie o Server Manager e use o Add Roles And Features Wizard para instalar a função Volume Activation Services, incluindo recursos que são seus requisitos.

2. Quando a instalação da função terminar, clique no link Volume Activation Tools. O Volume Activation Tools Wizard aparecerá, exibindo a página Select Volume Activation Method, como mostrado na Figura 1-24.

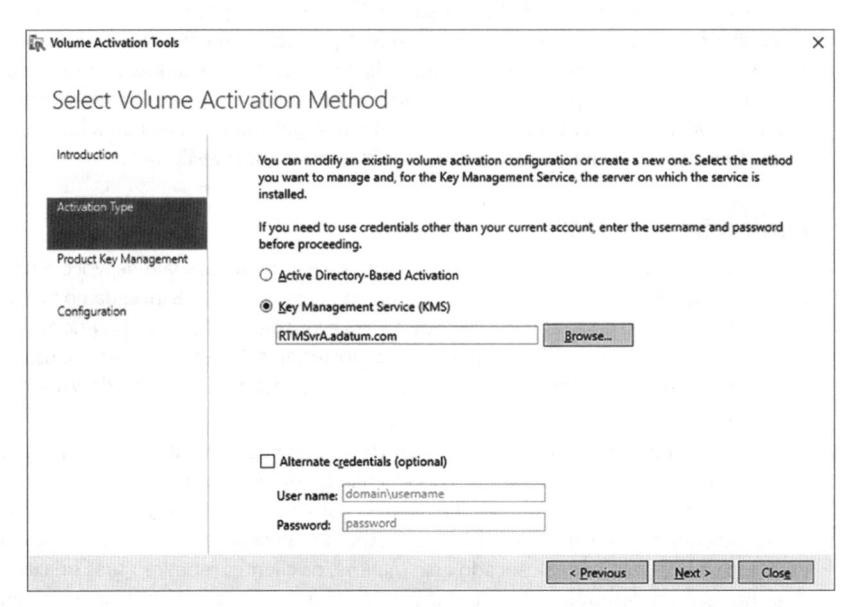

FIGURA 1-24 A página Volume Activation Method no Volume Activation Tools Wizard.

3. Clique em Next para aceitar o sistema local como servidor KMS. A página Manage KMS Host aparecerá, como mostra a Figura 1-25.

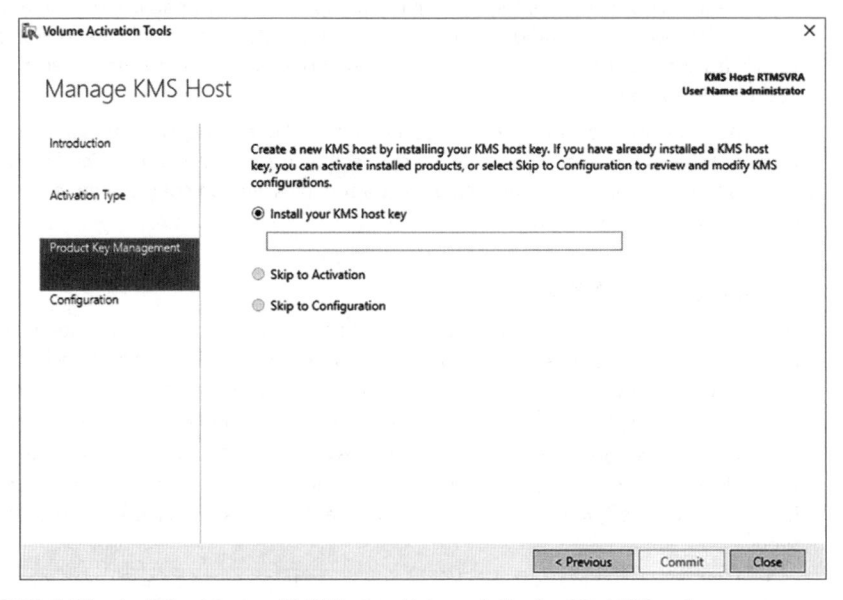

FIGURA 1-25 A página Manage KMS Host no Volume Activation Tools Wizard.

4. Digite a chave de seu host KMS na caixa de texto e clique em Commit. A página Product Key Installation Succeeded será exibida.
5. Clique em Activate Products. Aparecerá a página Activate Product.
6. Deixe a opção Activate Online selecionada e clique em Commit. O assistente ativará a chave e a página Activation Succeeded aparecerá.
7. Clique em Close.

> **NOTA COMUNICAÇÕES KMS**
> Um computador funcionando como host KMS deve permitir tráfego na porta TCP 1688. Certifique-se de configurar os firewalls para permitirem esse tráfego.

Uma vez que o host KMS estiver instalado e configurado, e sua chave de host tiver sido ativada, ele estará pronto para ativar clientes na rede. Os produtos que o host KMS pode ativar – e os sistemas operacionais que podem funcionar como host KMS – são definidos pela chave do host. Quando você entrar em um acordo de licenciamento de volume com a Microsoft, especificará que sistemas operacionais deseja executar e quantos computadores pretende implantar, e a Microsoft lhe dará uma chave de host KMS para o grupo apropriado de produtos a ser ativado por volume.

Para os clientes se conectarem com um host KMS, eles têm que poder encontrá-lo, e podem fazer isso usando o Domain Name System (DNS). Uma vez que o host KMS estiver ativado, ele criará um registro de recurso SRV identificando o computador como tal. Os clientes KMS da rede poderão então encontrar o host executando consultas DNS padrão.

Configure clientes KMS

Edições do Windows licenciadas por volume, como as edições Enterprise, por padrão usam o KMS para ativar o sistema operacional. Após uma implantação em massa desses sistemas operacionais, a autenticação ocorrerá automaticamente contanto que os clientes possam localizar e se conectar com um host KMS funcional.

Se você tiver computadores que estejam executando edições do Windows que não sejam clientes KMS por padrão, como computadores com licenças de cópia de revenda, de ativação MAK ou de host KMS, poderá configurá-los para serem clientes KMS fornecendo *chaves genéricas de licenciamento de volume* (GVLKs, generic volume licensing keys) publicadas pela Microsoft.

Ativação baseada no Active Directory

No Windows Server 2012 e Windows 8, a Microsoft introduziu um terceiro método de ativação de volume, chamado ativação baseada no Active Directory. A *ativação baseada no Active Directory* é semelhante ao KMS, exceto por usar o Active Directory Domain Services (AD DS) para a comunicação e o armazenamento de dados em vez de um host KMS. Uma vez que você tiver configurado sua floresta de AD DS para fornecer ativação baseada no Active Directory, computadores com GVLKs serão ativados automaticamente quando se associarem ao domínio.

O Active Directory só pode ativar licenças para o Windows Server 2016, Windows Server 2012 R2, Windows Server 2012, Windows 10, Windows 8.1, Windows 8 e qualquer versão mais recente do Windows. Para versões anteriores, como o Windows Server 2008 R2 e Windows 7, você deve usar um host KMS padrão ou licenças MAK.

Para dar suporte à ativação baseada no Active Directory, você precisa ter pelo menos um controlador de domínio executando o Windows Server 2016, Windows Server 2012 R2 ou Windows Server 2012, e o esquema da floresta deve ser no mínimo do nível do Windows Server 2012. Ou seja, se sua rede tiver controladores de domínio de AD DS executando o Windows Server 2008 R2 ou uma versão anterior, você deve elevar o nível funcional da floresta para pelo menos o do Windows Server 2012 ou atualizar o esquema no mínimo para o nível deste sistema usando a ferramenta Adprep.exe.

O procedimento de configuração da ativação baseada no Active Directory é quase igual ao de instalação de um host KMS, como detalhado anteriormente. É preciso adicionar a função Volume Licensing Services em um computador executando o Windows Server 2016, Windows Server 2012 R2 ou Windows Server 2012 e executar o Volume Activation Tools Wizard. A principal diferença é que na página Select Volume Activation Method, você selecionará a opção Active Directory–Based Activation, como mostrado na Figura 1-26.

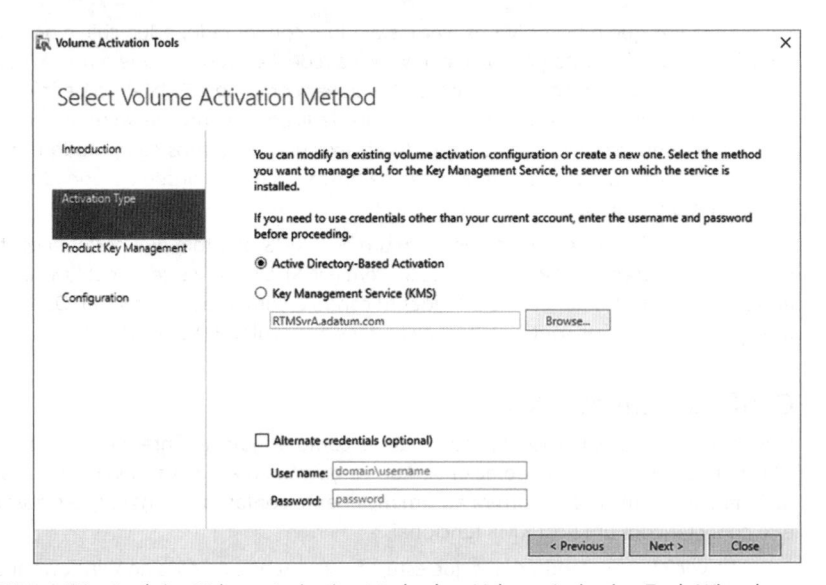

FIGURA 1-26 A página Volume Activation Method no Volume Activation Tools Wizard.

Na página Manage Activation Objects, mostrada na Figura 1-27, você fornecerá a chave do host KMS e especificará um nome para o novo objeto de ativação que será criado no AD DS. Uma vez que a chave de host for ativada, o assistente criará um objeto de ativação em seu domínio do AD DS. Quando a página Activation Succeeded aparecer, clique em Close e o AD DS estará pronto para ativar clientes.

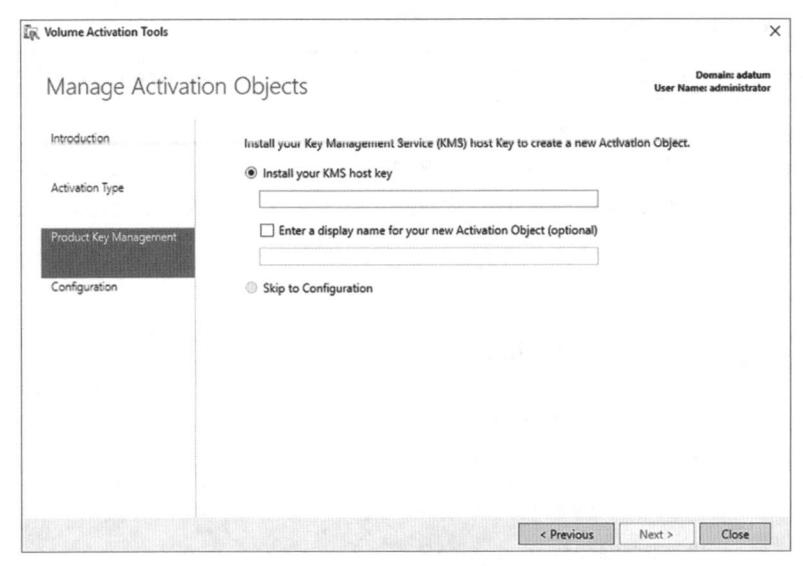

FIGURA 1-27 A página Manage Activation Objects no Volume Activation Tools Wizard.

Use a Ativação Automática de Máquina Virtual (AVMA)

A ativação automática de máquina virtual (AVMA, Automatic Virtual Machine Activation) é um mecanismo que simplifica o processo de ativar as máquinas virtuais (VMs) criadas em um servidor Hyper-V apropriadamente ativado. Em vez de precisarmos inserir e gerenciar uma chave de produto individualmente nas VMs, a AVMA cria uma vinculação entre o servidor host e o mecanismo de ativação em cada VM. As VMs são ativadas automaticamente e permanecem assim, mesmo quando são migradas para outros servidores Hyper-V.

Já que o servidor host está funcionando como agente de ativação para suas VMs, a AVMA pode ativar VMs clientes quando não há conexão com a Internet ou quando o servidor está em um local remoto. Os administradores podem monitorar o status da ativação das VMs a partir do servidor host, até quando não têm acesso a elas.

Para usar a AVMA, você precisa estar executando a edição Datacenter do Windows Server 2016 ou Windows Server 2012 R2 no servidor host do Hyper-V. As máquinas virtuais desse servidor podem estar executando a edição Datacenter, Standard ou Essential do Windows Server 2016 (somente em um host Windows Server 2016) ou Windows Server 2012 R2.

Após você instalar a função Hyper-V no servidor host, poderá criar uma máquina virtual executando um dos sistemas operacionais suportados como de costume. Em seguida, deve instalar uma chave AVMA a partir de um prompt de comando com privilégios administrativos, usando a sintaxe a seguir:

```
slmgr /ipk AVMAkey
```

O valor usado para a variável AVMAkey vai depender do sistema operacional que estiver sendo executado na máquina virtual. A Microsoft publica chaves para cada um dos sistemas operacionais e edições suportadas, como mostrado na Tabela 1-1.

TABELA 1-1 Chaves AVMA

Edição	Windows Server 2016	Windows Server 2012 R2
Datacenter	TMJ3Y-NTRTM-FJYXT-T22BY-CWG3J	Y4TGP-NPTV9-HTC2H-7MGQ3-DV4TW
Standard	C3RCX-M6NRP-6CXC9-TW2F2-4RHYD	DBGBW-NPF86-BJVTX-K3WKJ-MTB6V
Essentials	B4YNW-62DX9-W8V6M-82649-MHBKQ	K2XGM-NMBT3-2R6Q8-WF2FK-P36R2

> ✓ **Verificação rápida**
>
> Quais das opções a seguir são limites de ativação corretos para o Serviço de Gerenciamento de Chaves (KMS)?
>
> 1. 5 estações de trabalho
> 2. 5 servidores
> 3. 25 estações de trabalho
> 4. 25 servidores
>
> **Resposta da verificação rápida**
>
> O KMS requer um mínimo de 25 sistemas de estação de trabalho ou (#3) 5 sistemas de servidor como clientes. Isso se chama limite de ativação.

Objetivo 1.2: Instalar e configurar o Nano Server

O Server Core, incluído pela primeira vez no lançamento do Windows Server 2008, era uma opção de instalação em menor escala que demandava menos memória e menos espaço de armazenamento. Ele também reduziu os requisitos de manutenção e tinha uma superfície de ataque menor. A opção Server Core não tem shell do Windows Explorer, logo, deve ser administrada com o uso dos prompts de PowerShell e de comando, e por gerenciamento remoto.

No Windows Server 2016, a Microsoft lançou o *Nano Server*, outra opção de instalação cuja escala é ainda menor. O Nano Server é "headless", ou seja, ele não tem interface de usuário local, não dá suporte a aplicativos de 32 bits e só apresenta os controles de configuração mais básicos. Não há o suporte à Área de Trabalho Remota (Remote Desktop). Para administrar o sistema, usamos conexões remotas de PowerShell através do Windows Remote Management (WinRM), e ferramentas de Windows Management Interface (WMI).

CAPÍTULO 1   Instalação de Windows Servers em ambientes de host e de computação   **45**

> **Esta seção aborda como:**
> - Determinar cenários de uso apropriados e requisitos do Nano Server
> - Instalar o Nano Server
> - Implementar funções e recursos no Nano Server
> - Gerenciar e configurar o Nano Server
> - Gerenciar o Nano Server remotamente usando o Windows PowerShell

Determine cenários de uso apropriados e requisitos do Nano Server

O Nano Server foi projetado para fornecer serviços de infraestrutura baseados na nuvem com um footprint mínimo de recursos, gerenciamento e superfície de ataque. Os dois cenários básicos para implantações do Nano Server são:

- Serviços de infraestrutura de servidor na nuvem, como o Hyper-V, o Failover Clustering, os Scale-out File Servers, o DNS e o Internet Information Services (IIS).
- Aplicativos "nascidos na nuvem" sendo executados em máquinas virtuais, em contêineres ou em servidores físicos, usando plataformas de desenvolvimento que não requerem uma interface gráfica

O Nano Server tem um footprint muito pequeno que permite que o servidor seja inicializado em alguns segundos, sendo drasticamente mais rápido do que o Windows Server ou o Server Core. Ele requer menos atualizações e fornece uma superfície de ataque muito menor. Por padrão, ele executa menos da metade dos serviços e processos de uma instalação completa do Windows Server, e bem menos do que o Server Core, assim como mantém menos portas abertas.

A Microsoft é comprometida com os serviços baseados na nuvem – sejam públicos, privados ou híbridos – e isso levou à necessidade de servidores altamente eficientes dedicados a tarefas específicas. Um dos maiores obstáculos dessa busca era o tamanho relativamente grande do footprint de recursos do Windows Server, até mesmo na opção Server Core. O Nano Server foi projetado para fornecer uma infraestrutura baseada em máquina virtual mais eficaz com menos requisitos de recursos de hardware para armazenamento, tempo de inatividade mínimo e manutenção simplificada.

Quando executado como uma máquina virtual do Hyper-V, o Nano Server é muito eficiente. Por padrões puramente empíricos, uma VM Nano Server usa menos do que metade da memória atribuída a um servidor membro de carga leve executando o Windows Server Desktop Experience completo e também menos do que um sistema Server Core. Para fins de demonstração, a Microsoft conseguiu executar mais de 3.400 VMs, com 128 MB de RAM cada, em um único servidor com oito processadores de 20 núcleos e 1 terabyte de memória.

A natureza headless do design do Nano Server não significa que os administradores estejam restritos às ferramentas de gerenciamento do PowerShell e do prompt de comando, embora elas certamente tenham seu valor. Se quiser, você pode se conectar a um Nano Server remotamente usando as ferramentas gráficas padrão do Windows, inclusive o Hyper-V Manager e outros snap-ins do Microsoft Management Console (MMC), o Server Manager e até mesmo os consoles do System Center.

O maior problema do design do Nano Server, pelo menos nesse ponto de seu desenvolvimento, é sua utilidade relativamente limitada. O servidor só dá suporte a um pequeno subconjunto das funções e recursos do produto Windows Server completo. No entanto, as funções que são suportadas no Nano Server são particularmente adequadas a implantações na nuvem. Podemos executar servidores web IIS, servidores de arquivos e servidores Hyper-V, e, com o suporte a clusters e contêineres fornecido, esses serviços são ao mesmo tempo resilientes e altamente escaláveis.

Instale o Nano Server

Não há um assistente para a instalação do Nano Server, como há para o Windows Server e o Server Core. Você pode instalar o sistema operacional criando um Disco Rígido Virtual (VHD, Virtual Hard Disk) em outro computador a partir da linha de comando do PowerShell. Em seguida, use o VHD para criar uma máquina virtual do Hyper-V ou uma unidade de inicialização para um servidor físico.

O Windows Server 2016 inclui um diretório Nano Server em seu disco de instalação ou arquivo de imagem, que contém a imagem do Nano Server, um módulo do PowerShell e um subdiretório contendo os arquivos de pacotes das funções e recursos aos quais o sistema operacional dá suporte. A importação do módulo do PowerShell fornece os cmdlets que você usará para criar e editar imagens do Nano Server. Os arquivos de pacotes contêm versões especiais das funções e recursos que podem ser instaladas diretamente no arquivo VHD. Apesar de sua semelhança com as versões usadas pelo Windows Server e Server Core, as funções do Nano Server não são intercambiáveis. Você não pode instalar funções do produto Windows Server completo em um sistema Nano Server.

Crie uma imagem do Nano Server

Para criar uma nova imagem do Nano Server, abra uma sessão do PowerShell com privilégios administrativos em um computador com a mídia de instalação do Windows Server 2016 carregada ou montada. Alterne para a pasta Nano Server no disco de instalação e importe o módulo do Windows PowerShell necessário ao fornecimento dos cmdlets para o Nano Server, usando o comando a seguir:

```
import-module .\nanoserverimagegenerator -verbose
```

A importação do módulo dá acesso ao cmdlet New-NanoServerImage, que você usará para criar um arquivo VHD do Nano Server.

Para executar o cmdlet New-NanoServerImage, use a sintaxe básica a seguir:

```
new-nanoserverimage -deploymenttype guest|host -edition standard|datacenter -mediapath root -targetpath path\filename -computername name
```

Os parâmetros requeridos pelo cmdlet New-NanoServerImage são os seguintes:

- **DeploymentType** Especifica se o arquivo de imagem deve ser usado em uma máquina virtual do Hyper-V (convidada) ou em um servidor físico (host).
- **Edition** Especifica se será instalada a edição Standard ou Datacenter do Nano Server.
- **MediaPath** Especifica o caminho para a raiz do disco de instalação ou da imagem montada do Windows Server 2016.
- **BasePath** Especifica o caminho no sistema local no qual o cmdlet criará uma cópia dos arquivos de instalação a partir da localização especificada no parâmetro MediaPath. Uma vez que a cópia for criada, será possível usar só o parâmetro BasePath para emitir futuros comandos New-NanoServerImage, omitindo o parâmetro MediaPath. Esse parâmetro é opcional.

- **TargetPath** Especifica o caminho completo e o nome de arquivo da nova imagem a ser criada. A extensão do nome do arquivo (.vhd ou .vhdx) determina se a nova imagem deve ser de geração 1 ou 2.
- **ComputerName** Especifica o nome de computador que deve ser atribuído à nova imagem.

Um exemplo do comando de criação de uma imagem padrão de geração 2 do Nano Server com o nome de computador Nano1 para uso em uma máquina virtual, seria:

```
new-nanoserverimage -deploymenttype guest -edition standard -mediapath d:\ -targetpath c:\temp\nanoserver1.vhdx -computername nano1
```

Quando o comando for executado, ele pedirá uma senha que será aplicada à conta Administrator na imagem do Nano Server. A saída gerada pelo cmdlet aparecerá como mostrado na Figura 1-28.

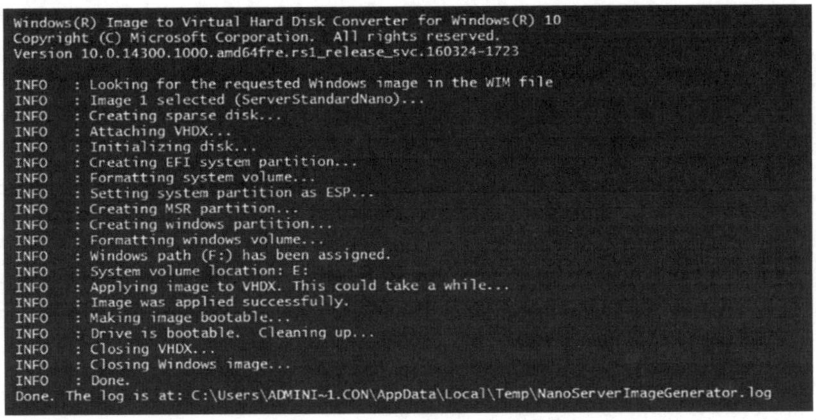

FIGURA 1-28 Saída do PowerShell gerada pelo cmdlet New-NanoServerImage.

Associe a um domínio

Para criar uma nova imagem do Nano Server que seja membro de um domínio, você estará basicamente executando uma associação offline ao domínio. Para fazê-lo, é preciso ter acesso ao domínio ao qual o Nano Server se associará, para que você possa receber um arquivo de provisionamento de domínio, chamado *blob*, e aplicá-lo ao arquivo VHD recém criado.

O cmdlet New-NanoServerImage dá suporte ao parâmetro DomainName, que você pode usar quando estiver criando a imagem em um computador que seja membro de um domínio e tiver feito logon usando uma conta que tenha os privilégios necessários à criação de contas de computador no domínio. Especifique o parâmetro DomainName na linha de comando de New-NanoServerImage com o nome do domínio ao qual a nova imagem se associará, como no exemplo a seguir:

```
new-nanoserverimage -deploymenttype guest -edition standard -mediapath d:\ -targetpath c:\temp\nanoserver2.vhdx -computername nano2 -domainname contoso
```

Uma vez que o processamento do comando terminar e a nova imagem for criada, um novo objeto Computer aparecerá no Active Directory, como mostrado na Figura 1-29.

FIGURA 1-29 Nova conta de computador do Nano Server no Active Directory.

> **NOTA** **REUTILIZANDO UM NOME DE COMPUTADOR DO DOMÍNIO**
>
> Se já existir no Active Directory uma conta de computador com o nome especificado no parâmetro Computername, você pode configurar uma imagem do Nano Server para reutilizar essa conta adicionando o parâmetro ReuseDomainNode à linha de comando de New-NanoServerImage.

É possível associar uma nova imagem do Nano Server a um domínio mesmo se ela for criada em um computador que não seja membro do domínio, mas o processo é mais complicado. Nesse caso, é preciso obter o arquivo blob em um computador membro do domínio e então copiá-lo no computador em que você pretende executar New-NanoServerImage.

Você pode criar um arquivo blob com a ferramenta Djoin.exe incluída no Windows Server 2016 usando a sintaxe a seguir:

```
djoin /provision /domain domainname /machine computername /savefile filename.txt
```

Um exemplo de comando de provisionamento do Djoin seria:

```
djoin /provision /domain contoso /machine nano3 /savefile nano3blob.txt
```

Provisionar o computador dessa forma cria a conta de computador no domínio e gera um arquivo de texto usando o nome especificado no comando Djoin. Embora o blob seja um arquivo de texto, as informações que ele contém são codificadas, como mostra a Figura 1-30.

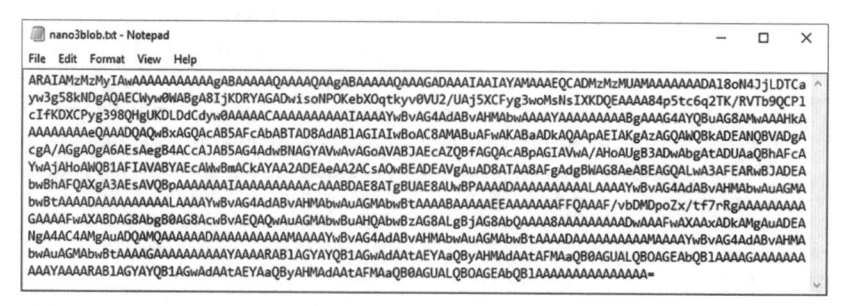

FIGURA 1-30 Conteúdo de um arquivo blob criado pelo Djoin.exe.

CAPÍTULO 1   Instalação de Windows Servers em ambientes de host e de computação   49

Após copiar o arquivo blob no computador em que você criará a nova imagem do Nano Server, execute o cmdlet New-NanoServerImage com o parâmetro DomainBlobPath, especificando a localização do arquivo blob, como nesse exemplo:

```
new-nanoserverimage -deploymenttype guest -edition standard  mediapath d:\ -targetpath
c:\temp\nanoserver2.vhdx -computername nano2 -domainblobpath c:\temp\nano3blob.txt
```

Crie uma VM de Nano Server

Uma vez que tiver criado um arquivo de imagem VHD ou VHDX do Nano Server usando o cmdlet New-NanoServerImage, você pode passar para a implantação. No caso de uma máquina virtual, para a qual especificamos Guest no parâmetro DeploymentType, crie uma nova VM no Hyper-V usando o arquivo de imagem VHD ou VHDX do Nano Server como seu arquivo de disco virtual em vez de criar um novo arquivo.

Se criar a VM usando o New Virtual Machine Wizard no Hyper-V Manager, marque a opção Use An Existing Virtual Hard Disk na página Connect Virtual Hard Disk e selecione o arquivo de imagem do Nano Server que criou, como na Figura 1-31.

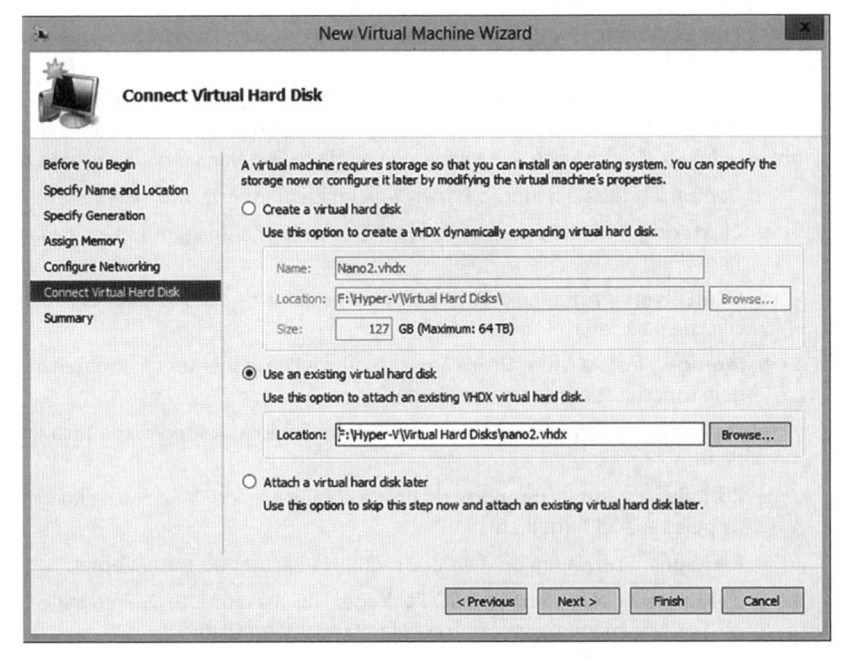

FIGURA 1-31   Usando um arquivo de imagem VHDX do Nano Server para criar uma máquina virtual.

Se usar o cmdlet New-VM do PowerShell para criar a máquina virtual, utilize o parâmetro VHDPath para especificar o nome e a localização do arquivo de imagem do Nano Server, como no exemplo a seguir:

```
new-vm -name "nano2" -generation 2 -memorystartupbytes 1GB -vhdpath "f:\hyper-v\virtual
hard disks\nano2.vhdx"
```

> **NOTA** **CRIANDO UMA VM DA GERAÇÃO CORRETA**
> Como mencionado anteriormente, a extensão de arquivo que você fornecer no parâmetro TargetPath especificará se o cmdlet New-NanoServerImage criará uma imagem de geração 1 ou 2. Ao criar a nova máquina virtual no Hyper-V, certifique-se de definir uma VM de geração 1 para um arquivo VHD ou uma VM de geração 2 para um arquivo VHDX.

Implemente funções e recursos no Nano Server

Todos os componentes de software opcionais que você pode adicionar a um arquivo VHD do Nano Server são fornecidos como pacotes. O diretório NanoServer da mídia de instalação do Windows Server 2016 tem um subdiretório chamado Packages, que inclui todos os arquivos CAB individuais contendo os drivers, funções, recursos e outros componentes que podem ser adicionados a um VHD.

Depois que o cmdlet New-NanoServerImage cria um arquivo VHD, ele adicionará qualquer pacote que você tiver especificado no comando. Por exemplo, os drivers Guest especificados pelo parâmetro DeploymentType são fornecidos como um pacote, que o cmdlet instala no arquivo VHD.

Para instalar os pacotes adicionais fornecidos com o Nano Server, como os que contêm funções e recursos, você pode incluir parâmetros opcionais à linha de comando de New-NanoServerImage. Os parâmetros opcionais do cmdlet New-NanoServerImage são os seguintes:

- **Compute**   Instala a função Hyper-V na imagem especificada pela variável TargetPath.
- **Clustering**   Instala a função Failover Clustering na imagem especificada pela variável TargetPath.
- **OEMDrivers**   Adiciona os driver básicos incluídos na opção Server Core à imagem especificada pela variável TargetPath.
- **Storage**   Instala a função File Server e outros componentes de armazenamento na imagem especificada pela variável TargetPath.
- **Defender**   Instala o Windows Defender na imagem especificada pela variável TargetPath.
- **Containers**   Instala o suporte do host a contêineres do Windows na imagem especificada pela variável TargetPath.
- **Packages**   Instala um ou mais dos seguintes pacotes do Nano Center:
    - **Microsoft-NanoServer-DSC-Package**   Instala o pacote Desired State Configuration (DSC) na imagem especificada pela variável TargetPath.
    - **Microsoft-NanoServer-DNS-Package**   Instala a função DNS Server na imagem especificada pela variável TargetPath.
    - **Microsoft-NanoServer-IIS-Package**   Instala a função IIS na imagem especificada pela variável TargetPath.
    - **Microsoft-NanoServer-SCVMM-Package**   Instala o agente do System Center Virtual Machine Manager na imagem especificada pela variável TargetPath.
    - **Microsoft-NanoServer-SCVMM-Compute-Package**   Instala a função Hyper-V na imagem especificada pela variável TargetPath, para que ela possa ser gerenciada com o System Center Virtual Machine Manager. Não use com o parâmetro Compute.

- **Microsoft-NanoServer-NPDS-Package** Instala o Network Performance Diagnostics Service na imagem especificada pela variável TargetPath.
- **Microsoft-NanoServer-DCB-Package** Instala o Data Center Bridging na imagem especificada pela variável TargetPath.
- **Microsoft-NanoServer-SecureStartup-Package** Instala a Inicialização Segura na imagem especificada pela variável TargetPath.
- **Microsoft-NanoServer-ShieldedVM-Package** Instala o pacote Shielded Virtual Machine na imagem especificada pela variável TargetPath (somente na edição Datacenter).

Para adicionar uma função ou recurso a um arquivo VHD existente do Nano Server, você pode usar o cmdlet Edit-NanoServerImage, que é semelhante ao cmdlet New-NanoServerImage usado para criar o arquivo VHD. A sintaxe é a seguinte:

```
edit-nanoserverimage -basepath path -targetpath path\filename -packages name
```

Os parâmetros do cmdlet Edit-NanoServerImage são:

- **BasePath** Especifica o caminho no qual você criou anteriormente uma cópia dos arquivos de instalação do Nano Server usando o cmdlet New-NanoServerImage com o parâmetro BasePath no sistema local.
- **TargetPath** Especifica o caminho completo e o nome de arquivo da imagem existente do Nano Server a ser modificada.
- **Packages** Especifica um ou mais pacotes do Nano Center a serem instalados no arquivo de imagem informado no parâmetro TargetPath. Os valores possíveis para o parâmetro são os mesmos que foram listados para o cmdlet New-NanoServerImage ou você pode especificar arquivos CAB que tiver baixado ou criado por conta própria.

Por exemplo, o comando para a inclusão da função Web Server (IIS) em um arquivo de imagem teria a seguinte aparência:

```
edit-nanoserverimage -basepath c:\nanoserver\base -targetpath c:\nanoserver\nano1.vhdx
-packages microsoft-nanoserver-iis-package
```

> ✓ **Verificação rápida**
>
> Você está planejando implantar um Nano Server para funcionar como servidor Hyper-V para sua rede. Qual dos parâmetros a seguir deve incluir na linha de comando de New-NanoServerImage?
>
> 1. /containers
> 2. /packages
> 3. /compute
> 4. /clustering
>
> **Resposta da verificação rápida**
>
> Quando executamos New-NanoServerImage com o parâmetro /compute (#3), o cmdlet aplica a função Hyper-V ao novo arquivo de imagem.

Gerencie e configure o Nano Server

Uma vez que você implantar a imagem VHD em uma máquina virtual e iniciar o sistema Nano Server, aparecerá uma tela de autenticação simples baseada em caracteres, como mostrado na Figura 1-32.

FIGURA 1-32   A tela de autenticação do Nano Server.

Após você fazer logon, aparecerá a tela Nano Server Recovery Console, como mostra a Figura 1-33. Essa tela fornece apenas os controles mínimos necessários para a configuração dos recursos do sistema referentes à administração remota do cliente.

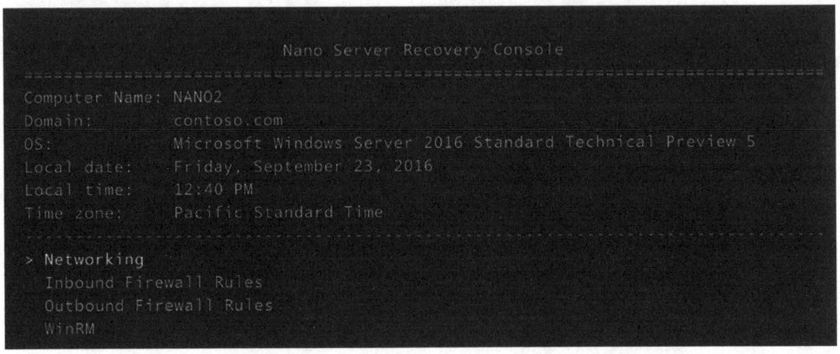

FIGURA 1-33   A tela Nano Server Recovery Console.

Você pode configurar as interfaces de rede, definir regras do Firewall do Windows e configurar o gerenciamento remoto (WinRM). Uma vez que o sistema estiver pronto para chamadas feitas a partir de ferramentas de gerenciamento remoto, não haverá nada mais a ser feito a partir do console do Nano Server. Toda a administração subsequente ocorrerá remotamente.

Configure o endereço IP de um Nano Server

Como ocorre com as outras opções de instalação do Windows Server, o Nano Server vem com seu cliente Dynamic Host Configuration Protocol (DHCP) ativado por padrão. Se você tiver um servidor DHCP em sua rede, o Nano Server obterá um endereço IP com ele e configurará o adaptador de rede do sistema automaticamente. Se não houver um servidor DHCP disponível, você pode configurar o adaptador de rede manualmente usando parâmetros da linha de comando New-NanoServerImage ou empregando uma das poucas funções disponíveis no Nano Server Recovery Console.

Você pode configurar um adaptador de rede em um Nano Server ao criar o arquivo de imagem VHD, especificando as definições de configuração IP na linha de comando New-NanoServerImage. Também pode modificar as configurações de um arquivo VHD existente usando o cmdlet Edit-NanoServerImage. Os parâmetros usados com os dois cmdlets são os seguintes:

- **InterfaceNameOrIndex** Identifica o adaptador de rede do Nano Server ao qual as configurações dos parâmetros a seguir devem ser aplicadas. Em uma máquina com um único adaptador de interface de rede, o valor Ethernet deve ser suficiente.
- **Ipv4Address** Especifica o endereço IPv4 a ser atribuído ao adaptador de rede identificado pelo parâmetro InterfaceNameOrIndex.
- **Ipv4SubnetMask** Especifica o valor de máscara de sub-rede associado ao endereço IP informado no parâmetro Ipv4Address.
- **Ipv4Gateway** Especifica o endereço IP de um roteador da rede local em que o endereço IP informado no parâmetro Ipv4Address está localizado, que fornece acesso a outras redes.
- **Ipv4Dns** Especifica o endereço IP do servidor DNS que o sistema deve usar para localizar recursos.

Um exemplo da linha de comando New-NanoServerImage que inclui esses parâmetros seria:

```
new-nanoserverimage -deploymenttype guest -edition standard -mediapath d:\ -targetpath
c:\temp\nanoserver4.vhdx -computername nano4 -domain contoso.com -interfacenameorindex
ethernet -ipv4address 192.168.10.41 -ipv4subnetmask 255.255.255.0 -ipv4gateway
192.168.10.1 -ipv4dns 192.168.10.2
```

Para configurar manualmente o adaptador de rede para usar um endereço IP estático a partir do Nano Server Recovery Console, após a imagem ser criada e implantada, use o procedimento a seguir:

1. Selecione o item Networking e pressione Enter.

> **NOTA** **USANDO A INTERFACE DO NANO SERVER RECOVERY CONSOLE**
>
> O Nano Server Recovery Console não dá suporte ao mouse e até mesmo seu suporte ao teclado é limitado. Teclados numéricos não são suportados, assim como também não o são as teclas CapsLk e NumLk. Para navegar na interface, use as teclas de cursor ou a tecla Tab para realçar a opção e pressione Enter para selecioná-la. A legenda na parte inferior da tela especifica combinações de teclas adicionais.

2. Na tela Network Settings, selecione um adaptador de rede e pressione Enter.
3. Na tela Network Adapter Settings, mostrada na Figura 1-34, pressione F11 para definir as configurações IPv4 do adaptador.

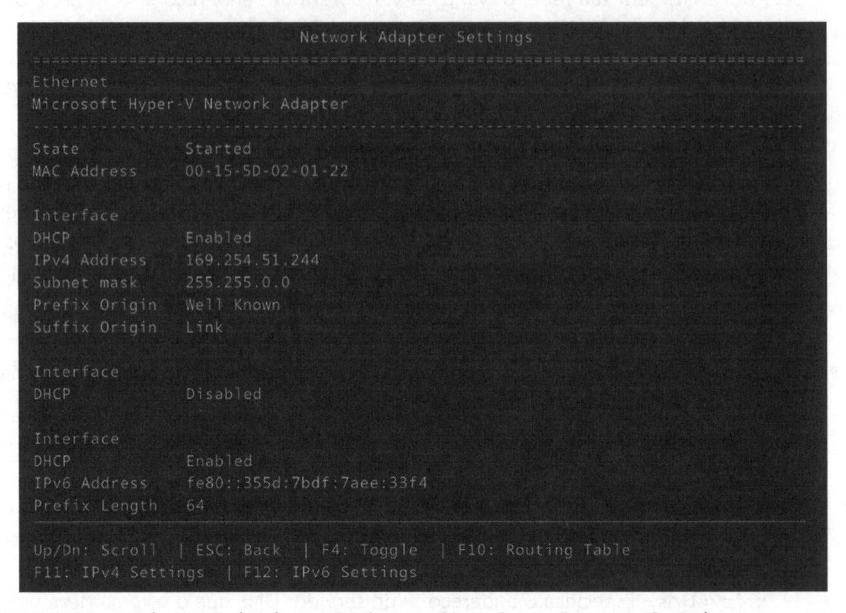

FIGURA 1-34 A tela Network Adapter Settings no Nano Server Recovery Console.

4. Na tela IP Configuration, pressione F4 para passar o cliente DHCP para Desativado (Disabled), como mostrado na Figura 1-35.

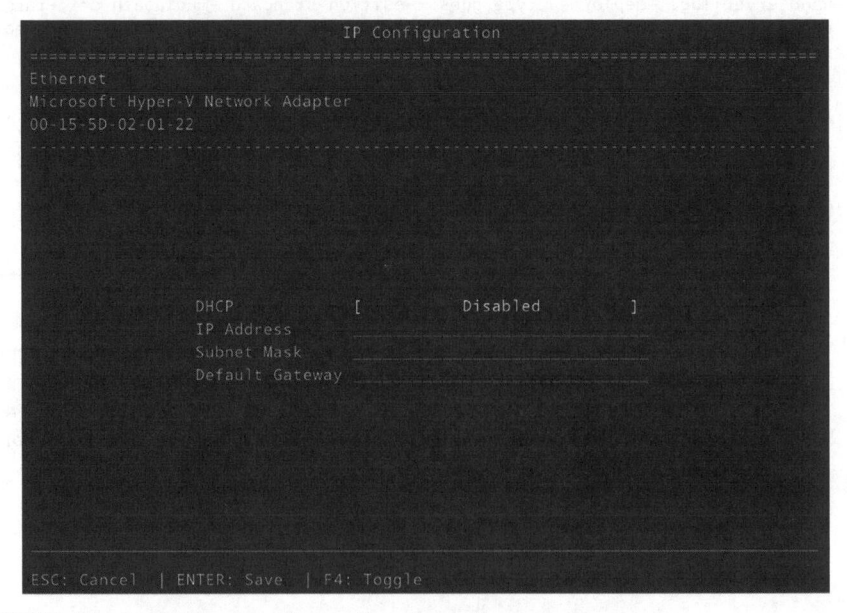

FIGURA 1-35 A tela IP Configuration no Nano Server Recovery Console.

5. Pressione a tecla Tab para avançar para o campo IP Address e digite um endereço IP para o adaptador.
6. Pressione a tecla Tab para avançar para o campo Subnet Mask e digite a máscara associada ao endereço IP.
7. Pressione a tecla Tab para avançar para o campo Default Gateway e digite o endereço de um roteador da rede.
8. Pressione Enter para salvar suas configurações.
9. Pressione Enter novamente para confirmar a operação de salvamento.
10. Pressione Esc para voltar para a tela Network Adapter Settings.
11. Pressione F12 para definir configurações IPv6 ou F10 para modificar a tabela de roteamento, se necessário.
12. Pressione Esc duas vezes para voltar para o Nano Server Recovery Console.

> **NOTA CONFIGURANDO UM ENDEREÇO DE SERVIDOR DNS**
> Diferente do usual, não há uma maneira de especificar um endereço de servidor DNS na interface do Nano Server Recovery Console. Para definir o endereço do servidor DNS para uma configuração inicial do Nano Server, você deve usar o parâmetro Ipv4Dns na linha de comando New-NanoServerImage ou Edit-NanoServerImage ou empregar o DHCP para fornecer o endereço.

Configure regras de firewall

Dependendo das ferramentas remotas que você pretende usar para gerenciar o Nano Server, pode ser preciso trabalhar com regras do Firewall do Windows para fornecer acesso apropriado ao computador. A interface local do Nano Server permite ativar ou desativar regras de firewall existentes, tanto de entrada quanto de saída, para a abertura e o fechamento de portas quando necessário.

Na tela Nano Server Recovery Console, quando você selecionar Inbound Firewall Rules ou Outbound Firewall Rules, verá uma tela rolável contendo todas as regras padrão do sistema, como mostrado na Figura 1-36.

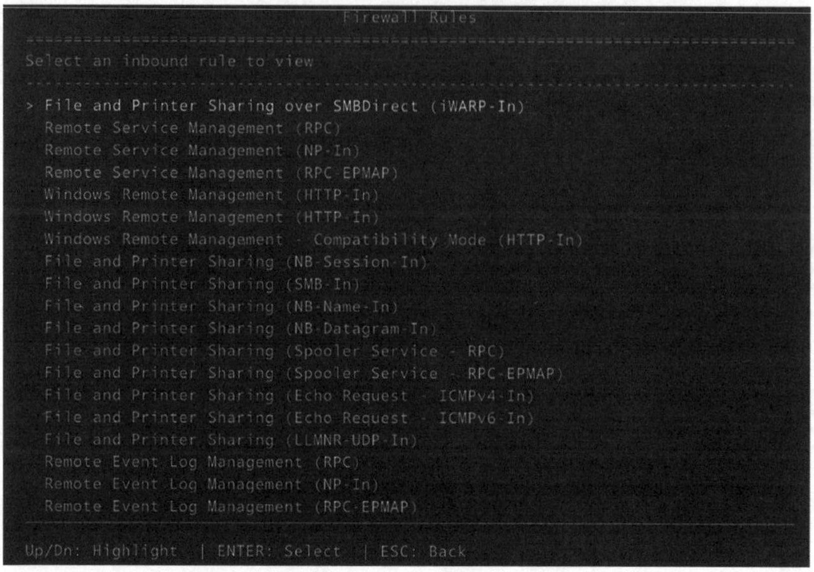

```
                            Firewall Rules
================================================================
Select an inbound rule to view
----------------------------------------------------------------
  > File and Printer Sharing over SMBDirect (iWARP-In)
    Remote Service Management (RPC)
    Remote Service Management (NP-In)
    Remote Service Management (RPC-EPMAP)
    Windows Remote Management (HTTP-In)
    Windows Remote Management (HTTP-In)
    Windows Remote Management - Compatibility Mode (HTTP-In)
    File and Printer Sharing (NB-Session-In)
    File and Printer Sharing (SMB-In)
    File and Printer Sharing (NB-Name-In)
    File and Printer Sharing (NB-Datagram-In)
    File and Printer Sharing (Spooler Service - RPC)
    File and Printer Sharing (Spooler Service - RPC-EPMAP)
    File and Printer Sharing (Echo Request - ICMPv4-In)
    File and Printer Sharing (Echo Request - ICMPv6-In)
    File and Printer Sharing (LLMNR-UDP-In)
    Remote Event Log Management (RPC)
    Remote Event Log Management (NP-In)
    Remote Event Log Management (RPC-EPMAP)

    Up/Dn: Highlight   | ENTER: Select  | ESC: Back
```

FIGURA 1-36 A tela Firewall Rules no Nano Server Recovery Console.

A seleção de uma regra exibe a tela Firewall Rule Details contendo informações sobre ela, inclusive a porta afetada e se a regra está ativada atualmente, como mostra a Figura 1-37. É possível então pressionar a tecla F4 para ativar ou desativar a regra.

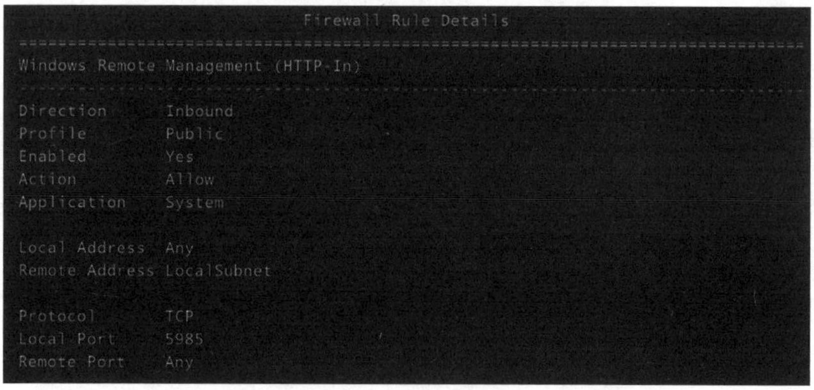

```
                            Firewall Rule Details
================================================================
Windows Remote Management (HTTP-In)
----------------------------------------------------------------
  Direction       Inbound
  Profile         Public
  Enabled         Yes
  Action          Allow
  Application     System

  Local Address   Any
  Remote Address  LocalSubnet

  Protocol        TCP
  Local Port      5985
  Remote Port     Any
```

FIGURA 1-37 A tela Firewall Rule Details no Nano Server Recovery Console.

Essa interface não fornece acesso administrativo total ao Firewall do Windows. Ela foi projetada para fornecer controle suficiente apenas para a obtenção de acesso remoto ao Nano Server. Você pode ativar ou desativar uma regra existente, mas não pode modificá-la ou criar regras novas. Uma vez que tiver acesso remoto ao Nano Server, poderá usar ferramentas padrão, como o console Firewall do Windows com Segurança Avançada.

Configure o gerenciamento remoto do Windows

A entrada do WinRM na tela Nano Server Recovery Console fornece uma única função: a possibilidade de redefinir o serviço WinRM e o firewall com suas configurações padrão, caso a configuração do Nano Server esteja lhe impedindo de estabelecer conexão com uma ferramenta de gerenciamento remoto.

Gerencie o Nano Server remotamente usando o PowerShell

Na maioria dos casos, um Nano Server recém instalado com uma configuração de adaptador de rede apropriada deve estar pronto para escutar solicitações de conexão recebidas de ferramentas de gerenciamento remoto. Por exemplo, para conectar-se com um Nano Server usando o Windows PowerShell, você deve criar uma sessão usando o cmdlet New-PSSession, empregando a sintaxe básica a seguir:

```
new-pssession -computername nome -credentialdomínio\nome de usuário
```

Os valores usados para os parâmetros ComputerName e Credential nesse comando vão variar conforme o fato do Nano Server já ter sido ou não associado a um domínio. No caso de um Nano Server associado a um domínio, você tem que poder se conectar especificando o nome de domínio totalmente qualificado e um nome de conta de domínio, como no exemplo a seguir:

```
new-pssession -computername nano4.contoso.com -credential contoso\administrator
```

O cmdlet solicitará a senha para a conta Administrator e criará uma nova sessão, como mostrado na Figura 1-38. A saída especifica um ID, que você usará para se conectar com a sessão.

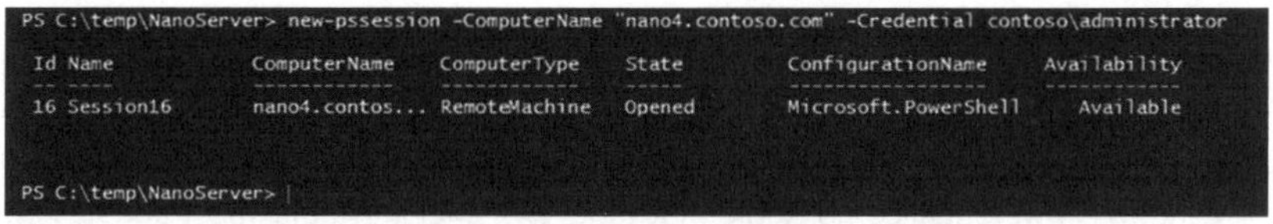

FIGURA 1-38 Criando uma sessão do Windows PowerShell para um Nano Server.

Se o Nano Server não estiver associado a um domínio, o processo de criação de uma nova sessão pode ser mais complicado. Em primeiro lugar, você deve considerar se o nome de computador do Nano Server pode ou não ser resolvido. Se o adaptador de rede tiver sido configurado pelo DHCP, provavelmente você poderá usar o nome do computador no parâmetro ComputerName, como nesse exemplo:

```
new-pssession -computername nano4 -credential -\administrator
```

Omitir o nome do domínio no parâmetro Credential fará o cmdlet solicitar a senha da conta local.

Se você tiver configurado o adaptador de rede manualmente, pode ter que usar o endereço IP do Nano Server em vez de seu nome de computador, como no exemplo a seguir:

```
new-pssession -computername 192.168.10.41 -credential -\administrator
```

Em segundo lugar, você deve ter que adicionar o Nano Server à lista de hosts confiáveis na implementação do Gerenciamento Remoto do Windows. Caso contrário, o cmdlet tentará usar o Kerberos para autenticar a sessão, o que falhará no caso de um host não associado a um domínio.

Para adicionar um computador à lista de hosts confiáveis usando o PowerShell, especifique seu nome ou endereço IP no cmdlet Set-Item, como no próximo exemplo:

```
set-item wsman:\localhost\client\trustedhosts "192.168.10.41"
```

Você também pode usar a ferramenta Winrm.exe a partir do prompt de comando, como em:

```
winrm set winrm/config/client @{TrustedHosts="192.168.10.41"}
```

Uma vez que criar com sucesso uma sessão do Windows PowerShell, poderá se conectar com ela usando o cmdlet Enter-PSSession, especificando o ID exibido na saída de New-PSSession, como no exemplo a seguir:

```
enter-pssession -id 16
```

Quando você estabelecer uma conexão bem-sucedida com a sessão, o prompt de comando mudará para incluir o nome do computador remoto, como mostrado na Figura 1-39.

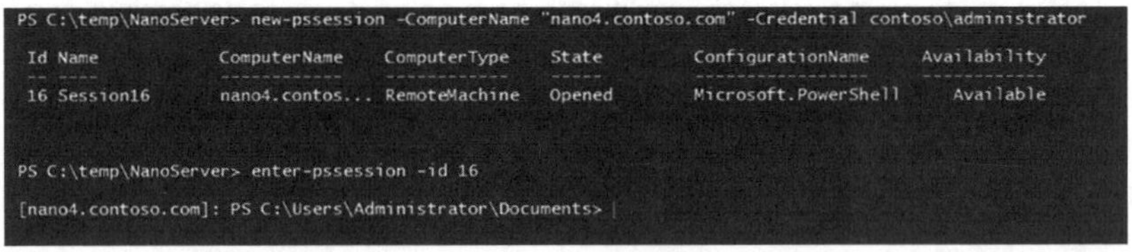

FIGURA 1-39 Conectando-se a uma sessão do Windows PowerShell em um Nano Server.

Quando se conectar com a sessão, você estará trabalhando com os recursos do PowerShell fornecidos pelo Nano Server. Agora a versão 5.1 do Windows PowerShell incluída no Windows Server 2016 tem duas edições: Desktop e Core. A versão completa do Windows Server 2016 e o Server Core contêm a edição Desktop. O Nano Server contém a edição Core do Windows PowerShell, como exibido na variável $PSVersionTable, mostrada na Figura 1-40.

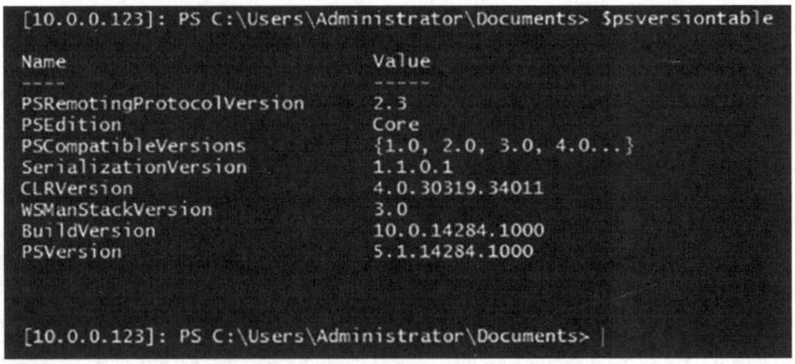

FIGURA 1-40 Conteúdo da variável $PSVersionTable.

CAPÍTULO 1   Instalação de Windows Servers em ambientes de host e de computação

O PowerShell Core é um subconjunto do PowerShell Desktop, omitindo muitos de seus recursos. Administradores e desenvolvedores que tiverem código já existente do PowerShell devem testá-lo em uma implementação do PowerShell Core.

> **PRECISA DE MAIS INFORMAÇÕES?**   **OMISSÕES DE RECURSOS DO POWERSHELL CORE**
> Para ver uma lista dos recursos não incluídos no PowerShell Core, acesse *https://technet.microsoft.com/en-us/windows-server-docs/get-started/powershell-on-nano-server*.

Para desconectar-se de uma sessão conectada, você pode usar o cmdlet Exit-PSSession ou apenas digitar Exit. O prompt de comando voltará à sua forma original e você estará novamente trabalhando com o computador host.

Objetivo 1.3: Criar, gerenciar e fazer a manutenção de imagens para implantação

Criar ambientes de servidor virtualizados é uma tarefa que requer a consideração não só do hardware usado, mas também das necessidades da empresa. Uma das vantagens das máquinas virtuais é que você pode trabalhar com seus discos rígidos virtuais offline, para aplicar atualizações e recursos.

> **Esta seção aborda como:**
> - Planejar a virtualização do Windows Server
> - Planejar implantações de Linux e FreeBSD
> - Avaliar cargas de trabalho de virtualização usando o Microsoft Assessment and Planning (MAP) Toolkit
> - Determinar considerações para a implantação de cargas de trabalho em ambientes virtualizados
> - Atualizar imagens com patches, hotfixes e drivers
> - Instalar funções e recursos em imagens offline
> - Gerenciar e fazer a manutenção do Windows Server Core, de imagens do Nano Server, e de VHDs usando o Windows PowerShell

Planeje a virtualização do Windows Server

A virtualização se tornou uma ferramenta importante da administração de redes. Com o custo relativamente baixo dos servidores host de alto desempenho, é possível implantar muitos servidores virtuais no mesmo computador. As vantagens são muitas e incluem as seguintes:

- **Compatibilidade de hardware**   Já que o hardware de uma máquina virtual é virtual, os problemas de compatibilidade de drivers são quase eliminados. Em vez de equiparmos computadores separados com o hardware necessário e lidarmos com os inevitáveis problemas de instalação e manutenção de drivers, as máquinas virtuais são implantadas em minutos e não requerem manutenção de drivers.

- **Datacenters menores** Um datacenter com 10 servidores host é menor do que um com 50 ou mais servidores físicos. Também é mais fácil e menos caro fazê-los funcionar e resfriá-los, o que resulta em benefícios ambientais e economia.
- **Possibilidade de upgrade** À medida que as cargas de trabalho aumentam, virtualização torna esta situação uma simples questão de adicionar a quantidade de memória ou espaço de armazenamento de que uma máquina virtual precisa.
- **Provisionamento** A implantação de novos servidores virtuais pode ser executada em horas, em vez dos dias necessários para aprovar, obter e instalar o hardware de um novo servidor físico.
- **Eficiência** As máquinas virtuais nos permitem utilizar os recursos do servidor host com mais eficiência. Servidores físicos dedicados a um único aplicativo raramente são executados utilizando toda sua capacidade. Quase sempre, o uso é de 20% ou menos. Executando várias VMs no mesmo host, podemos ajustar os recursos dedicados a cada uma delas e utilizá-los melhor.
- **Tempo de atividade** Tecnologias como a migração dinâmica e o cluster de failover são mais fáceis de implementar em um ambiente de servidor virtual e não de computadores físicos. Ou seja, é mais fácil para os administradores manterem servidores virtuais sendo executados, mesmo quando ocorrem falhas não planejadas.
- **Manutenção** Quando menos computadores físicos são executados, há menos atualizações para instalar e é mais fácil manter um ambiente nivelado contendo um único modelo de servidor físico em vez de muitos. Tudo isso contribui para a redução dos custos de manutenção.
- **Recuperação de desastres** Já que as máquinas virtuais podem ser migradas facilmente de um servidor para outro, a recuperação de uma falha catastrófica em hardware que deixe um servidor host inativo pode demandar simplesmente a ativação de uma réplica da VM em outro servidor.
- **Teste** As máquinas virtuais simplificam a definição de um ambiente de laboratório isolado para testes e avaliação de configurações de servidor, produtos de software e atualizações.
- **Aplicativos isolados** A implantação de um grande número de aplicativos em servidores físicos requer um computador separado para cada aplicativo ou a execução de muitos testes de compatibilidade. Com a virtualização, você pode implantar facilmente uma VM separada para cada aplicativo e modificar os recursos virtuais de hardware dedicados a cada uma quando necessário.
- **Migração para a nuvem** Os servidores virtuais não levam em conta o hardware subjacente do computador, o que torna a migração eventual de servidores para uma nuvem privada ou pública uma tarefa relativamente simples.
- **Retorno sobre o investimento (ROI, return on investment)** Todos esses fatores contribuem para um ROI que deve compensar o custo do projeto de virtualização. Durante a fase de design do projeto, o ROI deve ser uma consideração importante.

Se você está considerando usar um ambiente virtualizado para sua empresa, a fase de planejamento deve incluir várias perguntas importantes, abordadas a seguir.

Que servidores você deve virtualizar?

Definir o escopo do projeto de virtualização, decidindo quais de seus servidores devem ser virtualizados e quando, é uma parte crucial do processo de planejamento. Quando você estiver construindo uma rede nova a partir do zero, poderá implantar com facilidade todos os seus servidores virtualmente, implementando apenas aplicativos e tecnologias que sejam compatíveis com o ambiente virtual. No entanto, geralmente as coisas não são tão fáceis. Para muitos administradores, a virtualização é uma questão de adaptar servidores físicos existentes a um mundo virtual.

Você pode começar o processo de virtualização facilmente com a implantação de quaisquer servidores novos necessários como máquinas virtuais. Em vez de comprar um servidor físico para um único aplicativo, pode considerar um modelo melhor equipado para uso como um servidor host Hyper-V. Terá então a plataforma de hardware necessária para implantar várias VMs para suas necessidades futuras. A próxima etapa é decidir se você deve converter seus servidores físicos existentes em VMs. Esse processo, às vezes chamado de *migração P2V*, demanda a consideração dos requisitos da empresa e dos aspectos técnicos do processo.

Quais servidores você deve migrar primeiro?

Priorizar o projeto de virtualização é uma parte importante do plano, não só porque costuma ser um processo de aprendizado para os administradores que estão executando as migrações, mas também porque devemos considerar os requisitos comerciais da empresa. Poderíamos classificar os servidores existentes de acordo com as prioridades a seguir:

- **Baixo risco** As primeiras migrações para servidores virtuais devem ser as de funções que não sejam cruciais para os negócios diários, como as plataformas de desenvolvimento e teste. Essas migrações iniciais podem ajudar os administradores a desenvolver um protocolo para o processo de converter uma máquina física em uma virtual.
- **Não crucial** A próxima prioridade devem ser os servidores que estejam executando aplicativos que não sejam cruciais para as operações corporativas. Por exemplo, servidores web que fazem parte de uma farm de servidores podem ser interrompidos porque haverá outros servidores para permitirem que a operação continue.
- **Maior uso** Sistemas que sejam usados com frequência, mas não sejam cruciais para a empresa, devem ser a próxima prioridade, como os servidores de rede virtual privada (VPN).
- **Crucial para os negócios** Os últimos servidores a serem migrados devem ser os que executam cargas de trabalho cruciais para os negócios. A essa altura, os administradores que estão executando as migrações devem ter experiência suficiente para manipular qualquer problema que possa ocorrer. Para servidores que operam com dados que mudam com frequência, como os servidores de e-mail e banco de dados, normalmente a migração tem que ser executada offline.

Como você migrará servidores físicos para servidores virtuais?

A última consideração é a da migração real de um servidor físico para um virtual. Esse processo de migração consiste na conversão do conteúdo dos discos rígidos físicos do servidor existente para os discos rígidos virtuais (VHDs) que o Hyper-V usa. Há muitas ferramentas de software disponíveis para a execução desse tipo de conversão, que devem ser avaliadas e testadas antes de receber qualquer dado importante.

Essa parte do processo de virtualização deve incluir o desenvolvimento de um protocolo cuidadosamente documentado para o processo real de conversão, que será seguido por todas as migrações subsequentes.

Planeje implantações de Linux e FreeBSD

O serviço Hyper-V do Windows Server 2016 dá suporte à criação de máquinas virtuais convidadas executando vários sistemas operacionais Linux e FreeBSD. Nesse caso, a palavra "suportado" significa mais do que o fato do Hyper-V permitir que você instale um sistema operacional Linux ou FreeBSD em uma máquina virtual. A Microsoft quer dar suporte técnico para usuários com problemas que envolvam a execução desses sistemas operacionais no Hyper-V.

Selecione uma distribuição

O Windows Server 2016 dá suporte ao FreeBSD e a um grande número de distribuições Linux, todos em várias versões. Os níveis de desempenho e a disponibilidade de recursos variam dependendo do sistema operacional e da versão escolhidos, logo, selecionar uma distribuição apropriada às suas necessidades e a versão correta é crucial.

Para obter o melhor desempenho de VMs que estejam executando o Linux ou o FreeBSD, você deve usar os drivers para dispositivos específicos do Hyper-V que foram desenvolvidos pela Microsoft. O Hyper-V pode emular dispositivos Linux e FreeBSD nativos, mas eles não fornecem o mesmo nível de desempenho, nem dão suporte a muitos dos recursos de gerenciamento de máquina virtual do Hyper-V.

Os drivers de dispositivos específicos do Hyper-V são chamados de Linux Integration Services (LIS) e FreeBSD Integration Services (BIS). As versões mais recentes das distribuições Linux e FreeBSD têm o LIS e o BIS integrados em seus respectivos kernels, o que simplifica o processo de instalação. Para versões mais antigas, pacotes LIS e BIS estão disponíveis para download no Microsoft Download Center (Centro de Download da Microsoft) em *http://www.microsoft.com/download*.

> **NOTA** **DISTRIBUIÇÕES LINUX E FREEBSD SUPORTADAS**
>
> Para ver listagens completas das distribuições Linux e FreeBSD suportadas como convidadas do Hyper-V e os recursos LIS e BIS suportados, acesse *https://technet.microsoft.com/en-us/windowsserver-docs/compute/hyper-v/supported-linux-and-freebsd-virtual-machines-for-hyper-v-on-windows*.

O suporte a recursos varia entre as distribuições Linux, dependendo da versão do sistema operacional convidado e da versão do sistema operacional host. Por exemplo, o Hyper-V do Windows Server 2016 adiciona o suporte ao Secure Boot (Inicialização Segura) em convidados Linux, o que não estava disponível em versões anteriores.

Avalie cargas de trabalho de virtualização usando o Microsoft Assessment and Planning (MAP) Toolkit

Com frequência, a implantação de dispositivos Windows e aplicativos corporativos em uma rede extensa demanda a avaliação de um grande número de computadores existentes para que seja determinado se eles têm o hardware apropriado para o sistema operacional.

Criar e manter um inventário de hardware pode ser uma tarefa gigantesca, principalmente quando você tiver computadores e outros dispositivos em rede com muitas configurações de hardware diferentes e situados em locais distantes. A Microsoft fornece uma ferramenta gratuita que você pode usar para esse fim chamada *Microsoft Assessment and Planning (MAP) Toolkit*.

O MAP Toolkit é uma ferramenta de inventário, avaliação e relatório que nos permite conhecer e avaliar hardware e software de servidores e estações de trabalho no contexto de vários cenários de avaliação e implantação.

As principais funções fornecidas pelo MAP são as seguintes:

- Planejamento de migração
- Consolidação/virtualização
- Planejamento de nuvem privada/pública
- Rastreamento de uso de software

Ao contrário de outros produtos do seu tipo, o MAP pode executar inventário em computadores sem que haja um agente de software no lado do cliente. Ou seja, você pode instalar o MAP em um sistema e ele se conectará a qualquer um ou a todos os computadores de sua rede usando tecnologias padrão, como o Active Directory Domain Services (AD DS), o Windows Management Instrumentation (WMI), o Remote Registry Service, o Secure Shell (SSH) e o serviço Computer Browser. Uma vez conectado, ele descobre informações sobre hardware, software e desempenho dos computadores, assim como sobre a infraestrutura de rede, e as adiciona a um banco de dados.

O processo de descoberta do MAP pode detectar todas as versões do Windows, reconhecendo versões anteriores até o Windows Server 2003 e Windows XP, e todas as versões do Microsoft Office. O toolkit também detecta alguns produtos que não são da Microsoft, como os servidores de virtualização VMWare e distribuições Linux selecionadas. Além de sistemas operacionais, o MAP pode detectar uma ampla variedade de aplicativos de servidor da Microsoft, incluindo o SQL Server, o Exchange, o SharePoint e o Visual Studio.

Uma vez que o MAP coleta informações sobre os sistemas que estão sendo executados na rede, ele pode avaliar o inventário e gerar relatórios para a execução de várias tarefas. Uma das principais funções do MAP Toolkit é analisar o hardware dos computadores da rede e determinar se eles estão prontos para um upgrade para a última versão do sistema operacional. A avaliação analisa o hardware dos computadores e o compara com os requisitos do novo sistema operacional. O MAP também determina se há drivers apropriados disponíveis para todos os dispositivos instalados nos computadores.

Além de avaliar se um computador está pronto para um upgrade de sistema operacional, o MAP Toolkit também pode executar tarefas para nos ajudar a planejar um projeto de virtualização, como as seguintes:

- Identificar as máquinas virtuais que estão sendo executadas tanto no Hyper-V quanto no VMware e coletar informações detalhadas sobre seus hosts e convidados.
- Executar uma avaliação detalhada da utilização de servidores e preparar recomendações para a consolidação de servidores e a inserção de máquinas virtuais usando o Hyper-V.
- Descobrir e identificar sistemas operacionais Linux e seu hardware subjacente e planejar sua virtualização com o uso do Hyper-V.

Instale o MAP Toolkit

O MAP Toolkit tem vários pré-requisitos de instalação e licenciamento que você deve atender antes de poder instalar o software com sucesso. O MAP é essencialmente um aplicativo de banco de dados baseado no Microsoft SQL Server 2012 Express, uma versão gratuita e em menor escala do SQL Server 2012. Ele pode ser executado em qualquer um dos sistemas operacionais a seguir:

- Windows 10 (somente edições Professional e Enterprise)
- Windows 8.1 (somente edições Pro e Enterprise)

- Windows 8 (somente edições Professional e Enterprise)
- Windows 7 com Service Pack 1 (somente edições Professional, Enterprise e Ultimate)
- Windows Server 2016
- Windows Server 2012 R2
- Windows Server 2012
- Windows Server 2008 R2 com Service Pack 1

A configuração mínima de hardware para um computador executando o MAP é a seguinte:

- Processador dual-core de 1.5GHz
- 2.0 GB de RAM
- 1 GB de espaço disponível em disco
- Placa de adaptador de rede
- Adaptador gráfico que dê suporte a uma resolução de 1024x768 ou maior

Antes de instalar o MAP em um computador com Windows, você deve instalar todas as atualizações disponíveis para o sistema operacional, mais o .NET Framework 4.5, que pode ser obtido no Microsoft Download Center.

O programa de instalação do MAP Toolkit verifica esses pré-requisitos antes de permitir que a instalação prossiga. A criação de relatórios é a principal função do MAP Toolkit uma vez que ele tiver coletado dados sobre os dispositivos da rede. Os relatórios que o MAP gera assumem a forma de planilhas do Excel, logo, você precisa ter o Microsoft Excel ou o aplicativo gratuito Excel Viewer para abri-los.

Execute o MapSetup.exe

O MAP Toolkit está disponível como download gratuito no Microsoft Download Center em *http://www.microsoft.com/download*. Quando você executar o programa MapSetup.exe, o Microsoft Assessment and Planning Toolkit Setup Wizard aparecerá.

Após você aceitar os termos da licença e selecionar a pasta em que deseja instalar o toolkit, o assistente instalará o aplicativo MAP e permitirá a criação de um novo banco de dados ou o uso de um banco de dados existente, como mostrado na Figura 1-41.

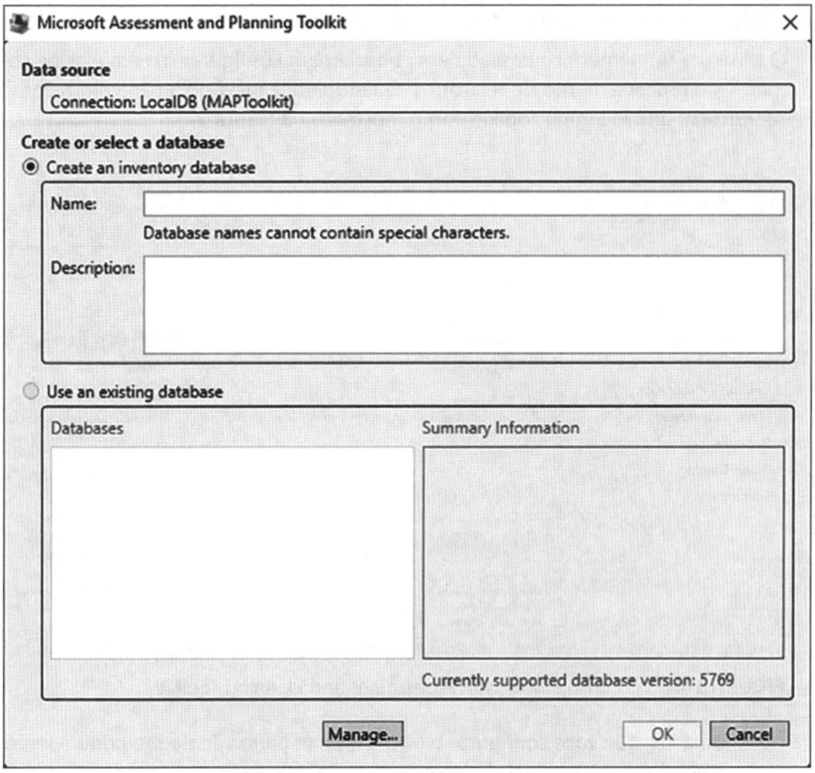

FIGURA 1-41 Criando um banco de dados do MAP.

> **NOTA BANCOS DE DADOS DO MAP TOOLKIT**
>
> Por padrão, o MAP Toolkit Setup Wizard instala o gerenciador de banco de dados SQL Server 2012 Express e cria uma instância chamada LocalDB, em que o MAP armazena as informações que ele coleta sobre a rede. Quase sempre, essa configuração padrão é suficiente para uma rede de até 20.000 nós. No entanto, para redes maiores, também é possível usar uma cópia do SQL Server 2012 Standard já instalada no computador. Para usar o SQL Server 2012 Standard com o MAP, você deve instalar o SQL Server primeiro e criar uma instância não padrão chamada "MAPS". Não é possível apontar o MAP para uma instância existente do SQL Server que não se chame "MAPS", nem apontá-lo para uma instalação do SQL Server sendo executada em outro computador.

Colete informações de inventário

O MAP usa uma interface baseada em console para configurar suas tarefas de coleta de informações e processamento de relatórios. Quando você iniciá-lo, aparecerá o console Microsoft Assessment and Planning Toolkit, como mostrado na Figura 1-42.

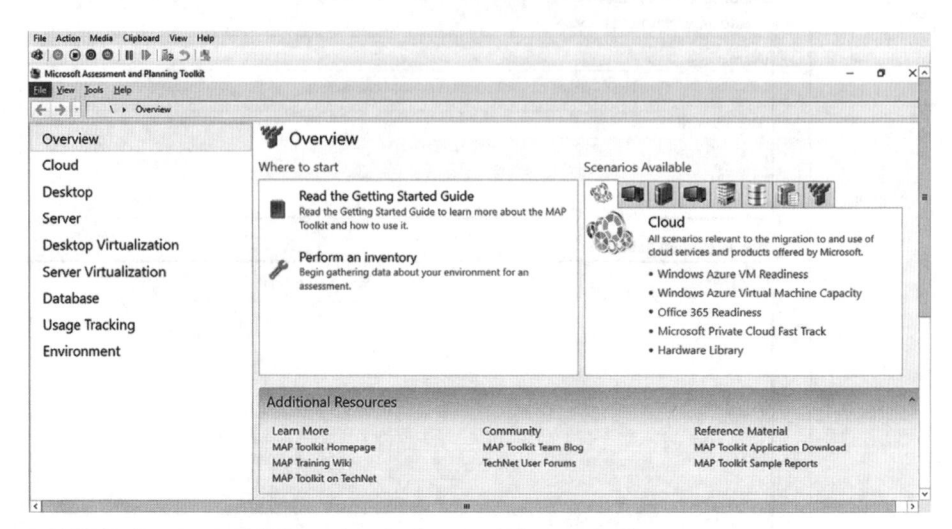

FIGURA 1-42 O console Microsoft Assessment and Planning Toolkit.

Uma vez que você configurar o MAP com um banco de dados, poderá selecionar um dos vários métodos para a coleta de informações de inventário nos computadores da rede. Clicar em Perform An Inventory na página Overview do console inicia o Inventory And Assessment Wizard. Esse assistente é o ponto de partida de todos os cenários de inventário. A página Inventory Scenarios, mostrada na Figura 1-43, lista os tipos de informações básicas que podem ser descobertas pelo MAP e especifica as tecnologias coletoras que o programa usa para sondar a rede. Uma *tecnologia coletora* estabelece o meio e o protocolo pelos quais o MAP se comunica com os outros computadores da rede.

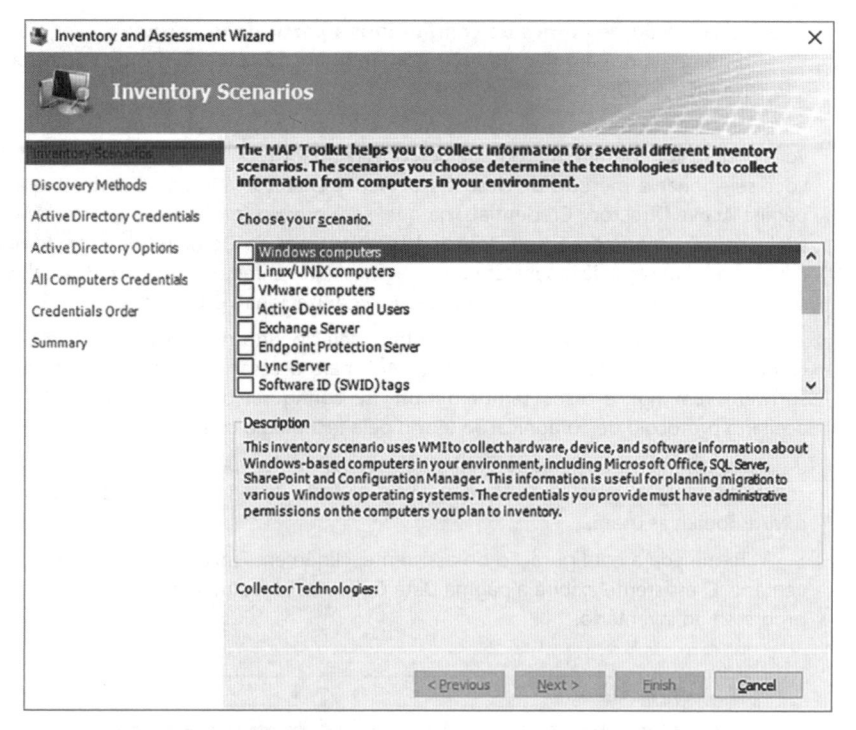

FIGURA 1-43 A página Inventory Scenarios.

Após você selecionar um ou mais cenários de inventário, o assistente exibirá a página Discovery Methods. Nessa página, você especificará um ou mais protocolos que o MAP deve usar para localizar e se conectar com os computadores da rede.

Os métodos de descoberta suportados pelo MAP são os seguintes:

- **Active Directory Domain Services** Consulta um controlador de domínio usando o Lightweight Directory Access Protocol (LDAP) em busca de computadores localizados em domínios, contêineres e unidades organizacionais específicos. Use esse método se todos os computadores que deseja inventariar estiverem localizados em domínios do Active Directory.
- **Protocolos de rede do Windows** Usa a interface Win32 do LAN Manager para se comunicar com o serviço Computer Browser em computadores de grupos de trabalho ou domínios.
- **System Center Configuration Manager** Consulta o servidor do System Center Configuration Manager (SCCM) para descobrir computadores gerenciados pelo SCCM. Você deve fornecer credenciais de uma conta com acesso ao provedor WMI do Configuration Manager no servidor.
- **Varredura em um intervalo de endereços IP** Consulta até 100.000 dispositivos que estejam usando endereços IP dentro de um intervalo especificado. Isso permite que o assistente se conecte com computadores sem credenciais e independentemente de seus sistemas operacionais.
- **Inserção manual de nomes de computador** Permite inventariar um pequeno número de computadores pela inserção de seus nomes de computador, nomes NetBIOS ou nomes de domínio totalmente qualificados (FQDNs).

- **Importação de nomes de computador a partir de um arquivo** Permite especificar o nome de um arquivo de texto contendo até 120.000 nomes de computador, nomes NetBIOS, FQDNs ou endereços IPv4.

As seleções feitas nessa página farão o assistente apresentar outras páginas nas quais você poderá configurar o método de descoberta ou fornecer credenciais. Por exemplo, quando você selecionar o método de descoberta Active Directory Domain Services, aparecerá uma página Active Directory Credentials, na qual será preciso fornecer uma conta de domínio e a senha de um usuário do grupo Domain Users (Usuários do Domínio) de cada domínio que for consultado. Em seguida, aparecerá uma página Active Directory Options, na qual você poderá selecionar domínios, contêineres e unidades organizacionais específicos.

Dependendo do cenário de inventário selecionado no assistente, você deve fornecer credenciais apropriadas requeridas pelo MAP para acessar os computadores da rede e seus softwares. Em alguns casos, também é preciso configurar os computadores de destino para aceitar o protocolo de comunicação usado pela tecnologia coletora.

Na página All Computers Credentials do assistente, você poderá criar várias entradas de contas, fornecendo acesso aos diversos computadores da rede e especificando a ordem em que o MAP Toolkit as usará.

Terminada a configuração do assistente, clique em Finish para iniciar o processo de inventário. O assistente exibirá a página Data Collection, mostrada na Figura 1-44, que rastreia o progresso do inventário.

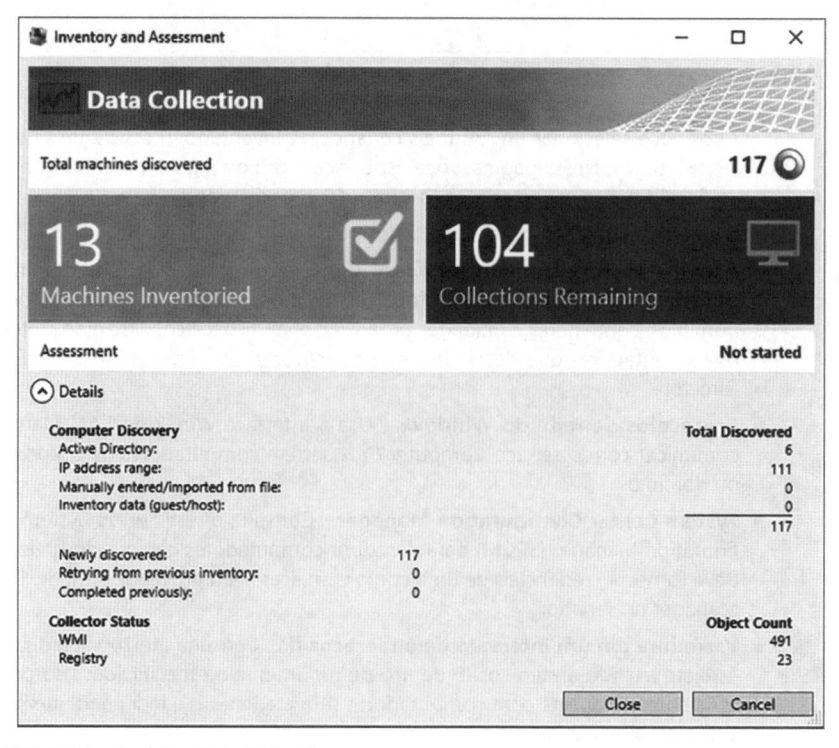

FIGURA 1-44 A página Data Collection.

CAPÍTULO 1   Instalação de Windows Servers em ambientes de host e de computação   **69**

Uma vez que você executar um inventário de hardware, poderá visualizar a página Server Virtualization (mostrada na Figura 1-45), que o guiará pelo resto do procedimento de coleta de dados.

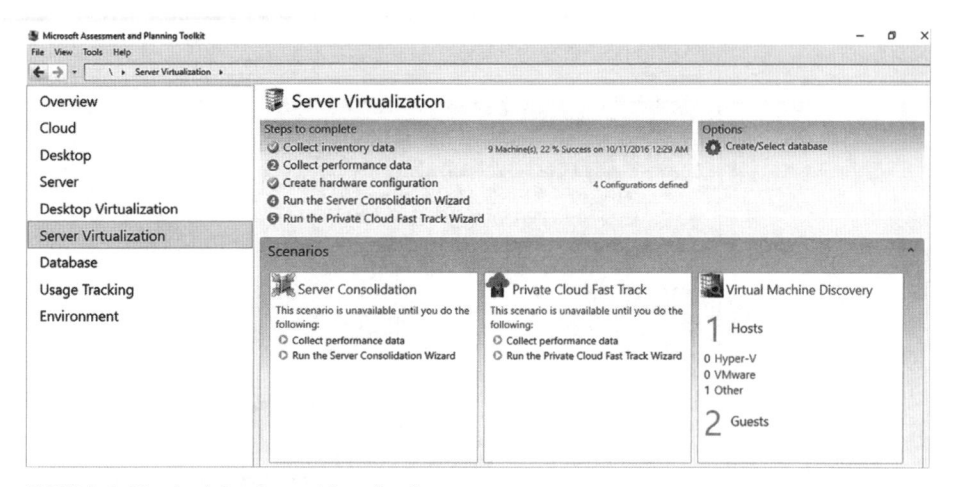

FIGURA 1-45   A página Server Virtualization.

Clicar em Collect Performance Data inicia o Performance Metrics Wizard. Esse assistente coleta dados de desempenho nos computadores da rede durante um período, que você pode especificar na página Collection Configuration.

Você deve selecionar os computadores dos quais deseja coletar dados e fornecer credenciais, como fez anteriormente. Quando o assistente for iniciado, ele exibirá uma amostragem de dados de contagem de desempenho de cada computador a cada cinco minutos, como mostrado na Figura 1-46, até o período de tempo especificado expirar.

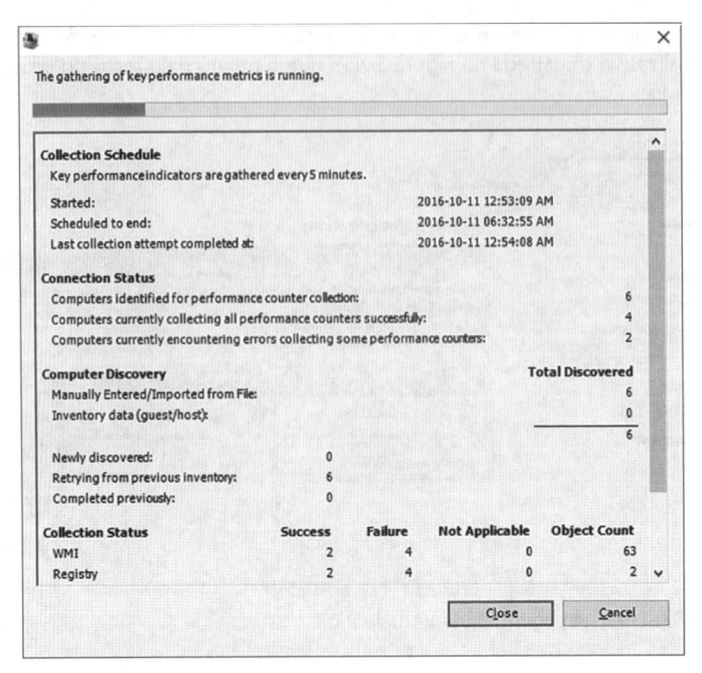

FIGURA 1-46 O Performance Metrics Wizard.

Avalie os resultados

Quando a execução do Inventory And Assessment Wizard terminar, ele salvará no banco de dados SQL as informações que descobriu. Para concluir o cenário de consolidação do servidor, você deve executar o Server Virtualization And Consolidation Wizard. Nesse assistente, especifique o sistema operacional e a configuração de hardware de seu servidor host Hyper-V, assim como o limite de utilização dos diversos componentes do servidor host.

Por fim, selecione os computadores do inventário que deseja incluir na avaliação. Quando ela terminar, os resultados aparecerão no console, como mostra a Figura 1-47.

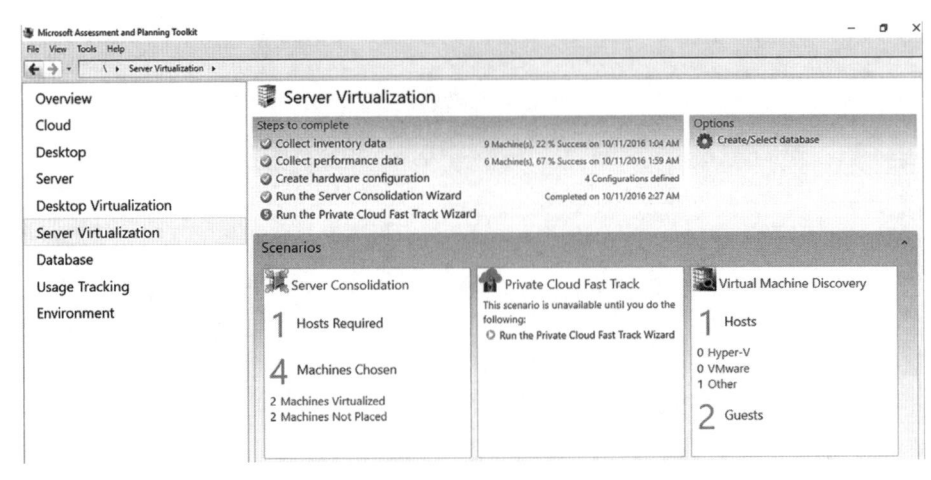

FIGURA 1-47 A página Server Virtualization concluída.

CAPÍTULO 1   Instalação de Windows Servers em ambientes de host e de computação   **71**

O MAP Toolkit também cria relatórios como pastas de trabalho do Excel, que nesse cenário fornecem detalhes sobre a estratégia recomendada para a consolidação de servidores, como mostrado na Figura 1-48.

Machine Name	Operating System	CPU Utilization (%)	Memory Utilization (MB)	Disk I/O Utilization (IOPS)
POM-6VW8E-RTM-1.USA.CONTOSO.COM	Microsoft Windows 8 Enterprise	0.26	221.97	4.3
pom-6v3s-05.MAP2012.COM	Microsoft(R) Windows(R) Server 2003 Standard x64 Edition	0.08	366.71	1.05
POM-3SQL12BM-01.USA.CONTOSO.COM	Microsoft® Windows Server® 2008 Datacenter	0.27	1387.42	0.74
POM-6EX-07MBS-1.CONTOSO.COM	Microsoft Windows Server 2008 R2 Enterprise	1.9	1312.76	1.53
pom-3v3w-sp1-01.WA.USA.CONTOSO.COM	Microsoft(R) Windows(R) Server 2003, Web Edition	0.13	269.18	0.66
POM-6V3S-SP1-01.WA.USA.CONTOSO.COM	Microsoft(R) Windows(R) Server 2003 Standard x64 Edition	0.18	207.14	0.68
POM-3SP03NSPS-1.CONTOSO.COM	Microsoft(R) Windows(R) Server 2003, Enterprise Edition	1.52	889.73	3.11
POM-6VVB-02.WA.USA.CONTOSO.COM	Microsoft® Windows Vista™ Business	0.39	943.67	1.29
POM-3VVE-03.CONTOSO.COM	Microsoft® Windows Vista™ Enterprise	0.63	603.39	1.35

FIGURA 1-48   O relatório de consolidação de servidores.

Determine considerações para a implantação de cargas de trabalho em ambientes virtualizados

Muitas das cargas de trabalho usadas nas redes atuais podem ser convertidas facilmente de servidores físicos para virtuais, mas nem todas podem, e o que é ainda mais importante, nem todas devem. Para determinar que servidores existentes são os melhores candidatos à virtualização, considere primeiro os fatores de utilização de recursos a seguir:

- **Memória**   Aplicativos com amplos requisitos de memória talvez não sejam bons candidatos à virtualização, porque podem consumir uma quantidade excessiva dos recursos de memória do servidor host. Por exemplo, um aplicativo que usasse 32 GB de memória não teria um custo aceitável em uma VM sendo executada em um servidor host com 48 GB de memória.

- **Processador**   De maneira muito semelhante ao que ocorre com o requisito de memória, um aplicativo que use consistentemente uma grande quantidade da capacidade de CPU do servidor físico pode não ser eficiente em uma máquina virtual porque deixaria uma parcela muita pequena da capacidade do processador do servidor host para outras VMs.

- **Rede**   O throughput de rede é um fator crucial em um projeto de virtualização porque você deve considerar os requisitos combinados de todas as máquinas virtuais sendo executados no servidor. É preciso considerar os requisitos de throughput de rede combinados de todas as máquinas virtuais em execução no servidor host para verificar se elas não excedem a capacidade dos adaptadores de rede físicos. Essa costuma ser a razão para os administradores não poderem implantar várias VMs no mesmo servidor host.

- **Armazenamento**   Servidores físicos com alto throughput de armazenamento talvez não funcionem bem em um ambiente virtualizado porque podem retardar o desempenho de entrada/saída (I/O, input/ouput) das outras VMs.

Melhorar a configuração de hardware do servidor host pode mitigar todos esses fatores. Por exemplo, você poderia comprar um computador físico com 512 GB de memória em vez de 48 GB, ou vários processadores multicore, ou um array de armazenamento de alto desempenho, ou múltiplas conexões de rede, mas também deve considerar se essas despesas adicionais valerão a pena. Quanto mais altos forem os custos de hardware, menos provável que o ROI pague o projeto. Pode ser mais econômico deixar certos aplicativos que usam muitos recursos em seus servidores físicos.

Atualize imagens com patches, hotfixes e drivers

O Windows inclui uma ferramenta de linha de comando chamada *Deployment Image Servicing and Management* (*DISM.exe*) que permite modificar arquivos de disco rígido virtual (VHD) e do Windows Imaging enquanto eles estão offline. Com essa mesma ferramenta, você também pode executar as seguintes tarefas de manutenção:

- Adicionar e remover drivers de dispositivos
- Adicionar e remover pacotes de idioma
- Adicionar e remover pacotes de atualização
- Adicionar e remover arquivos e pastas
- Ativar ou desativar recursos do sistema operacional
- Executar arquivos de resposta
- Adicionar ou remover pacotes de aplicativos

Os administradores podem usar esse recurso de várias maneiras. Se você capturar imagens em computadores de referência para poder usá-las na implantação de novos computadores, essas imagens acabarão ficando desatualizadas. Inicialmente, você poderia aplicar atualizações do sistema operacional e de aplicativos às estações de trabalho que implantou quando elas fossem lançadas. No entanto, com o passar do tempo, será cada vez mais difícil implantar novas estações de trabalho devido a todas as atualizações e alterações que você terá que aplicar a cada uma. Quando isso ocorre, é hora de considerar a atualização dos arquivos de imagem, e é então que uma alternativa à recaptura de novas imagens é bem-vinda.

A versão 10.0 do DISM.exe incluída no Windows Server 2016 pode tratar imagens dos seguintes sistemas operacionais:

- Windows 10
- Windows 8.1
- Windows 8
- Windows 7
- Windows Server 2016
- Windows Server 2012 R2
- Windows Server 2012
- Windows Server 2008 R2
- Windows Server 2008 SP2
- Windows Preinstallation Environment (Windows PE) 5.0
- Windows PE 4.0
- Windows 3.0

CAPÍTULO 1   Instalação de Windows Servers em ambientes de host e de computação   **73**

Embora o DISM tenha sido projetado para reparar imagens WIM, como as dos discos de instalação do Windows, muitas de suas funções (mas não todas) também funcionam com imagens de disco rígido virtual (VHD e VHDX). Por exemplo, você pode usar o DISM.exe para montar imagens VHD ou VHDX e adicionar ou remover drivers e pacotes, assim como ativar e desativar recursos do Windows. Além de trabalhar com arquivos de imagem em seu estado offline, você também pode usar o DISM para executar certas tarefas no sistema operacional atualmente em execução no computador.

Monte uma imagem

O procedimento padrão de modificação de arquivos de imagem offline é a montagem de uma imagem em uma pasta, a execução de alterações nos arquivos expandidos e a confirmação das alterações novamente no arquivo de imagem. Para modificar um arquivo de imagem usando o DISM.exe, primeiro você deve montá-lo em uma pasta. Esse processo cria cópias de todos os arquivos da imagem em sua forma expandida. Você pode então trabalhar com as cópias, fazendo as alterações de que precisar.

Para montar uma imagem, abra um prompt de comando com privilégios administrativos e use a sintaxe a seguir:

```
dism /mount-image /imagefile:filename /index:# /name:imagename /mountdir:pathname
```

As funções dos parâmetros são as seguintes:

- **/mount-image**   Especifica que o comando deve montar uma imagem em uma pasta
- **/imagefile:filename**   Especifica o nome e a localização do arquivo de imagem que você deseja montar
- **/index:#**   Especifica o número da imagem dentro do arquivo WIM que você deseja montar
- **/name:imagename**   Especifica o nome da imagem dentro do arquivo WIM que você deseja montar
- **/mountdir:pathname**   Especifica o lugar no disco local em que você deseja montar a imagem

Um comando de montagem típico teria essa aparência:

```
Dism /mount-image /imagefile:c:\images\install.wim /index:4 /mountdir:c:\mount
```

Esse comando pega a quarta imagem do arquivo Install.wim, encontrado na pasta C:\Images, e a monta na pasta C:\Mount. O resultado do comando é mostrado na Figura 1-49.

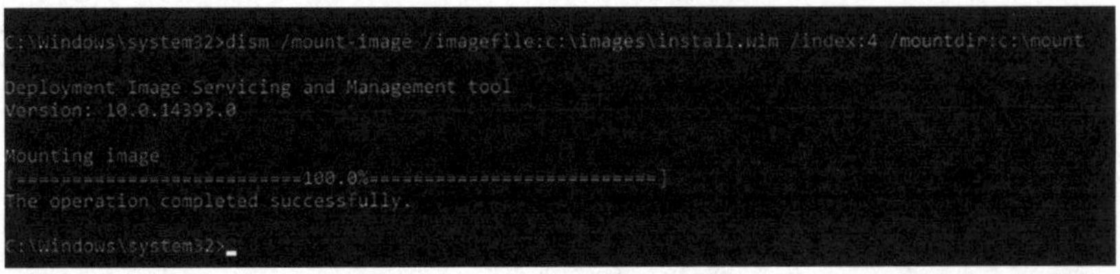

FIGURA 1-49   Montando uma imagem usando o DISM.exe.

> **NOTA** **MONTANDO IMAGENS DE LEITURA/GRAVAÇÃO**
> Se você montar uma imagem diretamente a partir de uma fonte somente de leitura, como o DVD de instalação do Windows, o programa DISM.exe a montará no modo somente de leitura. Você não poderá fazer nenhuma alteração na imagem, ainda que ela tenha sido montada em uma pasta de um disco rígido que possua leitura/gravação. Para modificar a imagem do disco do Windows, primeiro você deve copiar o arquivo Install.wim do DVD para um disco rígido.

Os arquivos WIM podem conter várias imagens, mas só podemos montar uma imagem de cada vez. Essa é a razão para o uso das opções /index e /name na linha de comando. Para determinar o valor do número de índice ou o nome de uma imagem específica em um arquivo contendo mais de uma imagem, use o comando a seguir:

```
dism /get-imageinfo /imagefile:x:\filename
```

Uma vez que a imagem estiver montada, você poderá começar a trabalhar com ela, como mostrado nas próximas seções.

Adicione drivers a um arquivo de imagem

Em uma estação de trabalho com uma placa controladora de armazenamento ou outro dispositivo de hardware ao qual o Windows Server 2016 não dê suporte nativamente, o administrador pode achar mais fácil adicionar um driver para o adaptador a um arquivo de imagem existente do que capturar uma nova imagem. Isso seria especialmente verdadeiro se houvesse várias configurações de estação de trabalho com diferentes drivers envolvidos.

Para adicionar um driver a um arquivo de imagem já montado, use um comando DISM com a seguinte sintaxe:

```
dism /image:foldername /add-driver /driver:drivername [/recurse]
```

- **/image:foldername** Especifica o local em que se encontra a imagem montada que você deseja modificar.
- **/add-driver** Indica que você deseja adicionar um driver à imagem especificada pelo parâmetro /image.
- **/driver:drivername** Especifica o local em que se encontra o driver a ser adicionado à imagem, como um caminho para o arquivo do driver (com extensão .inf) ou para a pasta em que o driver está localizado.
- **/recurse** Quando uma pasta é especificada sem um nome de arquivo na opção /driver, faz o programa procurar drivers nos subdiretórios da pasta informada no parâmetro /driver.

> **NOTA** **O PARÂMETRO /IMAGE**
> Uma vez que você tiver montado uma imagem usando o DISM.exe, quase todos os comandos que usar para trabalhar com ela começarão com o parâmetro /image, com o qual será especificado o local da montagem, para que o DISM saiba que imagem ele deve acessar. Em alguns comandos, é possível substituir a opção /image pela opção /online para o reparo do sistema operacional atualmente em execução. Os comandos executados com a opção /online vão depender da versão do Windows que estiver sendo executada.

Um exemplo do comando é mostrado na Figura 1-50.

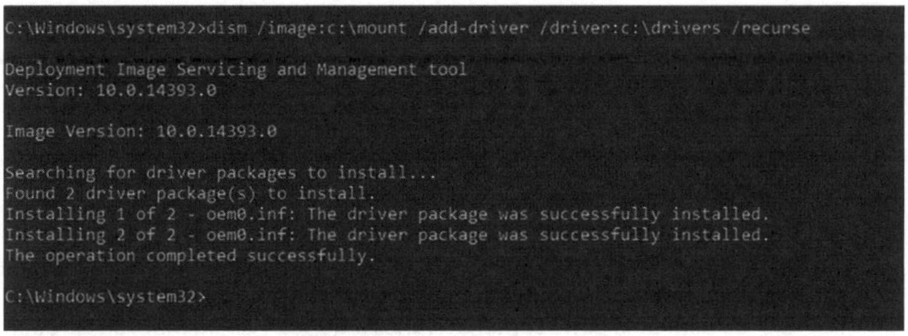

```
C:\Windows\system32>dism /image:c:\mount /add-driver /driver:c:\drivers /recurse

Deployment Image Servicing and Management tool
Version: 10.0.14393.0

Image Version: 10.0.14393.0

Searching for driver packages to install...
Found 2 driver package(s) to install.
Installing 1 of 2 - oem0.inf: The driver package was successfully installed.
Installing 2 of 2 - oem0.inf: The driver package was successfully installed.
The operation completed successfully.

C:\Windows\system32>
```

FIGURA 1-50 Adicionando um driver com o DISM.exe.

> **NOTA INSTALANDO DRIVERS**
>
> O DISM.exe só pode gerenciar drivers que incluam um arquivo de informações do Windows (com extensão .inf). Se você tiver drivers empacotados como arquivos executáveis (.exe) ou pacotes do Microsoft Windows Installer (.msi), não poderá adicioná-los a uma imagem usando o parâmetro /add-driver. No entanto, pode usar o Windows System Image Manager (SIM) para criar um arquivo de resposta que instale esses drivers e em seguida aplicar o arquivo de resposta à imagem usando o DISM com o parâmetro /Apply-Unattend.

Durante o processo de inclusão do driver, o DISM renomeia os arquivos com nomes numerados sequencialmente, como oem1.inf e oem2.inf. Daí em diante, você deve usar os novos nomes de arquivo quando se referir aos drivers na linha de comando. Para exibir informações sobre os drivers de uma imagem, use o comando a seguir:

dism /image:c:\mount /get-drivers

Você também pode usar a opção /Get-DriverInfo para exibir informações detalhadas sobre um driver específico, como nesse exemplo:

dism /image:c:\mount /get-driverinfo /driver:c:\drivers\driver.inf

Uma vez que você conhecer essas informações, poderá remover um driver de uma imagem usando a opção /Remove-Driver em vez de /Add-Driver. Um exemplo seria:

dism /image:c:\mount /remove-driver /driver:oem1.inf

Adicione atualizações a um arquivo de imagem

De maneira semelhante a como podemos adicionar drivers a uma imagem montada, também podemos adicionar atualizações do sistema operacional, como hotfixes e pacotes de idioma, que tenham sido empacotados como arquivos de gabinete (CAB) ou do Windows Update Stand-Alone Installer (MSU).

Para adicionar uma atualização a uma imagem montada, use um comando como o seguinte:

```
dism /image:c:\mount /add-package /packagepath:c:\updates\package.msu [/ignorecheck]
```

- **/image:c:\mount** Especifica o local em que se encontra a imagem montada que você deseja modificar.
- **/add-package** Indica que você deseja adicionar um pacote à imagem especificada pelo parâmetro /image.
- **/packagepath:c:\updates\package.msu** Especifica o local em que se encontra o pacote a ser adicionado à imagem. Essa opção pode apontar para um único arquivo CAB ou MSU, para uma pasta contendo um único arquivo CAB expandido ou um único arquivo MSU, ou para uma pasta contendo vários arquivos CAB ou MSU. Se ela apontar para uma pasta contendo um arquivo CAB ou MSU, o programa procurará recursivamente pacotes adicionais em qualquer subdiretório.
- **/ignorecheck** Por padrão, o DISM verifica cada arquivo de pacote para determinar se ele é aplicável ao sistema operacional especificado pela opção /image. Essa opção suprime a verificação e aplica o pacote não importando a versão do sistema operacional.

O DISM.exe só pode adicionar pacotes que tenham o formato de arquivos de gabinete (.cab) ou do Windows Update Stand-alone Installer (.msu).

> **NOTA** **ENCONTRANDO CABS E MSUS**
> Embora possa parecer que a maioria das atualizações que você pode baixar do Microsoft Download Center não seja qualificada para a inclusão em imagens montadas, porque são arquivos executáveis (.exe) ou arquivos de imagem baseados em setores (.iso), com frequência esses pacotes contêm arquivos .cab ou .msu apropriados dentro da pasta. Você pode expandir uma pasta executável ou montar um arquivo .iso para acessar os arquivos internos.

Podemos especificar várias opções /packagepath no mesmo comando DISM para instalar múltiplos pacotes. O programa instala os pacotes na ordem em que eles aparecem na linha de comando.

Para remover um pacote de um arquivo de imagem, você pode usar a opção /remove-package, com a opção /packagepath especificando o pacote que deseja remover. Você também pode usar a opção /get-packages, para exibir informações sobre todos os pacotes de uma imagem, ou a opção /get-packageinfo, para exibir informações sobre um pacote específico.

Confirme e desmonte imagens

Quando você tiver feito todas as modificações na imagem montada, deve confirmar as alterações feitas na cópia montada transferindo-as para o arquivo Windows Imaging original e desmontar a imagem, usando um comando como o seguinte:

```
dism /unmount-image /mountdir:c:\mount /commit
```

O resultado do comando é mostrado na Figura 1-51. O parâmetro /commit faz o DISM salvar as alterações feitas. Para ignorar as alterações e desmontar a imagem sem salvar, use o parâmetro /discard em vez de /commit.

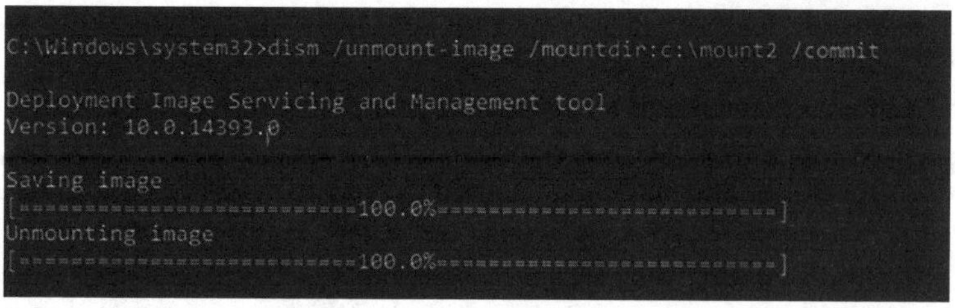

FIGURA 1-51 Desmontando uma imagem com o DISM.exe.

Instale funções e recursos em imagens offline

O DISM também permite ativar e desativar recursos do Windows em uma imagem montada. Para fazê-lo, primeiro você deve determinar o nome exato do recurso usando o DISM com a opção /get-features, como no exemplo a seguir:

```
dism /image:c:\mount /get-features
```

O resultado desse comando é uma longa lista de recursos do Windows, cujo começo é mostrado na Figura 1-52.

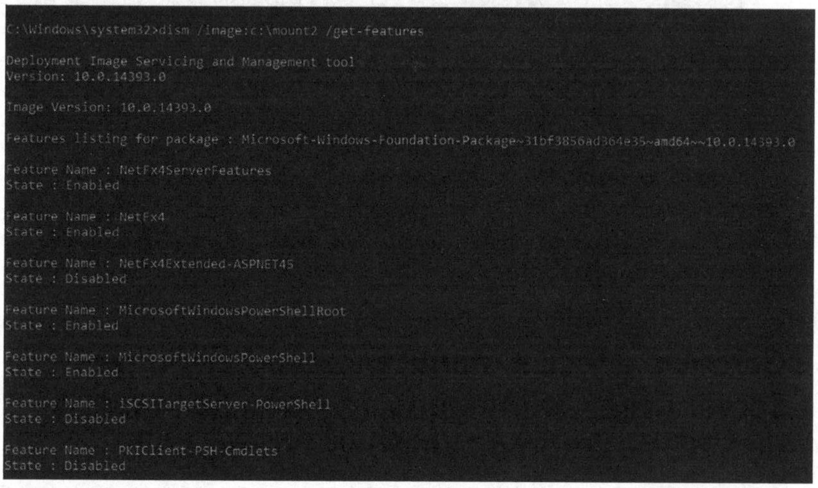

FIGURA 1-52 Exibindo recursos do Windows com o DISM.exe.

Uma vez que você encontrar o recurso que deseja adicionar, deve criar um comando DISM usando a opção /enable-feature e o nome exato do recurso, como mostrado na lista de /get-features, incluindo-o na opção /featurename.

A sintaxe do comando DISM /enable-feature é a seguinte:

```
dism /image:folder /enable-feature /featurename:feature [/packagename:package] [/source:path] [/all]
```

- **/image:folder** Especifica o local em que se encontra a imagem que você deseja modificar.

- **/enable-feature** Indica que você deseja ativar um recurso do Windows na imagem especificada pelo parâmetro /image.
- **/featurename:feature** Especifica o nome do recurso que você deseja ativar, usando o nome informado pela opção /get-features.
- **[/packagename:package]** Especifica o nome do pacote-pai do recurso. Essa opção não é necessária na ativação de um recurso do Windows Foundation.
- **[/source:path]** Especifica o caminho dos arquivos necessários à reativação de um recurso que foi removido. Pode ser a pasta /Windows de uma imagem montada ou uma pasta do Windows side-by-side (SxS).
- **[/all]** Faz o programa ativar todos os recursos-pais do recurso especificado.

Um exemplo do comando /enable-feature é mostrado na Figura 1-53.

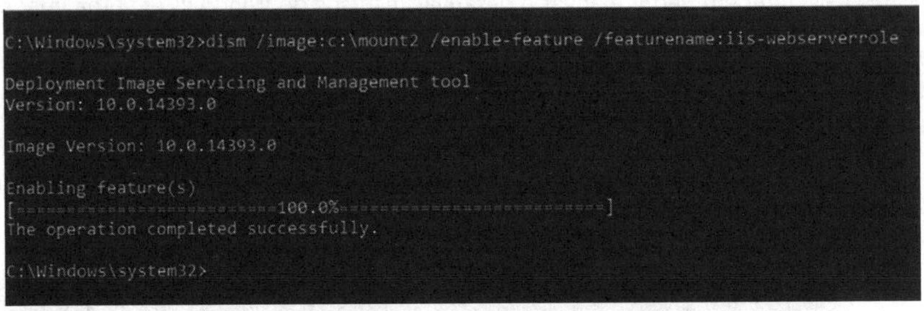

FIGURA 1-53 Ativando um recurso usando o DISM.exe.

Você pode incluir várias opções /featurename no mesmo comando DISM, contanto que todos os recursos especificados tenham o mesmo pai. Por exemplo, é possível ativar vários recursos do IIS ao mesmo tempo, mas não ativar um recurso do IIS e um do Hyper-V no mesmo comando.

O comando /disable-feature funciona da mesma maneira que /enable-feature e usa a mesma sintaxe básica.

Gerencie e faça a manutenção do Windows Server Core, de imagens do Nano Server, e de VHDs usando o Windows PowerShell

Como mencionado anteriormente neste capítulo, a opção de instalação Server Core do Windows Server 2016 depende profundamente do Windows PowerShell para o gerenciamento e a manutenção do sistema. Em um sistema Server Core, o Windows PowerShell e o prompt de comando CMD são as únicas opções de gerenciamento interativo no console local.

A opção de instalação Nano Server depende do PowerShell para a criação dos arquivos de imagem que você usará para implantar os Nano Servers. Você também pode usar o cmdlet Edit-NanoServerImage para modificar esses arquivos de imagem definindo suas configurações de adaptador de rede e adicionando pacotes de funções e recursos.

O Windows inclui um módulo DISM para o Windows PowerShell que permite executar em arquivos de imagem VHD grande parte das mesmas modificações do executável de linha de comando DISM.exe.

CAPÍTULO 1 Instalação de Windows Servers em ambientes de host e de computação

Muitos dos cmdlets do Windows PowerShell existentes no módulo DISM correspondem diretamente a seus equivalentes de linha de comando e usam as mesmas opções e sintaxe. No entanto, alguns são um pouco diferentes. A Tabela 1-2 lista as opções de linha de comando do DISM.exe e os cmdlets equivalentes do Windows PowerShell.

TABELA 1-2 Equivalente do Windows PowerShell às opções básicas de linha de comando do DISM.exe

Comando do DISM.exe	Cmdlet do DISM
Dism.exe /Append-Image	Add-WindowsImage
Dism.exe /Apply-Image	Expand-WindowsImage
Dism.exe /Capture-Image	New-WindowsImage
Dism.exe /Commit-Image	Save-WindowsImage
Dism.exe /Export-Image	Export-WindowsImage
Dism.exe /Get-ImageInfo	Get-WindowsImage
Dism.exe /Get-MountedImageInfo	Get-WindowsImage -Mounted
Dism.exe /List-Image	Get-WindowsImageContent
Dism.exe /Mount-Image	Mount-WindowsImage
Dism.exe /Remove-Image	Remove-WindowsImage
Dism.exe /Remount-Image	Mount-WindowsImage -Remount
Dism.exe /Unmount-Image	Dismount-WindowsImage
Dism.exe /Image:foldername /Add-Driver	Add-WindowsDriver
Dism.exe /Image:foldername /Add-Package	Add-WindowsPackage
Dism.exe /Image:foldername /Add-ProvisionedAppxPackage	Add-AppxProvisionedPackage
Dism.exe /Image:foldername /Apply-Unattend	Apply-WindowsUnattend
Dism.exe /Image:foldername /Disable-Feature	Disable-WindowsOptionalFeature
Dism.exe /Image:foldername /Enable-Feature	Enable-WindowsOptionalFeature
Dism.exe /Image:foldername /Export-Driver	Export-WindowsDriver
Dism.exe /Image:foldername /Get-DriverInfo	Get-WindowsDriver -Driver
Dism.exe /Image:foldername /Get-Drivers	Get-WindowsDriver
Dism.exe /Image:foldername /Get-FeatureInfo	Get-WindowsOptionalFeature-FeatureName
Dism.exe /Image:foldername /Get-Features	Get-WindowsOptionalFeature
Dism.exe /Image:foldername /Get-PackageInfo	Get-WindowsPackage-PackagePath | -PackageName
Dism.exe /Image:foldername /Get-Packages	Get-WindowsPackage
Dism.exe /Image:foldername /Get-ProvisionedAppxPackages	Get-AppxProvisionedPackage
Dism.exe /Image:foldername /Remove-Driver	Remove-WindowsDriver

(continua)

TABELA 1-2 Equivalente do Windows PowerShell às opções básicas de linha de comando do DISM.exe (*continuação*)

Comando do DISM.exe	Cmdlet do DISM
Dism.exe /Image:foldername /Remove-Package	Remove-WindowsPackage
Dism.exe /Image:foldername /Remove-ProvisionedAppxPackage	Remove-AppxProvisionedPackage
Dism.exe /Image:foldername /Set-ProvisionedAppxDataFile	Set-AppXProvisionedDataFile

> ✓ **Verificação rápida**
>
> Quais das opções a seguir são limites de ativação corretos para o Serviço de Gerenciamento de Chaves (KMS)?
>
> 1. 5 estações de trabalho
> 2. 5 servidores
> 3. 25 estações de trabalho
> 4. 25 servidores
>
> **Resposta da verificação rápida**
>
> O KMS requer um mínimo de 25 sistemas de estação de trabalho (#3) ou cinco sistemas de servidor como clientes. Isso se chama limite de ativação.

Resumo do capítulo

- O Windows Server 2016 está disponível em várias edições que variam em recursos, potencialidades, mercado e preço.
- Geralmente é fácil instalar o Windows Server 2016 em um único computador, mas implantações em massa podem ser extremamente complexas.
- O Windows Server 2016 inclui um conjunto de funções e recursos, que você pode instalar usando o Server Manager ou o Windows PowerShell.
- O Server Core é a opção de instalação que fornece um footprint de recursos reduzido, que é gerenciado remotamente ou a partir de linha de comando.
- Um upgrade ocorre quando você instala o Windows Server 2016 em um computador que está executando uma versão anterior do Windows. A migração ocorre quando você transfere as funções, configurações e dados de um servidor existente para um novo.
- Após a instalação, o sistema operacional Windows Server 2016 deve ser ativado, e há várias maneiras de fazer isso, inclusive com o Serviço de Gerenciamento de Chaves (KMS) e a Ativação Baseada no Active Directory.
- O Nano Server é uma opção de instalação do Windows Server 2016 que fornece um servidor headless básico.

- Para instalar o Nano Server, você precisa criar um arquivo de imagem VHD usando o PowerShell e implantá-lo como máquina virtual do Hyper-V.
- O Nano Server inclui uma seleção limitada de funções e recursos, que não são intercambiáveis com os usados pelas outras opções de instalação do Windows Server.
- Para gerenciar o Nano Server, você precisa usar ferramentas de gerenciamento remoto a partir de outro computador.
- A virtualização de servidores Windows requer um processo de planejamento cuidadoso que leve em consideração fatores corporativos e técnicos.
- O Hyper-V do Windows Server 2016 dá suporte ao FreeBSD e a muitas distribuições do sistema operacional Linux. Os serviços de integração que dão suporte a vários recursos do Hyper-V foram incorporados aos kernels das últimas versões do FreeBSD e do Linux.
- O MAP Toolkit inclui uma série de assistentes que coletam informações sobre a configuração e o desempenho dos computadores da rede. Usando essas informações, o toolkit pode criar um relatório de consolidação de servidores que especifica que servidores devem ser migrados para máquinas virtuais.
- Ao desenvolver um plano de virtualização, você deve considerar não só quando certas cargas de trabalho devem ser migradas para máquinas virtuais, mas também se devem ser migradas.
- Para atualizar arquivos de imagem adicionando patches, hotfixes e recursos, você pode usar a ferramenta de linha de comando DISM.exe.

Teste de raciocínio

Nesse teste de raciocínio, você demonstrará suas habilidades e conhecimentos referentes aos tópicos deste capítulo. As respostas podem ser encontradas na próxima seção.

Alice é responsável pela implantação de quatro computadores novos, que executarão o Windows Server 2016. Para assegurar que todos sejam instalados e configurados de maneira idêntica, ela copiou o arquivo Install.wim de uma imagem de instalação do Windows Server 2016 em seu computador de trabalho. Sua intenção é montar a imagem usando o DISM.exe, adicionar todos os drivers de que os computadores precisam e ativar a função Hyper-V.

Alice monta a imagem de que precisa em um diretório local chamado c:\winsvr usando o comando DSIM /mount-image. Em seguida, adiciona os drivers necessários usando o comando /add-drivers. Esses dois procedimentos são concluídos sem falhas. Então, ela tenta ativar a função Hyper-V usando o comando a seguir:

```
dism /image:c:\winsvr /enable-feature /featurename:Hyper-V
```

Dessa vez, o comando falha. O que Alice deve fazer para ativar com sucesso a função Hyper-V usando o DISM? Após descobrir como instalar com sucesso o Hyper-V, o que ela deve fazer antes de poder implantar a imagem nos computadores?

Resposta do teste de raciocínio

Esta seção contém a solução do teste de raciocínio.

Alice deve usar o comando DISM /get-features para listar os recursos disponíveis na imagem. Quando o fizer, descobrirá que o nome correto da função é Microsoft-Hyper-V. Ela deve usar esse nome na opção /featurename. Após instalar o Hyper,V, Alice deve confirmar suas alterações no arquivo de imagem e desmontá-lo, usando o comando a seguir:

```
dism /unmount-image /mountdir:c:\winsvr /commit
```

CAPÍTULO 2

Implementação de soluções de armazenamento

Há alguns anos melhorar a infraestrutura de armazenamento do Windows Server é uma prioridade clara dos desenvolvedores do sistema operacional. O Windows Server 2016 mantém muitos mecanismos de armazenamento, que possuem há bastante tempo reconhecimento de mercado, e ferramentas de gerenciamento de versões anteriores, ao mesmo tempo em que descartou alguns, e utiliza-se destas bases para apresentar novos recursos que permitam que os administradores construam sistemas de armazenamento maiores e mais confiáveis.

Objetivos deste capítulo:

- Configurar discos e volumes
- Implementar o armazenamento no servidor
- Implementar a desduplicação de dados

Objetivo 2.1: Configurar discos e volumes

Muitas das tecnologias de armazenamento básicas do Windows Server 2016 permaneceram inalteradas em relação à versão anterior. No entanto, ainda é comum os exames de certificação testarem o conhecimento nessas tecnologias porque elas envolvem algumas das tarefas mais comuns executadas por administradores de servidor.

Esta seção aborda como:

- Configurar tamanhos de setores apropriados para várias cargas de trabalho
- Configurar discos com tabela de partição GUID (GPT)
- Criar arquivos VHD e VHDX usando o Server Manager ou o Windows PowerShell
- Montar discos rígidos virtuais
- Determinar quando usar os sistemas de arquivos NTFS e ReFS
- Configurar compartilhamentos NFS e SMB usando o Server Manager
- Definir configurações de compartilhamento e sessão SMB usando o Windows PowerShell
- Definir configurações de servidor e cliente SMB usando o Windows PowerShell
- Configurar permissões de arquivos e pastas

Configure tamanhos de setores apropriados para várias cargas de trabalho

Em seu uso correto, o setor de um disco é uma subdivisão de uma trilha. Cada disco de uma unidade de disco rígido é dividido em trilhas circulares, e cada trilha é dividida em setores, como mostrado na Figura 2-1. Normalmente os discos rígidos usam setores de 512 bytes, embora os novos discos Advanced Format usem setores de 4.096 bytes. O tamanho do setor é criado durante a fabricação da unidade e ele não pode ser alterado.

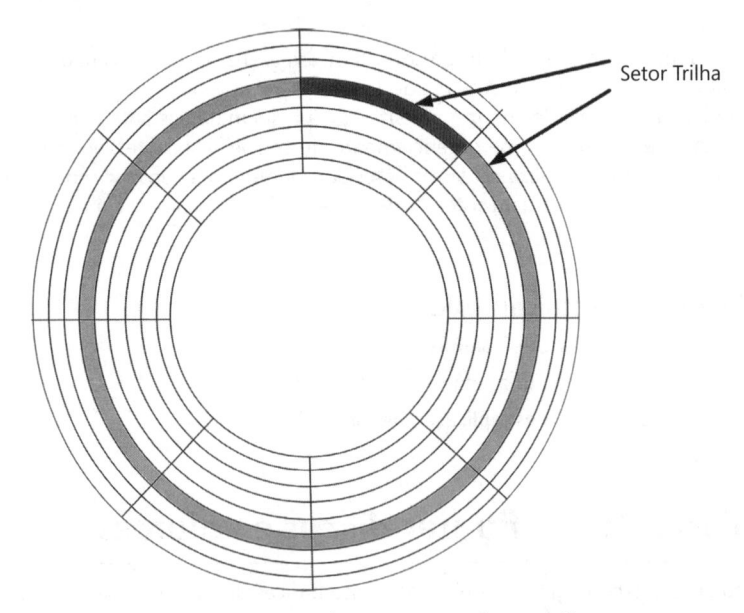

FIGURA 2-1 Em um disco rígido, um setor é um segmento de uma trilha.

No entanto, você pode alterar o tamanho da *unidade de alocação* de um volume de disco, que com frequência é incorretamente chamada de setor. Unidade de alocação é o termo usado no Windows, mas ela também costuma ser chamada de bloco ou cluster. Uma unidade de alocação é a menor quantidade de espaço em disco que o computador pode alocar ao armazenar um arquivo. Por exemplo, armazenar um arquivo de 10 kilobytes em um disco com um tamanho de unidade de alocação de 4 kilobytes requer três unidades de alocação, ou 12 kilobytes. As unidades de alocação não podem ser utilizadas por mais de um arquivo, ou seja, neste caso, 2 kilobytes de espaço de armazenamento são perdidos no que é chamado de *slack space* (*desperdício de espaço*).

Selecionamos o tamanho da unidade de alocação de um volume quando o formatamos, como mostrado na Figura 2-2. A seleção do tamanho da unidade de alocação para uma carga de trabalho tem que conciliar o slack space e a eficiência da unidade. Normalmente, a seleção é feita de acordo com o tamanho médio dos arquivos que queremos armazenar no volume. Se selecionarmos um tamanho maior, qualquer arquivo pequeno que armazenarmos no volume gerará um desperdício de espaço maior.

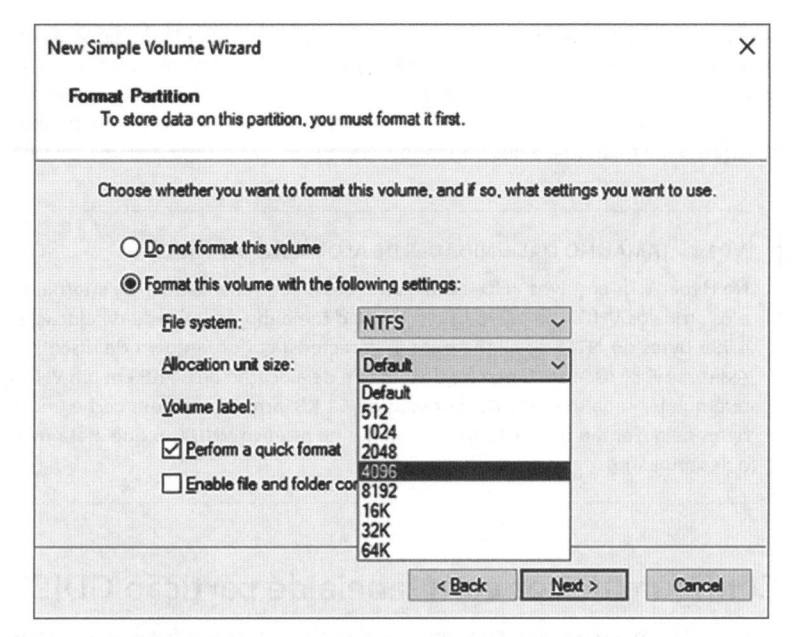

FIGURA 2-2 A página Format Partition do New Simple Volume Wizard.

Por exemplo, o armazenamento do arquivo de 10 KB mencionado anteriormente em um volume com tamanho de unidade de alocação de 4 KB desperdiça 2 KB. Se o volume tiver um tamanho de unidade de alocação de 64 KB, só uma unidade de alocação será necessária, mas 54 KB de espaço de armazenamento serão perdidos. Multiplique isso por milhares de arquivos e você acabará desperdiçando uma parte substancial do volume.

Por outro lado, se você estiver armazenando um arquivo de 1 megabyte em um volume com um tamanho de unidade de alocação de 4 KB, 250 unidades de alocação serão necessárias. Se o volume usar um tamanho de unidade de alocação de 64 KB, o arquivo só precisará de 16 unidades de alocação. Para acessar o arquivo, a unidade deve procurar e ler cada unidade de alocação individualmente. Procurar e ler 250 unidades de alocação é obviamente menos eficiente do que procurar e ler 16 unidades de alocação, logo, a unidade terá um desempenho melhor.

Além disso, a questão se complica com o grau de fragmentação do volume. Quanto mais um volume é gravado e regravado, aumentam as probabilidades de que as unidades de alocação de um arquivo não sejam adjacentes e a unidade de disco terá então que recolher suas cabeças e posicioná-las em outro local para ler cada uma das unidades de alocação.

Os discos rígidos cresceram tanto que a diferença entre os tamanhos das unidades de alocação não importa muito. Para um volume típico, a quantidade média de slack space por arquivo é metade do tamanho da unidade de alocação. Por exemplo, em um volume com um tamanho de unidade de alocação de 4 KB, o slack space médio é de 2 KB por arquivo. Em um volume com um tamanho de unidade de alocação de 64 KB, o slack space médio é de 32 KB por arquivo. Se você armazenar 10.000 arquivos em cada volume, o espaço desperdiçado será de 20 MB no volume de 4 KB e 312 MB no volume de 64 KB. Em um disco de 2 TB ou mais, a perda de 300 MB não é um grande problema, principalmente quando obtemos melhor eficiência com a barganha.

No entanto, isso não significa que ao formatar todas as suas unidades de disco para usar o tamanho de unidade de alocação máximo de 64 KB, você obterá uma enorme melhoria no desempenho das unidades de disco. O tamanho de unidade de alocação padrão para um volume NTFS abaixo de 16 TB é de 4.096 bytes, ou 4 KB, e geralmente isso é apropriado para uma unidade de disco do sistema. Contudo, se você tiver volumes nos quais armazena principalmente arquivos grandes, como bancos de dados ou vídeos, elevar o tamanho da unidade de alocação pode melhorar o desempenho.

> **NOTA TAMANHO DAS UNIDADES DE ALOCAÇÃO DO HYPER-V**
>
> No Hyper-V, os arquivos VHD usam operações de entrada/saída (I/O) internas de 512 bytes e os arquivos VHDX de 4.096 bytes. Logo, o tamanho de unidade de alocação padrão de 4.096 bytes do NTFS se alinha bem às características do arquivo de disco virtual VHDX. Assim, se você usar um tamanho de unidade de alocação de 64 KB em um VHDX, o sistema terá que ler cada unidade de alocação de 64 KB, armazená-la em cache, modificar 4.096 bytes dela e então gravar tudo novamente no arquivo VHDX, o que afeta negativamente o desempenho.

Configure discos com tabela de partição GUID (GPT)

As unidades de disco rígido têm uma tabela de partição que fornece ao sistema operacional os locais das partições no disco. A tabela de partição de *registro mestre de inicialização* (*MBR, master boot record*) original foi introduzida em 1983. Ela ainda é suportada pelo Windows e usada em muitos computadores. No entanto, a tabela MBR apresenta falhas e é por isso que a *tabela de partição GUID* (*GPT, GUID partition table*) foi criada no fim dos anos 1990.

Quando você adicionar um novo disco rígido a um computador executando o Windows Server 2016, a primeira etapa após a instalação do hardware será inicializar o disco. Quando você iniciar o snap-in Disk Management, a ferramenta detectará o novo disco e apresentará a caixa de diálogo Initialize Disk, como mostrado na Figura 2-3.

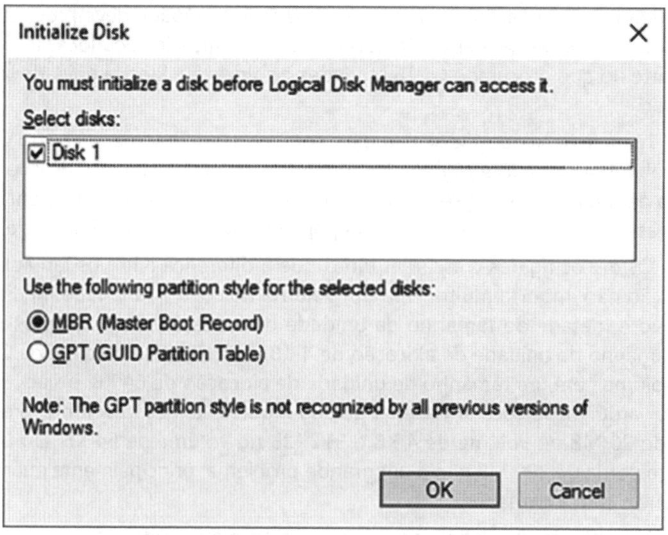

FIGURA 2-3 A caixa de diálogo Initialize Disk do snap-in Disk Management.

Essa caixa de diálogo fornece as seguintes opções:

- **Master Boot Record (MBR)** O estilo de partição MBR existe desde o PC DOS 2.0, anterior ao Windows, e fornece maior compatibilidade. Ainda é um estilo de partição comum para computadores baseados em plataformas x86 e x64.
- **GUID Partition Table (GPT)** O GPT existe desde o fim dos anos 1990, mas nenhuma versão x86 do Windows anterior ao Windows Server 2008 e Windows Vista o suporta. Atualmente, a maioria dos sistemas operacionais dá suporte a GPT, inclusive o Windows Server 2016.

Deficiências do MBR

Selecionar a opção MBR cria um setor de inicialização no começo do disco que aponta para os locais das partições e fornece um carregador de inicialização para o sistema operacional. Já que essas informações vitais são armazenadas em um único local no disco, se o setor de inicialização for corrompido ou sobreposto, o disco não será reconhecido pelo sistema. Esse estilo de partição foi o padrão da indústria por muitos anos e ainda é suportado por quase todos os sistemas operacionais.

O estilo de particionamento de disco MBR dá suporte a volumes de até 2 TB de tamanho e a até quatro partições primárias. A limitação de tamanho existe devido ao tamanho máximo de 32 bits de entradas de partições no setor de inicialização do MBR. Quando o MBR foi projetado, a ideia de uma unidade de disco rígido de 2 TB era pura ficção, mas hoje elas são corriqueiras, tornando essa limitação uma grande desvantagem.

O limite de quatro partições também é uma desvantagem em algumas situações. A partir do PC DOS 3.3 em 1987, se quiséssemos mais de quatro partições em uma unidade MBR, tínhamos que criar três partições primárias e a quarta seria uma partição estendida. Podíamos então criar várias unidades lógicas na partição estendida, como mostrado em Vol4, Vol5 e Vol6 na Figura 2-4. Essa é uma solução que existe até hoje no estilo de partição MBR.

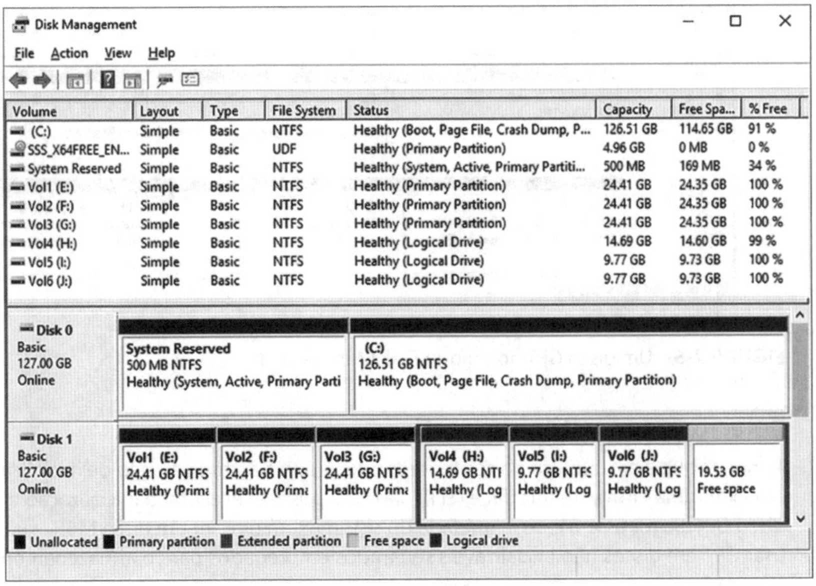

FIGURA 2-4 Um disco MBR no snap-in Disk Management.

Vantagens do GPT

O estilo de tabela de partição GUID (GPT) tem esse nome porque cada uma das partições do disco tem um globally-unique identifier (GUID, identificador global exclusivo). O GPT faz parte da *Unified Extensible Firmware Interface* (*UEFI, Interface Unificada de Firmware Extensível*) desenvolvida pela Intel no fim dos anos 1990 para substituir o respeitado padrão de firmware Basic Input/Output System (BIOS, Sistema Básico de Entrada e Saída).

O GPT é diferente do MBR pelo fato das informações serem armazenadas em vários locais espalhados pelo disco, acrescidas de informações de verificação cíclica de redundância (CRC, cyclical redundancy check) que possibilitam detectar adulteração na tabela de partição e recuperar os dados a partir de outro local. Isso torna o estilo de particionamento GPT mais robusto que o MBR.

O mais importante é que os discos GPT não estão restritos a 2 TB, como ocorre com os discos MBR. O estilo de particionamento de disco GPT dá suporte a volumes com até 18 exabytes (1 exabyte = 1 bilhão de gigabytes, ou 260 bytes).

O GPT também não está restrito ao limite de quatro partições encontrado no MBR. A especificação do GPT permite um número ilimitado de partições, mas a implementação do Windows o limita a 128 por disco. Logo, é possível criar um disco GPT com seis partições, como mostrado na Figura 2-5.

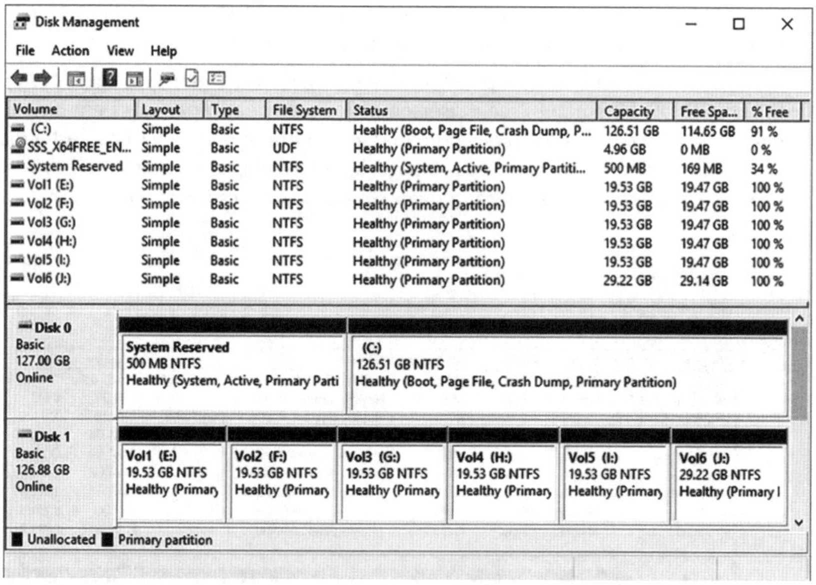

FIGURA 2-5 Um disco GPT no snap-in Disk Management.

Selecione um estilo de partição

A menos que a arquitetura do computador dê suporte a uma partição de inicialização baseada em Extensible Firmware Interface (EFI), não será possível executar a inicialização a partir de um disco GPT. Se for esse o caso, a unidade do sistema terá que ser um disco MBR, e você só poderá usar GPT em discos não inicializáveis separados empregados para o armazenamento de dados.

Antes do Windows Server 2008 e do Windows Vista, computadores Windows baseados na plataforma x86 só podiam usar o estilo de partição MBR. Computadores baseados na plataforma x64 podiam usar o estilo de partição MBR ou GPT, desde que o disco GPT não fosse o de inicialização.

Agora que as unidades de disco rígido maiores do que 2 TB estão largamente disponíveis, a seleção de um estilo de partição é mais crucial do que nunca. Quando você inicializar um disco físico usando o tradicional snap-in Disk Management, o MBR será o estilo de partição padrão, como sempre foi. Você também pode usar o snap-in para converter um disco entre os estilos de partição MBR e GPT, embora só possa fazê-lo em discos que não tenham partições ou volumes criados neles.

Quando você usar o Server Manager para inicializar um disco no Windows Server 2016, ele empregará o estilo de partição GPT, seja o disco físico ou virtual. O Server Manager não tem controles que dêem suporte ao MBR, embora ele exiba o estilo no bloco Disks.

A Tabela 2-1 compara algumas das características dos estilos de partição MBR e GPT.

TABELA 2-1 Comparação entre os estilos de partição MBR e GPT

Master Boot Record (MBR)	Tabela de partição GUID (GPT)
Dá suporte a até quatro partições primárias ou três partições primárias e uma partição estendida, com unidades lógicas ilimitadas na partição estendida	Dá suporte a até 128 partições primárias
Dá suporte a volumes de até 2 terabytes	Dá suporte a volumes de até 18 exabytes
Setores ocultos (não particionados) armazenam dados críticos para a operação da plataforma	As partições armazenam dados críticos para a operação da plataforma
Replicação e verificações cíclicas de redundância (CRCs) não são recursos da tabela de partição MBR	A replicação e a proteção por CRC da tabela de partição fornecem maior confiabilidade

Execute a inicialização a partir de discos GPT

O principal problema de compatibilidade dos estilos de partição é a possibilidade de execução da inicialização a partir de um disco GPT. O Windows só pode ser inicializado a partir de um disco GPT se o computador tiver firmware UEFI e estiver executando uma versão do Windows de 64 bits. Os servidores devem estar executando pelo menos o Windows Server 2008, e as estações de trabalho no mínimo o Windows Vista.

Quase todos os servidores existentes no mercado atualmente têm firmware UEFI, e o Windows Server 2016 só está disponível em versão de 64 bits. Se você estiver executando hardware mais antigo, deve confirmar se o computador é compatível com UEFI antes de poder fazer a inicialização a partir de um disco GPT.

Se você não puder executar a inicialização a partir de um disco GPT, ainda poderá usar MBR como estilo de partição no disco de inicialização e GPT para os outros discos rígidos do computador. GPT será essencial se seus outros discos tiverem um tamanho maior do que 2 TB.

No Hyper-V do Windows Server 2016, máquinas virtuais de geração 1 emulam a inicialização usando firmware BIOS e devem ser inicializadas a partir de um disco virtual MBR. Você pode criar discos virtuais GPT adicionais, da mesma forma que em um computador físico. Quando criar uma VM de geração 2, no entanto, o firmware será UEFI e o disco de inicialização será com estilo de partição GPT. Você pode criar discos virtuais adicionais usando o estilo de partição GPT ou MBR, embora não haja razão para usar MBR.

Crie arquivos VHD e VHDX usando o Server Manager ou o Windows PowerShell

O Hyper-V baseia-se no formato Virtual Hard Disk (VHD, disco rígido virtual) para armazenar dados em disco virtual que possa ser facilmente transferido de um computador para outro. Você pode criar novos arquivos VHD em um computador que esteja executando o Hyper-V usando o New Virtual Hard Disk Wizard, mas também é possível criar e usar VHDs em computadores que não estejam executando a função Hyper-V.

O Windows Server 2016 dá suporte a dois tipos de imagens de disco rígido virtual, diferenciados por suas extensões de nome de arquivo, como mostrado a seguir:

- **VHD** As imagens VHD têm como limite o tamanho máximo de 2 TB e são compatíveis com servidores executando o Windows Server 2008 ou posteriores, ou estações de trabalho executando o Windows 7 ou posteriores.

- **VHDX** Os arquivos de imagem VHDX podem ter até 64 TB e também dão suporte a tamanhos de setor lógico de 4 KB para fornecer compatibilidade com as novas unidades nativas de 4 KB. Eles não são compatíveis com sistemas anteriores, só podem ser lidos por servidores executando o Windows Server 2012 ou posteriores, ou estações de trabalho executando o Windows 8 ou posteriores.

Crie arquivos VHD ou VHDX usando o Disk Management

O snap-in Disk Management do Windows Server 2016 nos permte criar arquivos VHD e VHDX e montá-los no computador. Assim que um arquivo VHD ou VHDX é montado, podemos tratá-lo como um disco físico e usá-lo para armazenar dados. A desmontagem de um VHD ou VHDX empacota os dados armazenados no arquivo, para podermos copiá-lo ou movê-lo quando necessário.

Para criar um VHD no Disk Management, use o procedimento a seguir.

1. Faça logon no Windows Server 2016, usando uma conta com privilégios de administrador. A janela do Server Manager aparecerá.
2. Clique em Tools e em Computer Management.
3. No console Computer Management, clique em Disk Management. O snap-in Disk Management aparecerá.

> **NOTA INICIANDO O DISK MANAGEMENT**
>
> Você também pode iniciar o snap-in Disk Management clicando com o botão direito do mouse no botão Start e selecionando Disk Management no menu de contexto que será aberto, ou executando o arquivo Diskmgmt.msc.

4. No menu Action, selecione Create VHD. A caixa de diálogo Create And Attach Virtual Hard Disk aparecerá, como mostrado na Figura 2-6.

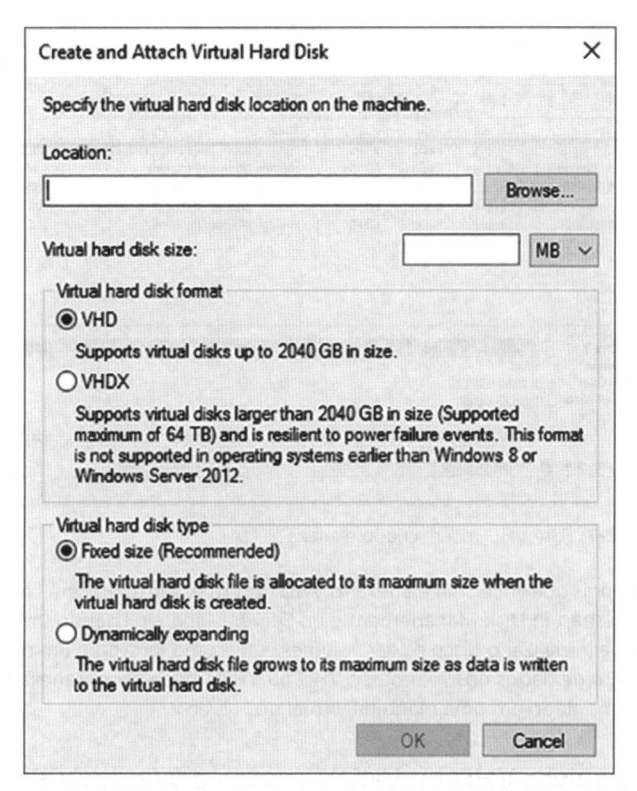

FIGURA 2-6 A caixa de diálogo Create And Attach Virtual Hard Disk.

5. Na caixa de texto Location, especifique o caminho e o nome do arquivo que deseja criar.
6. Na caixa de texto Virtual Hard Disk Size, especifique o tamanho máximo do disco que deseja criar.
7. Na caixa Virtual Hard Disk Format, selecione a opção VHD ou VHDX.
8. Selecione uma das opções de tipo de disco rígido virtual a seguir:
   - **Fixed Size** Aloca todo o espaço em disco para o tamanho total do arquivo VHD ou VHDX de uma só vez
   - **Dynamically Expanding** Alocará espaço em disco para o arquivo VHD ou VHDX à medida que você adicionar dados ao disco rígido virtual
9. Clique em OK. O sistema criará o arquivo VHD ou VHDX e o anexará, para que ele apareça como um novo disco no snap-in, como mostra a Figura 2-7.

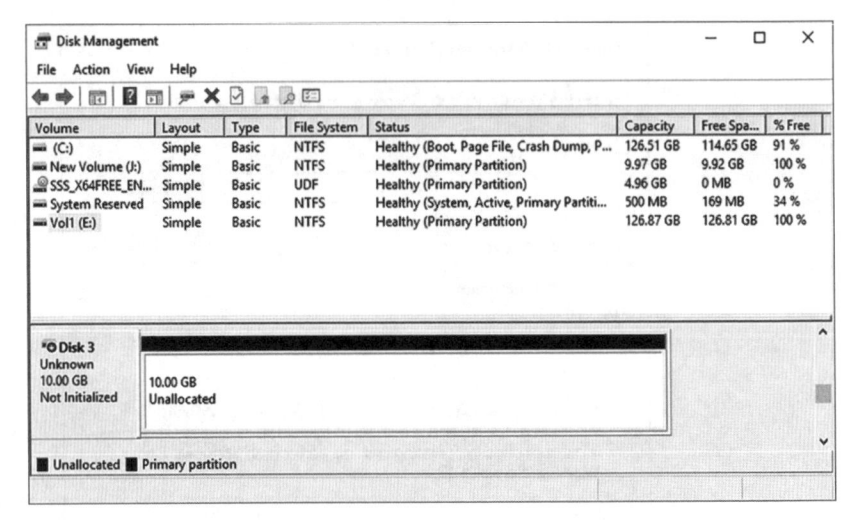

Volume	Layout	Type	File System	Status	Capacity	Free Spa...	% Free
(C:)	Simple	Basic	NTFS	Healthy (Boot, Page File, Crash Dump, P...	126.51 GB	114.65 GB	91 %
New Volume (J:)	Simple	Basic	NTFS	Healthy (Primary Partition)	9.97 GB	9.92 GB	100 %
SSS_X64FREE_EN...	Simple	Basic	UDF	Healthy (Primary Partition)	4.96 GB	0 MB	0 %
System Reserved	Simple	Basic	NTFS	Healthy (System, Active, Primary Partiti...	500 MB	169 MB	34 %
Vol1 (E:)	Simple	Basic	NTFS	Healthy (Primary Partition)	126.87 GB	126.81 GB	100 %

FIGURA 2-7 Um VHD recém criado e anexado.

Depois que você criar e anexar o VHD ou VHDX, ele aparecerá como um disco não inicializado no snap-in Disk Management e no Server Manager. Usando uma das duas ferramentas, você pode inicializar o disco e criar volumes nele, como faria com um disco físico. Após o armazenamento de dados nos volumes, o VHD ou VHDX pode ser desanexado e movido para outro local ou montado em uma máquina virtual do Hyper-V.

Crie arquivos VHD ou VHDX usando o Windows PowerShell

Para criar um VHD ou VHDX no Windows PowerShell, use o cmdlet New-VHD, que vem no módulo do Hyper-V. Esse módulo é instalado como parte do recurso Management Tools (Ferramentas de Gerenciamento) do Hyper-V. Se você não tiver o Hyper-V instalado em seu sistema, pode adicionar apenas as ferramentas do PowerShell com o comando:

```
install-windowsfeature -name hyper-v-powershell
```

Esse módulo inclui cmdlets que permitem listar, criar, montar, mesclar e redimensionar VHDs. Para criar um novo VHD, você pode usar o cmdlet New-VHD como no exemplo a seguir:

```
new-vhd -path c:\data\disk1.vhdx -sizebytes 10gb
```

Esse comando simples cria um disco VHDX de 10 gigabytes chamado Disk1 na pasta c:\data. Para configurar outros recursos do VHD, use qualquer um dos parâmetros a seguir:

- **Path** Especifica o local em que o VHD deve ser criado e seu nome de arquivo. A extensão do nome de arquivo que você usar especificará se deve ser criado um arquivo VHD ou VHDX.
- **SizeBytes** Especifica o tamanho do VHD a ser criado, ou no caso de um disco dinâmico, o tamanho máximo. Você pode especificar tamanhos usando as seguintes abreviações: MB, GB, TB.
- **Fixed** Aloca todo o espaço de armazenamento especificado no parâmetro SizeBytes no momento da criação do VHD.
- **Dynamic** Cria um VHD de tamanho pequeno e permite que ele se expanda quando necessário até o tamanho máximo especificado no parâmetro SizeBytes.

- **Differencing**   Cria um disco diferencial em relação ao pai especificado no parâmetro ParentPath.
- **ParentPath**   Especifica a localização e o nome de arquivo do disco pai para o qual um disco diferencial deve ser criado.
- **SourceDisk**   Especifica a localização e o nome de arquivo de um disco físico a ser copiado para o novo VHD no momento da criação.

Para criar um VHD e prepará-lo para uso em um único comando, você pode combinar New-VHD com outros cmdlets empregando o caractere de barra vertical (pipe), como no exemplo a seguir:

```
new-vhd -path c:\data\disk1.vhdx -sizebytes 256gb -dynamic | mount-vhd -passthru |
initialize-disk -passthru | new-partition -driveletter x -usemaximumsize | format-volume
-filesystem ntfs -filesystemlabel data1 -confirm:$false -force
```

Esse comando cria um novo arquivo VHDX dinâmico de 256 gigabytes na pasta c:\data, monta o disco, o inicializa, cria uma partição usando a letra de unidade X e, para concluir, formata a partição usando o sistema de arquivos NTFS. Quando a execução do comando terminar, o novo VHD estará pronto para receber dados.

Monte discos rígidos virtuais (VHDs)

Uma das vantagens dos arquivos VHD e VHDX é ser possível movê-los facilmente para qualquer sistema. Além disso, você pode montar uma arquivo VHD ou VHDX em uma máquina física ou virtual e acessá-lo por intermédio do sistema de arquivos, usando uma letra de unidade. A montagem de uma imagem fornece plenos recursos de leitura/gravação, permitindo o acesso a arquivos individuais ou a pastas inteiras conforme necessário.

Para montar um arquivo VHD ou VHDX, você pode usar o snap-in Disk Management ou os cmdlets do Windows PowerShell.

Monte um VHD ou VHDX com o Disk Management

Podemos montar ou desmontar um VHD ou VHDX existente usando o snap-in Disk Management, o qual não usa os termos "montar" e "desmontar", mas Attach (Anexar) e Detach (Desanexar). Para montar um arquivo, use o procedimento a seguir.

1. Faça logon no Windows Server 2016, usando uma conta com privilégios de administrador. A janela do Server Manager aparecerá.
2. Clique em Tools e em Computer Management.
3. No console Computer Management, clique em Disk Management. O snap-in Disk Management aparecerá.
4. No menu Action, clique em Attach VHD. A caixa de diálogo Attach Virtual Hard Disk aparecerá, como mostrado na Figura 2-8.

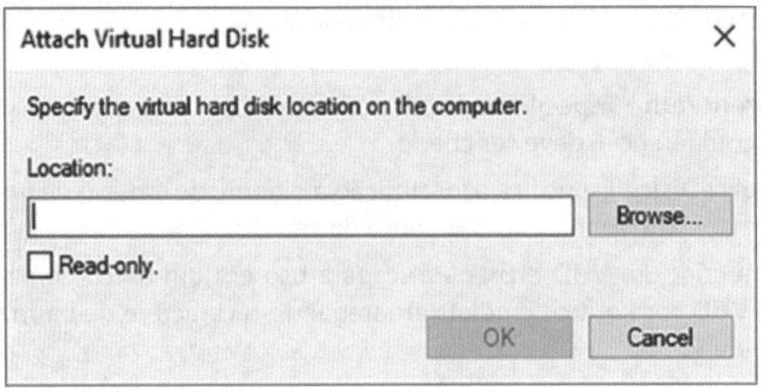

FIGURA 2-8 A caixa de diálogo Attach Virtual Hard Disk.

5. Na caixa de texto Location, digite ou navegue até o local e nome do arquivo VHD ou VHDX a ser montado e clique em OK. O disco montado aparecerá no console Disk Management.

Se o disco virtual já tiver sido inicializado, particionado e formatado, seus volumes aparecerão usando as letras de unidade que lhes foram atribuídas e estarão prontos para uso. Se o disco ainda estiver em seu estado bruto, você deve inicializá-lo, criar um volume e formatá-lo usando o sistema de arquivos de sua preferência antes de poder usá-lo para armazenar dados.

Quando terminar de usar o disco, selecione-o e marque Detach VHD no menu Action. Qualquer alteração feita nele ou em seu conteúdo será salva no arquivo VHD ou VHDX original.

Monte um VHD ou VHDX com o Windows PowerShell

Há dois cmdlets do PowerShell que você pode usar para montar um arquivo VHD ou VHDX existente. Suas sintaxes são semelhantes, mas não idênticas. O cmdlet Mount-DiskImage faz parte do módulo Storage e pode ser encontrado em computadores que estejam usando o Windows Server 2016. O cmdlet Mount-VHD faz parte do módulo Hyper-V e só está disponível em sistemas que tenham as ferramentas de gerenciamento do Hyper-V instaladas.

Para montar um arquivo VHD ou VHDX com o cmdlet Mount-DiskImage, use a sintaxe a seguir:

```
mount-diskimage -imagepath filename
```

Para desmontar uma imagem montada, você pode usar o cmdlet Dismount-DiskImage com o mesmo parâmetro imagepath.

Para montar um arquivo VHD ou VHDX com o cmdlet Mount-VHD, use a sintaxe a seguir:

```
mount-vhd -path filename
```

Para desmontar uma imagem montada, você pode usar o cmdlet Dismount-VHD com o mesmo parâmetro path.

Exemplos das linhas de comando dos dois cmdlets seriam:

```
mount-diskimage -imagepath c:\temp\diskimage.vhdx

mount-vhd -path c:\temp\diskimage.vhdx
```

Determine quando usar os sistemas de arquivos NTFS e ReFS

Para organizar e armazenar dados ou programas em uma unidade de disco rígido, você deve instalar um sistema de arquivos, a estrutura de unidade de disco subjacente que permite armazenar informações no computador. Você pode instalar sistemas de arquivos formatando um volume no disco rígido, como mostrado na Figura 2-9. No Windows Server 2016, estão disponíveis cinco opções de sistemas de arquivos, mas só o NTFS e o ReFS são adequados para uso em um servidor moderno.

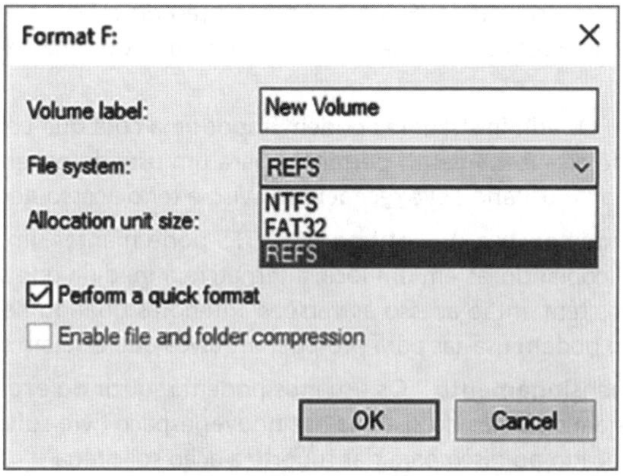

FIGURA 2-9 Formatando um volume usando o ReFS

O NTFS é o sistema de arquivos padrão dos sistemas operacionais Windows Server desde o Windows NT 3.1 lançado em 1993. Sua principal vantagem sobre os sistemas de arquivos FAT que ele substitui é a possibilidade de autorizar o acesso do usuário a arquivos e pastas com o uso de permissões armazenadas em listas de controle de acesso discricionário (DACLs, discretionary access control lists).

Ele também dá suporte a nomes de arquivo longos e a arquivos e volumes maiores do que em FAT. O tamanho máximo de um volume NTFS, usando o tamanho de unidade de alocação padrão de 4 KB, é 16TB. Com unidade de alocação máxima de 64 KB, o tamanho máximo do volume é de 256 TB.

> **NOTA SISTEMAS DE ARQUIVOS FAT**
>
> Já que os sistemas de arquivos FAT (File Allocation Table) não têm a segurança que o NTFS fornece, qualquer usuário que ganha acesso ao computador pode ler todos os arquivos sem restrição. Os sistemas de arquivos FAT também têm limitações quanto ao tamanho do disco. FAT32 não pode manipular uma partição maior do que 32 GB ou um arquivo maior do que 4 GB. FAT não pode manipular um disco rígido com mais de 4 GB ou um arquivo com mais de 2 GB. Devido a essas limitações, a única razão viável para o uso de FAT16 ou de FAT32 seria a necessidade de executar dual boot no computador com um sistema operacional não Windows ou uma versão anterior do Windows sem suporte a NTFS, o que não é uma configuração adequada para um servidor.

Além desses recursos, o NTFS também inclui os seguintes recursos adicionais:

- **Compactação de arquivos**   O NTFS dá suporte à compactação transparente e dinâmica, mas só para volumes usando o tamanho de unidade de alocação de 4 KB. A taxa de compactação é baseada no tipo do arquivo, com os que contêm padrões de bits repetitivos tendo uma compactação maior do que os que não têm. O tamanho do volume, o número de arquivos e a frequência de gravação podem afetar a eficiência do sistema de compactação, que pode fazer uso significativamente intenso do processador.
- **Encrypting File System (EFS)**   O NTFS pode fornecer criptografia dinâmica de arquivos e pastas selecionados usando uma chave pública pertencente a um usuário específico. Dessa forma, o sistema de arquivos descriptografa os arquivos por demanda com a chave pública do usuário. EFS e a compactação do NTFS são mutuamente exclusivas. Os arquivos podem ser compactados ou criptografados, mas não as duas coisas ao mesmo tempo.
- **Cotas**   Os administradores podem impor uma cota que controla da quantidade de espaço de armazenamento permitida para um usuário específico e especificar os limites nos quais o usuário deve receber um aviso e ter o acesso negado.
- **Cópia de sombra de volume**   O NTFS pode manter um histórico de versões de arquivos copiando-as em um local alternativo a medida que sejam gravadas no disco. Os usuários têm então acesso às versões anteriores quando necessário, e os aplicativos de backup podem usá-las para proteger arquivos que estejam sendo usados atualmente.
- **Redimensionamento**   Os usuários podem reduzir ou expandir os volumes NTFS (que não sejam volumes do sistema), se houver espaço livre suficiente no volume ou espaço não alocado no disco para dar suporte à ação solicitada.

O *ReFS (Resilient File System)* é um novo sistema de arquivos introduzido no Windows Server 2012 R2 que oferece tamanhos de arquivos e volumes praticamente ilimitados e uma maior resiliência, o que elimina a necessidade de ferramentas de verificação de erros, como o Chkdsk.exe. O tamanho de volume máximo do ReFS é de 280 bytes, ou 1 yobibyte. O tamanho de arquivo máximo é de 16 exabytes (ou um milhão de terabytes), que é muito maior do que qualquer tecnologia de armazenamento disponível atualmente pode fornecer. Porém, mais uma vez, quem esperaria estar falando em unidades de terabytes há alguns anos atrás?

O ReFS usa somas de verificação (checksum) para proteger os metadados de um volume e, opcionalmente, os próprios dados. Verificações periódicas ocorrem em segundo plano, enquanto o volume está sendo usado. Quando uma adulteração é detectada, o sistema a repara imediatamente, sem precisar colocar a unidade em offline.

Os recursos de detecção e reparo de erros do ReFS o tornam particularmente útil em pools de espaços de armazenamento. Em um pool de armazenamento que use espaço espelhado ou com controle de paridade, um arquivo corrompido em um volume ReFS pode ser reparado automaticamente com o uso do espelho duplicado ou dos dados de paridade. Em discos virtuais do Hyper-V, o ReFS implementa pontos de verificação e backups como operações de metadados do sistema de arquivos, aumentando sua velocidade e eficiência.

O ReFS usa o mesmo conjunto de permissões do NTFS e é totalmente compatível com as ACLs existentes. No entanto, ele não inclui suporte a recursos do NTFS como a compactação de arquivos, o Encrypted File System (EFS) e as cotas de disco. Os discos com ReFS também não podem ser lidos por qualquer sistema operacional que seja mais antigo do que o Windows Server 2012 R2 e Windows 8.

As melhorias do ReFS introduzidas no Windows Server 2106, e particularmente suas melhorias referentes ao uso do Hyper-V, levaram a Microsoft a declarar que atualmente ele é o melhor para volume de dados do sistema operacional. Unidades e volumes do sistema que precisem de compactação, criptografia e outros recursos só encontrados no NTFS devem continuar usando este sistema de arquivos, mas todos os outros podem se beneficiar da resiliência que o ReFS fornece.

Configure compartilhamentos NFS e SMB usando o Server Manager

O compartilhamento de pastas no servidor permite que os usuários da rede as acessem. Após inicializar, particionar e formatar seus discos em um servidor de arquivos, você deve criar compartilhamentos para os usuários poderem acessá-los pela rede.

Antes de começar a criar compartilhamentos, é preciso projetar uma estratégia composta por respostas a perguntas como as seguintes:

- Que pastas do disco você está compartilhando?
- Que nomes está atribuindo aos compartilhamentos?
- Que permissões de compartilhamento está concedendo a seus usuários?
- Que configurações de arquivos offline está usando para os compartilhamentos?

Se você for designado como Creator Owner (proprietário criador) de uma pasta, poderá compartilhá-la no Windows Server 2016 clicando com o botão direito do mouse em qualquer janela do File Explorer, selecionando Share With, e depois Specific People no menu de contexto, e seguindo as instruções da caixa de diálogo File Sharing, como mostrado na Figura 2-10.

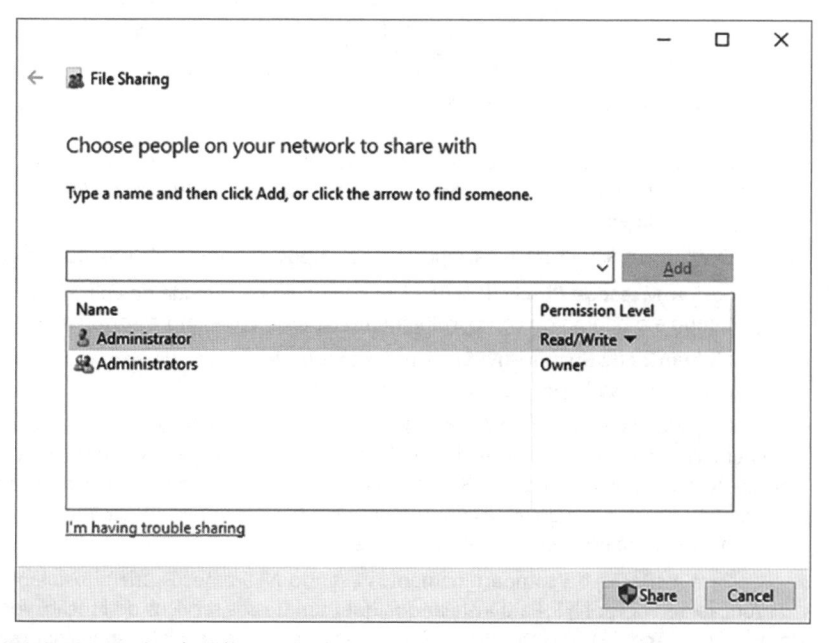

FIGURA 2-10 A caixa de diálogo File Sharing

Esse método de criação de compartilhamentos fornece uma interface simplificada que proporciona controle apenas limitado sobre elementos como as permissões do compartilhamento. Só podemos especificar quais usuários receberão permissões de acesso Read (de leitura) ou Read/Write (de leitura/gravação) no compartilhamento.

Por outro lado, se você não for o Creator Owner, poderá acessar a guia Sharing da página Properties da pasta. Clicar no botão Share dessa guia abre a caixa de diálogo File Sharing que já vimos, mas clicar no botão Advanced Sharing e marcar a caixa de seleção Share This Folder exibe a caixa de diálogo mostrada na Figura 2-11. Clicar no botão Permissions da caixa de diálogo Advanced Sharing fornece maior controle sobre as permissões por intermédio da interface de segurança padrão do Windows.

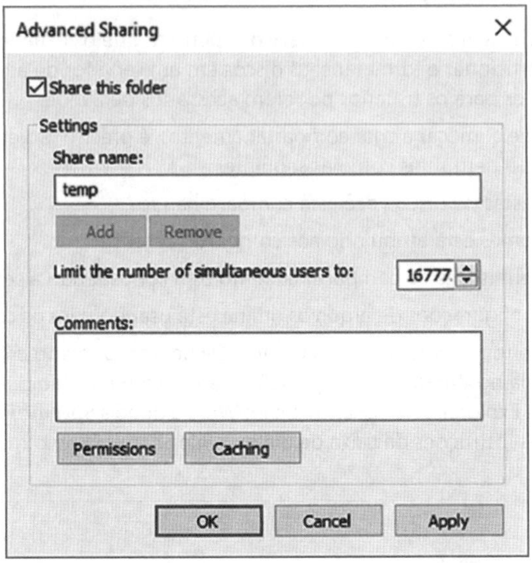

FIGURA 2-11 A caixa de diálogo Advanced Sharing.

No entanto, para obter controle sobre os compartilhamentos em todos os seus discos e servidores e ter controle total sobre suas propriedades, use a página File And Storage Services no Server Manager.

O Windows Server 2016 dá suporte a dois tipos de compartilhamentos de pasta:

- **Server Message Blocks (SMB)** Um protocolo da camada de aplicativos que há muito tempo é o padrão do compartilhamento de arquivos e impressoras em redes Windows.

- **Network File System (NFS)** Um protocolo de sistema de arquivos padronizado normalmente usado por distribuições UNIX e Linux.

Quando você instalar o Windows Server 2016, por padrão o programa de instalação implementará o serviço Storage Services na função File and Storage Services. Todavia, para criar pastas compartilhadas uando SMB no Server Manager, primeiro é preciso instalar o serviço de função File Server. Quando você criar sua primeira pasta compartilhada usando o File Explorer, o sistema instalará esse serviço automaticamente.

Para a criação de compartilhamentos usando NFS é necessária a instalação do serviço de função Server for NFS. Para instalar qualquer um desses serviços de função, você pode usar o Add Roles And Features Wizard no Server Manager, ou o cmdlet Install-WindowsFeature do Windows PowerShell, como nos comandos a seguir:

```
install-windowsfeature -name fs-fileserver

install-windowsfeature -name fs-nfs-service
```

Crie um compartilhamento SMB

Para criar um compartilhamento SMB com o Server Manager, use o procedimento a seguir:

1. Faça logon no Windows Server 2016, usando uma conta com privilégios de administrador. A janela do Server Manager aparecerá.
2. Clique no ícone File and Storage Services e, no submenu que aparecerá, clique em Shares. A página Shares será exibida, como mostrado na Figura 2-12.

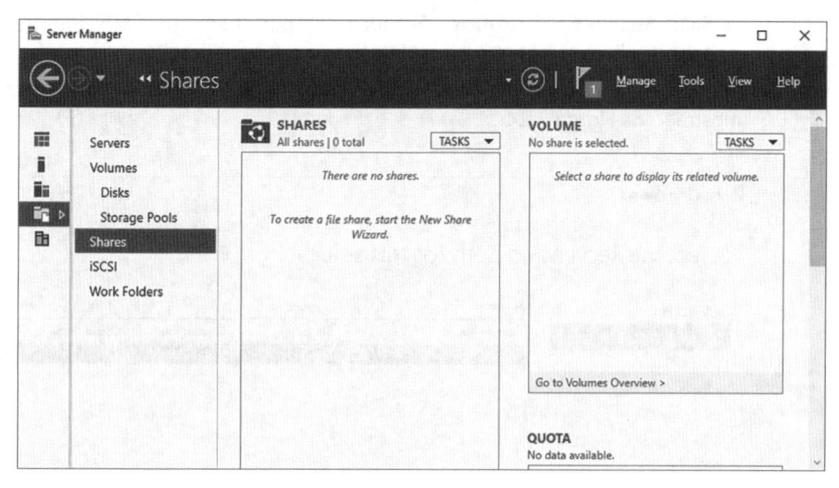

FIGURA 2-12 A página Shares no Server Manager.

3. No menu Tasks do bloco Shares, selecione New Share. O New Share Wizard aparecerá, exibindo a página Select The Profile For This Share, como mostrado na Figura 2-13.

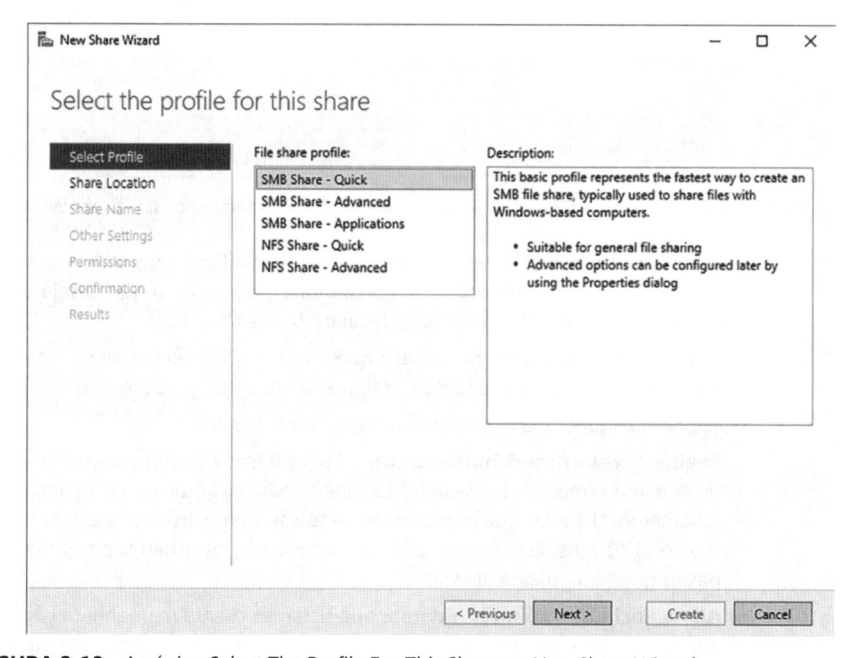

FIGURA 2-13 A página Select The Profile For This Share no New Share Wizard.

4. Na lista File Share Profile, selecione uma das opções a seguir:
   - **SMB Share–Quick** Fornece compartilhamento SMB básico com permissões totais de compartilhamento e NTFS.
   - **SMB Share–Advanced** Fornece compartilhamento SMB com permissões totais de compartilhamento e NTFS, mais o acesso a serviços adicionais, como a assistência para acesso negado, a classificação de pastas, e as cotas. Para essa opção ser selecionada, o computador deve ter o serviço de função File Server Resource Manager instalado.
   - **SMB Share–Applications** Fornece compartilhamento SMB com configurações adaptáveis ao Hyper-V, bancos de dados e outras aplicações.
5. Clique em Next. A página Select The Server And Path For This Share aparecerá, como mostrado na Figura 2-14.

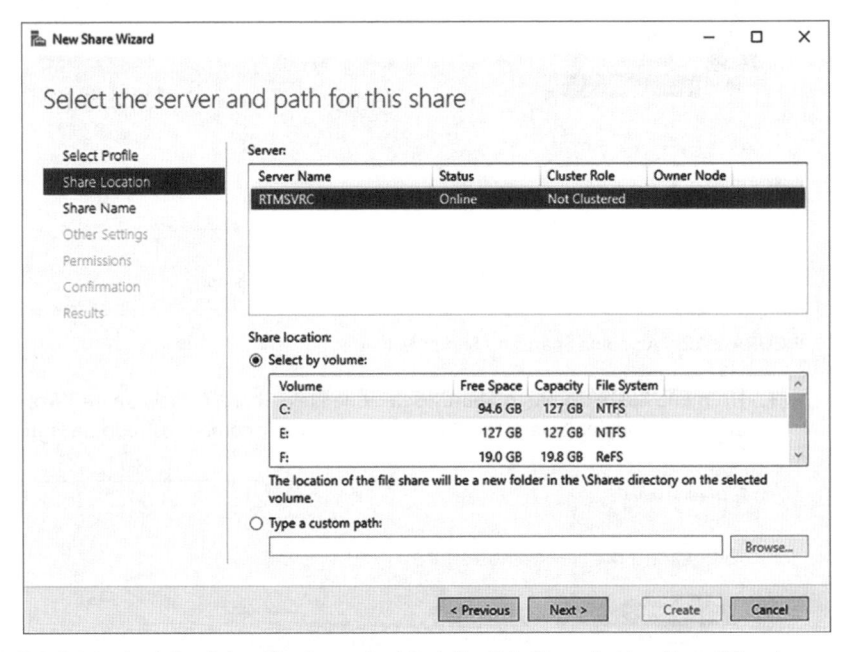

FIGURA 2-14 A página Select The Server And Path For This Share do New Share Wizard.

6. Selecione o servidor em que deseja criar o compartilhamento e depois selecione um volume no servidor ou especifique um caminho para a pasta que deseja compartilhar. Agora clique em Next. A página Specify Share Name aparecerá.
7. Na caixa de texto Share Name, especifique o nome que deseja atribuir ao compartilhamento e clique em Next. A página Configure Share Settings aparecerá.
8. Selecione qualquer uma das opções a seguir, ou todas elas:
   - **Enable Access-Based Enumeration** Aplica filtros a pastas compartilhadas de acordo com as permissões individuais do usuário para os arquivos e subpastas do compartilhamento. Usuários que não puderem acessar um recurso compartilhado não poderão vê-lo na rede. Essa funcionalidade impede que os usuários pesquisem arquivos e pastas que não possam acessar.
   - **Allow Caching Of Share** Permite que sistemas cliente mantenham cópias locais de arquivos acessados em compartilhamentos no servidor. Quando um cliente selecio-

na a opção Always Available Offline para um arquivo, pasta ou compartilhamento baseado no servidor, seu sistema copia os dados selecionados na unidade local e os atualiza regularmente, para que o usuário cliente possa sempre acessá-los, mesmo se o servidor estiver offline.

- **Enable BranchCache On The File Share**   Permite que computadores clientes executando o BranchCache em locais remotos armazenem em cache arquivos acessados nesse compartilhamento, para que outros computadores do local remoto possam acessá-los.
- **Encrypt Data Access**   Faz o servidor criptografar os arquivos do compartilhamento antes de transmiti-los para o cliente remoto.

9. Clique em Next. A página Specify Permissions To Control Access aparecerá, como mostrado na Figura 2-15.

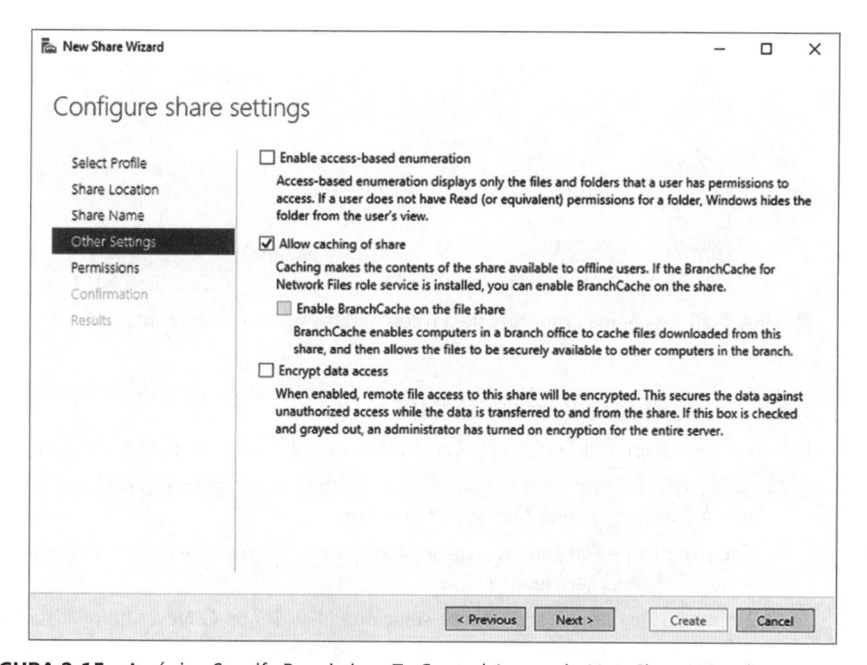

FIGURA 2-15   A página Specify Permissions To Control Access do New Share Wizard.

10. Modifique o compartilhamento e as permissões NTFS padrão conforme necessário e clique em Next. A página Confirm Selections aparecerá.
11. Clique em Create. Aparecerá a página View Results enquanto o assistente cria o compartilhamento.
12. Clique em Close. O novo compartilhamento aparecerá no bloco Shares da página Shares no Server Manager.

Você pode usar o bloco para gerenciar um compartilhamento clicando nele com o botão direito do mouse e abrindo sua página Properties, ou clicando em Stop Sharing. A página Properties de um compartilhamento no Server Manager (consulte a Figura 2-16) fornece acesso aos mesmos controles encontrados nas páginas Specify Permissions *To Control Access* e *Configure Share Settings* do *New Share Wizard*.

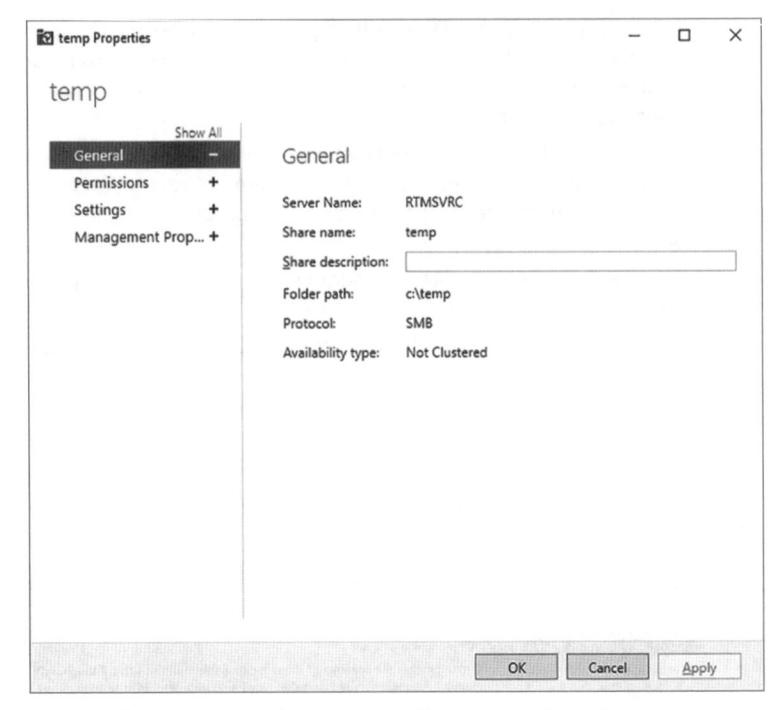

FIGURA 2-16 A página Properties de um compartilhamento no Server Manager.

Crie um compartilhamento NFS

Para criar um compartilhamento NFS com o Server Manager, use o procedimento a seguir:

1. Faça logon no Windows Server 2016, usando uma conta com privilégios de administrador. A janela do Server Manager aparecerá.
2. Clique no ícone File and Storage Services e, no submenu que aparecerá, clique em Shares. A página Shares será aberta.
3. No menu Tasks do bloco Shares, selecione New Share. O New Share Wizard aparecerá, exibindo a página Select The Profile For This Share.
4. Na lista File Share Profile, selecione uma das opções a seguir:
   - **NFS Share–Quick** Fornece compartilhamento NFS básico com autenticação e permissões.
   - **NFS Share–Advanced** Fornece compartilhamento NFS com permissões totais de compartilhamento e NTFS, mais o acesso a serviços adicionais, como a assistência para acesso negado, a classificação de pastas, e as cotas. Para essa opção ser selecionada, o computador deve ter o serviço de função File Server Resource Manager instalado.
5. Clique em Next. A página Select The Server And Path For This Share aparecerá.
6. Selecione o servidor em que deseja criar o compartilhamento e depois selecione um volume no servidor ou especifique um caminho para a pasta que deseja compartilhar. Agora clique em Next. A página Specify Share Name aparecerá.
7. Na caixa de texto Share Name, especifique o nome que deseja atribuir ao compartilhamento e clique em Next. A página Specify Authentication Methods será exibida, como mostrado na Figura 2-17.

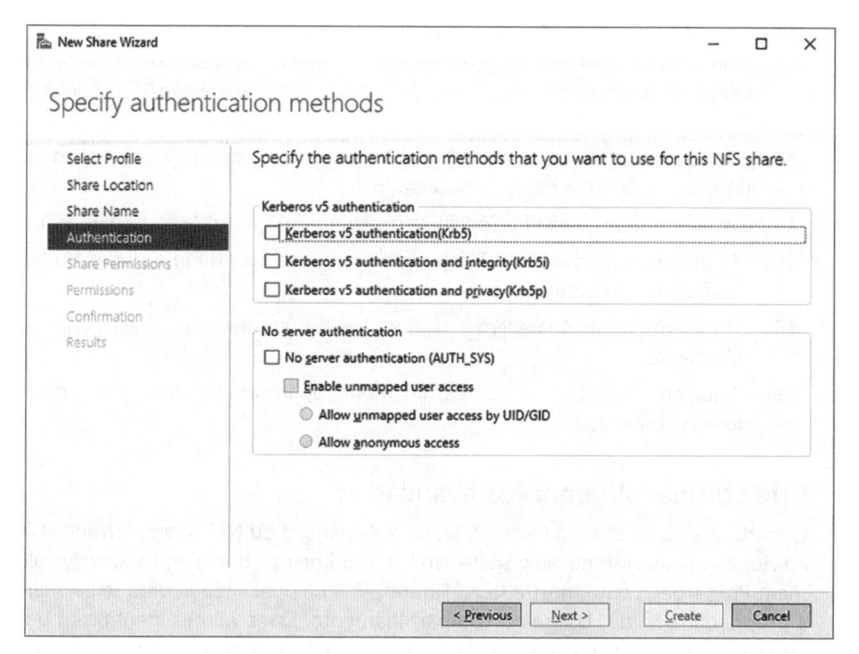

FIGURA 2-17 A página Specify Authentication Methods do New Share Wizard.

8. Marque as caixas de seleção dos métodos de autenticação que deseja usar para o acesso ao compartilhamento, se houver algum.
9. Clique em Next. A página Specify The Share Permissions será exibida.
10. Clique em Add. A caixa de diálogo Add Permissions será aberta, como mostra a Figura 2-18.

FIGURA 2-18 A caixa de diálogo Add Permissions.

11. Especifique o nome do host ao qual será concedida permissão de acesso ao compartilhamento ou selecione a opção All Machines. Na lista suspensa Share Permissions, especifique se o(s) host(s) selecionado(s) deve receber acesso Read/Write, No Access ou Read Only.
12. Clique em Add. O host será adicionado à página do assistente. Repita as etapas 10 a 12 para adicionar mais hosts, se necessário.
13. Clique em Next. A página Specify Permissions To Control Access aparecerá.
14. Modifique as permissões NTFS padrão conforme necessário e clique em Next. A página Confirm Selections aparecerá.
15. Clique em Create. Aparecerá a página View Results enquanto o assistente cria o compartilhamento.
16. Clique em Close. O novo compartilhamento aparecerá no bloco Shares da página Shares no Server Manager.

Crie compartilhamentos avançados

Quando você selecionar o perfil SMB Share-Advanced ou NFS Share-Advanced, duas páginas adicionais aparecerão no New Share Wizard. A primeira é uma página Specify Folder Management Properties, como mostrado na Figura 2-19, na qual você poderá selecionar valores para a propriedade Folder Usage do compartilhamento. Esses valores identificam o tipo de dado armazenado na pasta compartilhada. Você pode usá-los para configurar regras de classificação no File Server Resource Manager (FSRM) que executem ações em arquivos de acordo com suas propriedades de classificação. Você também pode especificar os emails do proprietário ou administrador da pasta, que será notificado quando um usuário tiver acesso negado ao compartilhamento.

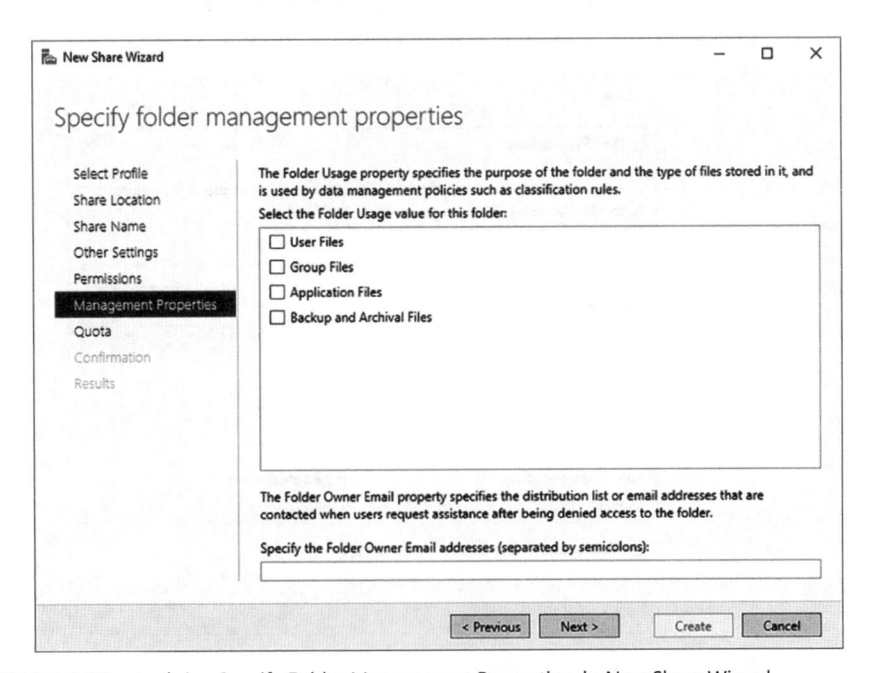

FIGURA 2-19 A página Specify Folder Management Properties do New Share Wizard.

A segunda página adicionada é Apply A Quota To A Folder Or Volume, na qual você pode selecionar uma cota para ser aplicada ao compartilhamento na lista de modelos de cota pré-definidos. Para ter um controle de cotas mais granular, você deve usar o FSRM.

Configure permissões de compartilhamento

Nos sistemas Windows, as pastas compartilhadas têm seu próprio conjunto de permissões, que é totalmente independente do NTFS e outros conjuntos de permissões. Para que os usuários da rede acessem um compartilhamento em um servidor de arquivos, um administrador deve conceder a eles as permissões de compartilhamento apropriadas. Por padrão, a identidade especial Everyone (Todos) recebe a permissão de compartilhamento Allow Read (Permitir Leitura) em qualquer novo compartilhamento criado com o uso do File Explorer. Em compartilhamentos criados com o uso do Server Manager, a identidade especial Everyone recebe a permissão de compartilhamento Allow Full Control (Permitir Controle Total).

É importante saber que os usuários da rede podem possuir as permissões de compartilhamento requeridas para acessar uma pasta e mesmo assim ter o acesso negado por não terem as permissões NTFS necessárias. O oposto também é verdadeiro: usuários com as permissões NTFS corretas não conseguirem acessar um compartilhamento pela rede se não tiverem as permissões de compartilhamento necessárias. Além disso, é preciso saber que as permissões de compartilhamento só controlam o acesso a um compartilhamento através da rede, enquanto as permissões NTFS controlam o acesso tanto pela rede quanto na máquina local.

Quando você criar um compartilhamento SMB usando o Server Manager, poderá utilizar a página Specify Permissions To Control Access para configurar permissões NTFS e de compartilhamento para a pasta compartilhada. Clicar em Customize Permissions abre a caixa de diálogo Advanced Security Settings da pasta compartilhada. A guia Permissions que vem selecionada por padrão exibe as permissões NTFS. Para configurar as permissões de compartilhamento da pasta, selecione a guia Share, como mostrado na Figura 2-20.

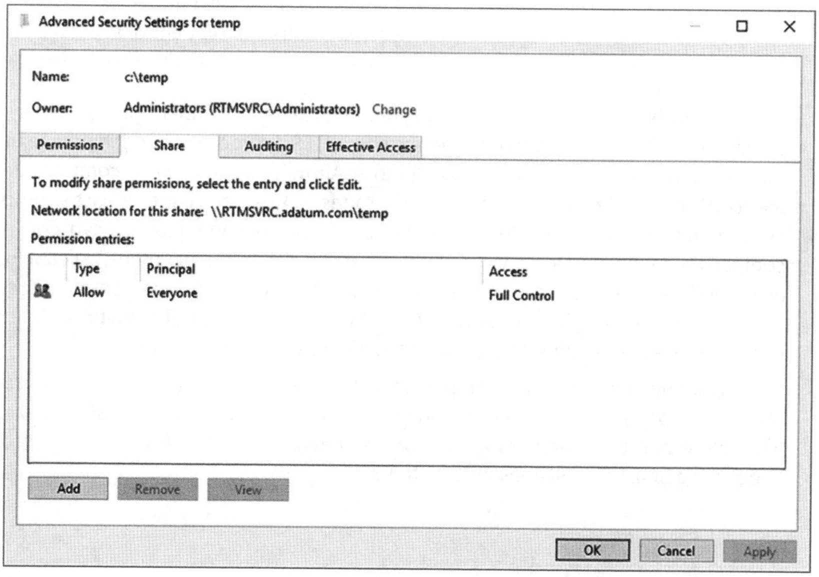

FIGURA 2-20 A guia Share da caixa de diálogo Advanced Security Settings.

Clicar no botão Add abre a caixa Permission Entry da pasta, na qual você pode selecionar uma entidade – um usuário ou grupo para receber as permissões – e as permissões que deseja que ela receba.

O conjunto de permissões de compartilhamento do Windows é relativamente simples e só tem três permissões. As permissões e os recursos que elas concedem aos usuários estão listados na Tabela 2-2.

TABELA 2-2 Permissões de compartilhamento e suas funções

Permissão de compartilhamento	Permite ou proíbe que as entidades de segurança façam o seguinte:
Full Control	■ Alterem permissões de arquivo ■ Assumam a propriedade de arquivos ■ Executem todas as tarefas permitidas pela permissão Change
Change	■ Criem pastas ■ Adicionem arquivos a pastas ■ Alterem dados em arquivos ■ Acrescentem dados a arquivos ■ Alterem atributos de arquivos ■ Excluam pastas e arquivos ■ Executem todas as ações permitidas pela permissão Read
Read	■ Exibam nomes de pastas, nomes de arquivos e dados e atributos de arquivos ■ Executem arquivos de programa ■ Acessem outras pastas dentro da pasta compartilhada

Ao atribuir permissões de compartilhamento, você também precisa saber que seu relacionamento não se dá como o das permissões NTFS. Se você conceder a uma usuária chamada Alice as permissões de acesso Allow Read e Allow Change à pasta compartilhada C:\Documents\Alice e posteriormente negar a ela todas as três permissões à pasta compartilhada C:\Documents, as permissões Deny a impedirão de acessar qualquer arquivo por intermédio do compartilhamento C:\Documents, inclusive os da pasta C:\Documents\Alice. No entanto, ela ainda poderá acessar seus arquivos por intermédio do compartilhamento C:\Documents\Alice por causa das permissões Allow. Em outras palavras, o compartilhamento C:\Documents\Alice não herdará as permissões Deny do compartilhamento C:\Documents.

Quando você criar um compartilhamento NFS usando o New Share Wizard no Server Manager, a página Specify Permissions To Control Access só dará acesso às permissões NTFS. Isso ocorre porque as permissões do compartilhamento NFS já foram configuradas na página Specify The Share Permissions do assistente.

Defina configurações de compartilhamento e sessão SMB usando o Windows PowerShell

Para quem prefere trabalhar usando linha de comando, o Windows Server 1016 inclui um módulo do PowerShell chamado SmbShare, que você pode usar para criar e gerenciar compartilhamentos de pastas. Para criar um novo compartilhamento, basta usar o cmdlet New-SmbShare com a sintaxe básica a seguir:

```
new-smbshare –name sharename -path pathname [-fullaccess groupname] [-readaccess groupname] [-changeaccess groupname] [-noaccess groupname]
```

Por exemplo, para criar um novo compartilhamento chamado Data a partir da pasta C:\Docs com a permissão Allow Full Control concedida à identidade especial Everyone, use o seguinte comando:

```
new-smbshare –name data -path c:\docs -fullaccess everyone
```

Além dos parâmetros de acesso listados aqui, há outros parâmetros que você pode acrescentar à linha de comando, para implementar recursos disponíveis no New Share Wizard, inclusive os descritos a seguir:

- **ConcurrentUserLimit #** Especifica o número máximo de usuários que podem se conectar com o compartilhamento simultaneamente. Um valor igual a 0 permite usuários ilimitados.
- **CachingMode value** Especifica o tipo de cache de arquivos offline permitido para clientes do compartilhamento, usando os valores a seguir:
  - **None** Desativa o cache de arquivos offline no cliente
  - **Manual** Permite que os usuários selecionem arquivos para cache offline
  - **Programs** Armazena automaticamente programas e documentos em cache offline
  - **Documents** Armazena automaticamente documentos em cache offline
  - **BranchCache** Ativa o cache BranchCache no cliente remoto.
- **EncryptData True|False** Faz o servidor criptografar os arquivos do compartilhamento antes de transmiti-los para o cliente remoto.
- **FolderEnumerationMode AccessBased|Unrestricted** Implementa ou desativa a enumeração baseada em acesso. A configuração padrão é Unrestricted.
- **Temporary** Faz com que o compartilhamento exista somente até a próxima reinicialização do computador.

Gerencie sessões

Independentemente de como o fizer, uma vez que você criar um compartilhamento, poderá monitorar e gerenciar seu uso usando cmdlets do PowerShell. Por exemplo, executar o cmdlet Get-SmbSession exibe todas as sessões atuais de cliente que estão conectadas aos compartilhamentos do servidor, como mostrado na Figura 2-21.

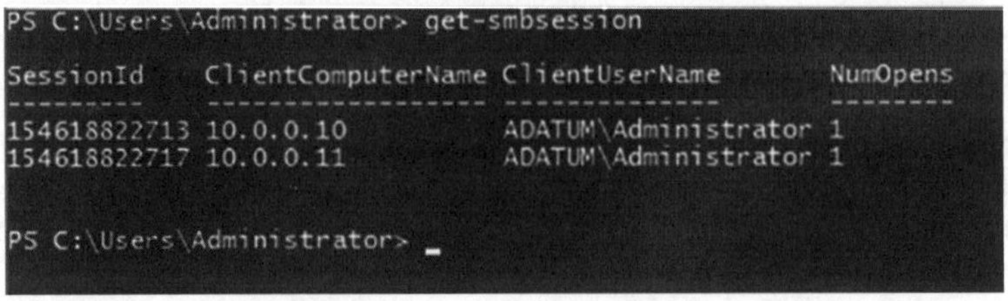

```
PS C:\Users\Administrator> get-smbsession

SessionId       ClientComputerName   ClientUserName          NumOpens
---------       ------------------   --------------          --------
154618822713    10.0.0.10            ADATUM\Administrator    1
154618822717    10.0.0.11            ADATUM\Administrator    1


PS C:\Users\Administrator>
```

FIGURA 2-21   Saída do cmdlet Get-SmbSession.

Com as informações dessa listagem, você pode encerrar uma sessão específica usando o cmdlet Close-SmbSession, como no exemplo a seguir, que utiliza o ID da sessão para especificar que sessão deve ser fechada.

```
close-smbsession -sessionid 154618822713
```

Por padrão, o cmdlet exibirá um aviso, solicitando que você confirme que deseja encerrar a sessão, como mostra a Figura 2-22. A inclusão do parâmetro Force à linha de comando elimina o prompt. Nenhum aviso é exibido no computador cliente e o encerramento da sessão pode fazer algum trabalho em andamento ser perdido.

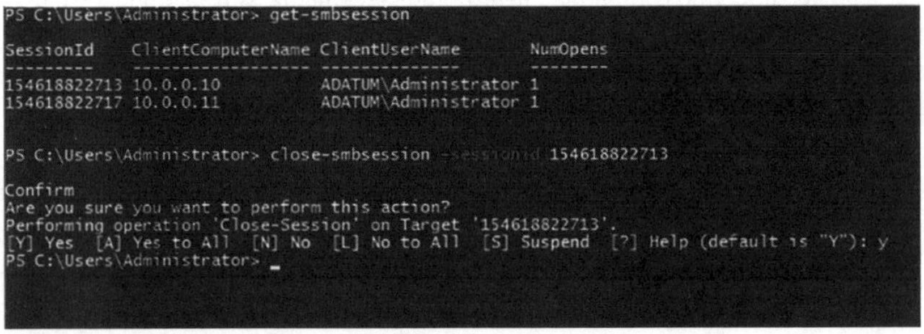

```
PS C:\Users\Administrator> get-smbsession

SessionId       ClientComputerName   ClientUserName          NumOpens
---------       ------------------   --------------          --------
154618822713    10.0.0.10            ADATUM\Administrator    1
154618822717    10.0.0.11            ADATUM\Administrator    1


PS C:\Users\Administrator> close-smbsession -sessionid 154618822713

Confirm
Are you sure you want to perform this action?
Performing operation 'Close-Session' on Target '154618822713'.
[Y] Yes  [A] Yes to All  [N] No  [L] No to All  [S] Suspend  [?] Help (default is "Y"): y
PS C:\Users\Administrator>
```

FIGURA 2-22   Saída do cmdlet Close-SmbSession.

Você também pode fechar sessões baseando-se nas outras informações da saída de Get-SmbSession, como visto nos exemplos a seguir.

```
close-smbsession -clientcomputername 10.0.0.11
```

```
close-smbsession -clientusername adatum\Administrator
```

Além de listar sessões, também podemos usar o cmdlet Get-SmbOpenFile para exibir os arquivos que os clientes estão acessando atualmente, como mostra a Figura 2-23.

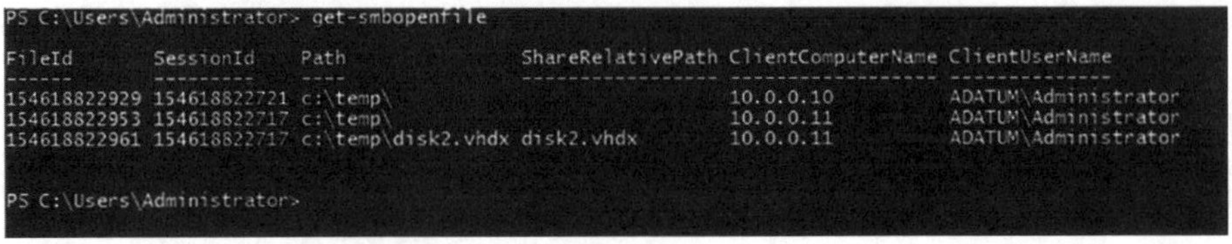

```
PS C:\Users\Administrator> get-smbopenfile

FileId          SessionId       Path              ShareRelativePath  ClientComputerName  ClientUserName
------          ---------       ----              -----------------  ------------------  --------------
154618822929    154618822721    c:\temp\                              10.0.0.10           ADATUM\Administrator
154618822953    154618822717    c:\temp\                              10.0.0.11           ADATUM\Administrator
154618822961    154618822717    c:\temp\disk2.vhdx  disk2.vhdx        10.0.0.11           ADATUM\Administrator


PS C:\Users\Administrator>
```

FIGURA 2-23   Saída do cmdlet Get-SmbOpenFile.

Para forçar o fechamento de um arquivo aberto, você pode usar o cmdlet Close-SmbOpenFile, como no próximo exemplo:

```
close-smbopenfile -fileid 154618822961
```

Remova um compartilhamento

Para encerrar totalmente um compartilhamento, junto com todas as suas sessões, use o cmdlet Remove-SmbShare, especificando o nome do compartilhamento na linha de comando, como nesse exemplo:

```
remove-smbshare -name data
```

Defina configurações de servidor e cliente SMB usando o Windows PowerShell

Você pode configurar os atributos de um compartilhamento ao criá-lo, usando o Server Manager ou o PowerShell, mas também pode modificar as definições de configuração de um compartilhamento a qualquer momento após sua criação usando outros cmdlets do módulo SmbShare do PowerShell.

Defina permissões de compartilhamento

É possível modificar as permissões de um compartilhamento específico usando os cmdlets a seguir:

- **Get-SmbShareAccess** Exibe a lista de controle de acesso do compartilhamento solicitado, como mostrado na Figura 2-24.

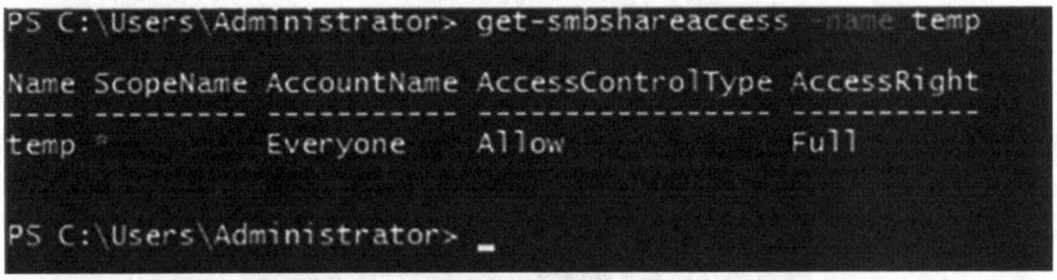

```
PS C:\Users\Administrator> get-smbshareaccess -name temp

Name  ScopeName  AccountName  AccessControlType  AccessRight
----  ---------  -----------  -----------------  -----------
temp  *          Everyone     Allow              Full


PS C:\Users\Administrator>
```

FIGURA 2-24 Saída do cmdlet Get-SmbShareAccess.

- **Grant-SmbShareAccess** Adiciona à ACL uma entrada de controle de acesso do tipo Allow (Permitir) para o compartilhamento solicitado, como nesse exemplo:

    ```
    grant-smbshareaccess -name data -accountname adatum\administrator -accessright full
    ```

- **Revoke-SmbShareAccess** Remove do compartilhamento solicitado todas as permissões do tipo Allow pertencentes à entidade de segurança especificada, como nesse exemplo:

    ```
    revoke-smbshareaccess -name data -accountname adatum\administrator
    ```

- **Block-SmbShareAccess** Adiciona à ACL uma entrada de controle de acesso do tipo Deny (Negar) para o compartilhamento solicitado, como nesse exemplo:

  ```
  block-smbshareaccess -name data -accountname adatum\administrator -accessright full
  ```

- **Unblock-SmbShareAccess** Remove do compartilhamento solicitado todas as permissões do tipo Deny pertencentes à entidade de segurança especificada, como nesse exemplo:

  ```
  unblock-smbshareaccess -name data -accountname adatum\administrator
  ```

Defina configurações de servidor SMB

O módulo SmbShare do PowerShell contido no Windows Server 2012 introduziu o cmdlet Set-SmbServerConfiguration, que permite que os administradores definam várias configurações adicionais da implementação do servidor SMB. Para exibir todas as definições de configuração de servidor atuais, execute o cmdlet Get-SmbServerConfiguration, como na Figura 2-25.

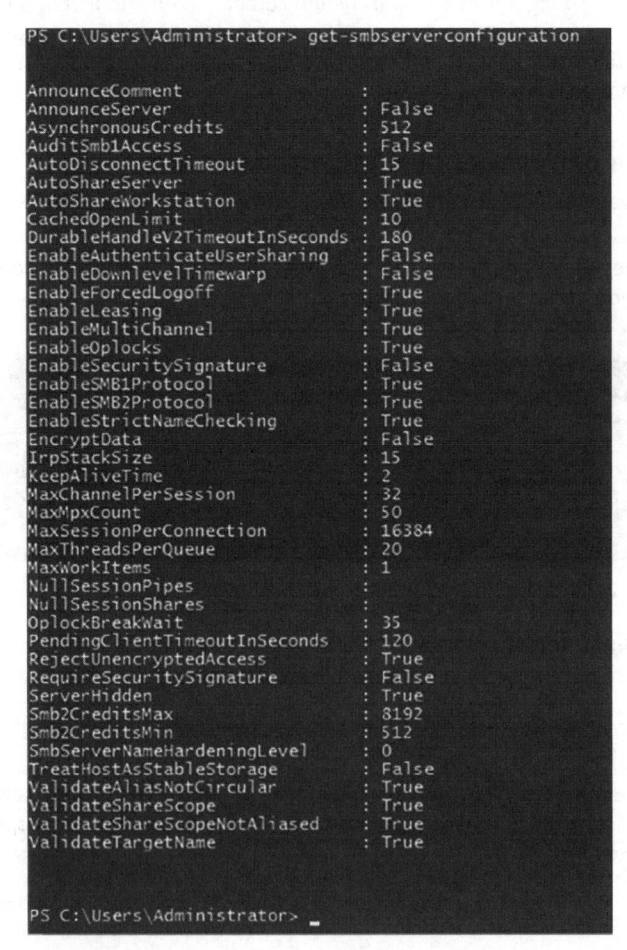

FIGURA 2-25 Saída do cmdlet Get-SmbServerConfiguration.

Por exemplo, você pode especificar que versões do protocolo SMB o servidor deve usar executando comandos como os seguintes:

```
set-SmbServerConfiguration -enablesmb1protocol $false
```

```
set-SmbServerConfiguration -enablesmb2protocol $false
```

O Windows Server 2016 usa o SMB versão 3, mas as versões anteriores estão disponíveis para dar suporte a clientes de versões anteriores. É bom ressaltar que não há um parâmetro separado que ative o SMB versão 3 individualmente, porque a versão 3 não pode ser executada sem a versão 2.

O SMB versões 2 e 3 fornecem muitos recursos que podem melhorar o desempenho do protocolo, inclusive criptografia de dados e agregação de links multicanal. A desativação do SMB versão 1 com o primeiro comando assegurará que seus clientes estejam usando as versões mais recentes do SMB e se beneficiando dos novos recursos. O SMB versão 1 não é necessário a menos que você tenha clientes executando o Windows XP ou outra versão anterior.

O último comando desativa o SMB versões 2 e 3, permitindo que o servidor use apenas o SMB original da versão 1. Isso desativa vários recursos avançados do SMB, o que pode ser útil temporariamente para fins de resolução de problemas.

Quando seu servidor estiver executando o SMB versão 3, você poderá ativar a criptografia de sessões SMB para o servidor inteiro ou para um compartilhamento específico dele, usando os comandos a seguir:

```
set-smbserverconfiguration -encryptdata $true
```

```
set-smbserverconfiguration -name data -encryptdata $true
```

Quando a criptografia é ativada, o comportamento padrão do servidor é rejeitar uma conexão de qualquer cliente que não dê suporte à criptografia do SMB versão 3. Você pode sobrepor esse comportamento usando o comando a seguir:

```
set-SmbServerConfiguration -rejectunencryptedaccess $false
```

Há vários outros parâmetros que você pode usar com o cmdlet Set-SmbServerConfiguration. Para exibir os parâmetros e suas funções, execute esse comando:

```
get-help set-smbserverconfiguration -detailed
```

Defina configurações de cliente SMB

Assim como você pode definir configurações de servidor SMB usando o Windows PowerShell, também pode definir configurações de cliente SMB. Executar o cmdlet Get-SmbClientConfiguration exibe uma lista com as configurações disponíveis, como mostrado na Figura 2-26.

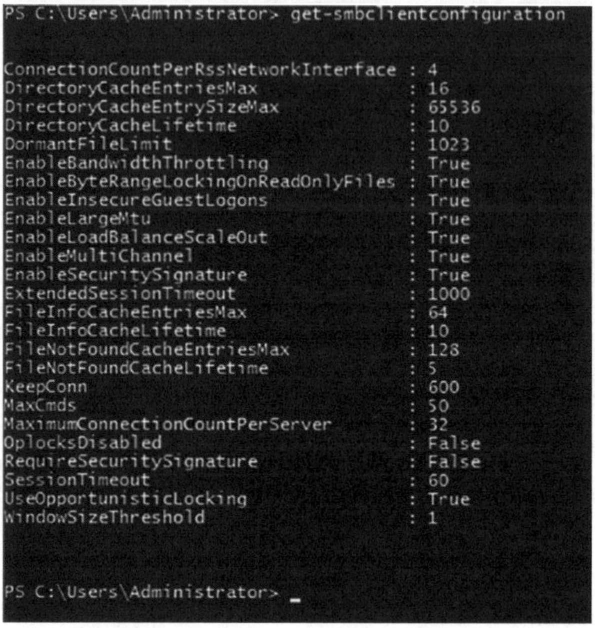

```
PS C:\Users\Administrator> get-smbclientconfiguration

ConnectionCountPerRssNetworkInterface : 4
DirectoryCacheEntriesMax              : 16
DirectoryCacheEntrySizeMax            : 65536
DirectoryCacheLifetime                : 10
DormantFileLimit                      : 1023
EnableBandwidthThrottling             : True
EnableByteRangeLockingOnReadOnlyFiles : True
EnableInsecureGuestLogons             : True
EnableLargeMtu                        : True
EnableLoadBalanceScaleOut             : True
EnableMultiChannel                    : True
EnableSecuritySignature               : True
ExtendedSessionTimeout                : 1000
FileInfoCacheEntriesMax               : 64
FileInfoCacheLifetime                 : 10
FileNotFoundCacheEntriesMax           : 128
FileNotFoundCacheLifetime             : 5
KeepConn                              : 600
MaxCmds                               : 50
MaximumConnectionCountPerServer       : 32
OplocksDisabled                       : False
RequireSecuritySignature              : False
SessionTimeout                        : 60
UseOpportunisticLocking               : True
WindowSizeThreshold                   : 1

PS C:\Users\Administrator>
```

FIGURA 2-26 Saída do cmdlet Get-SmbClientConfiguration.

Como ocorre com os parâmetros de configuração de servidor SMB, a maioria dessas configurações não requer modificação para uso normal. No entanto, se você estiver examinando as melhorias das versões mais novas do SMB, pode ser interessante desativar certos recursos temporariamente, para fins de teste.

Por exemplo, a nova funcionalidade multicanal do SMB pode permitir que seus computadores vivenciem maior throughput de comunicação e tolerância a falhas, mas o recurso tem requisitos de hardware tanto para o cliente quanto para o servidor, como múltiplos adaptadores de rede ou adaptadores configurados para usar o NIC Teaming.

O SMB multicanal é ativado por padrão, se seus computadores estiverem equipados para usá-lo, eles o usarão. Contudo, se você tiver dúvidas se o recurso está operando em seus sistemas, pode testá-lo desativando o multicanal com o comando a seguir:

```
set-smbclientconfiguration -enablemultichannel $false
```

Se suas conexões SMB ficarem lentas por causa desse comando, isso significa que o multicanal estava funcionando e você pode ativá-lo novamente alterando $false para $true. Se não houver mudança no desempenho do SMB com o multicanal desativado, deve haver um problema em algum local que você deve resolver.

Configure permissões de arquivos e pastas

O Windows Server 2016 usa permissões para controlar o acesso a arquivos e pastas do NTFS, compartilhamentos, chaves do Registro e objetos do AD DS. Todos esses conjuntos de permissões são totalmente independentes uns dos outros, mas as interfaces usadas para gerenciá-los são semehantes.

Para armazenar permissões, cada elemento tem uma *lista de controle de acesso (ACL, access control list)*. Uma ACL é um conjunto de atribuições de permissões individuais chamadas

CAPÍTULO 2 Implementação de soluções de armazenamento **113**

entradas de controle de acesso (*ACEs, access control entries*). Cada ACE é composta por uma *entidade de segurança* (o nome do usuário, grupo ou computador que recebeu as permissões) e pelas permissões específicas atribuídas a essa entidade. Quando você gerenciar permissões usando qualquer um dos conjuntos de permissões do Windows Server 2016, estará criando e modificando as ACEs de uma ACL.

É de importância crucial entender que, em todos os sitemas operacionais Windows, as permissões são armazenadas como parte do elemento protegido e não da entidade de segurança à qual o acesso é concedido. Por exemplo, quando você conceder a um usuário as permissões NTFS necessárias para acessar um arquivo, a ACE criada será armazenada na ACL do arquivo. Ela não faz parte da conta do usuário.

Para gerenciar permissões no Windows Server 2016, você pode usar uma guia da página Properties do elemento protegido, como a mostrada na Figura 2-27, com as entidades de segurança listadas no topo e as permissões associadas a elas na parte inferior. Normalmente as permissões de compartilhamento podem ser encontradas em uma guia Share Permissions (Permissões de Compartilhamento) e as permissões NTFS ficam localizadas na guia Security (Segurança). Todos os conjuntos de permissões do Windows usam a mesma interface básica, embora as permissões sejam diferentes. O Server Manager também dá acesso a permissões NTFS e de compartilhamento, usando uma interface um pouco diferente.

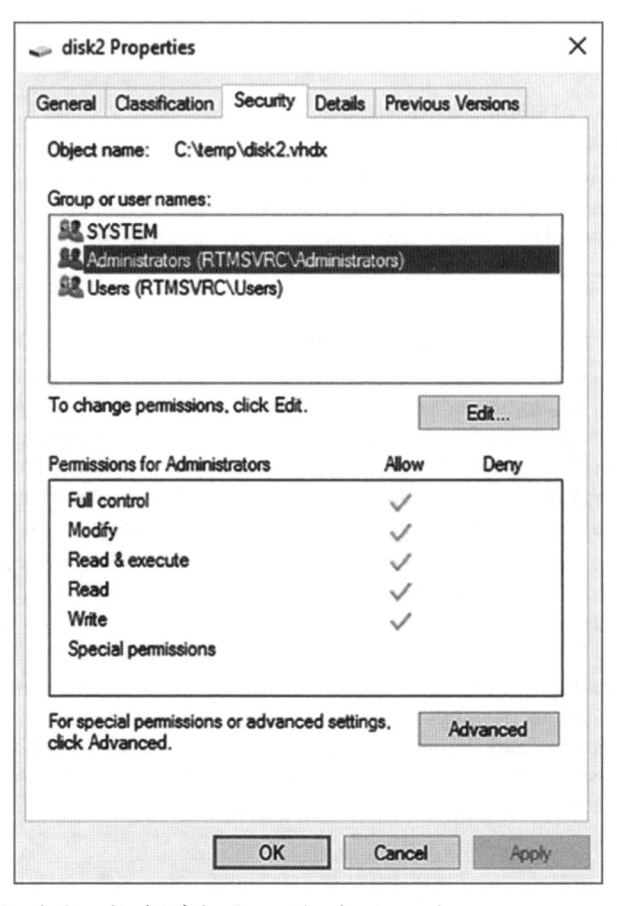

FIGURE 2-27 A guia Security da página Properties de um arquivo.

> **NOTA COMBINANDO PERMISSÕES NTFS E DE COMPARTILHAMENTO**
>
> As permissões de compartilhamento fornecem proteção limitada, mas isso pode ser suficiente em algumas redes pequenas. Elas também podem ser a única alternativa em um computador com unidades FAT32, porque o sistema de arquivos FAT não tem suas próprias permissões. No entanto, em redes que já possuam um sistema de permissões NTFS bem planejado, as permissões de compartilhamento não são necessárias. Em um caso assim, você pode conceder seguramente a permissão de compartilhamento Full Control para a identidade Everyone e deixar que as permissões NTFS forneçam a segurança. A inclusão de permissões de compartilhamento à combinação só complicaria o processo de administração, sem fornecer nenhuma proteção adicional.

No conjunto de permissões do NTFS, ao qual o ReFS também dá suporte, as entidades de segurança envolvidas são usuários e grupos, que o Windows referencia usando *identificadores de segurança* (*SIDs, security identifiers*). Quando um usuário tenta acessar um arquivo ou uma pasta do NTFS, o sistema lê seu token de acesso de segurança, que contém os SIDs da conta do usuário e de todos os grupos aos quais ele pertence. O sistema, então, compara esses SIDs aos contidos nas ACEs do arquivo ou da pasta para determinar qual acesso o usuário deve ter. Esse processo se chama *autorização*.

> **NOTA ATRIBUINDO PERMISSÕES**
>
> Embora as entidades de segurança às quais você pode atribuir permissões NTFS de acesso a arquivos e pastas sejam usuários ou grupos, a Microsoft sugere como prática recomendada não atribuir permissões a usuários individuais e sim a grupos. Isso lhe permitirá manter sua estratégia de permissões simplesmente adicionando e removendo usuários nos grupos.

Permissões básicas e avançadas

Os sistemas de permissões do Windows Server 2016 não são como chaves em relação a fechaduras, que fornecem acesso total ou nenhum acesso. As permissões do Windows foram projetadas para ser granulares, permitindo que você conceda níveis específicos de acesso às entidades de segurança. Por exemplo, você pode usar permissões NTFS para controlar não só quem tem acesso a uma planilha, mas também o nível de acesso. Poderia conceder a Ralph permissão para ler e modificar a planilha, mas a Alice só para lê-la e a Ed nem mesmo para vê-la.

Para fornecer essa granularidade, cada sistema de permissões do Windows possui seu próprio conjunto de permissões que podem ser atribuídas a uma entidade de segurança segundo qualquer combinação. Dependendo do sistema de permissões, podem existir várias permissões diferentes disponíveis para um único elemento do sistema.

Para tornar o sistema mais gerenciável, o Windows fornece combinações de permissões pré-configuradas que são adequadas para cenários mais comuns de controle de acesso. Quando abrimos a página Properties de um elemento do sistema e examinamos sua guia Security, as permissões NTFS que vemos são as chamadas *permissões básicas*. As permissões básicas são combinações de *permissões avançadas*, as quais fornecem um controle mais granular sobre o elemento.

> **DICA DE EXAME**
>
> Antes do Windows Server 2012, as permissões básicas eram conhecidas como permissões padrão, e as permissões avançadas, como permissões especiais. Os prestadores dos exames de certificação devem ficar atentos a esses termos alternativos.

O conjunto de permissões NTFS tem 14 permissões avançadas que você pode atribuir a uma pasta ou um arquivo. No entanto, ele também tem seis permissões básicas que são várias combinações das 14 permissões avançadas. Você pode escolher entre trabalhar com as permissões básicas ou avançadas, e até mesmo atribuir os dois tipos de permissões na mesma ACE, para criar uma combinação personalizada. Contudo, a maioria dos usuários trabalha com permissões básicas. Mais raramente, os administradores trabalham diretamente com permissões avançadas.

Se você achar necessário trabalhar diretamente com permissões avançadas, o Windows permite isso. Quando clicar no botão Advanced (Avançadas) da guia Security (Segurança) contida na página Properties (Propriedades) de qualquer arquivo ou pasta, poderá acessar diretamente as ACEs deste elemento, usando a caixa de diálogo Advanced Security Settings (Configurações de Segurança Avançadas), como mostrado na Figura 2-28. O Server Manager dá acesso à mesma caixa de diálogo na página Properties de um compartilhamento.

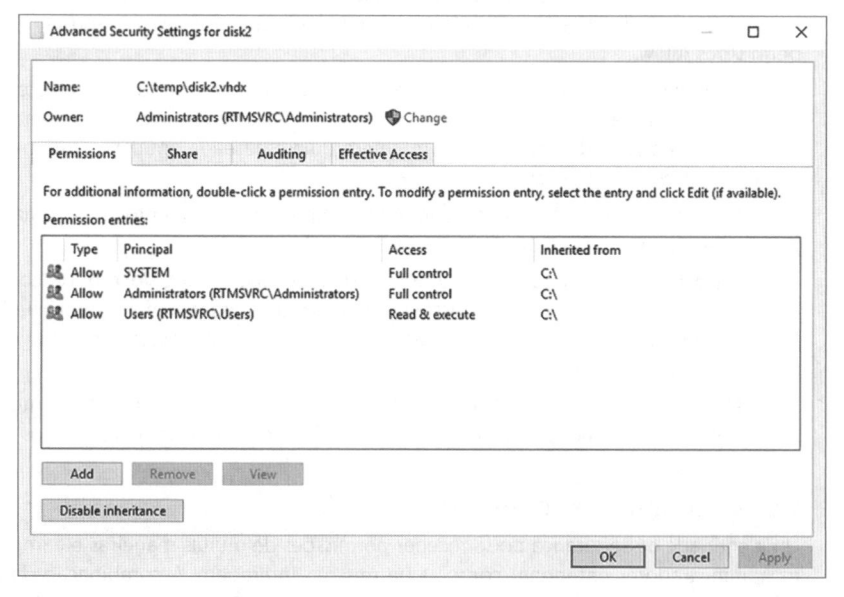

FIGURA 2-28 A caixa de diálogo Advanced Security Settings.

Conceda e negue permissões

Quando você atribuir permissões a um elemento do sistema, estará, na verdade, criando uma nova ACE na ACL do elemento. Há dois tipos de ACE: Allow (Permitir) e Deny (Negar). Isso permite abordar tarefas de gerenciamento de permissões seguindo duas diretrizes:

- **Aditiva** Comece sem permissões e, então, conceda permissões Allow a entidades de segurança individuais para lhes dar o acesso de que precisam.

- **Subtrativa** Comece concedendo todas as permissões Allow possíveis a entidades de segurança individuais, dando-lhes controle total sobre o elemento do sistema, e, então, atribua permissões Deny para o acesso que não deseja que elas tenham.

A maioria dos administradores prefere a abordagem aditiva, porque, por padrão, o Windows tende a limitar o acesso a elementos importantes do sistema não pré-configurando permissões. Em uma hierarquia de permissões projetada apropriadamente, na maioria das vezes, o uso de permissões Deny é desnecessário. Muitos administradores reprovam seu uso, porque combinar permissões Allow e Deny na mesma hierarquia pode dificultar a determinação das permissões efetivas de um elemento específico do sistema.

Herança de permissões

O princípio mais importante do gerenciamento de permissões é o de que as permissões tendem a se propagar para baixo em uma hierarquia. Isso se chama *herança de permissões*. Na herança de permissões, os elementos pai passam suas permissões para baixo para os elementos que são seus subordinados. Por exemplo, se concedermos a Alice permissões Allow para o acesso à raiz da unidade D, todas as pastas e subpastas da unidade D herdarão essas permissões e Alice poderá acessá-las.

O princípio da herança simplifica muito o processo de atribuição de permissões. Sem ele, você teria que conceder às entidades de segurança permissões Allow individuais para o acesso a cada arquivo, pasta, compartilhamento, objeto e chave que elas precisassem acessar. Com a herança, é possível conceder acesso a um sistema de arquivos inteiro criando um conjunto de permissões Allow.

Na maioria dos casos, conscientemente ou não, os administradores de sistemas levam a herança em consideração quando projetam seus sistemas de arquivos. Geralmente, a localização de um elemento do sistema em uma hierarquia é baseada em como os administradores planejam atribuir permissões.

Em algumas situações, você pode querer impedir que elementos subordinados herdem permissões de seus pais. Há duas maneiras de fazê-lo:

- **Desabilitar a herança** Ao atribuir permissões avançadas, você pode configurar que uma ACE não passe suas permissões para baixo para os elementos subordinados. Embora não seja aconselhado pelas práticas recomendadas da Microsoft, isso desativa o processo de herança.
- **Negar permissões** A atribuição de uma permissão Deny a um elemento do sistema sobrepõe qualquer permissão Allow que o elemento possa ter herdado dos objetos pais.

Compreenda acesso efetivo

Uma entidade de segurança pode receber permissões de muitas maneiras e é importante que os administradores entendam como as permissões interagem. A combinação de permissões Allow e permissões Deny que uma entidade de segurança recebe para um determinado elemento do sistema, sejam elas explicitamente atribuídas, herdadas ou recebidas pela associação a um grupo, chama-se *acesso efetivo* a esse elemento. Já que uma entidade de segurança pode receber permissões de várias fontes, conflitos ocorrem com frequência entre elas, logo, há algumas regras que definem como as permissões são combinadas para formar o acesso efetivo. Essas regras são as seguintes:

- **As permissões Allow são cumulativas** Quando uma entidade de segurança recebe permissões Allow de mais de uma fonte, elas são combinadas para formar as permissões de acesso efetivo. Por exemplo, se Alice receber as permissões Allow Read e Allow List Folder Contents para uma pasta hedando-as de sua pasta pai, e receber as permissões

Allow Write e Allow Modify para a mesma pasta a partir da associação a um grupo, seu acesso efetivo para a pasta será a combinação de todas as quatro permissões.

- **As permissões Deny sobrepõem-se às permissões Allow**   Quando uma entidade de segurança recebe permissões Allow, explicitamente, por herança ou a partir de um grupo, podemos sobrepô-las atribuindo permissões Deny do mesmo tipo. Por exemplo, se Alice receber as permissões Allow Read e Allow List Folder Contents para uma pasta específica por herança, e receber as permissões Allow Write e Allow Modify para a mesma pasta a partir da associação a um grupo, conceder explicitamente as permissões Deny para essa pasta a impedirá de acessá-la.

- **Permissões explícitas têm precedência sobre permissões herdadas**   Quando uma entidade de segurança recebe permissões herdando-as de um pai ou por associações a grupos, podemos sobrepô-las atribuindo explicitamente à própria entidade permissões opostas. Por exemplo, se Alice herdar a permissão Deny Full Access para uma pasta, mas lhe for atribuída explicitamente à sua conta de usuário a permissão Allow Full Access para esta mesma pasta, isso irá sobrescrever a negação.

É claro que, em vez de examinar e avaliar todas as fontes de permissões possíveis, você pode simplesmente abrir a caixa de diálogo Advanced Security Settings e clicar na guia Effective Access (Acesso Efetivo). Nessa guia, é possível selecionar um usuário, grupo ou dispositivo e visualizar seu acesso efetivo, com ou sem a influência exercida por grupos específicos, como mostrado na Figura 2-29.

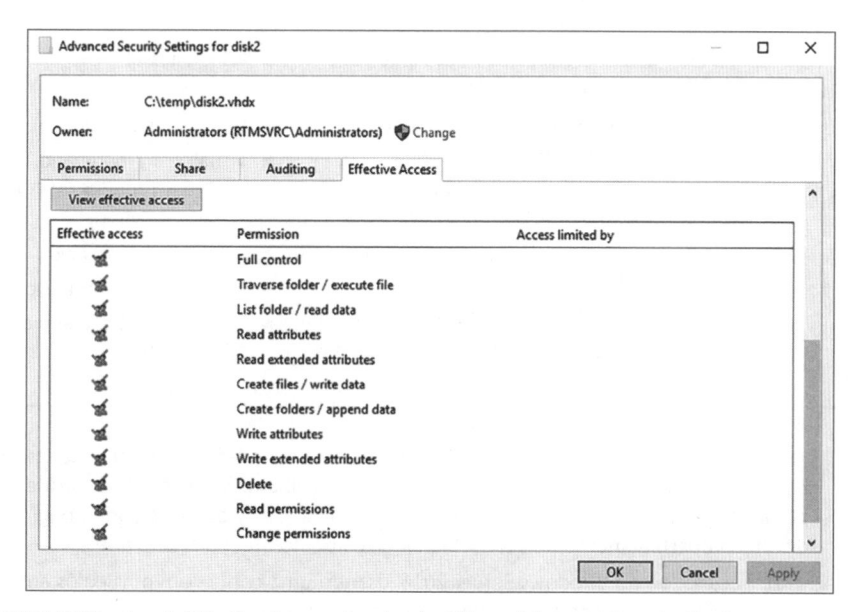

FIGURA 2-29   A guia Effective Access da caixa de diálogo Advanced Security Settings.

Atribua permissões NTFS básicas

A maioria dos administradores de servidor trabalha quase exclusivamente com permissões NTFS básicas porque grande parte das tarefas de controle de acesso mais comuns não demanda que eles trabalhem diretamente com permissões avançadas. A Tabela 2-3 lista as permissões básicas que você pode atribuir a arquivos e pastas do NTFS e os recursos que elas concedem a seus detentores.

TABELA 2-3 Permissões NTFS básicas

Permissão padrão	Quando aplicada a uma pasta, permite que uma entidade de segurança:	Quando aplicada a um arquivo, permite que uma entidade de segurança:
Full Control	■ Modifique as permissões da pasta ■ Assuma a posse da pasta ■ Exclua subpastas e arquivos contidos na pasta ■ Execute todas as ações associadas às outras permissões de pastas NTFS	■ Modifique as permissões do arquivo ■ Assuma a posse do arquivo ■ Execute todas as ações associadas às outras permissões de arquivos NTFS
Modify	■ Exclua a pasta ■ Execute todas as ações associadas às permissões Write e Read & Execute	■ Modifique o arquivo ■ Exclua o arquivo ■ Execute todas as ações associadas às permissões Write e Read & Execute
Read and Execute	■ Navegue por pastas restritas para alcançar outros arquivos e pastas ■ Execute todas as ações associadas às permissões Read e List Folder Contents	■ Execute todas as ações associadas à permissão Read ■ Execute aplicativos
List Folder Contents	■ Visualize os nomes dos arquivos e subpastas contidos na pasta	■ Não aplicável
Read	■ Veja os arquivos e subpastas contidos na pasta ■ Visualize o proprietário, as permissões e os atributos da pasta	■ Leia o conteúdo do arquivo ■ Visualize o proprietário, as permissões e os atributos do arquivo
Write	■ Crie novos arquivos e subpastas dentro da pasta ■ Modifique os atrbutos da pasta ■ Visualize o proprietário e as permissões da pasta	■ Sobrescreva o arquivo ■ Modifique os atributos do arquivo ■ Visualize o proprietário e as permissões do arquivo

Na atribuição de permissões NTFS básicas a uma pasta compartilhada, as opções são, basicamente, as mesmas das permissões de compartilhamento Você pode abrir a página Properties da pasta no File Explorer e selecionar a guia Security ou pode abrir a página Properties de um compartilhamento no Server Manager, como no procedimento a seguir.

1. Faça logon no Windows Server 2016, usando uma conta com privilégios administrativos no domínio. A janela do Server Manager aparecerá.
2. Clique no ícone File and Storage Services e, no submenu que aparecerá, clique em Shares. A página Shares será aberta.

CAPÍTULO 2 Implementação de soluções de armazenamento **119**

> **NOTA** **ATRIBUINDO PERMISSÕES A QUALQUER ARQUIVO**
>
> As permissões NTFS não estão restritas às pastas compartilhadas. Cada arquivo e pasta de um volume NTFS tem uma ACL. Embora esse procedimento descreva o processo de atribuir permissões a uma pasta compartilhada, você pode abrir a página Properties de qualquer arquivo ou pasta em uma janela do File Explorer, clicar na guia Security e trabalhar com suas permissões NTFS da mesma forma.

3. No bloco Shares, clicque com o botão direito do mouse em um compartilhamento e, no menu de contexto, selecione Properties. A página Properties do compartilhamento aparecerá.
4. Clique em Permissions. A página Permissions será aberta.
5. Clique em Customize Permissions. A caixa de diálogo Advanced Security Settings da pasta compartilhada aparecerá, exibindo a guia Permissions, como mostrado na Figura 2-30. Essa caixa de diálogo é o melhor que uma interface gráfica do Windows pode fazer para exibir o conteúdo de uma ACL. Cada linha da lista Permission Entries é essencialmente uma ACE e inclui as seguintes informações.

   - **Type** Especifica se a entrada concede ou nega a permissão.
   - **Principal** Especifica o nome do usuário, grupo ou dispositivo que está recebendo a permissão.
   - **Access** Especifica o nome da permissão atribuída à entidade de segurança. Se a entrada for usada para atribuir várias permissões avançadas, a palavra Special aparecerá nesse campo.
   - **Inherited From** Especifica se a permissão é herdada e, caso seja, de quem ela é herdada.
   - **Applies To** Especifica se a permissão será herdada por objetos subordinados e, se for, por quais deles.

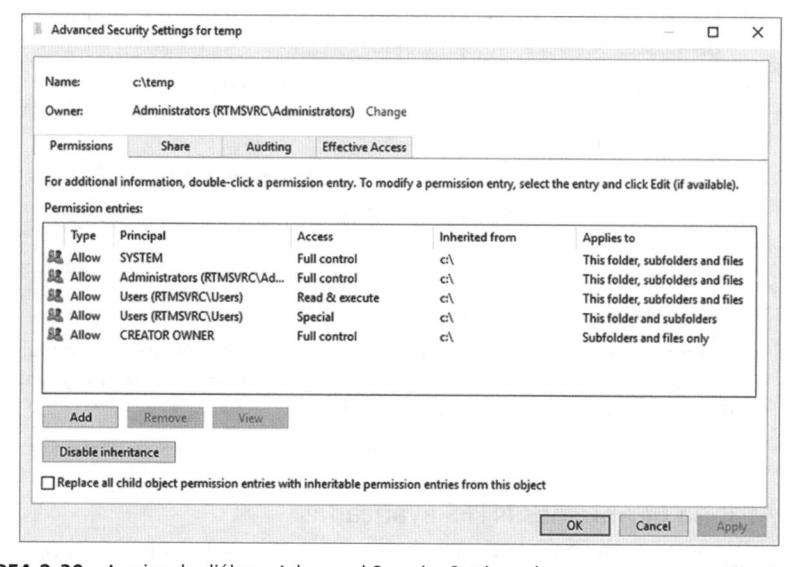

FIGUREA 2-30 A caixa de diálogo Advanced Security Settings de uma pasta compartilhada.

6. Clique em Add. A caixa de diálogo Permission Entry do compartilhamento aparecerá.
7. Clique no link Select A Principal para exibir a caixa de diálogo Select User, Computer, Service Account, or Group.
8. Digite o nome ou procure a entidade de segurança a qual deseja atribuir permissões e clique em OK. A caixa de diálogo Permission Entry exibirá a entidade de segurança que você especificou, como mostra a Figura 2-31.

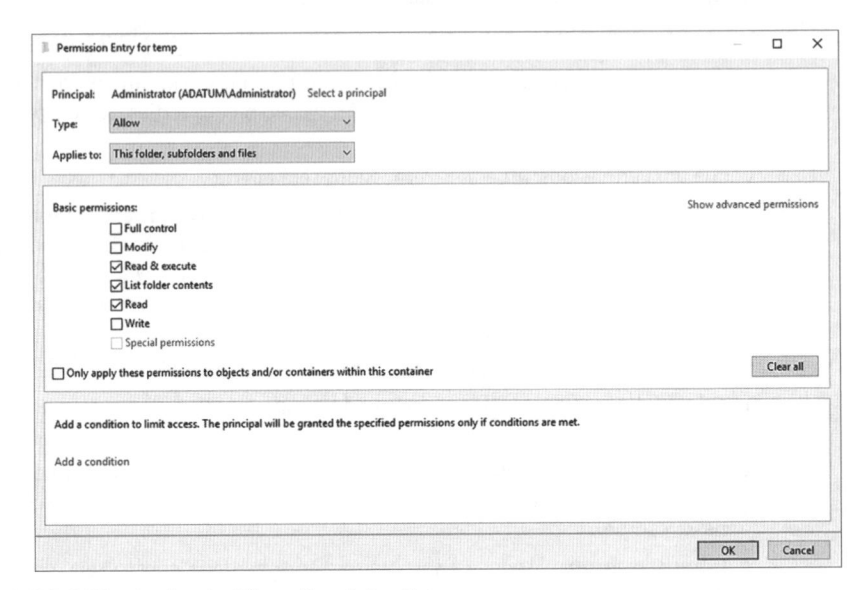

FIGURA 2-31   A caixa de diálogo Permission Entry.

9. Na lista suspensa Type, selecione o tipo de permissões que deseja atribuir (Allow ou Deny).
10. Na lista suspensa Applies To, especifique quais subpastas e arquivos devem herdar as permissões que você está atribuindo.
11. Marque as caixas de seleção das permissões básicas que deseja atribuir e clique em OK. A caixa de diálogo Advanced Security Settings exibirá a nova entrada de controle de acesso que você acabou de criar.
12. Clique em OK para fechar a caixa de diálogo Advanced Security Settings.
13. Clique em OK para fechar a página Properties.

> **NOTA   ATRIBUIÇÕES MAIORES DE PERMISSÕES**
> É rápido atribuir permissões a uma única pasta, mas para uma pasta com muitos arquivos e subpastas subordinados a ela, o processo pode demorar bastante, porque o sistema tem que modificar a ACL de cada pasta e arquivo.

Atribua permissões NTFS avançadas

No Windows Server 2016, a interface de gerenciamento de permissões avançadas está integrada à mesma interface que gerencia permissões básicas. Na caixa de diálogo Permission

Entry (Entrada de Permissão), clicar no link Show Advanced Permissions (Mostrar Permissões Avançadas) altera a lista de permissões básicas para uma lista com as permissões avançadas. Você pode, então, atribuir permissões avançadas em qualquer combinação, como faria com as permissões básicas.

A Tabela 2-4 lista as permissões NTFS avançadas que você pode atribuir a arquivos e pastas, e os recursos que elas concedem a seus detentores.

TABELA 2-4 Permissões NTFS avançadas

Permissão avançada	Funções
Full Control	■ A permissão Full Control concede ou nega às entidades de segurança todas as outras permissões avançadas.
Traverse Folder/ Execute File	■ A permissão Traverse Folder concede ou nega às entidades de segurança o direito de percorrer pastas que elas não têm permissão para acessar, para que possam alcançar arquivos ou pastas que elas têm permissão para acessar. Essa permissão só é aplicável a pastas.
	■ A permissão Execute File concede ou nega às entidades de segurança o direito de executar arquivos de programas. Essa permissão só é aplicável a arquivos.
List Folder/ Read Data	■ A permissão List Folder concede ou nega às entidades de segurança o direito de visualizar os nomes de arquivos e subpastas existentes em uma pasta. Essa permissão só é aplicável a pastas.
	■ A permissão Read Data concede ou nega às entidades de segurança o direito de visualizar o conteúdo de um arquivo. Essa permissão só é aplicável a arquivos.
Read Attributes	■ Concede ou nega às entidades de segurança o direito de visualizar atributos NTFS de um arquivo ou pasta.
Read Extended Attributes	■ Concede ou nega às entidades de segurança o direito de visualizar atributos estendidos de um arquivo ou pasta.
Create Files/ Write Data	■ A permissão Create Files concede ou nega às entidades de segurança o direito de criar arquivos dentro da pasta. Essa permissão só é aplicável a pastas.
	■ A permissão Write Data concede ou nega às entidades de segurança o direito de modificar o arquivo e sobrescrever o conteúdo existente. Essa permissão só é aplicável a arquivos.
Create Folders/ Append Data	■ A permissão Create Folders concede ou nega às entidades de segurança o direito de criar subpastas dentro de uma pasta. Essa permissão só é aplicável a pastas.
	■ A permissão Append Data concede ou nega às entidades de segurança o direito de adicionar dados no fim do arquivo, mas não de modificar, excluir ou sobrescrever dados existentes. Essa permissão só é aplicável a arquivos.
Write Attributes	■ Concede ou nega às entidades de segurança o direito de modificar atributos NTFS de um arquivo ou pasta.
Write Extended Attributes	■ Concede ou nega às entidades de segurança o direito de modificar os atributos estendidos de um arquivo ou pasta.
Delete Subfolders and Files	■ Concede ou nega às entidades de segurança o direito de excluir subpastas e arquivos, mesmo se a permissão Delete não tiver sido concedida na subpasta ou arquivo.

(continua)

TABELA 2-4 Permissões NTFS avançadas (*continuação*)

Permissão avançada	Funções
Delete	■ Concede ou nega às entidades de segurança o direito de excluir o arquivo ou pasta.
Read Permissions	■ Concede ou nega às entidades de segurança o direito de ler as permissões do arquivo ou pasta.
Change Permissions	■ Concede ou nega às entidades de segurança o direito de modificar as permissões do arquivo ou pasta.
Take Ownership	■ Concede ou nega às entidades de segurança o direito de tomar posse do arquivo ou pasta.
Synchronize	■ Permite ou não que diferentes threads de programas multitarefa ou multiprocessados esperem a manipulação do arquivo ou pasta e sincronizem com outra thread que venha a sinalizar isso.

Compreenda a posse de recursos

Ao estudar o conjunto de permissões NTFS, você pode acabar percebendo que é possível bloquear um arquivo ou pasta – isto é, configurar uma combinação de permissões que não conceda o acesso a ninguém, deixando o arquivo ou pasta inacessível. E isso realmente pode ocorrer.

Um usuário com privilégios administrativos pode revogar suas próprias permissões, assim como as de todas as outras pessoas, impedindo-as de acessar um recurso. No entanto, o sistema de permissões NTFS inclui um "artifício" que impede que esses arquivos e pastas órfãos permaneçam para sempre inacessíveis.

Todos os arquivos e pastas de uma unidade NTFS têm um proprietário, e este sempre pode modificar as permissões do arquivo ou pasta, mesmo se ele próprio não tiver permissões. Por padrão, o proprietário é a conta de usuário que criou um arquivo ou pasta. Contudo, qualquer conta que tenha a permissão avançada Take Ownership (ou a permissão básica Full Control) pode tomar posse do arquivo ou pasta.

O usuário Administrator pode tomar posse de qualquer arquivo ou pasta, até mesmo daqueles cujo proprietário anterior tiver revogado todas as permissões do administrador. Após o Administrator tomar posse de um arquivo ou pasta, ele não pode atribuir a propriedade novamente ao proprietário anterior. Isso impede que a conta Administrator acesse arquivos de outros usuários sem ser detectada.

A outra finalidade da posse de arquivos e pastas é o cálculo de cotas de disco. Quando você define cotas estabelecendo a quantidade máxima de espaço em disco que usuários específicos podem consumir, o Windows calcula quanto um usuário está consumindo atualmente em um disco somando os tamanhos de todos os arquivos e pastas que o usuário possui.

Para alterar quem tem a posse de um arquivo ou pasta, você deve abrir a guia Effective Access da caixa de diálogo Advanced Security Settings e selecionar o link Change na mesma linha da informação Owner.

CAPÍTULO 2 Implementação de soluções de armazenamento

✓ Verificação rápida

Petrina, uma funcionária recém contratada do departamento de TI, vai até você, seu supervisor, com olhos arregalados e a face pálida. Alguns minutos antes, o diretor financeiro da empresa chamou o help desk e pediu à Petrina para fornecer ao seu novo assistente as permissões necessárias para acessar sua planilha de orçamento pessoal. Quando ela estava tentando atribuir as permissões, excluiu acidentalmente o grupo BUDGET_USERS da lista de controle de acesso da planilha. Petrina ficou apavorada porque esse grupo era a única entrada da ACL do arquivo. Agora, ninguém pode acessar o arquivo da planilha, nem mesmo o CFO ou a conta Administrator. Há alguma maneira de ganhar novamente acesso ao arquivo, e se houver, como?

Resposta da verificação rápida

Mesmo se ninguém tiver permissão para acessar um arquivo NTFS, ainda é possível resgatá-lo. O proprietário de um arquivo sempre mantém a possibilidade de atribuir novas permissões. Petrina deve apenas identificar o proprietário do arquivo e pedir a essa pessoa que atribua a ela a permissão Full Control. Assim, poderá executar as etapas necessárias para reconstruir as permissões do arquivo.

Objetivo 2.2: Implementar o armazenamento no servidor

O Windows Server 2016 inclui várias tencologias de armazenamento avançadas que os admininstradores podem usar para equipar os servidores com quantidades massivas de espaço de armazenamento, tanto dentro quanto fora do computador. Essas tecnologias também fornecem muitos mecanismos de tolerância a falhas, que podem manter a disponibilidade dos dados em casos de falha no equipamento e outros desastres.

Esta seção aborda como:

- Configurar pools de armazenamento
- Implementar opções de layout de armazenamento simples, espelhamento e paridade para discos ou enclosures
- Configurar o armazenamento em camadas
- Configurar target e o initiator iSCSI
- Configurar o iSNS
- Configurar o Datacenter Bridging (DCB) 142
- Configurar o Multipath IO (MPIO)
- Determinar cenários de uso para o Storage Replica
- Implementar o Storage Replica para cenários de servidor para servidor, cluster para cluster e cluster estendido

Configure pools de armazenamento

O Windows Server 2016 inclui uma tecnologia de virtualização de disco chamada Storage Spaces (Espaços de Armazenamento), que permite que um servidor combine o espaço de armazenamento de discos físicos individuais e aloque esse espaço para criar discos virtuais de qualquer tamanho de acordo com o suportado pelo hardware. Com frequência, esse tipo de virtualização é um recurso encontrado em tecnologias de rede de área de armazenamento (SAN, storage area network) e armazenamento anexado à rede (NAS, network attached storage), que requerem um investimento significativo em hardware especializado e habilidade administrativa. O Storage Spaces fornece recursos semelhantes, usando unidades de disco padrão diretamente conectadas ou conjuntos externos com "um simples arranjo entre discos" (JBOD, Just a Bunch of Disks).

O Storage Spaces usa espaço em disco não alocado das unidades do servidor para criar pools de armazenamento. Um *pool de armazenamento* pode se estender de forma transparente por várias unidades, fornecendo um recurso de armazenamento acumulado que você pode expandir ou reduzir conforme necessário adicionando discos ou removendo-os do pool. Usando o espaço do pool, é possível criar *discos virtuais* de qualquer tamanho.

Após criar um disco virtual, você pode criar volumes nele como faria em um disco físico. O Server Manager fornece as ferramentas necessárias à criação e ao gerenciamento de pools de armazenamento e discos virtuais e permite criar volumes e compartilhamentos do sistema de arquivos, com algumas limitações.

Para criar um pool de armazenamento no Server Manager, use o procedimento a seguir.

1. Faça logon no Windows Server 2016, usando uma conta com privilégios administrativos. O console do Server Manager aparecerá.
2. Clique em File and Storage Services, e no submenu exibido, clique em Storage Pools. A página Storage Pools aparecerá, como mostrado na Figura 2-32.

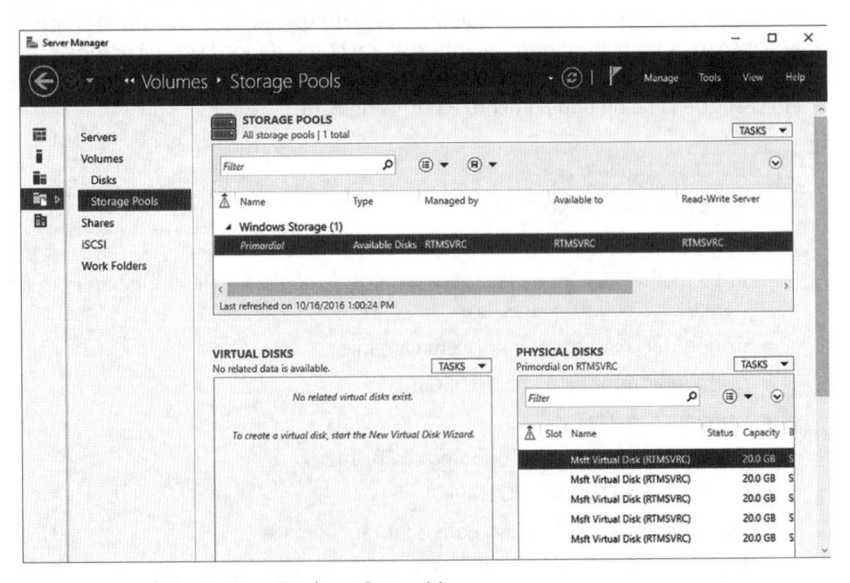

FIGURA 2-32 A página Storage Pools no Server Manager.

3. No bloco Storage Pools, clique em Tasks, New Storage Pool. O New Storage Pool Wizard aparecerá, exibindo a página Before You Begin.

4. Clique em Next. A página Specify A Storage Pool Name And Subsystem aparecerá.
5. Na caixa de texto Name, digite um nome para o pool e clique em Next. A página Select Physical Disks For The Storage Pool aparecerá, como mostrado na Figura 2-33.

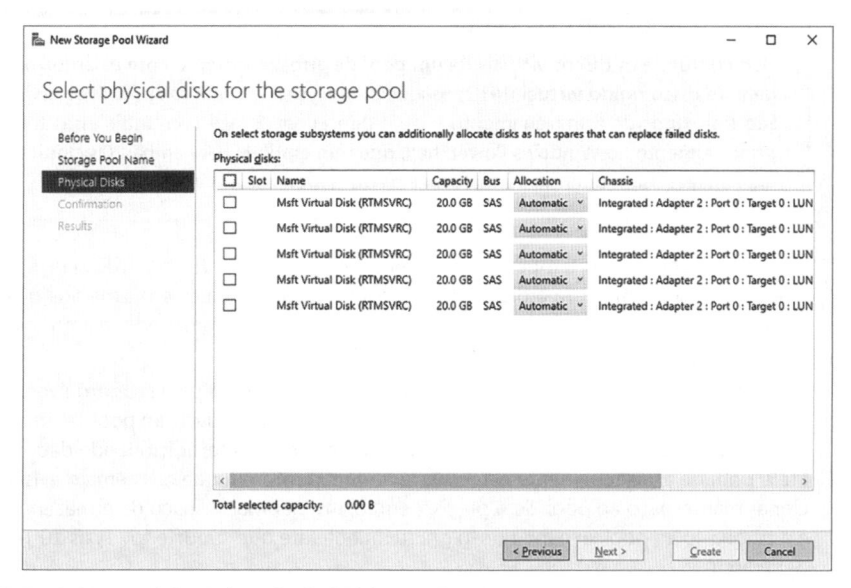

FIGURA 2-33 A página Select Physical Disks For The Storage Pool no Server Manager.

> **NOTA ADICIONANDO DISCOS FÍSICOS**
> Para um disco físico ser elegível para inclusão em um pool de armazenamento, ele deve estar online e ter sido inicializado, mas não pode conter volumes. No Disk Management, o disco inteiro deve aparecer como espaço não alocado (Unallocated Space).

1. Marque as caixas de seleção dos discos físicos que deseja adicionar ao pool e clique em Next. A página Confirm Selections aparecerá.
2. Clique em Create. O assistente criará o pool de armazenamento.
3. Clique em Close. O novo pool aparecerá no bloco Storage Pools.

Ao criar um pool, você combinou o espaço de armazenamento dos discos físicos que selecionou. Agora poderá criar qualquer quantidade de discos virtuais a partir do espaço do pool e eles não precisarão ter os tamanhos de armazenamento dos discos físicos individuais.

Implemente as opções de layout de armazenamento simples, espelhamento e paridade para discos ou enclosures

Uma vez que criar um pool de armazenamento, você poderá criar discos virtuais usando o espaço do pool. Um disco virtual se comporta de maneira semelhante a um disco físico, exceto por os bits poderem ser armazenados em qualquer número de unidades físicas do sistema. Os discos virtuais também podem fornecer tolerância a falhas usando os discos físicos do pool de armazenamento para guardar dados espelhados ou de paridade.

> **NOTA DISCOS VIRTUAIS E VHDS**
>
> Não confunda os discos virtuais de um pool de armazenamento com os arquivos de imagem de disco rígido virtual (VHD) usados pelo Hyper-V e outros aplicativos do Windows. São dois tipos de armazenamento virtual diferentes. É fácil confundir essas tecnologias principalmente no Windows PowerShell, que tem cmdlets para ambas. Os cmdlets do Storage Spaces usam o termo VirtualDisk e os do Hyper-V usam VHD.

Os discos virtuais também podem ser de *provisionamento thinly*, ou seja, é especificado um tamanho máximo para o disco, mas ele começa pequeno e cresce à medida que dados são adicionados. Logo, é possível criar um disco virtual com um tamanho máximo que seja maior do que o espaço de armazenamento disponível.

Por exemplo, se você quiser alocar um máximo de 10 TB para seus arquivos de banco de dados, pode criar um disco virtual thin de 10 TB, mesmo se só tiver um pool de armazenamento de 2 TB. O aplicativo que usar o disco funcionará normalmente, adicionando dados aos poucos até o pool de armazenamento estar quase no fim, ponto em que o sistema o avisará para adicionar mais espaço ao pool. Será preciso, então, instalar mais espaço de armazenamento físico e adicioná-lo ao pool, expandindo-o gradualmente até que suporte todos os 10 TB requeridos pelo disco.

Crie um disco virtual

Para criar um disco virtual simples, use o procedimento a seguir.

1. No bloco Storage Pools da página de mesmo nome do Server Manager, selecione um pool que você tenha criado anteriormente.
2. No bloco Virtual Disks, clique em Tasks, New Virtual Disk. Aparecerá uma caixa de diálogo Select The Storage Pool.
3. Selecione o pool que deseja usar e clique em OK. O New Virtual Disk Wizard aparecerá, exibindo a página Before You Begin.
4. Clique em Next. A página Select The Storage Pool será exibida.
5. Clique em Next. Será exibida a página Specify The Virtual Disk Name.
6. Na caixa de texto Name, digite um nome para o disco virtual e clique em Next. A página Specify Enclosure Resiliency aparecerá.
7. Clique em Next. A página Select The Storage Layout aparecerá, como mostrado na Figura 2-34.

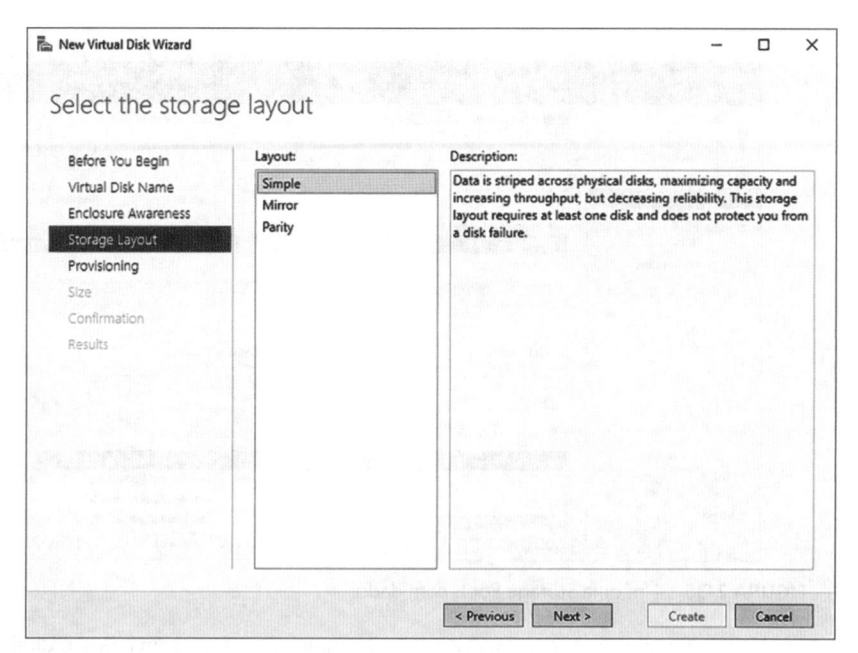

FIGURA 2-34 A página Select The Storage Layout.

8. Na lista Layout, selecione Simple e clique em Next. A página Specify The Provisioning Type será exibida.

9. Selecione uma das opções a seguir e clique em Next. A página Specify The Size Of The Virtual Disk aparecerá.

   - **Thin** Você especificará um tamanho máximo para o disco virtual, mas o sistema criará um disco pequeno e alocará espaço adicional quando necessário. Essa opção é mais adequada para situações em que você ainda não tiver espaço físico suficiente para criar o disco virtual de que precisará, porém planeja adicionar mais posteriormente.
   - **Fixed** Você especificará o tamanho do disco virtual e o sistema alocará todo o espaço físico do disco necessário para criá-lo imediatamente.

10. Especifique um tamanho para o disco virtual ou selecione a opção Maximum Size para usar todo o espaço do pool de armazenamento. Agora clique em Next. A página Confirm Selections aparecerá.

11. Clique em Create. O assistente criará o disco virtual e a página View Results aparecerá. Desmarque a caixa de seleção Create A Volume When This Wizard Closes.

12. Clique em Close. O disco virtual aparecerá no bloco Virtual Disks da página Storage Pools, como mostrado na Figura 2-35.

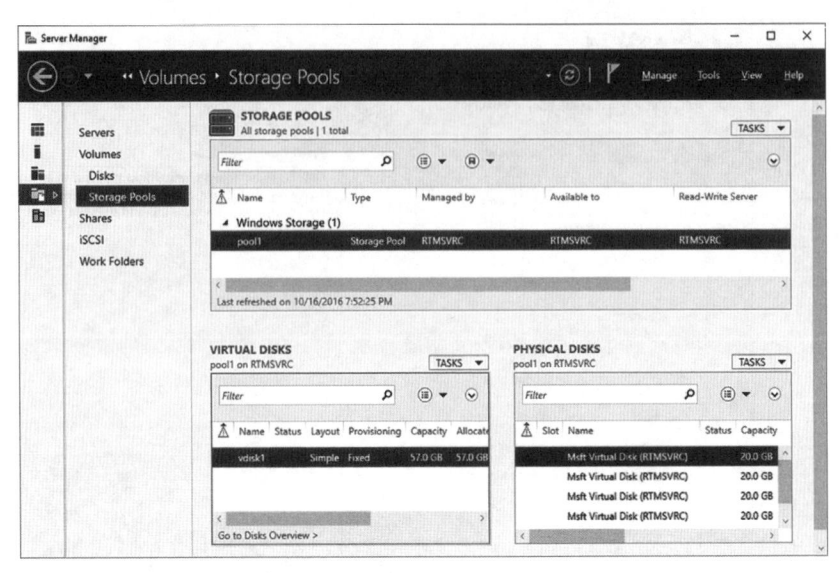

FIGURA 2-35 A página Storage Pools com dados.

Uma vez que você criar um disco virtual, poderá clicar nele com o botão direito do mouse no bloco Virtual Disks e selecionar New Volume para iniciar o New Volume Wizard (Assistente de Novo Volume). Nesse momento, o processo de criação de um volume é idêntico ao de criá-lo diretamente em um disco físico.

Tolerância a falhas em espaços de armazenamento

Dependendo da natureza de sua empresa e de seus dados, a tolerância a falhas dos servidores de arquivos pode ser uma conveniência ou um requisito obrigatório. Em algumas empresas, uma falha na unidade de disco rígido pode significar algumas horas de perda de produtividade. Para um departamento de recebimento de pedidos, pode trazer perda de receitas. E para o departamento de registros de um hospital, pode resultar em perda de vidas. Dependendo de como sua empresa se encaixa nesse universo, você deve considerar o uso de um mecanismo de tolerância a falhas para assegurar que seus usuários tenham acesso a seus aplicativos e dados.

A essência da tolerância a falhas é a redundância imediata. Se uma cópia de um arquivo tornar-se indisponível devido a erro ou falha no disco, outra cópia estará online, pronta para assumir seu lugar imediatamente. Quando você criar um disco virtual em um pool de armazenamento, a página Select The Storage Layout do assistente oferecerá três opções, como descrito a seguir:

- **Simple (Simples)** O computador distribui os dados por todos os discos do pool, maximizando o desempenho e a economia, mas sem fornecer tolerância a falhas.
- **Mirror (Espelhamento)** O computador grava os mesmos dados em dois ou três discos físicos diferentes para que, se ocorrer falha em um disco, sempre haja uma cópia disponível para acesso imediato. O espelhamento de dados gera pouca ou nenhuma perda no desempenho, mas é uma forma cara de tolerância a falhas, porque custa duas ou três vezes mais do que o preço do espaço de armazenamento necessário.
- **Parity (Paridade)** O computador distribui os dados por três ou mais discos físicos do pool junto com informações de paridade, que o sistema pode usar para recriar os dados

CAPÍTULO 2 Implementação de soluções de armazenamento **129**

se um disco físico falhar. Há uma pequena perda no desempenho, porque o servidor grava dados de paridade adicionais, mas essa opção é menos cara do que o espelhamento.

Quando você selecionar a opção Mirror, uma página Configure The Resiliency Settings será adicionada ao assistente, como mostrado na Figura 2-36. A opção Two-Way Mirror (Espelhamento em duas vias) requer dois discos físicos e fornece proteção contra falha de um único disco. A opção Three-Way Mirror (Espelhamento em três vias) requer cinco discos físicos e fornece proteção contra a falha de dois discos.

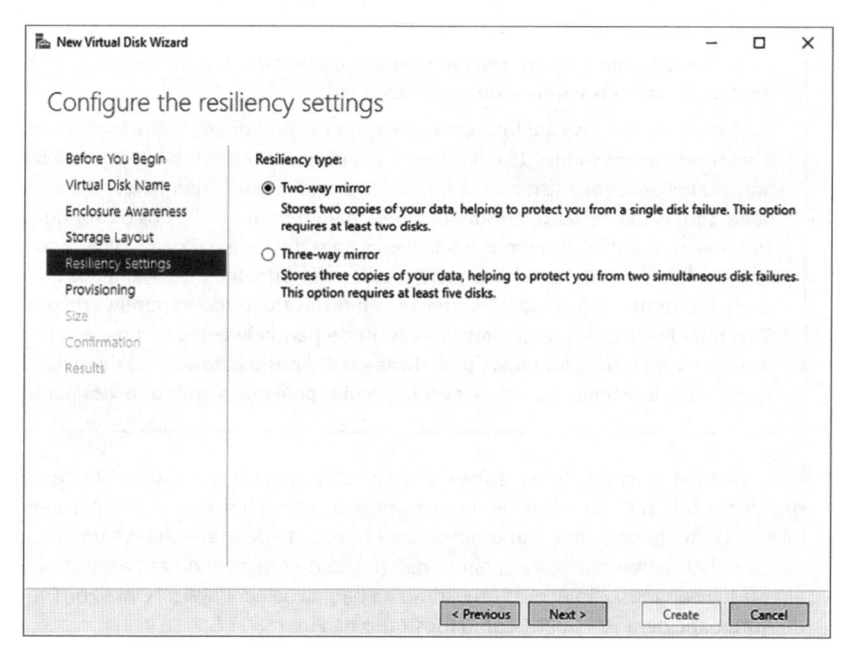

FIGURA 2-36 A página Configure The Resiliency Settings, na qual você fará a seleção entre o espelhamento bidirecional e tridirecional.

Selecionar a opção Parity na página Select The Storage Layout não requer configuração adicional. No entanto, se seu pool de armazenamento não tiver discos físicos suficientes para dar suporte ao layout, o assistente exibirá um erro e o forçará a selecionar outra opção.

> **NOTA COMPREENDA A PARIDADE**
>
> A *paridade* é um algoritmo matemático que algumas tecnologias de armazenamento em disco usam para fornecer redundância de dados em suas operações de gravação em disco. Para calcular as informações de paridade de um conjunto de unidades, o sistema pega os valores do mesmo bit de dados de cada unidade do conjunto e os soma, para determinar se o total é par ou ímpar. Em seguida, usa o total resultante para calcular um valor para um bit de paridade correspondente a esses bits de dados. O sistema repete, então, o processo para cada bit localizado nas unidades. Se uma unidade for perdida devida a uma falha no hardware, o sistema poderá restaurar cada dado perdido calculando seu valor com o uso dos bits de dados restantes e do bit de paridade.
>
> Por exemplo, em um conjunto com cinco discos, suponhamos que os quatro primeiros discos tivessem os valores 1, 1, 0 e 1 para seu primeiro bit. O total dos quatro bits é 3, um número ímpar, logo, o sistema configurará o primeiro bit do quinto disco, o disco de paridade, com 0, indicando um resultado ímpar para o total de bits dos outros quatro discos. Suponhamos, então, que um disco falhasse. Se o disco de paridade falhar, nenhum dado será perdido e o I/O de dados poderá prosseguir normalmente. Se um dos quatro discos de dados for perdido, o total dos primeiros bits dos três discos restantes será par ou ímpar. Se o total for par, já que sabemos que o bit de paridade é ímpar, o bit do disco ausente devia ser 1. Se o total for ímpar, o bit devia ser 0. Após o hardware do disco defeituoso ser substituído, o sistema poderá usar esses cálculos para reconstruir os dados perdidos.

Outra maneira de fornecer tolerância a falhas no Storage Spaces é designar um ou mais dos discos físicos de um pool de armazenamento como hot spares. Um *hot spare* é um disco que faz parte do pool, mas seu espaço não é usado até ocorrer falha em um disco. Para designar um disco como hot spare quando da criação de um pool de armazenamento, você deve alterar sua configuração Allocation padrão na página Select Physical Disks For The Storage Pool de Automatic para Hot Spare, como mostrado na Figura 2-37.

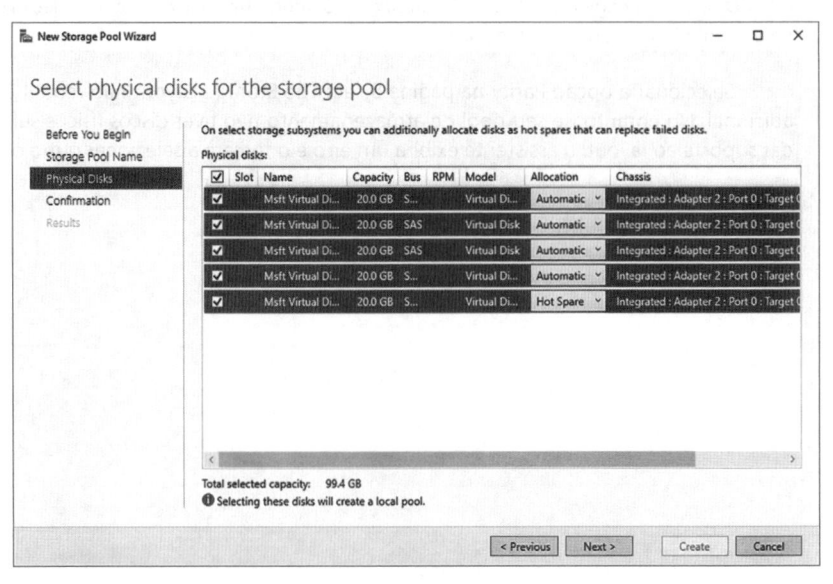

FIGURA 2-37   A página Select Physical Disks For The Storage Pool, com um hot spare.

Quando uma unidade de disco rígido física relata um erro de gravação para o sistema operacional (geralmente após se recuperar silenciosamente de várias falhas), ele marca o disco como defeituoso e ativa um hot spare, se existir um. No caso de um erro de leitura, o sistema tentará se recuperar da falha, se possível, gravando os dados ausentes novamente no disco com o uso de uma cópia de espelho ou paridade. Se isso falhar, o procedimento de erros de gravação começará.

Expanda os pools de armazenamento

Uma das vantagens do Storage Spaces é que você pode expandir um pool de armazenamento a qualquer momento adicionando discos físicos. Podem ser discos novos que tenham sido instalados no servidor ou em seu conjunto de armazenamento ou você pode reaproveitar discos existentes excluindo os volumes contidos neles. Quando você adicionar um disco físico a um pool de armazenamento existente, o novo espaço será simplesmente adicionado a ele. Se tiver criado um pool que seja maior do que o espaço de disco físico disponível no computador, o espaço do disco adicionado servirá para compensar a diferença.

Para expandir um pool de armazenamento existente, use o procedimento a seguir.

1. No Server Manager, na página Storage Pools, selecione um pool existente no bloco Storage Pools.
2. Clique com o botão direito do mouse no pool existente e, no menu de contexto, selecione Add Physical Disk. A caixa de diálogo Add Physical Disk aparecerá, como mostrado na Figura 2-38.

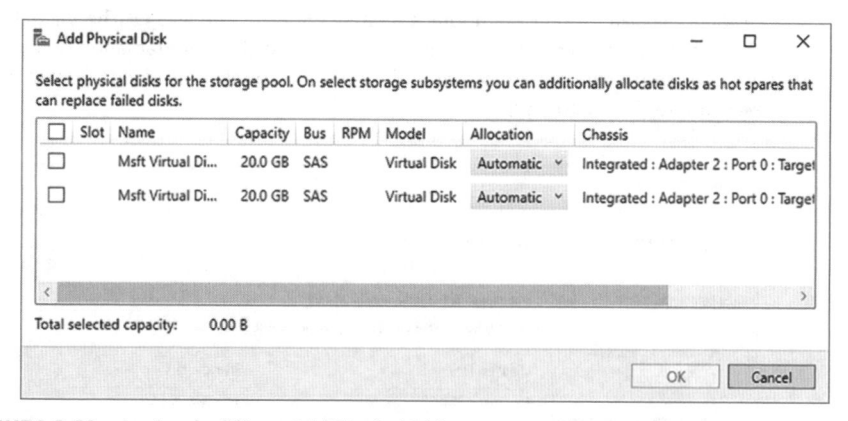

FIGURA 2-38 A caixa de diálogo Add Physical Disk.

3. Selecione o(s) disco(s) que deseja adicionar ao pool e clique em OK. O espaço de armazenamento do(s) novo(s) disco(s) será adicionado ao pool.

Configure o armazenamento em camadas

No Windows Server 2016, o *armazenamento em camadas* é um recurso do Storage Spaces que permite que os administradores usem seus dispositivos de armazenamento de desempenho superior para os arquivos mais usados. Para empregar o armazenamento em camadas no Windows Server 2016, você deve criar um pool de armazenamento contendo tanto unidades de estado sólido (SSDs, solid state drive) quanto unidades de disco rígido (HDDs, hard disk drives) padrão. As SSDs são mais rápidas que as HDDs, mas também são mais caras. Em seguida, crie um disco virtual que inclua o espaço dos dois tipos de unidades. Quando os usuários começarem a armazenar dados no disco virtual, o sistema copiará de forma transparente os arquivos mais usados das HDDs para as SSDs, fornecendo assim melhores tempos de acesso para esses arquivos.

Quando você criar um disco virtual no Server Manager, usando o New Virtual Disk Wizard, a página Specify The Virtual Disk Name incluirá uma caixa de seleção Create Storage Tiers On This Virtual Disk. A caixa de seleção só é ativada quando o pool de armazenamento contém discos físicos SSD e HDD. Você também deve ter discos físicos suficientes para dar suporte ao layout que pretende usar quando criar o disco virtual. Por exemplo, para criar um disco virtual em camadas com um layout de espelho em duas vias, é preciso ter no mínimo dois SSDs e dois HDDs disponíveis.

> **NOTA   RECONHECENDO OS TIPOS DE MÍDIA**
>
> O Windows reconhece os tipos dos dispositivos de armazenamento instalados ou conectados no computador e atribui tipos de mídia – SSD e HDD – a eles para que o Storage Spaces possa determinar que dispositivos deve usar para cada camada. Em situações em que o sistema não conseguir identificar as unidades corretamente, como na criação de VHDs nos discos físicos para serem usados em máquinas virtuais do Hyper-V, podemos definir o tipo de mídia manualmente usando o cmdlet Set-PhysicalDisk no Windows PowerShell, com o parâmetro MediaType.

Marcar a caixa de seleção modifica a página Specify The Size Of The Virtual Disk do assistente, como mostrado na Figura 2-39. Em vez de especificar um tamanho geral para o disco virtual, você especificará tamanhos separados para a Camada Mais Rápida (Faster Tier) e para a Camada Padrão (Standard Tier).

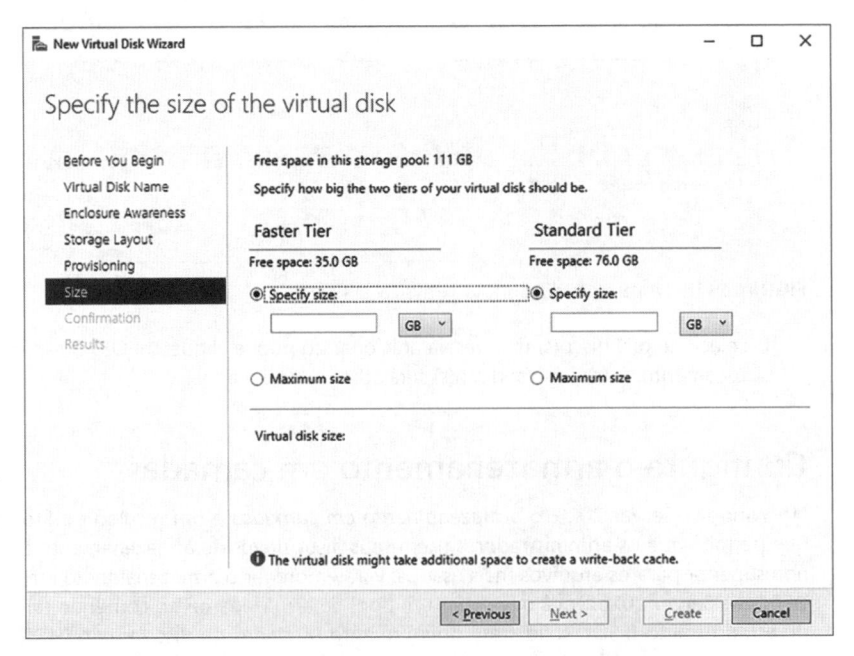

FIGURA 2-39   Controles de armazenamento em camadas do New Virtual Disk Wizard.

Uma vez que o disco virtual estiver em uso, os administradores poderão empregar o cmdlet Set-FileStorageTier para associar arquivos a uma camada ou à outra, a fim de que eles sejam sempre acessados a partir do tipo de disco especificado.

Configure target e initiator iSCSI

Uma *rede de área de armazenamento* (*SAN*) é uma tecnologia que as empresas usam para implantar recursos de armazenamento e tornar esse espaço disponível para outros dispositivos conectados. Em seu nível mais básico, uma SAN é apenas uma rede exclusiva somente para conexões de alta velocidade entre servidores e dispositivos de armazenamento. Em vez de instalarmos unidades de disco em servidores ou usar enclosures de unidade diretamente conectados, uma SAN é composta por um ou mais conjuntos de unidades de disco equipados com adaptadores de interface de rede, que são conectados aos servidores com o uso de cabos de rede par trançado padrão ou fibra ótica.

As primeiras SANs usavam uma tecnologia de rede serial chamada Fibre Channel. As redes Fibre Channel fornecem SANs de ótimo desempenho, mas o custo e as habilidades especiais requeridos para sua instalação e manutenção as tornaram uma raridade em todas as instalações empresariais exceto as maiores. O *Internet Small Computer System Interface* (*iSCSI*, cuja pronúncia é *eye-scuzzy*), é uma tecnologia de rede de área de armazenamento alternativa que permite que servidores e dispositivos de armazenamento troquem tráfego SCSI usando uma rede IP padrão em vez de uma rede Fibre Channel exclusiva. Isso torna o iSCSI uma solução muito mais econômica e prática, trazendo a tecnologia SAN para dentro do alcance de instalações de tamanho pequeno e médio.

Já que o iSCSI usa uma rede IP padrão para sua funcionalidade de camada inferior, você pode empregar para uma SAN os mesmos cabos, adaptadores de rede, switches e roteadores que utilizaria para uma LAN ou uma rede de longa distância (WAN, wide area network), sem nenhuma modificação. Basta conectar seus servidores e dispositivos de armazenamento a uma rede Ethernet existente ou construir uma nova usando componentes de baixo custo amplamente disponíveis.

Devido ao seu custo relativamente baixo e à sua simplicidade, o iSCSI acabou dominando a indústria das SANs. A inclusão do amplo suporte ao iSCSI no Windows Server 2016 e outros sistemas operacionais levou à introdução de muitos dispositivos de armazenamento iSCSI com uma grande variedade de faixas de preço. Houve uma época em que a SAN requeria um alto investimento em tempo e dinheiro e agora a tecnologia está disponível para empresas mais modestas.

Initiators e targets

A comunicação do ISCSI é baseada em dois elementos: initiators e targets. Um *initiator* (*iniciador*) *iSCSI*, que tem esse nome porque inicia o processo de comunicação do iSCSI, é um dispositivo de hardware ou software em execução em um computador que acessa os dispositivos de armazenamento na SAN. Em uma rede iSCSi, o initiator assume o lugar do adaptador de host que implementações tradicionais do iSCSI usavam para conectar dispositivos de armazenamento a um computador. O initiator recebe solicitações de I/O do sistema operacional e as envia, na forma de comandos iSCSI, para dispositivos de armazenamento específicos na SAN.

Normalmente, os initiators baseados em hardware assumem a forma de um adatador de barramento de host (HBA, host bus adapter), uma placa de expansão que inclui a funcionalidade de adaptador de host iSCSI e adaptador de rede Gigabit Ethernet no mesmo dispositivo. Eles se encarregam de parte do processamento SCSI proveniente do processador principal do computador.

Os initiators também podem ser baseados em software, como o módulo de initiator iSCSI incluído no Windows Server 2016. Quando usa um initiator por software, o computador se conecta aos dispositivos de armazenamento usando um adaptador de rede Ethernet padrão.

A outra metade da equação é o *target* (*destino*) *iSCSI*, que é integrado a um dispositivo de armazenamento, como um conjunto de unidades de disco ou um computador. O target recebe comandos iSCSI do ininciador e os passa para um dispositivo de armazenamento, que é representado por um *número de unidade lógica* (*LUN, logical unit number*). Um LUN é basicamente um endereço que os dispositivos iSCSI usam para identificar um recurso de armazenamento específico. Um único LUN pode representar um disco rígido inteiro, parte de um disco ou parte de um conjunto de unidades de disco. Logo, o mesmo computador ou conjunto de unidades de disco pode ter muitos LUNs, representados por vários targets.

Os conjuntos de unidades de disco que dão suporte ao iSCSI têm targets implementados em seu firmware, o que torna os diversos volumes do conjunto automaticamente disponíveis para os initiators iSCSI da rede. Também é possível implementar targets iSCSI em software, na forma de um serviço ou daemon que torne o disco rígido inteiro de um computador ou parte dele disponível para os initiators.

O Windows Server 2016 inclui um target iSCSI, na forma do serviço iSCSI Target Server, que faz parte da função File and Storage Services. Usando os recursos de initiator e target iSCSI do Windows Server 2016, você pode designar uma unidade de disco de um servidor como target e, então, acessá-la empregando o initiator de outro computador. Em um nível mais prático, você também pode comprar um conjunto de unidades de disco com um target iSCSI integrado, conectá-lo à sua rede e permitir que computadores Windows de toda a rede o acessem com seus initiators.

Crie um target iSCSI

Para criar um target iSCSI no Windows Server 2016, primeiro você deve instalar o serviço de função iSCSI Target Server, usando o Add Roles And Features Wizard no Server Manager, como mostrado na Figura 2-40, ou executando o comando a seguir em uma janela do Windows PowerShell com privilégios administrativos:

```
install-windowsfeature -name fs-iscsitarget-server -installmanagementtools
```

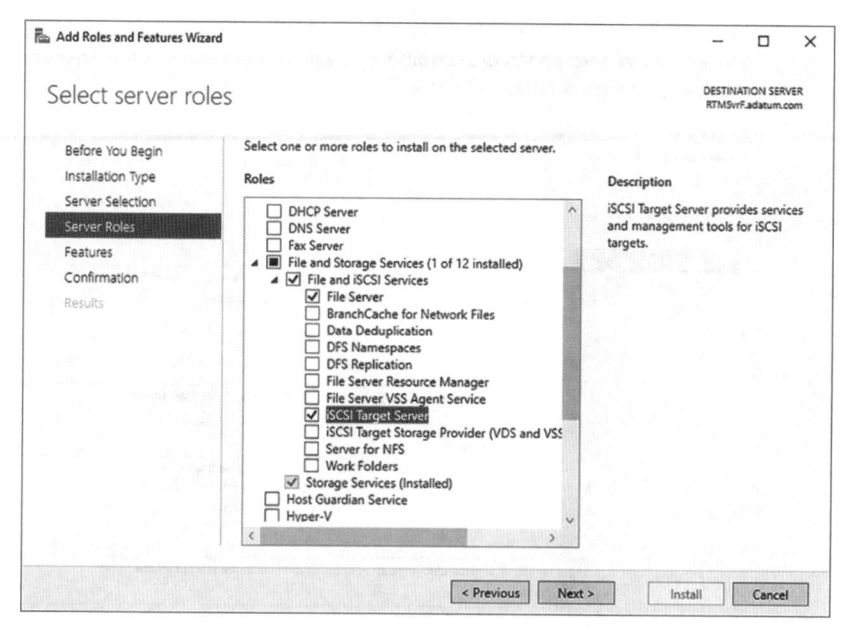

FIGURA 2-40 Instalando o serviço de função iSCSI Target Server.

Uma vez que você instalar o serviço de função, poderá testar o uso do iSCSI criando um disco virtual e um target iSCSI com o espaço de um dos discos do computador, como descrito no procedimento a seguir:

1. No Server Manager, clique no ícone File and Storage Services e, no submenu que aparecerá, clique em iSCSI. A página iSCSI será exibida, como mostrado na Figura 2-41.

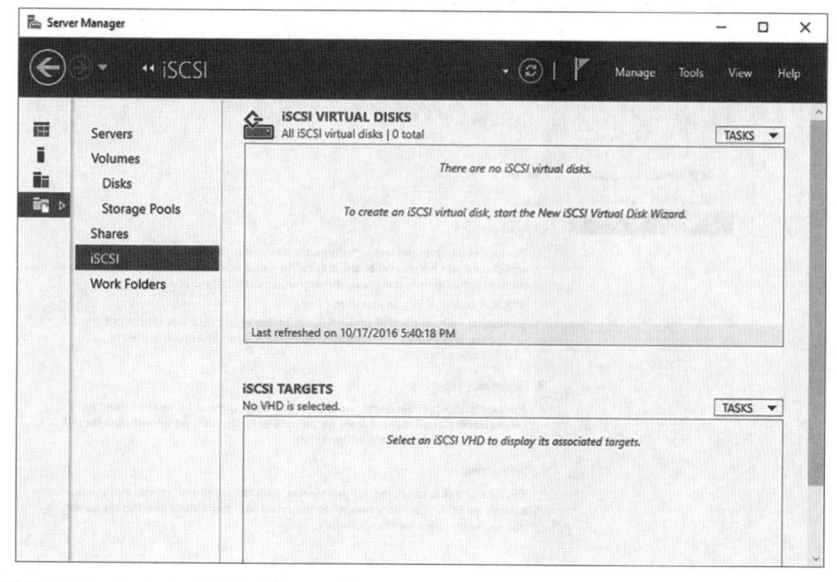

FIGURA 2-41 A página iSCSI no Server Manager.

2. No menu Tasks do bloco iSCSI Virtual Disks, selecione New iSCSI Virtual Disk. O New iSCSI Virtual Disk Wizard aparecerá, exibindo a página Select iSCSI Virtual Disk Location, como mostrado na Figura 2-42.

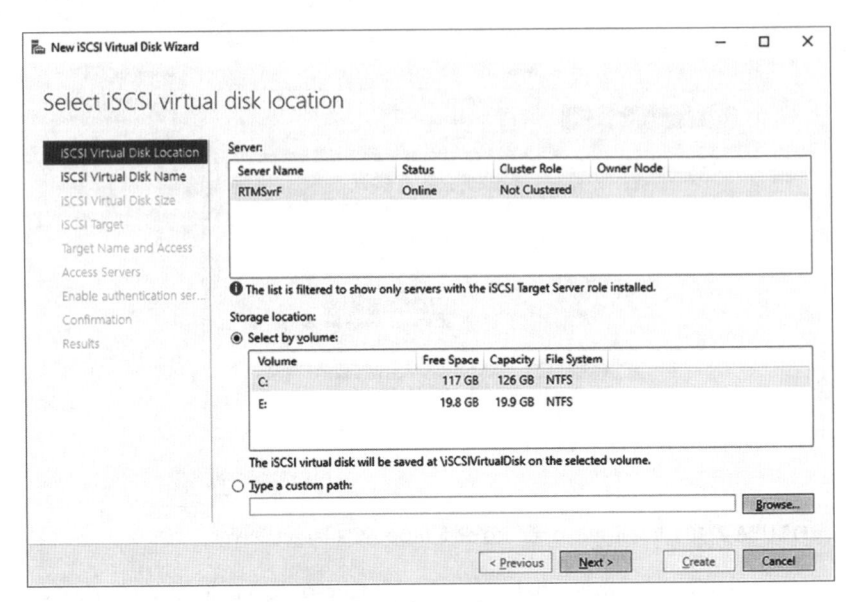

FIGURA 2-42 A página Select iSCSI Virtual Disk Location.

3. Selecione o volume em que deseja criar um disco virtual iSCSI e clique em Next. Será exibida a página Specify iSCSI Virtual Disk Name.

4. Digite um nome para o disco virtual iSCSI e clique em Next. A página Specify iSCSI Virtual Disk Size aparecerá, como mostrado na Figura 2-43.

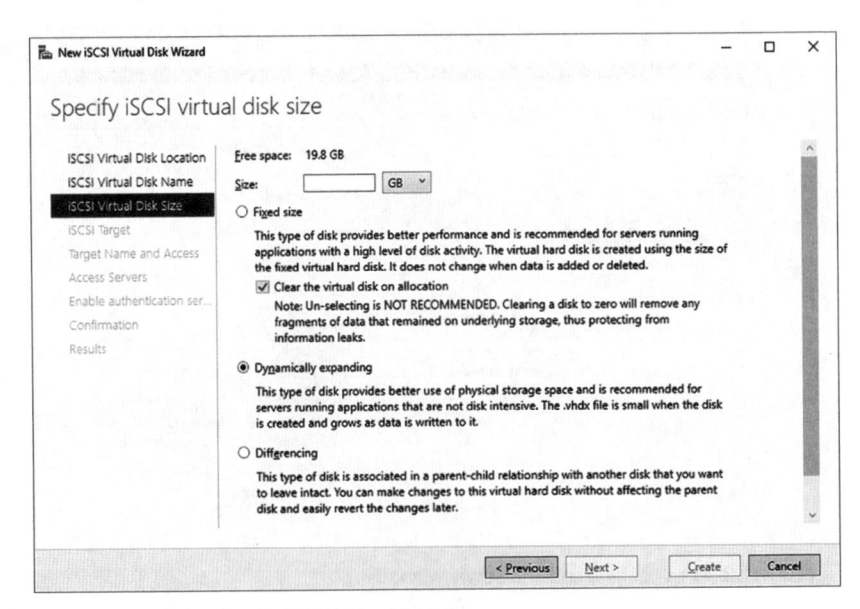

FIGURA 2-43 A página Specify iSCSI Virtual Disk Size.

CAPÍTULO 2   Implementação de soluções de armazenamento   **137**

5. Especifique um tamanho para o disco virtual iSCSI e faça a seleção entre as opções Fixed Size, Dynamically Expanding ou Differencing. O assistente criará um arquivo VHDX, logo, essas opções terão as mesmas funções de um disco virtual criado no Hyper-V. Clique em Next. A página Assign iSCSI Target aparecerá.
6. Deixe a opção New iSCSI Target selecionada e clique em Next. Aparecerá a página Specify Target Name.
7. Digite um nome para o target iSCSI e clique em Next. Aparecerá a página Specify Access Servers, na qual você identificará os initiators iSCSI que acessarão o novo disco virtual.
8. Clique em Add. A caixa de diálogo Select A Method To Identify The Initiator será aberta, como mostra a Figura 2-44.

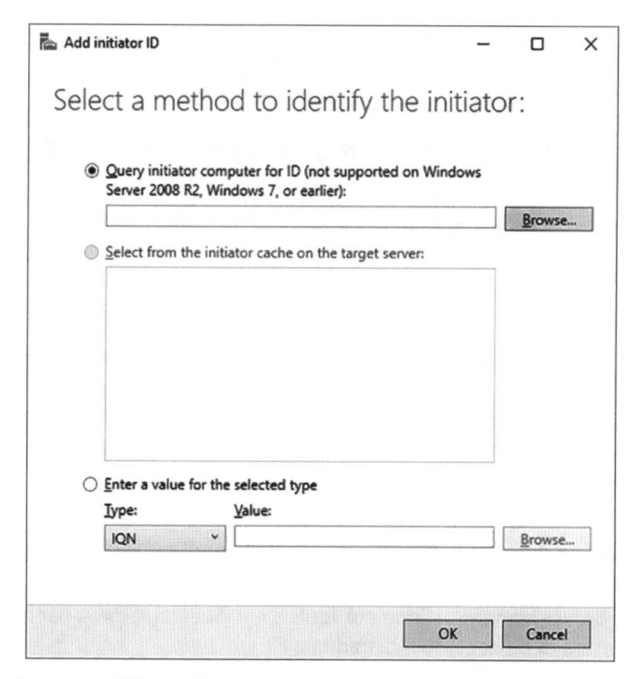

FIGURA 2-44   A caixa de diálogo Select A Method To Identify the Initiator.

9. Selecione a opção Enter A Value For The Selected Type. Em seguida, selecione IP Address na lista suspensa Type, digite o endereço IP do servidor que funcionará como initiator iSCSI e clique em OK. O computador do initiator será adicionado ao assistente.
10. Clique em Next. A página Enable Authentication aparecerá.
11. Clique em Next para ignorar as configurações de autenticação opcionais. A página Confirm Selections aparecerá.
12. Clique em Create. O assistente criará o novo disco virtual iSCSI e um target iSCSI.
13. Clique em Close. O disco e o target aparecerão nos blocos da página iSCSI, como mostrado na Figura 2-45.

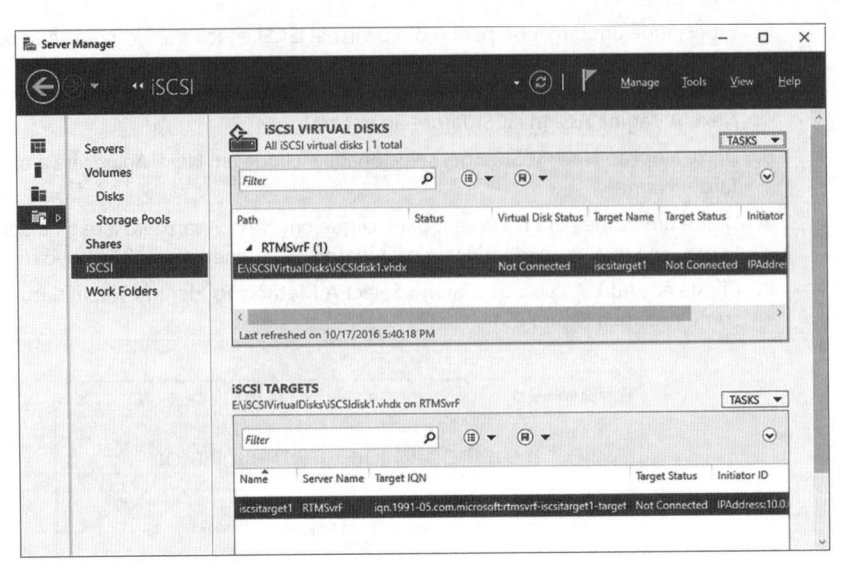

FIGURA 2-45 A página iSCSI no Server Manager.

Use o initiator iSCSI

Quando um target iSCSI estiver disponível – independentemente de ter sido criado em um servidor ou de ter vindo embutido em um dispositivo de hardware – você poderá se conectar com ele e acessar seu espaço de armazenamento usando o initiator iSCSI do Windows Server 2016. Ao contrário do que ocorre com o serviço iSCSI Target Server, o initiator iSCSI vem instalado por padrão no Windows Server 2016 e você não precisará instalar nada.

Para conectar-se com um target usando o initiator iSCSI, use o seguinte procedimento:

1. Faça logon no computador que designou como servidor de acesso ao criar um target no New iSCSI Virtual Disk Wizard.
2. No Server Manager, clique em Tools e em iSCSI Initiator. A página iSCSI Initiator Properties será exibida, como mostrado na Figura 2-46.

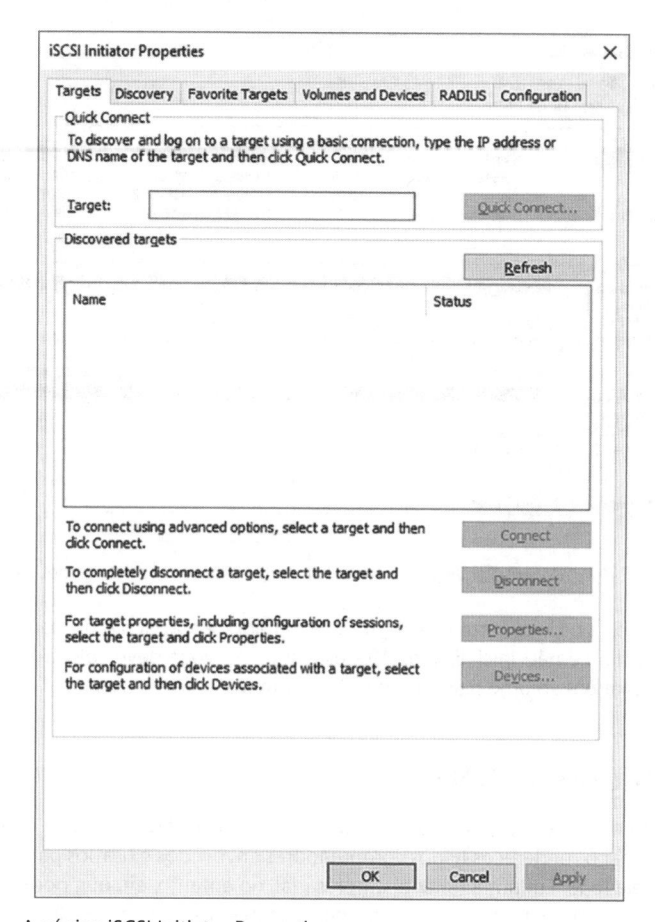

FIGURA 2-46 A página iSCSI Initiator Properties.

3. Na caixa de texto Target da guia Targets, digite o endereço IP do computador em que criou o target iSCSI e clique em Quick Connect. O target aparecerá na caixa Discovered Targets.
4. Clique em OK.

Uma vez que o initiator estiver conectado ao target, abra o console Disk Management e verá que agora o disco virtual iSCSI que você criou no computador de target está sendo listado, como na Figura 2-47.

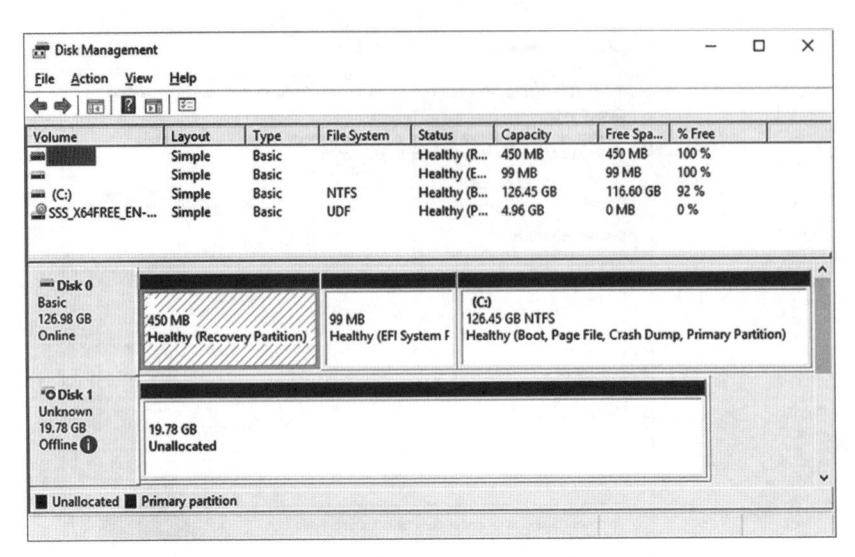

FIGURA 2-47 O console Disk Management, exibindo um disco de target iSCSI.

Já que o disco virtual acabou de ser criado, ele aparece no console Disk Management como offline e não inicializado. Para usar o disco, você deve colocá-lo online, inicializá-lo e, então, criar um volume nele, como se fosse um disco do sistema local.

Configure o iSNS

Em uma demonstração simples do target e do initiator iSCSI, como a da seção anterior, é fácil determinar os endereços IP dos computadores envolvidos e usá-los para estabelecer a conexão iSCSI pela rede. Em um ambiente empresarial, no entanto, em que podemos ter muitos targets iSCSI e vários initiators acessando-os, não é prático usar endereços IP.

Após os targets e os initiators serem criados, o principal problema das comunicações iSCSI é como um localizará o outro. O *Internet Storage Name Service (iSNS)* torna isso possível registrando a presença dos initiators e targets de uma rede e respondendo a consultas de clientes iSNS. O Windows Server 2016 inclui uma implementação do iSNS como recurso, que pode fornecer o serviço de identificação para uma rede inteira.

O iSNS é composto por quatro componentes, como descrito a seguir:

- **Servidor iSNS** Recebe e processa solicitações e consultas de registro de clientes da rede, usando o banco de dados iSNS como armazenamento de informações.
- **Banco de dados iSNS** Armazenamento de informações de um servidor iSNS que contém dados fornecidos por registros de clientes. O servidor recupera os dados para responder às solicitações dos clientes.
- **Clientes iSNS** Componente dos initiators e targets iSCSI que registra informações sobre si próprio em um servidor iSNS e envia consultas ao servidor em busca de informações sobre outros clientes.
- **Protocolo iSNS (iSNSP, iSNS Protocol)** Protocolo usado para todo o tráfego de registro e consulta entre servidores e clientes iSNS.

CAPÍTULO 2 Implementação de soluções de armazenamento **141**

Para criar um servidor iSNS no Windows Server 2016, você deve instalar o recurso iSNS, usando o Add Roles And Features Wizard ou o seguinte comando do PowerShell:

```
install-WindowsFeature -name isns
```

Uma vez que o servidor iSNS estiver instalado, ele registrará automaticamente os targets iSCSI disponíveis na rede, mas você deve registrar seus initiators iSCSI manualmente, usando o procedimento a seguir.

1. No Server Manager, clique em Tools e em iSCSI Initiator. A caixa de diálogo iSCSI Initiator Properties aparecerá.
2. Clique na guia Discovery, como mostrado na Figura 2-48.

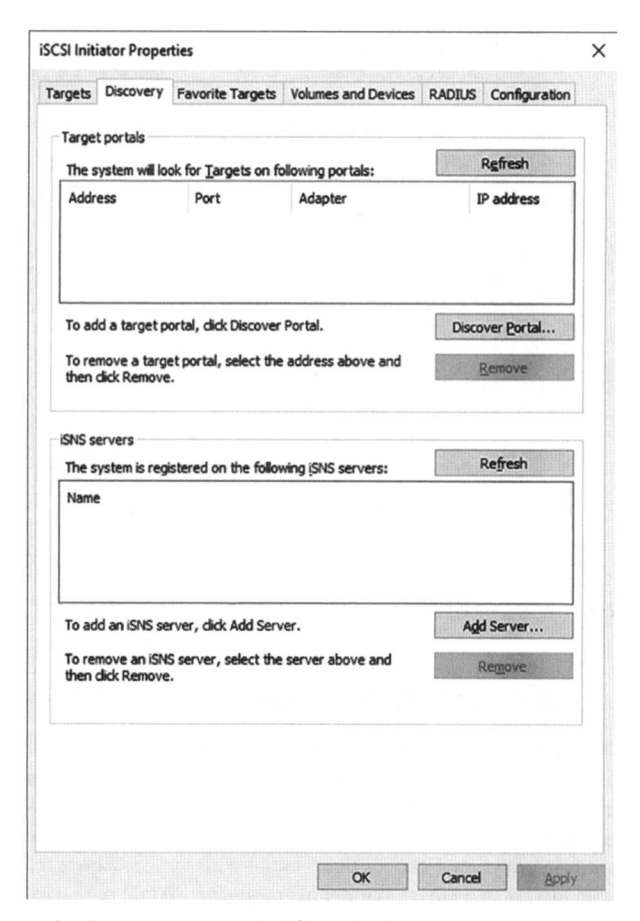

FIGURA 2-48 A guia Discovery na caixa de diálogo iSCSI Initiator Properties.

3. Na caixa iSNS Servers, clique em Add Server. A caixa de diálogo Add iSNS Server aparecerá.
4. Digite o endereço IP ou o nome DNS do servidor em que você instalou o recurso iSNS Server e clique em OK.
5. Clique em OK para fechar a caixa de diálogo iSCSI Initiator Properties.

Uma vez que você adicionar o servidor iSNS aos seus initiators iSCSI, eles serão registrados no banco de dados iSNS. Quando você selecionar Tools, iSNS Server no Server Manager, a página iSNS Server Properties aparecerá, como mostrado na Figura 2-49, listando os initiators iSCSI que foram registrados.

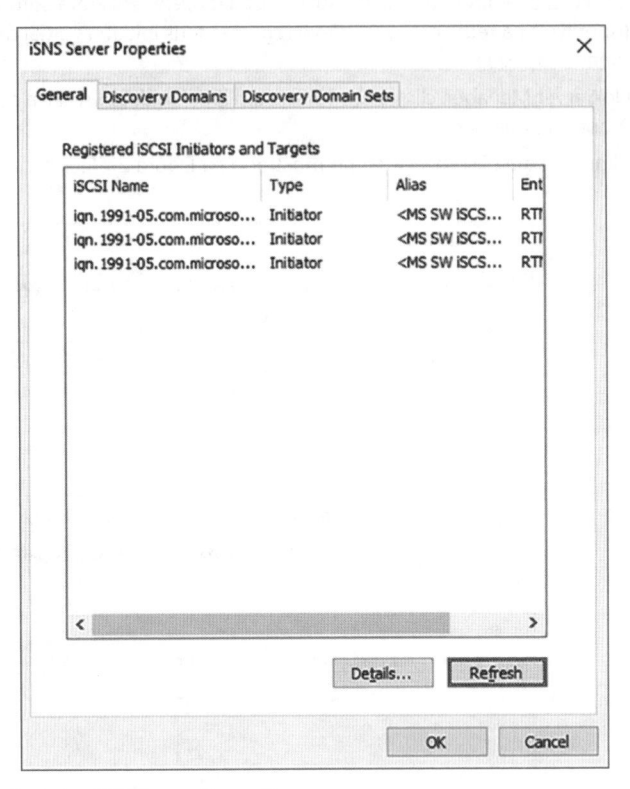

FIGURA 2-49 A página iSNS Server Properties.

Configure o Datacenter Bridging (DCB)

O conceito original de SAN demandava uma rede exclusiva para tráfego de armazenamento. Servidores já conectados à rede local (LAN, local area network) tinham um adaptador adicional para se conectar com a SAN e poderem acessar dispositivos de armazenamento autônomos. Uma das inovações mais importantes do iSCSI é sua atual capacidade de usar uma rede Ethernet padrão em comunicações entre initiators e targets. Agora a tecnologia Fibre Channel também tem um padrão Fiber Channel over Ethernet (FCoE) para a execução do protocolo em uma rede convencional. No entanto, isso levanta uma questão. Se é possível executar tráfego de SAN por uma rede Ethernet padrão, por que não usar a rede já existente e executar juntos os tráfegos tanto da SAN quanto da LAN?

As razões para essa não ser uma boa ideia estão relacionadas à maneira como a Ethernet controla o acesso à mídia de rede. A Ethernet é um protocolo "com perdas", ou seja, colisões de pacotes são uma ocorrência esperada. Quanto mais tráfego houver na rede, maior o número de colisões. O tráfego TCP/IP sendo executado em uma LAN tem mecanismos de detecção e correção de erros para lidar com os pacotes perdidos que resultam das colisões. Os protocolos da SAN são menos amigáveis quando se trata de pacotes perdidos e geralmente precisam de um fluxo de tráfego ininterrupto para funcionar de maneira eficiente.

O resultado é que os tráfegos da SAN e da LAN não funcionam bem juntos a menos que haja um mecanismo para assegurar que cada um sempre receba a largura de banda necessária. É então que o datacenter bridging entra em cena. O *Datacenter bridging (DCB)* é uma série de padrões, publicados pela Institute of Electrical and Electronics Engineers (IEEE), que definem mecanismos para o controle de fluxo e o gerenciamento de largura de banda em uma rede com vários tipos de tráfego. O Windows Server 2016 inclui uma implementação do DCB que permite que os administradores aloquem uma quantidade de largura de banda específica para os diferentes tipos de tráfego na rede. Isso gera o que é conhecido como *rede convergida*. Com a alocação de uma porcentagem da largura de banda da rede para tráfego iSCSI, por exemplo, a SAN continuará a funcionar apropriadamente, mesmo quando a LAN estiver com tráfego pesado.

O Windows Server 2016 inclui o Datacenter Bridging como um recurso que você pode instalar da maneira usual, usando o Add Roles And Features Wizard no Server Manager ou o cmdlet Install-WindowsFeature no PowerShell. No entanto, implementar o DCB na rede requer tanto hardware quanto software especializado.

Para um servidor usar o Datacenter Bridging, ele deve ter um adaptador de rede convergida (CNA, converged network adapter) que dê suporte aos padrões DCB. Um CNA é um dispositivo misto que inclui recursos de rede padrão da Ethernet, mais um adaptador de barramento de host SAN com suporte ao iSCSi, ao FCoE ou a uma combinação de tipos de SAN. Seus dispositivos de armazenamento também devem dar suporte ao DCB, assim como os switches que os conectarem.

A implementação do DCB do Windows Server 2016 inclui um módulo do PowerShell chamado DcbQos, que contém cmdlets que permitem configurar o CNA no servidor, como descrito nas seções a seguir.

Configure o bit Willing do DCBX

O DCBX Willing é uma função de um único bit dos padrões DCB que controla a origem das definições de configuração do CNA. O DCBX é um mecanismo pelo qual os dispositivos DCB da rede podem propagar suas definições de configuração para outros dispositivos. Por padrão, o bit Willing de um CNA vem configurado com True, permitindo que os dispositivos de armazenamento ou switches alterem suas configurações. A mudança do bit para False só permite que o CNA receba definições de configuração locais que tenham sido criadas com os cmdlets do DcbQos no PowerShell.

Para configurar o bit Willing do DCBX com falso, use o cmdlet Set-NetQoSbcdxSetting, como nesse exemplo:

```
set-netqosdcbxsetting -willing 0
```

Uma vez que o CNA estiver sob seu controle, você poderá configurá-lo para funcionar conforme suas especificações.

Crie classes de tráfego

As *classes de tráfego* são o modo de separar os tipos de tráfego na rede convergida. Por padrão, há uma única classe de tráfego que recebe 100% da lagura de banda da rede e todas as oito classificações de prioridade. Você pode criar até sete classes de tráfego adicionais, perfazendo um total de oito, embora deva confirmar se os outros dispositivos DCB da rede conseguirão reconhecer tantas classes.

Para criar uma nova classe de tráfego, use o cmdlet New-NetQosTrafficClass, como no exemplo a seguir:

```
new-netqostrafficclass -name "smb class" -priority 2 -bandwidthpercentage 60 -algorithm ets
```

Nesse exemplo, você está criando uma nova classe para tráfego SMB, usando 60% da largura de banda da rede com prioridade 2. O parâmetro Algorithm especifica qual dos dois algoritmos de seleção de transmissão, EBS ou Strict, definidos no padrão DCB a classe de tráfego deve usar.

Crie políticas de QoS

Uma política de qualidade de serviço (QoS, quality of service) especifica o tipo de tráfego ao qual uma classe é dedicada. Para criar uma política de QoS, você deve usar o cmdlet New-NetQosPolicy, como nesse exemplo:

```
new-netqospolicy -name "smb policy" -smb -priorityvalue8021action 2
```

No exemplo anterior, o parâmetro Smb está filtrando o tráfego com base na porta 445 do Traffic Control Protocol (TCP) e User Datagram Protocol (UDP), que é a porta reservada para tráfego SMB. O cmdlet aceita os seguintes parâmetros de filtragem:

- **SMB**   Filtra tráfego destinado à porta 445 do TCP ou UDP
- **iSCSI**   Filtra tráfego destinado à porta 3260 do TCP ou UDP
- **NFS**   Filtra tráfego destinado à porta 2049 do TCP ou UDP
- **LiveMigration**   Filtra tráfego destinado à porta 6600 do TCP
- **NetDirect portnumber**   Filtra tráfego destinado ao número de porta especificado
- **Default**   Permite qualquer tráfego que não tenha sido classificado

Além de usar esses filtros predefinidos, você também pode identificar o tipo de tráfego de outras maneiras, empregando parâmetros como os seguintes:

- **AppPathNameMatchCondition**   Filtra tráfego gerado por um arquivo executável
- **IpDstMatchCondition**   Filtra tráfego com base em um número de porta de destino específico
- **IpDstPrefixMatchCondition**   Filtra tráfego com base em um endereço IPv4 ou IPv6 de destino

Ativando o controle de fluxo baseado em prioridades (PFC)

O *controle de fluxo baseado em prioridades* (PFC, Priority-based Flow Control), conforme definido por um dos padrões DCB, é um método de regulação de tráfego de rede, para fornecer transmissões de dados sem perdas. Normalmente, ativamos o PFC para tráfego de armazenamento que não pode tolerar perda de pacotes.

Para ativar o PFC para uma prioridade de tráfego específica, use o cmdlet Enable-NetQosFlowControl, como no exemplo a seguir:

```
enable-netqosflowcontrol -priority 3
```

Configure o Multipath I/O (MPIO)

O Multipath I/O é um recurso do Windows Server 2016 que pemite que um servidor conectado a dispositivos de SAN iSCSI, Fibre Channel ou Serial Attached SCSI (SAS) alternem para outro caminho da rede em casos de falha na conexão.

Para implementar o Multipath I/O, você precisa ter os seguintes componentes:

- **Recurso Multipath I/O** O Windows Server 2016 inclui um recurso Multipath I/O, que você pode instalar usando o Add Roles And Features Wizard no Server Manager ou o cmdlet Install-WindowsFeature no PowerShell

- **Módulo específico de dispositivo (DSM, Device Specific Module)** Todo adaptador de rede ou adaptador de barramento de host do servidor que se conecte à SAN deve ter um DSM. A implementação do Multipath I/O do Windows Server 2016 contém um DSM que é compatível com muitos dispositivos, mas alguns podem demandar um DSM específico de hardware fornecido pelo fabricante.

- **Componentes redundantes de rede** O servidor, a rede e o dispositivo de armazenamento devem ter componentes redundantes que forneçam caminhos diferentes de percurso pela rede. Ou seja, o servidor deve ter pelo menos dois adaptadores de rede ou adaptadores de barramento de host conectados a diferentes segmentos da rede e diferentes switches para que uma falha em um componente ainda deixe um caminho disponível até o destino. O MPIO suporta até 32 caminhos redundantes.

Uma vez que você instalar o recurso Multipath I/O, poderá acessar a página MPIO Properties selecionando Tools | MPIO no Server Manager. Por padrão, aparecerá a guia MPIO Devices, como mostrado na Figura 2-50.

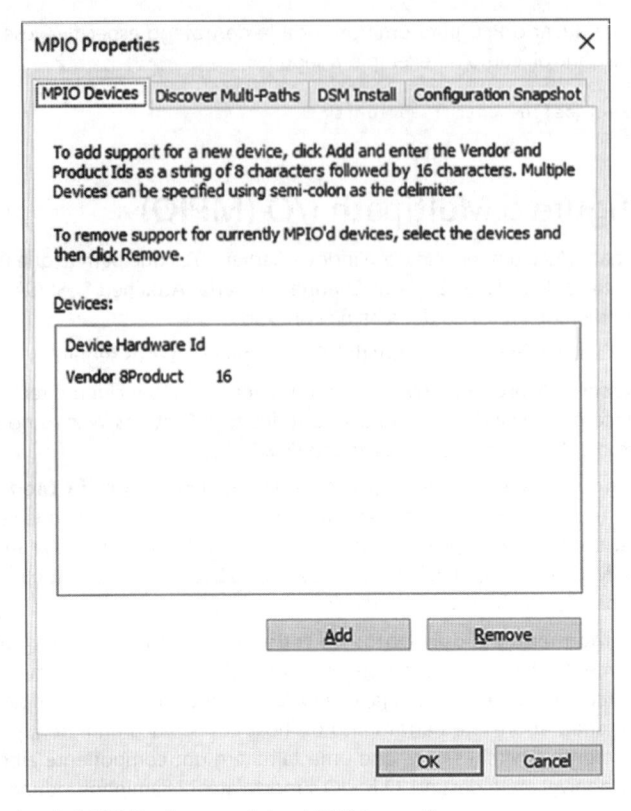

FIGURA 2-50 A guia MPIO Devices na página MPIO Properties.

Inicialmente, só o DSM da Microsoft aparece na caixa Devices. Para adicionar DSMs do fabricante do seu hardware, selecione a guia DSM Install, como mostrado na Figura 2-51, navegue até o local em que se encontra o arquivo INF fornecido com o DSM e clique em Install. Esse método só é aplicável a DSMs que não sejam fornecidos com seu próprio software de instalação.

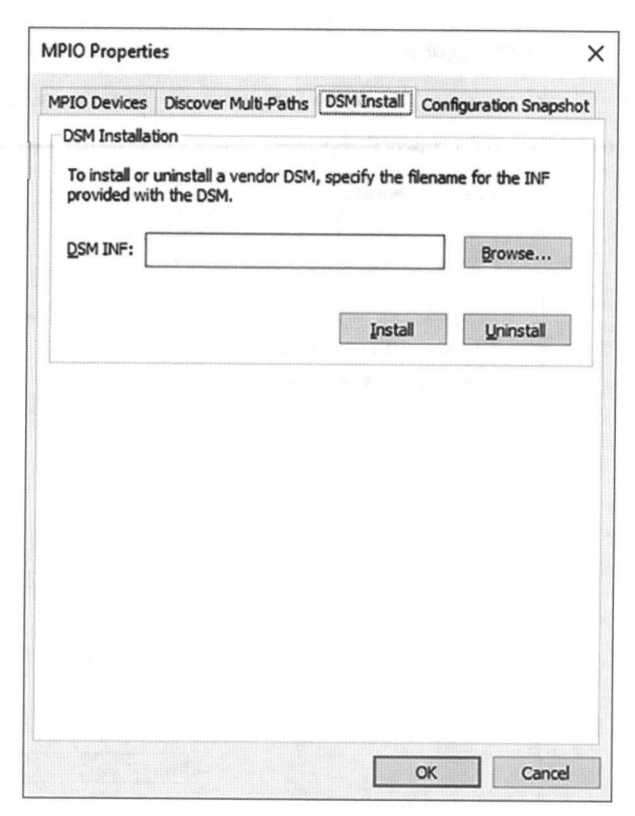

FIGURA 2-51 A guia DSM Install na página MPIO Properties.

A guia Discover Multi-Paths, mostrada na Figura 2-52, exibe dispositivos para os quais o MPIO detectou vários caminhos na rede. Por padrão, dispositivos iSCSI não parecem nessa guia, mas você pode ativá-los marcando a caixa de seleção Add Support For iSCSI Devices.

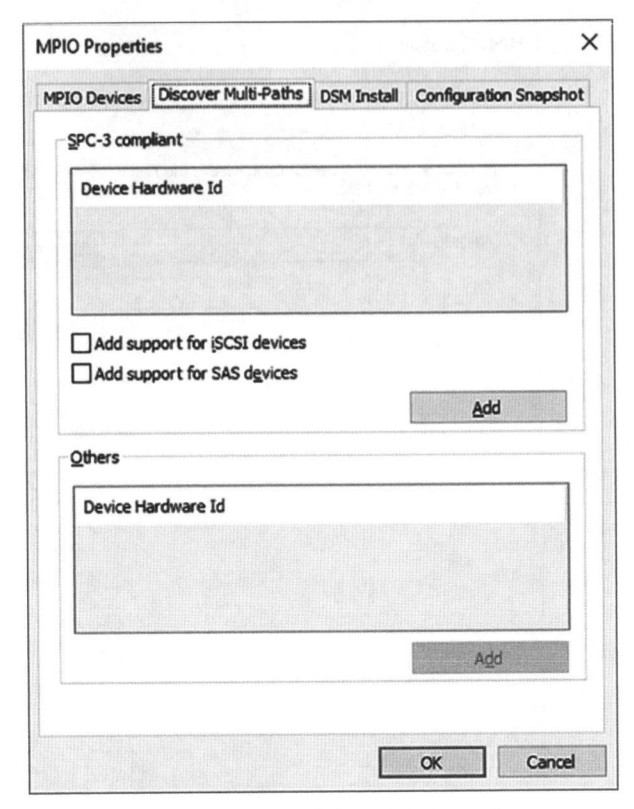

FIGURA 2-52 A guia Discover Multi-Paths na página MPIO Properties.

> **NOTA IDENTIFICANDO DISPOSITIVOS**
>
> Os dispositivos da página MPIO Properties são identificados por seus IDs de hardware, que são compostos por um ID de fornecedor (VID, vendor ID) de oito caracteres mais um ID de produto (PID, product ID) de 16 caracteres. Essa combinaçao às vezes é chamada de VID/PID.

Detecte dispositivos

O Windows Server 2016 usa o Plug and Play (PnP) para detectar e identificar os dispositivos de armazenamento aos quais o servidor está conectado. Sem o Multipath I/O, um servidor com duas interfaces de rede conectadas ao mesmo dispositivo de armazenamento seria visto pelo PnP como dois dispositivos de armazenamento.

Com o MPIO instalado, sempre que o PnP detectar um novo dispositivo de armazenamento, o driver MPIO examinará os DSMs disponíveis para encontrar o que corresponde ao dispositivo. Quando o DSM solicitar o dispositivo, o driver MPIO verificará se ele está ativo e pronto para receber dados. Se o PnP detectar o mesmo dispositivo novamente por intermédio de uma interface de rede diferente, o driver MPIO o identificará como tal e criará um grupo multipath que será endereçado com o uso de um único identificador.

Políticas de DSM

Além do failover, o Multipath I/O também suporta o balaceamento de carga, no qual as solicitações de armazenamento usam diferentes caminhos para o dispositivo de SAN a fim de reduzir o congestionamento de tráfego de rede. O DSM da Microsoft dá suporte às seguintes políticas:

- **Failover**   O servidor designa um único caminho como caminho primário e só passa para um caminho secundário quando o primário falha.
- **Failback**   O servidor designa um único caminho como caminho primário, passa para um camimho secundário quando o primário falha e volta ao primário quando a conexão é restaurada.
- **Round Robin**   O DSM usa cada um dos caminhos disponíveis alternadamente para balancear o tráfego entre eles. Variações incluem um round-robin que usa um conjunto de caminhos primários, com um ou mais caminhos reservados como substitutos caso todos os caminhos primários falhem.
- **Dynamic Least Queue Depth**   Para cada solicitação de armazenamento, o DSM seleciona o caminho com menos solicitações pendentes.
- **Weighted Path**   Os caminhos disponíveis recebem prioridades com o uso de pesos, em que os números mais altos indicam prioridade mais baixa. Para cada solicitação, o DSM usa o caminho de peso mais baixo.

Determine cenários de uso para o Storage Replica

O Storage Replica (SR) é um recurso do Windows Server 2016 que permite que os administradores repliquem volumes, de maneira síncrona ou assíncrona, para fins de preparação e recuperação em caso de desastres. Os dispositivos de armazenamento a serem replicados podem estar localizados no mesmo computador, no mesmo datacenter ou em cidades distantes.

O Storage Replica dá suporte a dois tipos de replicação: síncrona e assíncrona.

- **Replicação síncrona**   Os dados são gravados em dois destinos ao mesmo tempo antes da confirmação da solicitação de I/O para o aplicativo de origem. No SR, isso ocorre quando os volumes replicados compartilham uma conexão rápida, e os dados podem ser espelhados entre os volumes imediatamente. Esse tipo de replicação assegura que não haverá perda de dados se uma falha ocorrer e o sistema tiver que se recuperar usando uma réplica do volume.
- **Replicação assíncrona**   Os dados são gravados em um único destino e confirmados imediatamente. Em seguida, eles são enviados para o parceiro de replicação, mas não para o aplicativo original que gerou a solicitação de gravação. No SR, isso ocorre quando os volumes estão conectados com o uso de uma tecnologia relativamente lenta, geralmente por distâncias mais longas, como em uma conexão WAN. A gravação é confirmada rapidamente e os dados são espelhados entre os volumes, mas não há garantia de que serão idênticos em algum determinado momento, em caso de uma falha.

O Storage Replica foi projetado para operar principalmente em três cenários, como descrito a seguir:

- **Servidor para servidor**   Fornece replicação síncrona ou assíncrona entre volumes de armazenamento locais ou compartilhados em dois servidores autônomos, como mostrado na Figura 2-53. Os servidores podem estar usando o Storage Spaces com discos locais, armazenamento SAN ou SAS compartilhado. O failover de um servidor para a réplica é manual.

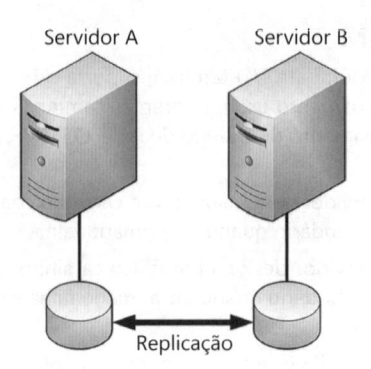

FIGURA 2-53 Configuração de servidor para servidor do Storage Replica.

- **Cluster para cluster** Fornece replicação síncrona ou assíncrona entre dois clusters, como mostrado na Figura 2-54. Os clusters podem estar usando o Storage Spaces com armazenamento SAN, com SAS compartilhado ou com Storage Spaces Direct. O failover de um cluster para a réplica é manual.

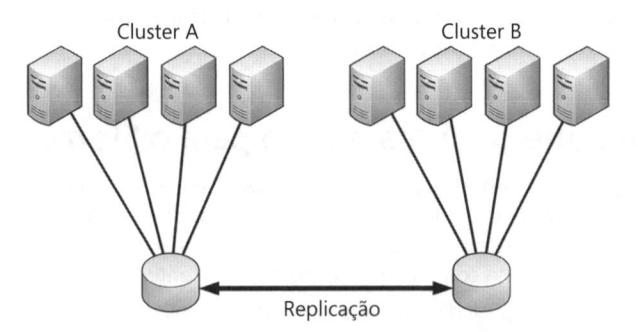

FIGURA 2-54 Configuração de cluster para cluster do Storage Replica.

- **Stretch cluster (Cluster estendido)** Fornece replicação síncrona ou assíncrona entre os dispositivos de armazenamento de um cluster assimétrico. Em um cluster estendido, os nós do cluster são divididos entre dois sites, cada um com seu próprio armazenamento, como mostrado na Figura 2-55. Os sites do cluster podem estar usando o Storage Spaces com armazenamento SAN, com SAS compartilhado ou Storage Spaces Direct. A configuração de cluster estendido é a única suportada pelo Storage Replica que inclui um recurso de failover automatizado.

CAPÍTULO 2 Implementação de soluções de armazenamento **151**

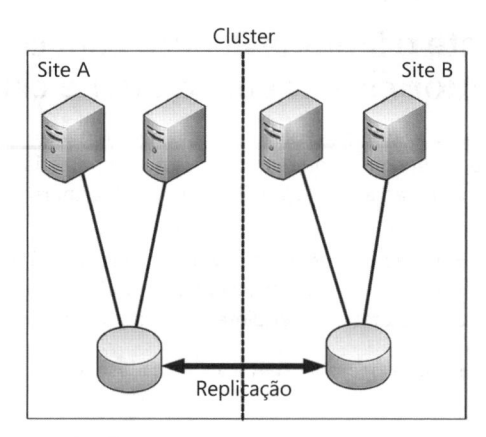

FIGURA 2-55 Configuração de cluster estendido do Storage Replica.

Embora haja muitas aplicações para a replicação de dados, o SR foi projetado para fornecer recursos de failover se ocorrer falha em um equipamento ou outro desastre. Replicando seus dados em outra sala, prédio ou cidade, você poderá facilmente mudar sua carga de trabalho para outro local após, ou até mesmo antes de, um evento catastrófico ocorrer. Em caso de desastre iminente, como a aproximação de um furacão, uma empresa com seus dados replicados em um servidor, nó ou cluster em outra cidade estará preparada para passar para a réplica após apenas alguns minutos depois do aviso.

A replicação do SR é unidirecional, de um volume designado como de origem para um volume de destino. Quando você criar a parceria de replicação entre eles, o SR desmontará o volume de destino e sua letra de unidade ou ponto de montagem. Logo, o volume de destino não poderá ser acessado pelos usuários enquanto estiver envolvido em uma parceria de replicação. Se uma falha ocorrer (ou um teste tiver que ser feito) e você precisar acessar a replicação, basta remover a parceria e o volume de destino ficará disponível novamente.

Em um cenário de servidor para servidor, ou de cluster para cluster, o failover é manual, mas em um cluster estendido, como já há nós do mesmo cluster no site alternativo junto com os dados replicados, o failover é automático.

A replicação executada pelo Storage Replica foi projetada para ser melhor que as de ferramentas do Windows que os administradores usavam no passado, como a Replicação do Sistema de Arquivos Distribuído (DFS, Distributed File System), que é baseada em arquivos e exclusivamente assíncrona. O SR usa o SMB versão 3 em sua comunicação, que fornece recursos como a agregação de links multicanal, a criptografia de dados e as assinaturas digitais. A replicação também é baseada em blocos, e não em arquivos, como na Replicação DFS. Logo, não há problemas de dados faltando na réplica devido a arquivos abertos que não puderam ser acessados pelo processo de replicação.

Mesmo quando executada de maneira assíncrona, a replicação opera continuamente. Ela não é baseada em pontos de verificação, o que poderia resultar em mais dados perdidos, dependendo do tempo decorrido desde o último acesso a um ponto de verificação no caso de uma falha. Normalmente o potencial para a perda de dados durante a operação assíncrona é baseado apenas na latência da conexão entre os volumes da replicação.

Implemente o Storage Replica para cenários de servidor para servidor, cluster para cluster e cluster estendido

A implementação do Storage Replica em uma rede requer um planejamento cuidadoso e o atendimento de muitos pré-requisistos. A criação da parceria de replicação demanda a execução de um único cmdlet do PowerShell (New-SRPartnership), mas isso ocorre no fim do procedimento.

O Storage Replica é um recurso do Windows que só está disponível na edição Datacenter do Windows Server 2016. Você pode instalá-lo usando o Add Roles and Features Wizard no Server Manager ou executando o seguinte comando do PowerShell:

```
install-windowsfeature -name storage-replica, fs-fileserver -includemanagementtools -restart
```

> **NOTA** INSTALANDO O SERVIÇO FILE SERVER COM O SR
> O serviço de função File Server (FS-FileServer) não é obrigatório para a operação do Storage Replica. Ele é incluído porque é necessário na execução do cmdlet Test-SRTopology.

A próxima etapa é preparar a infraestrutura de armazenamento para replicação. As tarefas individuais dessa parte do procedimento variam dependendo do cenário usado, se de servidor para servidor, de cluster para cluster ou de cluster estendido. Após você configurar a infraestrutura de armazenamento de servidor ou cluster, todos os três cenários testarão a topologia de replicação e criarão a parceria do SR entre servidores.

Prepare a infraestrutura de armazenamento

Para usar o SR, os servidores que funcionarão como parceiros de replicação, sejam autônomos ou pertencentes a um cluster, devem estar executando a edição Datacenter do Windows Server 2016. Dois gigabytes de memória em cada servidor são a capacidade mínima, pelo menos quatro gigabytes são recomendados. Além disso, a infraestrutura deve ser configurada como descrito a seguir:

- Cada servidor, cluster ou site de cluster deve ter sua própria infraestrutura de armazenamento. Uma implementação servidor para servidor é a única que pode usar discos internos, mas todos os cenários podem usar praticamente qualquer tipo de tecnologia de disco externa, inclusive iSCSI, SAN Fibre Channel ou SAS. Em cada caso, no entanto, uma combinação de unidades SSD e HDD é recomendada.

- Para provisionar o armazenamento, você deve usar o Storage Spaces a fim de criar pelo menos dois discos virtuais, um para logs e um para dados, com as unidades SSD sendo usadas para o volume de logs. Todos os discos físicos usados para os logs nos dois parceiros de replicação devem usar o mesmo tamanho de setor, assim como o devem todos os discos físicos usados para dados. Todos os dicos devem usar o estilo de partição GPT. Nenhuma parcela do armazenamento replicado pode ficar localizada no disco do sistema que contém o sistema operacional. Os volumes de dados dos dois parceiros de replicação devem ter o mesmo tamanho. Os volumes de logs também devem ter o mesmo tamanho, pelo menos 9 GB. Os volumes de dados podem usar o armazenamento em camadas e discos espelhados ou com paridade.

- A rede que estiver conectando os parceiros de replicação deve ter velocidade e largura de banda suficiente para suportar a carga de trabalho, com latência de round-trip de aproximadamente 5ms, para dar suporte à replicação síncrona. Não há latência recomendada para a operação assíncrona.
- Todos os servidores devem ser associados a um domínio do Active Directory Domain Services (AD DS), embora os controladores de domínio não tenham que necessariamente estar executando o Windows Server 2016.
- As regras de firewall dos parceiros de replicação devem permitir o seguinte tráfego nas duas direções: Internet Control Message Protocol, SMB (portas 445, e 5445 para o SMB Direct) e Web Services Management (WS-MAN, porta 5985).

Teste a topologia do SR

Entre os cmdlets do PowerShell incluídos com o recurso SR existe um denominado Test-SR-Topology, que executa vários testes de pré-requisitos e desempenho nos dois servidores que estão se tornando parceiros de replicação e em sua conexão de rede, e cria um relatório HTML contendo os resultados.

O cmdlet recebe parâmetros que especificam os nomes dos servidores que estão se tornando parceiros de replicação de origem e destino, os volumes a serem replicados, a duração do teste e a localização do relatório resultante, como mostrado no exemplo a seguir:

```
test-srtopology -sourcecomputername servera -sourcevolumename f: -sourcelogvolumename e:
-destinationcomputername serverb -destinationvolumename f: -destinationlogvolumename e:
-durationinminutes 30 -resultpath c:temp
```

Inicialmente o cmdlet verifica se os servidores e os subsistemas de armazenamento atendem os requisitos do SR, como mostrado na Figura 2-56.

Requirements Tests

The following tests were attempted. Hover over each test below to get more details.

Test
Volume Availability Test: Volume **F:** exists on **RTMSvrH**
Volume Availability Test: Volume **E:** exists on **RTMSvrH**
Volume Availability Test: Volume **F:** exists on **RTMSvrI**
Volume Availability Test: Volume **E:** exists on **RTMSvrI**
Partition Style Test: Partition **F:** on **RTMSvrH** is a GPT-style partition
Partition Style Test: Partition **E:** on **RTMSvrH** is a GPT-style partition
Partition Style Test: Partition **F:** on **RTMSvrI** is a GPT-style partition
Partition Style Test: Partition **E:** on **RTMSvrI** is a GPT-style partition
Volume Size Test: Volume **F:** on **RTMSvrH** and **F:** on **RTMSvrI** are identical in size
File System Test: File system on volume **E:** on **RTMSvrH** is **NTFS**
File System Test: File system on volume **E:** on **RTMSvrI** is **NTFS**
Disk Sector Size Test: Sector size of the volume **F:** on **RTMSvrH** and **F:** on **RTMSvrI** is identical
Log Disk Sector Size Test: Sector size of the volume **E:** on **RTMSvrH** and **E:** on **RTMSvrI** is identical
Log Volume Free Disk Space Test: The log volume **E:** in **RTMSvrH** has enough free space to hold the recommended log volume size of 8GB
Log Volume Free Disk Space Test: The log volume **E:** in **RTMSvrI** has enough free space to hold the recommended log volume size of 8GB
Remote Server Management Test: Target server **RTMSvrI** can be managed remotely using WMI
SMB Connectivity Test: Firewalls are configured to allow SMB protocol traffic to and from **RTMSvrI**

FIGURA 2-56 Resultados do teste de requisitos do Storage Replica.

Em seguida, o cmdlet executa testes de desempenho durante o intervalo de tempo especificado na linha de comando. A maneira ideal de proceder esse teste é enquanto o servidor de origem estiver sendo executado com sua carga de trabalho usual. O teste avalia então o desempenho da sincronização entre a origem e o destino, para determinar se o throughput é suficiente para a replicação síncrona e apresenta os resultados em um gráfico, como mostra a Figura 2-57.

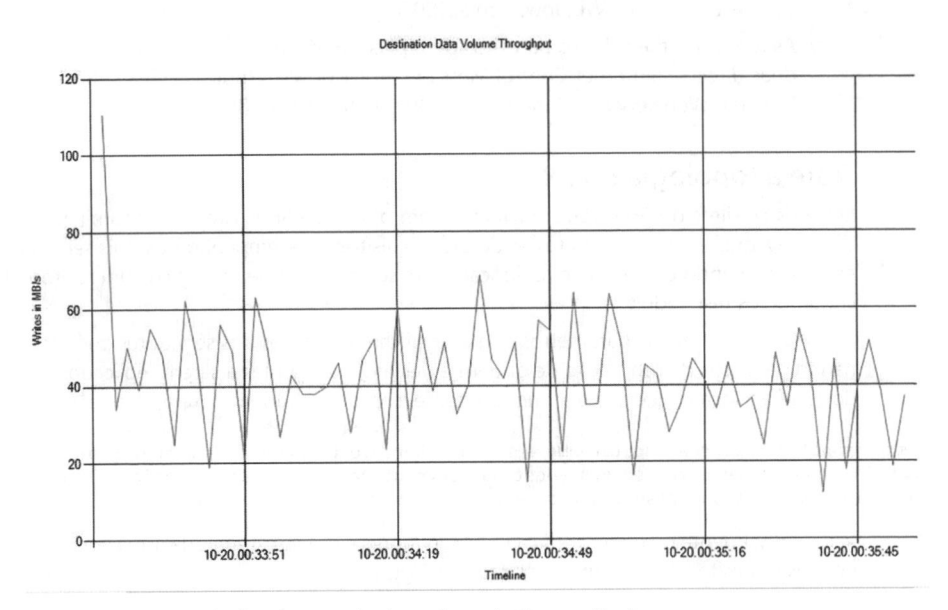

FIGURA 2-57 Resultados do teste de throughput do Storage Replica.

Configure clusters

Após configurar os parceiros de replicação, você pode dar prosseguimento e implementar a solução de cluster, para os cenários de cluster para cluster e cluster estendido. Para o cenário de cluster para cluster, é preciso criar dois clusters de failover separados, da maneira padrão. Em seguida, você deve configurar cada cluster para ter acesso total ao outro cluster, usando o cmdlet Grant-SRAccess, como nos próximos exemplos:

```
grant-sraccess -computername servera -cluster clustera
```

```
grant-sraccess -computername serverb -cluster clusterb
```

Para um cenário de cluster estendido, você deve criar o cluster e tornar o disco de origem da replicação um volume compartilhado de cluster (CSV, cluster shared volume), usando o cmdlet Add-ClusterSharedVolume. Você também pode fazer isso e criar a parceria de replicação usando o console gráfico Failover Cluster Manager.

Crie a parceria do SR

Supondo que os servidores e a infraestrutura de armazenamento tenham passado nas verificações de Test-SRTopology, e que seu(s) cluster(s) tenha(m) sido definido(s), você poderá estabelecer a parceria de replicação entre os servidores de origem e destino. Isso é feito pela execução do cmdlet New-SRPartnership, com parâmetros semelhantes aos de Test-SRTopology, como nesse exemplo:

```
new-srpartnership -sourcecomputername servera -sourcergname group1 -sourcevolumename
f: -sourcelogvolumename e: -destinationcomputername serverb -destinationrgname group2
-destinationvolumename f: -destinationlogvolumename e:
```

Uma vez que você criar a parceria, a sincronização inicial começará, o que pode demorar um pouco, dependendo do tamanho dos volumes. Para monitorar o progresso da replicação, você pode usar o cmdlet Get-WinEvent e verificar os logs de eventos do Windows procurando os seguintes códigos: 5015, 5002, 5004, 1237, 5001 e 2200, como vemos na Figura 2-58.

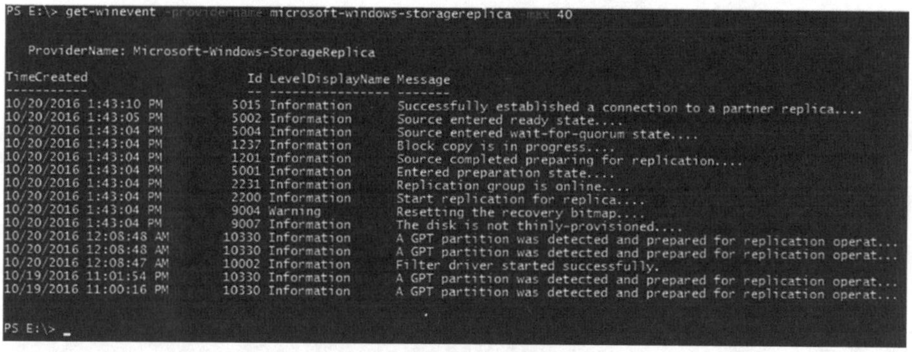

FIGURA 2-58 Entradas de log de eventos do Storage Replica.

Você também pode exibir o status da parceria usando o cmdlet Get-SRGroup, como mostrado na Figura 2-59.

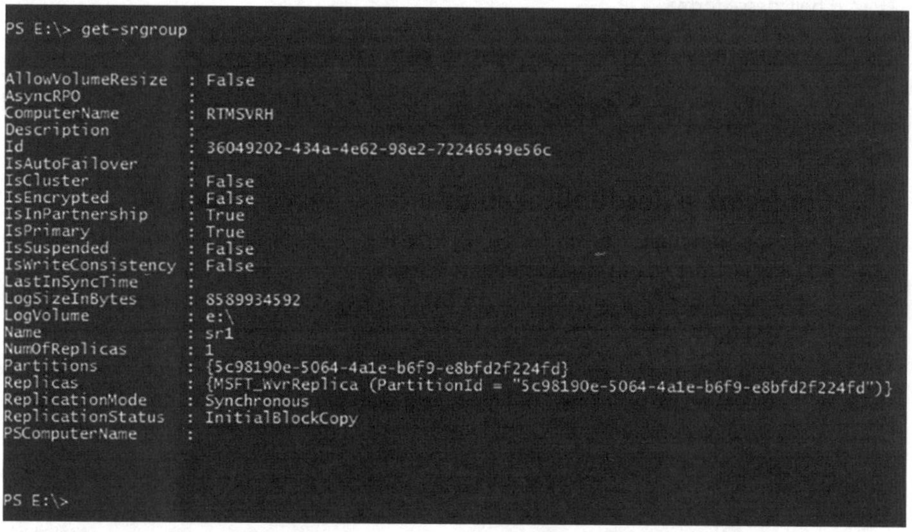

FIGURA 2-59 Entradas no log de eventos do Storage Replica.

Quando a parceria de sincronização estiver concluída, você poderá acionar um failover usando o cmdlet Set-SRPartnership para reverter as funções de origem e destino, como no exemplo a seguir. Isso tornará os volumes de destino disponíveis para uso novamente.

```
set-srpartnership -newsourcecomputername serverb -sourcergname group2
-destinationcomputername servera -destinationrgname group1
```

Objetivo 2.3: Implementar a desduplicação de dados

A *desduplicação de dados* é um serviço de função do Windows Server 2016 que conserva o espaço de armazenamento de um volume NTFS localizando dados redundantes e armazenando uma única cópia desses dados em vez de várias cópias. Esse é o princípio operacional básico de muitos produtos de compactação de dados, mas a Desduplicação de Dados é melhor que outras tecnologias por operar a nível de volume e não a nível de arquivo.

> **Esta seção aborda como:**
> - Implementar e configurar a desduplicação
> - Determinar cenários de uso apropriados para a desduplicação
> - Monitorar a desduplicação
> - Implementar uma solução de backup e restauração com a desduplicação

Implemente e configure a desduplicação

Para usar a Desduplicação de Dados em seus volumes, primeiro você deve instalar o serviço Data Deduplication, que faz parte da função File and Storage Services. Você pode fazer isso com o Add Roles And Features Wizard, ou usando o cmdlet Install-WindowsFeature no PowerShell, dessa forma:

```
install-windowsfeature -name fs-data-deduplication
```

Uma vez que a Desduplicação de Dados estiver instalada, você poderá gerenciá-la no Server Manager ou usando cmdletsd do PowerShell.

Configure a desduplicação usando o Server Manager

Para usar a desduplicação de dados, você deve ativá-la em volumes específicos. Para fazer isso no Server Manager, use o procedimento a seguir.

1. No Server Manager, clique em File And Storage Services, Volumes. A página Volumes será aberta.
2. Clique com o botão direito do mouse em um dos volumes do bloco Volumes e, no menu de contexto, selecione Configure Data Deduplication. A caixa de diálogo Deduplication Settings do volume selecionado aparecerá, como mostrado na Figura 2-60.

CAPÍTULO 2 Implementação de soluções de armazenamento **157**

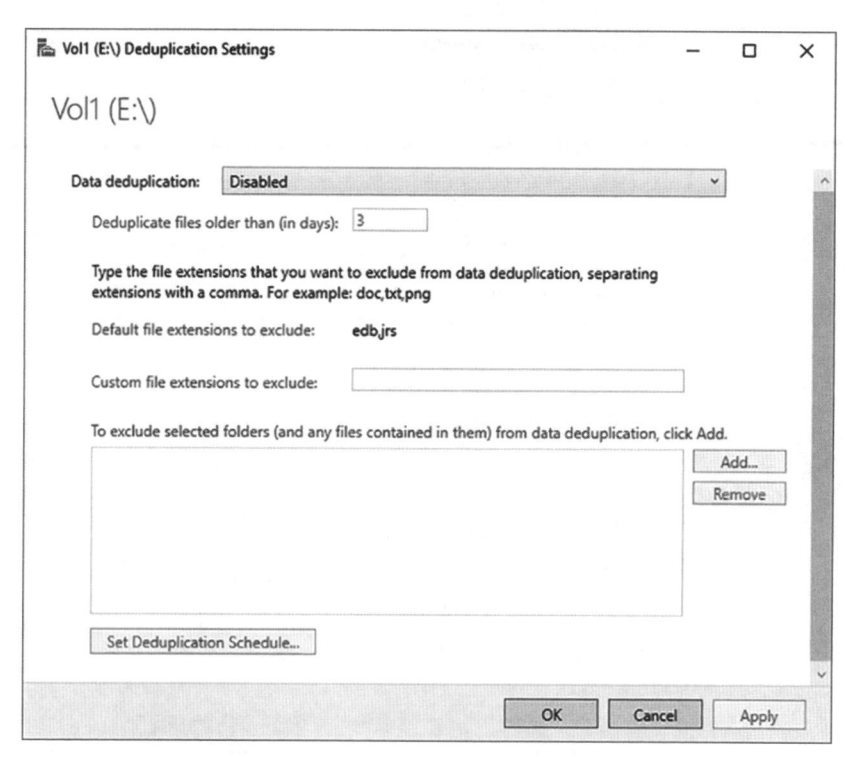

FIGURA 2-60 A caixa de diálogo Deduplication Settings.

3. Na lista suspensa Data Deduplication, selecione uma das opções a seguir:
   - **Disabled** Impede que ocorra qualquer desduplicação
   - **General Purpose File Server** Projetada para uso com funções típicas de servidor de arquivos, como pastas compartilhadas, pastas de trabalho e redirecionamento de pastas. A desduplicação ocorre em segundo plano e arquivos em uso são ignorados.
   - **Virtual Desktop Infrastructure (VDI) Server** Projetada para uso com o Hyper-V. A desduplicação ocorre em segundo plano e arquivos em uso e parciais são otimizados.
   - **Virtualized Backup Server** Projetada para uso com aplicativos de backup, como o Microsoft DPM. A desduplicação é um processo prioritário e arquivos em uso são otimizados.
4. Na caixa Deduplicate Files Older Than, especifique em dias a idade que os arquivos devem ter para serem desduplicados.
5. A lista Default File Extensions To Exclude especifica os tipos de arquivos que não serão desduplicados, de acordo com a opção que você selecionou na lista suspensa Data Deduplication. Para excluir tipos de arquivos adicionais, especifique as extensões de seus nomes na caixa de texto Custom File Extensions To Exclude.
6. Clique em Add para abrir uma caixa de diálogo Select Folder, na qual você especificará qualquer pasta que quiser excluir do processo de desduplicação.
7. Clique em Set Deduplication Schedule. A caixa de diálogo Deduplication Schedule do volume selecionado aparecerá, como mostrado na Figura 2-61.

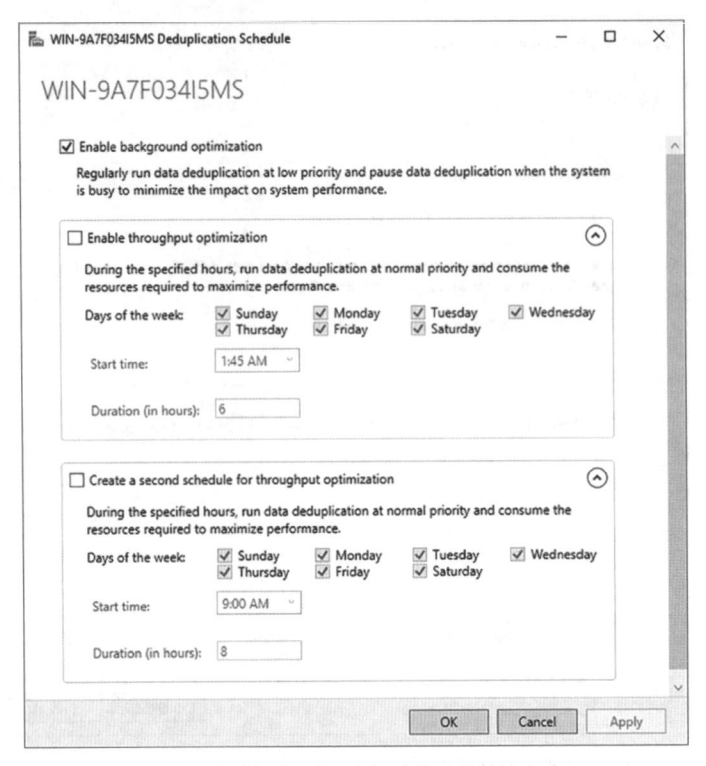

FIGURA 2-61 A caixa de diálogo Deduplication Schedule.

8. Por padrão, a desduplicação ocorre em segundo plano, como um processo de baixa prioridade, quando o sistema não está ocupado. Para criar um agendamento para a execução da desduplicação com prioridade normal e desempenho máximo, marque a caixa de seleção Enable Throughput Optimization.
9. Selecione os dias da semana, a hora do dia e a duração do processo de desduplicação.
10. Opcionalmente, crie outro processo de desduplicação agendado marcando a caixa de seleção Create A Second Schedule For Throughput Optimization e configurando os dias, a hora e a duração. Em seguida, clique em OK.
11. Clique em OK para fechar a caixa de diálogo Deduplication Settings.

Configure a desduplicação usando o PowerShell

Para ativar a desduplicação para um volume usando o PowerShell, execute o cmdlet Enable-DedupVolume, como nesse exemplo:

```
enable-dedupvolume -volume "e:" -usagetype default
```

As funções dos parâmetros são as seguintes:

- **UsageType**   Especifica o tipo de carga de trabalho para a qual o volume selecionado é usado. Os valores possíveis são:
    - **Default**   Corresponde à opção General Purpose File Server do Server Manager
    - **Hyper-V**   Corresponde à opção Virtual Desktop Infrastructure (VDI) Server do Server Manager

- **Backup** Corresponde à opção Virtualized Backup Server do Server Manager
- **Volume** Especifica o volume em que a desduplicação será ativada, usando o formato "X:". Você pode separar vários volumes com vírgulas, ou especificar um GUID em vez de uma letra de unidade, como no exemplo a seguir:

```
enable-dedupvolume -volume "\\?\volume{26a21bda-a627-11d7-9931-806e6f6e6963}" -usagetype backup
```

Determine cenários de uso apropriados para a desduplicação

A desduplicação de dados otimiza um volume selecionando os arquivos que serão candidatos à otimização, dividindo-os em blocos (chunks) de tamanho variável e verificando sua exclusividade. Um bloco que for exclusivo será copiado em uma área separada do disco, chamada *armazenamento de blocos* (*chunk store*), e substituído em seus locais originais por uma tag chamada *ponto de nova análise* (*reparse point*), que fará o direcionando para a nova localização do bloco. Se um bloco for idêntico a outro já existente no armazenamento, o sistema o substituirá pelo reparse point equivalente e excluirá o bloco original.

O princípio da desduplicação existe há muito tempo, mas outros produtos o usam em arquivos individuais. A desduplicação de dados do Windows Server 2016 opera no volume inteiro e não em um arquivo de cada vez. Logo, em vez de haver uma cópia do mesmo bloco exclusivo em cada arquivo, há uma única cópia para o volume inteiro. No caso da tecnologia Single Instance Store (SIS) de versões anteriores do Windows Server, que a desduplicação de dados substitui, um volume mantém uma única cópia de um arquivo inteiro, em vez de várias duplicatas. Por serem normalmente menores do que os arquivos, os blocos têm uma chance muito maior de serem duplicados em um volume, gerando assim uma taxa de compactação maior.

Quando um aplicativo ou usuário solicita acesso de leitura a um arquivo otimizado, o sistema usa os reparse points para redirecionar a solicitação para os locais apropriados do armazenamento de blocos. O solicitante não sabe que o arquivo foi desduplicado.

Se o aplicativo ou o usuário modificar o arquivo, o sistema o gravará novamente no volume em sua forma padrão não otimizada. O arquivo permanecerá não otimizado até o próximo job de desduplicação ocorrer. Essa acumulação de arquivos não otimizados devido à carga de trabalho do volume é chamada de *churn*. A natureza de pós-processamento do sistema impede qualquer atraso ou interferência nas gravações do volume.

A desduplicação de dados também executa outros jobs além dos de otimização. *Coleta de lixo* (*garbage collection*) é o termo usado para um job que procura, no armazenamento de blocos, aqueles que não tenham mais reparse points associados a eles, normalmente devido a arquivos modificados ou excluídos. *Limpeza de integridade* (*integrity scrubbing*) é um job que procura danos ou adulteração no armazenamento de blocos, substituindo os dados ausentes por dados de espelho ou paridade. Para concluir, a *desotimização* (*unoptimization*) é um job que retorna todos os arquivos otimizados de um volume para seus estados originais, desativando no processo a Desduplicação de Dados para esse volume.

Taxas de otimização

A quantidade de espaço de armazenamento liberada pela aplicação da desduplicação de dados em um volume depende de vários fatores, inclusive os formatos dos arquivos e a natureza da carga de trabalho que gerou os dados. Em produtos tradicionais de compactação baseada em arquivos, o arquivo binário de um software pode ser compactado em 80%, assim como uma imagem bitmap. Se você aplicasse a desduplicação de dados a um único arquivo, provavelmente os resultados seriam semelhantes.

No entanto, quando você aplica o processo de desduplicação a um volume inteiro, está comparando blocos em um conjunto muito maior. Embora pudesse encontrar 10 cópias idênticas de um bloco específico no mesmo arquivo, a comparação desse mesmo bloco a um volume inteiro pode gerar milhares de milhões de cópias. Logo, a economia de espaço resultante do processo de desduplicação de disco tende a ser bem maior do que a da compactação baseada em arquivos.

Como exemplo, considere um volume contendo vários arquivos de imagem do Hyper-V, todos com instalações do sistema operacional convidado Windows 10 usadas por uma equipe de desenvolvimento de softwares. Já que os conteúdos dos arquivos VHD serão semelhantes, haverá muitos blocos idênticos. A Microsoft estima que a economia no espaço de armazenamento de um volume contendo arquivos de imagem como esses seja de 80 a 95%. Portanto, um volume quase cheio contendo 1 TB de dados pode ser reduzido a 100 GB ou menos, deixando 900 GB de espaço livre recém-criado.

Esse seria um exemplo de caso ideal. Um volume em um servidor de arquivos contendo uma combinação típica de arquivos de usuários pode ser otimizado em 50 a 60%.

Avalie cargas de trabalho

Antes de implementar a desduplicação de dados em seus volumes, você deve considerar se as cargas de trabalho que geram os dados são boas candidatas à otimização. Os fatores que podem afetar essa decisão incluem a natureza da carga de trabalho geradora dos dados e a natureza dos próprios dados.

O processo de otimização impõe um consumo de recursos de processador e memória do servidor que pode ter um efeito significativo sobre seu desempenho. Já que a desduplicação de dados usa um modelo de pós-processamento, não há um efeito sobre o desempenho quando a gravação de dados ocorre. No entanto, você deve considerar se seu fluxo de trabalho proporciona um período em que a otimização possa ocorrer sem comprometer a produção. Nesse aspecto, um fluxo de trabalho que fique ocioso à noite é um bom candidato à desduplicação, mas um que opere o tempo todo pode não ser.

A próxima consideração envolve os dados propriamente ditos. Os cenários de uso que são predefinidos na desduplicação de dados são aqueles em que os dados envolvidos são particularmente suscetíveis à redundância. Logo, eles são bons candidates à otimização. Por exemplo, em servidores de arquivos de uso geral, com frequência os usuários tendem a armazenar várias cópias dos mesmos arquivos. Da mesma forma, normalmente os desenvolvedores de softwares armazenam vários builds que apresentam poucas diferenças. Porém, se um volume tiver uma grande quantidade de arquivos criptografados, a criptografia ocultará a redundância, impedindo que a desduplicação de dados seja eficaz.

A desduplicação de dados inclui uma ferramenta para a avaliação da economia resultante do processo de desduplicação (Ddpeval.exe, Data Deduplication Savings Evaluation) que você pode usar para testar um volume e ver a economia no armazenamento trazida pela otimização. O Ddpeval é uma ferramenta de linha de comando executada com a especificação da letra da unidade a ser avaliada. Os resultados mostram a economia que pode ser esperada no conjunto de dados selecionado, como mostra a Figura 2-62.

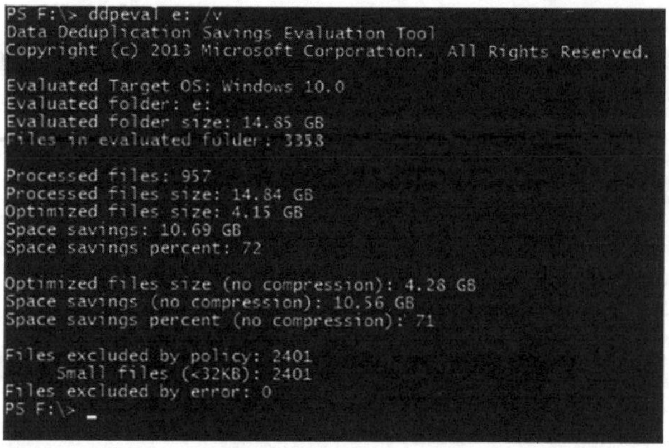

FIGURA 2-62 Saída do programa Ddpeval.

Outros tipos de dados podem não ser bons candidatos à otimização devido à maneira como acessam e armazenam seus dados. A desduplicação de dados procura organizar o armazenamento dos blocos dentro dos limites do arquivo. Uma solicitação de leitura de arquivo irá, em uma grande quantidade de casos, requerer acesso a blocos sucessivos do armazenamento, o que irá melhorar o desempenho. No entanto, arquivos de bancos de dados tendem a ter padrões de leitura que são mais aleatórios, e a maneira como a desduplicação de dados armazenaria as informações de um banco de dados dividindo-o em blocos poderia requerer um processo de leitura que acessaria blocos espalhados por todo o disco, diminuindo a eficiência. Antes de implementar a desduplicação de dados em um servidor de produção, você deve executar uma implantação de teste, para determinar se a economia obtida compensa qualquer degradação que possa ocorrer no desempenho.

Monitore a desduplicação

Uma vez que você instalar a desduplicação de dados e ativá-la nos volumes, o bloco Volumes do Server Manager será modificado para incluir as colunas Deduplication Rate e Deduplication Savings, como mostrado na Figura 2-63. A taxa de desduplicação (Deduplication Rate) especifica a porcentagem do espaço original do disco ocupada por arquivos que foi esvaziada, e a economia da desduplicação (Deduplication Savings) mostra a quantidade de espaço em disco que foi liberada, em gigabytes.

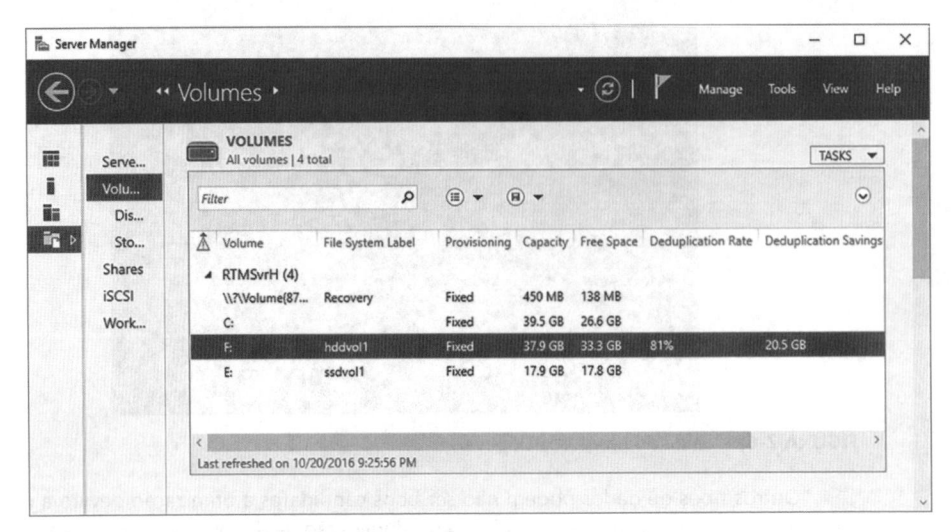

FIGURA 2-63 O bloco Volumes no Server Manager.

Você também pode monitorar o processo de desduplicação usando o PowerShell com o cmdlet Get-DedupStatus. Ao executar somente o cmdlet, ele exibirá apenas algumas estatísticas. Se você quiser ver a exibição inteira, como mostrado na Figura 2-64, faça o encadeamento com a barra vertical (pipe) para o cmdlet Format-List, como descrito a seguir:

get-dedupostatus | format-list

FIGURA 2-64 Saída do cmdlet Get-DedupStatus.

Um valor de LastOptimizationResult igual a zero indica que a operação foi bem-sucedida. Se, após a desduplicação inicial, os jobs começarem a ser exibidos como malsucedidos, normalmente isso ocorre porque o processo de desduplicação não teve tempo suficiente para acompanhar as alterações geradas pela carga de trabalho, o que é chamado de *churn*. Você pode ter que aumentar a duração dos jobs de desduplicação, ou a prioridade atribuída a eles, para resolver o problema.

Para monitorar o histórico dos jobs de desduplicação de um servidor, você pode examinar os logs de eventos do Windows. Os eventos de desduplicação de dados ficam localizados no contêiner Applications and Services Logs\Windows\Deduplication\Operational.

Implemente uma solução de backup e restauração com a desduplicação

Backups em unidades de disco, como os executados pelo Backup do Windows Server, são candidatos particularmente bons para a otimização, porque os snapshots criados pelo software de backup tendem a diferir pouco uns dos outros. Se você executar um backup completo toda semana, por exemplo, só uma pequena porcentagem dos dados do servidor deve ter alterações nesse período, e a desduplicação de dados pode eliminar toda essa redundância.

Além disso, quando você estiver fazendo o backup de um volume já otimizado, o Backup do Windows Server copiará os dados no destino de backup em seu estado otimizado. Logo, não há necessidade do sistema restaurar cada arquivo para o estado não otimizado, copiá-lo e então otimizar a cópia no volume de backup, um processo que poderia consumir muitos recursos do sistema.

A opção de uso Virtualized Backup Server foi projetada especificamente para operar com soluções de software de backup como o Microsoft System Center Data Protection Manager (DPM), em que o software de backup é executado em uma máquina virtual do Hyper-V e armazena seus backups em arquivos VHD ou VHDX em um volume com a desduplicação de dados ativada.

Já que um job de backup pode gerar uma quantidade relativamente grande de dados novos, as configurações de otimização para o cenário de backup diferem de outras predefinições, por permitirem que o processo de otimização seja executado com prioridade alta no servidor. Os administradores devem monitorar os jobs de otimização regularmente, para verificar se eles estão acompanhando a taxa mais alta de churn que costuma ser encontrada em um servidor de arquivos de uso geral.

Resumo do capítulo

- A tabela de partição GUID (GPT) é uma alternativa ao estilo de partição de registro mestre de inicialização. GPT suporta discos maiores que MBR, permite a criação de mais partições e fornece melhor recuperação de erros ocorridos em discos que corrompam a tabela de partição.

- O Windows dá suporte a um formato de disco rígido virtual (VHD) que você pode usar em convidados do Hyper-V ou para outros fins. Você pode criar arquivos de imagem usando o VHD ou o formato mais recente VHDX com o snap-in Disk Management ou o cmdlet Get-VHD no Windows PowerShell.

- Os arquivos de imagem VHD e VHDX podem ser montados em um computador físico ou virtual, para funcionarem exatamente como os discos físicos.

- O Windows Server 2016 inclui o suporte ao sistema de arquivos NTFS, e também ao mais recente sistema de arquivos ReFS, que suporta volumes maiores, mas não tem alguns recursos do NTFS.

- O Windows pode compartilhar pastas usando o SMB, o padrão original de compartilhamento de unidades de disco desse sistema operacional, e o NFS, que é o padrão usado em muitas distribuições UNIX e Linux.

- O Windows PowerShell inclui um conjunto de cmdlets que você pode usar para gerenciar compartilhamentos de pastas e suas permissões.

- O NTFS tem um sistema de permissões que você pode usar para autorizar níveis específicos de acesso do usuário a arquivos e pastas.
- O Storage Spaces permite que os administradores criem pools de armazenamento a partir de discos físicos. Eles podem então criar discos virtuais a partir do pool de armazenamento, independentemente dos limites entre os discos físicos.
- Os discos virtuais dos pools de amazenamento podem ser configurados para usar o espelhamento, no qual os dados são armazenados em duplicidade, e a paridade, na qual bits de dados são armazenados com informações de paridade para fins de recuperação de dados.
- O armazenamento em camadas é um recurso da virtualização que usa unidades SSD mais rápidas em um pool de armazenamento para guardar os arquivos mais usados.
- O iSCSI é um protocolo de rede de área de armazenamento que permite que servidores Windows (chamados de initiator) se conectem com dispositivos de armazenamento (chamados de target) usando hardware padrão da Ethernet.
- O iSNS é basicamente um registro para componentes iSCSI que permite que initiators localizem os targets disponíveis na rede.
- O Datacenter Bridging (DCB) é um mecanismo para a separação de tráfego de LAN e SAN em uma rede convergida. Ele funciona criando classes de tráfego de rede que recebem uma porcentagem específica da largura de banda disponível.
- O Multipath I/O é um mecanismo de tolerância a falhas que permite que um servidor acesse um dispositivo de armazenamento da rede por caminhos redundantes, no caso de falha em um componente.
- O Storage Replica é um recurso da edição Datacenter que permite que os administradores criem parcerias de replicação entre servidores, entre clusters ou dentro de um cluster estendido.
- A desduplicação de dados é um recurso do Windows Server 2016 que conserva o espaço de armazenamento dividindo arquivos em blocos e armazenando apenas uma cópia de cada bloco redundante. Pela operação em volumes inteiros em vez de em arquivos individuais, a economia obtida para muitos tipos de dados pode variar de 50 a até mais de 90%.
- A desduplicação de dados tem três cenários de uso predefinidos que contêm configurações para maximizar a economia do espaço de armazenamento e o desempenho do servidor.
- Uma vez ativada a desduplicação, você pode usar os cmdlets do PowerShell e os logs de eventos do Windows para monitorar o progreso dos jobs.
- A desduplicação de dados é particularmente adequada para os destinos de backup devido à natureza redundante dos dados armazenados ali.

Teste de raciocínio

Nesse teste de raciocínio, você demonstrará suas habilidades e conhecimentos referentes aos tópicos deste capítulo. As respostas podem ser encontradas na próxima seção.

Você está trabalhando no help desk da Contoso Corp, uma empresa do governo, e um usuário chamado Ralph entra em contato para solicitar acesso aos arquivos do Alamo, um novo projeto sigiloso. Os arquivos do projeto Alamo estão armazenados em uma pasta compartilhada em um servidor de arquivos de grupo de trabalho do Windows Server 2016, que está trancado em uma instalação de armazenamento de dados protegida no subsolo. Após verificar se Ralph tem a permissão de segurança apropriada para o projeto, você cria um novo grupo no servidor de arquivos chamado ALAMO_USERS e adiciona a conta de usuário de Ralph a esse grupo. Em seguida, adiciona o grupo ALAMO_USER à lista de controle de acesso da pasta Alamo no servidor de arquivos e atribui ao grupo as seguintes permissões NTFS:

- Allow Modify
- Allow Read & Execute
- Allow List Folder Contents
- Allow Read
- Allow Write

Um pouco mais tarde, Ralph o chama para dizer que está conseguindo acessar a pasta Alamo e ler os arquivos armazenados nela, mas não conseguiu salvar alterações no servidor. Qual seria a causa mais provável do problema?

Resposta do teste de raciocínio

Esta seção contém a solução do teste de raciocínio.

Provavelmente Ralph não tem permissões de compartilhamento suficientes para o acesso de leitura/gravação aos arquivos do Alamo. Por padrão, quando você compartilha uma pasta em um servidor de grupo de trabalho usando o File Explorer, a identidade especial Everyone só recebe a permissão de compartilhamento Read. Após você conceder ao grupo ALAMO_USER a permissão de compartilhamento Allow Full Control, Ralph deve poder salvar suas alterações nos arquivos do Alamo.

CAPÍTULO 3

Implementação do Hyper-V

O Hyper-V é o hipervisor e plataforma de virtualização de hardware incorporado ao Windows Server 2016 como função. Usando o Hyper-V, você pode criar máquinas virtuais (VMs, virtual machines) compostas por equivalentes virtualizados do hardware do computador, recursos de armazenamento, e componentes de rede, como os adaptadores de interface de rede e os switches. As VMs funcionam como computadores físicos, mas os administradores podem salvá-las, movê-las e reconfigurá-las facilmente para acomodar suas necessidades.

Objetivos deste capítulo:
- Instalar e configurar o Hyper-V
- Definir configurações de máquina virtual (VM)
- Configurar o armazenamento do Hyper-V
- Configurar a rede do Hyper-V

Objetivo 3.1: Instalar e configurar o Hyper-V

O Hyper-V é uma função do Windows Server 2016 que possibilita a criação de máquinas virtuais nas quais podemos instalar um sistema operacional e usar como se fosse um computador separado. Um servidor executando o Windows Server 2016 que esteja com a função Hyper-V instalada é conhecido como host. As máquinas virtuais criadas no Hyper-V são chamadas de convidadas (guests).

Esta seção aborda como:
- Determinar requisitos de hardware e compatibilidade para a instalação do Hyper-V
- Instalar o Hyper-V
- Instalar ferramentas de gerenciamento
- Fazer o upgrade de versões existentes do Hyper-V
- Delegar o gerenciamento de máquinas virtuais
- Executar o gerenciamento remoto de hosts Hyper-V
- Configurar máquinas virtuais usando o Windows PowerShell Direct
- Implementar a virtualização aninhada

Determine requisitos de hardware e compatibilidade para a instalação do Hyper-V

O Windows Server 2016 inclui a função *Hyper-V*, que permite criar máquinas virtuais, cada uma executada em seu próprio ambiente isolado. As *máquinas virtuais* (*VMs*) são unidades autônomas que podemos mover facilmente de um servidor host Hyper-V para outro, simplificando muito o processo de implantação de aplicativos e serviços de rede.

A virtualização de servidores do Windows Server 2016 é baseada em um módulo chamado *hipervisor*. Às vezes chamado de *monitor de máquina virtual* (*VMM, virtual machine monitor*), o hipervisor é responsável por abstrair o hardware físico do computador e criar um ambiente de hardware virtualizado para cada máquina virtual. Cada VM tem sua própria configuração de hardware (virtual) e pode executar uma cópia separada de um sistema operacional, chamado de *convidado*. Logo, com hardware físico suficiente e o licenciamento correto, um único computador executando o Windows Server 2016 com a função Hyper-V instalada pode dar suporte a dúzias, ou até mesmo a centenas, de VMs, que podemos gerenciar com se fossem computadores autônomos.

Arquiteturas de virtualização

Em produtos antigos de virtualização, que incluem o Microsoft Virtual Server, o software de virtualização adiciona o componente hipervisor. Basicamente, o hipervisor é executado como um aplicativo no sistema operacional host (hospedeiro), como mostrado na Figura 3-1, e permite a criação de quantas máquinas virtuais o hardware do computador suportar.

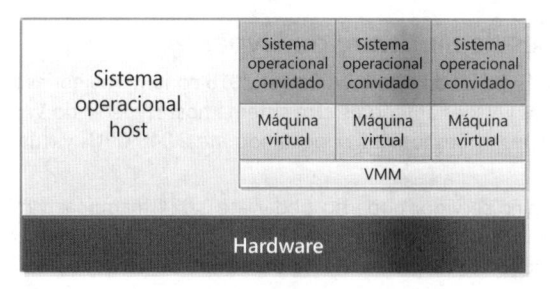

FIGURA 3-1 Vituralização Tipo II.

Esse esquema, em que o hipervisor é executado sobre um sistema operacional host, é chamado de *virtualização Tipo II*. O sistema operacional host compartilha acesso ao processador do computador com o hipervisor, cada um consumindo os ciclos de clock (relógio) necessários e passando o controle do processador de volta para o outro.

A virtualização Tipo II pode fornecer um desempenho de máquina virtual adequado, principalmente em ambientes de sala de aula e laboratório, mas não fornece desempenho equivalente a computadores físicos separados. Logo, não é recomendada para servidores de tráfego pesado em ambientes de produção.

A virtualização do Hyper-V embutida no Windows Server 2016 usa um tipo de arquitetura diferente. O Hyper-V usa a *virtualização Tipo I*, em que o hipervisor é uma camada de abstração que interage diretamente com o hardware físico do computador – isto é, sem intervenção de um sistema operacional host.

O hipervisor cria ambientes individuais chamados *partições*, cada um com seu próprio sistema operacional instalado e acessando o hardware do computador via hipervisor. Diferentemente do que ocorre na virtualização Tipo II, nenhum sistema operacional host compartilha o tempo do processador com o hipervisor. Em vez disso, o hipervisor designa a primeira partição que ele cria como a partição pai (parent partition) e todas as partições subsequentes como partições filho (child partitions), como mostrado na Figura 3-2.

Partição pai	Partição filho	Partição filho	Partição filho
Hipervisor			
Hardware			

FIGURA 3-2 Vitualização Tipo I.

A partição pai acessa o hardware do sistema pelo hipervisor, assim como o fazem as partições filho. A única diferença é que o pai executa a pilha de virtualização, que cria e gerencia as partições filho. A partição pai ainda é responsável pelos subsistemas que afetam diretamente o desempenho do hardware físico do computador, como o Plug and Play, o gerenciamento de energia e o tratamento de erros. Esses subsistemas também são executados nos sistemas operacionais das partições filho, mas só se destinam ao hardware virtual, enquanto a partição pai, ou raiz, trata o hardware real.

Limitações de hardware do Hyper-V

A versão do Hyper-V do Windows Server 2016 contém melhorias na escalabilidade do sistema em relação às versões anteriores. Um sistema host Hyper V do Windows Server 2016 pode ter até 512 processadores lógicos, suportando até 2.048 CPUs virtuais e 4 terabytes (TB) de memória física.

Um único servidor pode hospedar até 1.024 máquinas virtuais ativas, e cada máquina virtual de geração 2 pode ter até 240 CPUs virtuais e 12 TB de memória. As VMs de geração 1 podem ter até 64 CPUs virtuais e 1 TB de memória.

O Hyper-V também dá suporte a clusters com até 64 nós e 8.000 máquinas virtuais.

> ***NOTA*** **HYPER-V SERVER**
>
> A Microsoft também fornece um produto Hyper-V Server exclusivo, que é um subconjunto do Windows Server 2016. O Hyper-V Server 2016 inclui a função Hyper-V, que ele instala por padrão durante a instalação do sistema operacional. Exceto por alguns recursos limitados do File and Storage Services e Remote Desktop, o sistema operacional não inclui outras funções.
>
> O Hyper-V Server também fica restrito à interface Server Core, embora inclua o Sconfig, uma interface de configuração simples baseada em script, como mostrado na Figura 3-3. Você pode gerenciar o Hyper-V Server remotamente, usando o Server Manager e o Hyper-V Manager, como faria com qualquer outra instalação Server Core.

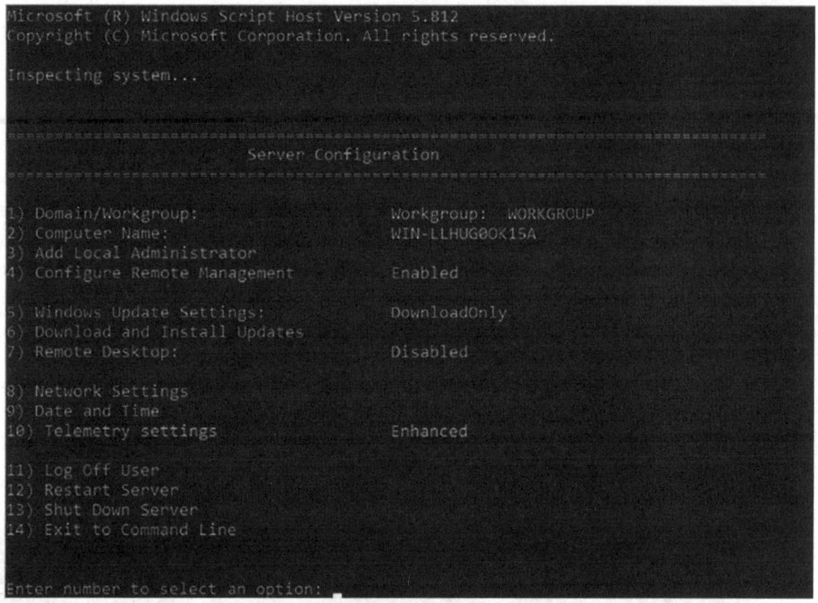

FIGURE 3-3 A interface Server Core do Hyper-V Server.

O Hyper-V Server é um produto gratuito, disponível para download no site da Microsoft. No entanto, ele não inclui licenças para instâncias virtuais. Você terá que obter e licenciar todos os sistemas operacionais que instalar nas máquinas virtuais que criar.

A Microsoft não recomenda a instalação de outras funções com o Hyper-V. É melhor implementar qualquer outra função que você precise que o computador físico execute dentro de uma das máquinas virtuais criadas com o Hyper-V. Além disso, você pode querer instalar o Hyper-V em um computador usando a opção de instalação Server Core para reduzir a sobrecarga (overhead) imposta à partição. Como ocorre com outras funções, instalar o Hyper-V em um Server Core não incluirá as ferramentas de gerenciamento, que devem ser instaladas separadamente como um recurso.

A função Hyper-V tem requisitos gerais de hardware que excedem os do sistema operacional Windows Server 2016. Antes de poder instalar a função Hyper-V em um servidor executando o Windows Server 2016, você deve ter o hardware apropriado:

- Um processador de 64 bits que inclua virtualização assistida por hardware e conversão de endereços de segundo nível (SLAT, second-level address translation). Esse tipo de virtualização está disponível em processadores que apresentem opção de virtualização, como a Intel Virtualization Technology (Intel VT) ou a tecnologia AMD Virtualization (AMD-V).
- Prevenção de Execução de Dados (DEP, Data Execution Prevention) imposta por hardware, que a Intel descreve como eXecuted Disable (XD) e a AMD como No eXecute (NX). A CPU usa essa tecnologia para segregar áreas de memória para o armazenamento de instruções do processador ou para o armazenamento de dados. Especificamente, você deve ativar o bit XD (bit execute disable) da Intel ou o bit NX (bit no execute) da AMD.
- Extensões de VM Monitor Mode, encontradas em processadores Intel como VT-c.
- Um sistema BIOS ou UEFI que dê suporte a virtualização de hardware e em que o recurso de virtualização tenha sido ativado.

- Um mínimo de 4 gigabytes (GB) de memória. Além de executar o sistema operacional host do Hyper-V, o computador deve ter memória física suficiente para todos os sistemas operacionais convidados sendo executados nas máquinas virtuais.

> ***NOTA*** **FERRAMENTAS DE GERENCIAMENTO DO HYPER-V**
>
> **Hardware e BIOS/UEFI com suporte à virtualização são necessários para a instalação da função Hyper-V, mas não para a instalação de suas ferramentas de gerenciamento. Você pode gerenciar um servidor Hyper-V a partir de qualquer computador Windows remoto instalando o recurso Management Tools.**

Para determinar se um computador tem o hardware necessário à instalação da função Hyper-V, abra uma sessão do Windows PowerShell e execute o programa Systeminfo.exe, para produzir uma exibição como a mostrada na Figura 3-4. No fim da listagem, o item Hyper-V Requirements lista os recursos de hipervisor do computador.

```
PS C:\Users\Administrator> systeminfo.exe

Host Name:                 CZ10
OS Name:                   Microsoft Windows Server 2016 Datacenter Evaluation
OS Version:                10.0.14393 N/A Build 14393
OS Manufacturer:           Microsoft Corporation
OS Configuration:          Standalone Server
OS Build Type:             Multiprocessor Free
Registered Owner:          N/A
Registered Organization:   N/A
Product ID:                00377-10000-00000-AA360
Original Install Date:     10/17/2016, 10:24:18 PM
System Boot Time:          10/22/2016, 3:55:40 PM
System Manufacturer:       LENOVO
System Model:              Lenovo ThinkServer TS130
System Type:               x64-based PC
Processor(s):              1 Processor(s) Installed.
                           [01]: Intel64 Family 6 Model 58 Stepping 9 GenuineIntel ~1600 Mhz
BIOS Version:              LENOVO FAKT22BUS, 5/29/2013
Windows Directory:         C:\WINDOWS
System Directory:          C:\WINDOWS\system32
Boot Device:               \Device\HarddiskVolume2
System Locale:             en-us;English (United States)
Input Locale:              en-us;English (United States)
Time Zone:                 (UTC-05:00) Eastern Time (US & Canada)
Total Physical Memory:     3,902 MB
Available Physical Memory: 2,923 MB
Virtual Memory: Max Size:  4,606 MB
Virtual Memory: Available: 3,660 MB
Virtual Memory: In Use:    946 MB
Page File Location(s):     C:\pagefile.sys
Domain:                    WORKGROUP
Logon Server:              \\CZ10
Hotfix(s):                 3 Hotfix(s) Installed.
                           [01]: KB3192137
                           [02]: KB3199209
                           [03]: KB3194798
Network Card(s):           1 NIC(s) Installed.
                           [01]: Intel(R) 82579LM Gigabit Network Connection
                                 Connection Name: Ethernet
                                 DHCP Enabled:    Yes
                                 DHCP Server:     192.168.2.2
                                 IP address(es)
                                 [01]: 192.168.2.36
                                 [02]: fe80::d459:e49d:1350:3c5b
Hyper-V Requirements:      VM Monitor Mode Extensions: Yes
                           Virtualization Enabled In Firmware: Yes
                           Second Level Address Translation: Yes
                           Data Execution Prevention Available: Yes
PS C:\Users\Administrator> _
```

FIGURA 3-4 Saída do programa Systeminfo.exe.

Instale o Hyper-V

Assim que você tiver o hardware apropriado e as licenças requeridas, poderá adicionar a função Hyper-V ao Windows Server 2016 usando o Add Roles And Features Wizard no Server Manager ou o cmdlet Install-WindowsFeature no Windows PowerShell

Instale o Hyper-V usando o Server Manager

Para instalar a função Hyper-V com o Server Manager, use o procedimento a seguir.

1. Faça logon no servidor que está executando o Windows Server 2016 usando uma conta com privilégios administrativos.
2. No console do Server Manager, selecione Manage, Add Roles And Features. O Add Roles And Features Wizard aparecerá, exibindo a página Before You Begin.
3. Clique em Next. A página Select Installation Type aparecerá.
4. Deixe a opção Role-Based Or Feature-Based Installation selecionada e clique em Next. A página Select Destination Server aparecerá.
5. Selecione o servidor em que deseja instalar o Hyper-V e clique em Next. A página Select Server Roles aparecerá.
6. Marque a caixa de seleção da função Hyper-V. A caixa de diálogo Add Features That Are Required For Hyper-V será aberta.
7. Clique em Add Features para aceitar as dependências e clique em Next. A página Select Features aparecerá.
8. Clique em Next. A página Hyper-V será exibida.
9. Clique em Next. A página Create Virtual Switches aparecerá.
10. Marque a caixa de seleção de um adaptador de rede e clique em Next. A página Virtual Machine Migration será aberta.
11. Clique em Next. A página Default Stores aparecerá.
12. Opcionalmente, especifique alternativas para o local padrão de armazenamento para discos rígidos virtuais e para os arquivos de configuração de máquinas virtuais e clique em Next. A página Confirm Installation é aberta.
13. Clique em Install. A página Installation Progress aparecerá enquanto o assistente instala a função.
14. Clique em Close para fechar o assistente.
15. Reinicie o servidor.

A instalação da função modifica o procedimento de inicialização do Windows Server 2016 para que o hipervisor recém-instalado possa acessar o hardware do sistema diretamente e carregar o sistema operacional como a partição primária em cima dele.

Instale o Hyper-V usando o Windows PowerShell

Você também pode instalar a função Hyper-V com o cmdlet Install-WindowsFeature, usando o seguinte comando:

```
install-windowsfeature -name hyper-v -includemanagementtools -restart
```

Como sempre, o cmdlet Install-WindowsFeature não instala as ferramentas de gerenciamento associadas a uma função por padrão. Você deve incluir o parâmetro IncludeManagementTools para instalar o Hyper-V Manager e o módulo Hyper-V do PowerShell junto com a função.

> **DICA DE EXAME**
>
> Quando trabalhar com o Windows Server 2016 instalado como sistema operacional convidado em um servidor host Hyper-V executando uma versão anterior do Windows Server, como em um ambiente de laboratório ou treinamento, você não poderá instalar a função Hyper-V usando o Add Roles And Features Wizard ou o cmdlet Install WindowsFeature. Nos dois casos, a instalação termina com uma mensagem de erro. Isso ocorre porque a máquina virtual não tem recurso de virtualização de hardware e as duas ferramentas executam verificações de pré-requisitos antes de permitir a instalação da função. No entanto, a ferramenta Deployment Image Servicing and Management (DISM.exe) não executa essas verificações, e pode instalar a função Hyper-V em um sistema em execução, mesmo se ele for uma máquina virtual. Para instalar o Hyper-V usando o DISM.exe, execute o comando a seguir a partir de um prompt de comando elevado:
>
> ```
> dism /online /enable-feature /featurename:microsoft-hyper-v
> ```
>
> Uma instalação do Hyper-V em um sistema operacional convidado só é adequada para treinamento e prática, como na preparação para o Exame 70-740. Você poderá criar e configurar VMs, mas não iniciá-las, porque o hardware necessário não estará presente. Porém, se o servidor host Hyper-V estiver executando o Windows Server 2016 e tiver o hardware correto, será possível proceder o aninhamento do Hyper-V.

Instale ferramentas de gerenciamento

Adicionar a função Hyper-V instala o software de hipervisor e, no caso de uma instalação com o Server Manager, também instala as ferramentas de gerenciamento. A principal ferramenta para a criação e o gerenciamento de máquinas virtuais e seus componentes em servidores Hyper-V é o console Hyper-V Manager. O Hyper-V Manager fornece uma lista de todas as máquinas virtuais existentes no sistema Windows Server 2016 e permite configurar os ambientes tanto de servidor quanto das VMs individuais. O Windows PowerShell também inclui um módulo Hyper-V contendo cmdlets que permitem exercer controle total sobre as VMs com o uso dessa interface.

Tanto o Hyper-V Manager quanto os cmdlets do PowerShell podem gerenciar servidores Hyper-V remotos. Para fazê-lo, você pode instalar apenas as ferramentas de gerenciamento, sem instalar a função Hyper-V. Não há pré-requisitos para a instalação ou o uso das ferramentas, logo, nenhum hardware especial é necessário.

Para instalar as ferramentas de gerenciamento do Hyper-V com o Server Manager, use o procedimento a seguir.

1. Faça logon no servidor que está executando o Windows Server 2016 usando uma conta com privilégios administrativos.
2. No Server Manager, inicie o Add Roles And Features Wizard.
3. Deixe as configurações padrão selecionadas na página Select Installation Type e na página Select Destination Server.
4. Clique em Next para pular a página Select Server Roles.
5. Na página Select Features, navegue até Remote Server Administration Tools\Role Administration Tools e marque a caixa de seleção Hyper-V Administration Tools. Você também pode optar por instalar somente as ferramentas de gerenciamento baseadas em GUI do

Hyper-V ou o módulo Hyper-V do Windows PowerShell, marcando a caixa de seleção apropriada. Em seguida, clique em Next.

6. Clique em Install. A página Installation Progress aparecerá enquanto o assistente instala os recursos.
7. Clique em Close para fechar o assistente.

Para instalar as ferramentas de gerenciamento com o Windows PowerShell, use o cmdlet Install-Windows-Feature como descrito a seguir:

```
install-windowsfeature -name rsat-hyper-v-tools
```

Para instalar somente o Hyper-V Manager ou apenas o módulo Hyper-V do PowerShell, basta usar um desses comandos:

```
install-windowsfeature -name hyper-v-tools
install-windowsfeature -name hyper-v-powershell
```

Faça o upgrade de versões existentes do Hyper-V

Quando você fizer o upgrade de um servidor para o Windows Server 2016, o Hyper-V será um fator importante do processo de planejamento e execução. O Hyper-V do Windows Server 2016 tem muitos recursos novos, e seu uso é de grande utilidade, mas você deve cuidar das máquinas virtuais existentes antes de fazer o upgrade do sistema operacional.

A primeira etapa do upgrade de um servidor host para o Windows Server 2016 é retirar as máquinas virtuais do host, para sua própria proteção. Você pode fazer isso de duas maneiras:

- **Exportação** Salva os arquivos das VMs, inclusive os discos virtuais, na pasta especificada. Posteriormente, você poderá importar as VMs novamente para o host, após o upgrade terminar. Exportar e importar VMs pode ser um processo demorado, porque é preciso trabalhar com cada VM individualmente. As VMs também ficarão offline enquanto estiverem armazenadas como arquivos exportados. Você pode importá-las para outro servidor temporariamente e executá-las nesse local, mas isso dobrará a duração do processo.
- **Réplica do Hyper-V** Cria cópia de uma VM em execução como réplica offline em outro servidor host, incluindo os discos virtuais. Já que a VM de origem permanece online enquanto a replicação ocorre, o tempo de inatividade é mínimo, e a produção pode continuar. Após o upgrade terminar, você poderá replicar a cópia novamente para o host original.
- **Migração dinâmica sem compartilhamento** Move uma VM em execução sem armazenamento compartilhado para outro servidor host no mesmo domínio ou em um domínio confiável, praticamente sem tempo de inatividade.

A solução selecionada vai depender principalmente das VMs serem ou não servidores de produção que precisem estar sendo executados durante o processo de upgrade. Uma vez que as VMs convidadas estiverem situadas seguramente em outro local, você poderá fazer o upgrade do servidor host ou migrar suas funções para uma instalação limpa do Windows Server 2016 em outro computador (que é o método recomendado).

Delegue o gerenciamento de máquinas virtuais

Para instalar a função Hyper-V, você precisa ter feito logon usando uma conta com privilégios de administrador local ou de domínio, mas uma vez que a função estiver instalada, pode não ser uma boa prática conceder esse tipo de acesso a todas as pessoas que trabalharem com máquinas virtuais no host Hyper-V.

Para resolver esse problema, instalar a função Hyper-V no Windows Server 2016 cria um grupo de administradores locais do Hyper-V que você pode usar para conceder aos usuários e grupos permissões para criar, gerenciar e conectar-se a máquinas virtuais. Os membros desse grupo não receberão outro direito no sistema operacional host, logo, você pode conceder esse privilégio a não administradores sem colocar o resto do sistema em risco.

> **NOTA** **AUTORIZANDO ADMINISTRADORES DO HYPER-V**
>
> Em versões anteriores do Windows Server, havia uma ferramenta chamada Authorization Manager (Azman.msc) que permitia que os administradores concedessem privilégios específicos para os usuários. Por exemplo, você poderia autorizar um usuário a iniciar e interromper máquinas virtuais, mas não a alterar suas configurações. Essa ferramenta tornou-se obsoleta com o lançamento do Windows Server 2012 R2, embora ainda exista no Windows Server 2016. O método aprovado atualmente para a atribuição de tarefas de administração do Hyper-V é usar o System Center Virtual Machine Manager (VMM), um produto separado que precisa ser comprado.

Execute o gerenciamento remoto de hosts Hyper-V

Uma vez que a função Hyper-V estiver instalada, você poderá gerenciá-la localmente usando o console Hyper-V Manager ou os cmdlets fornecidos no módulo Hyper-V do PowerShell. No entanto, isso pode não ser prático, como quando o servidor host estiver em um data center ou em um rack distante. Como ocorre com vários serviços do Windows, é possível gerenciar o Hyper-V remotamente de muitas maneiras.

Gerenciamento remoto usando o Hyper-V Manager

Como a maioria dos snap-ins do Microsoft Management Console (MMC), o Hyper-V Manager pode se conectar com um servidor e executar nele as mesmas funções que executaria no sistema local. Você pode instalar o Hyper-V Manager em qualquer computador que esteja executando o Windows Server 2016, esteja ele ou não com a função Hyper-V instalada. Usando o Hyper-V Manager, é possível se conectar com qualquer computador que esteja executando a função Hyper-V, independentemente dele estar ou não com Hyper-V Management Tools instalado.

Para executar o Hyper-V Manager no Windows 10, você deve baixar e instalar o pacote Remote Server Administration Tools para Windows 10. As versões do Hyper-V Manager do Windows Server 2016 e Windows 10 podem se conectar com o Hyper-V sendo executado em qualquer versão do Windows desde o Windows Server 2012 e Windows 8. No entanto, o oposto não é necessariamente verdadeiro. Versões anteriores do Hyper-V Manager têm restrições no que diz respeito à sua capacidade de gerenciar um servidor host Windows Server 2016.

Para conectar o console Hyper-V Manager a um servidor remoto no mesmo domínio do Active Directory Domain Services (AD DS), use o procedimento a seguir.

1. Abra o Hyper-V Manager.
2. No painel esquerdo, clique com o botão direito do mouse em Hyper-V Manager e, no menu de contexto, selecione Connect To Server. A caixa de diálogo Select Computer aparecerá, como mostrado na Figura 3-5.

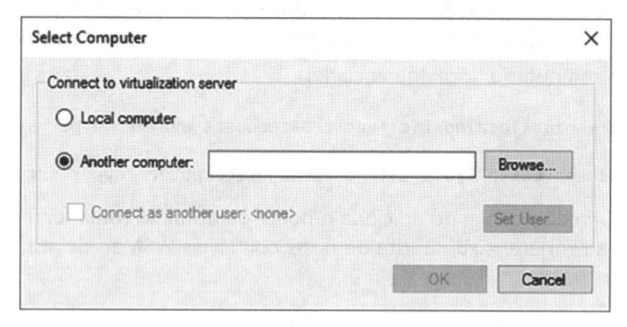

FIGURA 3-5 A caixa de diálogo Select Computer.

3. Com a opção Another Computer selecionada, digite o nome ou o endereço IP do computador que deseja gerenciar. Você também pode clicar em Browse para abrir a caixa de pesquisa padrão Select Computer, como mostrado na Figura 3-6, na qual poderá procurar um nome de computador.

FIGURA 3-6 A caixa de pesquisa Select Computer.

4. Clique em OK. O computador que você selecionou aparecerá no painel esquerdo.
5. No painel esquerdo, selecione o computador que deseja gerenciar. As máquinas virtuais desse computador aparecerão no painel central.

Agora você pode trabalhar com as máquinas virtuais e outros componentes do Hyper-V existentes no computador remoto, como se eles estivessem no sistema local.

É fácil conectar-se a um servidor Hyper-V remoto quando os dois computadores fazem parte do mesmo domínio do AD DS. Os computadores usam o Kerberos para a autenticação, que é intermediada por um controlador de domínio. Quando os computadores não estão no mesmo domínio, ou em qualquer domínio, o processo de autenticação é mais complicado, porque eles não podem usar o Kerberos. Logo, você deve configurá-los para usar o protocolo de autenticação Credential Security Support Provider (CredSSP).

Para configurar os sistemas para o gerenciamento remoto, execute os comandos a seguir em uma sessão do PowerShell com direitos administrativos.

No servidor remoto (gerenciado):

```
enable-psremoting

enable-wsmancredssp
```

O primeiro comando cria as regras de firewall necessárias para permitir a chegada do tráfego de gerenciamento. O segundo comando permite o uso do CredSSP na autenticação.

No computador local (gerenciador):

```
set-item wsman:\localhost\client\trustedhosts -value "hypervserver.domain.com"

enable-wsmancredssp -role client -delegatecomputer "hypervserver.domain.com"
```

O primeiro comando adiciona o nome de domínio totalmente qualificado do servidor Hyper-V a ser gerenciado à lista de hosts confiáveis WSMan do sistema. O segundo ativa o CredSSP no cliente.

> *IMPORTANTE* **USANDO HOSTS CONFIÁVEIS**
>
> É preciso mencionar que, embora a inclusão do nome do servidor remoto à sua lista de hosts confiáveis seja aceitável em uma rede de laboratório ou treinamento, seria o equivalente a deixar a porta da frente escancarada e a luz da varanda acesa. Qualquer pessoa que souber o endereço poderá entrar. Em um ambiente de produção, associar os dois sistemas a um domínio do Active Directory é sem dúvida a solução melhor e mais simples. Para uma situação em que isso não for possível, uma alternativa melhor é obter certificados SSL Server Authentication para os dois computadores com uma autoridade de certificação de terceiros e fazê-los autenticar um ao outro usando os certificados.

Gerenciamento remoto usando o Windows PowerShell

A outra maneira de gerenciar o Hyper-V em um servidor remoto é usando o Windows PowerShell. O módulo Hyper-V do PowerShell inclui vários cmdlets que fornecem enorme flexibilidade de gerenciamento.

Há duas maneiras principais de gerenciar o Hyper-V com o PowerShell.

- **PowerShell remoting** Também chamado de *explicit remoting*, é a opção em que o usuário do sistema local, gerenciador, abre uma sessão no sistema remoto, gerenciado. Nesse modelo, o módulo Hyper-V deve estar instalado no sistema remoto, mas não precisa estar no sistema local.

- **Implicit remoting** O usuário do sistema local, gerenciador, executa um cmdlet com o parâmetro ComputerName, que direciona sua funcionalidade para o sistema remoto, gerenciado. Nesse modelo, o sistema local deve ter o módulo Hyper-V instalado.

PowerShell remoting

Quando estabelecemos uma sessão remota em outro computador usando o PowerShell, o prompt de comando muda para refletir o nome do computador que estamos gerenciando. Já que executaremos os cmdlets disponíveis no outro computador, o servidor remoto deve ter o módulo Hyper-V instalado.

O PowerShell remoting apresenta algumas vantagens óbvias sobre o console Hyper-V Manager. Em primeiro lugar, temos acesso a todos os cmdlets no sistema remoto, e não apenas aos do módulo Hyper-V. Em segundo lugar, geralmente não há problemas de compatibilidade entre implementações do PowerShell. Podemos usar uma sessão do PowerShell no Windows Server 2008 para nos conectar com um servidor Hyper-V do Windows Server 2016 sem problemas. Isso não é possível com o Hyper-V Manager.

Os problemas de segurança envolvidos em uma sessão remota do PowerShell são como os de uma sessão remota do Hyper-V Manager. Nesse caso, você deve executar o cmdlet Enable-PSRemoting nos dois computadores, e novamente, use o Active Directory, certificados SSL ou a lista de hosts confiáveis no sistema gerenciador, nessa ordem de preferência.

Para conectar-se com o servidor Hyper-V remoto a partir de uma sessão do PowerShell com direitos administrativos, primeiro você deve criar uma sessão, usando o cmdlet New-PSSession, como no exemplo a seguir:

```
new-pssession -computername server1
```

A saída desse comando fornece informações sobre a nova sessão, inclusive um número de ID. Para entrar na sessão, use o cmdlet Enter-PSSession, especificando seu número, como no seguinte comando:

```
enter-pssession #
```

Se você não fez logon com uma conta que tenha privilégios administrativos no servidor remoto, pode entrar em uma sessão usando outra conta com o comando a seguir:

```
enter-pssession # -credential (get-credential)
```

Esse comando fará seu sistema solicitar um nome de usuário e uma senha com privilégios apropriados no servidor remoto.

Quando você conseguir entrar na sessão, o prompt de comando mudará. Será possível, então, executar comandos do PowerShell no servidor remoto. Para sair da sessão, use o cmdlet Exit-PSSession ou apenas digite Exit.

Por exemplo, a Figura 3-7 contém uma série de comandos do PowerShell, como descrito a seguir.

1. O primeiro comando cria uma nova sessão com o número de ID 5.
2. Ainda sob controle do sistema local, o cmdlet Get-VM exibe uma máquina virtual chamada ServerH-01.
3. Ao entrar na sessão remota 5, o prompt de comando muda para exibir o nome do servidor remoto rtmsvri.
4. Dessa vez, o cmdlet Get-VM exibe a máquina virtual do servidor remoto, chamada ServerI-01.
5. O comando exit retorna o prompt à sua forma original e o controle volta para o sistema local.

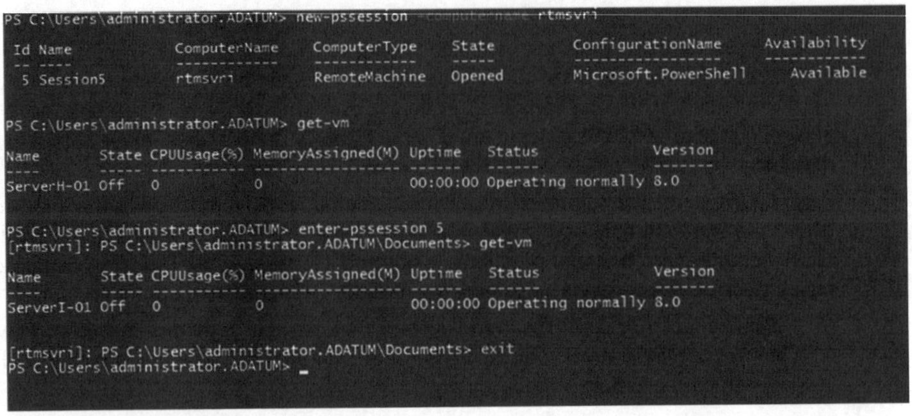

```
PS C:\Users\administrator.ADATUM> new-pssession -computername rtmsvri

Id Name        ComputerName    ComputerType    State   ConfigurationName    Availability
-- ----        ------------    ------------    -----   -----------------    ------------
 5 Session5    rtmsvri         RemoteMachine   Opened  Microsoft.PowerShell Available

PS C:\Users\administrator.ADATUM> get-vm

Name       State CPUUsage(%) MemoryAssigned(M) Uptime   Status               Version
----       ----- ----------- ----------------- ------   ------               -------
ServerH-01 Off   0           0                 00:00:00 Operating normally   8.0

PS C:\Users\administrator.ADATUM> enter-pssession 5
[rtmsvri]: PS C:\Users\administrator.ADATUM\Documents> get-vm

Name       State CPUUsage(%) MemoryAssigned(M) Uptime   Status               Version
----       ----- ----------- ----------------- ------   ------               -------
ServerI-01 Off   0           0                 00:00:00 Operating normally   8.0

[rtmsvri]: PS C:\Users\administrator.ADATUM\Documents> exit
PS C:\Users\administrator.ADATUM>
```

FIGURA 3-7 Comandos do PowerShell demonstrando o gerenciamento remoto do Hyper-V.

Implicit remoting

O implicit remoting (remoto implícito) não requer o estabelecimento de uma sessão com o servidor remoto. Em vez disso, os próprios cmdlets do PowerShell podem endereçar um sistema remoto. A regra geral preconiza que se um cmdlet der suporte ao parâmetro ComputerName, ele é capaz de executar o Implicit remoting. Por exemplo, você pode usar o cmdlet Get_VM para endereçar o servidor local, sem parâmetros, ou um servidor remoto, com o parâmetro ComputerName, como mostrado na Figura 3-8.

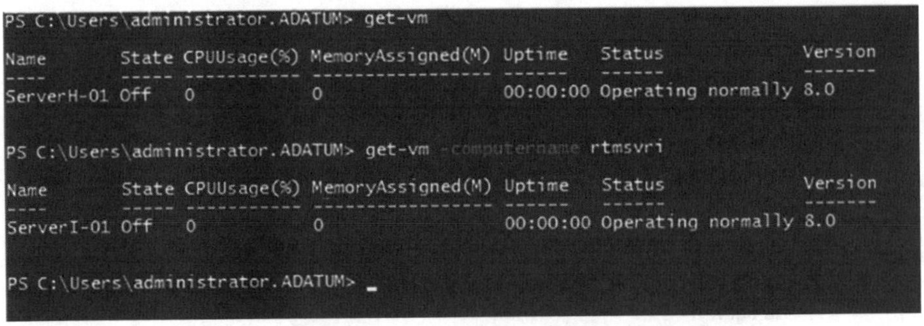

```
PS C:\Users\administrator.ADATUM> get-vm

Name       State CPUUsage(%) MemoryAssigned(M) Uptime   Status               Version
----       ----- ----------- ----------------- ------   ------               -------
ServerH-01 Off   0           0                 00:00:00 Operating normally   8.0

PS C:\Users\administrator.ADATUM> get-vm -computername rtmsvri

Name       State CPUUsage(%) MemoryAssigned(M) Uptime   Status               Version
----       ----- ----------- ----------------- ------   ------               -------
ServerI-01 Off   0           0                 00:00:00 Operating normally   8.0

PS C:\Users\administrator.ADATUM>
```

FIGURA 3-8 Comandos do PowerShell demonstrando o Implicit remoting.

O implicit remoting é limitado em vários aspectos, inclusive nos seguintes:

- Já que você está executando os cmdlets em seu sistema, precisa ter o módulo Hyper-V instalado em seu computador.
- Esse método apresenta limitações relacionadas às versões, como as que existem no Hyper-V Manager. Legalmente, você só tem permissão para instalar módulos do PowerShell para a versão do Windows que estiver executando em seu computador local. Se tentar gerenciar um servidor que esteja executando o Windows Server 2016 com um sistema usando uma versão anterior do Windows, seus cmdlets podem não funcionar apropriadamente.

- Nem todos os cmdlets dão suporte ao uso de um parâmetro ComputerName, logo, as possibilidades são limitadas.

No entanto, um dos grandes benefícios do implicit remoting é que alguns cmdlets dão suporte à inclusão de um array de strings no parâmetro ComputerName. Isso permite executar um cmdlet em vários computadores ao mesmo tempo, como mostrado na Figura 3-9, o que é uma tremenda vantagem para administradores que estiverem trabalhando com vários servidores Hyper-V, vantagem que o Hyper-V Manager e as sessões remotas do PowerShell não fornecem.

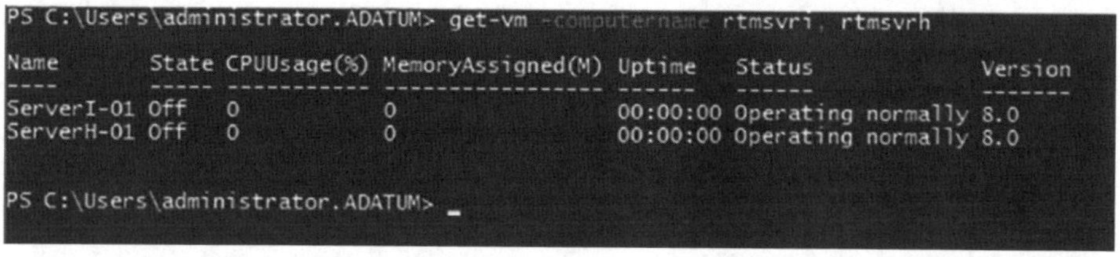

```
PS C:\Users\administrator.ADATUM> get-vm -computername rtmsvri, rtmsvrh

Name         State CPUUsage(%) MemoryAssigned(M) Uptime   Status              Version
----         ----- ----------- ----------------- ------   ------              -------
ServerI-01   Off   0           0                 00:00:00 Operating normally  8.0
ServerH-01   Off   0           0                 00:00:00 Operating normally  8.0

PS C:\Users\administrator.ADATUM>
```

FIGURA 3-9 Comandos do PowerShell demonstrando o Implicit remoting em vários computadores.

> **NOTA OBTENDO AJUDA**
>
> A forma de saber se um cmdlet específico suporta a inclusão de um array de strings no parâmetro ComputerName é executando Get-Help com o nome do cmdlet. Se o parâmetro ComputerName tiver colchetes após sua string, como vemos na Figura 3-10, você poderá especificar vários nomes de computador na linha de comando.

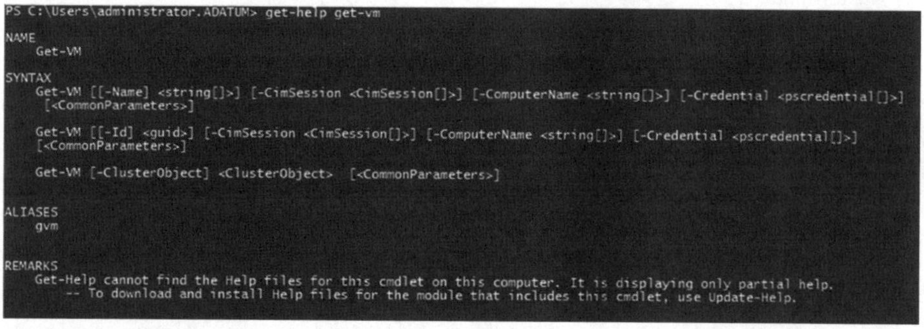

```
PS C:\Users\administrator.ADATUM> get-help get-vm
NAME
    Get-VM

SYNTAX
    Get-VM [[-Name] <string[]>] [-CimSession <CimSession[]>] [-ComputerName <string[]>] [-Credential <pscredential[]>]
    [<CommonParameters>]

    Get-VM [[-Id] <guid[]>] [-CimSession <CimSession[]>] [-ComputerName <string[]>] [-Credential <pscredential[]>]
    [<CommonParameters>]

    Get-VM [-ClusterObject] <ClusterObject> [<CommonParameters>]

ALIASES
    gvm

REMARKS
    Get-Help cannot find the Help files for this cmdlet on this computer. It is displaying only partial help.
        -- To download and install Help files for the module that includes this cmdlet, use Update-Help.
```

FIGURA 3-10 Ajuda do PowerShell.

Configure máquinas virtuais usando o Windows PowerShell Direct

O PowerShell Direct é uma maneira de se conectar com um sistema operacional convidado do Hyper-V a partir do sistema operacional host, usando uma sessão do PowerShell. Para administradores que preferirem usar o PowerShell, essa opção fornece acesso rápido a uma VM convidada sem ser preciso abrir uma janela do VMConnect, fazer logon no sistema operacional convidado e abrir uma janela do Windows PowerShell.

Para conectar-se com um sistema operacional convidado, abra uma sessão do PowerShell com privilégios administrativos no host Hyper-V e use o cmdlet Enter-PSSession, como no exemplo a seguir:

```
enter-pssession -vmname server1
```

Serão então solicitadas credenciais para o acesso à VM. Uma vez que você for autenticado, o prompt de comando mudará para refletir o nome da VM, como na conexão com um servidor remoto. Trabalhe na sessão da VM pelo tempo que precisar. Em seguida, digite Exit para encerrá-la.

Usar o parâmetro VmName faz o cmdlet Enter-PSSession se comportar diferentemente no estabelecimento da sessão com a VM. Ao contrário de uma sessão com um servidor remoto, não há problemas com protocolos de autenticação ou hosts confiáveis.

Existem outras maneiras de usar esse recurso. Por exemplo, para executar um único comando do PowerShell na VM, você pode usar o cmdlet Invoke-Command, como nesse exemplo:

```
invoke-command -vmname server1 -scriptblock {get-netadapter}
```

Esse comando acessa a VM chamada server1 e executa nela o cmdlet Get-NetAdapter. A saída resultante é exibida no host e a sessão é encerrada imediatamente.

Você também pode abrir uma sessão persistente com a VM usando New-PSSession, como faria para se conectar com um servidor Hyper-V remoto, exceto pelo fato de aqui estar usando o parâmetro VmName em vez de ComputerName. Quando o fizer, terá que se autenticar durante a criação da sessão. Poderá então entrar e sair da sessão sempre que precisar, usando Enter-PSSession e Exit-PSSession, sem ter que se autenticar novamente. Para usuários mais avançados do PowerShell, observe que criar uma sessão persistente fará com que todas as variáveis atribuídas dentro da sessão permaneçam disponíveis até ela terminar.

Por fim, e talvez o mais útil, você pode usar o cmdlet Copy-Item para copiar arquivos de e para um sistema operacional convidado. Com uma sessão persistente definida, use os seguintes comandos para fazê-lo:

```
copy-item -tosession (get-pssession) -path c:\temp\file.txt -destination c:\users

copy-item -fromsession (get-pssession) -path c:\users\file.txt -destination c:\temp
```

Implemente a virtualização aninhada

Virtualização aninhada é a possibilidade de configurar uma VM convidada do Hyper-V para funcionar como um host do Hyper-V. Em versões anteriores do Windows Server, tentativas de instalar o Hyper-V em um sistema operacional convidado usando o Server Manager ou o Windows PowerShell falham, porque o suporte requerido ao hardware de virtualização não existe na máquina virtual. No Windows Server 2016, no entanto, você pode configurar a VM de modo a instalar o Hyper-V em um sistema operacional convidado, criar máquinas virtuais dentro de uma máquina virtual e até mesmo executá-las.

Esse recurso não oferece muitos benefícios em um ambiente de produção, mas pode ajudar para fins de teste e treinamento, como na preparação para um exame de certificação. Ele também torna possível criar contêineres do Hyper-V em uma máquina virtual, o que pode ser um auxílio em esforços de desenvolvimento de softwares e outras situações que demandem mais isolamento do que os contêineres do Windows Server podem fornecer.

Para criar um servidor host aninhado no Hyper-V, você precisa ter um host físico e uma máquina virtual nele, ambos executando o Windows Server 2016. Além disso, o host físico deve ter um processador Intel com suporte à virtualização VT-x e Extended Page Tables (EPT).

Antes de instalar o Hyper-V na máquina virtual, é preciso permitir que o processador virtual acesse a tecnologia de virtualização no computador físico. Para fazê-lo, você deve encerrar a máquina virtual e executar um comando como o seguinte no host físico, em uma sessão elevada (com privilégios administrativos) do PowerShell:

```
set-vmprocessor -vmname server1 -exposevirtualizationextensions $true
```

Você também precisa fazer as alterações de configuração a seguir na VM que funciona como host Hyper-V. Cada alteração está sendo fornecida primeiro com a indicação de sua localização na caixa de diálogo VM Settings do Hyper-V Manager e depois como comando do PowerShell:

- Na página Memory, desative Dynamic Memory.

    ```
    set-vmmemory -vmname server1 -dynamicmemoryenabled $false
    ```

- Na página Processor, configure Number Of Virtual Processors com 2.

    ```
    set-vmprocessor -vmname server1 -count 2
    ```

- Na página Network Adapter/Advanced Features, ative MAC Address Spoofing.

    ```
    set-vmnetworkadapter -vmname server1 -name "network adapter" -macaddressspoofing on
    ```

Uma vez que você fizer essas alterações, poderá iniciar a VM, instalar a função Hyper-V e criar máquinas virtuais aninhadas. Enquanto as VMs estiverem sendo executadas no host aninhado, alguns recursos do Hyper-V não funcionarão, como o redimensionamento dinâmico de memória, os pontos de verificação, a migração dinâmica e Salvar/Restaurar.

Objetivo 3.2: Definir configurações de máquina virtual (VM)

Após instalar o Hyper-V e configurar o Hyper-V Manager, você estará pronto para criar máquinas virtuais e definir as configurações que cada VM usará para operar. Poderá, então, instalar os sistemas operacionais convidados nas VMs, como se fossem computadores físicos. Usando o Hyper-V Manager ou o Windows PowerShell, você pode criar novas máquinas virtuais e definir suas configurações.

> **Esta seção aborda como:**
> - Criar uma máquina virtual
> - Adicionar ou remover memória em uma VM em execução
> - Configurar memória dinâmica
> - Configurar o suporte ao Acesso Não Uniforme à Memória (NUMA)
> - Configurar uma paginação inteligente
> - Configurar a avaliação do uso de recursos
> - Gerenciar os serviços de integração
> - Criar e configurar VMs Geração 1 e 2 e determinar cenários de uso apropriados
> - Implementar o modo de sessão avançado
> - Criar VMs Linux e FreeBSD
> - Instalar e configurar o Linux Integration Services (LIS)
> - Instalar e configurar o FreeBSD Integration Services (BIS)
> - Implementar o Secure Boot para ambientes Windows e Linux
> - Mover e converter VMs de versões anteriores do Hyper-V para a versão do Windows Server 2016
> - Exportar e importar VMs
> - Implementar o Discrete Device Assignment (DDA)

Crie uma máquina virtual

Por padrão, o Hyper-V armazena os arquivos que compõem as máquinas virtuais nas pastas especificadas na página Default Stores durante a instalação da função. Cada máquina virtual usa os seguintes arquivos:

- Um arquivo de configuração de máquina virtual (.vmc) no formato XML contendo as informações de configuração da VM, inclusive todas as suas definições.
- Um ou mais arquivos de disco rígido virtual (.vhd ou .vhdx) para armazenar o sistema operacional convidado, aplicativos e dados da máquina virtual.
- Uma máquina virtual também pode usar um arquivo de estado salvo (.vsv), se a máquina tiver sido colocada em um estado salvo.

Crie uma VM no Hyper-V Manager

Para criar uma nova máquina virtual com o Hyper-V Manager, use o procedimento a seguir.

1. Faça logon no servidor host Windows Server 2016, usando uma conta com privilégios administrativos.
2. No menu Tools da janela do Server Manager, selecione Hyper-V Manager. O console Hyper-V Manager aparecerá, como mostra a Figura 3-11.

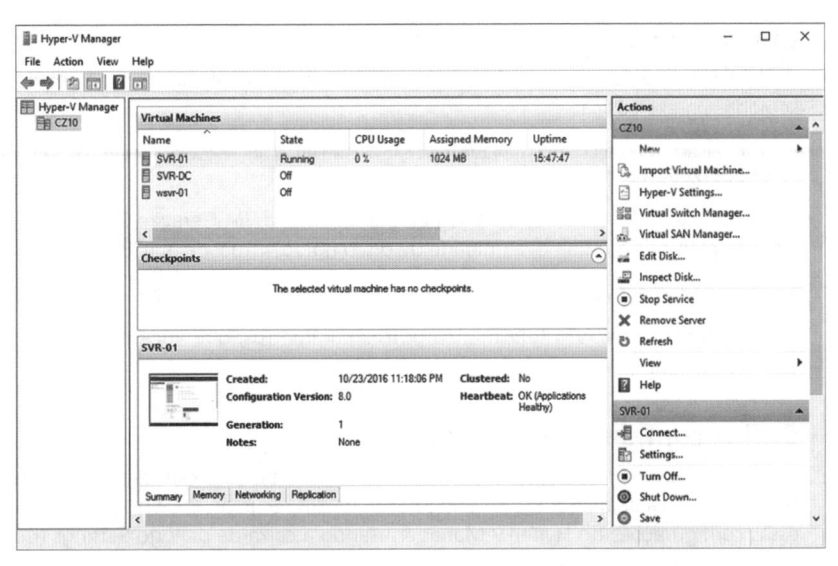

FIGURA 3-11 O console Hyper-V Manager.

3. No painel esquerdo do console Hyper-V Manager, selecione um servidor Hyper-V.
4. No painel Actions, selecione New | Virtual Machine. O New Virtual Machine Wizard aparecerá, exibindo a página Before You Begin.
5. Clique em Next. A página Specify Name And Location é exibida.
6. Na caixa de texto Name, digite um nome para a máquina virtual. O Hyper-V também usará esse nome para criar os arquivos e as pastas da VM. Em seguida, clique em Next. A página Specify Generation aparecerá.
7. Especifique se deseja criar uma máquina virtual Generation 1 ou Generation 2 e clique em Next. A página Assign Memory aparecerá.
8. Na caixa de texto Startup Memory, digite a quantidade de memória que deseja que a máquina virtual use e clique em Next. A página Configure Networking será exibida.
9. Na lista suspensa Connection, selecione um switch virtual e clique em Next. A página Connect Virtual Hard Disk aparecerá.
10. Deixe a opção Create A Virtual Hard Disk selecionada e digite valores para os campos a seguir:
    - **Name** Especifica o nome de arquivo do disco rígido virtual, usando o formato .vhdx.
    - **Location** Especifica um local diferente do padrão para o disco rígido virtual.
    - **Size** Especifica o tamanho máximo do disco rígido virtual.
11. Clique em Next. A página Installation Options aparecerá.
12. Deixe a opção Install An Operating System Later selecionada e clique em Next. A página Completing The New Virtual Machine Wizard será exibida.
13. Clique em Finish. O assistente cria a nova máquina virtual e a adiciona à lista de máquinas virtuais do Hyper-V Manager.

A máquina virtual que esse procedimento cria é equivalente a um computador bare metal (sem sistema operacional instalado). Ela tem todo o hardware (virtual) que precisa para ser executada, mas não tem software.

Criando uma VM no PowerShell

Para criar uma nova máquina virtual com o Windows PowerShell, use o cmdlet New-VM com a seguinte sintaxe básica:

```
new-vm -name virtualmachinename -memorystartupbytes memory -generation #
-newvhdsizebytes disksize
```

Por exemplo, o comando a seguir cria uma nova VM Geração 2 chamada Server1 com 1 GB de memória e uma nova unidade de disco rígido virtual de 40 GB:

```
new-vm -name "server1" -generation 2 -memorystartupbytes 1gb -newvhdsizebytes 40gb
```

O cmdlet New-VM tem muitos outros parâmetros, que você pode explorar usando o cmdlet Get-Help.

Defina configurações de VM

Cada máquina virtual do Hyper-V é composta por definições que especificam os recursos de hardware virtual da máquina e a configuração desses recursos. Você pode gerenciar e modificar essas configurações no Hyper-V Manager usando a caixa de diálogo Settings (Configurações) de uma máquina virtual específica.

A seleção de uma VM na lista Virtual Machines do Hyper-V Manager exibe uma série de ícones em uma seção separada do painel Actions. Clicar no ícone Settings abre a caixa de diálogo Settings, mostrada na Figura 3-12, que é a principal interface de configuração da VM. Aqui, você pode modificar qualquer configuração que tiver definido quando criou a máquina virtual.

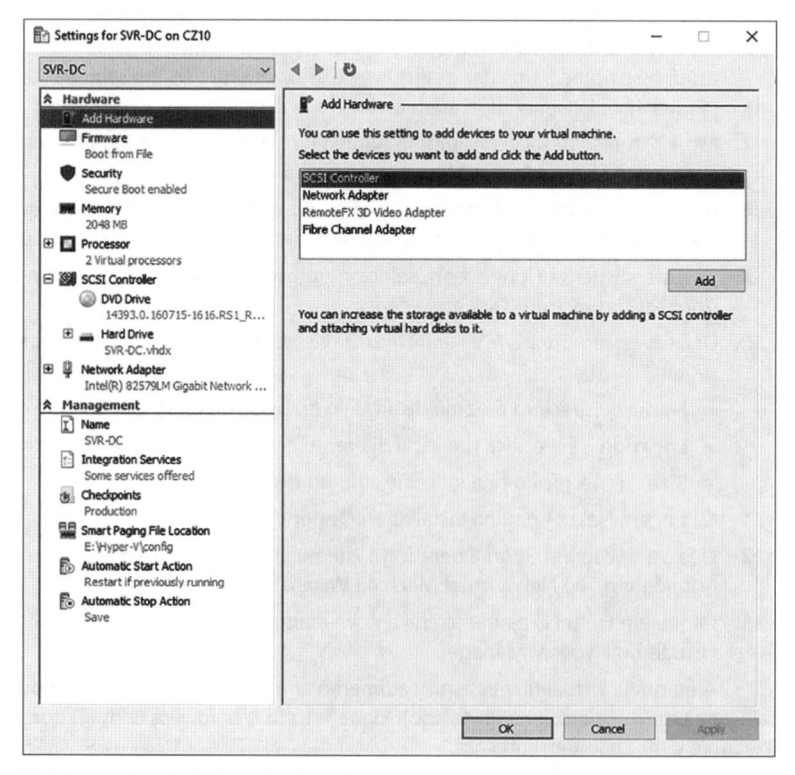

FIGURA 3-12 A caixa de diálogo Settings de uma máquina virtual no Hyper-V Manager.

Você também pode definir as configurações de uma VM usando os cmdlets do PowerShell no módulo Hyper-V. Para listar todos os cmdlets do módulo, use o comando a seguir:

```
get-command -module hyper-v
```

Adicione ou remova memória em uma VM em execução

A página Memory da caixa de diálogo Settings permite especificar a quantidade de memória do servidor host que deve ser alocada para a VM selecionada. Em um servidor Hyper-V sendo executado no Windows Server 2012 R2 ou anterior, a página Memory de uma VM em execução fica com todas as suas configurações indisponíveis. Você não pode modificar essas configurações enquanto a VM estiver sendo executada, da mesma forma que não pode inserir cartões de memória em um computador físico enquanto ele está em execução.

No entanto, isso mudou no Hyper-V do Windows Server 2016. Na página Memory de uma VM Geração 1 ou Geração 2, como mostrado na Figura 3-13, a configuração de RAM estará ativa e você poderá aumentar ou diminuir a alocação de memória da máquina virtual, enquanto ela estiver sendo executada. Essas alterações "dinâmicas" surtirão efeito assim que você clicar no botão OK ou Apply.

Para alterar a alocação de memória com o PowerShell, use o cmdlet Set-VMMemory, como no exemplo a seguir:

```
set-vmmemory -vmname server1 -startupbytes 1024mb
```

Configure a memória dinâmica

Uma das principais vantagens do Hyper-V é a possibilidade de fazermos um uso mais eficiente dos recursos de hardware de um servidor. Antes do Hyper-V, era normal um servidor operar em 10 a 20% da capacidcade de seus recusos na maior parte do tempo. A capacidade de memória e processador restantes era destinada à manipulação dos picos de uso ocasionais que a demandasse.

A memória dinâmica é um recurso do Hyper-V que aloca e desaloca memória automaticamente das VMs quando necessário. Isso pemite que os adminstradores aumentem suas taxas de consolidação de servidor.

Por exemplo, em um servidor Hyper-V com 16 GB de RAM, você poderia criar sete VMs com 2 GB de memória cada, sem memória dinâmica, porque em algum momento cada uma das VMs demandará todos os 2 GB. Porém, talvez essas VMs quase sempre usem apenas 1 GB de memória. Com a memória dinâmica ativada, seria possível criar 10 ou 12 VMs nesse mesmo servidor. Todas elas terão a quantidade de 1 GB necessária para serem executadas na maior parte do tempo e haverá vários gigabytes de memória restantes para alocações temporárias para as VMs durante os períodos em que precisarem dos 2 GB.

Configurações de memória dinâmica

Para usar a memória dinâmica, marque a caixa de seleção Enable Dynamic Memory na página Memory da caixa de diálogo Settings, como mostrado na Figura 3-13. Em seguida, defina as configurações de memória a seguir.

- **RAM**   Especifica a quantidade de memória que o Hyper-V alocará para a VM quando ela for iniciada.
- **Minimum RAM (RAM mínima)**   Especifica a menor quantidade de RAM que será deixada para a VM quando a memória dinâmica estiver reduzindo a alocação de memória. A configuração padrão é 512 MB.
- **Maximum RAM (RAM máxima)**   Especifica a maior quantidade de RAM que a memória dinâmica poderá alocar para a VM. A configuração padrão é 1 TB, a memória máxima permitida em qualquer VM.
- **Memory Buffer**   Especifica o percentual de memória alocado atualmente que a memória dinâmica deve reter como buffer para expansão futura. O Hyper-V tenta não alocar a memória de buffer para outra VM, mas fará isso se necessário.

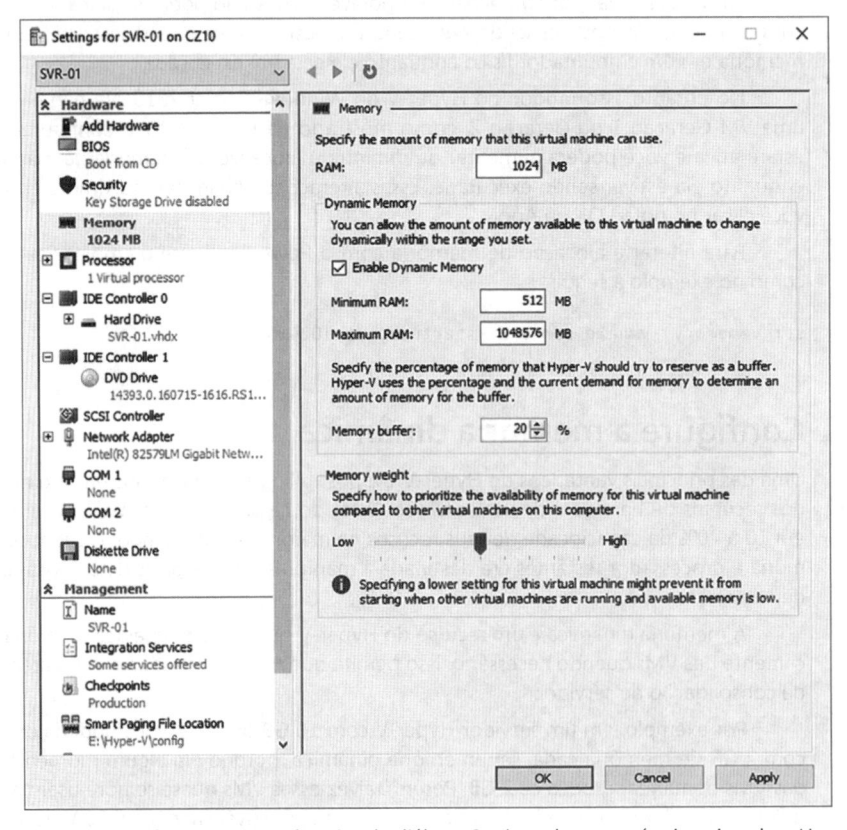

FIGURA 3-13   A página Memory da caixa de diálogo Settings de uma máquina virtual no Hyper-V Manager.

> **NOTA** **LIMITAÇÕES DA MEMÓRIA DINÂMICA**
>
> Embora você possa modificar a configuração de RAM enquanto uma VM estiver sendo executada se a memória dinâmica não estiver ativada, as limitações a seguir são aplicáveis:
>
> - Você não pode ativar ou desativar a memória dinâmica enquanto a VM estiver sendo executada.
> - Você não pode modificar a configuração de RAM quando a memória dinâmica estiver ativada.
> - Você pode diminuir, mas não aumentar, a configuração de RAM mínima enquanto a VM estiver sendo executada.
> - Você pode aumentar, mas não diminuir, a configuração de RAM máxima enquanto a VM estiver sendo executada.

Nem todo aplicativo sendo executado em uma VM é um candidato adequado à memória dinâmica. Por exemplo, o Microsoft Exchange foi projetado para utilizar toda a memória disponibilizada para ele continuamente. O Exchange armazena dados em cache na RAM quando eles não estão sendo usados para outros fins, logo, uma redução dinâmica na memória disponível pode causar piora no desepenho. No caso de execução de VMs em um ambiente de produção, é uma boa ideia fazer uma checagem com o fabricante do aplicativo antes de executá-las com a memória dinâmica ativada.

Alocações de memória dinâmica

O Windows Server 2016, como todas as versões do Windows, requre mais memória para ser inicializado do que para manter um estado estável uma vez que é iniciado. Quando o processo de inicialização termina em uma VM, a quantidade de memória usada pelo sistema operacional convidado diminui e o Hyper-V reclama parte da memória alocada para ele.

O processo de ajuste da memória alocada para uma VM é um esquema cooperativo entre o gerenciador de memória do sistema operacional convidado, um driver de memória dinâmica do Hyper-V Integration Services sendo executado no convidado e o host Hyper-V. Até que ponto o sistema operacional convidado tem conhecimento, atualmente ele só tem memória alocada necessária para poder funcionar. Quando um aplicativo sendo executado no convidado precisa de mais memória, ele a solicita ao gerenciador de memória do sistema operacional convidado. O driver de memória dinâmica do convidado detecta essa demanda e informa ao servidor Hyper-V, que aloca memória adicional para a VM. O sistema operacional convidado, seguindo a função de memória Hot Add padrão da indústria, determina que agora ele tem memória suficiente para atender a solicitação do aplicativo e o faz.

Reduzir a memória alocada para a VM é um procedimento diferente, porque embora haja uma maneira padronizada do sistema operacional convidado adicionar memória dinamicamente, não há um padrão para removê-la. Quando a memória utilizada pelo sistema operacional convidado diminui, a memória dinâmica usa o que é conhecido como *balloon driver* (*driver balão*) para bloquear a memória excedente, para que o Hyper-V possa reclamá-la e alocá-la para outro ambiente. Para o sistema operacional convidado, a memória continua lá, e ferramentas de mapeamento a mostram como estando bloqueada pelo driver, mas na verdade, o Hyper-V a tomou de volta.

Logo, talvez vejamos números de utilização da memória diferentes no sistema operacional convidado, em comparação com os mostrados pelo Hyper-V. Em um caso assim, a regra a ser seguida é a de que o Hyper-V está correto e o sistema operacional convidado está sendo ludibriado pelo balloon driver. O sistema operacional convidado nunca verá a memória bloqueada pelo driver ser liberada exceto quando a VM for reiniciada.

Para visualizar as estatísticas atuais de alocação de memória de uma máquina virtual, selecione a guia Memory no console Hyper-V Manager, como mostrado na Figura 3-14.

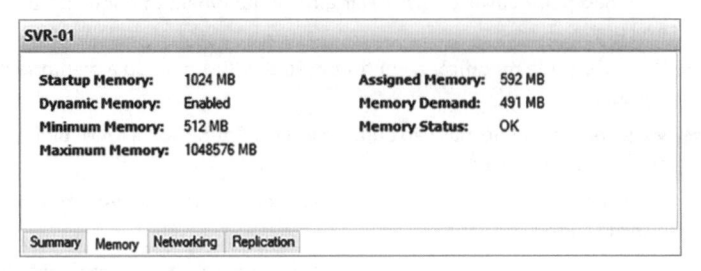

```
SVR-01

Startup Memory:    1024 MB        Assigned Memory:   592 MB
Dynamic Memory:    Enabled        Memory Demand:     491 MB
Minimum Memory:    512 MB         Memory Status:     OK
Maximum Memory:    1048576 MB

Summary | Memory | Networking | Replication
```

FIGURA 3-14   A guia Memory de uma máquina virtual.

Configure o suporte ao Acesso Não Uniforme à Memória (NUMA)

O *Acesso Não Uniforme à Memória* (*NUMA, Non-Uniform Memory Access*) é uma arquitetura de sistema usada para aumentar a eficiência da memória em computadores com vários processadores. O NUMA é uma arquitetura que divide os processadores lógicos de um sistema e sua memória em *nós NUMA*, com cada nó contendo um ou mais processadores lógicos e a região de memória próxima a eles em um barramento separado. Esses barramentos de nós são então interconectados por outro barramento, permitindo que os processadores acessem toda a memória do sistema.

A regra básica existente por trás do NUMA é a de que "a memória próxima é mais rápida". Para qualquer processador lógico, a memória dentro de seu nó NUMA é considerada *memória local*. A memória dos outros nós é chamada de *memória remota* ou memória externa. Os processadores têm um desempenho melhor quando acessam a memória local do que quando acessam a memória remota porque há menos latência no acesso.

Para qualquer processador, a diferença entre o acesso à memória local e à memória remota é conhecida como sua *taxa NUMA*. Um sistema que use o multiprocessamento simétrico (SMP, symmetric multiprocessing), em que os processadores e a memória são conectados com o uso de um único barramento, tem uma taxa NUMA de 1:1.

Para se beneficiar da arquitetura NUMA, certos aplicativos são otimizados para utilizar processadores e memória dentro do mesmo nó sempre que possível. O Microsoft SQL Server é um exemplo desse tipo de aplicativo.

Expansão por nós

Assim como o Hyper-V virtualiza o hardware de um computador físico para ser usado por VMs, ele também virtualiza a arquitetura NUMA. Por padrão, o Hyper-V tenta iniciar uma VM usando os recursos existentes dentro do mesmo nó NUMA. Se a arquitetura NUMA do computador físico não tiver memória suficiente dentro de um único nó, o Hyper-V usará a memória de outros nós. Isso é chamado de *abrangência NUMA* (*NUMA spanning*).

A abrangência NUMA permite que as VMs utilizem a memória disponibilizada no servidor host, não importando o nó em que esteja localizada. No entanto, também há algumas desvantagens para o desempenho.

O desempenho da VM e do aplicativo pode variar entre reinicializações devido a uma mudança no alinhamento dos nós NUMA. Por exemplo, uma VM poderia ter toda a sua memória alocada a partir de um único nó NUMA. Porém, após sua reinicialização, se a memória tiver que ser alocada a partir de vários nós, a latência em alguns dos acessos à memória aumentará, piorando o desempenho.

Para evitar essa situação, você pode configurar um servidor Hyper-V para não permitir NUMA spanning. Isso assegurará que o desempeho de suas VMs e de seus aplicativos seja consistente, mesmo após reinicializações. No entanto, também há desvantagens. Se NUMA spanning for desativada e uma VM não puder acessar todos os recursos de que precisa em um único nó, ela não conseguirá ser inicializada. Além disso, a memória dinâmica também só poderá acessar a memória de um único nó.

Para configurar NUMA spanning para um servidor Hyper-V, use o procedimento a seguir.

1. No painel Actions do Hyper-V Manager, clique em Hyper-V Settings. A caixa de diálogo Hyper-V Settings aparecerá.
2. Na lista Server, selecione NUMA Spanning para exibir a página NUMA Spanning, como mostrado na Figura 3-15.

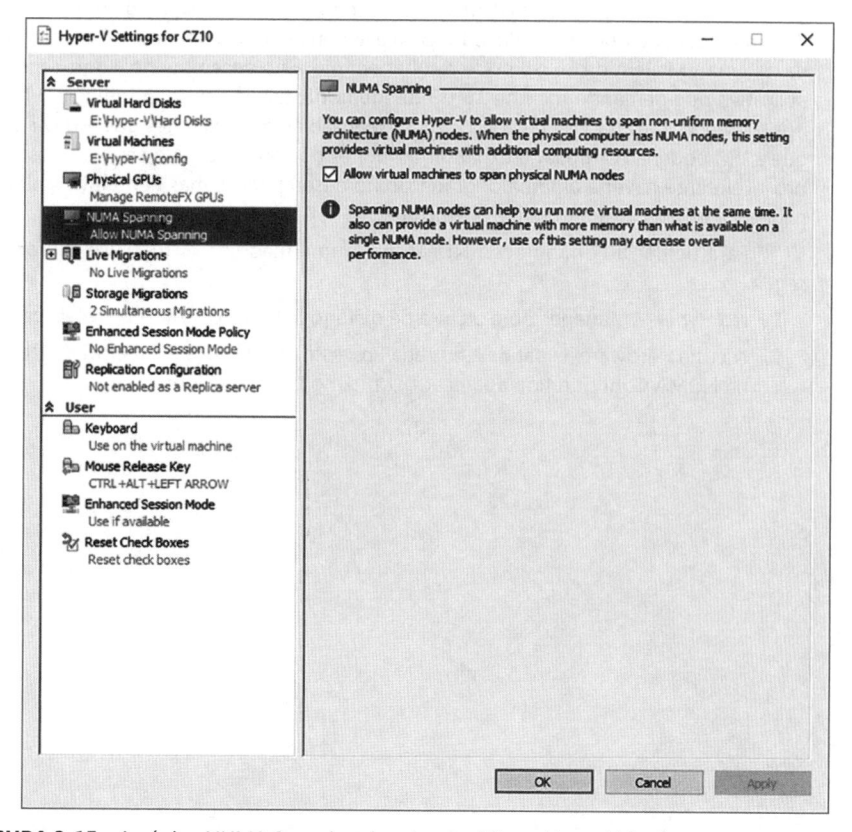

FIGURA 3-15 A página NUMA Spanning da caixa de diálogo Hyper-V Settings.

3. Desmarque a caixa de seleção Allow Virtual Machines To Span Physical NUMA Nodes.
4. Clique em OK.

> **NOTA CONFIGURAÇÕES DO HYPER-V**
> É bom ressaltar que as configurações da caixa de diálogo Hyper-V Settings afetam todas as máquinas virtuais do servidor e que a desativação de NUMA spanning impedirá que suas VMs acessem a memória remota.

Topologia NUMA

Quando você criar uma máquina virtual, o Hyper-V criará uma arquitetura NUMA virtual correspondente à arquitetura NUMA física do servidor host. Contudo, é possível modificar as configurações de nós NUMA para uma máquina virtual específica.

Por que você faria isso? Quando estiver trabalhando com um servidor host que tenha vários nós NUMA e estiver executando um aplicativo que reconheça o NUMA em uma VM, a quantidade de memória alocada para essa VM pode ser crucial. A Microsoft estimou que o desempenho de uma máquina virtual pode piorar em cerca de 8% quando sua alocação de memória exceder o limite de nós NUMA.

Por exemplo, se cada nó NUMA de um servidor host tiver 16 GB de memória, as VMs não devem ter mais do que 16 GB alocados para elas. Em um caso como esse, o aumento da memória de uma VM além de 16 GB pode resultar em piora no desempenho. Logo, se você tiver um aplicativo que demande mais de 16 GB de memória, talvez consiga modificar o tamanho dos nós NUMA virtuais da VM, para impedir a expansão além dos limites dos nós (virtuais). É claro que a VM poderia continuar a expandir os limites dos nós físicos do servidor host e, portanto, provavelmente haveria alguma degradação no desempenho, mas não tanta quanto a gerada pela expansão na arquitetura NUMA virtual.

Para definir a configuração NUMA para uma máquina virtual, use o procedimento a seguir.

1. No Hyper-V Manager, abra a caixa de diálogo Settings da VM que deseja configurar.
2. Na lista Hardware, expanda a entrada Processor e selecione a subentrada NUMA. A página NUMA Configuration aparecerá, como mostrado na Figura 3-16.

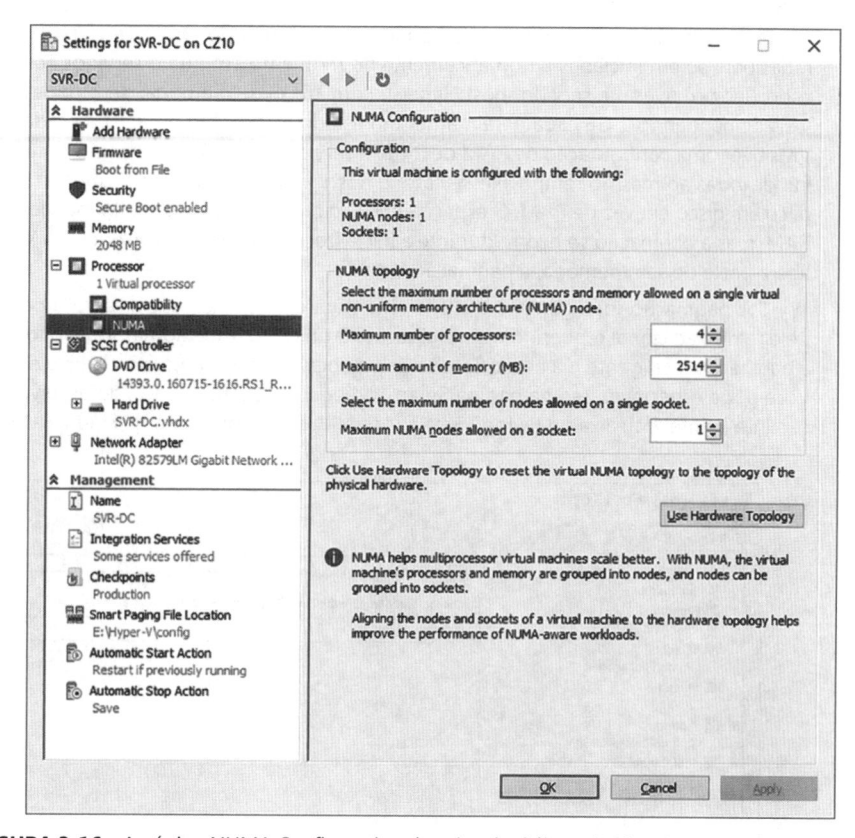

FIGURA 3-16 A página NUMA Configuration da caixa de diálogo Settings3.

3. Na caixa NUMA Topology, defina valores para as seguintes configurações:
   - Maximum number of processors (número máximo de processadores)
   - Maximum amount of memory (MB) (quantidade máxima de memória [MB])
   - Maximum NUMA nodes allowed on a socket (quantidade máxima de nós NUMA permitida em um soquete)
4. Clique em OK.

Configure a paginação inteligente

A *paginação inteligente* (*smart paging*) é um recurso do Hyper-V que permite que o servidor host obtenha uma compensação quando sua memória estiver sobrecarregada. Se o host não tiver a memória necessária para iniciar a VM, ele usará espaço em disco para paginação de memória, mas só durante a sequência de inicialização.

Quando as máquinas virtuais usam memória dinâmica, normalmente elas têm valores diferentes para a RAM e para a RAM Mínima. Isso permite que a VM libere parte de sua memória após a sequência de inicialização. Logo, é possível haver várias VMs sendo executadas simultaneamente usando toda a RAM disponível no servidor host. Esse esquema funcionará enquanto as VMs estiverem sendo executadas, mas quando elas forem reiniciadas, não haverá memória suficiente para fornecer a quantidade especificada na configuração de RAM.

Um cenário comum em que isso pode ocorrer é quando você tiver várias VMs configuradas para serem iniciadas automaticamente no momento em que o servidor host for inicializado. Se você tiver um servidor host Hyper-V com 16 GB de memória, deve poder executar 10 VMs demandando 1 GB cada para manter um estado estável. No entanto, se cada uma dessas VMs tiver uma configuração de RAM de 2 GB, o servidor host não terá memória suficiente para iniciar todas ao mesmo tempo. Nesse caso, o host compensará a falta de memória usando espaço em disco em vez de RAM. O espaço em disco provavelmente é muito mais lento do que a RAM, mas a paginação só ocorre durante a inicialização da VM. Uma vez que a VM é iniciada e libera parte de sua memória, a paginação termina.

A paginação inteligente é transparente para a máquina virtual, exceto possivelmente pelo tempo adicional requerido na inicialização. O único controle administrativo fornecido para a paginação inteligente é a especificação de um local alternativo para o arquivo de paginação. Você pode especificar isso na página Smart Paging File Location (Local do arquivo de paginação inteligente) da caixa de diálogo Settings da VM, como mostrado na Figura 3-17.

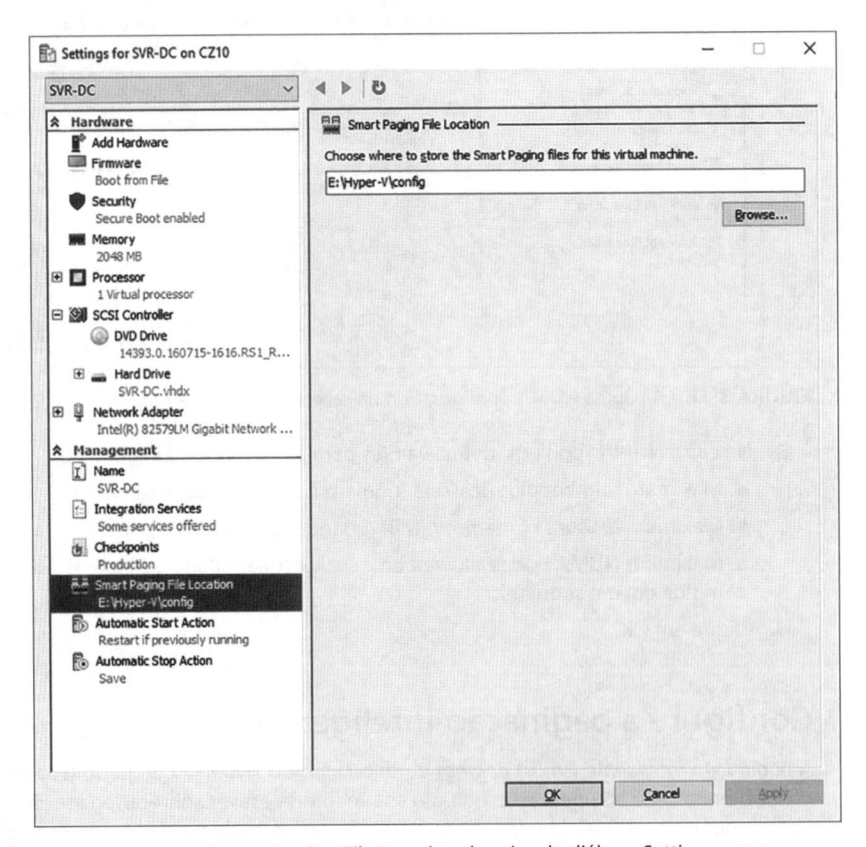

FIGURA 3-17 A página Smart Paging File Location da caixa de diálogo Settings.

Por padrão, o Hyper-V cria o arquivo de paginação na pasta Virtual Machines. A única razão para uma alteração seria o custo do espaço em disco na unidade em que a pasta designada está localizada. Se, por exemplo, a pasta Virtual Machines estiver localizada em um SSD, pode ser melhor mover o arquivo de paginação inteligente para algum local em uma mídia menos cara.

Configure a avaliação do uso de recursos

A avaliação, ou métrica, do uso de recursos (resource metering) é uma funcionalidade do Hyper-V que possibilita o rastreamento dos recursos que uma máquina virtual usa quando opera. A funcionalidade foi projetada para nuvens privadas baseadas em pagamento de taxas que hospedam VMs para os clientes. Ao avaliar a utilização de recursos, os fornecedores podem cobrar dos clientes com base em sua atividade real ou verificar sua conformidade com os termos de um contrato.

A métrica é implementada no Windows PowerShell. Quando ativada, o sistema começará a compilar estatísticas e continuará até você redefinir a avaliação, momento em que os contadores serão retornados para zero.

Para ativar a métrica, use um comando como o seguinte:

```
enable-vmresourcemetering -vmname server1
```

Uma vez que a avaliação for ativada, o sistema rastreará o uso dos seguintes recursos:

- **CPU**   Especifica a utilização do processador da VM em megahertz (MHz). Por avaliar em MHz em vez de em uma porcentagem, a estatística permanece válida, mesmo quando a VM é movida para outro servidor host.
- **Memória**   O Hyper-V rastreia a memória alocada mínima, máxima e média, medida em megabytes (MB).
- **Rede**   Especifica o tráfego de rede de entrada e saída total da VM, em megabytes.
- **Disco**   Especifica a capacidade de armazenamento total dos discos rígidos virtuais da VM, mais o espaço consumido no host por qualquer snapshot.

Para exibir as estatísticas de avaliação do uso de recursos de uma VM específica, use um comando como o seguinte:

```
measure-vm -vmname server1
```

Os resultados do comando são mostrados na Figura 3-18.

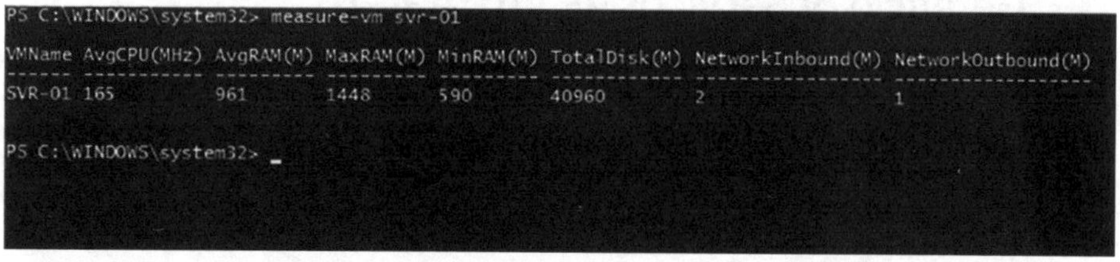

FIGURA 3-18   Saída do cmdlet Measure-VM.

Para exibir estatísticas de avaliação do uso de recursos adicionais, você pode executar o cmdlet Measure-VM e enviar sua saída com o caractere pipe para o cmdlet Format-List, como mostrado a seguir. A exibição resultante é mostrada na Figura 3-19.

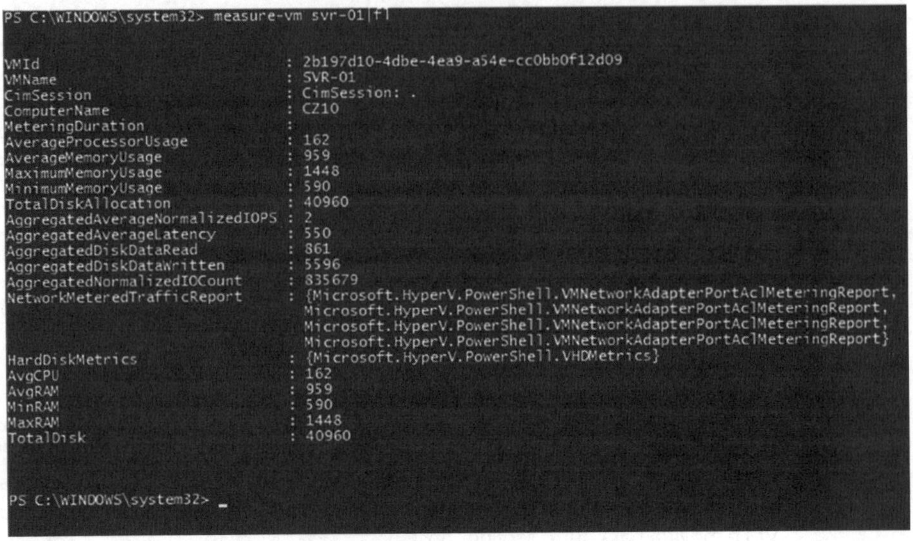

```
PS C:\WINDOWS\system32> measure-vm svr-01|fl

VMId                             : 2b197d10-4dbe-4ea9-a54e-cc0bb0f12d09
VMName                           : SVR-01
CimSession                       : CimSession: .
ComputerName                     : CZ10
MeteringDuration                 :
AverageProcessorUsage            : 162
AverageMemoryUsage               : 959
MaximumMemoryUsage               : 1448
MinimumMemoryUsage               : 590
TotalDiskAllocation              : 40960
AggregatedAverageNormalizedIOPS  : 2
AggregatedAverageLatency         : 550
AggregatedDiskDataRead           : 861
AggregatedDiskDataWritten        : 5596
AggregatedNormalizedIOCount      : 835679
NetworkMeteredTrafficReport      : {Microsoft.HyperV.PowerShell.VMNetworkAdapterPortAclMeteringReport,
                                    Microsoft.HyperV.PowerShell.VMNetworkAdapterPortAclMeteringReport,
                                    Microsoft.HyperV.PowerShell.VMNetworkAdapterPortAclMeteringReport,
                                    Microsoft.HyperV.PowerShell.VMNetworkAdapterPortAclMeteringReport}
HardDiskMetrics                  : {Microsoft.HyperV.PowerShell.VHDMetrics}
AvgCPU                           : 162
AvgRAM                           : 959
MinRAM                           : 590
MaxRAM                           : 1448
TotalDisk                        : 40960


PS C:\WINDOWS\system32> _
```

FIGURA 3-19 Saída formatada do cmdlet Measure-VM.

Para configurar as estatísticas de avaliação do uso de recursos novamente com zero, use o cmdlet Reset-VMResourceMetering, como nesse exemplo:

```
reset-vmresourcemetering -vmname server1
```

Para desativar a avaliação do uso de recursos para uma VM, use o cmdlet Disable-VMResourceMetering, como em:

```
disable-vmresourcemetering -vmname server1
```

Gerencie os serviços de integração

O Integration Services (Serviços de Integração) é um pacote de software que é executado em um sistema operacional convidado, permitindo que ele se comunique com o servidor host Hyper-V. Projetada para um sistema operacional convidado específico, parte dos componentes de software do pacote Integration Services é executada automaticamente, como o balloon driver já mencionado neste capítulo. Há outros que os administradores podem ativar ou desativar quando necessário.

Para selecionar os componentes que estarão disponíveis em uma máquina virtual, abra a página Integration Services da caixa de diálogo Settings da VM e marque ou desmarque as caixas de seleção, como mostrado na Figura 3-20.

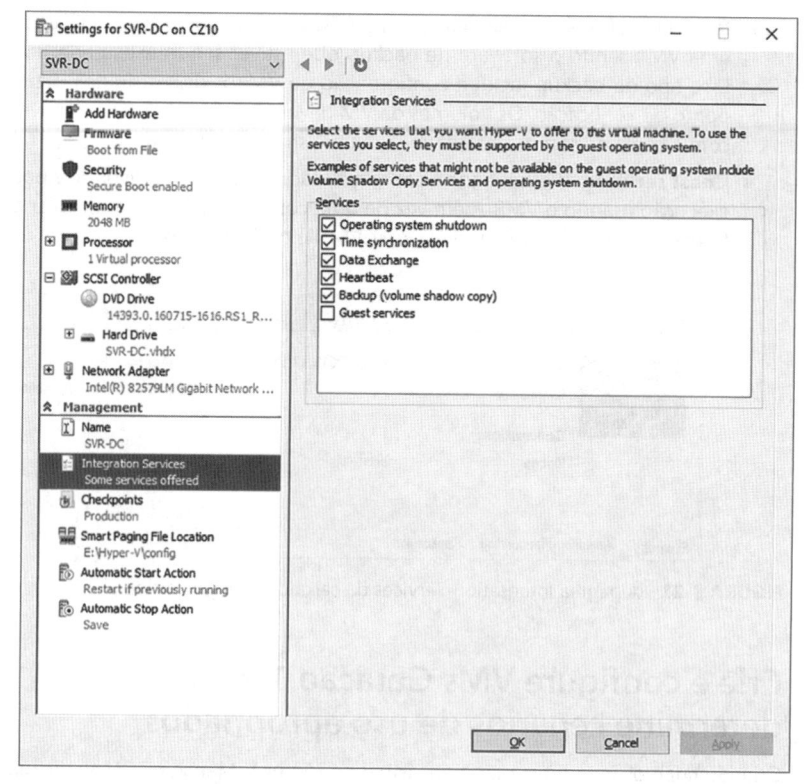

FIGURA 3-20 A página Integration Services da caixa de diálogo Settings.

Uma VM executando o Windows Server 2016 tem seis componentes de serviços de integração, todos ativados por padrão, exceto Guest Services. As funções dos componentes são as seguintes:

- **Operating system shutdown**   Permite que os administradores executem o encerramento controlado de uma VM sem ter que fazer logon nela. É possível encerrar uma VM usando o Hyper-V Manager ou o cmdlet Stop-VM no PowerShell.
- **Time synchronization**   Sincroniza o relógio da VM com o relógio do host Hyper-V. A única razão para desativar esse serviço é se você estiver usando uma VM para executar um controlador de domínio do Active Directory Domain Services e tiver configurado o sistema para sincronizar com uma fonte externa de indicação de hora.
- **Data exchange**   Também conhecido como *key-value pair* (*KVP, par chave-valor*), esse é um serviço que permite que o sistema operacional convidado de uma VM compartilhe informações com o sistema operacional do host Hyper-V usando o VMBus. Logo, não é necessária uma conexão de rede. As informações são armazenadas no registro em um convidado Windows e em um arquivo em um convidado Linux/UNIX. Desenvolvedores de aplciativos podem usar scripts de Windows Management Instrumentation (WMI) para armazenar instruções ou outras informações em KVPs que devam ser vistos pelo host.
- **Heartbeat**   Faz a VM gerar um sinal em intervalos regulares para indicar que está sendo executada normalmente. O servidor host detectará se o sinal parar, indicando que a VM não está respondendo. O estado atual do sinal de pulso é exibido na guia Summary de uma VM em execução no Hyper-V Manager, como mostrado na Figura 3-21, ou na saída do cmdlet Get-VMIntegrationService do PowerShell.

- **Backup (volume shadow copy)** Permite que os administradores façam o backup de uma VM usando o software de backup que estiver sendo executado no servidor host. Esse tipo de backup inclui a configuração da VM, os discos rígidos virtuais e qualquer ponto de verificação. Os volumes da VM devem usar o sistema de arquivos NTFS e estar com a cópia de sombra de volume (volume shadow copy) ativada.
- **Guest services** Permite que os administradores copiem arquivos de e para uma VM em execução usando o VMBus em vez de uma conexão de rede. Para copiar arquivos dessa forma, você deve usar o cmdlet Copy-VMFile do PowerShell.

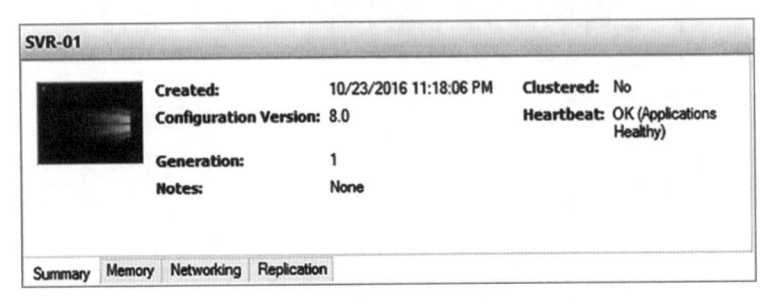

FIGURA 3-21 A página Integration Services da caixa de diálogo Settings.

Crie e configure VMs Geração 1 e 2 e determine cenários de uso apropriados

Quando criamos uma nova máquina virtual no Hyper-V Manager, o New Virtual Machine Wizard inclui uma página, mostrada na Figura 3-22, na qual é possível especificar se queremos criar uma VM Geração 1 ou Geração 2.

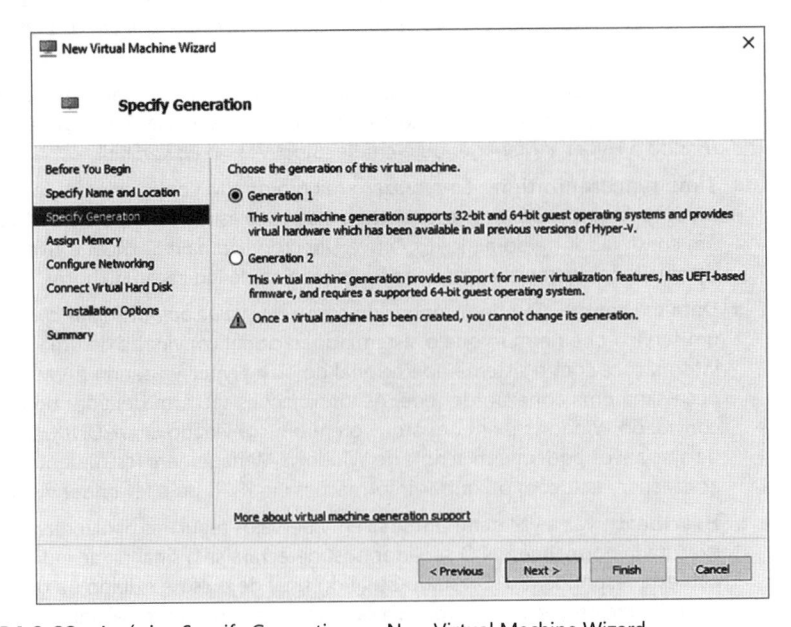

FIGURA 3-22 A página Specify Generation no New Virtual Machine Wizard.

O cmdlet New-VM do PowerShell também inclui um parâmetro Generation, que podemos usar em um comando como o seguinte:

```
new-vm -name server1 -generation 2 -memorystartupbytes 1gb -newvhdpath
"c:\disks\server1.vhdx"
```

Se você omitir o parâmetro Generation da linha de comando, o cmdlet criará uma VM Geração 1 por padrão.

Vantagens da Geração 2

As VMs Geração 1 foram projetadas para emular o hardware encontrado em um computador típico, e para fazê-lo, elas usam drivers de dispositivos específicos, como uma BIOS AMI, um adaptador gráfico S3 e um chipset e adaptador de rede Intel. As VMs Geração 1 que você criar com o Hyper-V do Windows Server 2016 serão totalmente compatíveis com as versões anteriores do Hyper-V.

Por sua vez, as VMs Geração 2 usam drivers sintéticos e dispositivos baseados em software e fornecem vantagens como:

- **Inicialização UEFI** Em vez de usar a BIOS tradicional, as VMs Geração 2 dão suporte à Inicialização Segura (Secure Boot) usando Universal Extensible Firmware Interface (UEFI), que requer que o sistema seja inicializado a partir de drivers assinados digitalmente e permite que eles sejam inicializados em unidades com mais de 2 TB, com tabelas de partição GUID. O UEFI é emulado totalmente nas VMs, não importando o firmware do servidor host físico.

- **Discos SCSI** As VMs Geração 2 não usam mais a controladora de disco IDE, que era usado pelas VMs Geração 1 para inicializar o sistema. Hoje em dia, elas utilizam uma controladora SCSI virtual de alto desempenho para todos os discos, o que permite que as VMs sejam inicializadas a partir de arquivos VHDX, deem suporte a até 64 dispositivos por controladora e executem inclusões e remoções dinâmicas de discos.

- **Inicialização PXE** O adaptador de rede virtual nativo das VMs Geração 2 dá suporte à inicialização a partir de um servidor de rede usando Preboot Execution Environment (PXE). As VMs Geração 1 requerem o uso do adaptador de rede legado para dar suporte à inicialização PXE.

- **Inicialização SCSI** As VMs Geração 2 podem ser inicializadas a partir de um dispositivo SCSI enquanto as VMs Geração 1 não podem. As VMs Geração 2 não têm o suporte à controladora IDE ou de disquete e, portanto, não podem ser inicializadas a partir desses dispositivos.

- **Tamanho do volume de inicialização** As VMs Geração 2 podem ser inicializadas a partir de um volume de até 64 TB, enquanto os volumes de inicialização da Geração 1 estão restritos a 2 TB.

- **Redimensionamento do volume de inicialização VHDX** Em uma VM Geração 2, você pode expandir ou reduzir um volume de inicialização VHDX enquanto a VM estiver sendo executada.

- **Periféricos baseados em software** O teclado, o mouse e os drivers de vídeo de uma VM Geração 2 são baseados em software, e não emulados, logo, usam menos recursos e fornecem um ambiente mais seguro.

- **Adaptadores de rede dinâmicos** Em VMs Geração 2, você pode adicionar e remover adaptadores de rede virtuais enquanto a VM estiver sendo executada.

- **Modo de sessão avançado** As VMs Geração 2 dão suporte ao Modo de Sessão Avançado, que fornece conexões do Hyper-V Manager e do VMConnect para a VM com recursos adicionais, como áudio, suporte à área de transferência, acesso à impressora, e dispositivos USB.

- **Máquinas virtuais protegidas** As VMs Geração 2 podem ser protegidas, para que o disco e o estado do sistema sejam criptografados e só possam ser acessados por administradores autorizados.
- **Storage Spaces Direct** VMs Geração 2 executando o Windows Server 2016 Datacenter Edition dão suporte ao Storage Spaces Direct, que pode fornecer uma solução de armazenamento tolerante a falhas e de alto desempenho usando unidades de disco locais.

Limitações da Geração 2

O resultado de uma máquina virtual Geração 2 é que a VM é implantada com muito mais rapidez do que uma da Geração 1, é mais segura e tem um desempenho melhor. As limitações, no entanto, são que as VMs Geração 2 não podem executar alguns sistemas operacionais convidados, como os seguintes:

- Windows Server 2008 R2
- Windows Server 2008
- Windows 7
- Algumas distribuições Linux mais antigas
- Todas as distribuições FreeBSD
- Todos os sistemas operacionais de 32 bits

> **NOTA CONVERTENDO GERAÇÕES DE VMS**
>
> Uma vez que você criar uma VM usando uma geração específica, não havará uma maneira de alterá-la no Windows Server 2016. Porém, há um script baixável chamado Convert-VM-Generation disponível no Microsoft Developer Network que cria uma nova VM Geração 2 a partir de uma VM Geração 1 existente, omitindo alguns dispositivos como unidades de disquete, unidades de DVD usando mídia física, adaptadores de rede legados e portas COM. O script está disponível em *https://code.msdn.microsoft.com/ConvertVMGeneration*.

Selecionando uma geração de VM

De uma maneira geral, você deve usar VMs Geração 2, exceto em situações em que elas não sejam suportadas ou não deem suporte a recursos de que você precise, como os seguintes:

- Você deseja inicializar a VM usando BIOS.
- Você tem um VHD que não dá suporte a UEFI e deseja usá-lo em uma nova VM.
- Você deseja instalar uma versão de um sistema operacional convidado não suportado pela Geração 2.
- Você planeja mover a VM para um Windows Server 2008 R2 ou outro servidor Hyper-V que não dá suporte a VMs Geração 2.
- Você pretende mover a VM para o Windows Azure.

Implemente o modo de sessão avançado

O Virtual Machine Connection (VMConnect) é a ferramenta que o Hyper-V Manager usa para se conectar com uma VM em execução e acessar sua área de trabalho. Quando você seleciona uma VM no Hyper-V Manager e clica em Connect no painel Actions, está executando o VMConnect. No entanto, também pode usar a ferramenta sem o Hyper-V Manager executando o VMConnect.exe na linha de comando.

O modo de sessão avançado é um recurso do Hyper-V que permite que uma máquina virtual acessada por intermédio do VMConnect utilize recursos no computador em que o VMConnect está sendo executado. Por exemplo, com o modo de sessão avançado ativado, uma VM pode enviar jobs (trabalhos) de impressão para a impressora do sistema host, fazer logon usando seu leitor de cartão inteligente, compartilhar dados da área de transferência, reproduzir ou gravar áudio, ajustar a resolução da tela ou acessar as unidades de disco do host.

No Windows Server 2016, o modo de sessão avançado vem desativado por padrão. Para usá-lo, você deve ativá-lo na caixa de diálogo Hyper-V Settings do servidor host, em dois locais.

- Na seção Server, na página Enhanced Session Mode Policy, marque a caixa de seleção Allow Enhanced Session Mode, como mostrado na Figura 3-23.
- Na seção User, na página Enhanced Session Mode, marque a caixa de seleção Use Enhanced Session Mode.

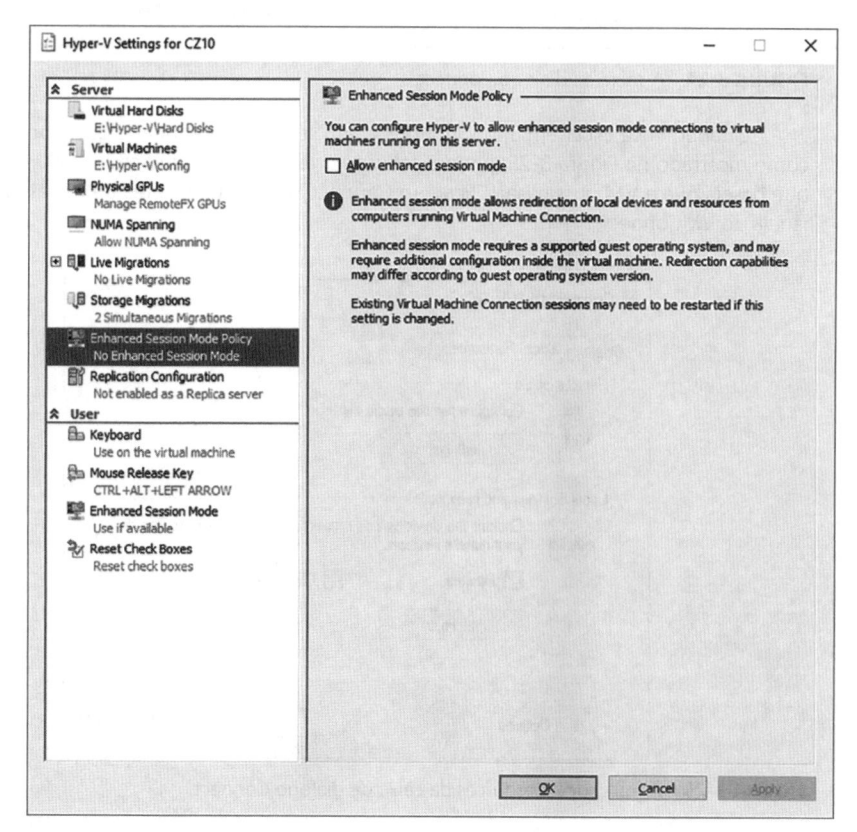

FIGURA 3-23 A página Enhanced Session Mode Policy da caixa de diálogo Hyper-V Settings.

Para usar o modo de sessão avançado, o sistema host tem que estar executando Windows Server 2016, Windows Server 2012 R2, Windows Server 2012, Windows 10, Windows 8.1 ou Windows 8. A VM precisa ser de Geração 2 e estar executando Windows Server 2016, Windows Server 2012 R2, Windows 10 ou Windows 8.1 como sistema operacional convidado. O Remote Desktop (Área de Trabalho Remota) também deve ser ativado na página System Properties.

Quando você se conectar a uma VM com o modo de sessão avançado ativado, uma caixa de diálogo Connect adicional aparecerá, na qual será possível selecionar a resolução de tela da VM, como mostra a Figura 3-24.

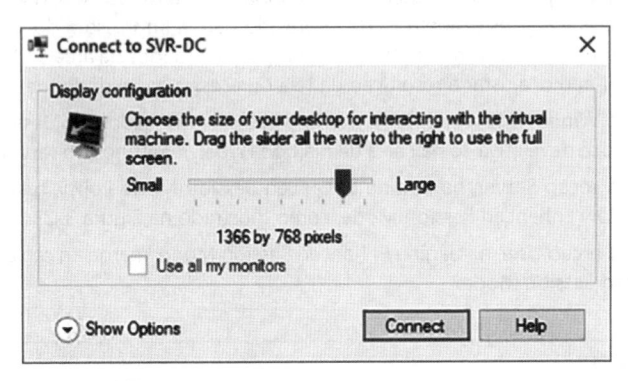

FIGURA 3-24 A caixa de diálogo Connect.

Quando você clicar em Show Options e, em seguida, selecionar a guia Local Resources, como mostrado na Figura 3-25, poderá selecionar as opções de áudio e os dispositivos locais que deseja que a VM possa usar. Clicar em Connect abrirá então a área de trabalho da VM na janela do VMConnect.

FIGURA 3-25 A guia Local Resources da caixa de diálogo Connect.

Crie VMs Linux e FreeBSD

O Hyper-V do Windows Server 2016 não está restrito ao Windows como sistema operacional convidado. Você pode instalar muitas distribuições Linux ou FreeBSD em uma máquina virtual. Os procedimentos de instalação variam por distribuição, assim como o desempenho. Em alguns casos, pode ser preciso modificar certas configurações padrão da máquina virtual para dar suporte a uma distribuição específica, mas quase sempre, o processo de instalação prossegue sem problemas.

A primeira etapa da criação de uma VM executando o Linux ou o FreeBSD é verificar se a distribuição e a versão que você deseja usar têm suporte. A Microsoft anunciou o suporte a várias distribuições Linux, inclusive ao CentOS, Red Hat, Debian, Oracle, SUSE, e Ubuntu, assim como ao FreeBSD. Elas estão disponíveis em várias versões e você deve verificar se a versão que deseja usar é suportada e se ela dá suporte aos recursos específicos do Hyper-V que lhe são importantes.

> *PRECISA DE MAIS INFORMAÇÕES?* **VERSÕES SUPORTADAS DO LINUX E FREEBSD**
>
> Para obter informações sobre as versões de cada distribuição Linux e FreeBSD suportada como convidada do Hyper-V, e os recursos disponíveis em cada uma, consulte a página a seguir no site Technet da Microsoft em https://technet.microsoft.com/en-us/windows-server-docs/compute/hyper-v/supported-linux-and-freebsd-virtual-machines-for-hyper-v-on-windows.

Configure VMs

A próxima etapa é determinar que configurações de máquina virtual serão usadas para uma VM que utilize o Linux ou o FreeBSD como sistema operacional convidado. Novamente, as configurações necessárias serão específicas do sistema operacional individual que você quiser usar. Algumas versões recentes do Linux podem ser executadas em VMs Geração 2, mas outras não. Para aquelas que puderem ser executadas em VMs Geração 2, você deve confirmar se elas podem usar a Inicialização Segura. Para esses sistemas operacionais, provavelmente os administradores terão que fazer testes por conta própria para determinar que configurações fornecem o melhor desempenho.

Por exemplo, a distribuição Ubuntu do Linux é suportada como convidada do Hyper-V. No entanto, para criar uma VM para o Ubuntu, você precisa considerar o seguinte:

- Para VMs Geração 1, use o adaptador de rede do Hyper-V e não o legado. Se for necessário executar a inicialização a partir da rede com o PXE, use uma VM Geração 2, que dê suporte ao PXE no adaptador de rede padrão.

- O Ubuntu pode ser executado em uma VM Geração 2. No entanto, para usar a Inicialização Segura, você deve selecionar o modelo Microsoft UEFI Certificate Authority na página Security da caixa de diálogo Settings.

- Muitos sistemas de arquivos usados com o Linux consomem quantidades extraordinariamente grandes de espaço em disco por causa do tamanho de bloco padrão de 32 MB que o Hyper-V usa ao criar um arquivo VHDX. Para a conservação do espaço de armazenamento, a Microsoft recomenda a criação de um VHDX com tamanho de bloco de 1 MB. Você pode seguir essa recomendação usando o cmdlet New-VHD do PowerShell com o parâmetro BlockSizeBytes, como no exemplo a seguir:

```
new-vhd -path c:\disks\server1.vhdx -sizebytes 40gb -dynamic -blocksizebytes 1mb
```

- O carregador de incialização GRUB do Ubuntu tende a exceder o tempo-limite quando a VM é reiniciada logo após a instalação. Para resolver esse problema após a instalação, você pode editar o arquivo /etc/default/grub e alterar o valor de GRUB_TIMEOUT para 100000, como mostrado na Figura 3-26.

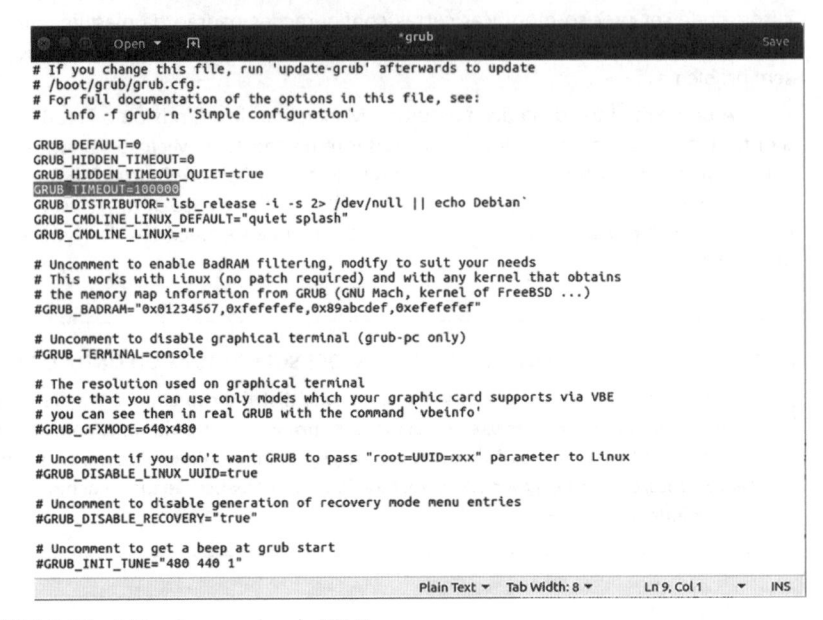

FIGURA 3-26 Editando o arquivo do GRUB.

Instale o sistema operacional convidado

O FreeBSD e a maioria das distribuições Linux suportadas estão disponíveis para download em várias formatos. Grande parte tem imagens de disco de instalação inicializáveis disponíveis como arquivos ISO, que você pode carregar em uma unidade de DVD virtual em uma VM, para iniciar o programa de instalação, como mostrado na Figura 3-27. Muitos dos sistemas operacionais Linux e FreeBSD atuais têm programas de instalação que competem com o do Windows em sua simplicidade e eficiência, principalmente no caso de uma máquina virtual, em que os componentes de hardware são totalmente previsíveis.

FIGURA 3-27 Instalação do Linux.

Instale e configure o Linux Integration Services (LIS)

Como mencionado anteriormente neste capítulo, os sistemas operacionais convidados do Hyper-V executam um conjunto de drivers e outros componentes chamados Serviços de Integração (Integration Services). Já que eles têm que ser projetados para execução no ambiente do sistema operacional convidado, há implementações diferentes para os sistemas operacionais Linux e FreeBSD, chamadas Linux Integration Services (LIS) e FreeBSD Integration Services (FIS).

As diversas distribuições Linux às quais o Hyper-V dá suporte têm diferenças em suas implementações, mas são todas baseadas no mesmo conjunto de versões de kernel Linux. A maioria das versões recentes de todas as distribuições suportadas tem o LIS ou o FIS incluídos como parte do sistema operacional, o que a Microsoft chama de implementações "internas". Essas implementações são desenvolvidas como um esforço cooperativo com a comunidade de desenvolvedores de cada distribuição e testadas tanto pela Microsoft quanto pelos colaboradores do sistema operacional. Após uma bateria de testes satisfatória, os fornecedores da distribuição incorporam o LIS às suas versões do sistema.

No entanto, nem todas as implementações dos Serviços de Integração dão suporte a todos os recursos disponíveis do Hyper-V em todas as versões do sistema operacional convidado. Isso ocorre devido à natureza dos métodos de desenvolvimento e distribuição do Linux, que com frequência podem resultar em uma versão específica não tendo a última implementação do LIS. Para esses casos, há pacotes LIS e FIS disponíveis como downloads gratuitos no Microsoft Download Center.

Dependendo da distribuição Linux e da versão que você pretende instalar, há três soluções possíveis para a questão dos Serviços de Integração, como descrito a seguir:

- **Não fazer nada** Em versões mais antigas do Linux que não incluam o LIS, instalar o sistema operacional como convidado cria drivers emulados para o hardware virtualizado na VM. Não é necessário software adicional, mas os drivers emulados não dão suporte a todos os recursos de gerenciamento do Hyper-V e não têm um desempenho tão bom quanto os drivers específicos do Hyper-V existentes no pacote LIS.

- **Baixar e instalar o LIS** Em versões mais antigas do Linux que não incluam o LIS, baixar e instalar o pacote LIS fornece melhor desempenho e mais recursos de gerenciamento. Em algumas versões de certas distribuições Linux, como o CentOS e o Oracle, temos a opção de usar o pacote LIS integrado ao sistema operacional ou usá-lo na versão baixada da Microsoft. Nesses casos, normalmente a versão baixada dá suporte a recursos que a versão integrada não fornece. Fica a cargo de cada administrador decidir se é importante ter acesso a esses recursos adicionais. Por exemplo, o CentOS versão 6.4 inclui uma versão do LIS que dá suporte à maioria dos recursos disponíveis, mas ela não permite redimensionar arquivos VHDX. Se essa funcionalidade for importante para você, baixe e instale o LIS, já que ele inclui esse recurso.

- **Usar o LIS interno** Em algumas versões de certas distribuições, como as versões mais recentes do Ubuntu, o LIS foi totalmente implementado e instalar o módulo LIS disponível para download é explicitamente não recomendado. Nas últimas versões de grande parte das distribuições, há poucas situações em que é necessário usar o pacote LIS disponível para download, porque a maioria dos recursos do Hyper-V já se encontra integrado ao sistema operacional.

As versões baixáveis do pacote LIS recebem números de versão, o que não ocorre com as versões integradas. Se você decidir usar o LIS disponível para download, deve sempre obter a última versão, após verificar se a Microsoft dá suporte a ela para a versão do sistema operacional convidado que estiver sendo executada. A Microsoft fornece o pacote LIS em duas formas: como um arquivo *tar* compactado que você pode baixar no sistema operacional e instalar ou como uma imagem de disco no formato ISO, que pode ser carregada em uma unidade de DVD virtual.

Instale e configure o FreeBSD Integration Services (BIS)

Desde a versão 10, o FreeBSD inclui o suporte total ao FreeBSD Integration Services (BIS) em suas versões do sistema operacional. Não é preciso instalar software adicional a não ser que você esteja executando o FreeBSD versão 9 ou anterior. Para versões 8.x e 9.x, há a necessidade de procurar por software que possa fornecer funcionalidades do BIS.

Implemente o Secure Boot para ambientes Windows e Linux

Secure Boot (inicialização segura) é um mecanismo interno do Unified Extensible Firmware Interface (UEFI) projetado para verificar se cada componente carregado durante a sequência de inicialização foi assinado digitalmente e, portanto, é da confiança do fabricante do computador. No Hyper-V, VMs Geração 2 dão suporte ao Secure Boot como parte de sua implementação do UEFI.

Na inicialização tradicional de um sistema, o computador executa um power-on self-test (POST, teste automático de ligação), após o qual ele inicializa a BIOS, detecta o hardware do sistema e carrega o firmware na memória. Depois disso, o sistema executa o carregador de inicialização (bootloader). Já que o firmware e o carregador de inicialização não são verificados, podem conter algum tipo de malware, como um rootkit ou bootkit. Essas ameaças não são detectadas pelos softwares antivírus comuns e, portanto, podem infectar o sistema operacional permanecendo ao mesmo tempo invisíveis.

O Secure Boot substitui o tradicional firmware BIOS pelo firmware UEFI, que é responsável por verificar se o firmware, o carregador de inicialização e outros componentes provêm de fontes confiáveis. O UEFI usa certificados confiáveis para o sistema operacional e uma chave de plataforma fornecida pelo fabricante do computador para assegurar que nenhum software não autorizado seja carregado durante o processo de inicialização.

O Windows e o Secure Boot

Quando você criar uma máquina virtual Geração 2 no Hyper-V, o fabricante do computador será a Microsoft, e o firmware UEFI incluirá certificados dos carregadores de inicialização do Windows. Ou seja, o Windows será inicializado na VM, porque haverá uma cadeia de certificados confiáveis retrocedendo até a raiz. Se você tentar inicializar a VM em um sistema operacional não Windows, o sistema passará silenciosamente para o próximo item na ordem de inicialização. Se a VM tentar constantemente ser inicializada a partir da rede ou de um DVD, não importando o ordem de inicialização especificada, o problema provavelmente será que o Secure Boot falhou e o sistema está ignorando a inicialização a partir do disco rígido.

O Secure Boot vem ativado por padrão em VMs Geração 2. Para desativá-lo, abra a página Security da caixa de diálogo Settings da VM e desmarque a caixa de seleção Enable Secure Boot, como mostrado na Figura 3-28.

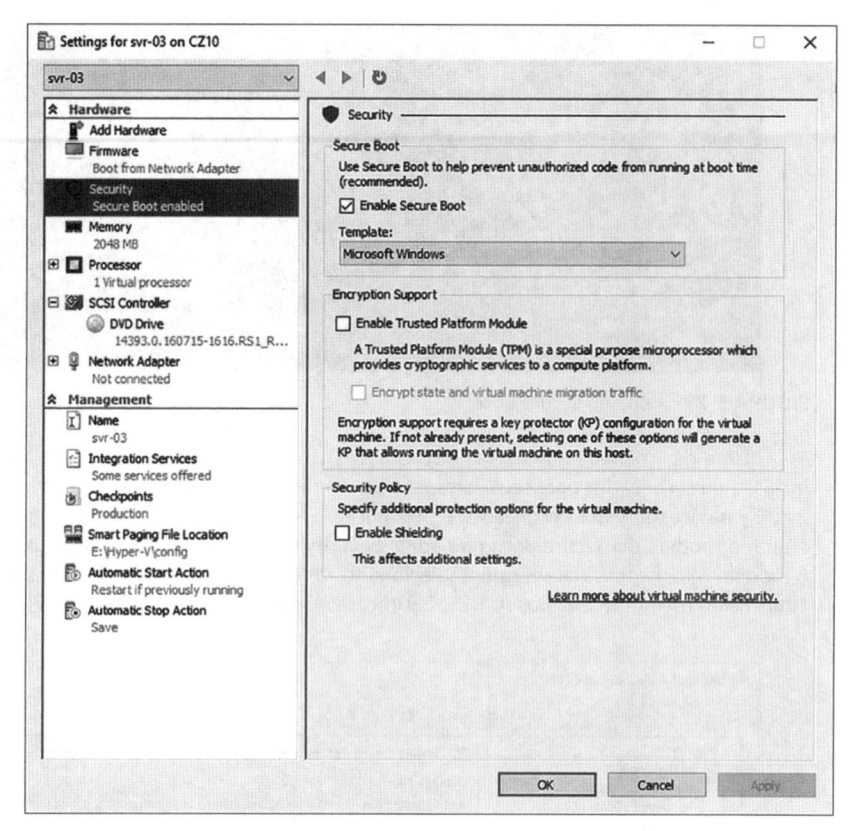

FIGURA 3-28 A página Security da caixa de diálogo Settings de uma VM

Você também pode desativar o Secure Boot usando o cmdlet Set-VMFirmware no Windows PowerShell, como no exemplo a seguir:

```
set-vmfirmware -vmname server1 -enablesecureboot off
```

O Linux e o Secure Boot

Quando você instalar uma distribuição Linux em uma VM Geração 2, o problema descrito anteriormente ocorrerá quando o Secure Boot estiver ativado. Por padrão, o UEFI não tem certificados para sistemas operacionais não Windows, logo, ele não poderá executar o carregador de inicialização do Linux e o sistema tentará continuamente ser inicializado a partir da rede, como mostra a Figura 3-29.

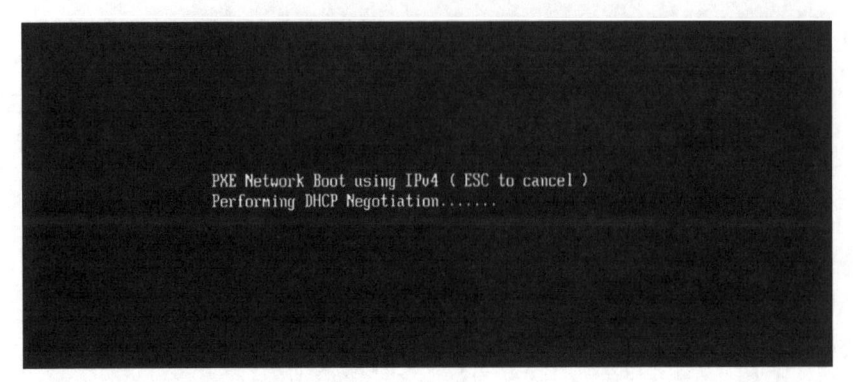

FIGURA 3-29 Falha no Secure Boot.

Uma das maneiras de certas distribuições Linux serem suportadas pela Microsoft é a inclusão de certificados para seus carregadores de inicialização no Hyper-V do Windows Server 2016. Para acessar esses certificados e permitir que a VM seja inicializada no Linux, você deve alterar o modelo do Secure Boot na página Security da caixa de diálogo Settings. Por padrão, o modelo Microsoft Windows estará selecionado. Os certificados para os sistemas operacionais Linux ficam no modelo Microsoft UEFI Certificate Authority, como mostrado na Figura 3-30.

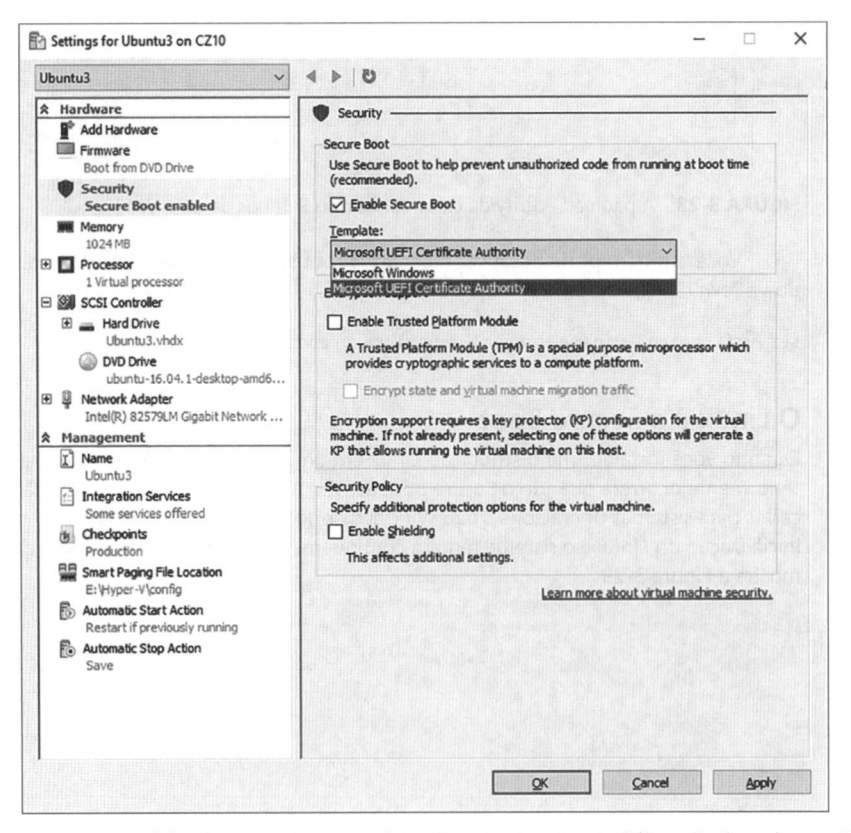

FIGURA 3-30 Modelos do Secure Boot na página Security da caixa de diálogo Settings de uma VM.

Para alterar a configuração do modelo com o cmdlet Set-VMFirmware, use um comando como o seguinte:

```
set-vmfirmware -vmname server1 -secureboottemplate microsoftueficertificate authority
```

Mova e converta VMs de versões anteriores do Hyper-V para a versão do Windows Server 2016

Cada versão do Hyper-V cria máquinas virtuais de uma versão específica. A versão indica os recursos que estarão disponíveis nessa VM. As VMs criadas no Windows Server 2016 são da versão 8.0. Se você fizer o upgrade de um servidor Hyper-V para o Windows Server 2016 a partir de uma versão anterior, também deve considerar fazer o upgrade de suas máquinas virtuais.

Em versões anteriores do Windows, o upgrade do sistema operacional também causava o upgrade das VMs. No Windows Server 2016 (e Windows 10), não é isso que ocorre, porque essas versões do Hyper-V nos permitem mover VMs para servidores que estejam executando diferentes versões do Windows.

Por exemplo, se você tiver máquinas virtuais criadas no Hyper-V do Windows Server 2012 R2, poderá importá-las para o Hyper-V do Windows Server 2016 e elas serão executadas perfeitamente bem. No entanto, se quiser se beneficiar dos últimos recursos do Hyper-V, como adicionar um adaptador de rede ou memória a uma VM em execução, deve fazer o upgrade da VM da versão 5.0 (a versão do Windows Server 2012 R2) para a versão 8.0.

Infelizmente, uma vez que você fizer o upgrade da VM, não poderá mais executá-la em um servidor Windows Server 2012 R2. Por isso, o upgrade das VMS não ocorrerá mais automaticamente junto com o do sistema operacional. Se você pretende em algum momento mover a VM de volta para o servidor antigo, não deve fazer o upgrade. Se só deseja executá-la no Hyper-V do Windows Server 2016, vá em frente e faça o upgrade.

A guia Summary de cada VM no Hyper-V Manager exibe sua versão de configuração (Configuration Version), como mostrado na Figura 3-31.

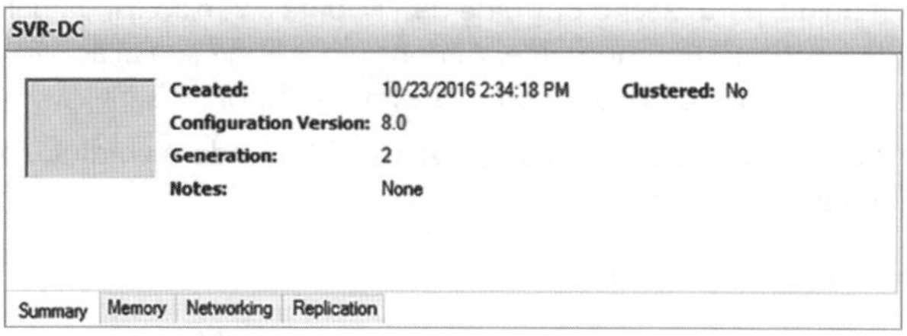

FIGURA 3-31 Guia Summary de uma VM no Hyper-V Manager.

Você também pode exibir as versões de todas as VMs de um servidor executando o cmdlet Get-VM do PowerShell com o caractere curinga asterisco (*), como mostrado na Figura 3-32.

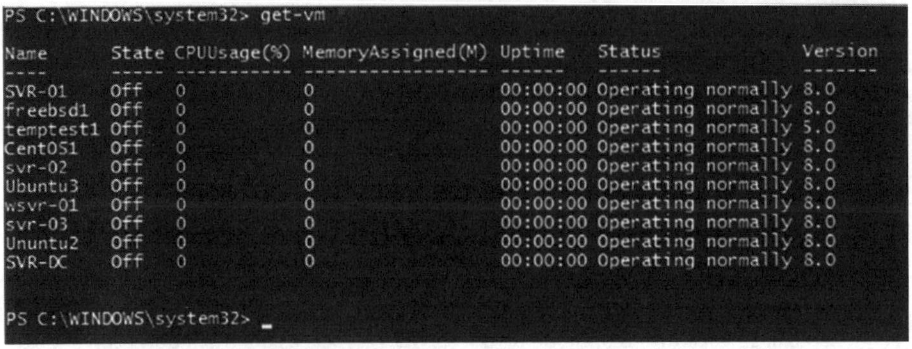

```
PS C:\WINDOWS\system32> get-vm

Name       State CPUUsage(%) MemoryAssigned(M) Uptime   Status             Version
----       ----- ----------- ----------------- ------   ------             -------
SVR-01     Off   0           0                 00:00:00 Operating normally 8.0
freebsd1   Off   0           0                 00:00:00 Operating normally 8.0
temptest1  Off   0           0                 00:00:00 Operating normally 5.0
CentOS1    Off   0           0                 00:00:00 Operating normally 8.0
svr-02     Off   0           0                 00:00:00 Operating normally 8.0
Ubuntu3    Off   0           0                 00:00:00 Operating normally 8.0
wsvr-01    Off   0           0                 00:00:00 Operating normally 8.0
svr-03     Off   0           0                 00:00:00 Operating normally 8.0
Ununtu2    Off   0           0                 00:00:00 Operating normally 8.0
SVR-DC     Off   0           0                 00:00:00 Operating normally 8.0


PS C:\WINDOWS\system32>
```

FIGURA 3-32 Saída do cmdlet Get-VM.

Para mover uma VM para outro servidor, você pode exportá-la do servidor antigo e importá-la para o novo. Para listar as versões de VMs suportadas em um servidor, execute o cmdlet Get-VMHostSupportedVersion, como mostra a Figura 3-33.

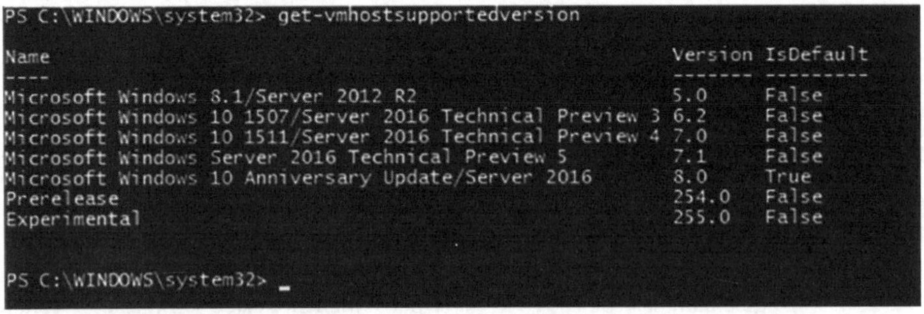

```
PS C:\WINDOWS\system32> get-vmhostsupportedversion

Name                                                    Version IsDefault
----                                                    ------- ---------
Microsoft Windows 8.1/Server 2012 R2                    5.0     False
Microsoft Windows 10 1507/Server 2016 Technical Preview 3 6.2   False
Microsoft Windows 10 1511/Server 2016 Technical Preview 4 7.0   False
Microsoft Windows Server 2016 Technical Preview 5       7.1     False
Microsoft Windows 10 Anniversary Update/Server 2016     8.0     True
Prerelease                                              254.0   False
Experimental                                            255.0   False


PS C:\WINDOWS\system32>
```

FIGURA 3-33 Saída do cmdlet Get-VMHostSupportedVersion.

Em seguida, para fazer o upgrade da VM para a versão usada pelo novo servidor, selecione Upgrade Configuration no painel Actions e confirme sua ação. A versão da guia Summary mudará e os recursos do novo servidor já estarão disponíveis na VM.

Você também pode fazer o upgrade da VM usando o cmdlet Update-VMVersion do PowerShell, como nesse exemplo:

```
update-vmversion -vm server1
```

Também é possível especificar vários nomes de VMs nessa linha de comando, para fazer o upgrade de múltiplas VMs usando um único comando.

Exporte e importe VMs

As funções de exportação e importação do Hyper-V são um meio de mover uma máquina virtual para um servidor diferente ou criar uma cópia de uma VM no mesmo servidor. Quando você exportar uma VM, deve especificar o nome da pasta em que o sistema criará uma cópia de todos os seus arquivos, inclusive arquivos de configuração, discos rígidos virtuais e até mesmo pontos de verificação. Em seguida, poderá importar a VM para o mesmo ou para outro servidor.

Para exportar uma VM, selecione Export no painel Actions para exibir a caixa de diálogo Export Virtual Machine, como mostrado na Figura 3-34. Uma vez que você especificar um local e clicar em Export, o sistema começará a copiar os arquivos em uma subpasta nomeada para a VM. É possível exportar uma VM em execução ou parada.

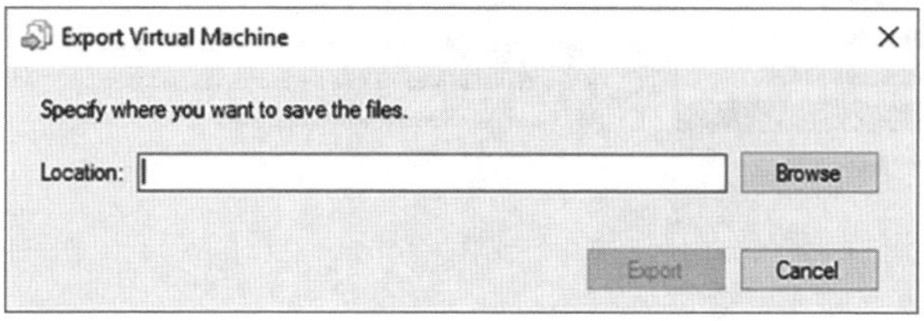

FIGURA 3-34 A caixa de diálogo Export Virtual Machine.

Para exportar uma VM com o Windows PowerShell, use o cmdlet Export-VM, como no exemplo a seguir:

```
export-vm -name server1 -path c\export
```

A única indicação no Hyper-V Manager de que a exportação está em andamento é o painel Actions apresentar um item Cancel Exporting. Quando a exportação terminar, esse item será substituído novamente pelo item Export. Nesse momento, você poderá copiar a pasta de exportação para outro servidor ou importá-la para o mesmo servidor para fazer uma cópia da VM.

Importe VMs usando o Hyper-V Manager

Para importar uma VM exportada para o servidor Hyper-V usando o Hyper-V Manager, execute o seguinte procedimento:

1. No painel Actions do Hyper-V Manager, selecione Import Virtual Machine. O Import Virtual Machine Wizard aparecerá.
2. Na página Locate Folder, digite ou selecione o nome da pasta que contém os arquivos exportados.
3. Na página Select Virtual Machine, selecione a VM a ser importada.
4. Na página Choose Import Type, mostrada na Figura 3-35, selecione uma das opções a seguir:
   - **Register The Virtual Machine In Place**   Deixa os arquivos exportados onde eles estão e registra a VM no servidor Hyper-V, usando o mesmo ID da VM do qual os arquivos foram exportados. Se a VM foi exportada do mesmo servidor, você não poderá executar as duas ao mesmo tempo.
   - **Restore The Virtual Machine**   Copia os arquivos exportados nos locais padrão do servidor ou em locais diferentes que você especificar, e registra a VM no servidor Hyper-V, usando o mesmo ID da VM da qual os arquivos foram exportados. Se a VM foi exportada do mesmo servidor, as duas não poderão ser executadas ao mesmo tempo. Quando a importação terminar, você poderá excluir os arquivos exportados ou importá-los novamente.
   - **Copy The Virtual Machine**   Copia os arquivos exportados nos locais padrão do servidor ou em locais diferentes que você especificar, e registra a VM no servidor Hyper-V com um novo ID. Isso permite criar a cópia de uma VM existente no mesmo servidor e executá-la junto com a original.

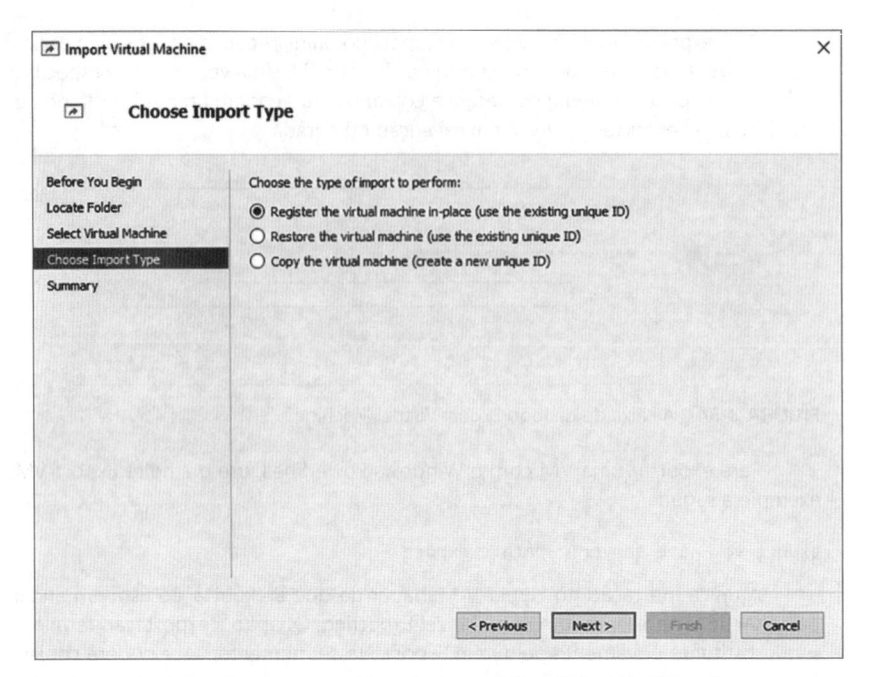

FIGURA 3-35 A página Choose Import Type do Import Virtual Machine Wizard.

5. Se você selecionar a opção Restore ou Copy, aparecerá uma página Choose Folders For Virtual Machine Files, na qual poderá especificar diferentes locais para os arquivos de configuração, pontos de verificação e Paginação Inteligente.
6. Se selecionar a opção Restore ou Copy, também aparecerá uma página Choose Folders To Store Virtual Hard Disks, na qual você poderá especificar um local alternativo para os arquivos VHD da máquina virtual. Se estiver importando uma VM do mesmo servidor, deve especificar uma pasta diferente, porque já existirão arquivos VHD com os mesmos nomes.
7. Clique em Finish para começar o processo de importação.

Importe VMs usando o Windows PowerShell

A importação de uma VM com o Windows PowerShell deve ser feita com o cmdlet Import-VM. Para importar uma VM usando a opção Register, na qual os arquivos exportados não são copiados, use um comando como o mostrado a seguir. Observe que, nesse cmdlet, você deve digitar o caminho inteiro do arquivo de configuração da VM:

```
import-vm -path c:\export\server1\virtualmachines\2b197d10-4dbe-4ea9-a54e-cc0bb0f12d09.vcmx
```

Para importar uma VM usando a opção Restore, adicione o parâmetro Copy, que faz o cmdlet copiar os arquivos exportados nas pastas padrão do novo servidor, como em:

```
import-vm -path c:\export\server1\virtualmachines\2b197d10-4dbe-4ea9-a54e-cc0bb0f12d09.vcmx -copy
```

Para especificar diferentes locais para os arquivos copiados, você pode adicionar os seguintes parâmetros à linha de comando:

- VirtualMachinePath
- VhdDestinationPath
- SnapshotFilePath
- SmartPagingFilePath

Para criar uma nova cópia de uma VM com um ID diferente, adicione o parâmetro GenerateNewId, como no comando a seguir:

```
import-vm -path c:\export\server1\virtualmachines\2b197d10-4dbe-4ea9-a54e-cc0bb0f12d09.vcmx -copy -generatenewid
```

Lide com conflitos

Quando você estiver importando uma VM para um servidor diferente usando o Hyper-V Manager, o assistente o avisará se alguma incompatibilidade ocorrer. Por exemplo, se os switches virtuais dos dois servidores tiverem nomes diferentes, o assistente solicitará que você selecione um dos switches virtuais do novo servidor.

Se houver alguma incompatibilidade durante a importação de uma VM com o uso do cmdlet Import-VM, um erro ocorrerá e o comando não será concluído. Você terá, então, que usar o cmdlet Compare-VM com os mesmos parâmetros para gerar um relatório que especifique a incompatibilidade. Dependendo da natureza do problema, será preciso usar outros cmdlets para reparar a situação. Para a incompatibilidade de switches virtuais descrita aqui, você usaria o cmdlet Disconnect-VMNetworkAdapter para remover a atribuição do switch antes de tentar uma nova importação.

Implemente o Discrete Device Assignment (DDA)

Um recurso antigo do Hyper-V é a criação de discos pass-through (de passagem), em que um disco físico é atribuído no host Hyper-V para uma máquina virtual convidada. A VM acessa o disco diretamente, sem usar um VHD. O *Discrete Device Assignment* (*DDA*) é um conceito semelhante, porém permite o pass-through de qualquer dispositivo PCI Express para a VM.

Você pode, por exemplo, disponibilizar uma unidade de processamento gráfico (GPU, graphics processing unit) para uma VM com o DDA, fornecendo para ela um desempenho gráfico que antes seria impossível. Também pode passar um adaptador de rede wireless para a VM, equipando a máquina virtual com o recurso de WiFi.

O DDA é implementado apenas por meio do PowerShell, presumivelmente para permitir sua utilização apenas por administradores avançados. Qualquer tipo de esquema pass-through entre o servidor host e um sistema operacional convidado é um risco à segurança. Um ataque ao convidado poderia usar esse caminho para chegar ao host, possibilitando desativar o servidor inteiro com um erro no barramento PCI Express.

De um modo geral, as etapas envolvidas no pass-through de um dispositivo com o uso do DDA são as seguintes:

1. Identifique o dispositivo a ser disponibilizado.
2. Desative o dispositivo no host.
3. Desmonte o dispositivo no host.
4. Anexe o dispositivo à máquina virtual.

Se você acha que esse resumo faz o processo parecer fácil, é melhor reconsiderar. Aqui estão os cmdlets que terá que usar para implementar cada etapa:

1. O comando Get-PnpDevice -PresentOnly gera uma lista extensa com os dispositivos que o Plug and Play instalou no computador e exibe informações sobre eles. Ao selecionar um dispositivo e formatar a saída do cmdlet, você poderá determinar o ID da instância, uma string longa necessária na próxima etapa. O ID da instância também pode ser encontrado no Device Manager (Gerenciador de Dispositivos) na guia Details, sob o nome Device Instance Path.
2. O comando Disable-PnpDevice -InstanceID desativa o dispositivo removendo os drivers instalados no host.
3. O comando Dismount-VmHostAssignableDevice -LocationPath retira do host o controle sobre o dispositivo. Para obter o valor para o parâmetro LocationPath, use o cmdlet Get-PnpDeviceProperty, no qual precisam ser informados os valores de KeyName e InstanceID. O caminho do local também está disponível no Device Manager.
4. O cmdlet Add-VMAssignableDevice -VM -LocationPath anexa o dispositivo a uma máquina virtual específica.

Antes desse último comando ser concluído com sucesso, você deve definir as seguintes configurações na caixa de diálogo Settings da máquina virtual:

- A configuração Automatic Stop Action deve ser definida com Turn Off The Virtual Machine.
- A VM pode usar memória dinâmica, mas as configurações de RAM e RAM Mínima devem ser iguais.

Por fim, e talvez o mais importante, há muitos requisitos de baixo nível que a BIOS/UEFI do servidor host e o dispositivo proposto devem satisfazer. Alguns deles são visíveis em software e outros não. O cmdlet Dismount-VmHostAssignableDevice dá suporte a um parâmetro Force que permite que ele ignore as verificações do Access Control Services (ACS) que impedem que tráfego PCI Express vá para os locais errados. Porém, esse parâmetro deve ser usado com extrema cautela.

Objetivo 3.3: Configurar o armazenamento do Hyper-V

Esta seção abordará os diversos recursos e mecanismos que o Windows Server 2016 usa para melhorar o subsistema de armazenamento de suas máquinas virtuais.

Esta seção aborda como:
- Criar arquivos VHD e VHDX usando o Hyper-V Manager
- Criar arquivos VHDX compartilhados
- Configurar discos diferenciais
- Modificar discos rígidos virtuais
- Configurar discos pass-through
- Redimensionar um disco rígido virtual
- Gerenciar pontos de verificação
- Implementar pontos de verificação de produção
- Implementar um adaptador virtual Fibre Channel
- Configurar a qualidade do serviço (QoS) para o armazenamento

Crie arquivos VHD e VHDX usando o Hyper-V Manager

Quando você cria uma nova máquina virtual Geração 1 no Hyper-V Manager, o New Virtual Machine Wizard gera um subsistema de armazenamento virtual composto por duas controladoras IDE (Integrated Drive Electronics) e uma controladora SCSI (Small Computer Systems Interface), como mostrado na Figura 3-36.

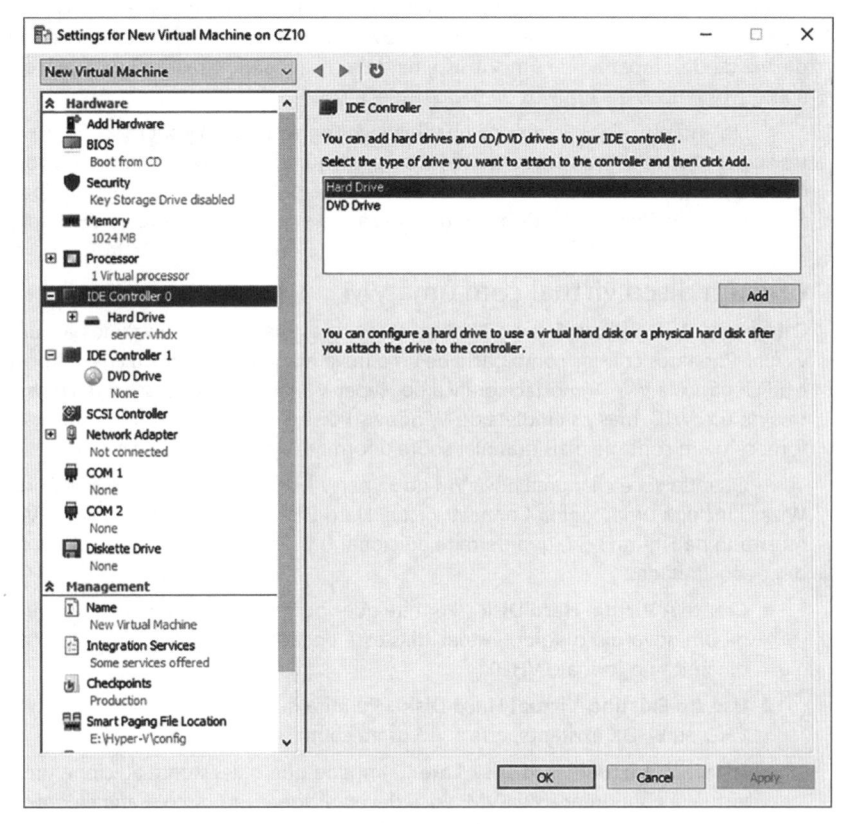

FIGURA 3-36 A configuração padrão da controladora de unidade da VM.

As controladoras IDE hospedam a unidade do sistema da máquina virtual e sua unidade de DVD. Como ocorre com seus equivalentes físicos, cada controladora IDE pode hospedar dois dispositivos, logo, você pode criar duas unidades virtuais adicionais e incluí-las no sistema. A controladora SCSI não vem preenchida, você pode criar discos adicionais e incluí-los nessa controladora para fornecer armazenamento extra para a VM.

Em uma VM Geração 2, não há controladoras IDE, logo, tanto a unidade do sistema quanto a de DVD são conectadas à controladora SCSI padrão. Em uma VM de uma ou de outra geração, você também pode criar controladoras SCSI adicionais e incluir unidades nelas. Criando várias unidades e controladoras, o Hyper-V permite a construção de subsistemas de armazenamento virtual que emulam quase qualquer solução de armazenamento física que você possa imaginar.

Entenda formatos de discos virtuais

O Hyper-V do Windows Server 2016 dá suporte ao arquivo de imagem de disco VHD original e ao novo formato VHDX. O formato VHD original só pode chegar ao tamanho máximo de 2 terabytes (TB) e é compatível com todas as versões do Hyper-V. O Windows Server 2012 R2 introduziu uma versão atualizada do formato, que usa uma extensão de nome de arquivo VHDX. Os arquivos de imagem VHDX podem ter até 64 TB e também dão suporte a tamanhos de setor lógico de 4 KB, para fornecer compatibilidade com as unidades físicas nativas de 4 KB. Os arquivos VHDX podem usar tamanhos de bloco maiores (até 256 MB), que permitem ajustar o nível de desempenho de um subsistema de armazenamento virtual para a acomodação de aplicativos e tipos de arquivos de dados específicos.

No entanto, eles não têm compatibilidade regressiva e só podem ser lidos pelos servidores Hyper-V do Windows Server 2012 R2 ou posterior e Windows 8 ou posterior. Se a migração de suas máquinas virtuais do Windows Server 2016 para uma versão mais antiga do Hyper-V for uma possibilidade, você deve continuar usando o formato de arquivo VHD.

Crie um disco virtual com uma VM

O Hyper-V do Windows Server 2016 fornece várias maneiras de criarmos arquivos de disco virtual. Podemos criá-los como parte de uma nova máquina virtual, ou criá-los posteriormente e adicioná-los à VM. A interface gráfica do Hyper-V Manager dá acesso à maioria dos parâmetros de um VHD, mas os cmdlets do Windows PowerShell incluídos no Windows Server 2016 fornecem um controle mais granular sobre o formato da imagem de disco.

Quando você criar uma nova VM no Hyper-V Manager, o assistente New Virtual Machine Wizard incluirá uma página Connect Virtual Hard Disk (Conectar Disco Rígido Virtual), como mostrado na Figura 3-37, que permite adicionar um único disco à nova VM. As opções desse disco são limitadas:

- **Create A Virtual Hard Disk** Permite que você especifique o nome, o local e o tamanho de um novo disco rígido virtual, mas essa opção só pode criar um disco com expansão dinâmica no formato VHDX.
- **Use An Existing Virtual Hard Disk** Permite que você especifique o local de um disco VHD ou VHDX existente, que a VM usará como seu disco do sistema.
- **Attach A Virtual Hard Disk Later** Impede que o assistente adicione um disco rígido virtual à configuração da VM. Você deve adicionar um disco manualmente em um momento posterior, antes de poder iniciar a máquina virtual.

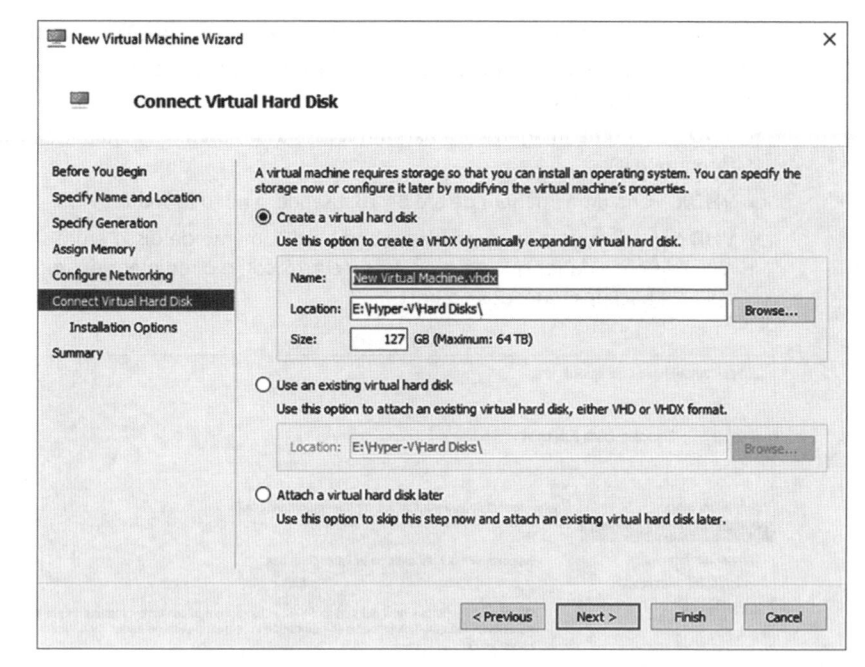

FIGURA 3-37 A página Connect Virtual Hard Disk do New Virtual Machine Wizard.

Com esse assistente você criará o disco no qual será instalado o sistema operacional convidado da máquina virtual, ou selecionará um disco existente em que um sistema operacional já esteja instalado. O disco que o assistente cria é sempre um disco com expansão dinâmica conectado à controladora IDE 0 de uma VM Geração 1 ou à controladora SCSI de uma VM Geração 2. Para criar um disco usando qualquer configuração diferente dos padrões, você deve selecionar Attach A Virtual Hard Disk Later, criar um novo VHD ou VHDX usando o New Virtual Hard Disk Wizard e, em seguida, adicionar o disco à máquina virtual.

> **NOTA FAÇA O DOWNLOAD DE VHDS**
> É prática comum a Microsoft lançar cópias de avaliação de seus produtos na forma de arquivos VHD pré-instalados, como alternativa às tradicionais imagens de disco instaláveis. Após baixar um desses arquivos, você pode criar uma VM em um servidor Hyper-V e selecionar a opção Use An Existing Virtual Hard Disk para montar o VHD como unidade do sistema.

Crie um novo disco virtual no Hyper-V Manager

Você pode criar um arquivo de disco rígido virtual a qualquer momento, sem adicioná-lo a uma máquina virtual, usando o New Virtual Hard Disk Wizard (Assistente de Novo Disco Rígido Virtual) no Hyper-V Manager.

Para criar um novo disco virtual, use o procedimento a seguir.

1. Faça logon no servidor que está executando o Windows Server 2016 usando uma conta com privilégios administrativos.
2. Inicie o Hyper-V Manager e, no painel esquerdo, selecione um servidor Hyper-V.

3. No menu Action, selecione New | Hard Disk. O New Virtual Hard Disk Wizard aparecerá.
4. Na página Choose Disk Format, mostrada na Figura 3-38, selecione uma das opções de formato de disco a seguir:
   - **VHD**   Cria uma imagem que não ultrapassa 2 TB, usando o altamente compatível formato VHD
   - **VHDX**   Cria uma imagem de até 64 TB, usando o novo formato VHDX
   - **VHD Set**   Cria uma imagem para o compartilhamento de disco entre sistemas operacionais convidados que dá suporte a recursos como o redimensionamento de disco online e backups baseados no host

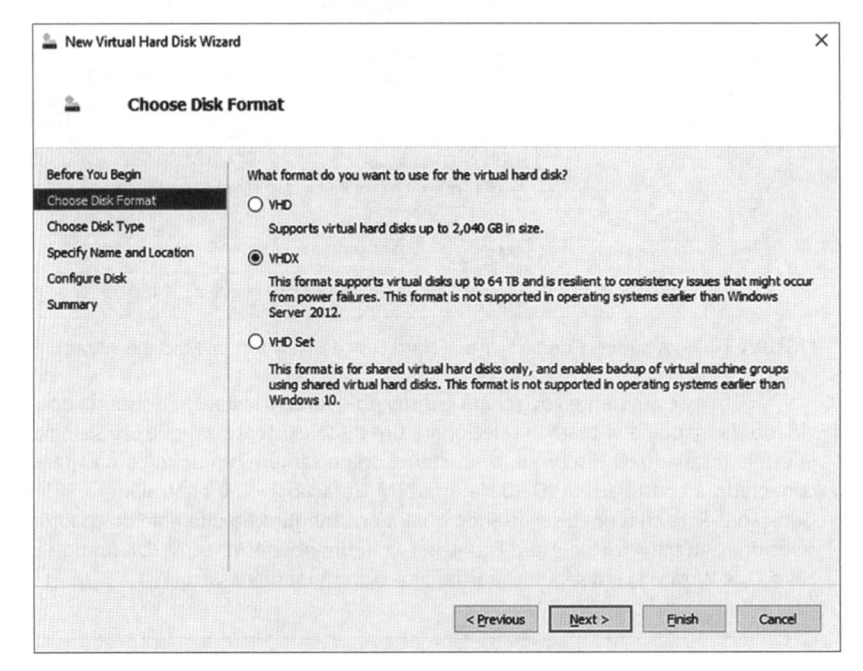

FIGURA 3-38   A página Choose Disk Format do New Virtual Hard Disk Wizard.

5. Na página Choose Disk Type, selecione uma das opções de tipo de disco a seguir:
   - **Fixed Size**   O arquivo de imagem tem um tamanho especificado, em que todo o espaço em disco requerido para criar a imagem é alocado durante sua geração. As imagens de disco fixas podem ser consideradas um desperdício em termos de espaço de armazenamento, porque podem conter grandes quantidades de espaço vazio, mas também são eficientes do ponto de vista do desempenho, já que não há sobrecarga devido à expansão dinâmica e é menor a fragmentação de arquivo.
   - **Dynamically Expanding**   O arquivo de imagem tem um tamanho máximo especificado, que começa pequeno e se expande conforme necessário para acomodar os dados gravados nele pelo sistema. Inicialmente os discos com expansão dinâmica preservam o espaço em disco, mas seu crescimento contínuo pode fazer com que sejam altamente fragmentados, afetando negativamente o desempenho.

- **Differencing** O arquivo de imagem, chamado filho, é associado a uma imagem pai específica. O sistema grava todas as alterações feitas nos dados do arquivo de imagem pai na imagem filho, para facilitar uma reversão posterior.

6. Na página Specify Name And Location, especifique um nome de arquivo para a imagem de disco na caixa de texto Name e, se desejado, um local para o arquivo que seja diferente do padrão definido pelo servidor.

7. Na página Configure Disk, mostrada na Figura 3-39, selecione e configure uma das opções a seguir:

    - **Create A New Blank Virtual Hard Disk** Especifica o tamanho (ou o tamanho máximo) do arquivo de imagem de disco a ser criado.
    - **Copy The Contents Of The Specified Physical Disk** Permite que você selecione um dos discos rígidos físicos do computador e copie seu conteúdo na nova imagem de disco.
    - **Copy The Contents Of The Specified Virtual Hard Disk** Permite que você selecione um arquivo de disco virtual existente e copie seu conteúdo na nova imagem de disco.

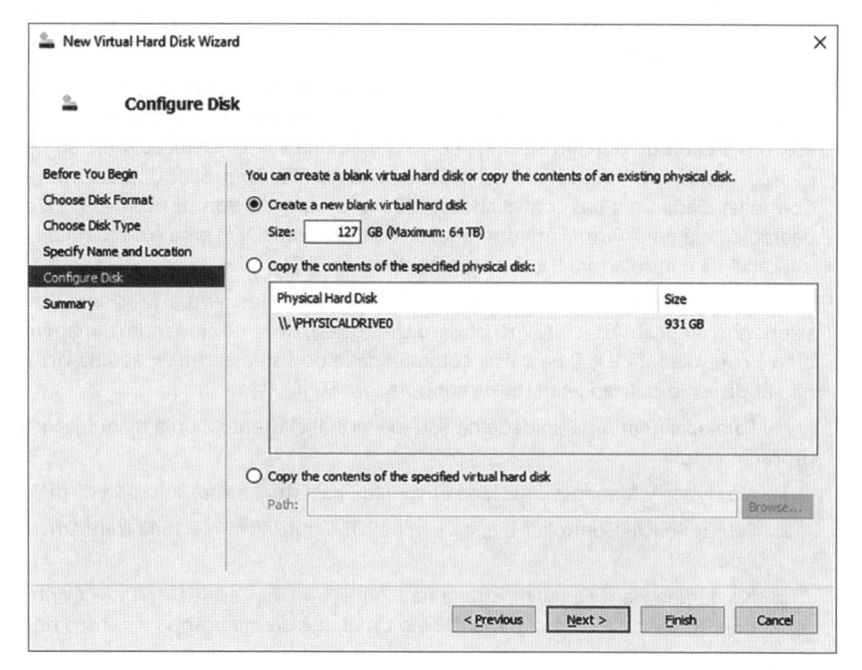

FIGURA 3-39 A página Configure Disk do New Virtual Hard Disk Wizard.

8. Na página Completing The New Virtual Hard Disk Wizard, clique em Finish.

    O assistente criará o novo disco de imagem e o salvará no local especificado.

Crie um novo disco virtual no Windows PowerShell

Você pode criar novos arquivos de disco rígido virtual usando o Windows PowerShell, com mais controle do que o disponível na interface gráfica. Para criar uma nova imgem de disco, use o cmdlet New-VHD com a seguinte sintaxe básica:

```
new-vhd -path c:\filename.vhd|c:\filename.vhdx -fixed|-dynamic|-differencing -sizebytes size [-blocksizebytes blocksize] [-logicalsectorsizebytes 512|4096]
```

Quando o cmdlet é usado para criar um disco virtual, a extensão especificada para o nome de arquivo determina o formato (VHD ou VHDX) e é possível definir o tamanho do bloco e o tamanho do setor lógico da imagem, o que não pode ser feito na GUI. Por exemplo, o comando a seguir cria um arquivo de imagem VHDX fixo de 500 GB com um tamanho de setor lógico de 4 KB.

```
new-vhd -path c:\diskfile.vhdx -fixed -sizebytes 500gb -logicalsectorsizebytes 4096
```

Adicione discos virtuais a máquinas virtuais

A criação de arquivos de imagem de disco virtual como um processo separado lhe permitirá ter mais controle sobre seus recursos. Após criar os arquivos VHD ou VHDX, você poderá adicioná--los a uma máquina virtual.

Para adicionar uma unidade de disco rígido a um computador físico, você deve conectá--la a uma controladora, e o mesmo ocorre com uma máquina virtual do Hyper-V. Quando abrimos a caixa de diálogo Settings de uma máquina virtual Geração 1 em sua configuração padrão, vemos três controladoras, rotuladas como IDE Controller 0, IDE Controller 1 e SCSI Controller. Cada uma das controladoras IDE pode suportar dois dispositivos, e a configuração padrão da máquina virtual usa um canal na controladora IDE 0 para o disco rígido do sistema e um canal na controladora IDE 1 para a unidade de DVD.

Se você não criou um disco virtual como parte do New Virtual Machine Wizard (isto é, se selecionou a opção Attach A Virtual Hard Disk Later), deve adicionar uma imagem de disco rígido à controladora IDE 0 para usar como unidade do sistema. Uma máquina virtual Geração 1 não pode ser inicializada a partir da controladora SCSI.

Para adicionar uma unidade de sistema virtual existente a uma máquina virtual, use este procedimento:

1. No Hyper-V Manager, selecione uma máquina virtual e abra sua caixa de diálogo Settings.
2. Selecione IDE Controller 0 e, na página IDE Controller, selecione Hard Drive e clique em Add.
3. Na página Hard Drive, mostrada na Figura 3-40, nas listas suspensas Controller e Location, selecione a controladora IDE e o canal que deseja usar para o disco rígido.

CAPÍTULO 3   Implementação do Hyper-V   **219**

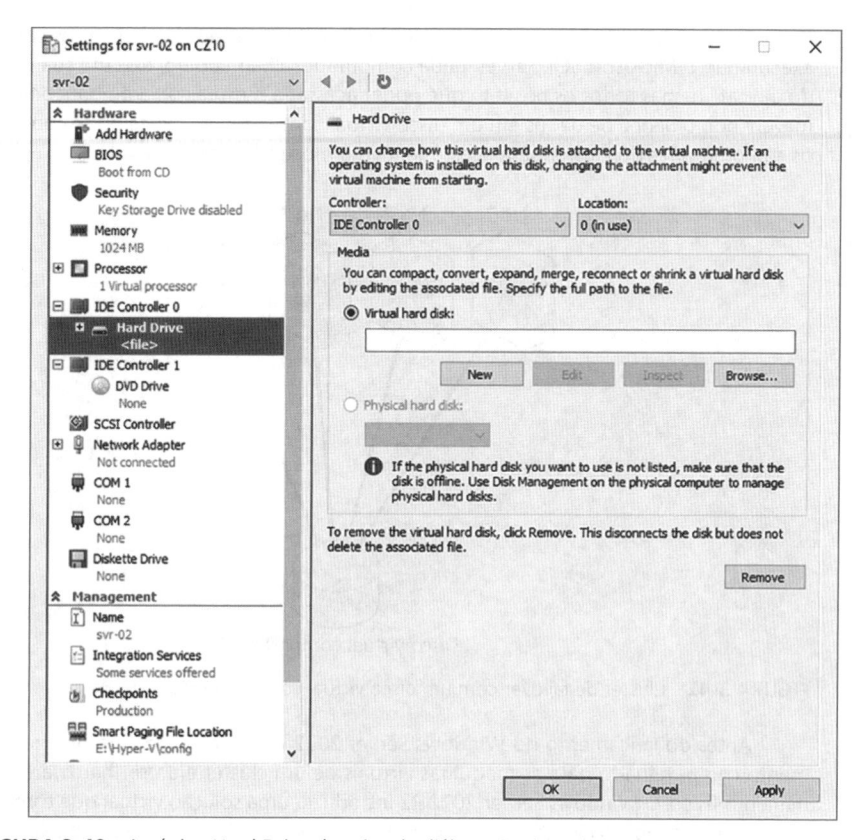

FIGURA 3-40   A página Hard Drive da caixa de diálogo Settings de uma VM Geração 1.

4. Com a opção Virtual Hard Disk selecionada, clique em Browse e selecione o arquivo de imagem de disco que deseja adicionar.
5. Clique em OK para fechar a caixa de diálogo Settings.

Embora você não possa usar uma unidade SCSI como disco do sistema em uma máquina virtual Geração 1, pode adicionar discos de dados virtuais à controladora SCSI, e deve fazê-lo em uma VM Geração 2. O procedimento é quase idêntico ao de uma VM Geração 1.

Ao contrário das controladoras IDE, que só dão suporte a dois dispositivos cada, uma controladora SCSI do Hyper-V pode suportar até 64 unidades. Você também pode adicionar várias controladoras SCSI a uma máquina virtual, fornecendo escalabilidade quase ilimitada para seu subsistema de armazenamento virtual.

Crie arquivos VHDX compartilhados

O Hyper-V do Windows Server 2016 pode criar arquivos de disco virtual compartilhados, para uso em clusters de failover de convidados Hyper-V. Um cluster de failover é um grupo de computadores, físicos ou virtuais, todos executando o mesmo aplicativo. Se um dos computadores falhar, os outros estarão lá para substituir. Para um cluster de failover funcionar, os computadores devem acessar os mesmos dados, ou seja, o hardware de armazenamento – novamente, físico ou virtual – deve ser compartilhado.

Por exemplo, você pode criar um cluster de failover composto por vários computadores executando o Microsoft SQL Server. Cada computador, chamado nó, executa sua própria cópia do aplicativo, mas todos os nós têm que poder acessar a mesma cópia do banco de dados. Armazenando o banco de dados em um disco virtual compartilhado, você pode configurar todos os computadores do cluster para acessá-lo, como mostrado na Figura 3-41.

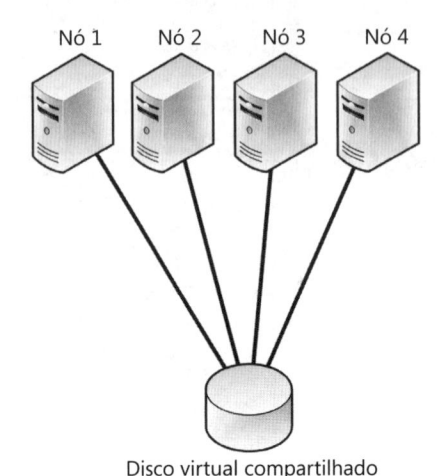

FIGURA 3-41 Cluster de failover com um disco virtual compartilhado.

Antes do lançamento do Windows Server 2012 R2, a única maneira de criar armazenamento compartilhado para as máquinas virtuais de um cluster era usar hardware de armazenamento físico. O Windows Server 2012 R2 introduziu uma solução virtual que torna possível a criação de arquivos VHDX compartilhados. Esse recurso ainda existe no Windows Server 2016, para que as configurações de armazenamento existentes permaneçam funcionais após um upgrade. Mas agora também há uma segunda opção, chamada *VHD set*.

Os arquivos VHDX compartilhados têm algumas deficiências. Você não pode redimensioná-los ou migrá-los, nem submetê-los a backup ou replicá-los a partir do servidor host. É possível fazer tudo isso com os VHD sets. Sua única desvantagem é que só o Windows Server 2016 pode acessá-los.

Para criar um arquivo VHDX ou um VHD set compartilhado com o Hyper-V Manager, use o procedimento a seguir.

1. No Hyper-V Manager, abra a caixa de diálogo Settings da VM em que deseja criar o disco compartilhado.
2. Selecione SCSI Controller e, na página SCSI Controller, selecione Shared Drive e clique em Add.
3. Na página Shared Drive, clique em New para iniciar o New Virtual Hard Disk Wizard.
4. Na página Choose Disk Format, selecione uma das opções a seguir:
   - **VHDX** Cria um único arquivo VHDX para ser acessado por várias máquinas virtuais executando o Windows Server 2016 ou o Windows Server 2012 R2.
   - **VHD Set** Cria um arquivo VHDS de 260 MB e um arquivo de armazenamento AVHDX de suporte, que conterá realmente os dados armazenados. O arquivo VHDX contém os metadados usados para coordenar as atividades de disco dos nós do cluster. O arquivo AVHDX é apenas um arquivo VHDX padrão, colocado sob controle do hipervisor. Os VHD sets só podem ser acessados pelo Windows Server 2016.

5. Na página Choose Disk Type, selecione uma das opções a seguir: Tanto arquivos VHDX quanto VHD Sets podem usar as duas opções:
   - **Fixed Size**   O arquivo de imagem tem um tamanho especificado, em que todo o espaço em disco requerido para criar a imagem é alocado durante sua geração.
   - **Dynamically Expanding**   O arquivo de imagem tem um tamanho máximo especificado, que começa pequeno e se expande conforme necessário para acomodar os dados gravados nele pelo sistema.
6. Na página Specify Name And Location, especifique um nome de arquivo para a imagem de disco na caixa de texto Name e um local para o arquivo em um volume de cluster compartilhado (CSV).
7. Na página Configure Disk, selecione e configure uma das opções a seguir:
   - **Create A New Blank Virtual Hard Disk**   Especifica o tamanho (ou o tamanho máximo) do arquivo de imagem de disco a ser criado.
   - **Copy The Contents Of The Specified Physical Disk**   Permite que você selecione um dos discos rígidos físicos do computador e copie seu conteúdo na nova imagem de disco.
   - **Copy The Contents Of The Specified Virtual Hard Disk**   Permite que você selecione um arquivo de disco virtual existente e copie seu conteúdo na nova imagem de disco.
8. Na página Completing The New Virtual Hard Disk Wizard, clique em Finish. O assistente criará o novo disco de imagem e o salvará no local especificado.
9. Clique em OK para fechar a caixa de diálogo Settings.

Para criar um VHD Set no Windows PowerShell, use o cmdlet New-VHD, como faria para criar qualquer arquivo de disco virtual, exceto pelo fato de que usará VHDS como extensão do arquivo que está criando, como nesse exemplo:

```
new-vhd -path c:\diskfile.vhds -dynamic -sizebytes 1tb
```

Configure discos diferenciais

Um disco diferencial (differencing) permite preservar um arquivo de imagem de disco virtual existente em seu estado original, ao mesmo tempo em que o montamos em um sistema operacional e até mesmo modificamos seu conteúdo. Por exemplo, ao construir um sistema de teste, poderíamos criar uma linha de base instalando uma cópia limpa do sistema operacional em um novo disco virtual e configurando o ambiente para atender a nossas necessidades. Em seguida, criaríamos um disco diferencial, usando a imagem de linha de base como pai. Todas as alterações subsequentes que fizermos no sistema serão, então, gravadas no disco diferencial, enquanto o pai permanece intocado. Podemos fazer o experimento que quisermos no sistema, sabendo que é possível voltar à configuração de linha de base criando um novo disco diferencial.

Você pode criar vários discos diferenciais apontando para a mesma imagem pai e, então, preencher uma rede de teste com quantas máquinas virtuais precisar, sem ter que instalar repetidamente o sistema operacional, e economizando, ao mesmo tempo, espaço em disco. Isso pode ser particularmente útil para ambientes de desenvolvimento de software que demandem testes de builds de produto subequentes.

Você também pode criar várias gerações de discos diferenciais, produzindo um filho de um filho. Nesse caso, todos os discos que descenderem do pai serão essenciais para a funcionalidade do disco.

Quando você criar um disco diferencial usando o New Virtual Hard Disk Wizard, a seleção da opção Differencing na página Choose Disk Type fará a página Configure Disk do assistente mudar, como mostrado na Figura 3-42. Na caixa de texto Location, você deve especificar o nome do arquivo a ser usado como imagem pai.

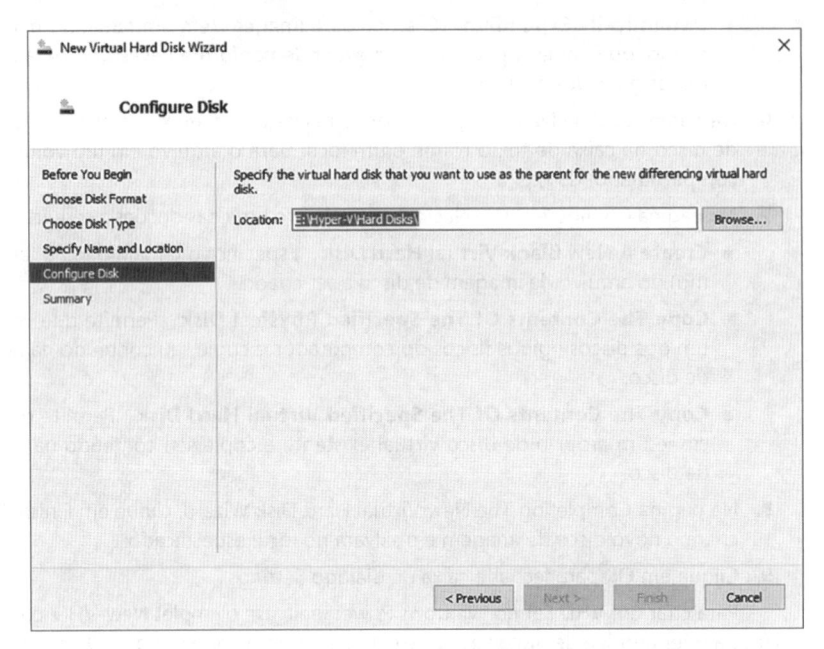

FIGURA 3-42 A página Configure Disk para a opção Differencing no New Virtual Hard Disk Wizard.

Para criar um disco diferencial usando o Windows PowerShell, você deve executar o cmdlet New-VHD com o parâmetro Differencing e o parâmetro ParentPath, especificando o local do disco pai, como nesse exemplo:

```
new-vhd -path c:\disks\diffdisk.vhdx -sizebytes 1tb -differencing -parentpath c:\disks\parentdisk.vhdx
```

Modifique discos rígidos virtuais

O Windows Server 2016 fornece várias maneiras de gerenciar e tratar imagens de discos rígidos virtuais sem adicioná-las a uma máquina virtual. Por exemplo, você pode usar o snap-in Disk Management ou o Windows PowerShell para montar um disco virtual no sistema de arquivos de um computador e acessar seu conteúdo, como se ele fosse um disco físico.

Monte um VHD

Para montar um disco rígido virtual com o snap-in Disk Management, use o procedimento a seguir.

1. No menu Tools do console Server Manager, selecione Computer Management.
2. No painel esquerdo do console Computer Management, selecione Disk Management.
3. No snap-in Disk Management, como mostrado na Figura 3-43, no menu Action, selecione Attach VHD.

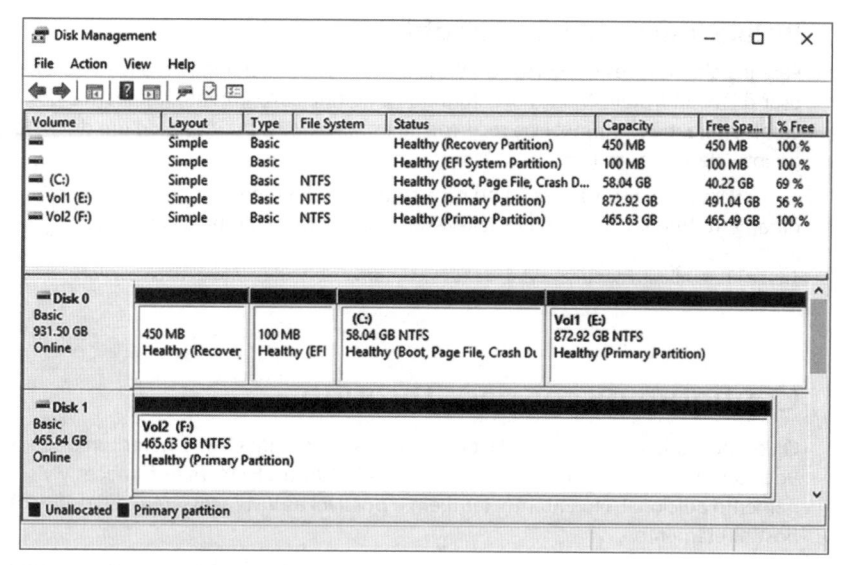

FIGURA 3-43 O snap-in Disk Management.

4. Na caixa de diálogo Attach Virtual Hard Disk, como mostra a Figura 3-44, insira ou procure o arquivo de imagem de disco que deseja conectar e clique em OK. O disco aparecerá na interface do Disk Management.

FIGURA 3-44 A caixa de diálogo Attach Virtual Hard Disk.

5. Feche o console Computer Management.

Agora o conteúdo do disco virtual está montado com uma letra de unidade e você pode trabalhar com ele empregando qualquer ferramenta padrão, como faria com os arquivos de uma unidade de disco rígido física. Para desmontar o disco, salvando as alterações que fez no arquivo de disco virtual, selecione Detach VHD no menu Action e especifique o local do arquivo de imagem original.

Você também pode montar e desmontar um arquivo VHD ou VHDX usando os cmdlets Mount-VHD e Dismount-VHD do PowerShell, como nos próximos exemplos:

```
mount-vhd -path c:\disks\server1.vhdx

dismount-vhd -path c:\disks\server1.vhdx
```

Instale funções e recursos offline

Para instalar funções e recursos do Windows em uma máquina virtual em execução, você pode usar o cmdlet Install-WindowsFeature do PowerShell. No entanto, também é possível usar esse cmdlet para instalar funções e recursos na imagem VHD ou VHDX de um disco do sistema enquanto ele estiver offline.

Para instalar uma função ou recurso do Windows em um disco virtual offline, adicione o parâmetro Vhd ao comando Install-WindowsFeature, como nesse exemplo:

```
install-windowsfeature -vhd c:\disks\server1.vhdx -name web-server
-includemanagementtools
```

Configure discos pass-through

O comportamento padrão do Hyper-V na criação de uma VM é gerar um disco rígido virtual. Você também aprendeu como criar arquivos VHD ou VHDX, para fornecer VMs com armazenamento adicional. No entanto, também é possível as VMs acessarem discos físicos no servidor host diretamente.

Um *disco pass-through* (de passagem) é um tipo de disco virtual que aponta não para um arquivo armazenado em um disco físico, mas para a própria unidade de disco físico, instalada no servidor host. Quando adicionamos uma unidade de disco rígido a uma das controladoras de uma máquina virtual, podemos selecionar um disco rígido físico, em vez de um virtual.

Para adicionarmos um disco rígido físico a uma máquina virtual, esta deve ter acesso exclusivo a ele. Ou seja, primeiro temos que colocar o disco em offline no sistema operacional host, usando o snap-in Disk Management, como mostrado na Figura 3-45, ou o cmdlet Set-Disk do PowerShell.

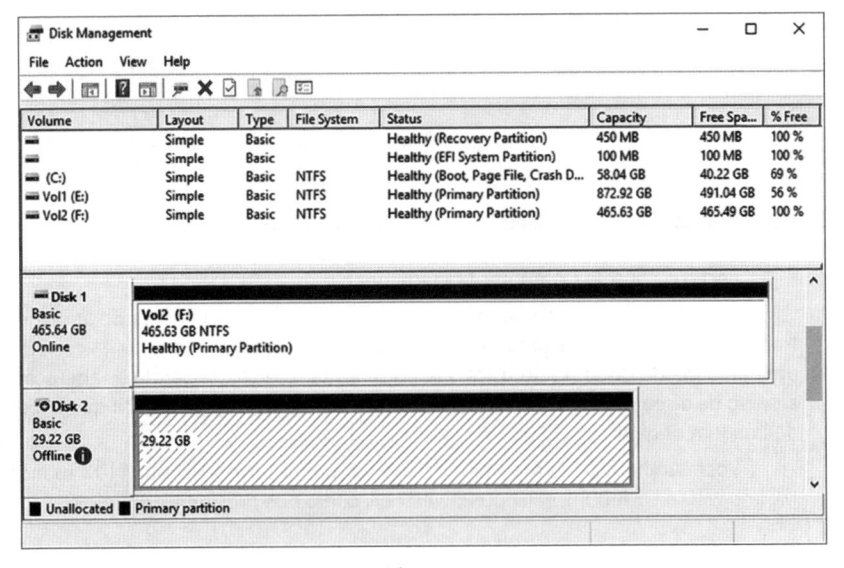

FIGURA 3-45 Um disco offline no snap-in Disk Management.

CAPÍTULO 3 Implementação do Hyper-V **225**

Para usar o cmdlet Set-Disk para colocar um disco offline, primeiro você tem que descobrir o número do disco que deseja modificar executando o cmdlet Get-Disk. Em seguida, execute Set-Disk usando um comando como o seguinte:

```
set-disk -number 2 isoffline $true
```

Uma vez que o disco estiver offline, a opção Physical Hard Disk (Disco Rígido Físico) será ativada na página Hard Drive da caixa de diálogo Settings, como mostrado na Figura 3-46, e o disco ficará disponível para seleção na lista suspensa.

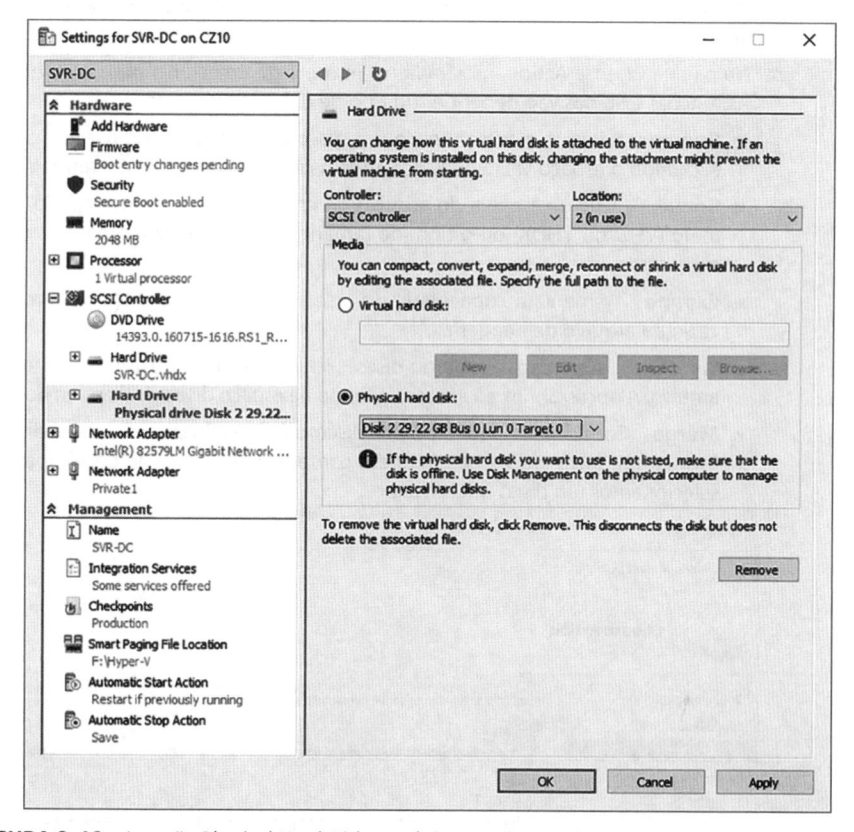

FIGURA 3-46 A opção Physical Hard Disk na página Hard Drive de uma caixa de diálogo Settings.

Para criar um disco pass-through no Windows PowerShell, use o cmdlet Add-VMHardDiskDrive com o parâmetro DiskNumber, como nesse exemplo:

```
add-vmharddiskdrive -vmname server1 -controllertype scsi -disknumber 2
```

Quando você criar um disco pass-through, é importante lembrar que a VM estará acessando o disco físico real, ela não fará uma cópia dele.

Redimensione um disco rígido virtual

Após você criar um disco rígido virtual, tendo ou não conectado-o a uma VM, poderá gerenciar seu tamanho usando o Edit Virtual Hard Disk Wizard (Assistente para Edição de Discos Rígidos Virtuais) no Hyper-V Manager.

Para editar um arquivo VHD ou VHDX existente, use o procedimento a seguir.

1. No Hyper-V Manager, no painel Actions, selecione Edit Disk para iniciar o Edit Virtual Hard Disk Wizard.
2. Na página Locate Disk, digite ou procure o nome do arquivo VHD ou VHDX que deseja abrir.
3. Na página Choose Action, mostrada na Figura 3-47, selecione uma das funções a seguir. As funções exibidas vão depender do tipo de disco selecionado.

   - **Compact** Reduz o tamanho de um disco com expansão dinâmica ou diferencial excluindo o espaço vazio, mas deixando a capacidade do disco inalterada.
   - **Convert** Cria uma cópia do arquivo de imagem de disco, permitindo alterar o formato (VHD ou VHDX) ou o tipo (de tamanho fixo ou de expansão dinâmica) durante o processo.
   - **Expand** Aumenta a capacidade do disco adicionando espaço de armazenamento vazio ao arquivo de imagem.
   - **Shrink** Reduz a capacidade do disco excluindo espaço de armazenamento vazio do arquivo. A opção Shrink só aparece quando há espaço disponível no fim do disco virtual.
   - **Merge** Combina os dados de um disco diferencial com os de seu disco pai, para formar um único arquivo de imagem composto. A opção Merge só aparece quando selecionamos um disco diferencial.

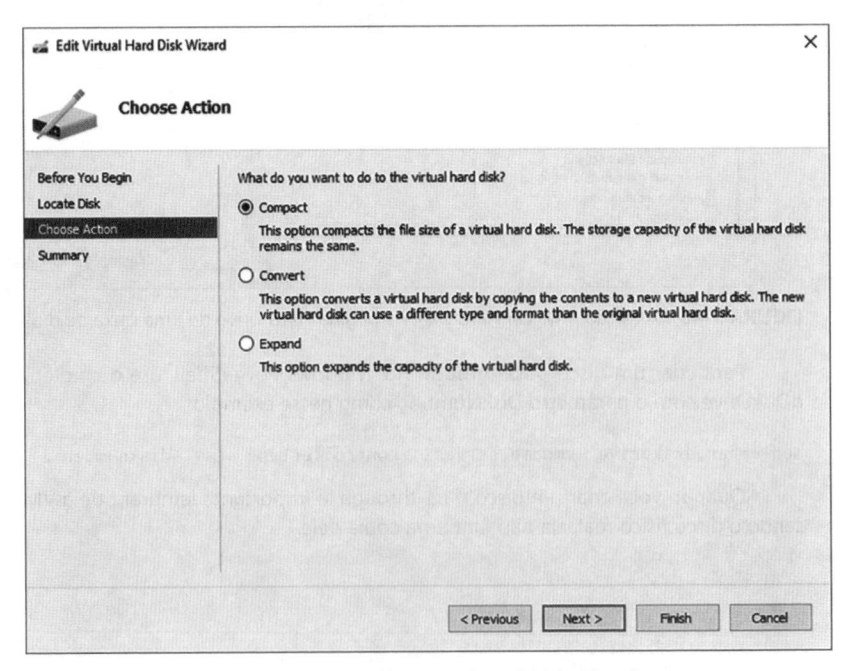

FIGURA 3-47 A página Choose Action do Edit Virtual Hard Disk Wizard.

4. Termine de preencher qualquer página nova apresentada pelo assistente como resultado de sua seleção e clique em Finish.

Você também pode executar as funções do Edit Virtual Hard Disk Wizard usando cmdlets do Windows PowerShell. Para compactar um arquivo de disco rígido virtual, montado como disco somente de leitura, use o cmdlet Optimize-VHD, como em:

```
optimize-vhd -path c:\disks\server1.vhdx -mode full
```

Para converter um arquivo de disco rígido virtual, use o cmdlet Convert-VHD, como no exemplo a seguir que converte um arquivo VHD fixo em um VHDX dinâmico:

```
convert-vhd -path c:\disks\server1.vhd -destinationpath c:\disks\server1.vhdx -vhdtype dynamic
```

Para expandir ou reduzir um disco virtual, use o cmdlet Resize-VHD com o parâmetro SizeBytes, como no exemplo a seguir: O mesmo comando pode expandir ou reduzir um disco, dependendo de seu tamanho original. Para reduzir um disco para o menor tamanho possível, você deve adicionar o parâmetro ToMinimumSize.

```
resize-vhd -path c:\disks\server1.vhdx -sizebytes 500gb
```

Para mesclar um disco diferencial com disco pai, use o cmdlet Merge-VHD, como no comando a seguir. Se houver vários níveis de discos filho envolvidos, mesclar o disco filho mais novo com o pai também mescla todos os discos filho intermediários.

```
merge-vhd -path c:\disks\child.vhdx -destionationpath c:\disks\parent.vhdx
```

Gerencie pontos de verificação

No Hyper-V, um *ponto de verificação* (*checkpoint*) é uma imagem capturada do estado, dos dados e da configuração de hardware de uma máquina virtual em um momento específico A criação de pontos de verificação é uma maneira conveniente de reverter uma máquina virtual para um estado anterior. Por exemplo, se você criar um ponto de verificação imediatamente antes de aplicar uma atualização do sistema e esta causar algum problema, poderá aplicar o ponto de verificação e voltar a VM para o estado em que estava antes da aplicação da atualização.

> **DICA DE EXAME**
>
> Antes do Windows Server 2012 R2, os pontos de verificação do Hyper-V eram conhecidos como snapshots (instantâneos). Eles funcionam da mesma maneira, só o nome mudou. Você pode ver os dois termos sendo usados em documentação, e o módulo PowerShell do Hyper-V inclui aliases que possibilitam usar ambos. Talvez você também veja os dois termos no Exame 70-740.

Crie um ponto de verificação

Para criar um ponto de verificação só temos que selecionar uma máquina virtual em execução no Hyper-V Manager e selecionar Checkpoint no painel Actions ou executar o cmdlet Checkpoint-VM do PowerShell com o nome da VM. O sistema cria um arquivo de ponto de verificação, com extensão AVHD ou AVDHX, na mesma pasta do arquivo de disco rígido virtual, e o adiciona à tela do Hyper-V Manager, como mostrado na Figura 3-48.

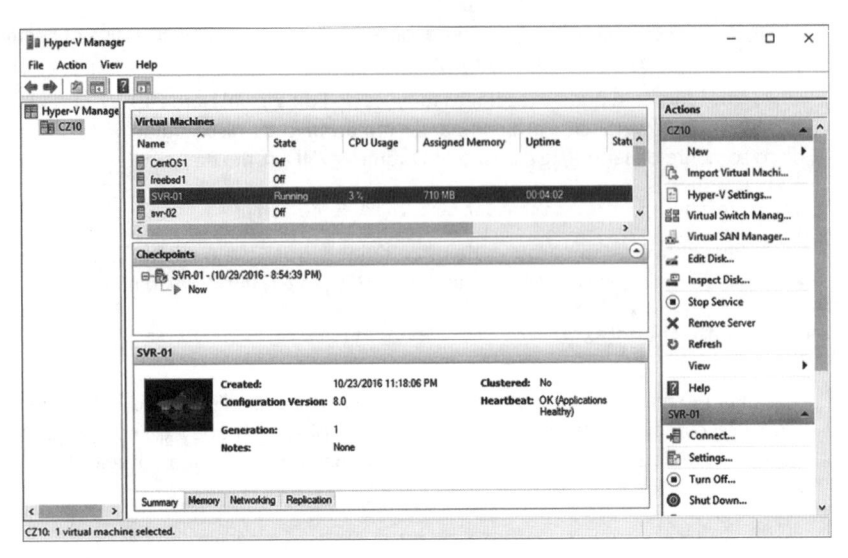

FIGURA 3-48 Um ponto de verificação no Hyper-V Manager.

Os pontos de verificação são uma ferramenta útil para os ambientes de desenvolvimento e teste do Hyper-V, mas não são recomendados para uso em ambientes de produção, nem devem ser considerados substitutos dos softwares de backup. Além de consumir espaço em disco, a presença de pontos de verificação pode piorar o desempenho geral do subsistema de armazenamento de uma máquina virtual.

Aplique um ponto de verificação

Para aplicar um ponto de verificação já criado, retornando a máquina virtual para seu estado anterior, clique nele com o botão direito do mouse no Hyper-V Manager e selecione Apply no menu Actions para abrir a caixa de diálogo Apply Checkpoint, como mostrado na Figura 3-49.

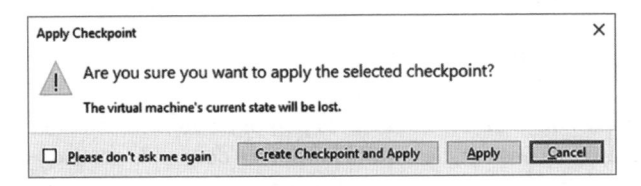

FIGURA 3-49 A caixa de diálogo Apply Checkpoint.

Nessa caixa de diálogo, você pode selecionar uma das opções a seguir:

- **Apply** Aplica o ponto de verificação selecionado, sobrepondo o estado atual da VM.
- **Create Checkpoint And Apply** Cria um novo ponto de verificação da VM, para preservar seu estado atual, e, em seguida, aplica o ponto de verificação selecionado.

Para aplicar um ponto de verificação com o PowerShell, use o cmdlet Restore-VMCheckpoint, como no exemplo a seguir:

```
restore-vmcheckpoint -name checkpoint1 -vmname server1
```

A não ser que você especifique um nome para um ponto de verificação ao criá-lo, ele será nomeado com o uso de uma combinação do nome da VM e do timestamp da hora de sua criação. Você pode exibir uma lista de todos os pontos de verificação de uma VM específca, inclusive seus nomes, usando o cmdlet Get-VMCheckpoint.

Implemente pontos de verificação de produção

Há outro problema na criação de pontos de verificação que levou a Microsoft a recomendar com veemência que ela não seja usada em VMs de produção. Antes do Windows Server 2016, criar um ponto de verificação salvava o estado da memória de todos os aplicativos em execução, e não apenas da máquina virtual propriamente dita.

Isso é um benefício para um ambiente de teste, já que a aplicação de um ponto de verificação pode levar a VM de volta ao estado exato em que ela se encontrava quando o ponto de verificação foi criado. No entanto, para uma VM de produção a qual clientes estejam conectados, como um banco de dados ou um servidor de email, ou que tenha um único cliente que replique dados para outros sistemas, como um controlador de domínio, restaurar um estado de memória anterior pode interromper processos em andamento.

É por isso que o Hyper-V do Windows Server 2016 inclui *pontos de verificação de produção*, que usam o Volume Shadow Copy Service do Windows, ou o File System Freeze do Linux, para criar um snapshot dos dados de uma VM, sem salvar o estado de sua memória. Atualmente, o uso de pontos de verificação de produção é o padrão em todas as VMs do Windows Server 2016. O tipo de ponto de verificação anterior, ainda disponível no Window Server 2016, agora é conhecido como *ponto de verificação padrão*.

Para os administradores, os pontos de verificação de produção se comportam exatamente como os pontos de verificação padrão. Você pode criá-los e aplicá-los usando as mesmas ferramentas e técnicas.

Para modificar as configurações de ponto de verificação padrão de uma VM, abra sua caixa de diálogo Settings no Hyper-V Manager e use a página Checkpoints, como mostrado na Figura 3-50, para selecionar a opção Standard Checkpoints. Você também pode usar os controles dessa página para especificar o local dos arquivos de ponto de verificação da VM, e desativar totalmente a criação de pontos de verificação.

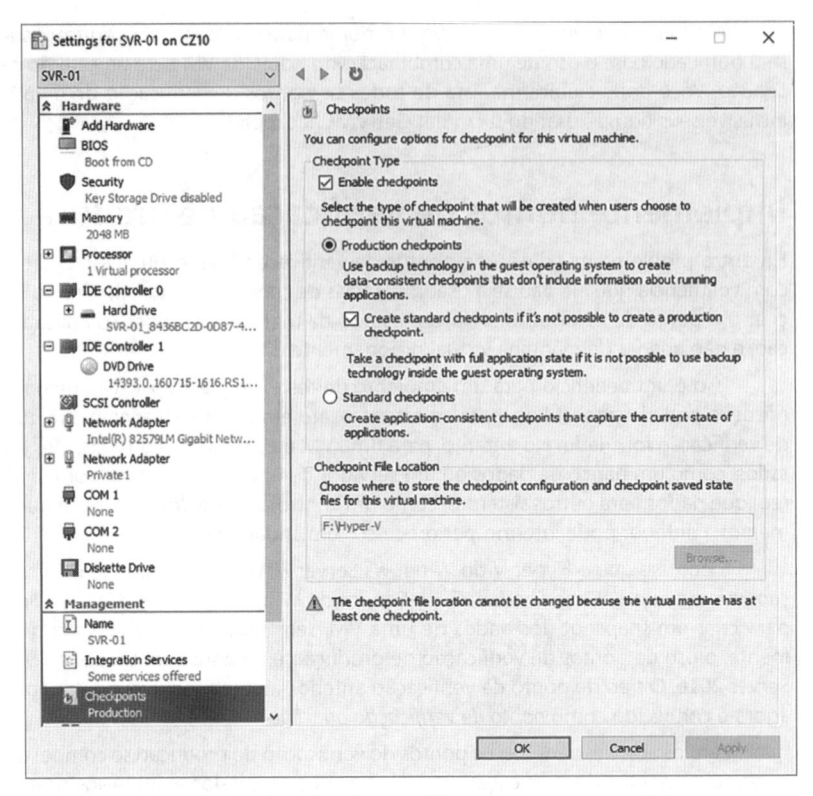

FIGURA 3-50 A página Checkpoints da caixa de diálogo Settings de uma VM.

Para modificar os padrões de criação de pontos de verificação no PowerShell, use o cmdlet Set-VM, como no exemplo a seguir:

```
set-vm -name server1 -checkpointtype standard
```

Além de Standard, o parâmetro CheckpointType dá suporte ao valor Production, para retornar a configuração ao seu padrão, e ao valor Discard, para desativar totalmente a criação de pontos de verificaçao para a VM. Você também pode usar o parâmetro SnapshotFileLocation para especificar onde o sistema deve criar seus arquivos de ponto de verificação.

Implemente um adaptador virtual Fibre Channel

No passado, as tecnologias de rede especializadas usadas na construção de redes de área de armazenamento (SANs) Fibre Channel dificultavam seu uso com servidores virtualizados. No entanto, desde a implementação do Windows Server 2012, o Hyper-V tem suportado a criação de adaptadores virtuais Fibre Channel.

Um adaptador Fibre Channel do Hyper-V é, basicamente, um dispositivo pass-through que permite que a máquina virtual acesse um adaptador Fibre Channel físico instalado no computador, e por meio dele, acesse os recursos de armazenamento externos conectados à SAN. Com essa funcionalidade, aplicativos sendo executados em máquinas virtuais podem acessar arquivos de dados armazenados em dispositivos da SAN, e você pode usar VMs para criar clusters de servidores com subsistemas de armazenamento compartilhados.

CAPÍTULO 3 Implementação do Hyper-V **231**

Para dar suporte à conectividade virtual do Fibre Channel, o(s) adaptador(es) de barramento Fibre Channel físico do servidor host devem ter drivers que suportem explicitamente o Fibre Channel virtual e o N_Port ID Virtualization (NPIV). A SAN também tem que poder acessar os recursos conectados a ela usando números de unidade lógica (LUNs, logical unit numbers).

Supondo que você tenha o hardware e o software apropriados instalados no computador host, a primeira etapa para implementar os recursos do Fibre Channel no Hyper-V será a criação de uma SAN virtual. Para fazê-lo, use o Virtual SAN Manager, que pode ser acessado no Hyper-V Manager, como mostrado na Figura 3-51. Quando você criar a SAN virtual, os World Wide Node Names (WWNNs) e os World Wide Port Names (WWPNs) do adaptador de barramento de seu host aparecerão.

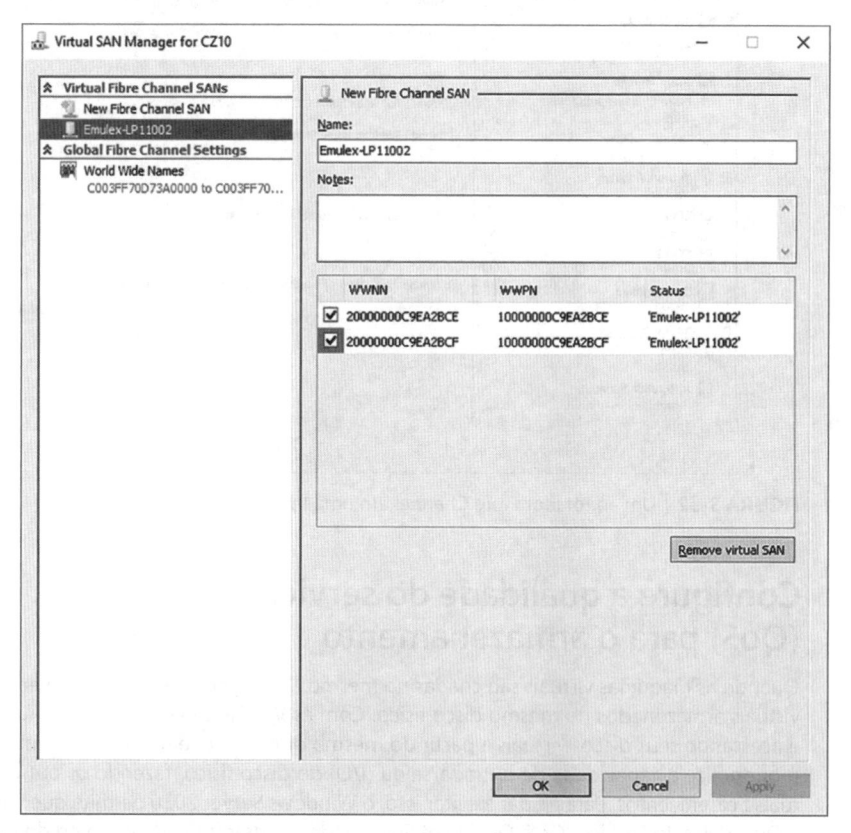

FIGURA 3-51 WWNNs e WWPNs de uma SAN virtual.

A próxima etapa é adicionar um adaptador Fibre Channel à sua máquina virtual na página Add Hardware (Adicionar Hardware) da caixa de diálogo Settings. A SAN virtual que você criou anteriormente estará, então, disponível na página Fibre Channel Adapter (Adaptador Fibre Channel), mostrada na Figura 3-52. O Hyper-V virtualizará a SAN e disponibilizará os WWNNs e WWPNs para a máquina virtual.

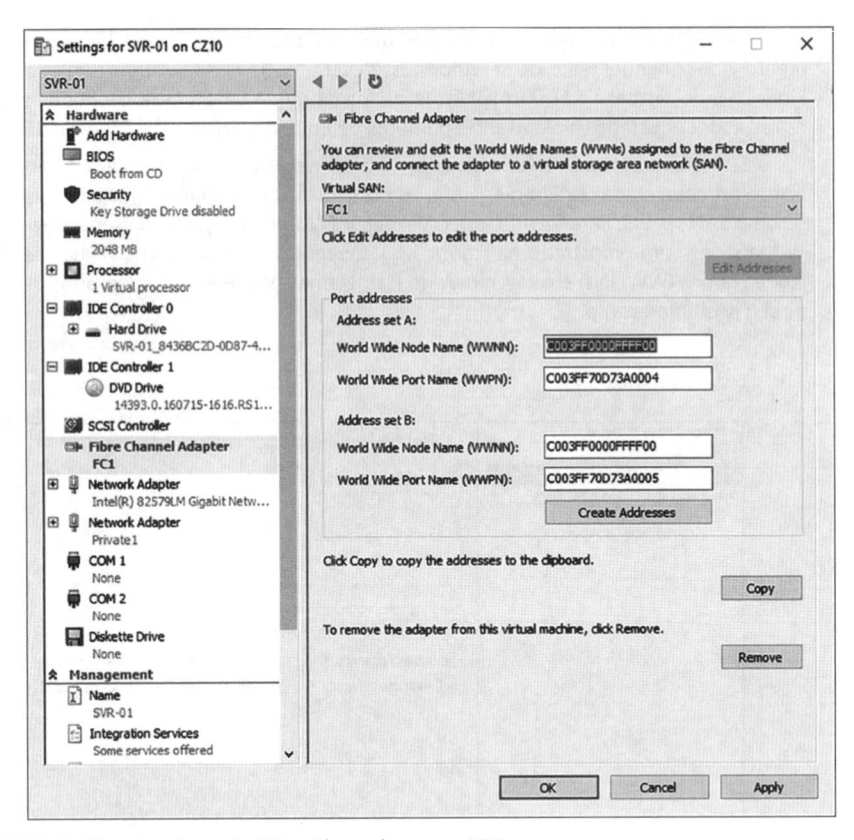

FIGURA 3-52 Um adaptador Fibre Channel em uma VM.

Configure a qualidade do serviço (QoS) para o armazenamento

Quando as máquinas virtuais são criadas no mesmo host Hyper-V, é comum haver vários discos virtuais armazenados no mesmo disco físico. Com as VMs sendo executadas simultaneamente e acessando seus discos virtuais a partir do mesmo disco físico, é possível que um disco virtual monopolize a capacidade de entrada/saída (I/O) do disco físico, fazendo os outros discos virtuais ficarem lentos. Para ajudar a evitar isso, o Windows Server 2016 permite que você controle a Qualidade do Serviço (QoS, Quality of Service) de um determinado disco rígido virtual.

O gerenciamento de QoS no Hyper-V assume a forma de controles que nos permitem especificar os valores mínimo e máximo de operações de entrada/saída por segundo (IOPS, input/ouput operations per second) de um disco. Para configurar QoS para o armazenamento, abra a caixa de diálogo Settings de uma VM, expanda um componente de unidade de disco rígido, selecione Quality of Service e, na página Quality Of Service, marque a caixa de seleção Enable Quality Of Service Management como mostrado na Figura 3-53.

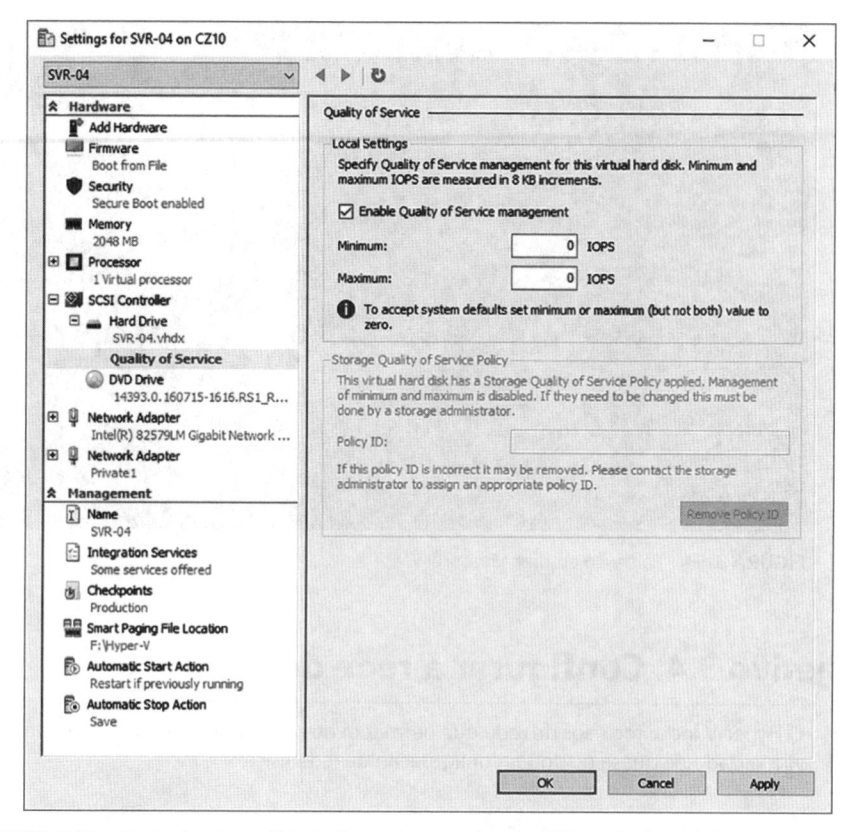

FIGURA 3-53 Controles de qualidade do serviço na caixa de diálogo Settings do Hyper-V Manager.

Após marcar a caixa de seleção Enable Quality of Service Management, você poderá especificar valores mínimos e máximos de IOPS para o disco, para regular seu throughput em incrementos de 8 KB. Para definir essas configurações com o Windows PowerShell, use o cmdlet Set-VMHardDiskDrive, como no exemplo a seguir. Os parâmetros ControllerType e ControllerNumber especificam que unidade de disco deve ser configurada, e os parâmetros MinimumIOPS e MaximumIOPS especificam as configurações de QoS.

```
set-vmharddiskdrive -vmname server1 -controllertype scsi -controllernumber 0
-minimumiops 10 -maximumiops 500
```

A determinação de configurações ótimas de QoS para uma unidade de disco específica costuma demandar monitoramento e ajustes. Após ativar o controle (métrica) do uso de recursos na VM, você pode usar o cmdlet Measure-VM para exibir o uso de disco atual, como mostrado nos próximos exemplos. A saída do cmdlet é mostrada na Figura 3-54. Depois de verificar o IOPS da carga de trabalho da VM, você conseguirá definir configurações de QoS apropriadas.

```
enable-vmresourcemetering -vmname server1
```

```
measure-vm -vmname server1 | fl
```

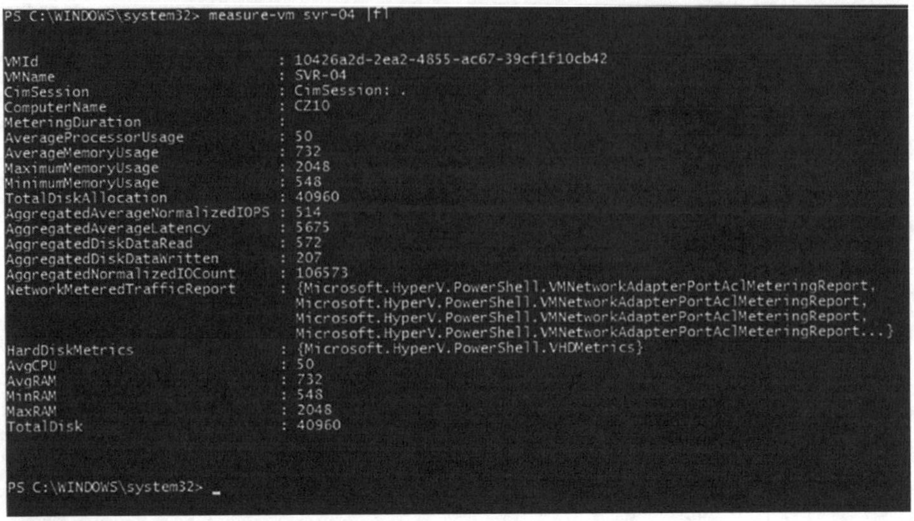

```
PS C:\WINDOWS\system32> measure-vm svr-04 |fl

VMId                            : 10426a2d-2ea2-4855-ac67-39cf1f10cb42
VMName                          : SVR-04
CimSession                      : CimSession: .
ComputerName                    : CZ10
MeteringDuration                :
AverageProcessorUsage           : 50
AverageMemoryUsage              : 732
MaximumMemoryUsage              : 2048
MinimumMemoryUsage              : 548
TotalDiskAllocation             : 40960
AggregatedAverageNormalizedIOPS : 514
AggregatedAverageLatency        : 5675
AggregatedDiskDataRead          : 572
AggregatedDiskDataWritten       : 207
AggregatedNormalizedIOCount     : 106573
NetworkMeteredTrafficReport     : {Microsoft.HyperV.PowerShell.VMNetworkAdapterPortAclMeteringReport,
                                   Microsoft.HyperV.PowerShell.VMNetworkAdapterPortAclMeteringReport,
                                   Microsoft.HyperV.PowerShell.VMNetworkAdapterPortAclMeteringReport,
                                   Microsoft.HyperV.PowerShell.VMNetworkAdapterPortAclMeteringReport...}
HardDiskMetrics                 : {Microsoft.HyperV.PowerShell.VHDMetrics}
AvgCPU                          : 50
AvgRAM                          : 732
MinRAM                          : 548
MaxRAM                          : 2048
TotalDisk                       : 40960

PS C:\WINDOWS\system32>
```

FIGURA 3-54 Saída do cmdlet Measure-VM.

Objetivo 3.4: Configurar a rede do Hyper-V

O Hyper-V inclui recursos de rede que permitem que os administradores criem um equivalente virtualizado de quase qualquer configuração de rede física.

> **Esta seção aborda como:**
> - Adicionar e remover placas de interface de rede virtual (VNICs)
> - Configurar os switches virtuais do Hyper-V
> - Otimizar o desempenho da rede
> - Configurar endereços MAC
> - Configurar o isolamento da rede
> - Configurar adaptadores virtuais de rede sintéticos e legados
> - Configurar o NIC teaming em VMs
> - Configurar a fila de máquina virtual (VMQ)
> - Ativar o Acesso Direto à Memória Remoto (RDMA) em adaptadores de rede conectados a um switch virtual do Hyper-V usando o Switch Embedded Teaming (SET)
> - Configurar o gerenciamento da largura de banda

Adicione e remova placas de interface de rede virtual (vNICs)

Como em um computador físico, uma máquina virtual pode ter muitos adaptadores de interface de rede, fornecendo conexões para várias redes ou transportando diferentes tipos de

CAPÍTULO 3 Implementação do Hyper-V **235**

tráfego. Quando você criar uma nova máquina virtual, a configuração padrão incluirá um único adaptador de rede virtual. O New Virtual Machine Wizard inclui uma página Configure Networking, mostrada na Figura 3-55, na qual é possível selecionar um dos switches virtuais do servidor host.

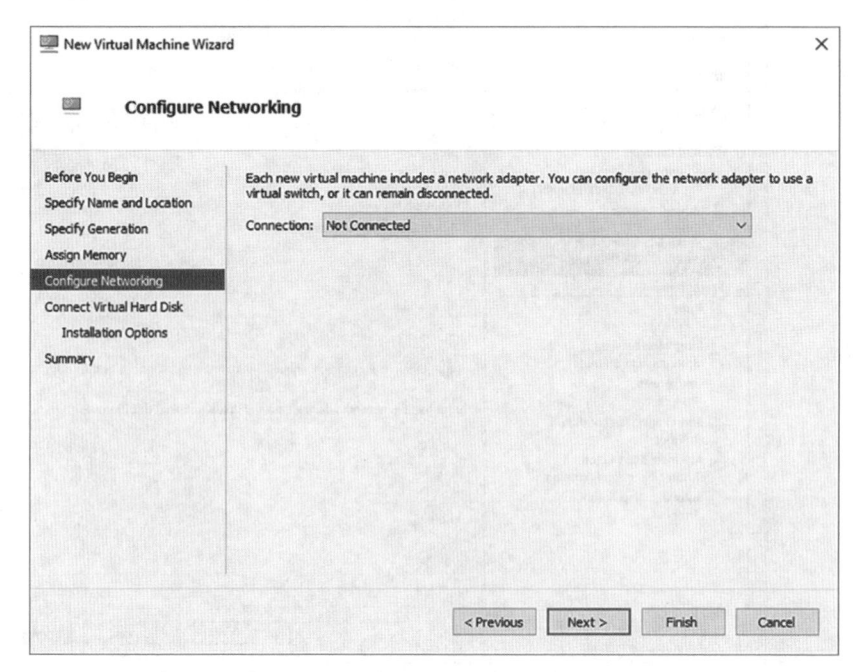

FIGURA 3-55 A página Configure Networking no New Virtual Machine Wizard.

Se você criar apenas o switch virtual externo padrão quando instalar o Hyper-V, conectar uma máquina virtual ao switch associará o sistema à rede física. Para criar adaptadores de rede adicionais em suas máquinas virtuais, use o procedimento a seguir.

1. Inicie o Hyper-V Manager, selecione uma máquina virtual e abra sua caixa de diálogo Settings.
2. Na lista Add Hardware, selecione Network Adapter e clique em Add.

> **NOTA** **ADICIONANDO ADAPTADORES DE REDE**
> Em uma VM Geração 2, você pode adicionar e configurar um adaptador de rede enquanto o sisema estiver sendo executado. Em VMs Geração1 o sistema deve ser encerrado.

3. Na nova página Network Adapter, mostrada na Figura 3-56, na lista suspensa Virtual Switch, selecione o switch ao qual deseja conectar o adaptador de rede.

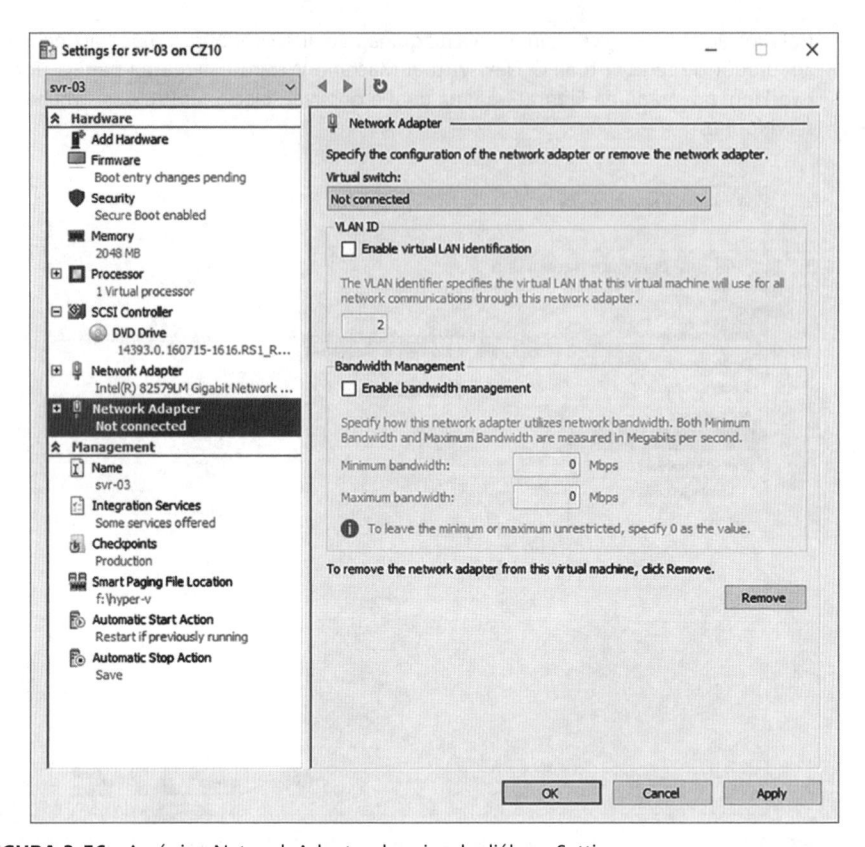

FIGURA 3-56 A página Network Adapter da caixa de diálogo Settings.

4. Se seu computador host estiver conectado a uma infraestrutura de switch física que use VLANs para criar sub-redes separadas, você pode marcar a caixa de seleção Enable Virtual LAN Identification e inserir um identificador de VLAN para associar o adaptador de rede a uma VLAN específica em sua rede física.

5. Clique em OK para criar o novo adaptador de rede e fechar a caixa de diálogo Settings.

É possível criar até oito adaptadores de rede em uma máquina virtual do Hyper-V no Windows Server 2016. Para criar um adaptador de rede com o PowerShell, use o cmdlet Add-VMNetworkAdapter, como no exemplo a seguir:

```
add-vmnetworkadapter -vmname server1 -switchname private1
```

Para remover um adaptador de rede no Hyper-V Manager, selecione o adaptador na caixa de seleção Settings e clique no botão Remove. O adaptador aparecerá riscado, até você clicar no botão OK ou Apply. Para remover um adaptador de rede com o PowerShell, use o cmdlet Remove-VMNetworkAdapter, como no exemplo a seguir:

```
remove-vmnetworkadapter -vmname server1 -vmnetworkadapter nic1
```

Configure os switches virtuais do Hyper-V

Um *switch virtual*, como seu equivalente físico, é um dispositivo que funciona na camada 2 do modelo de referência Open Systems Interconnect (OSI, Interconexão de Sistemas Abertos). Um switch tem uma série de portas, cada uma conectada ao adaptador de interface de rede de um computador. Qualquer computador conectado ao switch pode transmitir dados para os outros computadores conectados ao mesmo switch. O número de portas de um switch físico é limitado, mas interconectando switches, os administradores podem construir redes de quase qualquer tamanho.

Ao contrário dos switches físicos, os switches virtuais criados no Hyper-V podem ter um número ilimitado de portas, logo, não é preciso conectar switches em conjunto ou usar uplinks e circuitos "crossover".

Crie o switch virtual padrão

Quando você instalar a função Hyper-V no Add Roles And Features Wizard, poderá criar os primeiros switches virtuais do servidor. Sem um switch, as máquinas virtuais criadas no Hyper-V não podem se comunicar umas com as outras.

A página Create Virtual Switches do assistente permite criar um switch virtual para cada adaptador de rede físico instalado no computador host. Esses switches habilitam as máquinas virtuais a participarem das redes às quais os adaptadores físicos estão conectados.

Quando um switch virtual é criado dessa forma, a configuração de rede do sistema operacional host muda. O novo switch virtual aparecerá na janela Network Connections (Conexões de Rede). Se examinarmos suas propriedades, veremos que ele está conectado ao cliente TCP/IP do sistema operacional, como mostrado na Figura 3-57.

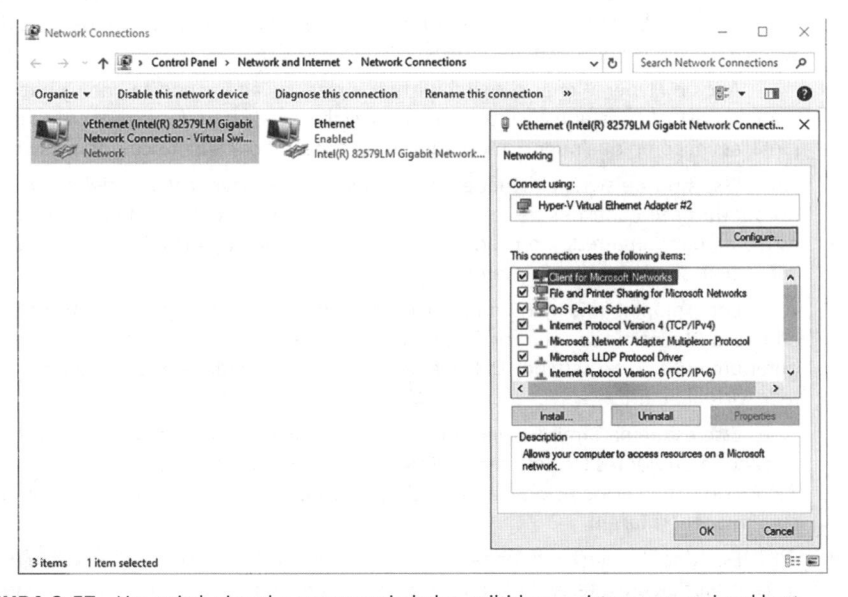

FIGURA 3-57 Um switch virtual e suas propriedades, exibidos no sistema operacional host.

Enquanto isso, o Hyper-V também altera as propriedades da conexão de rede original que representam o adaptador de interface de rede física do computador. Agora o adaptador de rede física só está conectado ao switch virtual, como mostrado na Figura 3-58.

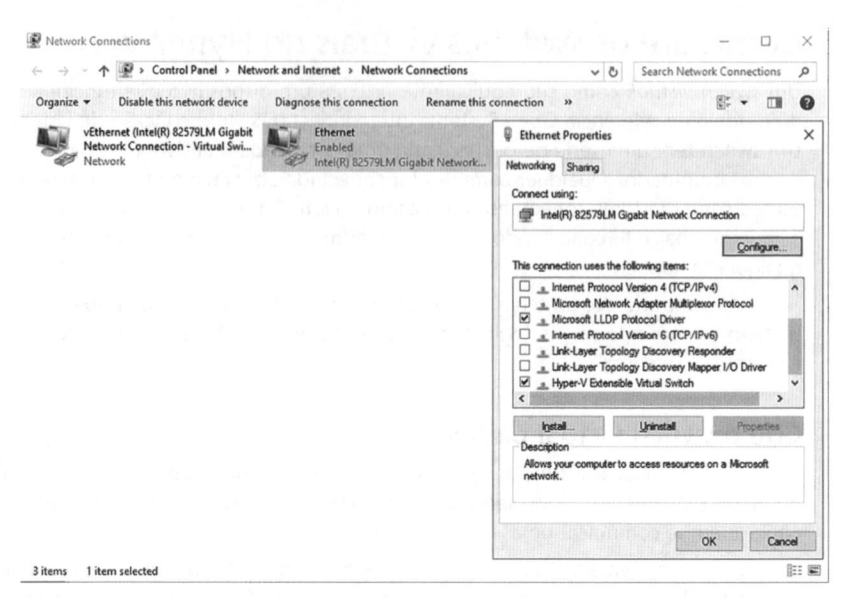

FIGURA 3-58 Um adaptador de interface de rede no sistema operacional host, conectado a um switch virtual

O resultado é que a configuração de rede física do computador, em que seu adaptador de rede está conectado a um switch físico externo, é sobreposta pela configuração de rede virtual criada pelo Hyper-V. Nessa configuração virtual, o switch virtual está conectado ao switch físico e o adaptador de rede do sistema operacional host está conectado ao switch virtual. A rede virtual interna e a rede física externa são reunidas em uma única rede local (LAN), como se você conectasse dois switches físicos.

Após o Hyper-V criar o switch virtual e fazer as alterações na configuração, qualquer máquina virtual nova que você conectar ao switch virtual passará a fazer parte dessa rede conjunta, assim como qualquer computador físico conectado à rede física por um switch externo.

Esse tipo de switch virtual é, na terminologia do Hyper-V, um *switch de rede externo* porque fornece conexões de fora do ambiente do Hyper-V. Normalmente, esse é o melhor esquema para uma rede de produção em que as máquinas virtuais do Hyper-V fornecem e consomem serviços na rede inteira.

Por exemplo, uma máquina virtual conectada a esse switch obterá automaticamente um endereço IP a partir do servidor DHCP da rede física, se existir um. Você também pode configurar uma VM como servidor DHCP e deixá-la fornecer endereços para todos os sistemas da rede, virtual ou física.

Esse esquema também permite que as máquinas virtuais acessem a Internet usando o roteador e servidores DNS da rede externa. As máquinas virtuais podem, então, baixar atualizações do sistema operacional a partir de servidores da Internet, como as máquinas externas com frequência fazem.

Esse tipo de switch virtual não é apropriado em todas as situações. Se você criar uma rede de laboratório para o teste de produtos ou uma rede para uso em sala de aula, pode não querer que ela seja conectada à rede externa. Para esses casos, basta criar um tipo diferente de switch virtual, usando o Virtual Switch Manager (Gerenciador de Switch Virtual) no Hyper-V Manager.

Crie um novo switch virtual

O Hyper-V do Windows Server 2016 dá suporte a três tipos de switches que você pode criar no Virtual Switch Manager.

Para criar qualquer um dos tipos de switch virtual, use o procedimento a seguir.

1. No Hyper-V Manager, no painel Actions, selecione Virtual Switch Manager para abrir a caixa de diálogo Virtual Switch Manager, como mostrado na Figura 3-59.

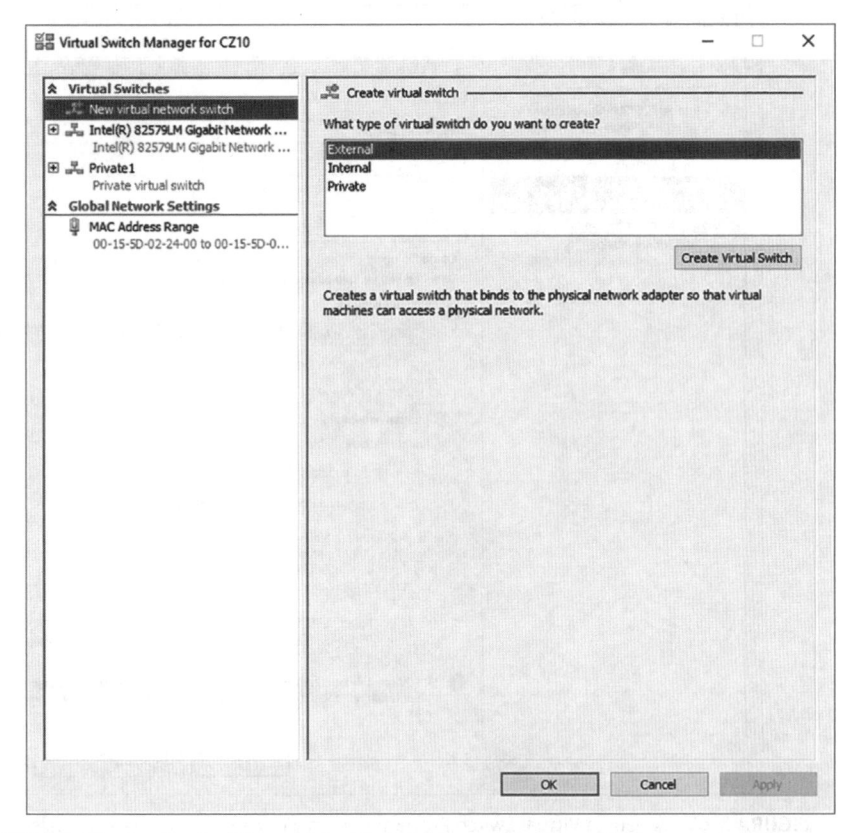

FIGURA 3-59 A caixa de diálogo Virtual Switch Manager no Hyper-V Manager.

2. Na caixa Create Virtual Switch, selecione um dos tipos de switch a seguir e clique em Create Virtual Switch.
   - **External** O switch virtual é vinculado à pilha de protocolos de rede do sistema operacional host e conectado a um adaptador de interface de rede físico no servidor Hyper-V. As máquinas virtuais que estiverem sendo executadas no servidor poderão acessar a rede à qual o adaptador físico estiver conectado.
   - **Internal** Um switch de rede interno é conectado a uma instância separada da pilha de protocolos de rede do sistema operacional host, independentemente do adaptador de interface de rede físico e da rede em que ele estiver conectado. As máquinas virtuais que estiverem sendo executadas no servidor poderão acessar a rede virtual implementada pelo switch virtual e o sistema operacional host poderá acessar a rede física por intermédio do adaptador de interface de rede físico, mas as máquinas virtuais não poderão acessar a rede física pelo adaptador físico.

- **Private** Um switch de rede privado só existe no servidor Hyper-V e só pode ser acessado pelas máquinas virtuais sendo executadas no servidor. O sistema operacional host continua podendo acessar a rede física pelo adaptador de interface de rede físico, mas não pode acessar a rede virtual criada pelo switch virtual.

3. Na página Virtual Switch Properties, como mostrado na Figura 3-60, digite um nome para o novo switch.

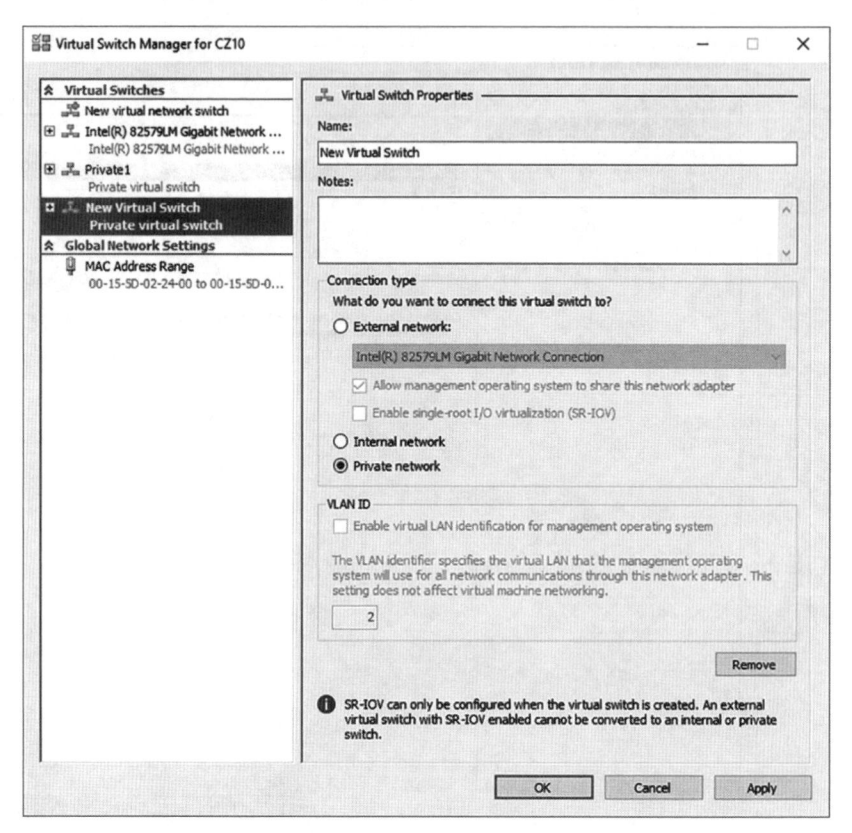

FIGURA 3-60 A página Virtual Switch Properties, com a opção External Network selecionada.

4. Para um switch de rede externa, selecione o adaptador de rede físico ao qual o switch virtual será conectado e configure as seguintes opções, se desejado:
    - **Allow Management Operating System To Share This Network Adapter** Marcada por padrão quando criamos um switch de rede externo, desmarcar essa caixa de diálogo exclui o sistema operacional host da rede física, ao mesmo tempo que concede acesso às máquinas virtuais.
    - **Enable Single Root I/O Virtualization (SR-IOV)** Permite que você crie um switch virtual externo associado a um adaptador de rede físico capaz de dar suporte à SR-IOV (Single Root I/O Virtualization, Virtualização de Entrada/Saída de Raiz Única). Essa opção só está disponível na criação de um novo switch virtual. Você não pode modificar um switch existente para usá-la

- **Enable Virtual LAN Identification For Management Operating System** Se seu computador host estiver conectado a uma insfraestrutura de switch físico que use LANs virtuais (VLANs) para criar sub-redes separadas, você pode marcar essa caixa de seleção e inserir um identificador de VLAN para associar o switch virtual a uma VLAN específica em sua rede física.

5. Clique em OK. O novo switch virtual será criado.

Você pode dar prosseguimento e criar quantos switches virtuais precisar. Só é possível criar um switch para cada adaptador de rede físico do computador, mas você pode criar vários switches internos ou privados, para criar quantas redes virtuais precisar.

Para criar um novo switch virtual com o Windows PowerShell, use o cmdlet New-VMSwitch, como nos exemplos a seguir:

```
new-vmswitch -name lan1 -netadaptername "ethernet 2"

new-vmswitch -name private1 -switchtype private
```

> ✓ **Verificação rápida**
>
> Harold está implantando um servidor Hyper-V do Windows Server 2016 e está confuso quanto às opções de switch virtual. Ele precisa que todas as máquinas virtuais estejam conectadas em rede umas às outras e também ao sistema operacional host. Só o sistema operacional host deve ser conectado à rede externa e à Internet. Como Harold deve implementar isso no Hyper-V?
>
> **Resposta da verificação rápida**
>
> Harold deve criar um switch virtual usando o Hyper-V Manager no Server manager. Quando selecionar o tipo do switch virtual, ele deve escolher Internal. Com a conexão das VMs ao switch interno, elas poderão se comunicar entre si e com o sistema operacional host.

Otimize o desempenho da rede

Alguns adaptadores de inteface de rede físicos têm recursos que são projetados para melhorar o desempenho ao passar certas funções do processador do sistema para componentes embutidos no próprio adaptador. O Hyper-V dá suporte a alguns desses recursos, se o hardware do adaptador de rede físico suportá-los apropriadamente.

Quando expandimos um adaptador de rede na caixa de diálogo Settings de uma VM, ganhamos acesso à página Hardware Acceleration (Aceleração de Hardware), como mostrado na Figura 3-61. Nessa página, podemos definir as seguintes configurações de aceleração de hardware:

- **Enable Virtual Machine Queue** A fila de máquina virtual (VMQ, virtual machine queue) é uma técnica que armazena pacotes destinados às VMs em filas separadas no adaptador de rede físico e os distribui diretamente para as VMs, ignorando o processamento normalmente executado pelo switch virtual no servidor host.
- **Enable IPsec Task Offloading** Essa configuração usa os recursos de processamento do adadptador de rede para executar algumas das funções criptográficas requeridas pelo IPsec (Segurança do Protocolo Internet). Você tambem pode especificar o número máximo de associações de segurança que deseja que o adaptador esteja apto a calcular.

■ **Single Root I/O Virtualization** Essa configuraçao permite que o adaptador virtual use os recursos de SR-IOV do adaptador físico. O SR-IOV permite que as máquinas virtuais compartilhem os recursos de hardware de um dispositivo PCI Express, como um adaptador de rede.

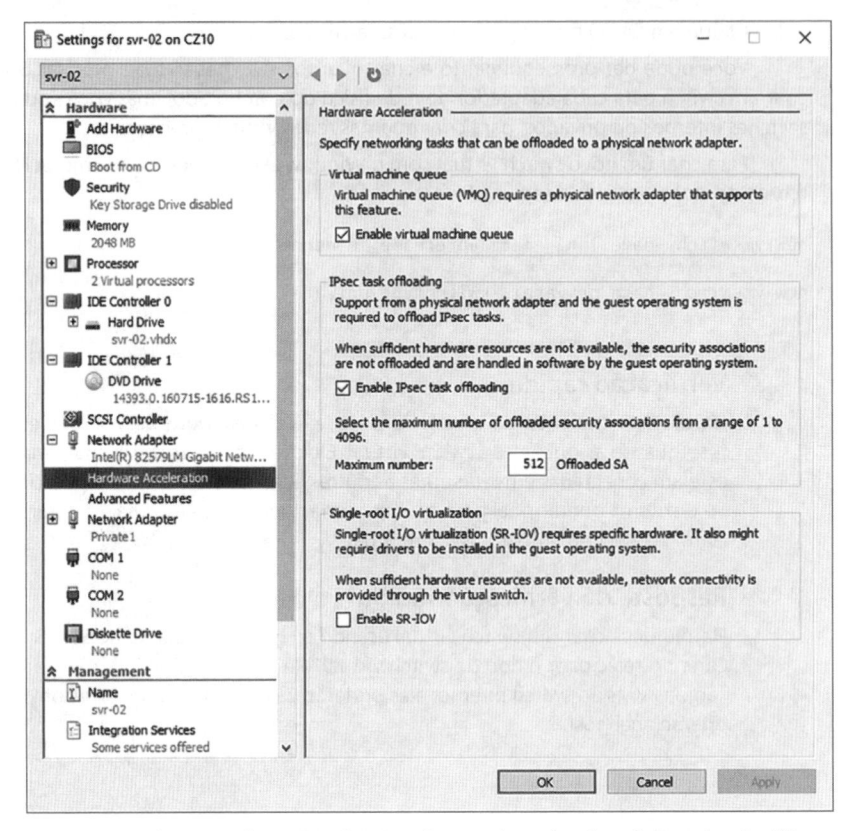

FIGURA 3-61 A página Hardware Acceleration de um adaptador de rede na caixa de diálogo Settings.

Crie vários switches

Se seu servidor Hyper-V tiver vários adaptadores de rede físicos, você deve criar um switch virtual para cada um e dividir entre eles VMs com cargas de trabalho que façam uso intensivo da rede, para obter um melhor desempenho.

Crie uma rede privada

Quando você tiver em um servidor Hyper-V várias VMs que se comuniquem com frequência umas com as outras, crie uma rede virtual privada no Virtual Switch Manager e configure as VMs para usá-la sempre que possível. A comunicação em uma rede privada é mais eficiente do que em uma rede externa, na qual outros computadores compartilham o mesmo ambiente.

Para criar uma rede privada, use o procedimento a seguir.

1. Crie uma rede virtual privada no Virtual Switch Manager.
2. Adicione um adaptador de rede a cada uma de suas VMs e atribua-o ao switch privado.

3. Configure o adaptador de cada VM com um endereço IP estático.
4. Modifique o arquivo HOSTS de cada VM adicionando os nomes e endereços IP das outras VMs do servidor Hyper-V, como no exemplo a seguir:

```
192.168.10.11    vm-01.contoso.com
192.168.10.12    vm-02.contoso.com
192.168.10.13    vm-03.contoso.com
192.168.10.14    vm-04.contoso.com
192.168.10.15    vm-05.contoso.com
```

HOSTS é um arquivo de texto, localizado por padrão na pasta \Windows\system32\drivers\etc, que contém apenas endereços IP e os nomes de computador equivalentes. Quando se comunicam na rede, os computadores Windows sempre verificam o arquivo HOSTS como seu primeiro mecanismo de resolução de nomes, antes de usarem o DNS ou alguma outra solução. Adicionar os endereços de rede privada a esse arquivo fará as VMs usarem a rede privada primeiro, ao se comunicarem com as outras VMs do servidor Hyper-V.

Configure endereços MAC

Todo adaptador de interface de rede, virtual ou físico, tem um endereço de controle de acesso à mídia (MAC, Media Access Control) – às vezes chamado de *endereço de hardware* – que identifica o dispositivo na rede de maneira exclusiva. Em adaptadores de rede físicos, o MAC é atribuído pelo fabricante e inserido permanentemente no firmware do adaptador. O endereço MAC é um valor hexadecimal de 6 bytes composto por um identificador organizacional exclusivo (OUI, organizationally unique identifier) de três bytes que especifica o fabricante e um valor exclusivo de três bytes que identifica o próprio adaptador.

O endereço MAC é essencial para a operação de uma LAN, logo, os adaptadores de rede virtuais de um servidor Hyper-V também precisam deles. O servidor tem, pelo menos, um endereço MAC real, fornecido em seu adaptador de rede físico, mas o Hyper-V não pode usar esse endereço para todos os adaptadores virtuais que conectam máquinas virtuais à rede.

Para fornecer endereços MAC para os adaptadores virtuais, o Hyper-V cria um pool de endereços e os atribui a partir desse pool para os adaptadores de rede virtuais quando eles são criados. Para visualizar ou modificar o pool de endereços MAC do servidor Hyper-V, abra o Virtual Switch Manager e selecione MAC Address Range sob Global Network Settings, como mostrado na Figura 3-62.

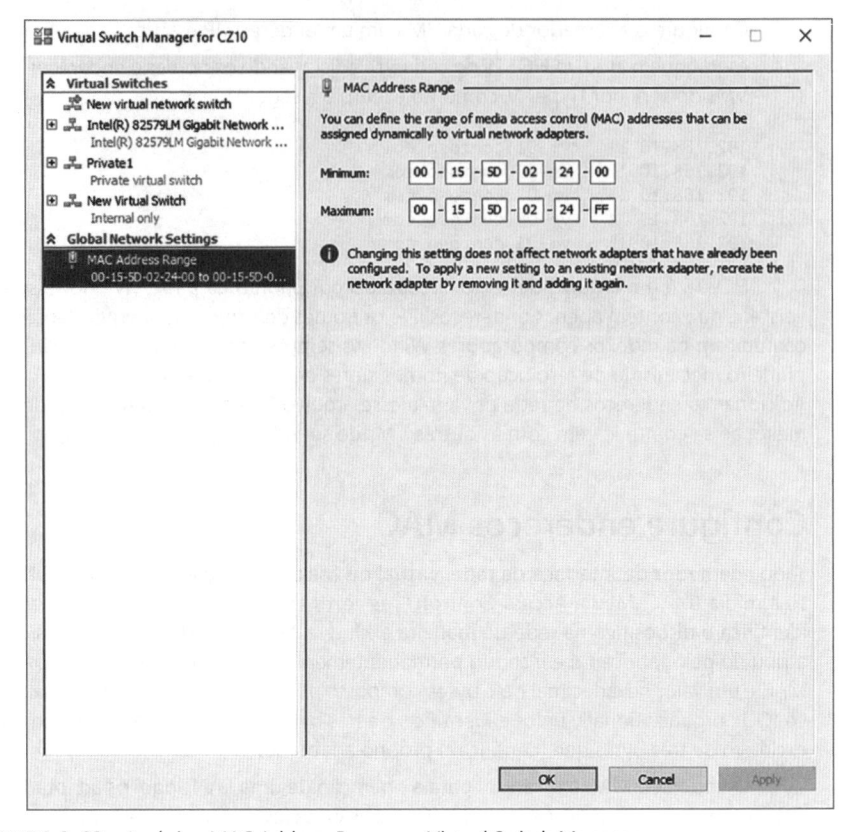

FIGURA 3-62 A página MAC Address Range no Virtual Switch Manager.

> **NOTA** **ATRIBUINDO ENDEREÇOS MAC**
>
> Os adaptadores de rede virtuais do Hyper-V recebem endereços MAC atribuídos dinamicamente por padrão, mas você pode optar por configurar os adaptadores individuais de suas máquinas virtuais com endereços MAC estáticos. Isso pode ser feito na página Advanced Features do adaptador na caixa de diálogo Settings.

O intervalo de endereços MAC do Hyper-V usa valores construídos da seguinte forma:

- **Bytes 1 a 3** Compostos pelo valor 00-15-5D, que é um OUI registrado pela Microsoft.
- **Bytes 4 e 5** Compostos pelos dois últimos bytes do endereço IP atribuído ao adaptador de rede físico do servidor, convertidos para a notação hexadecimal
- **Byte 6** Composto por um intervalo de valores de 00 a FF, que fornece 256 endereços possíveis

O servidor Hyper-V atribui os endereços MAC aos adaptadores de rede das máquinas virtuais quando criamos os adaptadores. Os adaptadores retêm seus endereços MAC permanentemente, ou até serem removidos da máquina virtual. O servidor reclama qualquer endereço não usado e o reutiliza.

Espera-se que o pool padrão de 256 endereços seja suficiente para a maioria das configurações de máquina virtual do Hyper-V, mas se não for, você pode modificar os valores mínimo (minimum) e máximo (maximum) para aumentar o pool. Para impedir a duplicação de endereços, você deve alterar somente o penúltimo byte, tornando-o um intervalo de endereços definidos no último byte.

Por exemplo, o intervalo ilustrado na figura fornece 256 endereços com os valores a seguir:

```
00-15-1D-02-24-00 a 00-15-1D-02-24-FF
```

Esse intervalo de valores só modifica o byte menos significativo. Modificar também outros bytes anteriores ao ultimo pode aumentar o pool de 256 para 4.096, como no intervalo a seguir:

```
00-15-1D-02-20-00 a 00-15-1D-02-2F-FF
```

> ***IMPORTANTE*** **DUPLICANDO ENDEREÇOS MAC**
> Quando você modificar o pool de endereços MAC e tiver outros servidores Hyper-V em sua rede, deve tomar cuidado para não criar a possibilidade de ocorrência de endereços MAC duplicados, ou isso pode resultar em problemas na rede.

Configure o isolamento da rede

O Hyper-V torna possível estender praticamente qualquer configuração de rede física existente para seu espaço virtual, ou criar uma rede totalmente separada e isolada dentro do seu ambiente.

A configuração padrão básica de uma máquina virtual do Hyper-V conecta seu adaptador de rede a um switch virtual externo, conectando, assim, o sistema operacional convidado da máquina virtual à rede externa. A VM pode, então, se beneficiar dos serviços sendo executados na rede externa e enviar tráfego por roteadores para outras redes, inclusive a Internet.

Esse tipo de esquema possibilita consolidar vários servidores físicos em máquinas virtuais de um único servidor Hyper-V, permitindo o acesso geral à rede inteira. Não há distinção entre a rede física e a virtual no espaço do Hyper-V.

Estendendo uma rede de produção ao espaço virtual

Um servidor Hyper-V pode ter vários adaptadores de rede físicos instalados que podem ser conectados a diferentes redes, para separar tráfego, ou à mesma rede, para aumentar a largura de banda disponível. Você também pode ter adaptadores exclusivos de conexões SAN para fornecer armazenamento compartilhado e cluster de servidores.

A Microsoft recomenda o uso de, pelo menos, dois adaptadores de rede físicos em um servidor Hyper-V, com um adaptador atendendo o sistema operacional host e o outro conectado às VMs. Quando você tiver mais de dois adaptadores físicos no servidor, poderá criar switches de rede virtual externos separados para os adaptadores físicos e conectar cada um a uma VM separada.

Criando uma rede isolada

Para fins de teste, desenvolvimento e avaliação, ou para situações de sala de aula, você pode querer criar ambientes de rede isolados. Criando switches virtuais internos ou privados, você pode criar uma rede que só exista dentro do espaço do Hyper-V, com ou sem o sistema operacional host incluído.

Uma rede isolada como essa estará sujeita às deficiências que vêm com seus benefícios. Se você quiser instalar os sistemas operacionais convidados usando o Windows Deployment Services ou configurar as máquinas virtuais usando o DHCP, deve instalar e configurar esses serviços na rede privada. Os sistemas operacionais convidados também não terão acesso à Internet, o que os impedirá de baixar atualizações. Será preciso implantar substitutos apropriados na rede privada.

Para fornecer atualizações de software para os sistemas, você pode instalar dois adaptadores de rede em cada uma das máquinas virtuais e conectar um ao switch privado e o outro a um switch externo. Esse procedimento permitirá que as máquinas virtuais acessem a Internet e a rede privada.

Outro método para a criação de uma rede isolada é usar LANs virtuais (VLANs). Isso será particularmente útil se você tiver máquinas virtuais em diferentes servidores Hyper-V que quiser adicionar à rede isolada Conectando os adaptadores de rede a um switch externo e configurando-os com o mesmo identificador de VLAN, você pode criar uma rede dentro de outra que isole a VLAN de outros computadores. Você pode, por exemplo, implantar um servidor DHCP em sua VLAN sem que ele interfira nos outros servidores DHCP de seu ambiente de produção.

Configure adaptadores virtuais de rede sintéticos e legados

Quando você selecionar a opção Network Adapter na página Add Hardware da caixa de diálogo Settings, criará o que é chamado na terminologia do Hyper-V de *adaptador de rede sintético*. As máquinas virtuais Geração 1 dão suporte a dois tipos de adaptadores de rede e armazenamento: sintéticos e legados, às vezes chamados de emulados.

Um adaptador sintético é um dispositivo virtual que não corresponde a um produto do mundo real. Os dispositivos sintéticos de uma máquina virtual se comunicam com o sistema operacional host usando um condutor de alta velocidade chamado VMBus.

Os switches virtuais do Hyper-V residem no sistema operacional do servidor host e fazem parte de um componente chamado Provedor de Serviço de Virtualização (VSP, Virtualization Service Provider) da rede. O adaptador de rede sintético da VM é um Cliente de Serviço de Virtualização (SVC, Virtualization Service Client). Tanto o VSP quanto o VSC são conectados ao VMBus, que fornece comunicação entre os dois, como mostrado na Figura 3-63. O VSP, que fica no sistema operacional host, dá ao VSC, do sistema operacional convidado, acesso ao harware físico do computador host, isto é, ao adaptador de interface de rede físico.

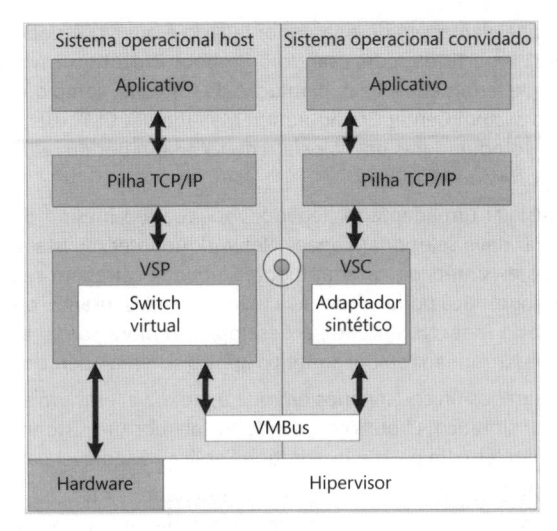

FIGURA 3-63 Os adaptadores de rede sintéticos se comunicam usando o VMBus.

Já que têm acesso ao hardware pelo VMBus, os adaptadores sintéticos fornecem um nível de desempenho muito mais alto do que a outra alternativa – um adaptador legado. Os adaptadores sintéticos são implementados como parte do pacote Integration Services que é executado nos sistemas operacionais convidados suportados. A principal desvantagem dos adaptadores de rede sintéticos é que eles não funcionam até que o Integration Services esteja carregado pelo sistema operacional da máquina virtual.

Um *adaptador de rede legado*, às vezes chamado de adaptador emulado, é um driver de adaptador de rede padrão que se comunica com o sistema operacional host fazendo chamadas diretamente ao hipervisor como mostrado na Figura 3-64. Esse método de comunicação é significativamente mais lento do que o VMBus usado pelos adaptadores de rede sintéticos e, portanto, é menos desejável.

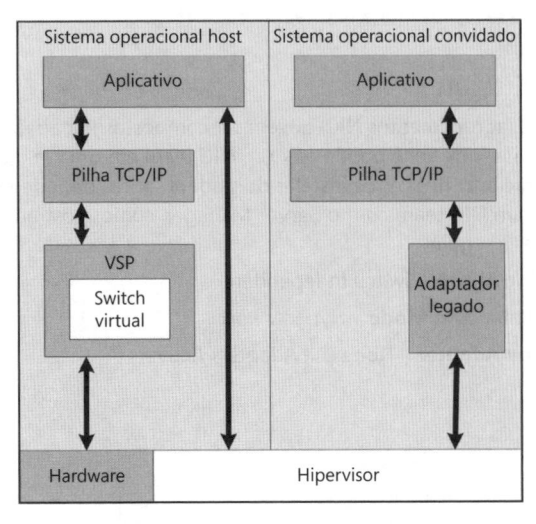

FIGURA 3-64 Adaptador de rede legado se comunicando com o host por intermédio do hypervisor.

A principal vantagem do adaptador legado é que você pode usá-lo para inicializar uma VM Geração 1 a partir da rede, usando o Preboot Execution Environment (PXE). O PXE é um mecanismo que ferramentas de implantação de software, como o Windows Deployment Services (WDS) e o System Center Configuration Manager (SCCM), usam para instalar sistemas operacionais em computadores novos pela rede. O adaptador de rede sintético das VMs Geração 1 não dá suporte ao PXE.

Para instalar um adaptador legado, você usará o mesmo procedimento descrito anteriormente, mas deve selecionar Legacy Network Adapter na lista Add Hardware. Ao contrário dos adaptadores sintéticos, os adaptadores legados carregam seus drivers antes do sistema operacional, logo, você pode inicializar a máquina virtual usando o PXE e implantar um sistema operacional pela rede. No entanto, o desempenho piora com o adaptador legado, de modo que é melhor usar um adaptador sintético após o sistema operacional ser instalado.

Esse é um dos únicos cenários em que é preferível usar um adaptador legado em vez de um adaptador sintético. O outro é quando instalamos um sistema operacional em máquinas virtuais que não têm um pacote Integration Services disponível para ele.

Nas VMs Geração 2, a diferença entre adaptador sintético e legado desaparece. Não há mais adaptador legado e o adaptador sintético pode executar a inicialização PXE.

Configure o NIC teaming em VMs

O NIC teaming (agrupamento NIC) é um recurso do Windows que permite que os administradores reúnam vários adaptadores de rede em uma única entidade, para fins de melhoria do desempenho ou tolerância a falhas. As máquinas virtuais do Hyper-V também podem se beneficiar do agrupamento NIC, mas estão restritas a agrupamentos (teams) de apenas duas, ao contrário do sistema operacional host, que pode ter agrupamentos de até 32 NICs.

Para usar o agrupamento NIC no Hyper-V, você deve executar três tarefas básicas:

1. Crie o NIC team no sistema operacional host Windows Server 2016.
2. No Hyper-V Manager, crie um switch virtual externo usando o NIC team.
3. Configure o adaptador de rede de uma máquina virtual para conectar-se com o switch virtual que representa o NIC team.

Crie o NIC team

Os NIC teams (agrupamentos NIC) devem ser compostos por adaptadores de interface de rede físicos, logo, antes de você poder usar um NIC team em uma máquina virtual, deve criá-lo no sistema operacional host Após instalar dois adaptadores de rede físicos no computador, você poderá criar um NIC team com o Server Manager, como mostrado na Figura 3-65, usando as configurações a seguir:

- **Teaming Mode**   Switch Independent
- **Load Balancing Mode**   Hyper-V Port
- **Standby Adapter**   None (All Adapters Active)

FIGURA 3-65 A caixa de diálogo NIC Teaming.

A criação do agrupamento instala o Microsoft Network Adapter Multiplexor Driver, que aparece como um dos componentes da conexão de rede que representa o agrupamento.

Crie o switch virtual do agrupamento

Uma vez que você criar o NIC team, poderá abrir o Virtual Switch Manager e criar um novo switch virtual selecionando a opção External e selecionando Microsoft Network Adapter Multiplexor Driver na lista suspensa, como mostrado na Figura 3-66.

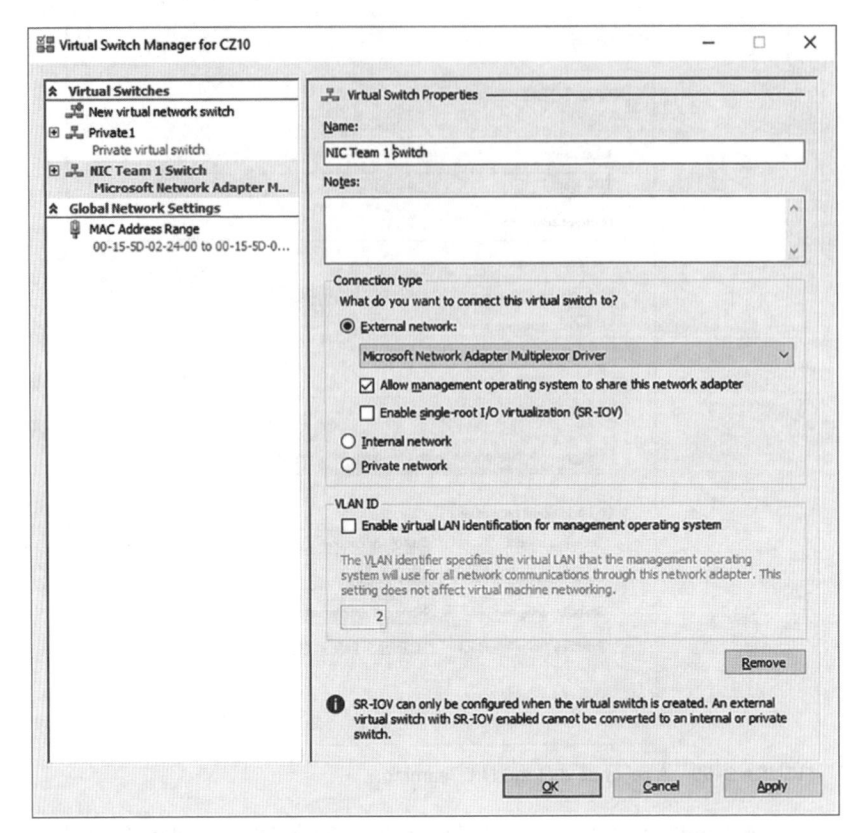

FIGURA 3-66 As configurações de propriedades de switch virtual para um switch de NIC team.

Configure o adaptador de rede virtual de um NIC team

Para configurar uma máquina virtual para usar um NIC team, você deve usar a caixa de diálogo Settings e adicionar um adaptador de rede virtual ou modificar as propriedades de um adaptador existente, configurando-o para usar o switch do NIC team que criou na seção anterior, como mostrado na Figura 3-67.

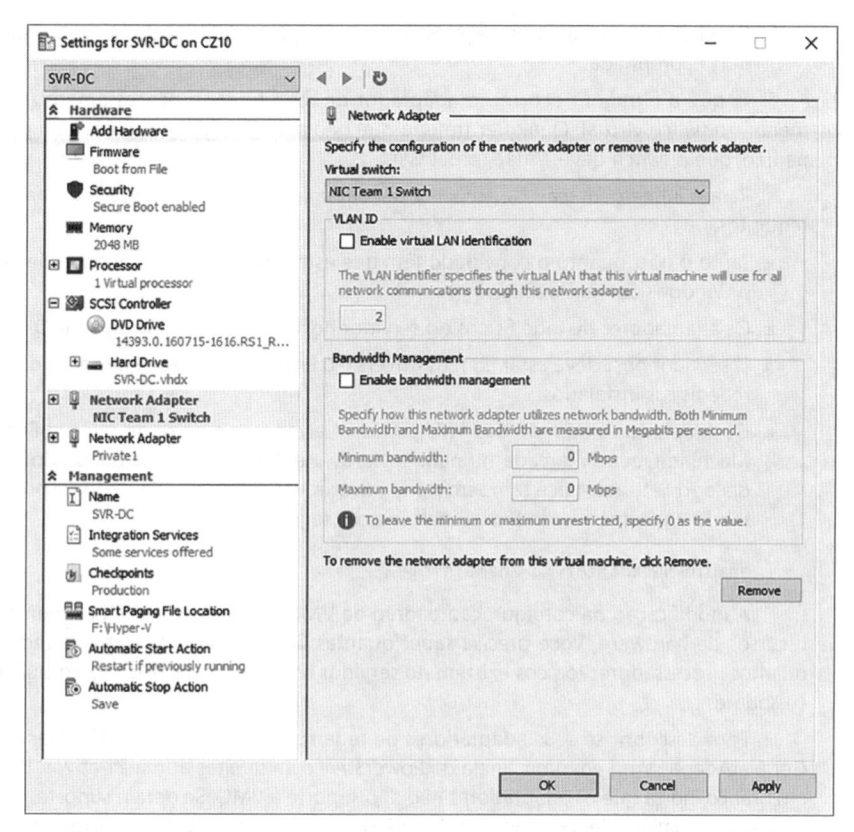

FIGURA 3-67 As configurações de adaptador de rede (Network Adapter) para um adaptador de NIC team.

Para concluir, você deve abrir a página Advanced Features do adaptador de rede e marcar a caixa de seleção Enable This Network Adapter To Be Part Of A Team In The Guest Operating System. Agora, o NIC team estará funcionando para a máquina virtual. Você pode desconectar um dos cabos de rede, e o sistema manterá sua conexão com a rede.

Configure a fila de máquina virtual (VMQ)

A fila de máquina virtual (VMQ, virtual machine queue) é um recurso de melhoria do desempenho da rede que o Windows Server 2016 ativa automaticamente quando detecta adaptadores de rede físicos sendo executados a 10 gigabits por segundo (Gbps) ou mais rápidos. O processo da VMQ para a chegada de tráfego de rede é o seguinte:

1. Um adaptador de rede que dê suporte à VMQ executa sua própria filtragem interna de pacotes de acordo com o endereço de destino. Os pacotes para cada destino são adicionados a uma fila separada.
2. O adaptador envia os dados enfileirados de cada destino para o sistema operacional host.
3. O sistema operacional host encaminha cada fila para um processador lógico diferente, para que ele possa tratar o tráfego de vários destinos simultaneamente.
4. O sistema operacional host envia os pacotes de cada fila para o switch virtual.

5. O switch virtual roteia os pacotes de cada fila para a VM de destino por intermédio da porta apropriada.

Já que a filtragem ocorre no adaptador de rede físico, o processamento necessário é menor no switch virtual. Qualquer tráfego que não atenda aos filtros é enviado para uma fila padrão, que o switch deve, então, processar.

Para a implementação do Hyper-V dar suporte à VMQ, ela deve atender aos seguintes requisitos:

- Tanto o host quanto o convidado têm que estar executando o Windows Server 2016 ou o Windows Server 2012 R2.
- Os adaptadores de rede físicos do servidor host devem dar suporte à VMQ.
- O servidor host deve estar com os drivers e o firmware mais recentes dos adaptadores de rede físicos instalados.
- Os adaptadores de rede das VMs precisam estar com a caixa de seleção Enable Virtual Machine Queue marcada na página Hardware Acceleration do adaptador na caixa de diálogo Settings. Você também pode ativar a VMQ em um adaptador específico executando um comando do PowerShell como o seguinte:

```
enable-netadaptervmq -name nic1
```

A modificação da configuração padrão da VMQ demanda um conhecimento pleno dos recursos de hardware. Você precisa saber quantas filas seus adaptadores de rede suportam, quantos processadores lógicos existem no servidor host e como as filas são atribuídas aos processadores.

Para descobrir se seus adaptadores de rede físicos suportam a VMQ, execute o cmdlet Get-NetAdapterVmq em uma janela do PowerShell com direitos administrativos. Uma resposta em branco indica que os adaptadores não dão suporte à VMQ. Se derem suporte, o cmdlet exibirá as informações de identificação dos adaptadores físicos que ele detectar no computador, assim como as seguintes informações:

- **Enabled**   Indica se o adaptador está usando VMQ atualmente
- **BaseVmqProcessor**   Identifica o primeiro processador lógico que a VMQ usa para atribuir filas do adaptador de rede
- **MaxProcessors**   Especifica o número máximo de processadores lógicos que a VMQ usa para atribuir filas do adaptador de rede
- **NumberOfReceiveQueues**   Especifica o número de filas suportadas pelo adaptador de rede

Agora, você pode usar o cmdlet Get-NetAdapterVmqQueue para saber que filas foram atribuídas a quais processadores lógicos. As informações exibidas por esse cmdlet são as seguintes:

- **QueueID**   Especifica o número da fila que está sendo atribuída.
- **MacAddress**   Especifica o endereço MAC ao qual a fila foi atribuída. Um valor em branco para essa propriedade indica a fila padrão usada para processar todo o tráfego não filtrado.
- **VlanID**   Especifica a VLAn à qual a fila foi atribuída, se VLANs estiverem sendo usadas.
- **Processor**   Especifica o número do processador ao qual a fila foi atribuída.
- **VmFriendlyName**   Especifica o nome da máquina virtual que é o destino do tráfego da fila. A presença do nome do servidor host nessa propriedade indica a fila padrão.

Para modificar as configurações padrão da VMQ, use o cmdlet Set-NetAdapterVmq do PowerShell. Os parâmetros modificados com mais frequência pelos administradores são os seguintes:

- **BaseProcessorNumber**   Especifica o número de processador lógico mais baixo que o sistema deve usar quando atribuir filas. A prática recomendada é deixar o primeiro ou os dois primeiros processadores para serem usados pelo sistema operacional host.
- **MaxProcessorNumber**   Especifica o número de processador lógico mais alto que o sistema deve usar quando atribuir filas.
- **MaxProcessors**   Especifica quantos processadores lógicos do servidor host devem ser usados para atender filas.

Por exemplo, o comando a seguir configura o adaptador de rede chamado NIC1 para reservar os processadores lógicos 0 e 1 para o servidor host e começar atender as filas a partir do processador 2.

```
Set-netadaptervmq -name nic1 -baseprocessornumber 2
```

Ative o Acesso Direto à Memória Remoto (RDMA) em adaptadores de rede conectados a um switch virtual do Hyper-V usando o Switch Embedded Teaming (SET)

O NIC teaming é uma função do Windows Server 2016, que você pode usar com ou sem o Hyper-V. O *Switch Embedded Teaming* (*SET*) é uma variação do conceito de NIC teaming usada apenas pelo Hyper-V que é implementada totalmente dentro de um switch virtual do Hyper-V.

O *Acesso Direto à Memória Remoto* (*RDMA, Remote Direct Memory Access*) é um método de transmissão de tráfego de rede de alta velocidade que pode enviar grandes quantidades de dados com baixa latência e sem intervenção do processador. Adaptadores de rede habilitados com o RDMA transferem dados diretamente de e para a memória do aplicativo, sem ter que armazená-los em buffer. Tecnologias de rede como o SMB Direct dependem do RDMA para atingir seus níveis de alto desempenho.

Pela primeira vez, o Windows Server 2016 pode combinar essas duas tecnologias para fornecer ao Hyper-V uma solução de rede de alto desempenho usando vários adaptadores de rede físicos.

Os requisitos são os seguintes para a criação de um switch virtual do Hyper-V que use o SET com adaptadores compatíveis com o RDMA:

- O servidor host tem que suportar até oito adaptadores de rede físicos.
- Todos os adaptadores de rede físicos que passarem no teste Windows Hardware Qualification and Logo (WHQL) serão suportados.
- Todos os adaptadores de rede físicos devem ser idênticos, com o mesmo modelo, o mesmo firmware e os mesmos drivers.
- Adaptadores de rede físicos que possam ser configurados com várias velocidades devem ser todos configurados para operar na mesma velocidade.
- Não há necessidade de todos os adaptadores físicos estarem conectados ao mesmo switch físico.
- O uso do Data Center Bridging (DCB) é fortemente recomendado, para separar o RDMA do tráfego de rede padrão.

Para criar um switch virtual com o SET ativado, você deve executar o cmdlet New-VMSwitch do PowerShell com o parâmetro EnableEmbeddedTeaming. Não há um equivalente gráfico no Virtual Switch Manager. Um exemplo desse comando seria:

```
new-vmswitch -name setswitch -netadaptername "nic1","nic2" -enableembeddedteaming $true
```

Após criar o switch, você poderá adicionar novos adaptadores de rede virtuais às suas VMs, usando comandos como:

```
add-vmnetworkadapter -vmname server1 -switchname setswitch -name set1
```

Uma vez que o fizer, poderá ativar o RDMA nos adaptadores do SET team. O cmdlet Get-NetAdapterRdma exibe o status de RDMA atual dos adaptadores, mais os nomes atribuídos a eles. Para ativar o RDMA, execute o cmdlet Enable-NetAdapterRdma com o nome listado na saída de Get-NetAdapterRdma, como mostrado na Figura 3-68.

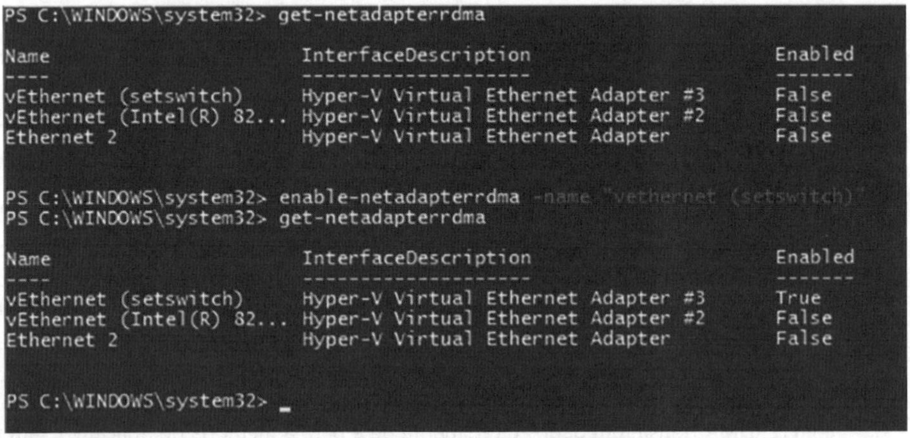

```
PS C:\WINDOWS\system32> get-netadapterrdma

Name                        InterfaceDescription                    Enabled
----                        --------------------                    -------
vEthernet (setswitch)       Hyper-V Virtual Ethernet Adapter #3     False
vEthernet (Intel(R) 82...   Hyper-V Virtual Ethernet Adapter #2     False
Ethernet 2                  Hyper-V Virtual Ethernet Adapter        False


PS C:\WINDOWS\system32> enable-netadapterrdma -name "vethernet (setswitch)"
PS C:\WINDOWS\system32> get-netadapterrdma

Name                        InterfaceDescription                    Enabled
----                        --------------------                    -------
vEthernet (setswitch)       Hyper-V Virtual Ethernet Adapter #3     True
vEthernet (Intel(R) 82...   Hyper-V Virtual Ethernet Adapter #2     False
Ethernet 2                  Hyper-V Virtual Ethernet Adapter        False


PS C:\WINDOWS\system32>
```

FIGURA 3-68   Ativando o RDMA para adaptadores de um SET team.

Configure o gerenciamento da largura de banda

Para impedir que um adaptador de rede virtual monopolize a largura de banda disponível em um switch virtual, você pode configurar a quantidade mínima e máxima de largura de banda que poderá ser usada. Quando você abrir a caixa de diálogo Settings de uma máquina virtual e selecionar um adaptador de rede, haverá uma caixa de seleção Enable Bandwidth Management para a ativação das configurações mostradas na Figura 3-69.

CAPÍTULO 3   Implementação do Hyper-V   **255**

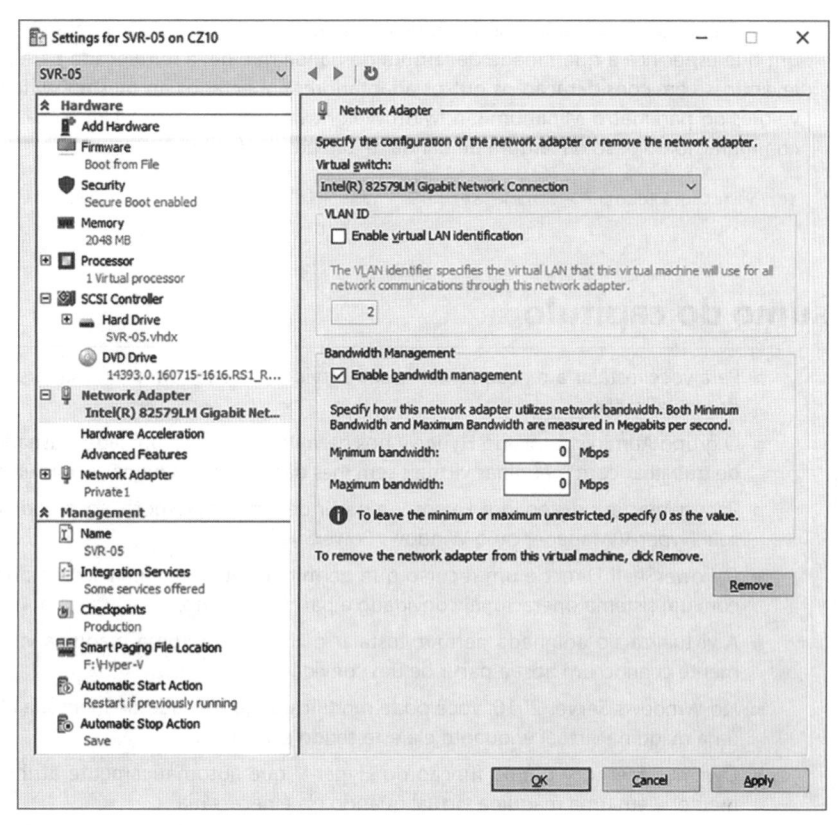

FIGURA 3-69   As configurações de gerenciamento de largura de banda para um adaptador de rede virtual.

As configurações Minimum Bandwidth e Maximum Bandwidth do Hyper-V Manager são absolutas, ou seja, medem a largura de banda em megabits por segundo (Mbps). Logo, as configurações usadas vão depender da velocidade do adaptador de rede físico do servidor host, do número de VMs disputando a largura de banda disponível do switch virtual, e da importância das cargas de trabalho nas VMs.

A configuração Minimum Bandwidth assegura que um adaptador específico não seja excluído por outras VMs que estejam disputando a mesma largura de banda. Mesmo se outra VM apresentar uma falha e monopolizar a rede, essa configuração deve assegurar que o adaptador não tenha o acesso negado. A configuração Maximum Bandwidth pode impedir que um adaptador deficiente ou sem limites consuma toda a largura de banda, travando as outras VMs.

Certifique-se de que as configurações Maximum Bandwidth de todas as VMs conectadas ao switch virtual não excedam a largura de banda real fornecida pelo adaptador de rede físico. Se, por exemplo, o servidor host tiver um adaptador físico de 1 Gbps, e as configurações Maximum Bandwidth das VMs que o estiverem usando totalizarem mais do que isso, haverá disputa pela rede e o próprio servidor host pode acabar tendo o acesso negado.

Você também pode definir essas configurações usando o cmdlet Set-VMNetworkAdapter no Windows PowerShell, que tem um recurso adicional. Os parâmetros correspondentes às configurações no Hyper-V Manager são MaximumBandwidth e MinimumBandwidthAbsolute.

O último foi chamado assim porque também há um parâmetro MinimumBandwidthWeight que especifica a quantidade de largura de banda que deve ser alocada para o adaptador levando-se em consideração os outros adaptadores conectados ao mesmo switch virtual. Os valores do parâmetro MinimumBandwidthWeight variam de 1 a 100. Um comando típico de configuração do peso da largura de banda de um adaptador seria:

```
set-vmnetworkadapter -vmname server1 -name nic1 -minimumbandwidthweight 75
```

Resumo do capítulo

- Para você instalar a função Hyper-V, seu servidor deve ter um processador com recursos de virtualização.
- O grupo Administrators do Hyper-V nos permite dar a oportunidade a usuários e grupos de trabalhar com máquinas virtuais sem lhes dar privilégios plenos no sistema.
- Para gerenciar um servidor Hyper-V a partir de um local remoto, você pode usar o console Hyper-V Manager ou o Windows PowerShell.
- O PowerShell Direct é um recurso que permite estabelecer uma sessão do PowerShell com um sistema operacional convidado a partir de seu host.
- A virtualização aninhada permite instalar o Hyper-V em uma máquina virtual, basicamente criando um host a partir de um convidado.
- No Windows Server 2016, você pode modificar a quantidade de memória alocada para uma máquina virtual enquanto ela está sendo executada.
- Dynamic Memory é uma função do Hyper-V que automaticamente atribui e reclama memória em uma máquina virtual quando ela é necessária.
- NUMA é uma arquitetura de sistema que emparelha processadores com memória local para a obtenção de um desempenho ótimo. O Hyper-V inclui uma arquitetura NUMA virtualizada que por padrão espelha a do computador físico, mas que você pode modificar para que atenda as necessidades de suas VMs.
- A Paginação Inteligente é um recurso usado com a Memória Dinâmica que permite que o Hyper-V reinicie VMs mesmo quando o sistema tem pouca memória física, através de paginação para o disco durante o processo de inicialização.
- Integration Services é um conjunto de programas que é executado no sistema operacional convidado e facilita a comunicação com o sistema operacional host. O Hyper-V permite que os administradores controlem que componentes do Integration Services serão executados para cada VM.
- O Modo de Sessão Avançado permite que os administradores acessem máquinas virtuais remotamente ao mesmo tempo que se beneficiam de hardware local, como impressoras e dispositivos USB.
- O Hyper-V dá suporte a VMs executando o FreeBSD e várias distribuições Linux como sistemas operacionais convidados.
- O Secure Boot faz parte da interface UEFI que impede que softwares não assinados e não verificados sejam carregados durante o processo de inicialização do sistema. O Hyper-V dá suporte ao Secure Boot em VMs Geração 2.
- O Discrete Device Assignment é uma tecnologia pass-through que permite que uma VM acesse dispositivos PCI Express no servidor host, como as GPUs.

- O Hyper-V do Windows Server 2016 dá suporte a dois tipos de discos virtuais compartilhados: discos VHDX compartilhados e VHD Sets. Você pode usar qualquer um dos dois para construir um cluster Hyper-V em que várias VMs acessem os mesmos dados.
- Montando um arquivo VHD ou VHDX no sistema de arquivos, você pode trabalhar com ele offline. Você também pode usar cmdlets do PowerShell para instalar funções e recursos do Windows em um VHD desmontado.
- Um disco pass-through é um disco virtual que é vinculado não a um arquivo VHD, mas a um disco físico no servidor host.
- O Windows Server 2016 dá suporte a dois tipos de pontos de verificação: padrão e de produção. Os pontos de verificação padrão contêm uma cópia do estado da memória e da máquina de uma VM. Os de produção salvam apenas o estado da máquina e podem ser restaurados sem afetar o estado de memória atual da VM.
- O Hyper-V dá suporte a adaptadores Fibre Channel, que são dispositivos que funcionam como pass-through para os adaptadores de barramento de host físico instalados no servidor host. Isso permite que uma VM acesse dispositivos de armazenamento em uma SAN Fibre Channel.
- Os discos virtuais do Hyper-V dão suporte a configurações de qualidade do serviço que você pode usar para especificar configurações de I/O mínimo e máximo. Isso pode impedir que um disco virtual monopolize o disco físico em que ele está armazenado.
- O Hyper-V usa adaptadores de rede sintéticos para fornecer um desempenho melhor, mas as VMs Geração 1 têm que usar um adaptador de rede legado para dar suporte à inicialização pela rede.
- O NIC teaming é uma técnica para a agregação da largura de banda de vários adaptadores de rede, a fim de fornecer melhor desempenho e tolerância a falhas.
- A Virtual Machine Queue é um mecanismo de melhoria do desempenho em que adaptadores de rede filtram a chegada de tráfego e enviam os pacotes de destinos específicos para determinados processadores lógicos.
- O Hyper-V do Windows Server 2016 inclui o Switch Embedded Teaming, que implementa NIC teams em um switch virtual. Você pode usar esse recurso para combinar a funcionalidade RDMA de até oito adaptadores de rede físicos.

Teste de raciocínio

Neste teste de raciocínio, você demonstrará suas habilidades e conhecimentos referentes aos tópicos deste capítulo. As respostas podem ser encontradas na próxima seção.

Alice tem um computador executando o Windows Server 2016 com 8 GB de memória instalada, que ela configurou como um servidor Hyper-V. Após criar oito VMs com o New Virtual Machine Wizard, cada uma com um valor de RAM de 1.024 MB, Alice está tendo problemas para inicializar todas as oito VMs. Que configurações ela pode modificar para resolver o problema sem alterar os valores de RAM?

Resposta do teste de raciocínio

Esta seção contém a solução do teste de raciocínio.

Alice pode ativar a memória dinâmica em cada uma das oito VMs e ajustar o valor de RAM mínimo em cada uma para 512 MB. Isso permitirá que inicialmente cada VM tenha 1.024 MB de memória, reduzindo depois seu footprint e deixando que a próxima máquina seja iniciada.

CAPÍTULO 4

Implementação de contêineres de Windows

Os contêineres são um meio de implantar rapidamente ambientes de sistema operacional virtualizados e isolados, para a implantação e a execução de aplicativos. O Windows Server 2016 inclui o suporte a contêineres, em conjunto com uma engine de contêiner open source chamada Docker.

Objetivos deste capítulo:
- Implantar contêineres de Windows
- Gerenciar contêineres de Windows

Objetivo 4.1: Implantar contêineres de Windows

Virtualização é um tema importante desde os primórdios do Windows. A memória virtual já existe há décadas. O Windows pode usar espaço em disco para fazer parecer que o sistema tem mais memória do que ele realmente tem. O Hyper-V virtualiza hardware, criando no computador outros computadores que parecem ter seus próprios processadores, memória e discos, quando na verdade estão compartilhando os recursos do servidor host. O *contêiner* é uma nova funcionalidade do Windows Server 2016 que virtualiza sistemas operacionais.

Esta seção aborda como:
- Determinar requisitos de instalação e cenários apropriados para contêineres de Windows
- Instalar e configurar o host do contêiner Windows Server em ambientes físicos ou virtualizados
- Instalar e configurar o host do contêiner Windows Server com o Windows Server Core ou o Nano Server em um ambiente físico ou virtualizado
- Instalar o Docker no Windows Server e no Nano Server
- Configurar opções de inicialização para o daemon Docker
- Configurar o Windows PowerShell para uso com contêineres
- Instalar um sistema operacional base
- Adicionar tags a uma imagem
- Desinstalar uma imagem de sistema operacional
- Criar contêineres do Windows Server
- Criar contêineres do Hyper-V

Determine requisitos de instalação e cenários apropriados para contêineres de Windows

Assim como as máquinas virtuais fornecem o que parecem ser computadores separados, os contêineres fornecem o que parecem ser instâncias separadas do sistema operacional, cada uma com sua própria memória e sistema de arquivos, e executando uma cópia nova e limpa do sistema. Ao contrário das máquinas virtuais, no entanto, que executam cópias separadas do sistema operacional, os contêineres compartilham o sistema operacional do sistema host. Não há necessidade de instalar uma instância separada do sistema operacional para cada contêiner, da mesma forma que o contêiner não executa uma sequência de inicialização, carrega bibliotecas ou dedica memória a arquivos do sistema operacional. Os contêineres são inicializados em segundos, e você pode criar mais contêineres em um sistema host do que poderia criar máquinas virtuais.

Para usuários que trabalham com contêineres, o que eles aparentemente vêem no início é uma instalação de sistema operacional limpa, pronta para aplicativos. O ambiente é totalmente separado do host, e de outros contêineres, usando o isolamento de namespace e a governança de recursos.

Isolamento de namespace significa que cada contêiner só tem acesso aos recursos que estão disponíveis para ele. Todos os arquivos, portas, e processos em execução parecem ser exclusivos do contêiner, mesmo eles sendo compartilhados com o host e com outros contêineres. O ambiente de trabalho parece o de uma máquina virtual, mas ao contrário destas, que mantêm cópias separadas de todos os arquivos do sistema operacional, um contêiner está compartilhando esses arquivos com o host, e não usando cópias. Só quando um usuário ou aplicativo de um contêiner modifica um arquivo é que uma cópia é feita no sistema de arquivos do contêiner.

Governança de recursos significa que um contêiner só tem acesso a uma quantidade especificada de ciclos do processador, memória do sistema, largura de banda da rede e outros recursos, e não mais. Um aplicativo sendo executado em um contêiner tem um ambiente sandbox limpo, sem acesso a recursos alocados para outros contêineres ou para o host.

Imagens de contêiner

A possibilidade de criar novos contêineres em segundos, e a natureza isolada de cada contêiner, os tornam uma plataforma ideal para desenvolvimento de aplicativos e teste de softwares. No entanto, não é só isso.

Os contêineres são baseados em imagens. Para criar um novo contêiner, é preciso baixar uma imagem a partir de um repositório e executá-la. Se você executar uma imagem do Windows Server 2016 Server Core, obterá um contêiner com uma instância limpa do sistema operacional sendo executada. Alternativamente, você pode baixar imagens do Windows Server com funções ou aplicativos, como o Internet Information Services (IIS) ou o Microsoft SQL Server, já instalados e prontos para execução.

A imagem base do sistema operacional nunca muda. Se você instalar um aplicativo no contêiner e, então, criar uma nova imagem, a imagem resultante só terá os arquivos e configurações necessários para a execução do aplicativo. Naturalmente, a nova imagem criada será relativamente pequena, por não conter o sistema operacional inteiro. Para compartilhar o aplicativo com outras pessoas, você só terá que enviar a nova imagem menor, desde que elas tenham a imagem base do sistema operacional.

Esse processo pode ser repetido quantas vezes você quiser, com camadas sucessivas de imagens construídas a partir da base original. Isso pode resultar em um ambiente de desenvolvimento de software extremamente eficiente. Em vez de transferir imensos arquivos VHD, ou criar e instalar constantemente novas máquinas virtuais, você pode transferir pequenas imagens de contêiner que serão executadas sem problemas de compatibilidade de hardware.

Instale e configure o host do contêiner Windows Server em ambientes físicos ou virtualizados

O Windows Server 2016 dá suporte a dois tipos de contêineres: contêineres do Windows Server e contêineres do Hyper-V. A diferença entre os dois está no nível de isolamento que eles fornecem. Os contêineres do Windows Server operam no modo usuário e compartilham tudo com o computador host, inclusive o kernel do sistema operacional e a memória do sistema.

Por causa disso, é possível que um aplicativo, seja de maneira acidental ou deliberada, consiga ultrapassar os limites de seu contêiner e afetar outros processos sendo executados no host ou em outros contêineres. Logo, essa opção é considerada aceitável quando os aplicativos sendo executados em diferentes contêineres são confiáveis.

Os contêineres do Hyper-V fornecem um nível adicional de isolamento usando o hipervisor para criar uma cópia separada do kernel do sistema operacional para cada contêiner. Embora não fiquem visíveis ou expostas para o gerenciamento manual, o Hyper-V cria máquinas virtuais com contêineres de Windows dentro delas, usando as imagens base do contêiner, como mostrado na Figura 4-1. A implementação do contêiner é basicamente a mesma, a diferença está nos ambientes em que os dois tipos de contêineres existem.

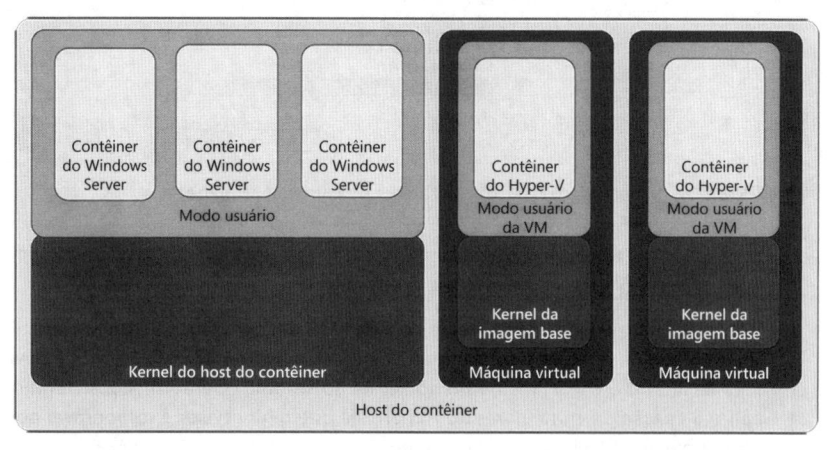

FIGURA 4-1 Arquitetura do contêiner de Windows.

Já que residem dentro de uma VM, os contêinerers do Hyper-V têm uma memória exclusiva atribuída a eles, assim como armazenamento isolado e I/O de rede. Isso fornece um ambiente de contêiner que é adequado para o que a Microsoft chama de aplicativos "multi-tenant hostis", como uma situação em que uma empresa forneça contêineres para que os clientes executem o próprio código, o qual pode não ser confiável. Logo, com a inclusão dos contêineres Hyper-V, o Windows Server 2016 oferece três níveis de isolamento, que variam da instalação de sistemas operacionais separados que ocorre nas máquinas virtuais do Hyper-V ao kernel e à memória separados dos contêineres Hyper-V e ao kernel e outros recursos compartilhados dos contêineres do Windows Server.

Instale um host do contêiner

O Windows Server 2016 inclui um recurso chamado Containers, que você deve instalar para fornecer o suporte a contêineres, mas para criar e gerenciar contêineres é preciso baixar e instalar o Docker, o aplicativo que suporta o recurso.

Para instalar o recurso Containers, você pode usar o Add Roles And Features Wizard no Server Manager, selecionando Containers na página Select Features, como mostrado na Figura 4-2.

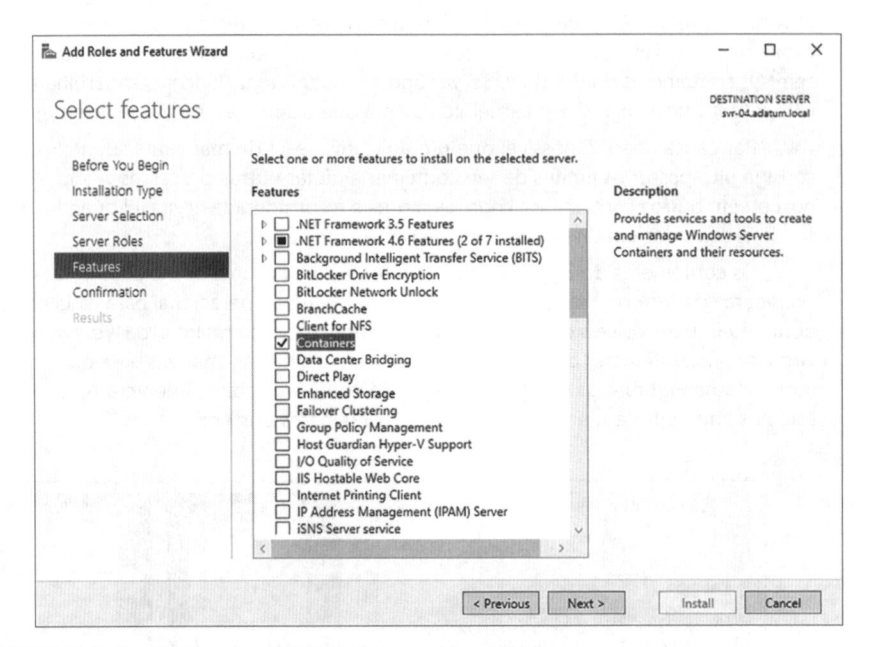

FIGURA 4-2 Instalando o recurso Containers no Hyper-V Manager.

> **NOTA INSTALAÇÃO DO WINDOWS SERVER**
> Para que sejam criados contêineres do Windows Server, o sistema operacional host deve ser instalado na unidade C do computador, que é o padrão de instalação. Isso deve ser feito para facilitar o compartilhamento do kernel do sistema operacional. Esse requisito não se aplica à criação de contêineres do Hyper-V, já que o hipervisor é responsável por fornecer uma cópia do kernel para cada contêiner.

Para criar contêineres do Hyper-V, você deve instalar tanto o recurso Containers quanto a função Hyper-V. Você não vai criar máquinas virtuais para os contêineres, mas a função Hyper-V instalará o hipervisor responsável pela criação da cópia separada do kernel do Windows para cada contêiner do Hyper-V.

A função Hyper-V tem requisitos gerais de hardware que excedem os do sistema operacional Windows Server 2016. Antes de poder instalar a função Hyper-V em um servidor executando o Windows Server 2016, você precisa ter o hardware a seguir:

- Um processador de 64 bits que inclua virtualização assistida por hardware e conversão de endereços de segundo nível (SLAT). Esse tipo de virtualização está disponível em processadores que apresentem uma opção de virtualização, como a Intel Virtualization Technology (Intel VT) ou a tecnologia AMD Virtualization (AMD-V).

- Prevenção de Execução de Dados (DEP) imposta por hardware, que a Intel descreve como eXecuted Disable (XD) e a AMD como No eXecute (NS). A CPU usa essa tecnologia para segregar áreas de memória para o armazenamento de instruções do processador ou para o armazenamento de dados Especificamente, você deve ativar o bit XD (bit execute disable) da Intel ou o bit NX (bit no execute) da AMD.
- Extensões do Modo Monitor VM, encontradas em processadores Intel como VT-c.
- Uma BIOS ou UEFI do sistema que dê suporte a hardware de virtualização e em que o recurso de virtualização tenha sido ativado.

Quando você instalar a função Hyper-V usando o Hyper-V Manager, o Add Roles And Features Wizard também lhe pedirá que instale as ferramentas de gerenciamento do Hyper-V. Se você for criar contêineres do Hyper-V, mas não máquinas virtuais, não é necessário instalar as ferramentas de gerenciamento.

Virtualize contêineres

O Windows Server 2016 dá suporte ao uso de contêineres dentro de máquinas virtuais do Hyper-V. Você pode instalar o recurso Containers e os arquivos do Docker em qualquer máquina virtual. No entanto, para que sejam criados contêineres do Hyper-V em uma máquina virtual, o sistema deve atender aos requisitos de virtualização aninhada.

Para você criar um host Hyper-V aninhado, tanto o host físico quanto a máquina virtual em que os contêineres do Hyper-V forem criados têm que estar executando o Windows Server 2016. A VM pode executar a opção de instalação Desktop Experience completa ou a opção Server Core ou Nano Server. Além disso, o host físico deve ter um processador Intel com o suporte a virtualização VT-x e Extended Page Tables (EPT).

Antes de instalar o Hyper-V na máquina virtual, é preciso permitir que o processador virtual acesse a tecnologia de virtualização no computador físico. Para fazê-lo, você deve encerrar a máquina virtual e executar um comando como o seguinte no host físico, em uma sessão do PowerShell com privilégios de administrador:

```
set-vmprocessor -vmname server1 -exposevirtualizationextensions $true
```

Você também precisa fazer as alterações de configuração a seguir na VM que funcionará como host Hyper-V. Cada alteração está sendo fornecida primeiro com a indicação de sua localização na caixa de diálogo Settings da VM no Hyper-V Manager e depois como comando do PowerShell:

- Na página Memory, forneça para a VM pelo menos 4 gigabytes (GB) de RAM e desative a Memória Dinâmica.

```
set-vmmemory -vmname server1 -startupbytes 4gb -dynamicmemoryenabled $false
```

- Na página Processor, configure Number Of Virtual Processors com 2.

```
set-vmprocessor -vmname server1 -count 2
```

- Na página Network Adapter/Advanced Features, ative MAC Address Spoofing.

```
set-vmnetworkadapter -vmname server1 -name "network adapter" -macaddressspoofing on
```

Uma vez que você fizer essas alterações, poderá iniciar a VM, instalar a função Hyper-V e usar o Docker para criar contêineres do Hyper-V.

Instale e configure o host do contêiner Windows Server com o Windows Server Core ou o Nano Server em um ambiente físico ou virtualizado

Um computador instalado usando a opção Server Core pode funcionar como um host do contêiner. Os requisitos são os mesmos de um servidor instalado com o Desktop Experience completo, exceto pelo fato de que você deve usar linha de comando para instalar os recursos requeridos ou gerenciar o sistema remotamente.

Após alternar para uma sessão do PowerShell, você poderá instalar o recurso Containers e a função Hyper-V usando o seguinte comando:

```
install-windowsfeature -name containers, hyper-v
```

Configure o Nano Server como host do contêiner

O Nano Server, incluído no Windows Server 2016, dá suporte a contêineres do Windows Server e a contêineres do Hyper-V. A implementação do Nano Server contém pacotes que suportam tanto o recurso Containers quanto a função Hyper-V, que você pode adicionar quando criar uma imagem do Nano Server com o cmdlet New-NanoServerImage no Windows PowerShell, como nesse exemplo:

```
new-nanoserverimage -deploymenttype guest -edition datacenter -mediapath d:\ -targetpath c:\nano\nano1.vhdx -computername nano1 -domainname contoso -containers
```

Esse comando cria uma imagem do Nano Server com as seguintes características:

- **deploymenttype guest**   Cria uma imagem para uso em uma máquina virtual do Hyper-V
- **edition datacenter**   Cria uma imagem da edição Datacenter do Windows Server
- **mediapath d:**   Acessa os arquivos-fonte do Nano Server a partir da unidade D
- **targetpath c:\nano\nano1.vhdx**   Cria um arquivo de imagem VHDX na pasta C:\nano com o nome Nano1.vhdx.
- **computername nano1**   Atribui ao Nano Server o nome de computador Nano1
- **domainname contoso**   Associa o computador ao domínio Contoso
- **containers**   Instala o recurso Containers como parte da imagem
- **compute**   Instala a função Hyper-V como parte da imagem

Se você pretende criar contêineres do Hyper-V no Nano Server convidado, deve permitir que ele acesse os recursos de virtualização do servidor Hyper-V, usando o procedimento a seguir:

1. Crie uma nova máquina virtual, usando o arquivo de imagem do Nano Server que você gerou, mas não a inicie.
2. No servidor host Hyper-V, conceda à máquina virtual acesso aos recursos de virtualização do processador físico do servidor host, usando um comando como o seguinte:

```
set-vmprocessor -vmname nano1 -exposevirtualizationextensions $true
```

3. Inicie a máquina virtual do Nano Server.

Uma vez que a máquina virtual do Nano Server estiver sendo executada, você deve estabelecer uma sessão remota do PowerShell a partir de outro computador, para poder gerenciá-la. Para fazê-lo, execute um comando como o descrito a seguir no computador que está usando para gerenciar o Nano Server.

```
enter-pssession -computername nano1 -credential
```

> **NOTA** **GERENCIAMENTO REMOTO DO NANO SERVER**
> Esta seção presume que o Nano Server esteja localizado em uma rede com um servidor DHCP responsável por atribuir suas configurações TCP/IP e que ele tenha se associado com sucesso a um domínio do Active Directory Domain Services. Se não for esse o caso, você deve definir as configurações TCP/IP para o Nano Server manualmente, a partir de seu console e, então, adicioná-lo à lista de hosts confiáveis do computador que está usando para gerenciá-lo.

Instale o Docker no Windows Server e no Nano Server

O Docker é uma ferramenta open source que há anos fornece recursos de contêiner para a comunidade Linux. Agora que ele foi portado, você pode implementar esses mesmo recursos no Windows. O Docker é composto por dois arquivos:

- **Dockerd.exe** A engine Docker, também referida como serviço ou daemon, executada em segundo plano no computador Windows.
- **Docker.exe** O cliente Docker, um shell de comando usado para a criação e o gerenciamento de contêineres.

Além desses dois arquivos, que você deve baixar e instalar para criar contêineres, o Docker também inclui os seguintes recursos:

- **Dockerfiles** Arquivos de script contendo instruções para a criação de imagens de contêiner
- **Docker Hub** Um registro baseado em nuvem que permite que os usuários do Docker se conectem com repositórios de imagens e código, e também construam e armazenem suas próprias imagens.
- **Docker Cloud** Um serviço baseado em nuvem que você pode usar para implantar suas aplicações conteinerizadas.

Instale o Docker no Windows Server

Já que o Docker é um produto open source, ele não foi incluído no Windows Server 2016. Em um computador com Windows Server 2016 Desktop Experience ou Server Core, você deve baixar o Docker e instalá-lo antes de poder criar contêineres. Para baixar o Docker, use o OneGet, um gerenciador de pacotes para Windows baseado na nuvem.

Para acessar o OneGet, é preciso instalar o módulo DockerMsftProvider, usando o comando a seguir. Se você for solicitado a instalar um provedor NuGet, responda Yes.

```
install-module -name dockermsftprovider -repository psgallery -force
```

O cmdlet Install-Module baixa o módulo solicitado e o instala na pasta C:\ProgramFiles\Windows PowerShell\Modules, na qual ele pode ser acessado a partir de qualquer prompt do

PowerShell. Agora, para baixar e instalar o Docker, execute o comando Install-Package mostrado a seguir. Se o comando lhe pedir para confirmar se deseja instalar um pacote não confiável, responda Yes.

```
install-package -name docker -providername dockermsftprovider
```

Após baixar os arquivos do Docker, esse comando registra a Dockerd.exe como um serviço do Windows e adiciona o cliente Docker.exe ao caminho, para que ele possa ser localizado no sistema de arquivos e executado a partir dele.

Quando a instalação terminar, reinicie o computador com o seguinte comando:

```
restart-computer -force
```

Instale o Docker no Nano Server

Uma vez que você entrar em uma sessão remota do PowerShell com um computador Nano Server, poderá instalar o Docker usando os mesmos comandos que usaria para um Sistema com Desktop Experience ou Server Core. No entanto, a Microsoft recomenda que, quando o serviço Dockerd estiver instalado no Nano Server, o cliente Docker seja executado a partir do sistema remoto.

Para fazê-lo, você deve executar as seguintes tarefas:

1. Crie uma regra de firewall. Para o Nano Server permitir a entrada de tráfego do cliente Docker no sistema, você deve criar uma nova regra de firewall que abra a porta 2375 para tráfego TCP. Para atender a esse requisito, execute o comando a seguir na sessão do Nano Server:

   ```
   netsh advfirewall firewall add rule name="docker daemon" dir=in action=allow protocol=tcp localport=2375
   ```

2. Configure a engine Dockerd para aceitar tráfego de rede. O Docker tem suas origens no Linux, e como a maioria dos aplicativos Linux, ele usa arquivos de texto para sua configuração. Para permitir que a engine Dockerd aceite tráfego de cliente pela rede, você deve criar um arquivo de texto chamado daemon.json no diretório C:\ProgramData\Docker do Nano Server contendo essa linha:

   ```
   { "hosts": ["tcp://0.0.0.0:2375", "npipe://"] }
   ```

   Os dois comandos do PowerShell mostrados a seguir criam o novo arquivo e inserem o texto requerido:

   ```
   new-item -type file c:\programdata\docker\config\daemon.json

   add-content 'c:\programdata\docker\config\daemon.json' '{ "hosts": ["tcp://0.0.0.0:2375", "npipe://"] }'
   ```

3. Reinicie a engine Dockerd. Uma vez que você tiver criado o arquivo daemon.json, deve reiniciar a engine Dockerd, usando esse comando:

   ```
   restart-service docker
   ```

4. Baixe o cliente Docker. Para gerenciar a engine Dockerd manualmente, você deve baixar e instalar o cliente Docker.exe no sistema remoto (e não dentro da sessão do Nano Server). Para fazê-lo, abra um navegador e digite a URL a seguir para baixar o pacote Docker:

   ```
   https://download.docker.com/components/engine/windows-server/cs-1.12/docker.zip
   ```

5. Para fazer isso no PowerShell, use o comando a seguir.

```
invoke-webrequest "https://download.docker.com/components/engine/windows-server/
cs-1.12/docker.zip" -outfile "$env:temp\docker.zip" -usebasicparsing
```

6. Instale o Docker.exe. Se baixou o arquivo Docker.zip por um navegador, instale o aplicativo extraindo o arquivo Docker.exe do arquivo zip e copiando-o em uma pasta que você deve criar chamada C:\ProgramData\Docker. Para usar o PowerShell, temos o seguinte comando:

```
expand-archive -path "$env:temp\docker.zip" -destinationpath $env:programfiles
```

7. Configure a variável de ambiente PATH. Para executar o cliente Docker a partir de qualquer local do sistema, você deve adicionar a pasta C:\ProgramData\Docker à variável de ambiente PATH do sistema. Para fazer isso graficamente, abra a página System Properties do Painel de Controle e, na guia Advanced, clique em Environment Variables para exibir a caixa de diálogo mostrada na Figura 4-3.

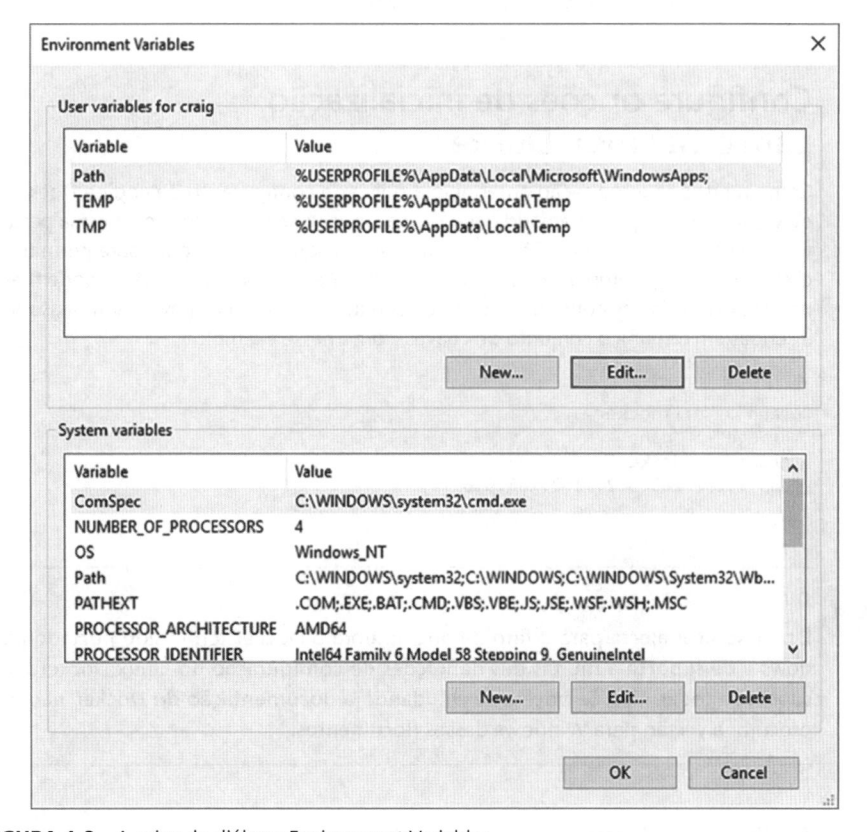

FIGURA 4-3 A caixa de diálogo Environment Variables.

8. Para fazê-lo no PowerShell, execute esse comando:

```
[environment]::setenvironmentvariable("path", $env:path + ";c:\program files\
docker", [environmentvariabletarget]::machine)
```

Quando você concluir essas etapas, poderá executar o cliente Docker.exe fora da sessão do Nano Server, mas deve incluir o parâmetro a seguir em cada comando, de forma que a variável ipaddress seja substituída pelo endereço do Nano Server a ser gerenciado.

```
-h tcp://ipaddress:2375
```

Por exemplo, para criar um novo contêiner com a imagem microsoft/nanoserver, você usaria um comando como:

```
docker -h tcp://172.21.96.1:2375 run -it microsoft/nanoserver cmd
```

Para evitar ter que adicionar o parâmetro -h a cada comando, você pode criar uma nova variável de ambiente como em:

```
docker_host = "tcp://ipaddress:2375"
```

Para fazer isso no PowerShell, use um comando como:

```
$env:docker_host = "tcp://172.21.96.1:2375"
```

Configure opções de inicialização para o Daemon Docker

Como mencionado na seção anterior, o arquivo de configuração da engine Dockerd é um arquivo de texto simples chamado daemon.json, que você deve inserir na mesma pasta do arquivo Dockerd.exe. Além da configuração que você usou anteriormente para permitir tráfego de cliente enviado pela rede, há muitas outras definições de configuração que podem ser incluídas no arquivo. Todas as configurações que você incluir em um arquivo daemon.json devem ser inseridas em um único conjunto de chaves, como nesse exemplo:

```
{
"graph": "d:\\docker"
 "bridge" : "none"
 "group" : "docker"
{"dns": 192.168.9.2, 192.168.9.5 }
}
```

> **DICA DE EXAME**
>
> É preciso ficar alerta para o fato de que embora o Docker tenha sido portado para o Windows e dê suporte a muitas das definições de configuração do Linux Dockerd, ele não dá suporte a todas elas. Se você está estudando a documentação do Docker, não esqueça de procurar a versão para Windows desses documentos.

Redirecione imagens e contêineres

Para configurar a engine Dockerd para armazenar contêineres e arquivos de imagem em um local alternativo, inclua o comando a seguir no arquivo daemon.json, em que d:\\docker será substituído pelo local que você deseja usar:

```
{ "graph": "d:\\docker" }
```

Suprima o NAT

Por padrão, a engine Dockerd cria um ambiente de conversão de endereços de rede (NAT) para contêineres, permitindo que eles se comuniquem uns com os outros e com a rede externa. Para modificar esse comportamento padrão e impedir que a engine use NAT, inclua o seguinte comando no arquivo daemon.json:

{ "bridge" : "none" }

Crie um grupo administrativo

Por padrão, só membros do grupo local Administrators podem usar o cliente Docker para controlar a engine Docker ao trabalhar no sistema local. Em alguns casos, é possível dar aos usuários essa oportunidade sem que eles sejam associados ao grupo Administrators. Você pode configurar Dockerd para reconhecer outro grupo – nesse caso, o grupo se chama "docker" – incluindo a configuração a seguir no arquivo daemon.json.

{ "group" : "docker" }

Defina endereços de servidor DNS

Para especificar endereços de servidor DNS alternativos para os sistemas operacionais de contêineres, você pode adicionar a configuração a seguir ao arquivo daemon.json, em que address1 e address2 são endereços IP de servidores DNS:

{"dns": "address1" , "address2" }

Configure o Windows PowerShell para uso com contêineres

A engine Dockerd vem com um shell de cliente Docker.exe, mas não depende dele. Você pode usar cmdlets do Windows PowerShell para executar as mesmas funções. O módulo Docker do PowerShell, como o próprio Docker, está em um estado de desenvolvimento cooperativo constante e, portanto, não foi incluído no Windows Server 2016.

Você pode baixar e instalar a versão atual do módulo do PowerShell a partir de um repositório chamado DockerPS-Dev, usando os seguintes comandos:

```
register-psrepository -name dockerps-dev -sourcelocation https://ci.appveyor.com/nuget/docker-powershell-dev
```

```
install-module docker -repository dockerps-dev -scope currentuser
```

Quando o download terminar, você poderá visualizar uma lista dos cmdlets do Docker executando esse comando:

```
get-command -module docker
```

A saída atual é mostrada na Figura 4-4.

```
PS C:\WINDOWS\system32> get-command -module docker
CommandType     Name                            Version     Source
-----------     ----                            -------     ------
Alias           Attach-Container                0.1.0.111   docker
Alias           Build-ContainerImage            0.1.0.111   docker
Alias           Commit-Container                0.1.0.111   docker
Alias           Exec-Container                  0.1.0.111   docker
Alias           Load-ContainerImage             0.1.0.111   docker
Alias           Pull-ContainerImage             0.1.0.111   docker
Alias           Push-ContainerImage             0.1.0.111   docker
Alias           Run-ContainerImage              0.1.0.111   docker
Alias           Save-ContainerImage             0.1.0.111   docker
Alias           Tag-ContainerImage              0.1.0.111   docker
Cmdlet          Add-ContainerImageTag           0.1.0.111   docker
Cmdlet          ConvertTo-ContainerImage        0.1.0.111   docker
Cmdlet          Copy-ContainerFile              0.1.0.111   docker
Cmdlet          Enter-ContainerSession          0.1.0.111   docker
Cmdlet          Export-ContainerImage           0.1.0.111   docker
Cmdlet          Get-Container                   0.1.0.111   docker
Cmdlet          Get-ContainerDetail             0.1.0.111   docker
Cmdlet          Get-ContainerImage              0.1.0.111   docker
Cmdlet          Get-ContainerNet                0.1.0.111   docker
Cmdlet          Get-ContainerNetDetail          0.1.0.111   docker
Cmdlet          Import-ContainerImage           0.1.0.111   docker
Cmdlet          Invoke-ContainerImage           0.1.0.111   docker
Cmdlet          New-Container                   0.1.0.111   docker
Cmdlet          New-ContainerImage              0.1.0.111   docker
Cmdlet          New-ContainerNet                0.1.0.111   docker
Cmdlet          Remove-Container                0.1.0.111   docker
Cmdlet          Remove-ContainerImage           0.1.0.111   docker
Cmdlet          Remove-ContainerNet             0.1.0.111   docker
Cmdlet          Request-ContainerImage          0.1.0.111   docker
Cmdlet          Start-Container                 0.1.0.111   docker
Cmdlet          Start-ContainerProcess          0.1.0.111   docker
Cmdlet          Stop-Container                  0.1.0.111   docker
Cmdlet          Submit-ContainerImage           0.1.0.111   docker
Cmdlet          Wait-Container                  0.1.0.111   docker

PS C:\WINDOWS\system32>
```

FIGURA 4-4 Cmdlets do módulo Docker para o Windows PowerShell.

Uma vez que você registrar o repositório e importar o módulo Docker, não precisará executar esses comandos novamente. Você sempre poderá obter a versão mais recente do módulo executando o seguinte comando:

```
update-module docker
```

Instale um sistema operacional base

Com a engine Dockerd e o cliente Docker instalados e funcionando, você pode dar o primeiro passo em direção à criação de contêineres fazendo o download de uma imagem de sistema operacional base a partir do repositório Docker Hub. A Microsoft forneceu ao repositório imagens do Windows Server 2016 Server Core e Nano Server, que você pode baixar e usar para criar contêineres e, depois, construir suas próprias imagens de contêiner.

Para usar o cliente Docker, é preciso executar o arquivo Docker.exe com um comando e, quando necessário, adicionar opções e parâmetros. Para baixar uma imagem, basta executar o Docker com o comando Pull e o nome da imagem. Por exemplo, o comando a seguir baixa a imagem Server Core a partir do repositório.

```
docker pull microsoft/windowsservercore
```

O equivalente no PowerShell é:

```
request-containerimage -repository microsoft/windowsservercore
```

A saída do comando – que pode demorar um pouco, dependendo da velocidade de sua conexão com a Internet – é mostrada na Figura 4-5.

```
PS C:\Users\Administrator> docker pull microsoft/windowsservercore
Using default tag: latest
latest: Pulling from microsoft/windowsservercore

9c7f9c7d9bc2: Downloading [===>                                          ] 229.8 MB/3.738 GB
de5064718b3f: Downloading [==================================>           ] 432.5 MB/613.1 MB
```

FIGURA 4-5 Saída do comando Docker Pull.

Por padrão, o comando Docker Pull baixa a versão mais recente da imagem especificada, que é identificada pela tag: "latest". Quando houver várias versões da mesma imagem disponíveis, como em um projeto de desenvolvimento de aplicativo, por exemplo, você poderá especificar qualquer uma das imagens anteriores para baixar, usando sua tag. Se você executar o comando Docker Pull com o parâmetro -a, obterá todas as versões da imagem. Se a imagem que estiver extraindo for composta de várias camadas, o comando baixará automaticamente todas as camadas necessárias para a implantação da imagem em um contêiner.

Se você souber que o repositório tem uma imagem do Nano Server, mas não estiver certo sobre o seu nome, use o comando Docker Search para localizá-la e, em seguida, use Docker Pull para baixá-la, como mostra a Figura 4-6.

```
PS C:\Users\Administrator> docker search microsoft
NAME                                          DESCRIPTION                                     STARS     OFFICIAL   AUTOM
ATED
microsoft/aspnet                              ASP.NET is an open source server-side Web ...   498                  [OK]
microsoft/dotnet                              Official images for .NET Core for Linux an...   327                  [OK]
mono                                          Mono is an open source implementation of M...   195       [OK]
microsoft/windowsservercore                   Windows Server 2016 Server Core base OS im...   69
microsoft/nanoserver                          Windows Server 2016 Nano Server base OS im...   66
microsoft/azure-cli                           Docker image for Microsoft Azure Command L...   66                   [OK]
microsoft/iis                                 Internet Information Services (IIS) instal...   50
microsoft/mssql-server-2014-express-windows   Microsoft SQL Server 2014 Express installe...   41
microsoft/aspnetcore                          Official images for running compiled ASP.N...   28                   [OK]
microsoft/mssql-server-2016-express-windows   Microsoft SQL Server 2016 Express installe...   28
microsoft/powershell                          Official PowerShell Core releases from htt...   8                    [OK]
microsoft/oms                                 Monitor your containers using the Operatio...   7                    [OK]
microsoft/aspnetcore-build                    Official images for building ASP.NET Core ...   6                    [OK]
microsoft/dotnet35                            The .NET Framework 3.5 image has moved to ...   4
microsoft/vsts-agent                          Official images for the Visual Studio Team...   4
microsoft/applicationinsights                 Application Insights for Docker helps you ...   4                    [OK]
microsoft/sample-nginx                        Nginx installed in Windows Server Core and...   4
microsoft/dotnet-nightly                      Preview bits of the .NET Core CLI               2                    [OK]
microsoft/powershell-nightly                  Nightly builds of PowerShell Core for CI        2                    [OK]
microsoft/sample-dotnet                       .NET Core running in a Nano Server container    1
microsoft/cntk                                CNTK                                            0                    [OK]
dreher/microsoft                              Microsoft Test Repo                             0
microsoft/aspnetcore-build-nightly            Images to build preview versions of ASP.NE...   0                    [OK]
microsoft/dotnet-samples                      .NET Core Docker Samples                        0                    [OK]
berlius/microsoft-malmo                       Microsoft-malmo - artificial intelligence ...   0
PS C:\Users\Administrator> docker pull microsoft/nanoserver
Using default tag: latest
latest: Pulling from microsoft/nanoserver

5496abde368a: Pull complete
94b4ce7ac4c7: Pull complete
Digest: sha256:86cfed90ee6f711086d9cd637b7d8f250270c46cfe4e08f7527aea7968b9c8ff
Status: Downloaded newer image for microsoft/nanoserver:latest
PS C:\Users\Administrator> _
```

FIGURA 4-6 Saída do comando Docker Search.

Adicione tags a uma imagem

Em um repositório de contêiner, o uso de tags é um mecanismo de controle de versões. Quando você criar várias versões da mesma imagem, como no caso de builds sucessivos de um aplicativo, o Docker permitirá que atribua tags a elas que identifiquem suas versões. Normalmente, as tags são números que indicam as idades relativas de versões das imagens, como 1.1, 1.2, 2.0 e assim por diante.

Há duas maneiras de atribuir uma tag a uma imagem. Uma é executar o Docker com o comando Tag e a outra é executar Docker Build com o parâmetro -t. Nos dois casos, o formato do identificador de imagem é o mesmo.

Para adicionar uma tag a uma imagem em seu host do contêiner local, use a sintaxe a seguir:

```
docker tag imagename:tag
```

Se quiser fazer o upload da imagem para o Docker Hub, você deve prefixar o nome da imagem com seu nome de usuário no Docker Hub e uma barra, como em:

```
docker tag username/imagename:tag
```

Por exemplo, uma usuária chamada Holly Holt poderia adicionar uma tag para a versão mais recente de seu novo aplicativo dessa forma:

```
docker tag hholt/killerapp:1.5
```

Para fazer o mesmo no Windows PowerShell, você usaria o cmdlet Add-ContainerImage-Tag, como nesse comando:

```
add-containerimagetag -imageidorname c452b8c6ee1a -repository hholt/killerapp -tag 1.5
```

Se você omitir o valor da tag no comando, o Docker atribuirá automaticamente à imagem um valor para a tag com a palavra "latest", o que pode levar à alguma confusão. Quando você extrair uma imagem do repositório sem especificar uma tag, ele lhe trará a imagem que tiver a tag "latest". No entanto, isso não significa necessariamente que a imagem obtida é a mais recente.

A tag "latest" deveria indicar que a imagem que a recebeu é a versão mais recente. Porém, se isso vai acontecer ou não dessa forma é algo que depende das pessoas que estiverem gerenciando as tags desse repositório. Algumas pessoas acham que a tag "latest" é reatribuída automaticamente à versão mais recente de uma imagem, mas não é o que ocorre. Você pode atribuir a tag "latest" a qualquer versão de uma imagem, seja a mais velha ou a mais nova. Cabe aos gerenciadores do repositório usar os valores das tags apropriadamente. Quando alguém pede para obter a última versão de uma imagem, a pessoa está se referindo à versão mais recente ou à versão com a tag "latest"? Nem sempre eles são iguais.

Desinstale uma imagem de sistema operacional

Executar o Docker com o comando Image exibe todas as imagens existentes no host do contêiner, como mostrado na Figura 4-7.

```
PS C:\WINDOWS\system32> docker images
REPOSITORY                      TAG                    IMAGE ID         CREATED         SIZE
microsoft/sample-dotnet         latest                 c14528829a37     9 days ago      911 MB
microsoft/iis                   latest                 b6a44de60ef9     3 weeks ago     8.96 GB
microsoft/windowsservercore     latest                 93a9c37b36d0     6 weeks ago     8.68 GB
microsoft/nanoserver            10.0.14393.206         353f9db844af     6 weeks ago     652 MB
microsoft/nanoserver            latest                 e14bc0eceal2     6 weeks ago     810 MB
microsoft/nanoserver            10.0.14393.206_de-de   a896e5590871     6 weeks ago     658 MB
microsoft/nanoserver            10.0.14393.206_cs-cz   ef42b616e27e     6 weeks ago     653 MB
microsoft/nanoserver            10.0.14300.1030        3a703c6e97a2     4 months ago    970 MB
PS C:\WINDOWS\system32> _
```

FIGURA 4-7   Saída do comando Docker Images.

Em alguns casos, você pode examinar a lista e descobrir que possui imagens das quais não precisa. Nesse exemplo, há duas versões do Nano Server que não são no idioma inglês que foram baixadas acidentalmente.

Para remover imagens das quais você não precise e liberar o espaço de armazenamento que elas estão consumindo, execute o comando Rmi e informe o repositório e a tag da imagem específica a ser excluída, ou o valor do ID da imagem, como nos exemplos a seguir:

```
docker rmi -f microsoft/nanoserver:10.0.14393.206_de-de
```

```
docker rmi -f a896e5590871
```

O equivalente no PowerShell é o cmdlet Remove-ContainerImage, como nesses exemplos:

```
remove-containerimage microsoft/nanoserver:10.0.14393.206_de-de
```

```
remove-containerimage a896e5590871
```

É possível a mesma imagem ser listada com várias tags. Você pode descobrir isso pelos valores iguais dos IDs das imagens. Se tentar remover uma das imagens usando a tag, um erro aparecerá, poque a imagem está sendo usada por outras tags. A inclusão do parâmetro -f força o comando a excluir todas as referências à mesma imagem.

Crie contêineres do Windows Server

Com o recurso Containers em uso e o Docker instalado, você está pronto para criar um contêiner do Windows Server. Para fazê-lo, use o comando Docker Run e especifique a imagem que deseja executar no contêiner. Por exemplo, o comando a seguir cria um novo contêiner com a image do Server Core baixada a partir do Docker Hub.

```
docker run -it microsoft/windowsservercore powershell
```

Além de carregar a imagem no contêiner, os parâmetros desse comando fazem o seguinte:

- **i** Cria uma sessão interativa com o contêiner
- **t** Abre uma janela de terminal no contêiner
- **powershell** Executa o comando do PowerShell na sessão do contêiner

Como resultado, após o contêiner ser carregado, uma sessão do PowerShell aparecerá, permitindo que você trabalhe dentro do contêiner. Se você executar o cmdlet Get-ComputerInfo nessa sessão, poderá ver na parte superior da saída, mostrada na Figura 4-8, que o Server Core está em execução no contêiner enquanto a edição Desktop Experience completa está em execução no host.

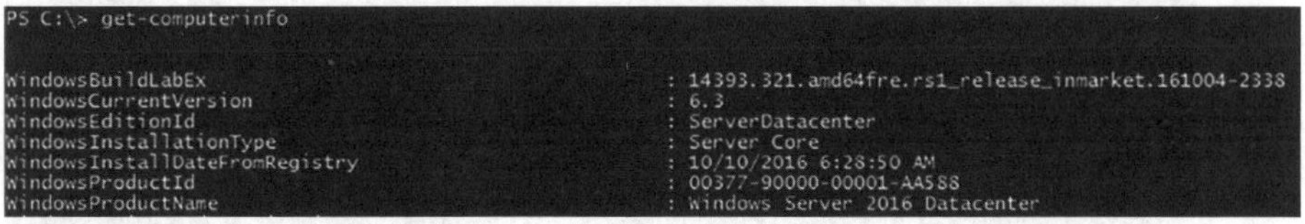

```
PS C:\> get-computerinfo

WindowsBuildLabEx            : 14393.321.amd64fre.rs1_release_inmarket.161004-2338
WindowsCurrentVersion        : 6.3
WindowsEditionId             : ServerDatacenter
WindowsInstallationType      : Server Core
WindowsInstallDateFromRegistry : 10/10/2016 6:28:50 AM
WindowsProductId             : 00377-90000-00001-AA588
WindowsProductName           : Windows Server 2016 Datacenter
```

FIGURA 4-8 Saída do cmdlet Get-ComputerInfo.

Você pode combinar switches do comando Docker Run, para que -i e -t apareçam como -it. Após o nome da imagem, é possível especificar qualquer comando para ser executado no contêiner. Por exemplo, especificar cmd abriria o prompt de comando padrão do Windows em vez do PowerShell.

> **NOTA OBTENDO IMAGENS**
>
> Extrair uma imagem do Docker Hub não é uma etapa obrigatória antes de você poder executá-la. Se você executar um comando Docker Run, e não possuir a imagem requerida no host do contêiner, o Docker iniciará uma extração automática e criará o contêiner. No caso de imagens grandes, no entanto, extrai-las antecipadamente pode economizar tempo na criação de novos contêineres.

O comando Docker Run dá suporte a muitos parâmetros e switches de linha de comando, que você pode usar para ajustar o ambiente do contêiner que estiver criando. Para exibi-los, execute esse comando:

```
docker run --help
```

> **NOTA EXECUTANDO COMANDOS DO DOCKER**
>
> É bom ressaltar que esse e outros comandos do Docker às vezes usam hífens duplos para processar parâmetros de linha de comando.

A Figura 4-9 exibe aproximadamente metade dos parâmetros disponíveis. Por exemplo, a inclusão do parâmetro -h permite especificar para o contêiner um nome de host diferente da string hexadecimal que o comando atribui por padrão.

FIGURA 4-9 Saída do comando Docker Run --help.

O equivalente ao comando Docker Run no PowerShell é o cmdlet New-Container, mostrado no exemplo a seguir:

```
new-container -imageidorname microsoft/windowsservercore -input -terminal -command
powershell
```

Crie contêineres do Hyper-V

O processo de criação de um contêiner do Hyper-V é quase idêntico ao de criação de um contêiner do Windows Server. Você usará o mesmo comando Docker Run, mas adicionará o parâmetro --isolation=hyperv, como nesse exemplo:

```
docker run -it --isolation=hyperv microsoft/windowsservercore powershell
```

Uma vez que você criar um contêiner do Hyper-V, verá que ele é quase indistinguível de um contêiner do Windows Server. Uma das poucas maneiras de diferenciar os dois tipos de contêineres é examinar como eles tratam processos. Suponhamos que você criasse dois contêineres e executasse, em cada um, um comando que os iniciasse usando um ping contínuo, como mostrado nos comandos a seguir:

```
docker run -it microsoft/windowsservercore ping -t localhost

docker run -it --isolation=hyperv microsoft/windowsservercore ping -t localhost
```

O contêiner do Windows Server criado pelo primeiro comando tem um processo PING sendo executado, como mostra o comando Docker Top na Figura 4-10. O número de ID do processo (PID, process ID), nesse caso, é 404. Se você executar o cmdlet Get-Process, para exibir os processos (que começam com P) sendo executados no host do contêiner, verá o mesmo processo PING com o ID 404. Isso ocorre porque o contêiner está compartilhando o kernel do host.

```
PS C:\WINDOWS\system32> docker ps
CONTAINER ID        IMAGE                          COMMAND          CREATED          STATUS
0e38bdac48ca        microsoft/windowsservercore    "powershell"     5 hours ago      Up 5 hours
PS C:\WINDOWS\system32>
PS C:\WINDOWS\system32> docker top 0e38bdac48ca
Name                PID                 CPU                 Private Working Set
smss.exe            2420                00:00:00.125        229.4 kB
csrss.exe           6444                00:00:00.390        946.2 kB
wininit.exe         3220                00:00:00.187        806.9 kB
services.exe        7636                00:00:00.453        1.794 MB
lsass.exe           8584                00:00:01.156        3.633 MB
svchost.exe         5860                00:00:00.406        2.208 MB
svchost.exe         8360                00:00:00.265        1.745 MB
svchost.exe         7296                00:00:00.281        2.06 MB
svchost.exe         6916                00:00:00.578        3.912 MB
svchost.exe         7888                00:00:09.015        10.95 MB
svchost.exe         2460                00:00:00.640        3.219 MB
svchost.exe         4340                00:00:04.140        8.409 MB
svchost.exe         4880                00:00:00.062        839.7 kB
CExecSvc.exe        3528                00:00:00.796        815.1 kB
svchost.exe         4288                00:00:02.218        4.235 MB
powershell.exe      2016                00:00:10.781        33.62 MB
msdtc.exe           7816                00:00:00.078        1.876 MB
powershell.exe      6768                00:00:07.515        30.3 MB
PING.EXE            404                 00:00:00.031        589.8 kB
PS C:\WINDOWS\system32> get-process p*

Handles  NPM(K)    PM(K)      WS(K)     CPU(s)     Id  SI ProcessName
-------  ------    -----      -----     ------     --  -- -----------
     71       5      788       3752       0.03    404   7 PING
    549      27    56560      64640       1.02   1752   2 powershell
    542      43    60420      76424      10.78   2016   7 powershell
    517      40    56816      70660       7.52   6768   7 powershell
    664      40    77556      98004       5.48   8224   2 powershell
    537      27    54696      57236       3.75   8864   2 powershell


PS C:\WINDOWS\system32> _
```

FIGURA 4-10 Saída dos comandos Docker Top e Get-Process para um contêiner do Windows Server.

Por outro lado, quando você executar o comando Docker Top no contêiner do Hyper-V, verá também o processo PING, dessa vez com o PID 1852, como na Figura 4-11. No entanto, o cmdlet Get-Process não exibe um processo PING, porque esse contêiner tem seu próprio kernel fornecido pelo hipervisor.

```
PS C:\Users\Administrator> docker ps
CONTAINER ID        IMAGE                          COMMAND                 CREATED             STATUS
8d67f1679c68        microsoft/windowsservercore    "ping -t localhost"     6 minutes ago       Up 5 minutes
y_lovelace
PS C:\Users\Administrator>
PS C:\Users\Administrator> docker top 8d67f1679c68
Name                PID                 CPU                 Private Working Set
smss.exe            248                 00:00:01.156        233.5 kB
csrss.exe           312                 00:00:00.750        921.6 kB
wininit.exe         644                 00:00:00.453        737.3 kB
services.exe        920                 00:00:01.296        1.532 MB
lsass.exe           828                 00:00:00.515        2.22 MB
svchost.exe         1076                00:00:00.359        1.958 MB
svchost.exe         1124                00:00:00.234        1.401 MB
svchost.exe         1212                00:00:00.421        2.023 MB
svchost.exe         1228                00:00:00.953        4.919 MB
svchost.exe         1268                00:00:00.359        2.605 MB
svchost.exe         1280                00:00:09.000        13.43 MB
svchost.exe         1368                00:00:08.500        3.174 MB
svchost.exe         1528                00:00:00.703        3.146 MB
svchost.exe         1540                00:00:00.093        819.2 kB
CExecSvc.exe        1592                00:00:00.046        688.1 kB
PING.EXE            1852                00:00:00.031        589.8 kB
msdtc.exe           872                 00:00:00.203        1.901 MB
WmiPrvSE.exe        2004                00:00:02.078        5.526 MB
PS C:\Users\Administrator>
PS C:\Users\Administrator> get-process p*

Handles  NPM(K)    PM(K)      WS(K)     CPU(s)     Id  SI ProcessName
-------  ------    -----      -----     ------     --  -- -----------
    561      27    53540      61920       1.42   1096   2 powershell
    696      27    53540      61628       3.20   4564   2 powershell


PS C:\Users\Administrator> _
```

FIGURA 4-11 Saída dos comandos Docker Top e Get-Process para um contêiner do Hyper-V.

Objetivo 4.2: Gerenciar contêineres de Windows

Esta seção aborda como:

- Gerenciar contêineres de Windows ou de Linux usando o daemon Docker
- Gerenciar contêineres de Windows ou de Linux usando o Windows PowerShell
- Gerenciar a rede de contêineres
- Gerenciar volumes de dados de contêiner
- Gerenciar o controle de recursos
- Criar novas imagens de contêiner usando Dockerfile
- Gerenciar imagens de contêiner usando o Repositório do DockerHub para cenários públicos e privados
- Gerenciar imagens de contêiner usando o Microsoft Azure

Gerencie contêineres de Windows ou de Linux usando o daemon Docker

Quando você usar o comando Docker Run para criar um novo contêiner, poderá incluir os switches -it para trabalhar com ele interativamente ou omití-los e deixar o contêiner ser executado em segundo plano. De qualquer forma, continuará usando o cliente Docker para gerenciar o contêiner, seja Windows ou Linux.

Liste contêineres

Para sair de uma sessão do PowerSheel ou do CMD que você tiver iniciado em um contêiner, basta digitar o seguinte:

```
exit
```

No entanto, esse comando não só fecha a sessão, como também encerra o contêiner. Um contêiner encerrado continua existindo no host, apenas está funcionalmente desativado. Para sair de uma sessão sem encerrar o contêiner, pressione Ctrl+P e depois Ctrl+Q.

Você pode exibir uma lista de todos os contêiners em execução no host usando o comando Docker PS. Se adicionar o switch -a (abreviação de all), como no exemplo a seguir, o comando exibirá todos os contêineres do host, em execução ou não, como mostrado na Figura 4-12.

```
docker ps -a
```

FIGURA 4-12 Saída do comando docker ps -a.

Inicie e encerre contêineres

Para iniciar um contêiner encerrado, use o comando Docker Start, como nesse exemplo:

```
docker start dbf9674d13b9
```

Você também pode forçar um contêiner a ser encerrado usando o comando Docker Stop, como em:

```
docker stop dbf9674d13b9
```

A string hexadecimal de seis bytes desses comandos é o ID que o Docker atribui ao contêiner ao criá-lo. Você usará esse valor nos comandos do Docker para identificar o contêiner que deseja gerenciar. Ele também será o nome de computador do contêiner, como você verá se executar Get-ComputerInfo de dentro de uma sessão de contêiner.

Se você executar Docker PS com o parâmetro --no-trunc (abreviação de no truncation), como mostrado na Figura 4-13, verá que o ID do contêiner é uma string hexadecimal de 32 bytes, embora seja mais coveniente usar apenas os primeiros seis bytes na linha de comando.

FIGURA 4-13 Saída do comando docker ps -a --no-trunc.

Conecte-se a contêineres

Para conectar-se a uma sessão de um contêiner em execução, use o comando Docker Attach, como em:

```
docker attach dbf9674d13b9
```

A execução do comando em várias janelas abre sessões adicionais, permitindo trabalhar em múltiplas janelas ao mesmo tempo.

Crie imagens

Se você tiver modificado um contêiner de alguma forma, pode salvar as modificações em uma nova imagem executando o comando Docker Commit, como nesse exemplo:

```
docker commit dbf9674d13b9 hholt/killerapp:1.5
```

Esse comando cria uma nova imagem chamada hholt/killerapp com um valor de tag igual a 1.5. O comando Docker Commit não cria uma duplicata da imagem base com as alterações feitas, apenas salva as alterações. Se, por exemplo, você usar a imagem base Microsoft/windowsservercore para criar o contêiner e, em seguida, instalar seu aplicativo, executar Docker Commit salvará apenas o aplicativo. Se a nova imagem for fornecida para um colega, ele precisará ter (ou obter) a imagem base para executar o contêiner.

Remova contêineres

Para remover um contêiner totalmente, use o comando Docker RM, como nesse exemplo:

```
docker rm dbf9674d13b9
```

Os contêineres devem estar em um estado encerrado antes de você poder removê-los dessa forma. No entanto, adicionar o switch -f (abreviação de force) fará o comando Docker RM remover qualquer contêiner, mesmo que ele esteja sendo executado.

Gerencie contêineres de Windows ou de Linux usando o Windows PowerShell

Como mencionado anteriormente, a engine Dockerd não requer o uso do programa cliente Docker.exe. Já que a Dockerd é um projeto open source, é possível criar uma implementação de cliente alternativa que você possa usar com ela, e a Microsoft, em cooperação com a comunidade Docker, está fazendo exatamente isso com a criação de um módulo do PowerShell que possa ser usado para criar e gerenciar contêineres Docker.

Como o módulo Docker do PowerShell está em desenvolvimento, ele ainda não suporta todas as funções que podem ser executadas com o cliente Docker.exe. Porém, as principais funções estão lá, como mostrado nas seções a seguir.

Liste contêineres

Você pode exibir uma lista de todos os contêineres do host executando o cmdlet Get-Container no Windows PowerShell, como mostrado na Figura 4-14. Ao contrário do comando Docker PS, o cmdlet Get-Container exibe todos os contêineres do host, em execução ou encerrados.

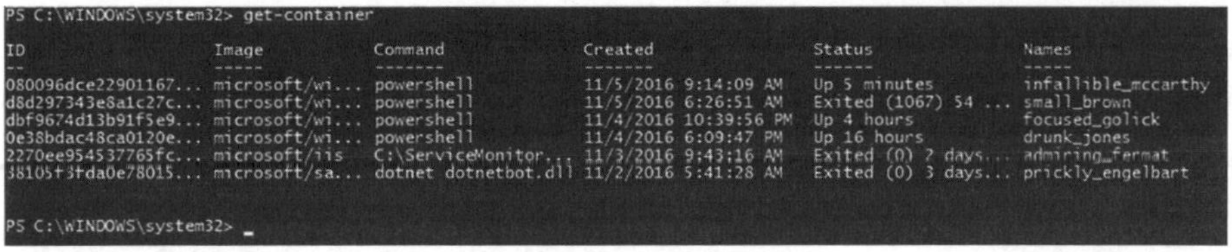

FIGURA 4-14 Saída do cmdlet Get-Container.

Inicie e encerre contêineres

Quando você criar um contêiner usando o cmdlet New-Container, ele não será iniciado por padrão. Deverá ser iniciado explicitamente. Para iniciar um contêiner parado ou encerrado, use o comando Start-Container, como nesse exemplo:

```
start-container dbf9674d13b9
```

Você também pode encerrar um contêiner simplesmente alterando o verbo para usar o cmdlet Stop-Container, como nesse exemplo:

```
stop-container dbf9674d13b9
```

Conecte-se a contêineres

Para conectar-se a uma sessão de um contêiner em execução, use o cmdlet Enter-Container-Session, como em:

```
Enter-containersession dbf9674d13b9
```

Esse cmdlet também possui o alias Attach-Container, o que permite reutilizar outro comando apenas com uma alteração de verbo.

Crie imagens

Se você tiver modificado um contêiner de alguma forma, pode salvar as modificações em uma nova imagem executando o cmdlet ConvertTo-ContainerImage, como nesse exemplo:

```
convertto-containerimage -containeridorname dbf9674d13b9 -repository hholt/killerapp -tag 1.5
```

Esse cmdlet também possui o alias Commit-Container.

Remova contêineres

Para remover um contêiner, use o cmdlet Remove-Container, como mostrado nesse exemplo:

```
remove-container dbf9674d13b9
```

Como ocorre com o comando Docker RM, os contêineres têm que estar em um estado encerrado antes de você poder removê-los. No entanto, adicionar o switch Force fará o cmdlet remover qualquer contêiner, mesmo que ele esteja sendo executado.

Gerencie a rede de contêineres

Os contêineres podem acessar a rede externa. Isso é fácil de verificar, localizando um servidor usando um ping na rede local ou na Internet. Contudo, se você executar o comando Ipconfig /all em uma sessão de contêiner, como mostrado na Figura 4-15, pode se surpreender com o que verá.

```
PS C:\> ipconfig /all
ipconfig /all

Windows IP Configuration

   Host Name . . . . . . . . . . . . : f3e054399471
   Primary Dns Suffix  . . . . . . . :
   Node Type . . . . . . . . . . . . : Hybrid
   IP Routing Enabled. . . . . . . . : No
   WINS Proxy Enabled. . . . . . . . : No
   DNS Suffix Search List. . . . . . : zacker

Ethernet adapter vEthernet (Container NIC 76b9f047):

   Connection-specific DNS Suffix  . : zacker
   Description . . . . . . . . . . . : Hyper-V Virtual Ethernet Adapter #7
   Physical Address. . . . . . . . . : 00-15-5D-11-BF-40
   DHCP Enabled. . . . . . . . . . . : No
   Autoconfiguration Enabled . . . . : Yes
   Link-local IPv6 Address . . . . . : fe80::ad08:3832:6ffe:ff4a%44(Preferred)
   IPv4 Address. . . . . . . . . . . : 172.25.117.12(Preferred)
   Subnet Mask . . . . . . . . . . . : 255.255.240.0
   Default Gateway . . . . . . . . . : 172.25.112.1
   DNS Servers . . . . . . . . . . . : 172.25.112.1
                                       192.168.2.2
                                       204.186.110.114
   NetBIOS over Tcpip. . . . . . . . : Disabled
PS C:\>
```

FIGURA 4-15 Saída do comando Ipconfig /all em um contêiner.

Nesse exemplo, o endereço IP do adaptador de rede do contêiner é 172.25.117.12/12, que não é nem um pouco parecido com o endereço da rede em que o host do contêiner está localizado. Porém, se você executar o comando Ipconfig /all no host, como mostra a Figura 4-16, a situação ficará mais clara.

```
PS C:\WINDOWS\system32> ipconfig /all

Windows IP Configuration

   Host Name . . . . . . . . . . . . : CZ10
   Primary Dns Suffix  . . . . . . . :
   Node Type . . . . . . . . . . . . : Hybrid
   IP Routing Enabled. . . . . . . . : No
   WINS Proxy Enabled. . . . . . . . : No
   DNS Suffix Search List. . . . . . : zacker

Ethernet adapter vEthernet (HNS Internal NIC):

   Connection-specific DNS Suffix  . :
   Description . . . . . . . . . . . : Hyper-V Virtual Ethernet Adapter #4
   Physical Address. . . . . . . . . : 00-15-5D-11-BB-AC
   DHCP Enabled. . . . . . . . . . . : Yes
   Autoconfiguration Enabled . . . . : Yes
   Link-local IPv6 Address . . . . . : fe80::49c7:9ebd:f079:2994%29(Preferred)
   IPv4 Address. . . . . . . . . . . : 172.25.112.1(Preferred)
   Subnet Mask . . . . . . . . . . . : 255.255.240.0
   Default Gateway . . . . . . . . . :
   DHCPv6 IAID . . . . . . . . . . . : 486544733
   DHCPv6 Client DUID. . . . . . . . : 00-01-00-01-1F-96-45-81-44-37-E6-C0-9D-DF
   DNS Servers . . . . . . . . . . . : fec0:0:0:ffff::1%1
                                       fec0:0:0:ffff::2%1
                                       fec0:0:0:ffff::3%1
   NetBIOS over Tcpip. . . . . . . . : Enabled

Ethernet adapter vEthernet (Intel(R) 82579LM Gigabit Network Connection):

   Connection-specific DNS Suffix  . : zacker
   Description . . . . . . . . . . . : Hyper-V Virtual Ethernet Adapter #2
   Physical Address. . . . . . . . . : 44-37-E6-C0-9D-DF
   DHCP Enabled. . . . . . . . . . . : Yes
   Autoconfiguration Enabled . . . . : Yes
   Link-local IPv6 Address . . . . . : fe80::e170:47de:5b5a:d24b%4(Preferred)
   IPv4 Address. . . . . . . . . . . : 192.168.2.41(Preferred)
   Subnet Mask . . . . . . . . . . . : 255.255.255.0
   Lease Obtained. . . . . . . . . . : Wednesday, November 2, 2016 12:32:22 AM
   Lease Expires . . . . . . . . . . : Monday, November 14, 2016 12:32:22 AM
   Default Gateway . . . . . . . . . : 192.168.2.99
   DHCP Server . . . . . . . . . . . : 192.168.2.2
   DHCPv6 IAID . . . . . . . . . . . : 205797350
   DHCPv6 Client DUID. . . . . . . . : 00-01-00-01-1F-96-45-81-44-37-E6-C0-9D-DF
   DNS Servers . . . . . . . . . . . : 192.168.2.2
                                       204.186.110.114
   NetBIOS over Tcpip. . . . . . . . : Enabled
```

FIGURA 4-16 Saída do comando Ipconfig /all no host de um contêiner.

Há dois adaptadores de Ethernet sendo exibidos no sistema host do contêiner. Um tem um endereço IP na rede 192.168.2.0/24, que é o endereço usado para a rede física à qual o host do contêiner está conectado. O outro adaptador tem o endereço 172.25.112.1/12, que faz parte da mesma rede do endereço do contêiner. Na verdade, se examinarmos a configuração do contêiner, o endereço do host está sendo listado como endereço de seu gateway padrão e servidor DNS. O host do contêiner está funcionando basicamente como um roteador entre a rede 172.16.0.0/12 na qual o contêiner está localizado e 192.168.2.0/24, que é a rede física a qual o host está conectado. O host também está funcionando como servidor DNS do contêiner.

Se você examinar outro contêiner no mesmo host, verá que ele tem um endereço IP na mesma rede do primeiro contêiner. Os dois contêineres podem detectar com um ping os endereços um do outro, assim como os dos sistemas de fora da rede 172.16.0.0/12.

Isso é possível porque, por padrão, o recurso Containers e o Docker usam conversão de endereços de rede (NAT) para criar um ambiente de rede para os contêineres do host. O NAT é uma solução de roteamento em que os pacotes da rede gerados por e destinados a um sistema têm seus endereços IP modificados, para parecer que o sistema está localizado em outra rede.

Quando destinamos um ping a um computador da rede do host a partir de uma sessão do contêiner, o host modifica os pacotes do ping, substituindo seu endereço 192.169.2.43 pelo endereço 172.25.117.12 do contêiner em cada pacote. Quando a resposta chega do destino do ping, o processo ocorre de maneira inversa.

A engine Dockerd cria automaticamente uma rede NAT quando é executada pela primeira vez e atribui a cada contêiner um endereço nessa rede. O uso do endereço de rede 172.16.0.0/12 também é um padrão codificado no Docker. No entanto, você pode modificar esses padrões, especificando um endereço NAT diferente ou não usando NAT.

É claro que os adaptadores de rede dos contêineres são virtuais. É possível ver nas configurações exibidas anteriormente que o adaptador desse contêiner foi identificado como vEthernet (Container NIC 76b9f047). No host do contêiner, também há um adaptador virtual chamado vEthernet (HNS Internal NIC). HNS é o Host Network Service, que é a implementação de NAT usada pelo Docker. Se você executar o cmdlet Get-VMSwitch no host do contêiner ou procurar no Virtual Switch Manager do Hyper-V Manager, como mostrado na Figura 4-17, verá que o Docker também criou um switch virtual chamado nat. Esse é o switch ao qual todos os adaptadores dos contêineres estarão conectados. Logo, é possível ver que, no que diz respeito à rede, os contêineres funcionam de forma muito parecida com as máquinas virtuais.

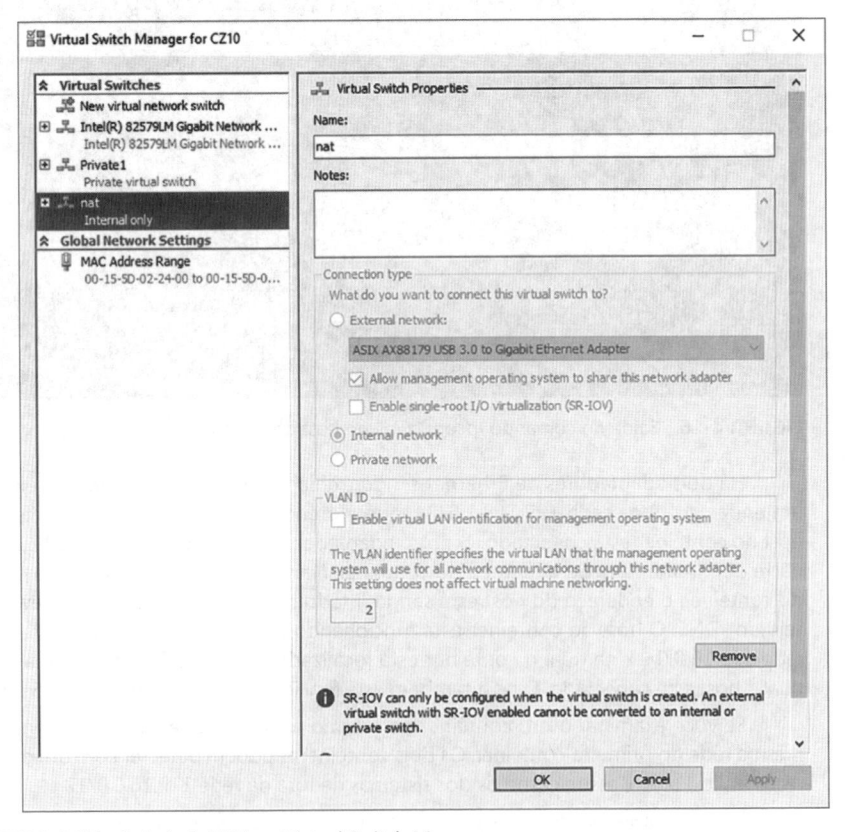

FIGURA 4-17 Switch de NAT no Virtual Switch Manager.

Modifique padrões de NAT

Se você quiser usar um endereço de rede diferente do definido pela configuração de NAT no Docker, por já ter, por exemplo, uma rede usando o mesmo endereço, é possível fazê-lo. Para especificar um endereço alternativo, você deve usar o arquivo de configuração daemon.json, como discutido anteriormente na configuração remota do cliente Docker.

Daemon.json é um arquivo de texto simples que você criará no diretório em que o programa Dockerd.exe estiver localizado. Para especificar um endereço de rede NAT alternativo, inclua o texto a seguir no arquivo:

```
{ "fixed-cidr":"192.168.10.0/24" }
```

Você pode usar qualquer endereço de rede para a implementação de NAT, mas para evitar conflitos de endereços na Internet, deve usar uma rede de um dos seguintes endereços reservados de rede privada:

- 10.0.0.0/8
- 172.16.0.0/12
- 192.168.0.0/16

Para impedir que a engine Dockerd crie uma implementação de rede, insira o texto a seguir no arquivo daemon.json:

```
{ "bridge":"none" }
```

Ao fazê-lo, deverá criar manualmente uma rede para os contêineres, se quiser que seus contêineres tenham conectividade de rede.

Mapeamento de porta

Se você pretende executar um aplicativo de servidor em um contêiner que precise expor portas para a entrada de tráfego do cliente, deve usar uma técnica chamada *mapeamento de porta*. O mapeamento de porta permite que o host, que recebe o tráfego do cliente, encaminhe os pacotes para a porta apropriada no contêiner que está executando o aplicativo. Para usar o mapeamento de porta, adicione o switch -p ao comando Docker Run, junto com os números de porta do host e do contêiner, repectivamente, como no exemplo a seguir:

```
docker run -it -p 8080:80 microsoft\windowsservercore powershell
```

Nesse exemplo, qualquer tráfego que chegar pela porta 8080 do host será encaminhado para a porta 80 do contêiner. A porta 80 é o número de porta normalmente usado para tráfego de servidor web, e esse esquema permite que o contêiner empregue essa porta padrão sem monopolizá-la no host, que pode precisar da porta 80 para seu próprio servidor web.

Crie uma rede transparente

Em vez de usar NAT, você pode optar por criar uma rede transparente, em que os contêineres fiquem conectados à mesma rede do host. Se o host for um computador físico, os contêineres serão conectados à rede física. Se ele for uma máquina virtual, os contêineres serão conectados ao switch virtual que a VM usar.

O Docker não cria uma rede transparente por padrão, logo, você deve criá-la, usando o comando Docker Network Create, como no exemplo a seguir:

```
docker network create -d transparent trans
```

Nesse exemplo, o comando cria uma nova rede usando o driver transparente, representado pelo switch -d, e atribui a ela o nome trans. A execução do comando a seguir exibe uma lista de todas as redes de contêiner, que agora inclui a rede trans que você acabou de criar, como mostrado na Figura 4-18.

```
docker network ls
```

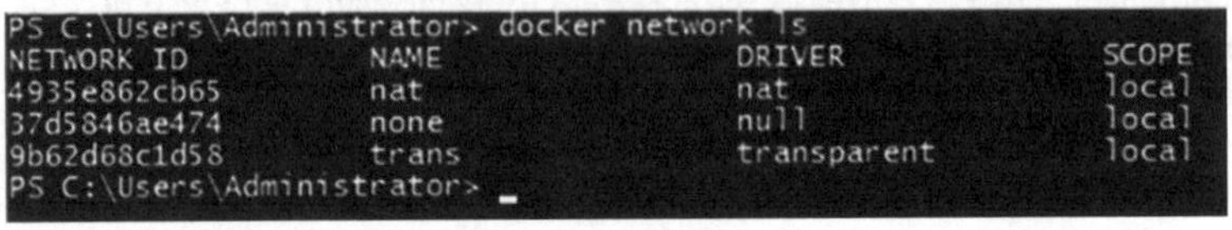

FIGURA 4-18 Saída do comando Docker Network LS.

Uma vez que você criar a rede transparente, poderá criar contêineres que a usem adicionando o parâmetro de rede ao seu comando Docker Run, como nesse exemplo:

```
docker run -it --network=trans microsoft/windowsservercore powershell
```

Quando você executar o comando Ipconfig /all nesse contêiner, verá que ele tem um endereço IP na rede 10.0.0.0/24, que é a mesma usada pela máquina virtual que funciona como host do contêiner.

Na criação de uma rede transparente e dos contêiners que a usarão, todos os contêineres obterão endereços IP em um servidor DHCP da rede do host, se houver um disponível. Porém, se não houver um servidor DHCP disponível, você deve especificar as configurações de endereço de rede quando criar a rede e configurar manualmente o endereço IP de cada contêiner definindo-o na linha de comando de Docker Run.

Para criar uma rede transparente com endereços IP estáticos, use um comando como o seguinte:

```
docker network create -d transparent --subnet=10.0.0.0/24 --gateway=10.0.0.1 trans
```

Em seguida, para criar um contêiner com endereço IP estático na rede que você criou, use uma linha de comando como essa para Docker Run:

```
docker run -it --network=trans --ip=10.0.0.16 --dns=10.0.0.10 microsoft/
windowsservercore powershell
```

Gerencie volumes de dados de contêiner

Em alguns casos, você pode querer preservar arquivos de dados entre os contêineres. O Docker permite fazer isso criando volumes de dados em um contêiner para os quais haverá uma pasta correspondente no host. Uma vez criado, os dados inseridos no volume do contêiner também poderão ser encontrados na pasta do host. O oposto também é verdadeiro, pois você pode copiar arquivos na pasta do host e acessá-los no contêiner.

Os volumes de dados persistem independentemente do contêiner. Se você excluir o contêiner, o volume permanecerá no host. Será possível, então, montar a pasta do host em outro contêiner, o que permite reter os dados por várias iterações de um aplicativo sendo executado nos contêineres.

Para criar um volume de dados, adicione o switch -v a um comando Docker Run, como em:

```
docker run -it -v c:\appdata microsoft/windowsservercore powershell
```

Esse comando cria uma pasta chamada c:\appdata no novo contêiner e a vincula a uma subpasta em c:\ProgramData\docker\volumes no host. Para verificar o local exato, você pode executar o comando a seguir e procurar na seção Mounts, como mostrado na Figura 4-19.

```
docker inspect dbf9674d13b9
```

FIGURA 4-19 Saída parcial do comando Docker Inspect.

A seção Mounts, que é uma parte pequena de uma longa e abrangente listagem com as especificações do contêiner, contém as propriedades Source e Destination. Destination especifica o nome da pasta no contêiner e Source é a pasta no host. Para reutilizar um volume de dados, você pode especificar as pastas de origem e destino no comando Docker Run, como em:

```
docker run -it -v c:\sourcedata:c:\appdata microsoft/windowsservercore powershell
```

Se você criar um volume de dados especificando uma pasta do contêiner que já tenha arquivos, o conteúdo existente será sobreposto pelo volume, sem ser excluído. Esses arquivos poderão ser acessados novamente quando o volume de dados for desmontado.

Por padrão, o Docker cria volumes de dados no modo leitura/gravação. Para criar um volume de dados somente de leitura, adicione :ro ao nome da pasta do contêiner, como no exemplo a seguir:

```
docker run -it -v c:\appdata:ro microsoft/windowsservercore powershell
```

> **NOTA ADICIONANDO UM VOLUME DE DADOS**
> Para adicionar um volume de dados a um contêiner existente, sua única opção é usar Docker Commit para salvar em uma nova imagem qualquer alteração que você tiver feito no contêiner e, então, usar Docker Run para criar um novo contêiner a partir da nova imagem, incluindo o switch -v para adicionar o volume de dados.

Gerencie o controle de recursos

Como mencionado anteriormente, o comando Docker Run dá suporte a muitos parâmetros e switches, alguns dos quais já foram demonstrados neste capítulo. Por exemplo, você viu como os switches it criam um contêiner interativo que executa um shell específico ou outro comando. Para criar um contêiner que seja executado em segundo plano – o que é chamado de modo desconectado (detached mode) – use o switch -d, como no exemplo a seguir:

```
docker run -d -p 80:80 microsoft/iis
```

Para interagir com um contêiner desconectado, você pode usar conexões de rede ou um sistema de arquivos compartilhado. Também pode se conectar com o côntêiner usando o comando Docker Attach.

Trabalhe com os nomes de contêineres

Por padrão, quando você criar um contêiner usando o comando Docker Run, a engine Dockerd atribuirá a ele três identificadores, como mostrado na Figura 4-20:

- **Long UUID**   Uma string hexadecimal de 32 bytes, representada por 64 dígitos, como nesse exemplo: 0e38bdac48ca0120eff6491a7b9d1908e65180213b2c1707b924991ae-8d1504f
- **Short UUID**   Os seis primeiros bytes do UUID longo, representados por 12 dígitos, como nesse exemplo: 0e38bdac48ca.
- **Name**   Um nome escolhido aleatoriamente composto por duas palavras separadas por um caractere de sublinhado, como nesse exemplo: drunk_jones

```
PS C:\WINDOWS\system32> docker ps --no-trunc
CONTAINER ID                                                         IMAGE                          COMMAND        CREATED
     STATUS             PORTS            NAMES
0e38bdac48ca0120eff6491a7b9d1908e65180213b2c1707b924991ae8d1504f    microsoft/windowsservercore    "powershell"   3 days ago
     Up 32 minutes                       drunk_jones
PS C:\WINDOWS\system32>
```

FIGURA 4-20   Saída do comando docker ps --no-trunc.

Você pode usar qualquer dos três identificadores quando referenciar o contêiner na linha de comando. Também pode atribuir um nome de sua preferência ao contêiner quando o criar, adicionando o parâmetro name à linha de comando de Docker Run, como em:

```
docker run -it microsoft/windowsservercore powershell --name core1
```

Restrinja a memória

O comando Docker Run dá suporte a parâmetros que permitem especificar a quantidade de memória que um contêiner terá autorização para usar. Por padrão, os processos dos contêineres podem usar quanta memória do host e memória de swap precisarem. Se você estiver executando vários contêineres no mesmo host, ou um aplicativo do host que faça uso intensivo da memória, pode impor limites para a memória que certos contêineres terão permissão para usar.

Os parâmetros de memória que você pode usar em um comando Docker Run são:

- **-m (ou --memory)**   Especifica a quantidade de memória que o contêiner pode usar. Os valores são compostos por um inteiro e pelo identificador de unidade b, k, m ou g (de bytes, kilobytes, megabytes ou gigabytes, respectivamente).
- **-memory-swap**   Especifica a quantidade total de memória mais a memória virtual que o contêiner pode usar. Os valores são compostos por um inteiro e pelo identificador de unidade b, k, m ou g.
- **-memory-reservation**   Especifica um pequeno limite de memória que o host reterá para o contêiner, mesmo quando houver disputa por memória do sistema. Por exemplo, você poderia usar o switch -m para definir um limite fixo de 1 GB, e um valor de reserva de memória de 750 MB. Quando outros contêineres ou processos precisarem de memória adicional, o host poderá reclamar até 250 MB da memória do contêiner, mas deixará pelo menos 750 MB intactos. Os valores são compostos por um inteiro menor do que o valor de m ou de --memory-swap e pelo identificador de unidade b, k, m ou g.

- **-kernel-memory**   Especifica a quantidade limite da memória definida com o uso do switch -m que poderá ser usada para memória do kernel. Os valores são compostos por um inteiro e pelo identificador de unidade b, k, m ou g.
- **-oom-kill-disable**   Impede que o kernel encerre processos do contêiner quando ocorrer erro de falta de memória. Nunca use essa opção sem o switch -m, para criar um limite de memória para o contêiner. Caso contrário, o kernel pode começar a encerrar processos no host quando ocorrer um erro OOM.

Restrinja ciclos de CPU

Você também pode especificar parâmetros que limitem os ciclos de CPU alocados para um contêiner. Por padrão, todos os contêineres de um host compartilham os ciclos de CPU disponíveis igualmente. Usando esses parâmetros, você pode atribuir prioridades aos contêineres, que serão acionadas quando ocorrer disputa pela CPU.

Os parâmetros de Docker Run que você pode usar para controlar o acesso dos contêineres às CPUs são:

- **-c (ou --cpu-shares)**   Especifica um valor de 0 a 1024 que define o peso do contêiner na disputa pelos ciclos de CPU. A quantidade real de ciclos do processador que um contêiner recebe depende do número de contêineres sendo executados no host e de seus respectivos pesos.
- **-cpuset-cpus**   Especifica quais CPUs de um sistema host multiprocessado o contêiner poderá usar. Os valores são compostos por inteiros que representam as CPUs do computador host, separados por vírgulas.
- **-cpuset-mems**   Especifica quais nós em um host NUMA o contêiner poderá usar. Os valores são compostos por inteiros que representam as CPUs do computador host, separados por vírgulas.

Crie novas imagens de contêiner usando o Dockerfile

Se você tiver feito alterações em um contêiner desde que o criou com o comando Docker Run, poderá salvá-las gerando uma nova imagem de contêiner usando Docker Commit. No entanto, o método recomendado para a criação de imagens de contêiner é construí-las a partir do zero usando um script chamado dockerfile.

Um *dockerfile* é um arquivo de texto simples, com o nome dockerfile, que contém os comandos necessários para a construção de uma nova imagem. Uma vez que você criar o dockerfile, poderá usar o comando Docker Build para executá-lo e criar o novo arquivo. O dockerfile é apenas um mecanismo que automatiza o processo de execução das etapas usadas na modificação manual de um contêiner. Quando você executar o comando Docker Build com o dockerfile, a engine Dockerd executará cada comando do script criando um contêiner, fazendo as modificações especificadas e executando um comando Docker Commit para salvar as alterações como uma nova imagem.

O dockerfile é composto por comandos, como FROM ou RUN, e uma instrução para cada comando. O formato usado é escrever o comando em letras maiúsculas. Você pode inserir cometários no script antecedendo-os com o caractere de jogo da velha (#).

Um exemplo de dockerfile simples seria:

```
#instala o servidor DHCP
FROM microsoft/windowsservercore
RUN powershell -command install-windowsfeature dhcp -includemanagementtools
RUN powershell -configurationname microsoft.powershell -command add-dhcpserverv4scope
-state active -activatepolicies $true -name scopetest -startrange 10.0.0.100 -endrange
10.0.0.200 -subnetmask 255.255.255.0
RUN md boot
COPY ./bootfile.wim c:/boot/
CMD powershell
```

Nesse exemplo:

- O comando FROM especifica a imagem base a partir da qual a nova imagem será criada. Nesse caso, a nova imagem começa com a imagem microsoft/windowsservercore.
- O primeiro comando RUN abre uma sessão do PowerShell e usa o cmdlet Install-WindowsFeature para instalar a função DHCP.
- O segundo comando RUN usa o cmdlet Add-DhcpServerv4Scope para criar um novo escopo no servidor DHCP.
- O terceiro comando RUN cria uma nova pasta chamada boot.
- O comando COPY copia um arquivo chamado bootfile.wim da pasta atual do host para a pasta c:\boot do contêiner.
- O comando CMD abre uma sessão do PowerShell quando a imagem é executada.

Quando você tiver criado o script dockerfile, poderá usar o comando Docker Build para criar a nova imagem, como no exemplo a seguir:

```
docker build -t dhcp .
```

Esse comando lê o dockerfile na pasta atual e cria uma imagem chamada dhcp. À medida que a engine Dockerd construir a imagem, ela exibirá os resultados de cada comando e os IDs do contêiner intermediário criado, como mostrado na Figura 4-21. Uma vez que você tiver gerado a imagem, poderá criar um contêiner a partir dela usando o comando Docker Run da maneira usual.

FIGURA 4-21 Saída do comando Docker Build.

Esse é um exemplo simples de dockerfile, mas eles podem ser muito mais longos e complexos.

> ### ✓ Verificação rápida
>
> Quais dos comandos Docker a seguir você pode usar para criar novos arquivos de imagem de contêiner?
>
> 1. Docker Run
> 2. Docker Commit
> 3. Docker Build
> 4. Docker Images
>
> ### Resposta da verificação rápida
>
> As respostas 2 e 3 estão corretas. Docker Commit é o comando usado para criar uma nova imagem a partir de um contêiner existente. Docker Build é o comando que cria uma nova imagem de contêiner usando as instruções de um dockerfile.

Gerencie imagens de contêiner usando o Repositório do DockerHub para cenários públicos e privados

O DockerHub é um repositório público que você pode usar para armazenar e distribuir suas imagens de contêiner. Quando você baixar imagens de contêiner usando o comando Docker Pull, elas virão do DockerHub por padrão, a menos que seja especificado outro repositório no comando. No entanto, também é possível fazer o upload de imagens, usando o comando Docker Push.

O upload de imagens para o DockerHub permite compartilhá-las com colegas, e até com você mesmo, de modo a não ser preciso transferir arquivos manualmente para implantar uma imagem de contêiner em outro host.

Antes de poder fazer o upload de imagens no DockerHub, você deve se registrar no site *http://hub.docker.com*. Quando o fizer, seu nome de usuário passará a ser o nome de seu repositório no serviço. Por exemplo, a imagem microsoft/windowsservercore que você extraiu anteriormente é uma imagem chamada windowsservercore no repositório Microsoft. Se seu nome de usuário no DockerHub for hholt, todas as suas imagens começarão com esse nome de repositório, seguido pelo nome da imagem, como nesse exemplo:

```
hholt/nano1
```

Uma vez que você tiver uma conta, deve fazer login no serviço DockerHub a partir da linha de comando antes de poder inserir imagens. Isso pode ser feito com o seguinte comando:

```
docker login
```

O Docker lhe solicitará seu nome de usuário e senha e, em seguida, fornecerá acesso para o upload em seu repositório.

Procure imagens

Você pode procurar imagens no DockerHub usando o website, como mostrado na Figura 4-22. Essa interface fornece as informações mais recentes sobre a imagem, assim como comentários de outros usuários da comunidade Docker.

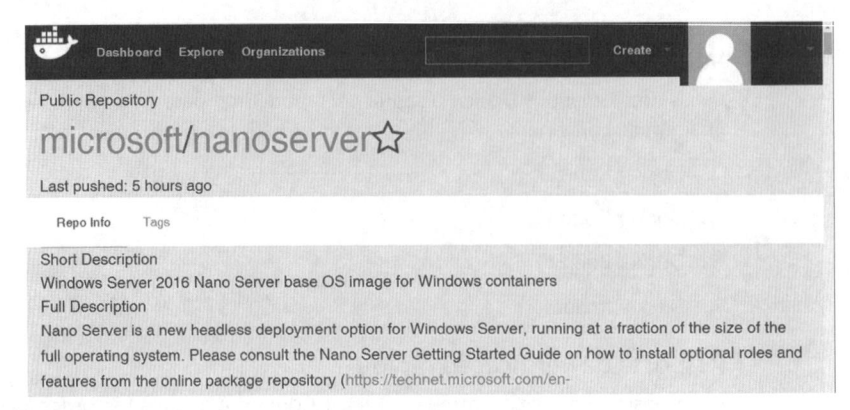

FIGURA 4-22 Captura de tela de uma pesquisa no DockerHub.

Você também pode fazer buscas no DockerHub a partir da llinha de comando, usando o comando Docker Search, como no exemplo a seguir:

```
docker search microsoft --no-trunc
```

Incluir o parâmetro no-trunc impede que o comando trunque as descrições de imagens, como mostra a Figura 4-23.

FIGURA 4-23 Saída do comando Docker Search.

Insira imagens

Para fazer o upload de suas próprias imagens no repositório, use o comando Docker Push, como nesse exemplo:

```
docker push hholt/nano1
```

Por padrão, o comando Docker Push fará o upload da imagem especificada em seu repositório público no DockerHub, como mostrado na Figura 4-24. Qualquer pessoa pode acessar imagens inseridas dessa forma.

FIGURA 4-24 Saída do comando Docker Push.

Já que o Docker é um software open source, compartilhar imagens e código com a comunidade é uma das principais preocupações da filosofia da empresa. No entanto, também é possível criar repositórios privados, para serem compartilhados com um número ilimitado de colaboradores selecionados. Isso permite usar o DockerHub para projetos de desenvolvimento de aplicativos que sejam seguros ou qualquer situação em que você não queira distribuir uma imagem para o público em geral. O DockerHub fornece um único repositório privado como parte de seu serviço gratuito. Para obter repositórios adicionais, é preciso comprar uma assinatura.

Em acréscimo ao armazenamento e fornecimento imagens, o DockerHub também oferece outros serviços, como os builds automatizados. Fazendo o upload de um dockerfile e de qualquer outro arquivo necessário em um repositório, você pode configurar o DockerHub para executar builds automaticamente, de acordo com as especificações exatas fornecidas. Os arquivos de código ficarão disponíveis para seus colaboradores e novos builds poderão ocorrer sempre que o código mudar.

Gerencie imagens de contêiner usando o Microsoft Azure

Além de criar contêineres localmente, você também pode usá-los no Microsoft Azure. Criando uma máquina virtual do Windows Server 2016 no Azure, você pode criar e gerenciar contêineres da mesma forma que em um servidor local. O Azure também fornece o Azure Container Service (ACS), que permite criar, configurar e gerenciar um cluster de máquinas virtuais, configuradas para executar aplicativos baseados em contêiner usando várias tecnologias open source.

O Microsoft Azure é um serviço de nuvem baseado em assinatura que permite implantar máquinas virtuais e aplicativos e integrá-los à rede corporativa. Pagando uma taxa mensal, é possível criar uma máquina virtual do Windows Server 2016, como mostrado na Figura 4-25. Uma vez que você a criar, poderá instalar o recurso Containers e a engine Docker. Os contêineres e imagens criados em uma máquina virtual do Azure são totalmente compatíveis com as implementações do Docker em computadores locais.

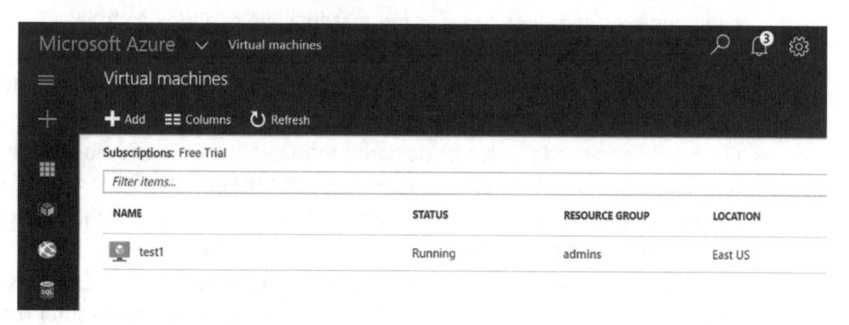

FIGURA 4-25 Central de recursos do Microsoft Azure.

Resumo do capítulo

- Os contêineres são baseados em imagens. Você pode criar um contêiner executando uma imagem e pode criar uma imagem salvando o conteúdo de um contêiner.
- O Windows Server 2016 inclui o recurso Containers, que fornece o ambinete de suporte para a plataforma Docker.
- Tanto a opção de instalação Server Core quanto a opção Nano Server dão suporte à criação de contêineres do Windows Server e do Hyper-V. No Nano Server, você pode executar o cliente Docker.exe em um sistema remoto.
- O Docker é uma solução de contêiner open source composta por dois arquivos: Dockerd.exe, a engine executada como serviço no Windows, e Docker.exe, o cliente de linha de comando que controla a engine Dockerd.
- Usando um arquivo de texto chamado daemon.json, você pode configurar opções de inicialização para a engine Dockerd.
- O cliente Docker é uma das maneiras pelas quais você pode controlar a engine Docker, mas não é a única. Você pode usar o módulo Docker do Windows PowerShell para executar as mesmas tarefas.
- Para baixar imagens a partir do DockerHub, devemos usar o comando Docker Pull.
- Tags são indicadores de versão que os desenvolvedores usam para marcar os builds ou versões de uma imagem de contêiner. Para atribuir valores de tags, use o comando Docker Tag.
- Para desinstalar uma imagem de contêiner, é usado o comando Docker RMI.
- Para criar um container do Windows Server, é preciso usar o comando Docker Run, especificando o nome de uma imagem de contêiner.
- O procedimento de criação de um contêiner do Hyper-V com o uso do Docker difere do de um contêiner do Windows Server apenas na inclusão do parâmetro --isolation.
- O cliente Docker.exe nos permite controlar contêineres iniciando, encerrando, salvando e removendo-os
- O módulo Docker do Windows PowerShell fornece uma alternativa ao cliente Docker.exe que pode executar quase todas as mesmas funções, quando não todas.
- Por padrão, o Docker usa a conversão de endereços de rede para dar aos contêineres acesso à rede. No entanto, você pode sobrepor o padrão e configurar os contêineres para fazer parte de sua rede maior.
- O Docker permite criar volumes de dados residentes no host e adicioná-los a um contêiner. Os volumes de dados permanecerão, mesmo se você remover o contêiner.
- Usando parâmetros na linha de comando de Docker Run, você pode limitar a quantidade de recursos de memória e CPU que um contêiner pode usar.
- Um dockerfile é um script que contém comandos para a construção de uma nova imagem de contêiner. Você deve usar o comando Docker Build para executar o script e criar a imagem.
- O DockerHub é um repositório gratuito, baseado na nuvem, no qual você pode fazer o upload de suas imagens de contêiner.
- O Microsoft Azure permite criar máquinas virtuais para serem usadas como hosts de contêiners.

Teste de raciocínio

Nesse teste de raciocínio, você demonstrará suas habilidades e conhecimentos referentes aos tópicos deste capítulo. As respostas podem ser encontradas na próxima seção.

Ralph deseja criar uma máquina virtual chamada Core1 que funcione como host para contêineres tanto do Windows Server quanto do Hyper-V. Para criar o host, ele pretende executar as seguintes tarefas:

- Criar uma máquina virtual.
- Configurar a máquina virtual com 4 GB de memória, dois processadores virtuais, e o spoofing de endereço MAC ativado.
- Instalar o Windows Server 2016 na máquina virtual.
- Instalar o recurso Containers.
- Instalar a função Hyper-V.
- Instalar o módulo dockermsftprovider.
- Instalar o pacote Docker.
- Extrair a imagem Server Core a partir do DockerHub.
- Criar contêineres usando o comando Docker Run.

De que etapa Ralph se esqueceu, que o impede de criar os contêineres de que precisa? Que tarefa ele deve executar para concluir esse plano e quando deve executá-la?

Resposta do teste de raciocínio

Esta seção contém a solução do teste de raciocínio.

Ralph se esqueceu de expor as extensões de virtualização do processador do computador físico para a VM, para que ela possa executar a função Hyper-V. Para fazê-lo, ele deve executar o comando a seguir em uma sessão do PowerShell após criar a máquina virtual e antes de iniciá-la.

```
set-vmprocessor -vmname server1 -exposevirtualizationextensions $true
```

CAPÍTULO 5

Implementação da alta disponibilidade

Manter os aplicativos em execução constante é uma prioridade importante para muitos administradores de sistemas, e o Windows Server 2016 inclui recursos que permitem criar soluções de servidor adicionais para a antecipação de quase qualquer tipo de desastre. Os clusters de failover nos permitem criar servidores que compartilhem dados, o que assegura que um aplicativo seja executado apesar da ocorrência de múltiplas falhas. Os clusters de balanceamento de carga de rede nos permitem fornecer a um aplicativo com tolerância a falhas e escalabilidade.

Objetivos deste capítulo:
- Implementar opções de alta disponibilidade e recuperação de desastre no Hyper-V
- Implementar o cluster de failover
- Implementar o Storage Spaces Direct
- Gerenciar o cluster de failover
- Gerenciar a movimentação de VMs em nós de um cluster
- Implementar o Network Load Balancing (NLB)

Objetivo 5.1: Implementar opções de alta disponibilidade e recuperação de desastre no Hyper-V

O Hyper-V permite que os administradores consolidem vários servidores físicos em um único servidor Hyper-V. Uma das vantagens desse tipo de virtualização de servidores é ser possível mover facilmente máquinas virtuais (VMs) de um host Hyper-V para outro. Seja por razões de tolerância a falhas ou para balanceamento de carga, o Hyper-V fornece várias tecnologias para a replicação e a migração de VMs.

> **Esta seção aborda como:**
> - Implementar o Hyper-V Replica
> - Implementar a migração ao vivo
> - Implementar a migração ao vivo sem compartilhamento
> - Configurar o protocolo de autenticação CredSSP ou Kerberos para a migração ao vivo
> - Implementar a migração de armazenamento

Implemente o Hyper-V Replica

O Hyper-V Replica é um recurso da função Hyper-V que permite criar uma réplica das máquinas virtuais de um servidor Hyper-V em outro servidor, localmente ou em um lugar remoto. A replicação é assíncrona e o processo de failover para a réplica não é automático. No entanto, o Hyper-V Replica é fácil de configurar e não requer recursos de rede avançados, como armazenamento compartilhado e cluster de failover. É uma maneira simples de criar uma réplica de um servidor Hyper-V que você possa iniciar sempre que o servidor primário estiver indisponível.

O Hyper-V Replica é baseado em pontos de verificação, logo, após a replicação inicial ser concluída, só as alterações feitas no servidor primário são verificadas e replicadas. Isso reduz a quantidade de dados transmitidos pela rede e permite que o servidor-réplica carregue a máquina virtual e acesse seus pontos de verificação.

O Hyper-V Replica tem várias opções. Ele não requer um cluster de failover, mas funciona em um. Não requer certificados para transmissões criptografadas, mas pode usá-los. Isso permite que os administradores criem uma configuração simples ou complexa conforme o necessário.

Planeje o ambiente de replicação

Em sua forma mais simples, a implementação do Hyper-V Replica usa dois servidores na configuração a seguir:

- O Hyper-V instalado nos dois servidores
- Os servidores ficam localizados atrás do mesmo firewall
- Os servidores não fazem parte de um cluster
- Os servidores são associados ao mesmo domínio do Active Directory Domain Services (AD DS) ou a domínios com relações de confiança mútuas.
- Os servidores usam comunicação criptografada autenticada pelo Kerberos

Qualquer exceção a essas políticas demandará procedimentos de configuração adicionais, como:

- Se os servidores estiverem localizados em lugares diferentes, você deve configurar os firewalls intermediários para permitir que o tráfego de replicação passe.
- Se o tráfego de replicação precisar ser criptografado, você deve obter um certificado de segurança com uma autoridade de certificação apropriada ou usar um certificado autoassinado.
- Se os servidores fizerem parte de um cluster de failover, você deve configurar a função Broker do Hyper-V Replica e anotar o nome do ponto de acesso do cliente.
- Se quiser usar um terceiro servidor para criar uma réplica adicional, você deve configurar o Hyper-V Replica para usar a Replicação Estendida.

Configure os servidores Hyper-V

Para definir a replicação em uma única direção, você deve configurar o Hyper-V Replica no servidor de destino, também chamado de servidor-réplica. No entanto, para usar o Hyper-V Replica como solução de failover, a prática recomendada é configurar os dois servidores como servidores-réplica. Dessa forma, após o incidente de failover em que um servidor-réplica for ativado, você poderá replicar qualquer alteração feita no servidor temporário novamente no servidor original quando ele voltar a ficar online.

Para configurar um servidor Hyper-V como servidor-réplica com o Hyper-V Manager, use o procedimento a seguir:

1. Abra o Hyper-V Manager, selecione o servidor e, no painel Actions, clique em Hyper-V Settings para exibir a caixa de diálogo Hyper-V Settings.
2. Na página Replication Configuration, marque a caixa de seleção Enable This Computer As A Replica Server, como mostrado na Figura 5-1.

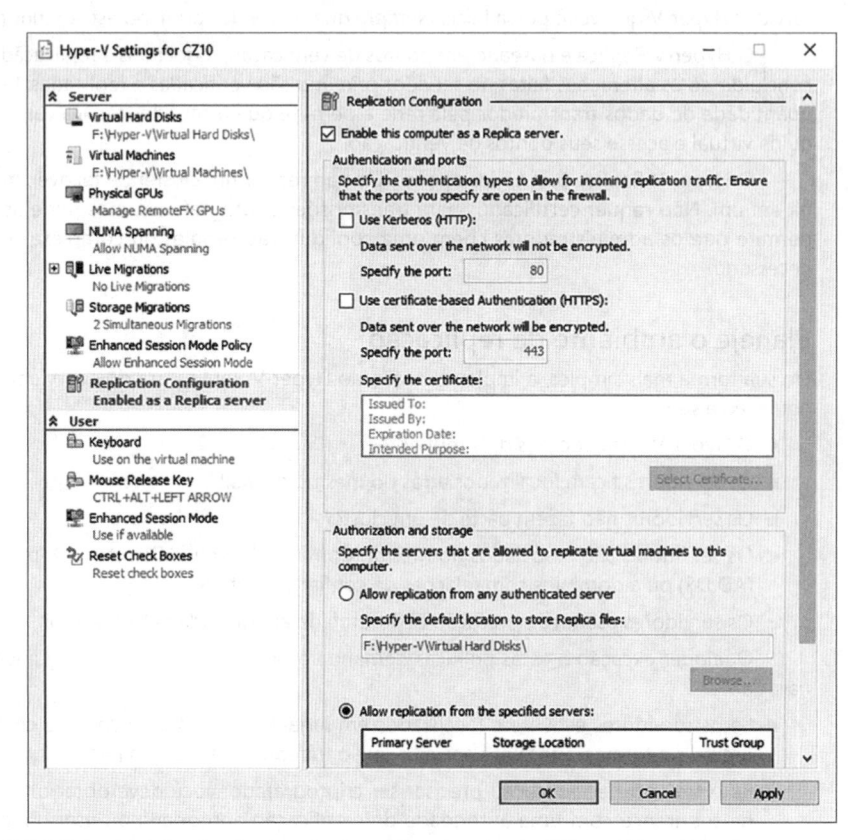

FIGURA 5-1 A página Replication Configuration da caixa de diálogo Hyper-V Settings.

3. Na caixa de Authentication and Ports, selecione uma das opções a seguir:
   - **Use Kerberos (HTTP)** O tráfego de replicação não será criptografado e os servidores devem ser associados ao mesmo domínio (ou a domínios confiáveis).
   - **Use Certificate-Based Authentication (HTTPS)** Clique em Select Certificate para especificar o certificado a ser usado para a criptografia do tráfego de replicação.
4. Na caixa de Authorization and Storage, selecione uma das opções a seguir:
   - **Allow Replication From Any Authenticated Server** Permite a replicação a partir de qualquer servidor e salva as réplicas no local especificado.
   - **Allowed Replication From The Specified Servers** Clique em Add para abrir a caixa de diálogo Add Authorization Entry, mostrada na Figura 5-2, na qual você especificará um nome de servidor, um local para as réplicas desse servidor e o grupo de confiança ao qual ele pertencerá.

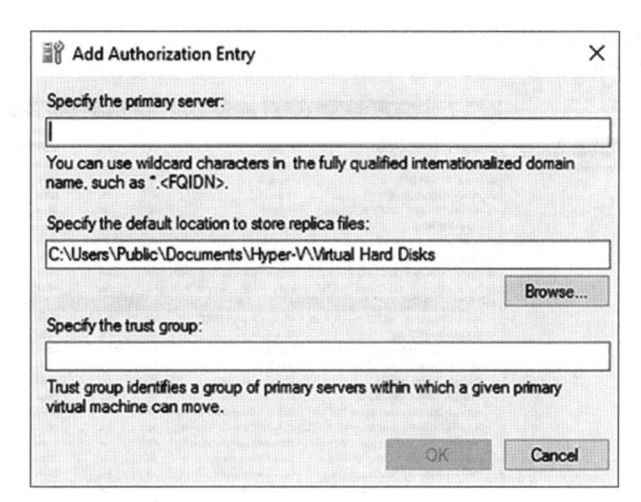

FIGURA 5-2   A caixa de diálogo Add Authorization Entry.

   5. Clique em OK.

   Você também pode definir as configurações de réplica do servidor usando o cmdlet Set-VmReplicationServer do Windows PowerShell. Esse cmdlet vem incluído no módulo Hyper-V, logo, você precisa ter as ferramentas de gerenciamento do Hyper-V instaladas para usá-lo. Um comando de configuração simples do Hyper-V Replica seria:

```
set-vmreplicationserver -replicationenabled $true -allowedauthenticationtype kerberos
-replicationallowedfromanyserver $true -defaultstoragelocation d:\replicas
```

   Você também deve configurar o Firewall do Windows em um servidor-réplica para permitir a chegada de tráfego do servidor primário. Para fazê-lo, abra o console Windows Firewall with Advanced Security (Firewall do Windows com Segurança Avançada) e, na página Inbound Rules, mostrada na Figura 5-3, ative uma das regras a seguir, de acordo com suas seleções na página Replication Configuration.

- Se você selecionou a opção Use Kerberos (HTTP), ative a regra Hyper-V Replica HTTP Listener (TCP-In).

- Se selecionou a opção Use certificate-based authentication (HTTPS), ative a regra Hyper-V Replica HTTPS Listener (TCP-In).

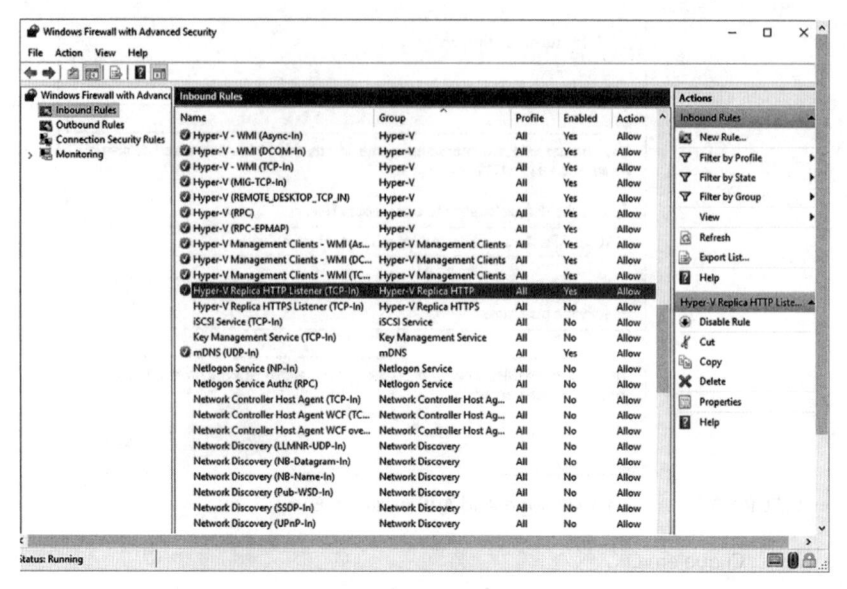

FIGURA 5-3 O console Windows Firewall with Advanced Security.

Para configurar a regra de firewall usando o PowerShell, use o cmdlet Enable-NetFirewallRule, como nos exemplos a seguir:

```
enable-netfirewallrule -displayname "hyper-v replica http listener (tcp-in)"
```

```
enable-netfirewallrule -displayname "hyper-v replica https listener (tcp-in)"
```

Como mencionado anteriormente, esse processo de configuração só é requerido no servidor-réplica, mas você pode configurar o servidor primário da mesma forma, antecipando uma recuperação a partir de uma situação de failover.

Configure as máquinas virtuais

Uma vez que o servidor-réplica estiver configurado, você pode dar prosseguimento e configurar as máquinas virtuais no servidor primário que pretende replicar. Para fazê-lo, use esse procedimento:

1. No Hyper-V Manager, clique com o botão direito do mouse em uma máquina virtual e no menu de contexto, selecione Enable Replication para iniciar o Enable Replication Wizard.
2. Na página Specify Replica Server, digite o nome do servidor-réplica que você configurou ou clique em Browse para abrir a caixa de diálogo Select Computer.
3. Na página Specify Connection Parameters, na caixa Authentication Type, especifique se usará a autenticação baseada em Kerberos ou em certificados, utilizando a mesma configuração que selecionou no servidor-réplica. Você também pode especificar se deseja compactar os dados da replicação.
4. Na página Choose Replication VHDs, desmarque as caixas de seleção dos VHDs da máquina virtual que não deseja replicar.
5. Na página Configure Replication Frequency, especifique a frequência com que o servidor primário deve enviar alterações para o servidor-réplica – a cada 30 segundos, 5 minutos ou 15 minutos.

CAPÍTULO 5 Implementação da alta disponibilidade **299**

6. Na página Configure Additional Recovery Points, selecione uma das opções a seguir:
   - **Maintain Only The Latest Recovery Point** Essa opção cria uma réplica contendo o estado da VM primária somente do momento do último evento de replicação.
   - **Create Additional Hourly Recovery Points** Essa opção permite replicar até 24 horas de pontos de recuperação e até 12 horas de snapshots do Volume Shadow Copy Service.
7. Na página Choose Initial Replication Method, mostrada na Figura 5-4, especifique se deseja executar a replicação inicial fazendo o envio pela rede, executando-a manualmente usando mídia externa ou criando você mesmo uma máquina virtual no servidor-réplica. Essas opções evitam a replicação de uma VM inteira por conexões relativamente lentas ou caras de redes de longa distância (WANs).

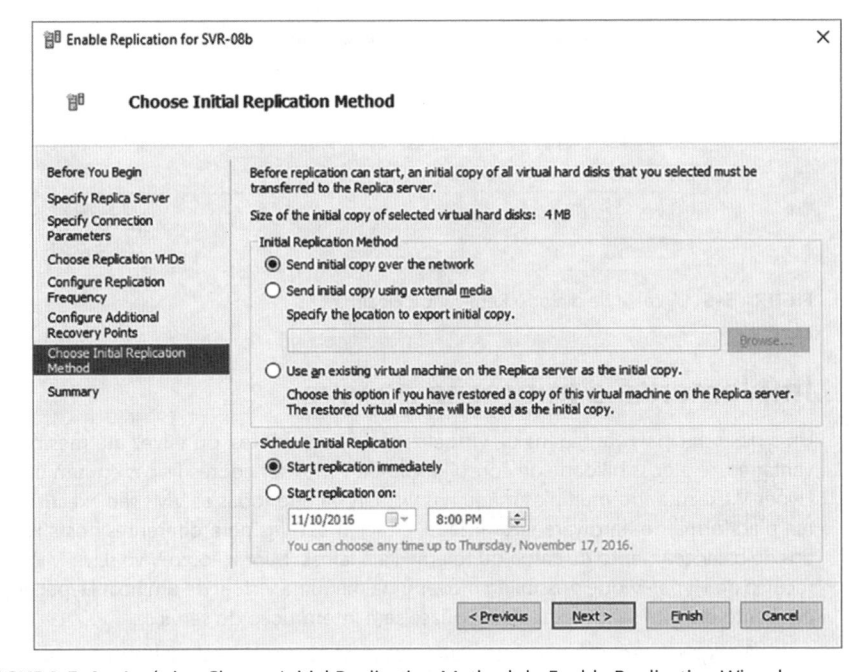

FIGURA 5-4 A página Choose Initial Replication Method do Enable Replication Wizard.

8. Na caixa Schedule Initial Replication, especifique quando o processo de replicação deve começar – imediatamente ou na hora que você determinar.
9. Clique em Finish.

Uma vez que o processo de replicação começar, um menu de contexto Replication aparecerá quando você clicar com o botão direito do mouse na VM, permitindo que inicie um failover planejado, pause ou remova o processo de replicação, e exiba uma caixa de diálogo Replication Heath, como a da Figura 5-5.

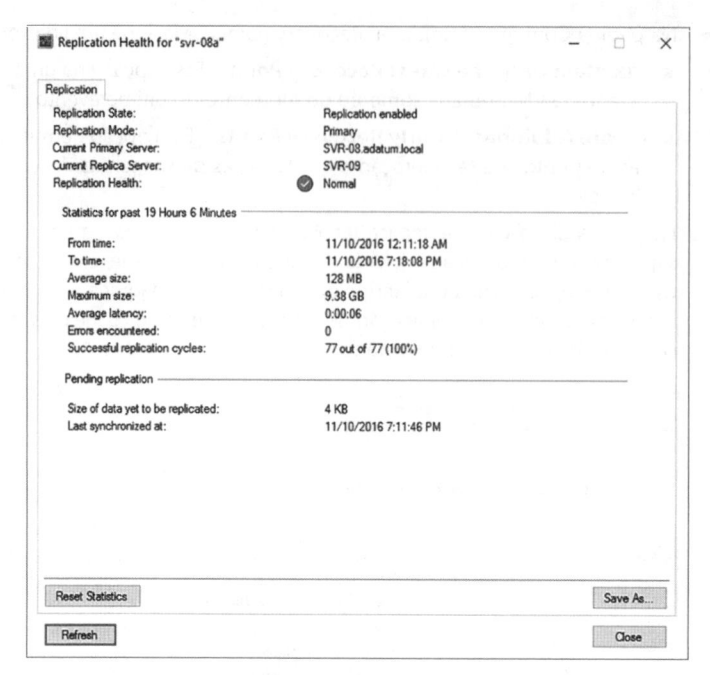

FIGURA 5-5 A caixa de diálogo Replication Health.

Implemente a migração ao vivo

Uma das principais vantagens da virtualização de servidores, ou talvez até mesmo a principal vantagem, é a possibilidade de consolidação de vários servidores físicos em um único servidor Hyper-V executando múltiplas máquinas virtuais. Já que todas as VMs são executadas na mesma plataforma de hardware virtualizada, é fácil movê-las para diferentes hosts Hyper-V, para fins de balanceamento de carga ou tolerância a falhas. Migração ao Vivo (Live Migration) é um recurso do Hyper-V que possibilita mover uma máquina virtual de um host Hyper-V para outro enquanto ela está sendo executada, quase sem interrupção do serviço.

A migração ao vivo não é uma alternativa ao Hyper-V Replica, já que não move os arquivos de dados da máquina virtual. Ela foi projetada para ambientes em que as máquinas virtuais já tenham acesso ao armazenamento de dados compartilhado. O que é migrado é o estado do sistema e o conteúdo dinâmico da memória. Se, por exemplo, você tivesse um cluster de failover do Hyper-V no qual está sendo executado um servidor web e com todos os nós do cluster acessando o mesmo conjunto de armazenamento que contém os arquivos dos sites, a migração ao vivo poderia mover uma VM de um host Hyper-V para outro sem interromper as transações em andamento dos clientes.

Concebida originalmente para uso em clusters de failover com subsistemas de armazenamento físico compartilhado, agora a migração ao vivo do Windows Server 2016 pode operar com sistemas não organizados em clusters, sistemas de diferentes domínios, ou não pertencentes a qualquer domínio, e sistemas usando quase qualquer tipo de armazenamento compartilhado, físico ou virtual.

A migração ao vivo típica de uma máquina virtual ocorre assim:

1. O servidor de origem estabelece uma conexão com o servidor de destino, que cria uma máquina virtual vazia e verifica se tem recursos para recriar a VM de origem, como me-

mória suficiente e acesso ao armazenamento compartilhado que contém os arquivos da VM.
2. O destino aloca memória e outros recursos para a nova VM, basicamente recriando a configuração de hardware virtual da VM de origem.
3. O servidor de origem começa a transmitir as páginas de memória da VM de origem para a VM de destino. A VM de origem ainda está funcionando nesse momento, atendendo clientes da maneira usual. À medida que a transferência de memória prossegue, no entanto, o Hyper-V do servidor de origem começa a marcar páginas de sua memória que tenham mudado desde que a transferência começou.
4. Após a transferência de memória inicial terminar, o processo começa novamente, com o servidor de origem transferindo qualquer página de memória que tenha mudado desde que a transferência inicial começou. Esse processo se repete várias vezes, até os servidores alcançarem um ponto crítico em que seus estados de memória sejam idênticos.
5. Nesse momento, o processamento e o I/O são suspensos na VM de origem e o controle dos recursos de armazenamento é transferido para a VM de destino.
6. Agora a VM de destino tem um "conjunto de trabalho" atualizado de conteúdo da memória, estado da CPU e recursos de armazenamento, e pode assumir o controle da funcionalidade.
7. Com a VM de destino ativa e operando, o Hyper-V notifica a alteração ao switch de rede, fazendo-o registrar os endereços MAC da VM de destino e associá-los ao seu endereço IP, para que o tráfego de rede seja desviado para a nova máquina virtual.

Apesar de toda essa atividade, normalmente uma migração ao vivo termina em menos tempo do que o intervalo de tempo de vida (time-to-live) do TCP da VM. Logo, a mudança é invisível, tanto para os clientes quanto para o software sendo executado na máquina virtual. Há muitos fatores que podem afetar a velocidade de uma migração ao vivo, inclusive a quantidade de memória a ser transferida, a largura de banda da rede, e a carga de trabalho nos servidores de origem e destino. No entanto, qualquer atraso perceptível geralmente é causado pelo tempo necessário para a rede propagar a alteração do destino.

Migração ao vivo em um cluster

Quando você usar o recurso Failover Clustering no Windows Server 2016 para criar um cluster de Hyper-V, usará o console Failover Cluster Manager para iniciar o New Virtual Machine Wizard. O assistente é igual ao acessado por intermédio do Hyper-V Manager, mas após a VM ser criada, o Failover Cluster Manager inicia o High Availability Wizard, que configura a VM para dar suporte à migração ao vivo. No equivalente do PowerShell, você usará os cmdlets padrão para criar a VM e, em seguida, executará o cmdlet Add-ClusterVirtualMachineRole para tornar a máquina virtual altamente disponível.

Migração ao vivo sem um cluster

É possível, no Windows Server 2016, executar migrações dinâmicas entre servidores Hyper-V que não estejam em um cluster, embora eles devam ser membros do mesmo domínio (ou de domínios confiáveis). Antes de fazer isso, no entanto, você deve definir as configurações de migração ao vivo, tanto no servidor de origem quanto no de destino.

Para fazê-lo usando o Hyper-V Manager, abra a caixa de diálogo Hyper-V Settings, selecione a página Live Migration e marque a caixa de seleção Enable Incoming And Outgoing Live Migrations, como mostrado na Figura 5-6.

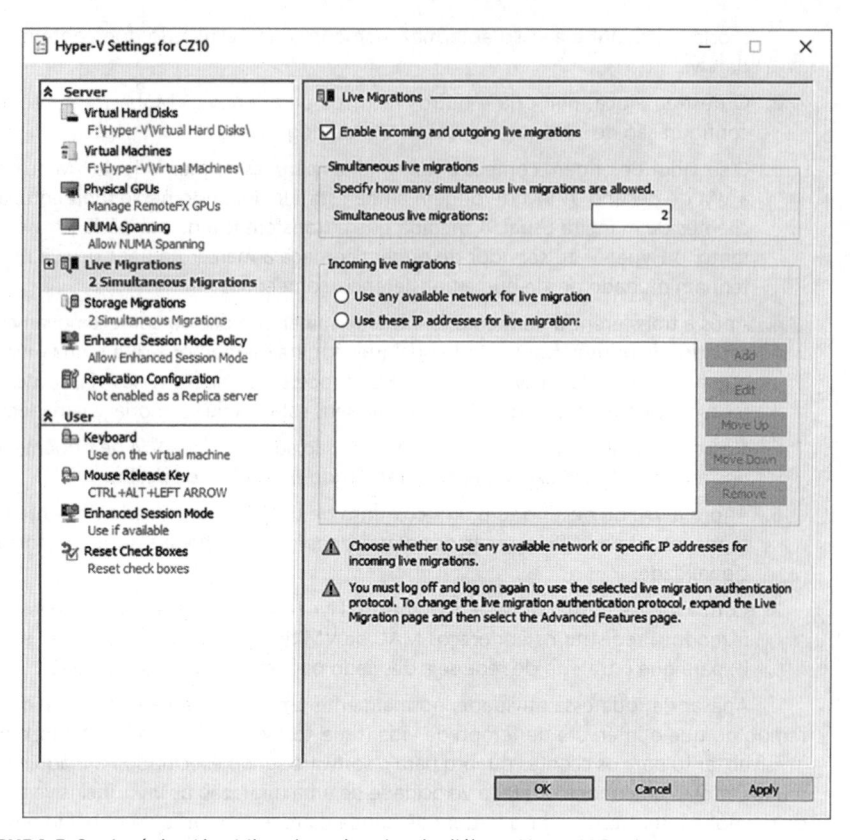

FIGURA 5-6 A página Live Migrations da caixa de diálogo Hyper-V Settings.

Defina, então, as seguintes configurações nessa página e na página Live Migrations/Advanced Features:

- **Simultaneous Live Migrations** Permite especificar quantas migrações dinâmicas o servidor poderá executar ao mesmo tempo, de acordo com os níveis de largura de banda e tráfego de sua rede e com a carga de trabalho no servidor. A configuração padrão é 2.
- **Incoming Live Migrations** Se o servidor estiver conectado a mais de uma rede, essa configuração permite especificar que rede o servidor deve usar para tráfego de migração ao vivo e a ordem em que múltiplas redes devem ser usadas. Sempre que possível, a melhor prática é separar o tráfego de migração ao vivo do tráfego padrão da rede local (LAN).
- **Authentication Protocol** Permite especificar se será usado CredSSP ou Kerberos para a autenticação entre os servidores. O Kerberos requer a configuração adicional de delegação restrita no Active Directory.
- **Performance Options** Permite especificar se será usado o protocolo TCP/IP ou o Server Message Block (SMB) para as transferências de dados da migração ao vivo. Se você tiver uma rede exclusiva para o tráfego de armazenamento, ou uma rede que use o datacenter bridging para separar o tráfego de LAN do de armazenamento, o SMB deve ser uma opção melhor. Em uma conexão de LAN padrão, use o TCP/IP.

Para definir essas configurações usando o PowerShell, podemos usar comandos como os seguintes:

```
enable-vmmmigration

set-vmmigrationnetwork 192.168.4.0

set-vmhost -virtualmachinemigrationauthenticatiuontype kerberos

set-vmhost -virtualmachinemigrationperformanceoption smbtransport
```

Uma vez que os servidores estiverem configurados, você poderá iniciar uma migração ao vivo usando o Move Wizard, que é acessado com a seleção de uma VM no Hyper-V Manager e a seleção de Move no painel Actions. Na página Choose Move Type do assistente, mostrada na Figura 5-7, a opção Move The Virtual Machine permite executar uma migração ao vivo.

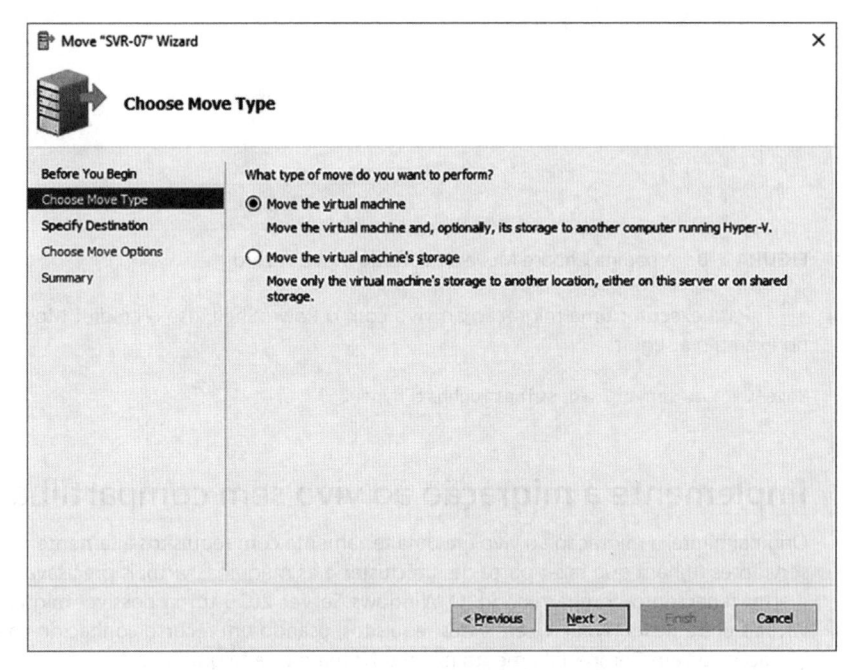

FIGURA 5-7 A página Choose Move Type do Move Wizard.

Quando você selecionar Move The Virtual Machine, a página Choose Move Options, mostrada na Figura 5-8, exibirá as seguintes opções:

- **Move The Virtual Machine's Data To A Single Location** Faz o assistente mover a máquina virtual e seu armazenamento para o local padrão no servidor de destino.
- **Move The Virtual Machine's Data By Selecting Where To Move The Items** Faz o assistente mover a máquina virtual e seu armazenamento para o local que você especificar no servidor de destino.
- **Move Only The Virtual Machine** Faz o assistente mover a máquina virtual para o servidor de destino sem seu armazenamento. Essa opção fornece o equivalente à migração ao vivo sem cluster.

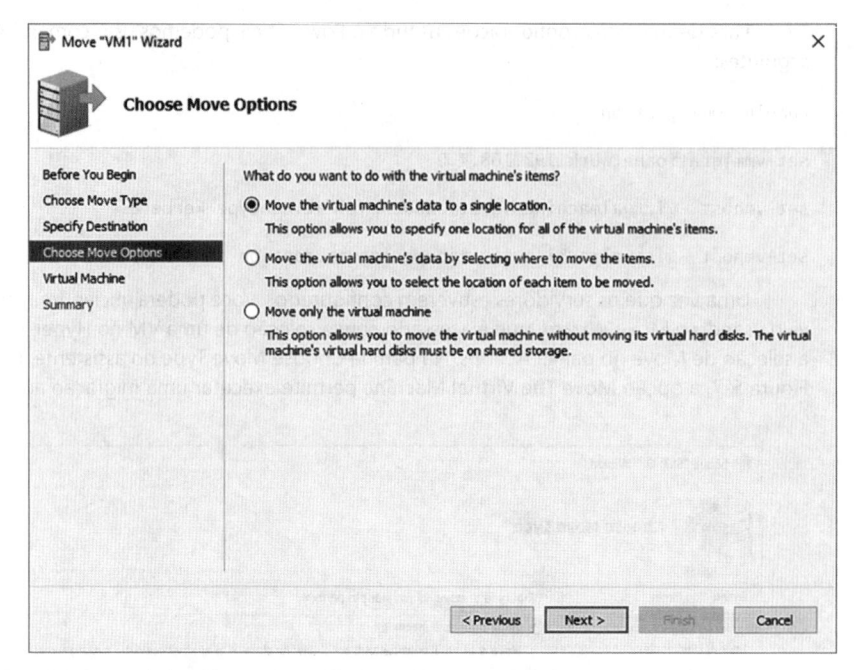

FIGURA 5-8 A página Choose Move Options do Move Wizard.

Para executar uma migração ao vivo com o PowerShell, use o cmdlet Move-VM, como no exemplo a seguir:

```
Move-vm -vm server1 -destinationhost hyper2
```

Implemente a migração ao vivo sem compartilhamento

Originalmente, a migração ao vivo era uma ferramenta com requisitos altamente restritivos. Os servidores tinham que fazer parte de um cluster e as máquinas virtuais precisavam ter acesso a armazenamento compartilhado. O Windows Server 2016 torna possível migrar máquinas virtuais entre hosts Hyper-V sem esses requisitos, usando um recurso conhecido como Migração ao Vivo Sem Compartilhamento (Shared Nothing Live Migration).

A migração ao vivo sem compartilhamento é basicamente a combinação de uma migração ao vivo e uma migração de armazenamento. De um modo geral, o procedimento é quase o mesmo descrito para uma migração ao vivo, exceto pelo servidor de origem copiar o armazenamento da VM no destino, assim como o estado da memória e do sistema. É claro que o processo de migração demora mais do que o de uma migração ao vivo padrão, dependendo da quantidade de armazenamento envolvida e da largura de banda de rede disponível, mas como em uma migração ao vivo, a VM de origem continua ativa até a transferência de dados terminar.

Uma migração ao vivo sem compartilhamento tem os seguintes pré-requisitos:

- As VMs de origem e destino devem ser membros do mesmo domínio do AD DS (ou de domínios confiáveis).
- Os servidores de origem e destino têm que estar usando a mesma família de processadores (Intel ou AMD).

- Os servidores de origem e destino têm que estar conectados por uma rede Ethernet sendo executada a uma velocidade mínima de 1 gigabit por segundo (Gbps).
- Os servidores de origem e destino devem ter switches virtuais idênticos que usem o mesmo nome. Se não for assim, o processo de migração será interrompido para solicitar ao operador que selecione um switch no servidor de destino.

Como em uma migração executada fora de um cluster, você deve ativar a migração ao vivo na caixa diálogo Hyper-V Settings, e as diversas configurações das páginas Live Migrations e Advanced Features também são aplicáveis. O procedimento de execução de uma migração ao vivo sem compartilhamento também é o mesmo, com o uso do Move Wizard, exceto por você selecionar a opção Move The Virtual Machine's Data To A Single Location na página Choose Move Options.

Configure o protocolo de autenticação CredSSP ou Kerberos para a migração ao vivo

Quando você ativar a migração ao vivo em um servidor Hyper-V, poderá escolher entre dois protocolos de autenticação:

- **Credential Security Support Provider (CredSSP)** O CredSSP é um protocolo de autenticação que permite que um cliente delegue as credenciais de um usuário para autenticação em um servidor remoto. No Hyper-V, o CredSSP é o protocolo de autenticação padrão para a migração ao vivo. O protocolo não requer configuração especial, mas é preciso que o usuário se cadastre no servidor de origem antes de executar uma migração ao vivo.
- **Kerberos** Protocolo de autenticação padrão do Active Directory, o Kerberos não requer cadastramento, mas é preciso configurá-lo para usar a delegação restrita antes de você poder executar migrações dinâmicas.

A delegação restrita é um elemento do protocolo Kerberos que permite que um servidor aja em nome de um usuário, mas só para serviços específicos. Para configurar a delegação restrita, você precisa fazer logon como administrador de domínio e usar o procedimento a seguir.

1. Abra o console Active Directory Users And Computers.
2. Navegue até o contêiner Computers e localize o objeto de computador do servidor de origem da migração ao vivo.
3. Abra a página Properties do objeto de computador do servidor de origem e selecione a guia Delegation, como mostrado na Figura 5-9.

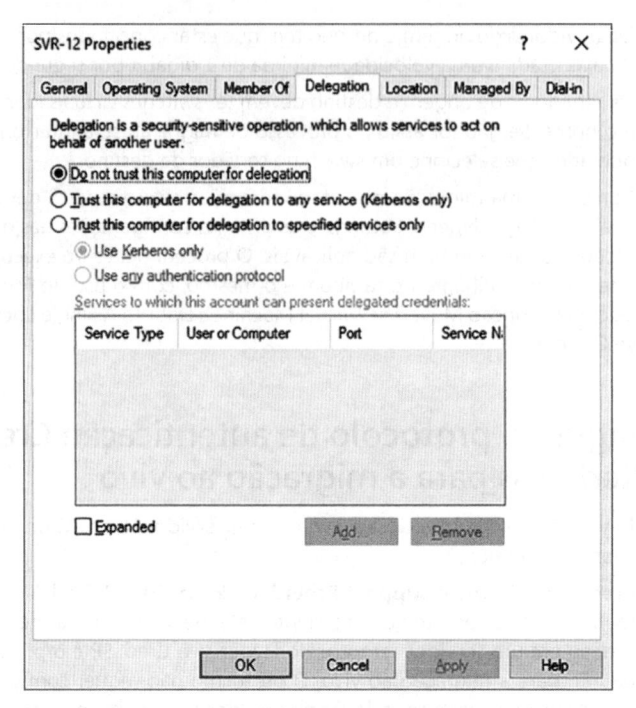

FIGURA 5-9 A guia Delegation da página Properties de um objeto de computador.

4. Selecione a opção Trust This Computer For Delegation To The Specified Services Only e deixe a opção Use Kerberos Only marcada.
5. Clique em Add e, na caixa de diálogo Add Services, clique em Users or Computers.
6. Na caixa de diálogo Select Users or Computers, digite o nome do servidor de destino e clique em OK.
7. Nas caixas de Available Services, selecione um dos serviços a seguir, ou ambos, conforme necessário, e clique em OK.
   - **cifs** Permite que o usuário do computador mova o armazenamento da máquina virtual, com ou sem a máquina virtual propriamente dita.
   - **Microsoft Virtual System Migration Service** Permite que o computador mova máquinas virtuais.
8. Clique em OK para fechar a página Properties.
9. Repita o processo para o computador de destino da migração ao vivo, especificando o nome do computador de origem na caixa de diálogo Select Users Or Computers.

Implemente a migração de armazenamento

A migração ao vivo foi projetada para mover uma máquina virtual de um host Hyper-V para outro, sem tocar nos arquivos, que devem poder ser acessados no armazenamento compartilhado. A migração de armazenamento – às vezes chamada, de maneira um pouco imprecisa, de migração ao vivo de armazenamento – é exatamente o oposto. Ela move os arquivos da máquina virtual para outro local, enquanto a VM permanece onde estava.

CAPÍTULO 5 Implementação da alta disponibilidade **307**

Você pode usar a migração de armazenamento para mover os arquivos de uma máquina virtual – inclusive arquivos de configuração, pontos de verificação e arquivos de Paginação Inteligente – para qualquer local que o usuário tiver permissão para acessar, que pode ser outro disco ou diretório no mesmo computador ou em um computador diferente. Como na migração ao vivo, as migrações de armazenamento podem ocorrer enquanto a máquina virtual estiver sendo executada, ou enquanto ela estiver parada.

Em comparação com uma migração ao vivo, a migração de armazenamento usa um processo relativamente simples:

1. Quando você iniciar uma migração de armazenamento, o servidor de destino criará novos arquivos de disco rígido virtual com tamanhos e tipos correspondentes aos do servidor de origem.

2. A VM do servidor de origem continuará a operar usando seus arquivos locais, mas o Hyper-V começará a espelhar gravações de disco para o servidor de destino.

3. Enquanto continua a espelhar gravações, o Hyper-V do servidor de origem iniciará uma cópia de passagem única dos discos de origem para o destino. Os blocos que já tiverem sido gravados no destino pelo processo de espelhamento serão ignorados.

4. Quando a cópia de passagem única terminar, e com as gravações espelhadas continuando, o Hyper-V atualizará a configuração da VM e começará a trabalhar a partir dos arquivos no servidor de destino.

5. Uma vez que a VM estiver sendo executado com sucesso a partir dos arquivos migrados, o Hyper-V excluirá os arquivos de origem.

Se a VM de origem estiver desativada, não haverá necessidade de procedimento especial. O Hyper-V simplesmente copiará os arquivos da origem para o destino, reconfigurará a VM para usar os arquivos do destino e, então, excluirá os arquivos da origem.

Há poucos requisitos especiais para a execução de uma migração de armazenamento, exceto por você não poder migrar VMs que usem discos pass-through para armazenamento. Os arquivos devem ser armazenados em arquivos de disco rígido virtual (VHD ou VHDX).

Para executar uma migração de armazenamento, use o mesmo Move Wizard das migrações dinâmicas sem cluster e das migrações dinâmicas sem compartilhamento. Na página Choose Move Type do assistente, selecione a opção Move The Virtual Machine's Storage. A página Choose Options For Moving Storage aparecerá, como mostrado na Figura 5-10, com as seguintes opções:

- **Move All Of The Virtual Machine's Data To A Single Location** Permite especificar um único destino para todos os arquivos da VM de origem.

- **Move All Of The Virtual Machine's Data To Different Locations** Adiciona telas múltiplas ao assistente, nas quais você pode selecionar os tipos de arquivo a serem migrados e especificar um destino para cada tipo.

- **Move Only The Virtual Machine's Virtual Hard Disks** Pemite selecionar quais arquivos VHD/VHDX serão migrados e especificar um destino para cada um.

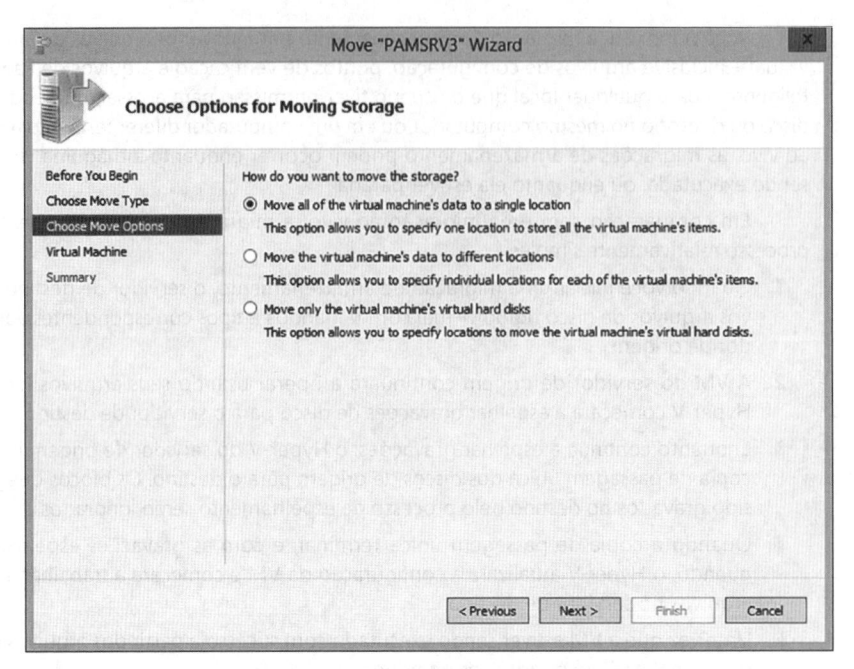

FIGURA 5-10 A página Choose Options For Moving Storage do Move Wizard.

Objetivo 5.2: Implementar o cluster de failover

Um *cluster de failover* é um grupo de dois ou mais computadores – físicos ou virtuais e executando o mesmo aplicativo – que funciona como uma única entidade para fornecer um serviço altamente disponível, escalável e tolerante a falhas para os clientes da rede. Normalmente, aplicativos em cluster fornecem serviços básicos de usuário, como aplicativos de banco de dados e de servidor de email, ou serviços de infraestrutura, como os servidores Hyper-V e de arquivos. Com vários computadores – chamados *nós* – executando o mesmo aplicativo, os serviços estão sempre disponíveis, mesmo quando um nó falha. Quando a demanda pelos serviços cresce, os administradores podem adicionar facilmente mais nós ao cluster, aumentando sua capacidade geral.

No Windows Server 2016, o recurso Failover Clustering fornece as ferramentas necessárias para a criação de um cluster de até 64 computadores, suportando até 8.000 máquinas virtuais, com um máximo de 1.024 VMs por nó. O recurso inclui uma ferramenta de gerenciamento gráfica, o console Failover Cluster Manager, mais um módulo do Windows PowerShell com um abrangente conjunto de cmdlets.

Embora seja possível criar um cluster simples de dois nós em um ambiente de laboratório, até mesmo em um único servidor Hyper-V, normalmente os clusters de failover têm requisitos de hardware e software sofisticados, principalmente quando fornecem serviços vitais para muitos clientes em um ambiente de produção. Os requisitos de hardware e software são os seguintes:

- **Servidores** Os computadores que funcionam como nós do cluster devem ser intercambiáveis, logo, suas configurações de hardware devem chegar o mais próximo possível do que poderíamos considerar como idênticas. A situação ideal é aquela em que cada nó do cluster tem o mesmo número e tipo de processadores e a mesma quantidade de memória. Os adaptadores de rede de todos os computadores devem ser configurados de maneira idêntica. Para o suporte da Microsoft, todos os componentes de hardware e software dos nós do cluster devem atender as qualificações aplicáveis ao logotipo de certificação do Windows Server 2016.

- **Sistema operacional** Todos os servidores de um cluster devem executar a mesma versão e edição do sistema operacional, com as mesmas atualizações sendo aplicadas a ele.

- **Armazenamento** Normalmente, os clusters de failover usam uma implementação de armazenamento compartilhado, como a rede de área de armazenamento (SAN) ou o armazenamento conectado à rede (NAS), para que todos os nós possam acessar os mesmos arquivos de dados. Houve uma época em que isso requeria uma infraestrutura de armazenamento exclusiva, mesmo se os nós do cluster fossem virtuais, mas agora tecnologias como o iSCSI tornaram possível criar subsistemas de armazenamento compartilhado com o emprego de componentes prontos para uso e infraestruturas de disco virtual.

- **Rede** Os cluster de failover transferem seu próprio tráfego de controle entre os nós, e em uma implantação maior, é recomendado que haja uma rede separada exclusiva para o tráfego do cluster. Além disso, normalmente a infraestrutura de armazenamento compartilhado também deve ter sua própria rede exclusiva. Logo, uma implementação de cluster de failover pode ter três ou mais interfaces de rede por nó, suportando esses vários tipos de tráfego, assim como os swtiches, cabeamento e outros componentes adicionais necessários para dar suporte às outras redes. Para aplicativos de missão crítica, também pode ser preciso compor as implementações de rede com adaptadores, switches e cabeamento adicionais para evitar pontos de falha individuais. Em implantações menores, como em um ambiente de laboratório, é possível usar tecnologias de Qualidade de Serviço, como o Datacenter Bridging, para reservar largura de banda em uma única rede para os diversos tipos de tráfego.

- **Aplicativos** Além dos requisitos de hardware para o próprio cluster, você também deve considerar os requisitos do aplicativo que será executado nos nós. Por exemplo, os nós de um cluster Hyper-V devem atender aos requisitos de hardware de virtualização especificados para a função Hyper-V.

Já que a configuração de hardware é uma parte tão importante da construção de um cluster, o Failover Cluster Manager inclui o Validate Cluster Wizard que executa uma série de testes nos servidores selecionados, para determinar se eles são elegíveis para a associação a um cluster. Você também pode usar o cmdlet Test-Cluster do PowerShell para iniciar esses testes. O processo de validação gera um relatório detalhado, como o mostrado na Figura 5-11.

Microsoft
Failover Cluster Validation Report

Node:	SVR-10.adatum.local	Validated
Node:	SVR-11.adatum.local	Validated
Started	11/12/2016 5:06:49 PM	
Completed	11/12/2016 6:07:34 PM	

The Validate a Configuration Wizard must be run after any change is made to the configuration of the cluster or hardware. For more information, see http://go.microsoft.com/fwlink/p/?LinkId=280145.

Results by Category

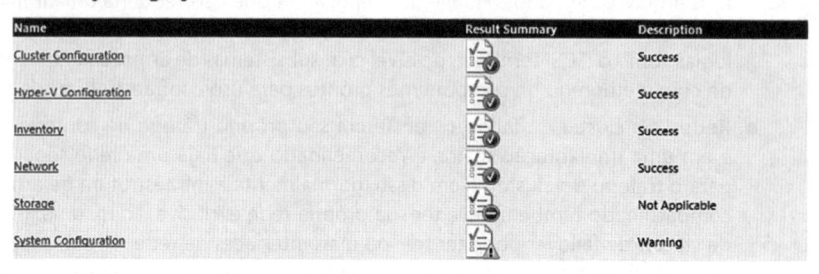

Name	Result Summary	Description
Cluster Configuration		Success
Hyper-V Configuration		Success
Inventory		Success
Network		Success
Storage		Not Applicable
System Configuration		Warning

FIGURA 5-11 Relatório de validação de um cluster de failover.

Uma vez que a configuração de hardware do cluster for validada com sucesso, você poderá seguir em frente e criar o cluster, usando o Create Cluster Wizard ou o cmdlet New-Cluster. Para fazê-lo, especifique o nome dos servidores que deseja adicionar como nós do cluster. Você também deve especificar um nome para o cluster, que é como ele será referenciado na rede, como mostrado no exemplo a seguir:

```
new-cluster -name cluster1 -node server1,server2
```

O cluster é uma entidade separada, com seu próprio nome e endereço IP. Se houver um servidor DHCP disponível na rede, ele obterá um endereço IP nesse local. Caso contrário, você deve atribuir ao cluster um endereço estático, como nesse exemplo:

```
new-cluster -name cluster1 -node server1,server2 -staticaddress 10.0.0.3
```

O cluster também tem seu próprio objeto de computador no Active Directory, chamado objeto de nome de cluster (CNO, cluster name object). Uma vez que o aplicativo estiver sendo executado nos nós do cluster, os clientes endereçarão suas solicitações para o próprio cluster e não para um servidor individual.

CAPÍTULO 5   Implementação da alta disponibilidade   **311**

> **Esta seção aborda como:**
> - Implementar clusters em grupo de trabalho, domínio único e múltiplos domínios
> - Configurar o quórum
> - Configurar a rede de cluster
> - Restaurar a configuração de um único nó ou do cluster
> - Configurar o armazenamento do cluster
> - Implementar a atualização com suporte a cluster
> - Implementar o upgrade do sistema operacional sem interrupção do cluster
> - Configurar e otimizar volumes compartilhados de cluster (CSVs)
> - Configurar clusters sem nomes de rede
> - Implementar o Scale-Out File Server (SoFS)
> - Determinar diferentes cenários para o uso de SoFS vs. servidor de arquivos em cluster
> - Determinar cenários de uso para a implementação de cluster convidado
> - Implementar uma solução de espaços de armazenamento clusterizados usando enclosures de armazenamento SAS compartilhados
> - Implementar o Storage Replica
> - Implementar a testemunha de nuvem
> - Implementar a resiliência da VM
> - Implementar um VDHX compartilhado como solução de armazenamento para clusters convidados

Implemente clusters em grupo de trabalho, domínio único e múltiplos domínios

Antes do Windows Server 2016, todos os servidores de um cluster de failover tinham que estar associados ao mesmo domínio do AD DS. Agora isso se chama *cluster de domínio único*. Como mencionado anteriormente, por padrão o Create Cluster Wizard e o cmdlet New-Cluster criam um objeto do AD DS que representa o cluster.

A partir do Windows Server 2016, no entanto, tornou-se possível criar um cluster com servidores associados a diferentes domínios, ou *cluster multidomínios*, ou servidores não associados a qualquer domínio, ou *cluster de grupo de trabalho*.

O Failover Clustering usa o Active Directory para vários serviços, e um dos mais importantes é a localização do próprio cluster. Sem o suporte do Active Directory, é necessário que o cluster use o DNS para registrar um ponto de acesso administrativo, também conhecido como nome de rede do cluster.

O Active Directory também apresenta problemas com alguns aplicativos que os impede de serem executados em um cluster multidomínios ou de grupo de trabalho. O Microsoft SQL Server funciona bem sem o Active Directory porque tem seu próprio mecanismo de autenticação. No entanto, um cluster de servidores de arquivos sem a autenticação do Active Directory demandaria a criação de contas de usuário em cada nó do cluster.

Antes de você poder criar um cluster multidomínios ou de grupo de trabalho, deve executar as tarefas a seguir.

Crie uma conta local

Em um cluster de domínio único, uma única conta de usuário de domínio pode fornecer acesso a todos os nós. Sem o Active Directory, o acesso aos nós para as comunicações do cluster é um problema. Logo, você deve criar uma conta de usuário local em cada nó, com o mesmo nome de usuário e a mesma senha. Em seguida, deve adicionar o usuário ao grupo Administrators local.

Você pode usar a conta Administrator interna para esse fim, conta essa que já é membro do grupo Administrators, se atribuir a ela a mesma senha em cada nó. Porém, se não usar a conta Administrator, deve configurar uma chave de registro chamada LocalAccountTokenFilterPolicy em cada nó, usando o comando a seguir em uma sessão do PowerShell com direitos administrativos:

```
new-itemproperty -path hklm:\software\microsoft\windows\currentversion\policies\system
-name localaccounttokenfilterpolicy -value 1
```

Adicione sufixos DNS

Sem o Active Directory, um cluster deve usar o DNS para localizar seus nós e a si próprio. Portanto, você precisa especificar um sufixo DNS primário quando atribuir um nome a cada nó, como mostrado na Figura 5-12.

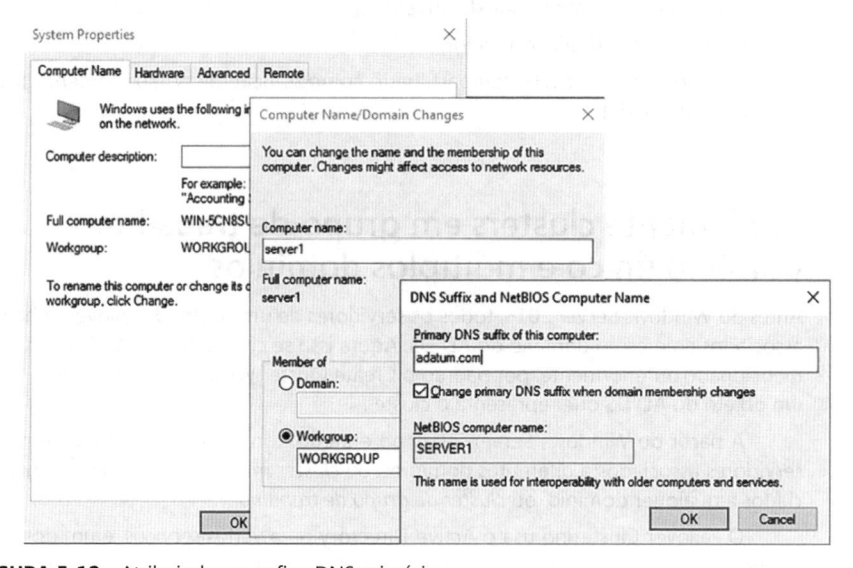

FIGURA 5-12 Atribuindo um sufixo DNS primário.

Não há uma maneira direta de configurar o sufixo DNS primário usando o PowerShell, mas você pode fazê-lo usando a política de grupo, navegando até a pasta Computer Configuration\Policies\Administrative Templates\Network\DNS Client e ativando a política Primary DNS Suffix, como mostra a Figura 5-13.

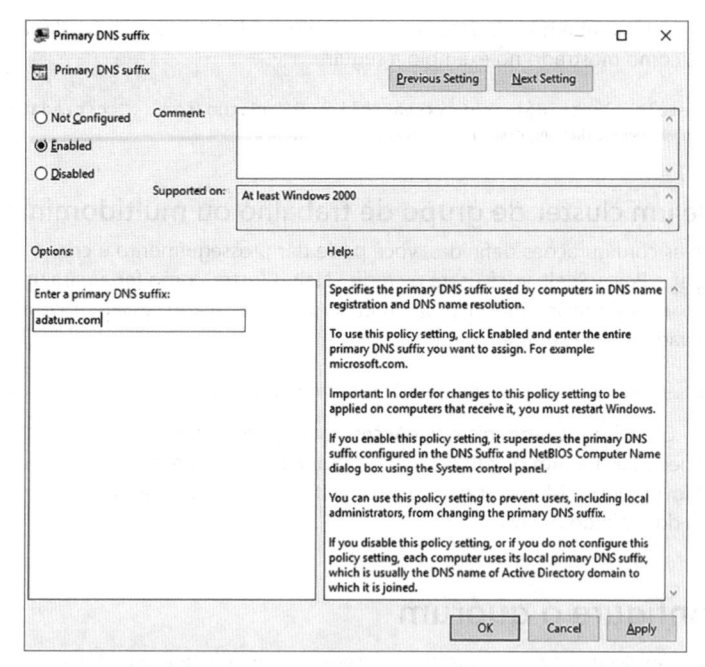

FIGURA 5-13 A caixa de diálogo da política Primary DNS Suffix.

Para um cluster multidomínios, você também deve definir as configurações avançadas de TCP/IP (Advanced TCP/IP Settings) em cada nó com os sufixos DNS de todos os domínios representados no cluster, como na Figura 5-14.

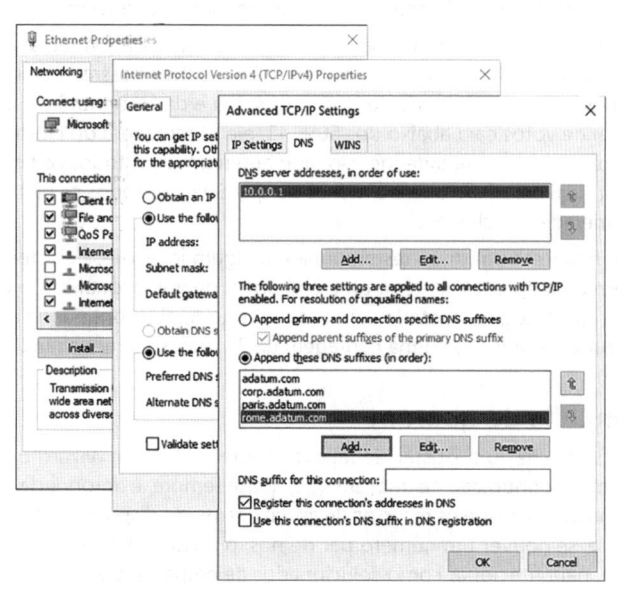

FIGURA 5-14 Especificando sufixos DNS adicionais.

Você também pode fazer isso usando o cmdlet Set-DnsClientGlobalSettings do PowerShell, como mostrado no exemplo a seguir:

```
set-dnsclientglobalsettings -suffixsearchlist @("adatum.com", "corp.adatum.com", "paris.adatum.com", "rome.adatum.com")
```

Crie um cluster de grupo de trabalho ou multidomínios

Com as configurações definidas, você pode dar prosseguimento e criar o cluster. Quando empregar o PowerShell, você usará o cmdlet New-Cluster, como faria para um cluster de domínio único, mas é preciso incluir o parâmetro AdministrativeAccessPoint com o valor DNS, como mostrado nesse exemplo:

```
new-cluster -name cluster1 -node server1,server2,server3 -administrativeaccesspoint dns
```

O parâmetro AdministrativeAccessPoint faz o cmdlet usar um nome DNS para o cluster e o impede de criar um objeto de computador no Active Directory. Você também pode empregar o Failover Cluster Manager para criar o cluster, se o computador que usar não estiver associado a um domínio do AD DS.

Configure o quórum

A função do *quórum* no cluster de failover é impedir que um cluster seja dividido em dois, com as duas metades continuando a ser executadas. Isso é conhecido como *split-brain*. Se, por exemplo, uma falha na rede fizesse um cluster de seis nós ser dividido em dois clusters de três nós, os dois poderiam continuar funcionando se não fosse pelo quórum. Se o cluster estivesse executando um aplicativo de banco de dados, passariam a haver duas cópias separadas do banco de dados sendo acessadas e atualizadas por diferentes conjuntos de clientes ao mesmo tempo. Isso poderia ser desastroso para a integridade das informações do banco de dados.

O quórum fornece um voto a cada nó do cluster, e em muitos casos, há um disco testemunha (witness) adicionando outro voto, para resolver possíveis empates. Todos os nós monitoram os votos continuamente dos outros nós e da testemunha. Se um nó detectar que a contagem de votos caiu abaixo dos 50% +1, ele se removerá do cluster. No caso do cluster de seis nós dividido pela metade mencionado anteriormente, todos os nós veriam a contagem de votos cair de 6 para 3. Já que 3 é menor do que 50% +1, todos os nós se removeriam, parando as duas metades do cluster.

Se houvesse um disco testemunha em algum local desse cluster, a metade que pudesse entrar em contato com ele teria uma contagem de votos igual a 4, o que totaliza 50% +1 do cluster original. Logo, a metade com o disco testemunha continuaria a funcionar, enquanto os nós da outra metade, com uma contagem de 3 votos, se removeriam.

Testemunha de quórum

Quando você criar um cluster de failover, o Create Cluster Wizard ou o cmdlet New-Cluster gerará uma configuração de quórum que, quase sempre, é apropriada para o cluster, de acordo com o número de nós e os recursos de armazenamento disponíveis. Por padrão, cada nó recebe um voto e, se houver um número par de nós, o assistente ou o cmdlet tentará criar uma testemunha, para funcionar como solucionador de empates. Como os nós, a testemunha recebe um único voto.

Uma *testemunha* é um recurso que, por sua existência, gera um voto para a continuidade da operação do cluster. O cluster de failover do Windows Server 2016 dá suporte a três tipos de testemunhas:

- **Disk Witness (Testemunha de disco)**   Um disco exclusivo do armazenamento compartilhado que contém uma cópia do banco de dados do cluster. Essa é a opção típica para um cluster situado em um único local.
- **File Share Witness (Testemunha de compartilhamento de arquivos)**   Um compartilhamento de arquivos SMB em um servidor Windows com um arquivo Witness.log contendo informações sobre o cluster. Essa é a opção típica para clusters divididos entre vários locais com armazenamento replicado.
- **Cloud Witness (Testemunha de nuvem)**   Um blob armazendo na nuvem usando serviços padrão do Microsoft Azure. Essa é uma nova opção do Windows Server 2016, projetada para clusters estendidos divididos entre vários data centers em locais remotos, que precisem manter uma testemunha que seja independente de todos os data centers.

Gerenciamento dinâmico de quórum

A configuração de quórum padrão do Windows Server 2016 também inclui o *gerenciamento dinâmico de quórum*, que é um recurso projetado para manter um cluster sendo executado em situações em que ele seria interrompido em versões anteriores do recurso Failover Clustering.

Quando um nó deixa o cluster, o gerenciamento dinâmico de quórum remove seu voto automaticamente, para que a funcionalidade do cluster seja baseada no quórum dos votos restantes. Por exemplo, em um cluster de cinco nós sem gerenciamento dinâmico de quórum, se três nós falharem, a votação do quórum cairá de cinco para dois, e os dois nós restantes se removerão do cluster, fechando-o. No mesmo cluster com o gerenciamento dinâmico de quórum, o voto de cada nó defeituoso seria removido automaticamente da contagem, resultando em uma votação de quórum de dois votos provenientes de duas fontes, para que o cluster continuasse funcionando. Logo, esse recurso pode permitir que um cluster continue funcionando, mesmo se quase todos os nós falharem.

Modifique a configuração de quórum

Geralmente, a configuração de quórum criada pelo Create Cluster Wizard ou pelo cmdlet New-Cluster é adequada para o cluster e não requer ajustes. No entanto, você pode modificá-la, executando o Configure Cluster Quorum Wizard no Failover Cluster Manager, ou usando o cmdlet Set-ClusterQuorum no Windows PowerShell. Usando essas ferramentas, você pode adicionar ou alterar uma testemunha e especificar que nós devem ter votos no quórum.

Para executar o Configure Cluster Quorum Wizard, selecione o cluster no Failover Cluster Manager e, no painel Actions, selecione More Actions | Configure Cluster Quorum Settings. Na página Select Quorum Configuration Option, mostrada na Figura 5-15, temos as seguintes opções:

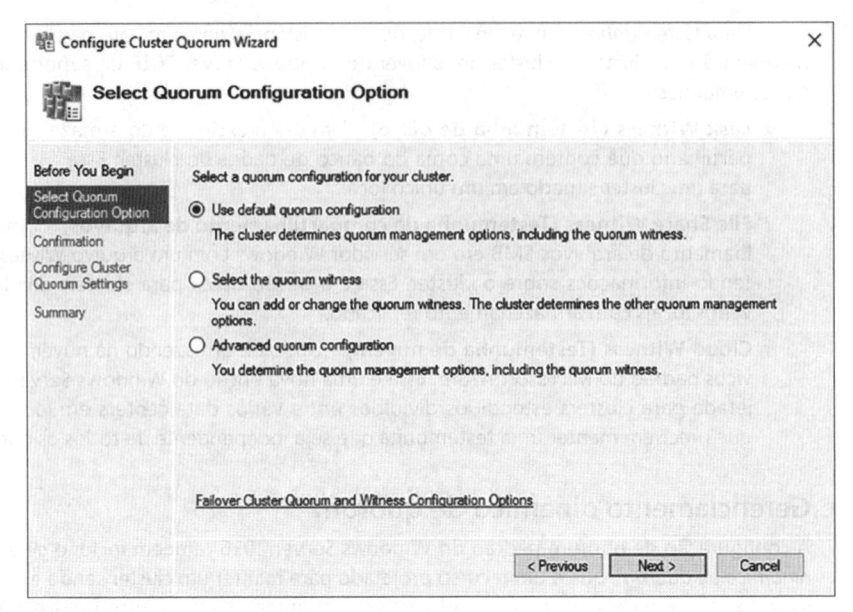

FIGURA 5-15 A página Select Quorum Configuration Option no Configure Cluster Quorum Wizard.

- **Use Default Quorum Configuration** Permite que o assistente defina uma configuração de quórum apropriada para o cluster sem entrada manual.
- **Select The Quorum Witness** Permite que você adicione uma testemunha, se não existir nenhuma, remova uma testemunha existente, e especifique o tipo e o local da testemunha que o quórum deve usar, como mostrado na Figura 5-16.

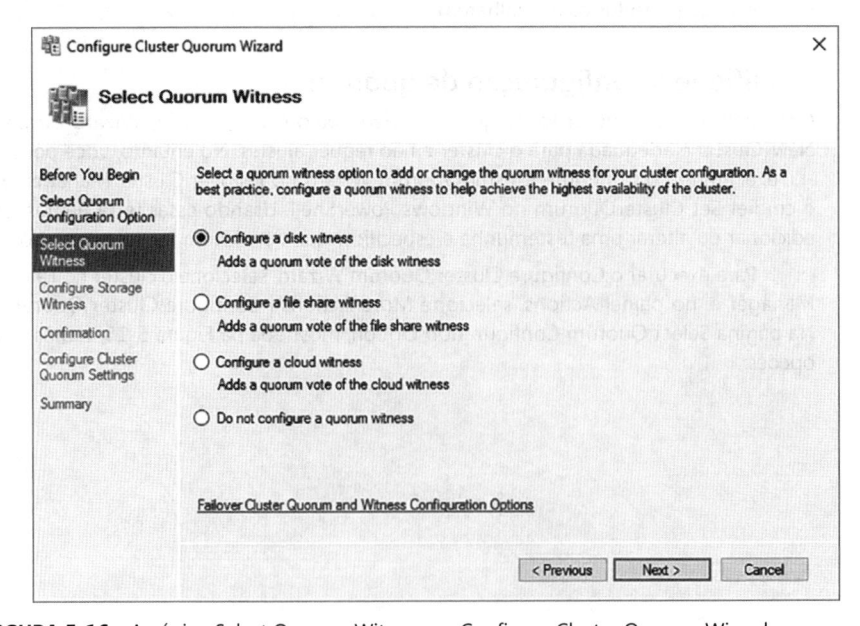

FIGURA 5-16 A página Select Quorum Witness no Configure Cluster Quorum Wizard

- **Advanced Quorum Configuration** Permite especificar que nós devem ter votos no quórum, como mostra a Figura 5-17. Define as mesmas configurações de testemunha da opção Select the Quorum Witness.

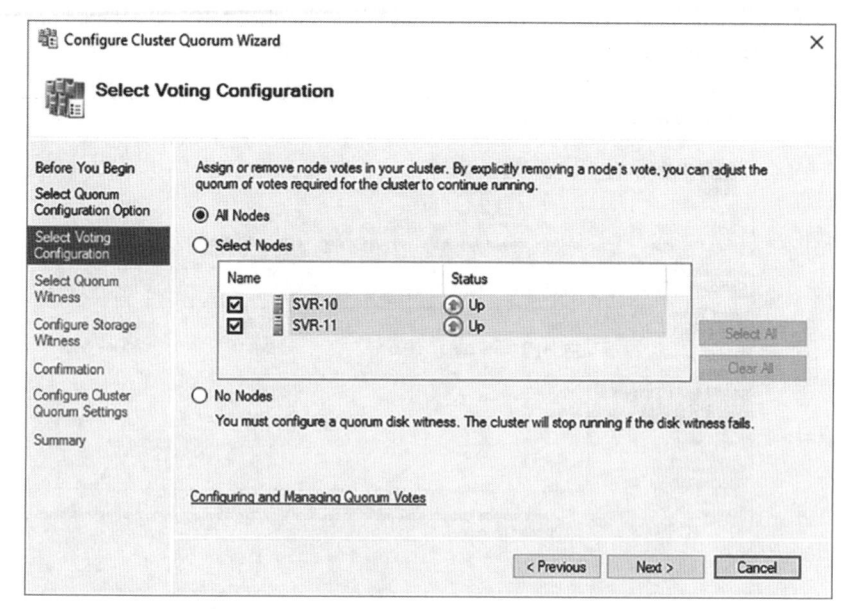

FIGURA 5-17 A página Select Voting Configuration no Configure Cluster Quorum Wizard.

Para definir a configuração de quórum com o Windows PowerShell, podemos usar comandos como os seguintes:

Para configurar o quórum para usar maioria dos nós, sem testemunha:

```
set-clusterquorum -cluster cluster1 -nodemajority
```

Para configurar o quórum com votos de cada nó e uma testemunha de disco:

```
set-clusterquorum -cluster cluster1 -nodeanddiskmajority "cluster disk 1"
```

Para configurar um nó do cluster sem voto no quórum:

```
(get-clusternode clusternode1).nodeweight=0
```

> **NOTA EXECUTANDO CMDLETS DE CLUSTER**
>
> Muitos dos cmdlets do PowerShell existentes no módulo FailoverClusters não funcionam apropriadamente a partir de um local remoto. Sempre que possível, você deve tentar executar os cmdlets em um nó do cluster

Configure uma testemunha

Quase sempre, o Failover Clustering cria uma testemunha quando o cluster tem um número par de nós. Só pode haver uma única testemunha em um cluster, e é recomendável que você não a crie em uma situação em que isso resulte em um número par de votos no quórum.

Quando todos os nós de um cluster têm acesso ao mesmo armazenamento compartilhado, uma testemunha de disco é a configuração recomendada. A página Configure Storage Witness do Configure Cluster Quorum Wizard, mostrada na Figura 5-18, permite selecionar o disco que deve funcionar como testemunha. O disco testemunha por si só conterá uma pequena quantidade de dados, logo, você deve criar um disco NTFS menor com um tamanho de 512 MB para esse fim.

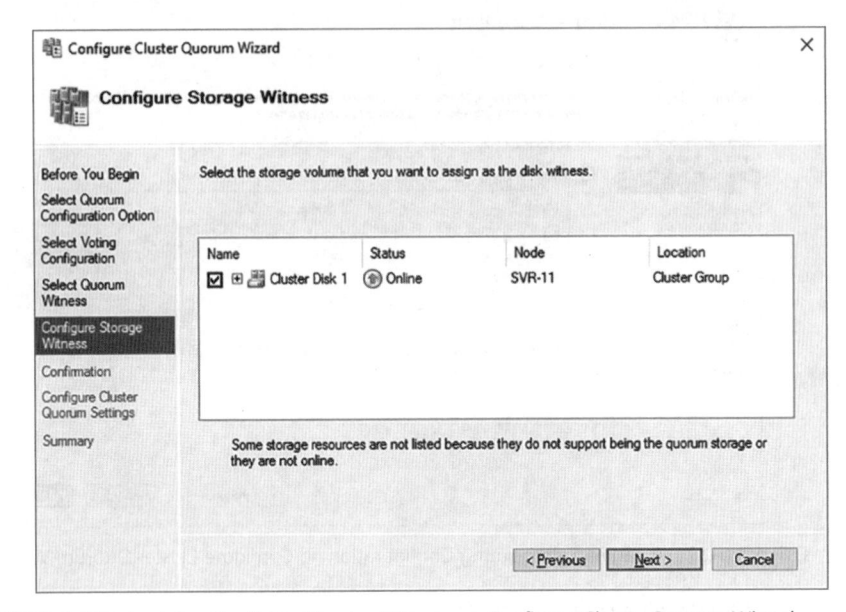

FIGURA 5-18 A página Configure Storage Witness no Configure Cluster Quorum Wizard.

As opções de criação de uma testemunha de compartilhamento de arquivos são semelhantes, permitindo especificar o local da testemunha e, no caso de uma testemunha de nuvem, o nome e a chave de uma conta de armazenamento do Azure.

Modifique a votação do quórum

Na maioria dos casos, cada nó do cluster deve ter um voto. É possível configurar um cluster sem nós votantes e apenas um voto de testemunha, e inicialmente essa pode parecer uma opção viável. Se houver um nó disponível que tenha acesso ao armazenamento, o cluster poderá ser executado. No entanto, nessa configuração, a testemunha passa a ser um ponto de falha individual. Se a testemunha não puder ser acessada, o cluster ficará inativo, mesmo se todos os nós e o resto do armazenamento estiverem funcionando.

Podem ocorrer situações em que você queira revogar os votos de nós específicos do cluster. Por exemplo, você pode ter nós em um local remoto que só existam para fins de backup, para a execução de um failover manual em caso de desastre. É possível revogar seus votos para que eles não façam parte dos cálculos do quórum.

> **NOTA NÓS NÃO VOTANTES**
> O fato de um nó ter ou não voto no quórum não afeta sua funcionalidade no cluster. Nós que não participam do quórum continuam totalmente ativos.

CAPÍTULO 5   Implementação da alta disponibilidade   **319**

Configure a rede de cluster

As conexões de rede são cruciais para a manutenção da alta disponibilidade de um cluster de failover. A separação em diferentes redes e o fornecimento de conexões adicionais em todos os pontos do caminho da rede ajudam a assegurar a funcionalidade continuada do cluster.

Dependendo do papel desempenhado pelo cluster, você pode querer criar redes para cada um dos tipos de tráfego a seguir:

- **Comunicações de clientes**   O acesso do cliente ao aplicativo que está sendo executado no cluster tem prioridade máxima. Geralmente essa é a rede compartilhada padrão usada para outras comunicações entre cliente e servidor, mas sempre que possível, os outros tipos de tráfego listados aqui devem ser mantidos fora dela.
- **Comunicações do cluster**   Os pulsos e outras comunicações entre nós do cluster são essenciais para sua funcionalidade contínua.
- **iSCSI**   O iSCSI e outras comunicações da rede de área de armazenamento devem ser separados de todos os outros tipos de tráfego de rede.
- **Migração ao vivo**   Em um cluster de Hyper-V, a migração ao vivo é crucial para as máquinas virtuais continuarem funcionando, e o desempenho da rede é crítico para a migração ao vivo funcionar eficientemente.

Selecione o hardware de rede

Para o hardware de rede, o objetivo deve ser fornecer o máximo de redundância possível e evitar pontos de falha individuais. Algumas recomendações de provisionamento de hardware são:

- Use adaptadores de rede separados, em vez de adaptadores com várias interfaces, para evitar que a placa do adaptador seja um ponto de falha individual.
- Use diferentes marcas de adaptador de rede quando possível, para evitar que problemas de driver afetem vários adaptadores.
- Use switches físicos separados, em vez de configurar VLANs em um único switch maior, para impedir que o switch seja um ponto de falha individual.
- Crie conexões de rede adicionais sempre que possível, principalmente para a rede de comunicação com os clientes.
- Para redes sem conexões adicionais, como as de comunicação do cluster e de migração ao vivo, use o NIC Teaming para fornecer funcionalidade de failover em caso de falha em um adaptador de rede.

Modifique os padrões das redes

Quando você criar um cluster, o sistema avaliará cada uma das redes conectadas e designará funções (roles) de tráfego, de acordo com os seguintes critérios:

- Qualquer rede que transporte tráfego iSCSI é desativada para a comunicação do cluster.
- Redes sem um endereço de gateway padrão são configuradas somente para comunicações do cluster.
- Redes com um endereço de gateway padrão são configuradas tanto para a comunicação dos clientes quanto para a do cluster.

Os estados atuais das redes detectadas são exibidos na página Networks do Failover Cluster Manager, como mostrado na Figura 5-19, ou pela execução do cmdlet Get-ClusterNetwork do PowerShell.

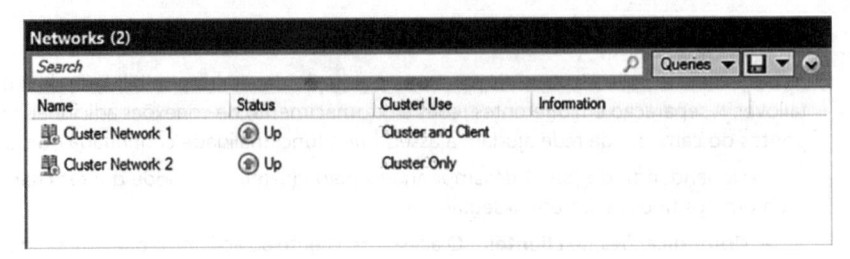

Networks (2)			
Name	Status	Cluster Use	Information
Cluster Network 1	Up	Cluster and Client	
Cluster Network 2	Up	Cluster Only	

FIGURA 5-19 A página Networks do Failover Cluster Manager.

É possível modificar as configurações padrão de rede criadas com o cluster, com o uso do Failover Cluster Manager ou do cmdlet Get-ClusterNetwork do PowerShell. Para configurar a rede no Failover Cluster Manager, use o procedimento a seguir.

1. Abra o Failover Cluster Manager e navegue até a página Networks.
2. Selecione uma rede e, no painel Actions, clique em Properties.
3. Na página Properties mostrada na Figura 5-20, selecione uma das opções a seguir:
   - **Allow Cluster Communication On This Network**   Permite que a rede seja usada somente para a comunicação do cluster.
   - **Allow Clients To Connect Through This Network**   Permite que a rede seja usada tanto para a comunicação de clientes quanto para a comunicação do cluster.
   - **Do Not Allow Cluster Communication On This Network**   Impede que a rede seja usada para comunicação do cluster.

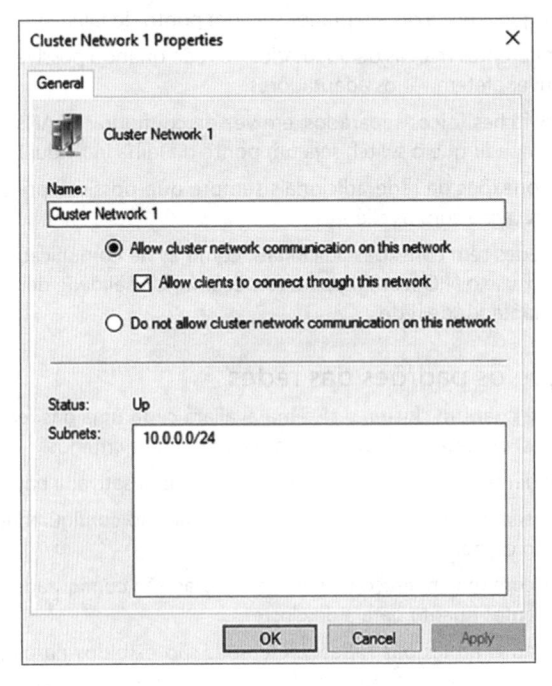

FIGURA 5-20 A página Properties de uma rede.

4. Clique em OK.

CAPÍTULO 5 Implementação da alta disponibilidade **321**

Para definir essas configurações no Windows PowerShell, use o cmdlet Get-ClusterNetwork, como no exemplo a seguir:

```
(get-clusternetwork "network1").role =1
```

Os valores para a propriedade Role são:

- 0 Desabilitada para a comunicação do cluster
- 1 Habilitada somente para a comunicação do cluster
- 3 Habilitada para a comunicação de clientes e do cluster

> **NOTA CMDLETS DE CLUSTER DE FAILOVER**
>
> Em muitas situações, os cmdlets do módulo FailoverClusters do PowerShell são menos intuitivos do que os de outros módulos. Até mesmo usuários experientes do PowerShell podem achar mais conveniente usar o Failover Cluster Manager para executar tarefas de configuração de cluster.

Restaure a configuração de um único nó ou do cluster

Os clusters de failover podem fornecer tolerância a falhas, mas não eliminam a necessidade de execução de backup dos servidores. Seja qual for a solução de armazenamento usada para um cluster de failover, você deve ter uma estratégia de backup, mesmo se ela incluir espelhos ou redundância de dados baseada em paridade. No entanto, o outro problema relacionado aos backups é a própria configuração do cluster.

O Backup do Windows Server é limitado em sua funcionalidade de executar backups de Volumes Compartilhados de Cluster (CSVs) como parte do backup do servidor, mas ele pode fazer o backup do banco de dados do cluster, como mostrado na Figura 5-21.

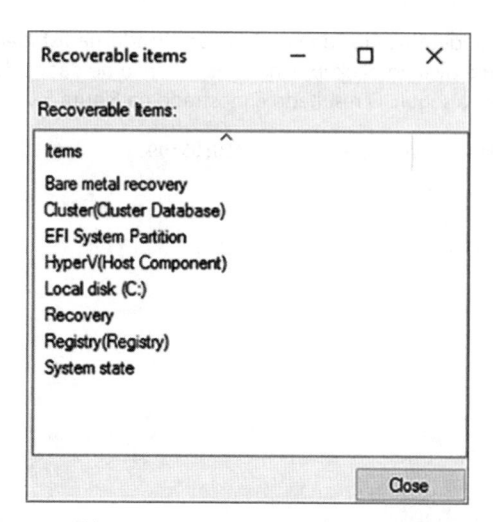

FIGURA 5-21 A lista Recoverable Items de um job do Backup do Windows Server.

O banco de dados do cluster fica armazenado em cada nó, assim como em uma testemunha de disco, se houver uma. O Serviço de Cluster (Cluster Service) executado nos nós é responsável por assegurar que a versão mais recente do banco de dados esteja replicada em cada nó. Quando você estiver executando uma restauração a partir do backup em um nó do cluster, deve considerar se deseja proceder uma restauração autoritativa do banco de dados.

Uma das situações de desastre mais prováveis de ocorrer em uma ambiente de cluster de failover é a perda de um único nó. Se um único nó falhar, e o resto do cluster estiver sendo executado, é provável que você possa executar uma restauração completa desse nó a partir de um backup. A versão do banco de dados fornecida pelo backup estará desatualizada e o serviço de cluster a substituirá pela versão mais recente assim que o nó voltar a fazer parte do cluster. Isso se chama backup não autoritativo.

A outra situação ocorrerá quando você executar uma restauração autoritativa do banco de dados do cluster, isto é, quando quiser que o cluster use a versão do banco de dados fornecida pelo backup e não a que ele está usando atualmente. Para fazê-lo com o Backup do Windows Server, você deve proceder a restauração a partir do prompt de comando usando o programa Wbadmin.exe. Não é possível usar a GUI para isso.

Quando você executar o comando Wbadmin, ele exibirá os backups que estão disponíveis para restauração. O resultado é mostrado na Figura 5-22.

```
wbadmin get versions
```

```
PS C:\Users\administrator.ADATUM> wbadmin get versions
wbadmin 1.0 - Backup command-line tool
(C) Copyright 2013 Microsoft Corporation. All rights reserved.

Backup time: 11/13/2016 9:09 PM
Backup target: Fixed Disk labeled D:
Version identifier: 11/14/2016-05:09
Can recover: Volume(s), File(s), Application(s), Bare Metal Recovery, System State
Snapshot ID: {cfaee8b8-130c-4b2e-9a27-a2758e808a9e}
```

FIGURA 5-22 Resultados do comando wbadmin get versions.

Usando o identificador de versão especificado na listagem, agora você pode exibir o conteúdo recuperável no backup – inclusive o banco de dados do cluster – com um comando como o descrito a seguir. O resultado é mostrado na Figura 5-23.

```
wbadmin get items -version: 11/14/2016:05:09
```

```
PS C:\Users\administrator.ADATUM> wbadmin get items -version:11/14/2016-05:09
wbadmin 1.0 - Backup command-line tool
(C) Copyright 2013 Microsoft Corporation. All rights reserved.

EFI System Partition
Volume ID = {3d9d7859-d63a-496c-aa59-fea6966f031e}
Volume '', mounted at C:
Volume size = 126.44 GB
Can recover = Full volume

Volume ID = {a84dd41a-1590-40f2-8f75-ece3e0a48112}
Volume 'Recovery', mounted at <not mounted> ('Recovery', mounted at <not mounted> at the time
the backup was created)
Volume size = 450.00 MB
Can recover = Full volume

Application = Cluster
Component = Cluster Database (\Cluster Database)

Application = Registry
Component = Registry (\Registry)

Application = HyperV
VM name: Host Component
VM caption: Host Component
VM identifier: Host Component
Total Size: <Not available>
```

FIGURA 5-23 Resultados do comando wbadmin get items.

Para executar a restauração autoritativa, use um comando como o seguinte:

```
wbadmin start recovery -itemtype:app -items:cluster -version:01/01/2008-00:00
```

Os resultados, mostrados na Figura 5-24, indicam que o banco de dados foi restaurado com sucesso e fornecem instruções de reinicialização do cluster.

```
PS C:\Users\administrator.ADATUM> wbadmin start recovery -itemtype:app -items:cluster -version:11/14/2016-05:09
wbadmin 1.0 - Backup command-line tool
(C) Copyright 2013 Microsoft Corporation. All rights reserved.

You have chosen to recover the application cluster.
The following components will be recovered:

Component = Cluster Database (\Cluster Database)

Warning: This operation will perform an authoritative restore of your
cluster. After recovering the cluster database, the Cluster service will be
stopped and then started. This might take a few minutes.
Do you want to continue with an authoritative recovery of the cluster?
[Y] Yes [N] No Y

Preparing the component Cluster Database for recovery...
Recovering the files for the component Cluster Database, copied (100%).
Recovering the component Cluster Database.
The component Cluster Database was successfully recovered.
The recovery operation completed.
Log of files successfully recovered:
C:\Windows\Logs\WindowsServerBackup\ApplicationRestore-14-11-2016_06-20-23.log

Summary of the recovery operation:
---------------------
The component Cluster Database was successfully recovered.
Note:  To complete the restoration of the cluster associated with this node you
must do the following:
1.  Start the Cluster service on this node.
2.  Start the Cluster service on the nodes identified in the restored cluster
    database.
The Failover Clusters module for Windows PowerShell is installed with the
Failover Cluster feature. To see the list of nodes identified for the cluster
once the Cluster service is running, use the Windows PowerShell cmdlet
Get-ClusterNode.
```

FIGURA 5-24 Resultados do comando wbadmin start recovery.

Você pode iniciar o serviço de cluster nos outros nós remotamente, selecionando-os no Failover Cluster Manager e selecionando More Actions | Start Cluster Service no painel Actions.

Configure o armazenamento do cluster

Para um cluster de failover hospedar um aplicativo de alta disponibilidade, todos os nós devem ter acesso aos dados do aplicativo. Logo, o cluster deve ter alguma forma de armazenamento compartilhado. O armazenamento compartilhado é um requisito do recurso Failover Clustering do Windows Server 2016. Antes de poder adicionar armazenamento ao cluster, você deve se certificar de que todos os servidores que se tornarão nós do cluster tenham acesso ao armazenamento que irá conter os dados do aplicativo.

O Windows Server 2016 dá suporte a várias tecnologias de armazenamento compartilhado, incluindo as seguintes:

- **Fibre Channel** Um dos primeiros protocolos de rede de área de armazenamento (SAN), o Fibre Channel é uma rede de fibra ótica que, na época de sua introdução, era executado em altas velocidades, mas requeria equipamento e conhecimento especializados, e ambos eram extremamente caros. Atualmente há uma variante do Fibre Channel executada com a Ethernet padrão (Fibre Channel over Ethernet, ou FCoE) a um custo mais acessível, mas que continua sendo o que há de melhor nas tecnologias SAN.

- **Serial Attached SCSI (SAS)** O Small Computer System Interface (SCSI) é um protocolo de conexão de armazenamento baseado em barramento que, em sua forma paralela, em uma determinada época foi o padrão da indústria para o armazenamento local de alto desempenho. A variante SAS usa comunicações seriais para aumentar o tamanho máximo do barramento, ao mesmo tempo que usa cabos e conectores menores do que os dos dispositivos paralelos originais.

- **Internet SCSI (iSCSI)** Outra variante do protocolo SCSI que transmite a mesma linguagem de comandos do SCSI por uma rede IP padrão. Como no SAS, o iSCSI designa dispositivos de armazenamento como targets (destinos) e servidores e outros dispositivos que acessam o armazenamento como initiators (iniciadores). Um servidor executando o Windows Server 2016 pode funcionar tanto como target quanto como initiator iSCSI, o que torna possível implementar uma SAN iSCSI totalmente por software.

Cada uma destas tecnologias descritas são mais baratas que suas predecessoras, com as SANs iSCSI podendo ser obtidas atualmente por um custo apenas um pouco mais alto do que o de um conjunto de discos não sofisticado. Embora alguns dispositivos de armazenamento de ponta incluam vários níveis de inteligência, tolerância a falhas e alta disponibilidade, também há conjuntos de armazenamento chamados JBODs (Just a Bunch of Disks), que são dispositivos de baixo custo que equivalem a pouco mais do que unidades de disco rígido padrão em um rack com fonte de energia comum.

> **DICA DE EXAME**
>
> Com o uso do Hyper-V e do iSCSI, é possível implementar um cluster de failover em um único servidor físico, para fins de avaliação, teste e aprendizado. O nível de desempenho do cluster provavelmente será muito limitado, mas um arranjo como esse permitirá que você explore o recurso Failover Clustering do Windows Server 2016

Uma vez que você criar o cluster, os discos qualificados aparecerão no Failover Cluster Manager quando for selecionado Add Disks na página Storage\Disks, como mostrado na Figura 5-25. Depois que um disco for adicionado, ele será designado como Armazenamento Disponível (Available Storage).

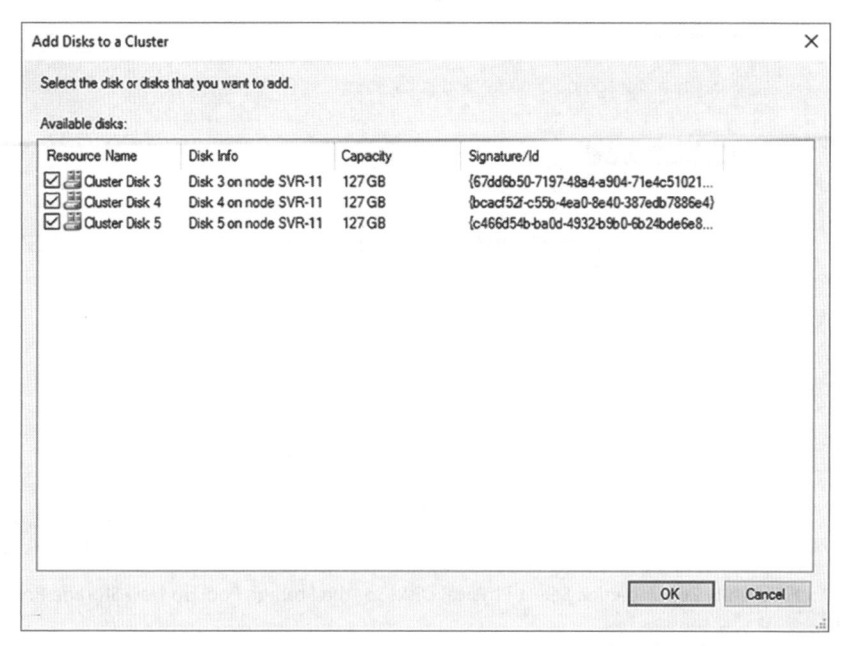

FIGURA 5-25 A caixa de diálogo Add Disks to a Cluster no Failover Cluster Manager.

Alternativamente, você pode usar o armazenamento em discos para criar um pool de armazenamento clusterizado. O processo é como o da criação de um pool com o uso do Storage Spaces em um servidor Windows individual, exceto pelo armazenamento ser compartilhado por todos os nós do cluster.

Um pool de armazenamento clusterizado requer um mínimo de três discos de, pelo menos, 4 GB de capacidade cada, que devem ser conectados a todos os nós do cluster usando SAS ou iSCSI. Para criar um pool de armazenamento clusterizado, use o procedimento a seguir.

1. No Failover Cluster Manager, navegue até a página Storage\Pools e clique em New Storage Pool no painel Actions para iniciar o New Storage Pool Wizard.
2. Na página Specify a Storage Pool Name and Subsystem, digite um nome para o pool e selecione o pool primordial que contém os discos que você deseja usar.
3. Na página Select Physical Disks for the Storage Pool, selecione os discos que deseja adicionar ao pool e especifique para cada um se ele deve ser automático, hot spare ou manual, como mostrado na Figura 5-26.

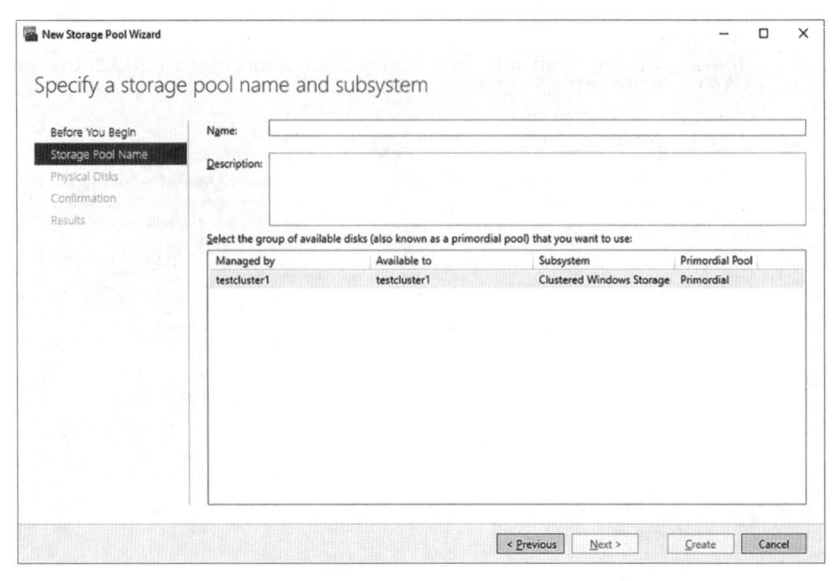

FIGURA 5-26 A página Select Physical Disks for the Storage Pool do New Storage Pool Wizard.

4. Clique em Create.

Implemente a atualização com suporte a cluster

Um dos pré-requisitos mais importantes do Failover Clustering no Windows Server 2016 é que todos os possíveis nós do cluster estejam executando a mesma versão do sistema operacional, com as mesmas atualizações aplicadas a eles. O Validate Cluster Wizard emite avisos quando detecta que os servidores que ele está verificando não estão atualizados de maneira idêntica. O que fazer, então, para manter os nós atualizados uma vez que o cluster estiver operacional? A *Atualização com Suporte a Cluster (CAU, Cluster-Aware Updating)* é uma ferramenta fornecida com o Failover Clustering que pode atualizar nós do cluster sistematicamente com um tempo mínimo de inatividade.

O CAU aplica atualizações a um cluster de uma maneira equivalente ao round-robin, chamada Updating Run (Rodada de Atualização), usando esse procedimento:

1. Seleciona um nó para atualizar.
2. Transfere qualquer função existente no nó selecionado para outros nós do cluster, usando a migração ao vivo ou outras técnicas que minimizem interrupções de serviço para o cliente.
3. Coloca o nó selecionado no modo de manutenção de nó.
4. Instala as atualizações requeridas no nó selecionado e o reinicia, se necessário.
5. Tira o nó selecionado do modo de manutenção.
6. Passa para o próximo nó do cluster e repete o procedimento.

Dessa forma, cada nó é desativado temporariamente e atualizado, até o cluster inteiro ter as mesmas atualizações aplicadas.

O CAU requer que um computador funcione como Coordenador de Atualização (Update Coordinator), direcionando as atividades de atualização do cluster. A seleção do computador que desempenhará essa função é a principal diferença entre os dois modos operacionais do CAU:

- **Modo de autoatualização** Nesse modo, um dos nós do cluster tem a função clusterizada do CAU instalada, permitindo que ele funcione como coordenador de atualização. O nó coordenador de atualização executa Updating Runs de acordo com um agendamento configurado por um administrador, disparando atualizações em cada um dos outros nós, um de cada vez. Quando todos os outros nós estiverem atualizados, a função CAU do coordenador de atualização será transferida para outro nó, permitindo que ele assuma o papel de coordenador de atualização. O coordenador original poderá, então, ser atualizado. Nesse modo, o processo de atualização inteiro é executado automaticamente.
- **Modo de atualização remota** Nesse modo, um computador de fora do cluster é configurado para funcionar como coordenador de atualização. A partir desse computador, um administrador pode disparar manualmente um Updating Run no cluster. O computador coodernador de atualização propriamente dito não é atualizado, e o processo não pode ser automatizado.

Para o CAU ser usado no modo de autoatualização, todos os nós do cluster devem ter as ferramentas do recurso Failover Clustering instaladas. As ferramentas são instaladas por padrão quando o recurso é adicionado com o uso do Server Manager. No entanto, se você instalá-lo usando o PowerShell, deve adicionar o parâmetro IncludeManagementTools ao comando Install-WindowsFeature.

Com o modo de atualização remota, o coordenador de atualização deve ter as ferramentas do recurso Failover Clustering instaladas, mas o recurso em si não é requerido. As ferramentas ficam localizadas sob Remote Server Administration Tools no Add Roles and Features Wizard. Elas são conhecidas como RSAT-Clustering no Windows PowerShell.

As ferramentas do CAU incluem um console Cluster-Aware Updating, como mostrado na Figura 5-27, e um módulo do Windows PowerShell cujo nome também é ClusterAwareUpdating, e que contém cmdlets para gerenciamento do serviço.

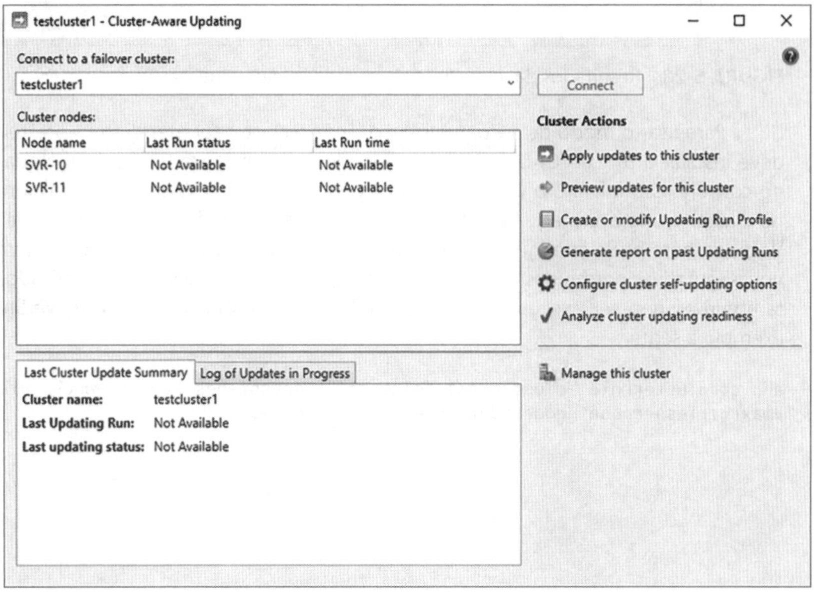

FIGURA 5-27 O console Cluster-Aware Updating.

Há outros pré-requisitos para uso do CAU, mas a maioria deles já terá sido atendida em um cluster de failover do Windows Server 2016 apropriadamente instalado. Clicar em Analyze Cluster Updating Readiness na lista Cluster Actions do console ou executar o cmdlet Test-Cau-Setup do PowerShell em um nó do cluster inicia o processamento de uma série de testes que avaliam se o cluster inteiro está pronto, como mostra a Figura 5-28.

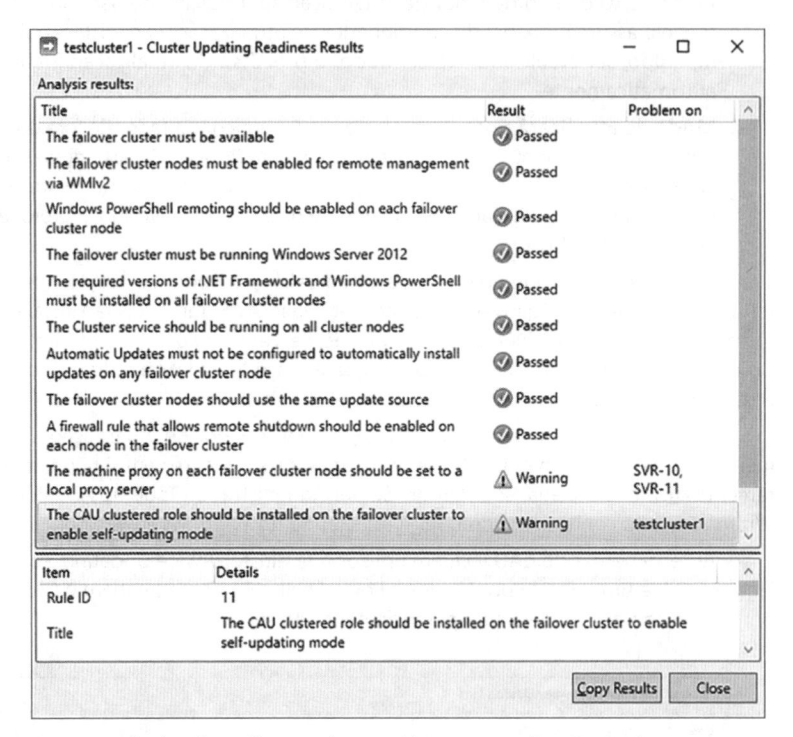

FIGURA 5-28 Resultados da verificação da prontidão para atualização do cluster

Para usar o modo de autoatualização, após o cluster ter atendido os pré-requisitos, você deve instalar a função CAU no cluster clicando em Configure Cluster Self-Updating Options no console. Isso iniciará o Configure Self-Updating Options Wizard, que adicionará a função no cluster e criará um agendamento para as autoatualizações, como vemos na Figura 5-29. Você também pode configurar opções de atualização avançadas, como o número máximo de novas tentativas permitidas por nó e a ordem em que os nós devem ser atualizados. Essas ações também podem ser executadas com o cmdlet Add-CauClusterRole no PowerShell, como no exemplo a seguir:

```
add-cauclusterrole -clustername "cluster1" -daysofweek sunday -weeksinterval 3
-maxretriespernode -nodeorder node2, node1, node3
```

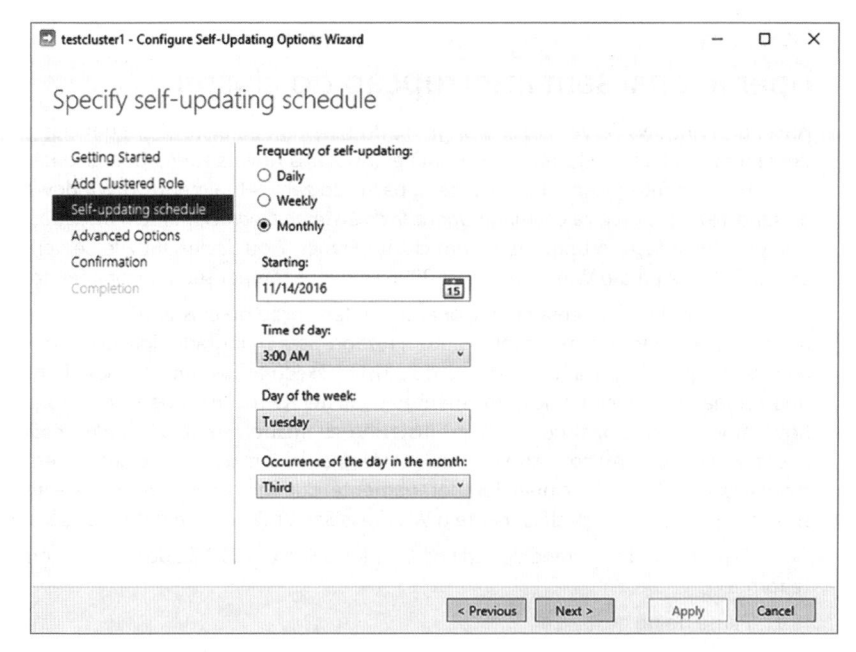

FIGURA 5-29 A página Specify Self-Updating do Configure Self-Updating Options Wizard.

Uma vez que o agendamento estiver definido, você pode esperar que ele ocorra, ou efetuar um Updating Run imediatamente, como mostra a Figura 5-30, clicando em Apply Updates to this cluster ou executando o cmdlet Invoke-CauRun.

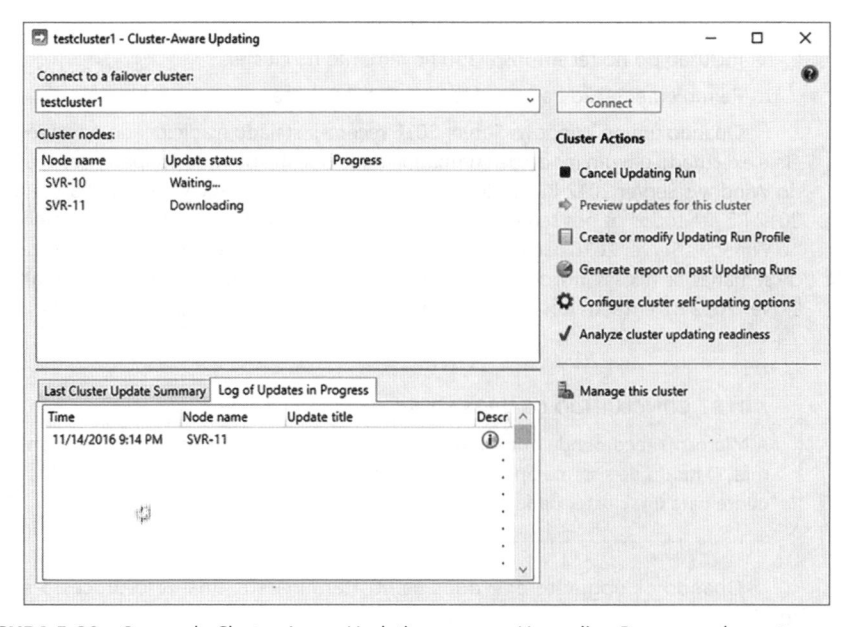

FIGURA 5-30 O console Cluster-Aware Updating com um Upgrading Run em andamento.

Implemente o upgrade do sistema operacional sem interrupção do cluster

Antes do Windows Server 2016, o upgrade do sistema operacional em um cluster de failover demandava colocar o cluster inteiro offline, instalar o novo sistema operacional em todos os nós e basicamente reconstruir o cluster a partir do zero. Atualmente, o Windows Server 2016 dá suporte a uma técnica chamada *Upgrade do Sistema Operacional sem Interrupção do Cluster* que possibilita fazer o upgrade de um cluster Hyper-V ou Scale-Out File Server do Windows Server 2012 R2 para o Windows Server 2016 sem interromper seu funcionamento.

O upgrade do sistema operacional sem interrupção do cluster não é uma ferramenta ou um assistente. Não há um processo automatizado para o upgrade do cluster. Trata-se de uma técnica na qual desativamos cada nó do cluster, executamos um upgrade limpo do sistema operacional, e o adicionamos novamente ao cluster. O recurso que torna isso possível é um novo modo operacional do Failover Clustering chamado *mixed-OS mode* (*modo de sistema operacional misto*). Ao contrário do que ocorre nos clusters de versões anteriores do Windows, é possível um cluster funcionar, temporariamente, com nós executando diferentes versões do sistema operacional, especificamente o Windows Server 2012 R2 e o Windows Server 2016.

O processo de upgrade de cada nó Windows Server 2012 R2 do cluster ocorre da seguinte forma:

1. Pausa do nó
2. Remoção da carga de trabalho do nó e sua migração para outros nós.
3. Exclusão do nó do cluster.
4. Reformatação da unidade do sistema e execução de uma instalação limpa do Windows Server 2016.
5. Configuração de conexões de rede e armazenamento.
6. Instalação do recurso Failover Clustering.
7. Inclusão do nó recém-instalado novamente no cluster.
8. Reimplementação da carga de trabalho do cluster

Quando um nó Windows Server 2016 recém-instalado é adicionado novamente ao cluster, ele é executado em um modo de compatibilidade que lhe permite cooperar com os nós restantes do Windows Server 2012 R2. O cluster continua a operar no nível funcional do Windows Server 2012 R2 até todos os nós serem atualizados. Os recursos novos do Failover Clustering existentes no Windows Server 2016 não estarão disponíveis. Durante todo esse período, que pode levar dias ou semanas, se necessário, o processo inteiro pode ser revertido. Você pode reinstalar o Windows Server 2012 R2 em seus nós e voltar o cluster para seu estado original, se preciso.

> *NOTA* **CONCLUINDO OS UPGRADES**
> A Microsoft recomenda que todos os nós de um cluster sejam atualizados dentro de um mês. O modo de sistema operacional misto não foi projetado para ser uma solução permanente para um cluster de failover.

Quando os upgrades em todos os nós terminarem, finalize o processo executando o cmdlet Update-ClusterFunctionalLevel. Esse é o "ponto sem volta", quando o nível funcional é elevado permanentemente para o Windows Server 2016. Nesse momento, os novos recursos ficam disponíveis e não há mais possibilidade de retorno para a versão anterior.

Configure e otimize volumes compartilhados de cluster (CSVs)

Quando você considerar o pré-requisito de armazenamento compartilhado do Failover Clustering, estará lidando com o compartilhamento no nível do hardware. Todos os nós do cluster poderão ver os discos compartilhados, mas usá-los é outra questão. Você pode adicionar discos a um cluster no Failover Cluster Manager, ou usando o cmdlet Add-ClusterDisk, e eles aparecerão como armazenamento disponível, como o disco de cluster 4 e o disco de cluster 5, mostrados na Figura 5-31.

Name	Status	Assigned To	Owner Node	Disk Number
Cluster Disk 1	Online	Disk Witness in Quorum	SVR-11	
Cluster Disk 2	Online	Cluster Shared Volume	SVR-10	
Cluster Disk 3	Online	Cluster Shared Volume	SVR-11	
Cluster Disk 4	Online	Available Storage	SVR-11	
Cluster Disk 5	Online	Available Storage	SVR-11	

FIGURA 5-31 Armazenamento disponível no Failover Cluster Manager.

Esses dois discos tem um nó (SVR-11) listado como seu proprietário designado. Se você for até esse nó e abrir o snap-in Disk Management, os discos aparecerão com letras de unidade e nomes de volume, íntegros e prontos para uso, como mostrado na Figura 5-32.

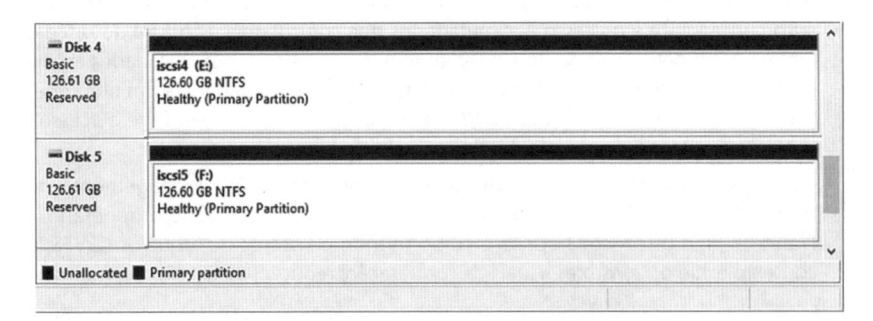

FIGURA 5-32 O snap-in Disk Management com dois discos iSCSI montados.

Se você for até outro nó e abrir o mesmo snap-in, os dois discos não terão letras de unidade, e apresentarão o status Reserved (Reservado), como na Figura 5-33. Se você tentar colocá-los online, não conseguirá. Se o que queremos é que o armazenamento seja compartilhado, por que os discos não podem ser acessados nos dois nós?

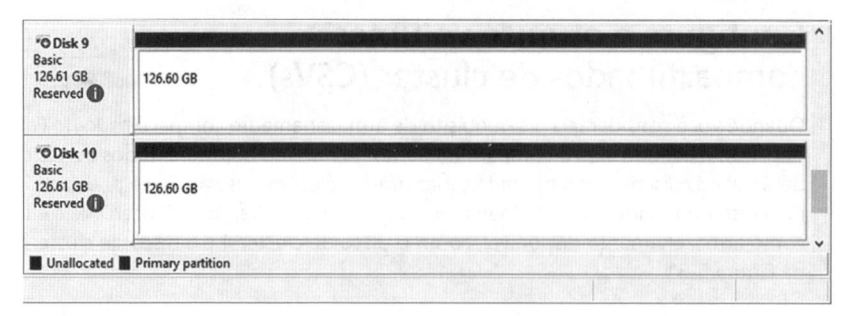

FIGURA 5-33 O snap-in Disk Management com dois discos iSCSI reservados.

O problema não é o iSCSI, ou qualquer que seja o protocolo de armazenamento compartilhado que você esteja usando em sua SAN, mas o sistema de arquivos. O NTFS não foi projetado para ser acessado e usado por mais de uma instância de sistema operacional ao mesmo tempo. Essas duas unidades estão montadas no nó proprietário e são utilizáveis nesse local. Para usá-las em um nó diferente, você deve desmontá-las do nó atual e remontar no novo. Isso é possível, mas leva tempo.

Na versão original do Hyper-V no Windows Server 2008, esse atraso de desmontagem e remontagem era o maior obstáculo ao uso eficiente de máquinas virtuais em um cluster. E não é só isso. Já que apenas um nó podia acessar um disco, se quiséssemos migrar uma VM para outro servidor, também tínhamos que migrar todas as outras VMs que estivessem usando o mesmo disco.

A solução para esse problema são os volumes compartilhados de cluster (CSVs). Os volumes compartilhados de cluster criam um pseudossistema de arquivos, chamado de CSVFS, disposto em camadas a partir do NTFS. O problema de vários nós acessarem uma unidade NTFS automaticamente é o acesso aos metadados que controlam a estrutura do disco e os arquivos armazenados nele. Quando dois sistemas tentam modificar esses metadados ao mesmo tempo, ocorre corrupção e os dados são perdidos. O CSVFS é essencialmente um filtro que permite que vários nós executem operações de I/O de dados no disco, mas restringe o acesso aos metadados ao proprietário designado, também conhecido como coordenador.

Você pode ver isso examinando os CSVs no snap-in Disk Management, como fez anteriormente com os discos de armazenamento disponível. Em seu nó proprietário, mostrado na Figura 5-34, o disco iscsi3 aparece como usando o sistema de arquivos CSVFS, e o menu de contexto exibe os controles usuais de formatação, redução e exclusão do volume.

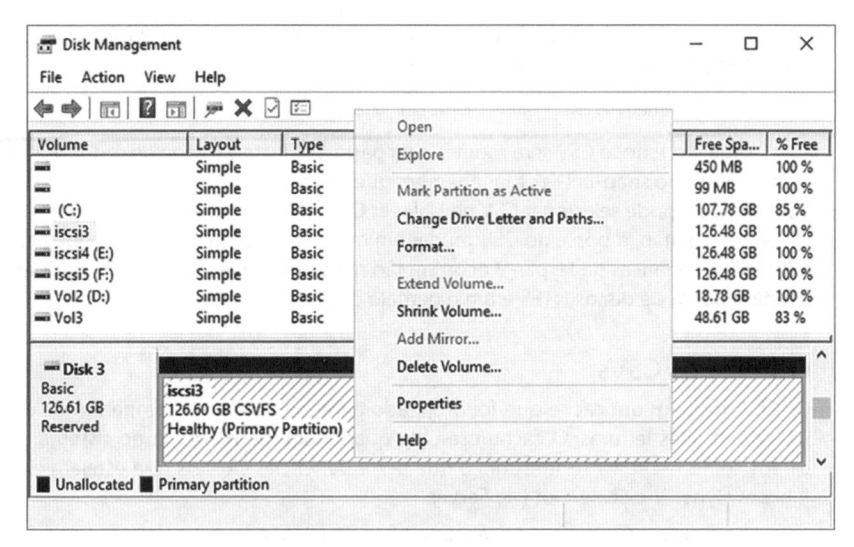

FIGURA 5-34 O snap-in Disk Management, com acesso do propretário a um disco CSVFS.

Em outro nó, que não é o proprietário, mostrado na Figura 5-35, o mesmo disco iSCSI parece igualmente acessível, com o mesmo sistema de arquivos CSVFS, mas o menu de contexto está totalmente indisponível. Isso ocorre porque esses comandos de formatação, redução e exclusão do volume são áreas de metadados, e só o proprietário tem acesso a ela.

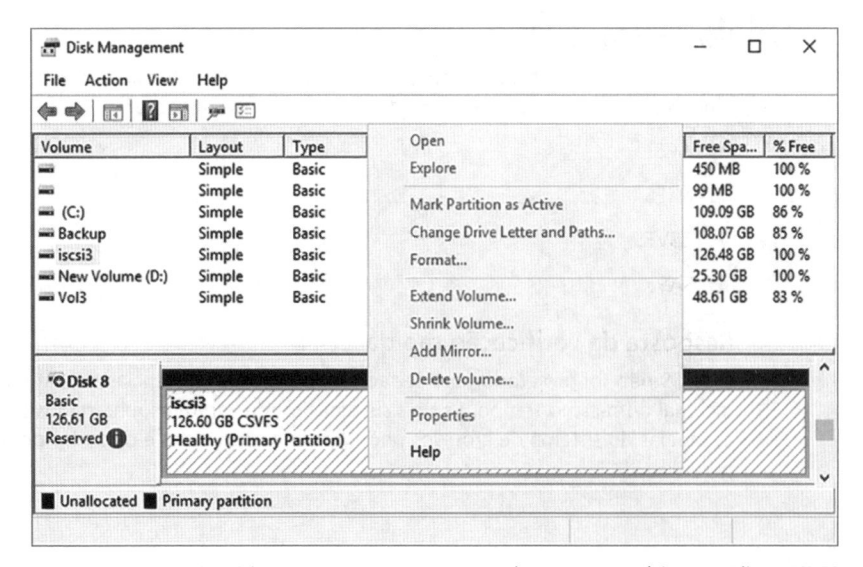

FIGURA 5-35 O snap-in Disk Management, com acesso de não propretário a um disco CSVFS.

Adicione discos aos CSVs

O Failover Clustering do Windows Server 2016 inclui o suporte aos CSVs por padrão. Quando adicionamos um disco a um cluster, ele aparece no Failover Cluster Manager como armazenamento disponível. Podemos, então, selecionar um disco de armazenamento disponível e, no painel Actions, clicar em Add to Cluster Shared Volumes.

Para adicionar armazenamento disponível a um CSV com o PowerShell, use o cmdlet Add-ClusterSharedVolume, como no exemplo a seguir:

```
add-clustersharedvolume -name "cluster disk 5"
```

Uma vez feito, o CSV será montado na pasta C:\ClusterStorage de todos os nós do cluster. É possível ver no snap-in Disk Management que agora o disco está disponível em todos os nós. Você também pode selecionar CSV no Failover Cluster Manager e clicar em Move | Best Possible Node. Verá, então, a posse do CSV mudar em questão de segundos. É isso que permite que as migrações dinâmicas do Hyper-V ocorram tão rapidamente. Antes dos CSVs, a desmontagem e a remontagem de discos NTFS eram o gargalo do processo.

Otimize os CSVs

Os CSVs incluem um cache que foi projetado para melhorar o desempenho de operações de I/O com muitas leituras. O cache usa uma quantidade de memória do sistema que especificamos como cache write-through, o que pode beneficiar clusters que estejam executando as funções Hyper-V e Scale-Out File Server.

No Failover Clustering do Windows Server 2016, o cache existe por padrão, mas o tamanho de cache padrão é 0, o que na verdade o desativa. O tamanho máximo do cache é de 80% da memória do sistema. Para ativar o cache CSV, você deve especificar uma quantidade de memória para ele, em megabytes, usando o comando do PowerShell a seguir:

```
(get-cluster).blockcachesize = 512
```

> ✓ **Verificação rápida**
>
> Qual dos componentes de armazenamento a seguir impede que um disco compartilhado seja acessado por dois nós do cluster simultaneamente?
>
> 1. iSCSI
> 2. NTFS
> 3. CSVFS
> 4. SAS
>
> **Resposta da verificação rápida**
>
> O NTFS não foi projetado para ser acessado por duas instâncias do sistema operacional ao mesmo tempo. Se dois sistemas modificarem os metadados do NTFS, as tabelas do sistema de arquivos podem ficar corrompidas e os dados podem ser perdidos.

Configure clusters sem nomes de rede

Os clusters de failover dependem do Active Directory Domain Services para executar serviços de autenticação e nomeação. Por padrão, a criação de um cluster faz o AD DS gerar um objeto de computador, chamado objeto de nome de cluster (CNO, cluster name object), para representar o cluster. Ele é o *ponto de acesso administrativo* do cluster. Alguns aplicativos no cluster também criam objetos do AD DS que representam pontos de acesso do cliente, chamados objetos de computador virtual (VCOs, virtual computer objects).

No entanto, é possível criar um cluster que não use esses objetos do AD DS, ainda que seus nós estejam associados a um domínio. Isso se chama *cluster desconectado do Active Directory*. Já que não há objetos sendo criados no Active Directory, a pessoa que está criando o cluster não precisa ter as permissões necessárias para criar objetos, nem é necessário ter os objetos de computador previamente definidos no AD DS.

Em um cluster desconectado do Active Directory, o nome do cluster e qualquer nome usado para pontos de acesso do cliente são registrados no DNS em vez de no Active Directory. Porém, os nós ainda devem ser associados a um domínio do AD DS e o cluster continua usando o Kerberos para autenticar as comunicações ocorridas entre eles. A autenticação do nome do cluster usa o NTLM.

Devido a essas alterações, alguns aplicativos não funcionarão apropriadamente quando você implantá-los em um cluster desconectado do Active Directory. O Hyper-V, por exemplo, depende da autenticação Kerberos para a migração ao vivo, logo, não é um candidato adequado para esse tipo de cluster. Você também não pode usar a criptografia de unidade de disco Bitlocker ou a atualização com suporte a cluster no modo de autoatualização. O Microsoft SQL Server, no entanto, tem seu próprio mecanismo interno de autenticação, que permite que ele funcione apropriadamente em um cluster desconectado do Active Directory.

Para criar um cluster desconectado do Active Directory, você deve usar o cmdlet New-Cluster do PowerShell e incluir o parâmetro AdministrativeAccessPoint, especificando o valor DNS em vez do valor padrão ActiveDirectoryAndDns, como nesse exemplo:

```
new-cluster cluster1 -node node1,node2 -staticaddress 10.0.0.1 -nostorage -administrativeaccesspoint dns
```

Essa definição de parâmetro faz o cmdlet criar o nome de rede do cluster, e os nomes de rede de todas as funções clusterizadas instaladas posteriormente, no DNS em vez de no Active Directory.

> **NOTA CLUSTERS SEM NOME**
> Também é possível criar um cluster sem qualquer ponto de acesso administrativo, especificando o valor None para o parâmetro AdministrativeAccessPoint no comando New-Cluster. Porém, se você o fizer, não poderá usar o Failover Cluster Manager para administrar o cluster, e a funcionalidade de algumas funções ficarão prejudicada.

Implemente o Scale-Out File Server (SoFS)

O *Scale-out File Server* é uma função clusterizada projetada para fornecer armazenamento de alta disponibilidade para aplicativos, como o Hyper-V e o SQL Server. Ao contrário de um servidor de arquivos pensado para uso geral, um SoFS cria compartilhamentos que podem ser acessados em todos os nós do cluster ao mesmo tempo. Isso é conhecido como sistema ativo/ativo (ou ativo dual), em oposição a um sistema ativo/passivo, em que um único nó fornece compartilhamentos acessíveis e os outros permanecem adormecidos até um failover ocorrer.

Um SoFS asssegura a disponibilidade contínua de dados para aplicativos que a demandem. Quando um nó fica inativo, devido a uma falha de hardware, um ciclo de manutenção, ou qualquer outra razão, os dados permanecem disponíveis por intermédio dos compartilhamentos nos outros nós. Mesmo se um nó perder o acesso à SAN, o CSV poderá redirecionar o tráfego de I/O pela rede para outro nó.

> **NOTA** **MÉTRICAS DE REDE DE UM CLUSTER**
>
> Um cluster atribui valores de métrica às redes disponíveis, de acordo com suas velocidades e outras características, como mostrado pelo comando Get-ClusterNetwork da Figura 5-36. O CSV usa a rede que tem o menor valor de métrica para seu tráfego de redirecionamento. Em algumas situações, pode ser necessário ajustar as métricas, para assegurar que o tráfego de redirecionamento do CSV para um SoFS use uma rede específica. Para modificar as métricas de rede manualmente, use um comando como o seguinte:
>
> (get-clusternetwork -name "cluster network 3").metric = 30000 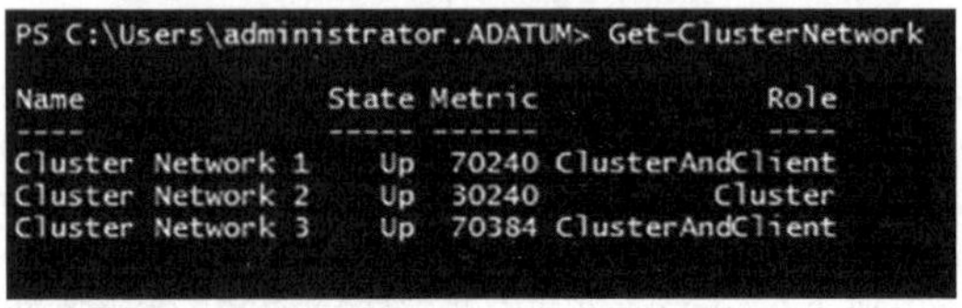
>
> ```
> PS C:\Users\administrator.ADATUM> Get-ClusterNetwork
>
> Name                State  Metric   Role
> ----                -----  ------   ----
> Cluster Network 1   Up     70240    ClusterAndClient
> Cluster Network 2   Up     30240    Cluster
> Cluster Network 3   Up     70384    ClusterAndClient
> ```
>
> **FIGURA 5-36**   Resultados do comando Get-ClusterNetwork.

O SoFS também aumenta a eficiência do cluster usando a largura de banda combinada de todos os nós para o I/O do sistema de arquivos. Para aumentar a largura de banda disponível, os administradores podem adicionar mais nós ao cluster. Por fim, o SoFS reequilibra automaticamente as conexões, para assegurar que cada cliente seja direcionado para o nó com melhor acesso aos dados solicitados.

Os pré-requisitos da criação de um Scale-out File Server (Servidor de Arquivos de Expansão) são basicamente os mesmos do Failover Clustering. A configuração de hardware dos nós do cluster deve ser o mais parecida possível e todos os nós devem ter acesso ao armazenamento compartilhado usando o iSCSI, o SAS, o Fibre Channel, ou uma tecnologia semelhante. Como o SoFS é uma função clusterizada, você deve instalar o recurso Failover Clustering em todos os seus nós e criar o cluster antes de poder instalá-lo. Também deve alocar o armazenamento disponível como volumes compartilhados de cluster, já que eles são requeridos por um Scale-out File Server.

Uma vez que o cluster tiver sido definido e estiver operando, você pode instalar o SoFs usando o procedimento a seguir.

1. Abra o Failover Cluster Manager e selecione a página Roles.
2. Clique em Configure Role para iniciar o High Availability Wizard.
3. Na página File Server Type, selecione a opção Scale-Out File Server for Application Data, como mostrado na Figura 5-37.

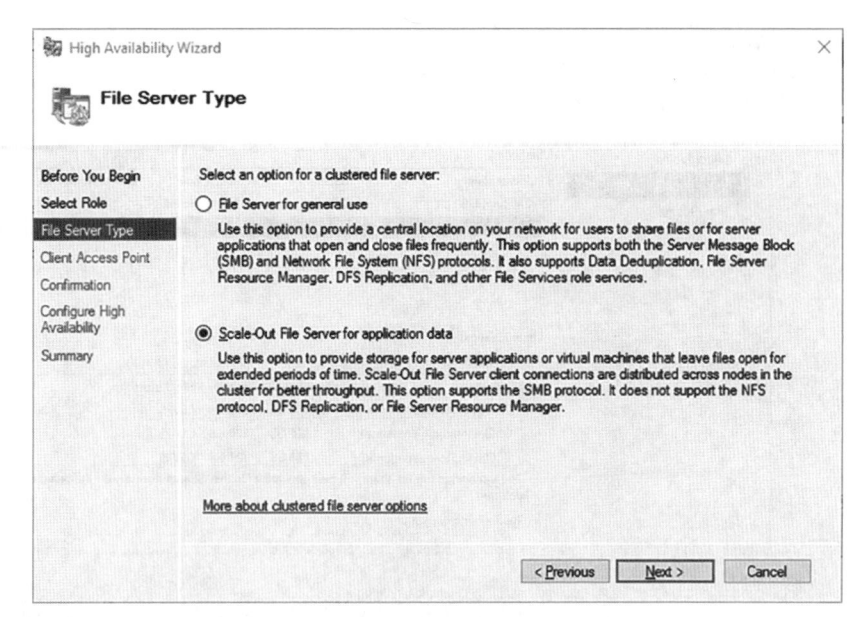

FIGURA 5-37 A página File Server Type no High Availability Wizard.

4. Na página Client Access Point, especifique o nome que os clientes usarão para acessar a função. O assistente criará um objeto de computador no AD DS usando esse nome.
5. Clique em Finish. O Scale-out File Server aparecerá na página Roles.

> **NOTA USANDO O POWERSHELL**
> Para instalar a função Scale-out File Server com o Windows PowerShell, você deve executar o cmdlet Add-ClusterScaleOutFileServer sem parâmetros.

Com a função Scale-out File Server instalada, você pode seguir em frente e criar um compartilhamento de arquivos, usando o procedimento a seguir.

1. No Failover Cluster Manager, na página Roles, selecione a função Scale-out File Server que acabou de criar e, no painel Actions, selecione Add File Share para iniciar o New Share Wizard.
2. Na página Select the Profile for this Share, selecione SMB Share – Applications.
3. É bom ressaltar que apesar da semelhança entre esse assistente e o New Share Wizard do Server Manager, você deve usar o Failover Cluster Manager ou o cmdlet New-SmbShare para criar compartilhamentos de arquivos do SoFS.
4. Na página Select the Server and Path for this Share, selecione a função Scale-out File Server que criou, como mostrado na Figura 5-38.

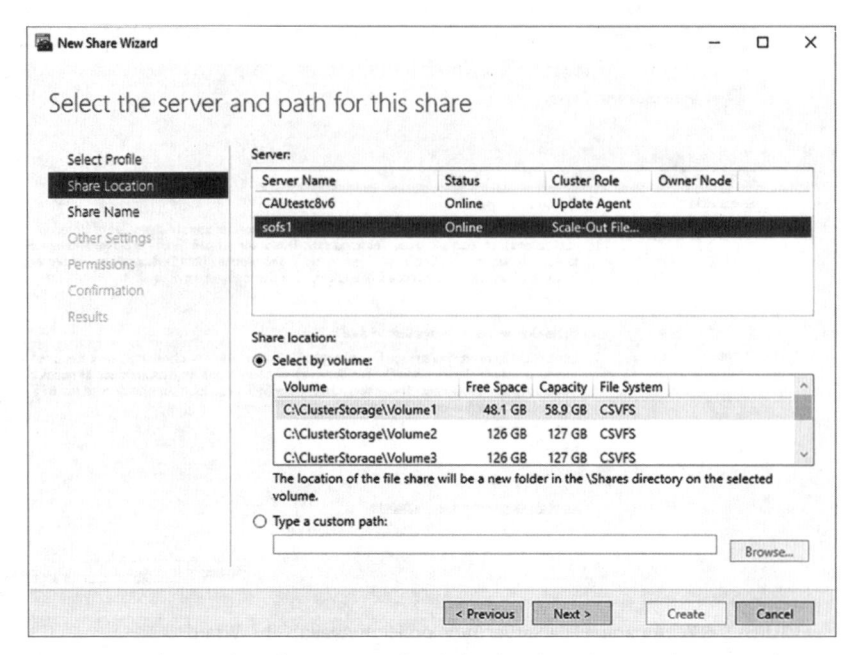

FIGURA 5-38 A página Select The Server And Path for this Share do New Share Wizard.

5. Na caixa Share Location, selecione um Volume Compartilhado de Cluster.
6. Na página Specify Share Name, digite um nome e, opcionalmente, uma descrição para o compartilhamento.
7. Na página Configure Share Settings, certifique-se de que a caixa de seleção Enable Continuous Availability esteja marcada e que a caixa de seleção Enable Access-based Enumeration esteja desmarcada.
8. Na página Specify Permissions to Control Access, clique em Customize Permissions e certifique-se de que os objetos de computador do AD DS para o cluster e os nós que usam o compartilhamento do SoFS tenham a permissão Full Control.
9. Clique em Create.

Para criar um compartilhamento do SoFS com o Windows PowerShell, use o cmdlet New-SmbShare, como no exemplo a seguir. O cmdlet Set-SmbPathAcl configura as permissões de sistema de arquivos da pasta para serem iguais às do compartilhamento.

```
new-smbshare -name share1 -path c:\clusterstorsge\volume1 -fullaccess adatum\cluster1,
adatum\node1, adatum\node2
-continuouslyavailable set-smbpathacl -sharename share1
```

Determine diferentes cenários para o uso de SoFS vs. servidor de arquivos em cluster

A página File Server Type do High Availability Wizard permite escolher entre a função de cluster padrão File Server, projetada para uso geral, e a função Scale-out File Server, para uso de aplicativos em cluster. Em alguns casos, pode não ficar claro qual é a melhor opção para uma carga de trabalho específica.

Os compartilhamentos do SoFS ficam localizados em volumes compartilhados de cluster, e a natureza subjacente dos CSVs determina em grande parte que funções e aplicativos são mais adequados para um Scale-out File Server. O SoFS disponibiliza seus compartilhamentos em todos os nós do cluster, o que significa que qualquer nó pode processar solicitações de leitura e gravação em disco. No entanto, o sistema de arquivos CSVFS subjacente requer que o coordenador do disco – isto é, o nó proprietário do disco – execute as atividades relacionadas a metadados. Ou seja, para que as solicitações abram, fechem, criem e renomeiem arquivos em um compartilhamento do SoFS, não importando que nó as recebeu, elas devem ser redirecionadas para o nó coordenador.

Isso facilita entender por que a função SoFS é recomendada especificamente para uso em clusters Hyper-V e SQL Server. Esses dois aplicativos abrem rotineiramente arquivos grandes – VHDs e bancos de dados – e os deixam abertos por longos períodos. Solicitações de metadados não são frequentes nesse tipo de aplicativo, logo, a carga do nó coordenador do disco é reduzida.

Para outras aplicações, contudo, inclusive as atividades gerais do servidor de arquivos executadas por usuários e administradores típicos, a carga do coordenador do disco pode tornar-se um gargalo. Isso ocorre porque há mais solicitações que requerem acesso a metadados do sistema de arquivos, o que inclui as atividades comuns do administrador do servidor, como a modificação de permissões NTFS e outros atributos do sistema de arquivos.

A disponibilidade contínua de compartilhamentos do SoFS também pode afetar o desempenho geral de um servidor de arquivos. Para assegurar a integridade dos dados, as solicitações de gravação são enviadas diretamente para o disco, em vez de serem armazenadas em cache no nó. Dessa forma, se um nó falhar, haverá menos chances de dados serem perdidos devido à falha no cache.

Como resultado, você deve considerar a natureza da carga de trabalho de seu cluster antes de decidir que opção irá selecionar na página File Server Type. Quanto maior for a quantidade de solicitações de gerenciamento de arquivos gerada pelo aplicativo, menor será a probabilidade de que ele seja um candidato adequado para um Scale-out File Server.

Determine cenários de uso para a implementação de cluster convidado

Um cluster de failover convidado é composto somente por máquinas virtuais sendo executadas no mesmo servidor host Hyper-V. Você pode criar duas ou mais VMs idênticas, instalar o recurso Failover Clustering em todas, e gerar um cluster a partir delas, como se fossem computadores físicos. Na verdade, é menos provável que haja problemas de validação em um cluser convidado, porque a configuração de hardware (virtual) de cada nó é idêntica. Para fornecer o armazenamento compartilhado de que um cluster convidado precisa, você pode usar qualquer uma das tecnologias padrão de rede de área de armazenamento, inclusive o Fibre Channel, o SAS ou o iSCSI, como discos pass-through.

Construir um cluster convidado é uma ótima maneira de conhecer o Failover Clustering, assim como é uma ferramenta útil para a avaliação de aplicativos em cluster, sem ser preciso investir em hardware. Para fins educativos e de teste, você pode criar um cluster convidado com uma SAN virtualizada, usando o recurso iSCSI target do Windows Server 2016 para montar um disco rígido virtual, que suas VMs acessarão usando iSCSI initiator. Provavelmente os níveis de desempenho não serão adequados para aplicativos de produção, mas o cluster funcionará.

Além disso, com os recursos de virtualização aninhada internos do Windows Server 2016, você pode criar um cluster convidado instalando o Hyper-V em uma única máquina virtual e agrupando VMs aninhadas.

Os clusters convidados também têm funções práticas, que incluem as seguintes:

- **Monitoramento de nós** Os clusters podem monitorar recursos, como o subsistema de armazenamento, a conectividade de rede, e o próprio aplicativo em cluster, e tomar medidas automaticamente quando um problema ocorrer, migrando ou transferindo a função por failover para outro nó.

- **Migração de aplicativos** Implantando um aplicativo como função em um cluster convidado, você pode manter a disponibilidade migrando o aplicativo para diferentes nós do cluster. Por exemplo, em vez de implantar um aplicativo em um único servidor de rede, é possível configurar o servidor como host Hyper-V e criar um cluster que execute o aplicativo. Dessa forma, se uma VM falhar ou precisar de manutenção, o aplicativo poderá ser transferido por failover para outro nó.

- **Disponibilidade de hosts** Você pode criar um cluster convidado a partir de máquinas virtuais localizadas em diferentes hosts Hyper-V. Se um host vivenciar uma falha, os nós executados em outros hosts detectarão a ausência de suas VMs e colocarão online qualquer aplicativo que estivesse sendo executado nele.

- **Migração de VMs** Se você tiver vários hosts Hyper-V disponíveis, poderá migrar máquinas virtuais entre os hosts quando necessário, para executar tarefas de manutenção que demandem colocar um host offline temporariamente.

- **Cluster aninhado** É possível criar um "cluster convidado dentro de outro cluster", agrupando dois ou mais servidores físicos em um cluster Hyper-V e reunindo em cluster máquinas virtuais sendo executadas nos nós do host Hyper-V. Isso permitirá que o sistema reaja automaticamente à falha de um host Hyper-V – migrando suas máquinas virtuais para os outros hosts – ou à falha de uma VM – migrando seus aplicativos clusterizados.

Implemente uma solução Clustered Storage Spaces usando enclosures de armazenamento SAS compartilhados

O Storage Spaces é a ferramenta do Windows Server 2016 que permite adicionar o armazenamento de dados fornecido por vários discos físicos a um pool de armazenamento. Podemos, então, usar o armazenamento do pool para criar discos virtuais de qualquer tamanho, não importando os limites entre os discos físicos. Combinando o Storage Spaces com o Failover Clustering, é possível criar uma solução altamente disponível e resistente a falhas tanto da unidade de disco rígido quanto do servidor. Normalmente essa solução é chamada de Clustered Storage Spaces (Espaços de Armazenamento Clusterizados).

Uma solução de espaços de armazenamento clusterizados começa com um ou mais conjuntos de discos SCSI de conexão serial (SAS, Serial Attached SCSI), simples enclosures "just-a-bunch-of-disks" (JBOD) que não fornecem funções adicionais, como o Conjunto Redundante de Discos Independentes (RAID, Redundant Array of Independent Disks). Em uma implantação do Storage Spaces, a tolerância a falhas de dados é fornecida por software. Não precisamos duplicar essas funções no hardware. Se os conjuntos de discos as incluírem, devemos desativá-las para poder usar os discos com o Storage Spaces.

O Storage Spaces fornece resiliência de dados na forma de espelhamento, em que duas ou três cópias de todos os arquivos são gravadas em discos diferentes, ou de paridade, uma técnica a nível de bits que fornece a possibilidade de recuperação de falha no disco pela reconstrução dos dados perdidos com o uso de bits de paridade.

CAPÍTULO 5 Implementação da alta disponibilidade **341**

O segundo elemento da solução é o cluster de failover, normalmente um grupo de dois a quatro servidores que são conectados aos enclosures de disco com o uso de hardware adicional. Para a criação de uma solução realmente confiável para a produtividade da empresa, é preciso que haja redundância de hardware em todos os níveis, inclusive vários adaptadores de barramento de host em cada servidor, fontes de energia adicionais nos enclosures de disco, e até mesmo enclosures de disco adicionais.

Com o hardware definido, o resto da solução é composto por um pool de armazenamento de dados adicional, o cluster de failover para fornecer servidores adicionais, volumes compartilhados de cluster para o fornecimento de um espaço de nomes unificado em todo o cluster, e compartilhamentos de arquivos altamente disponíveis, que é como os usuários acessarão os dados. A solução inteira é mostrada na Figura 5-39.

Volumes compartilhados de cluster

Espaços de armazenamento clusterizados

Conjuntos JBOD

Servidores em cluster

FIGURA 5-39 Diagrama de uma instalação de volumes compartilhados de cluster.

Uma vez que os componentes de hardware estiverem prontos e o Windows Server 2016 tiver sido instalado em todos os servidores, você deve confirmar se o armazenamento pode ser acessado a partir de todos eles. Poderá, então, dar prosseguimento e construir uma solução de espaços de armazenamento clusterizados de duas maneiras:

- **Pool de armazenamento primeiro** Se você já tiver um pool de armazenamento, ou se estiver construindo um cluster a partir do zero, poderá criar o pool de armazenamento usando o Server Manager ou o cmdlet New-StoragePool antes de criar o cluster. Quando criar o cluster, o pool de armazenamento estará disponível para ele.

- **Cluster de failover primeiro** Se você já tiver um cluster, poderá criar o pool de armazenamento no Failover Cluster Manager.

Para criar espaços de armazenamento clusterizados em um cluster existente com o Failover Cluster Manager, use o procedimento a seguir.

1. No Failover Cluster Manager, selecione Storage | Pools, para exibir a página Pools.
2. Clique em Add Storage Pool para iniciar o New Storage Pool Wizard.
3. Na página Specify a Storage Pool Name and Subsystem, especifique um nome para o pool e selecione o pool primordial que contém os discos que você deseja adicionar.

4. Na página Select Physical Disks for the Storage Pool, marque as caixas de seleção dos discos que deseja adicionar ao pool. Para criar um pool de armazenamento clusterizado, você deve selecionar um mínimo de três disco, e para o espelhamento tridirecional, deve selecionar no mínimo cinco discos.
5. Clique em Create.
6. Na página View Results, marque a caixa de seleção Create a Virtual Disk When This Wizard Closes e clique em Close. O New Virtual Disk Wizard aparecerá.
7. Na página Select the Storage Pool, selecione o pool que acabou de criar.
8. Na página Specify the Virtual Disk Name, digite um nome para o disco.
9. Na página Select the Storage Layout, selecione Simple, Mirror ou Parity Se selecionar Mirror e houver cinco discos no pool, aparecerá uma página Configure The Resiliency Settings, solicitando a seleção de Two-Way Mirror ou Three-Way Mirror.
10. Na página Specify The Size Of The Virtual Disk, digite um tamanho em MB, GB ou TB ou marque a caixa de seleção Maximum Size.
11. Clique em Create.
12. Na página View Results, marque a caixa de seleção Create a Volume When This Wizard Closes e clique em Close. O New Volume Wizard aparecerá.
13. Na página Select The Server And Disk, selecione seu cluster e o disco virtual que acabou de criar.
14. Na página Specify The Size Of The Volume, digite um tamanho de volume.
15. Na página Assign To A Drive Letter Or Folder, selecione a letra de unidade ou a pasta em que deseja montar o volume.
16. Na página Select File System Settings, selecione o sistema de arquivos NTFS ou ReFS, especifique um tamanho de unidade de alocação e digite um rótulo para o volume.
17. Clique em Create. Em seguida, clique em Close.

Agora o armazenamento resiliente está disponível para o cluster. Você pode criar CSVs a partir dele para gerar compartilhamentos de alta disponibilidade usando um espaço de nomes unificado.

Implemente o Storage Replica

O Storage Replica é um recurso do Windows Server 2016 que permite replicar volumes, de maneira síncrona ou assíncrona, para fins de preparação e recuperação em caso de desastres. Você pode executar replicações entre dispositivos de armazenamento localizados no mesmo computador, no mesmo datacenter ou em cidades distantes.

Usando o Storage Replica, é possível criar um cluster estendido, que é um cluster dividido entre dois ou mais locais, sem um armazenamento compartilhado conectando-os. Por exemplo, você poderia ter um cluster de quatro nós com um único conjunto de dados, mas com dois nós na filial de Nova York e dois no escritório central em São Francisco. A ideia é que os nós da região de Nova York funcionem como backup de failover, caso o escritório de São Francisco sofra um desastre.

Cada local tem um armazenamento compartilhado para seus dois nós, mas eles não têm acesso ao armazenamento do outro local. Isso se chama armazenamento assimétrico. No entanto, para os dois locais realmente funcionarem como um cluster de failover, eles devem ter os mesmos dados. O Storage Replica pode replicar os dados entre os dois locais, de maneira síncrona ou assíncrona.

> **PRECISA DE MAIS INFORMAÇÕES?** **USANDO O STORAGE REPLICA**
>
> Para obter mais informações sobre a implementação do Storage Replica em um ambiente de cluster, consulte o Capítulo 2.

Implemente a testemunha de nuvem

Uma testemunha de nuvem (cloud witness) é um novo tipo de testemunha de quórum para um cluster de failover. Em vez de a testemunha ser armazenada em um disco ou em um compartilhamento de arquivos, ela é armazenada na nuvem, em uma conta de armazenamento do Windows Azure. A função de uma testemunha de nuvem é manter um cluster sendo executado, mesmo quando metade de seus nós estão inativos ou em estado de split-brain.

Quando um cluster é dividido igualmente entre dois locais, versões anteriores do Failover Clustering exigem a configuração da testemunha em um site ou no outro, declarando assim um como site primário e o outro como secundário. A única outra opção é criar um terceiro site em um outro local, com um servidor apenas para armazenar a testemunha, o que é uma alternativa cara.

A razão disso é permitir que uma das metades do cluster continue a ser executada se metade sofrer falta de energia ou outro desastre. Se a testemunha estiver armazenada em um dos locais, como mostrado na Figura 5-40, esse local terá a maioria dos votos do quórum.

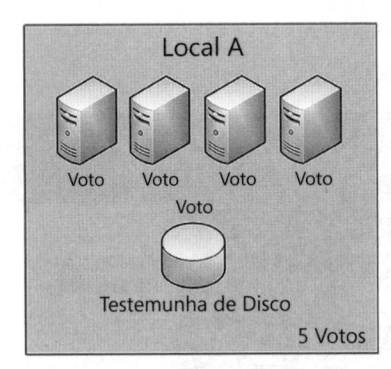

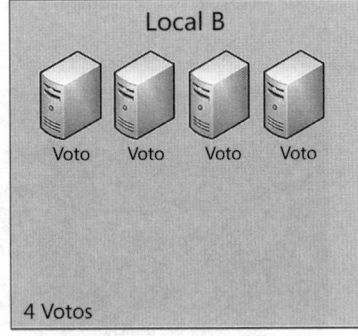

FIGURA 5-40 Diagrama de um cluster dividido com uma testemunha de disco.

Se o local da minoria dos votos ficasse inativo, o cluster do local da maioria dos votos continuaria sendo executado, porque tem quórum. Porém, se o local da maioria dos votos ficar inativo, o local da minoria também terá que ser interrompido, por não ter quórum. No Failover Clustering do Windows Server 2016, entretanto, caso a testemunha seja armazenada na nuvem, como mostrado na Figura 5-41, se o cluster ativo puder se conectar com a Internet, para obter o voto da testemunha, uma das metades continuará a ser executada se a outra falhar. A Microsoft está recomendando o uso da testemunha na nuvem para qualquer cluster de failover em que todos os nós tenham acesso à Internet.

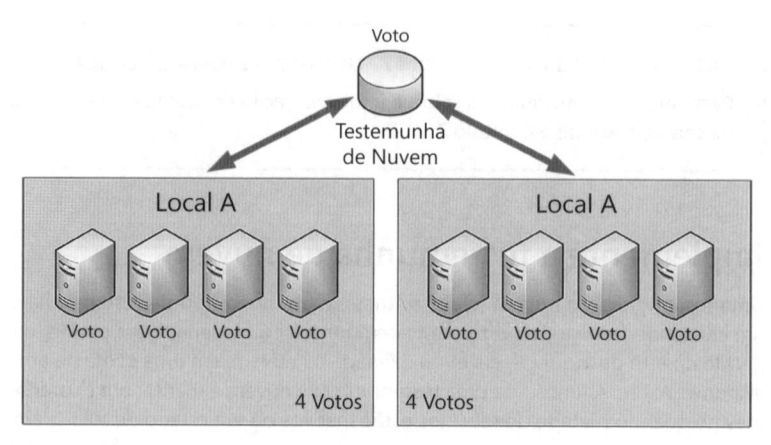

FIGURA 5-41 Diagrama de um cluster dividido com a testemunha na nuvem.

Uma testemunha é armazenada na nuvem com o uso de uma conta de armazenamento do Microsoft Azure, que é uma maneira barata de armazenar pequenas quantidades de dados na nuvem, sem ser preciso manter um servidor virtual somente para esse fim. A testemunha é armazenada como um objeto binário grande, chamado de blob ou binary large object.

Para criar uma testemunha na nuvem, primeiro você deve criar uma conta de armazenamento no Microsoft Azure e, em seguida, configurar a testemunha de nuvem do cluster para usar essa conta. Para criar a conta de armazenamento, use o procedimento a seguir.

1. No portal do Azure, selecione New | Storage | Storage Account, como mostrado na Figura 5-42.

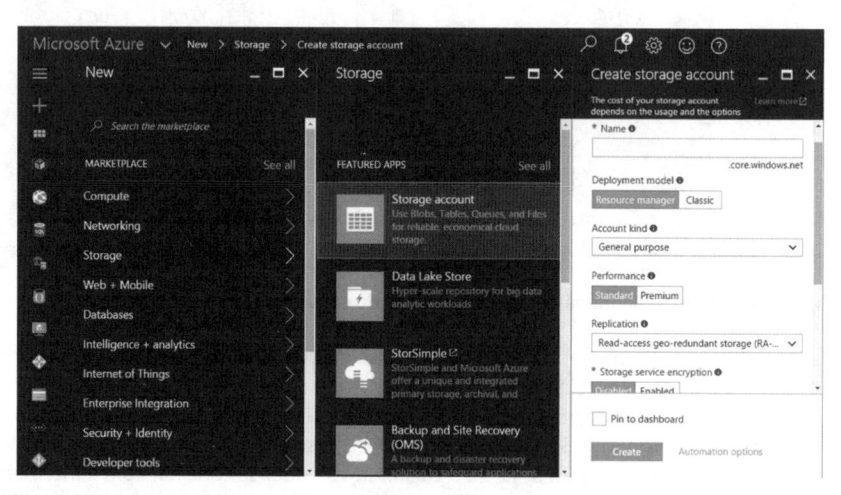

FIGURA 5-42 Criando uma conta de armazenamento no portal do Azure.

2. No campo Name, digite um nome para a conta.
3. Na lista suspensa Account Kind, selecione Blob Storage.
4. Na lista suspensa Replication, selecione Locally Redundant Storage (LRS).
5. Clique em Create.

6. Quando a conta de armazenamento for criada, selecione-a no painel do Azure e clique no ícone de chaves.

7. Anote as informações a seguir exibidas na página, porque precisará delas para configurar a testemunha:
   - Nome da conta de armazenamento
   - Chave
   - Ponto de extremidade do serviço de blob (blob service endpoint)

Com essas informações em mãos, você pode dar prosseguimento e configurar seu cluster com uma testemunha de nuvem, usando o seguinte procedimento:

1. Em Failover Cluster Manager, na página principal de seu cluster, selecione More Actions | Configure Cluster Quorum Settings, para iniciar o Configure Cluster Quorum Wizard.
2. No painel Select Quorum Configuration Option, selecione a opção Select the Quorum Witness
3. Na página Select Quorum Witness, selecione Configure a Cloud Witness.
4. Na página Configure Cloud Witness, mostrada na Figura 5-43, digite as informações que coletou no portal do Azure.

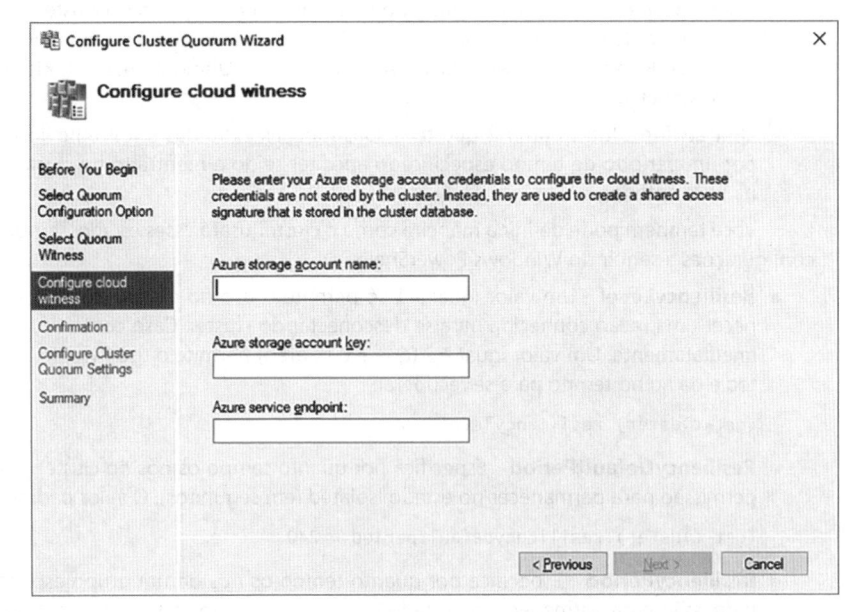

FIGURA 5-43 A página Configure Cloud Witness do Configure Cluster Quorum Wizard.

5. Clique em Finish.

Para configurar uma testemunha de nuvem com o PowerShell, use um comando como:

```
set-clusterquorum -cloudwitness -accountname clusterstorage1 -accesskey oyhmhpi1x9q5htonrcxhcnpz0xzw2zgf49lgdwmexn5lr7xcdrenuxtlxujdpfwcqcknzea8xx12ye25g8jdxw==
```

Implemente a resiliência da VM

A ideia geral existente por trás do recurso de clustering é fornecer serviços que possam continuar funcionando apesar da ocorrência de eventos catastróficos. No entanto, nos eventos climáticos atuais, falhas transientes localizadas ocorrem com mais frequência do que catástrofes maiores. Logo, a versão de Failover Clustering do Windows Server 2016 inclui melhorias que aumentam a resiliência de máquinas virtuais individuais de várias maneiras.

Os nós do cluster se comunicam constantemente – ou deveriam se comunicar constantemente. Porém, é uma ocorrência comum uma única VM perder contato com o cluster temporariamente. Há muitas causas possíveis para isso: por exemplo, o serviço de cluster de uma VM pode ficar inativo, devido a um problema de memória ou software; a comunicação de rede pode ser interrompida, devido a uma falha de driver ou endereçamento IP; ou o cabo da rede pode ser danificado ou simplesmente desligado.

Para ajudar os administradores a resolver problemas como esses, o Windows Server 2016 introduziu novos estados para as VMs, que aparecem no Failover Cluster Manager com o status de uma função ou nó. Esses estados são:

- **Unmonitored** Indica que a VM proprietária de uma função não está sendo monitorada pelo serviço de cluster.
- **Isolated** Indica que atualmente o nó não é um membro ativo do cluster, mas ainda é proprietário de uma função. Durante uma falha transiente, primeiro uma VM é colocada no estado Isolated e, em seguida, passa para o estado Unmonitored quando é removida do cluster ativo.
- **Quarantine** Indica um nó que teve suas funções extraídas e foi removido do cluster por um período de tempo especificado após ter saído e reentrado no cluster três vezes na hora anterior.

Você também pode definir a maneira como o cluster usará esses estados, empregando as configurações a seguir do Windows PowerShell:

- **ResiliencyLevel** Um valor igual a 1 só permite o uso do estado Isolated se o nó fornecer uma razão conhecida para se desconectar do cluster. Caso contrário, o nó falhará imediatamente. Um valor igual a 2 (que é o padrão) permite o uso livre do estado Isolated e dá ao nó tempo para se recuperar.

  ```
  (get-cluster).resiliencylevel = 2
  ```

- **ResiliencyDefaultPeriod** Especifica por quanto tempo os nós do cluster inteiro terão permissão para permanecer no estado Isolated (em segundos). O valor padrão é 240.

  ```
  (get-cluster).resiliencydefaultperiod = 240
  ```

- **ResiliencyPeriod** Especifica por quanto tempo os nós de um grupo específico terão permissão para permanecer no estado Isolated (em segundos). Um valor igual a -1 faz o grupo ser revertido para a configuração ResiliencyDefaultPeriod. O valor padrão é 240.

  ```
  (get-clustergroup "group1").resiliencyperiod = 240
  ```

- **QuarantineThreshold** Especifica o número de falhas que um nó pode vivenciar em um período de uma hora antes de ser colocado em um estado de quarentena. O valor padrão é 3.

  ```
  (get-cluster).quarantinethreshold = 3
  ```

- **QuarantineDuration** Especifica o período de tempo (em segundos) que um nó permanecerá em quarentena. O valor padrão é 7200.

  ```
  (get-cluster).quarantineduration = 7200
  ```

Implemente o VDHX compartilhado como solução de armazenamento para clusters convidados

A criação de um cluster convidado em um cluster de failover existente pode complicar a questão do armazenamento compartilhado. No entanto, podemos usar o armazenamento compartilhado fornecido por um cluster físico para criar um arquivo VHDX compartilhado para o cluster convidado.

Nesse cenário, existem dois ou mais servidores Hyper-V físicos, funcionando como nós em um cluster de failover. Esses servidores físicos são conectados ao hardware de armazenamento compartilhado, com o uso de iSCSI, SAS ou Fibre Channel, como mostrado na Figura 5-44. O armazenamento compartilhado é configurado na forma de volumes compartilhados de cluster ou compartilhamentos SMB 3.0.

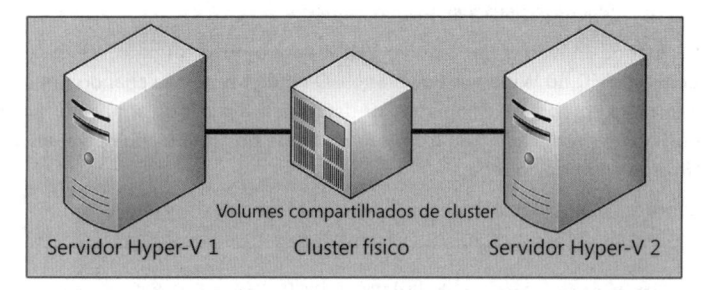

FIGURA 5-44 Diagrama de um cluster físico com armazenamento compartilhado.

Para a criação do cluster convidado, cada servidor Hyper-V hospeda uma máquina virtual. Para criar o armazenamento compartilhado requerido pelo cluster convidado, você pode gerar um arquivo VHDX compartilhado nos CSVs do cluster físico, como na Figura 5-45.

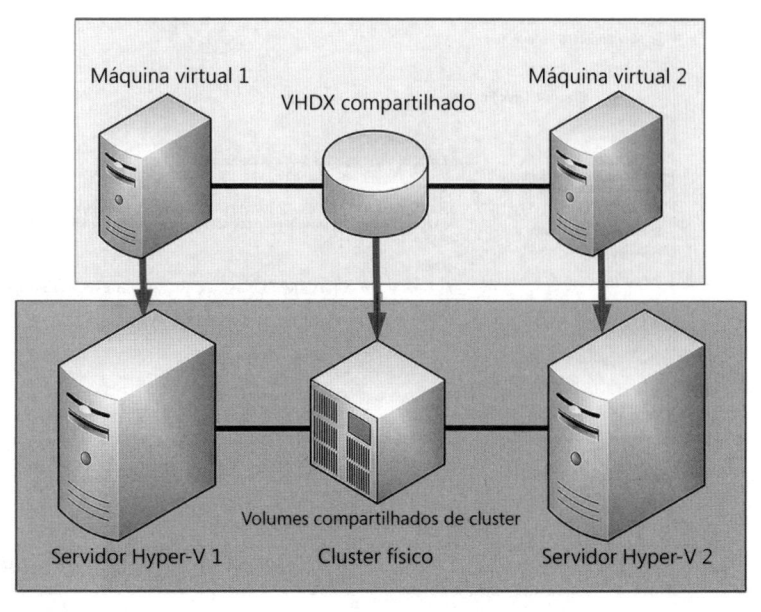

FIGURA 5-45 Diagrama de um cluster convidado com um arquivo VHDX compartilhado.

O Windows Server 2016 dá suporte a dois tipos de arquivo de disco rígido virtual compartilhado:

- **VHDX**   Introduzidos no Windows Server 2012 R2, os arquivos VHDX criados em uma infraestrutura de armazenamento compartilhado podem ser compartilhados entre as máquinas virtuais de um cluster convidado. Os arquivos VHDX compartilhados ainda são suportados no Windows Server 2016, para fornecer compatibilidade regressiva para clusters existentes, mas a Microsoft recomenda a criação de VHD Sets para novos arquivos.
- **VHD Set**   Introduzido no Windows Server 2016, um VHD Set é composto por um arquivo VHDS de 260 KB, que contém metadados, e um arquivo AVHDX, que contém os dados reais. Os VHD Sets fornecem recursos de redimensionamento online e dão suporte aos backups baseados em host que faltam nos arquivos VHDX.

> **NOTA CONVERTENDO FORMATOS VHD**
>
> Você pode converter um arquivo VHDX para o novo formato VHD Set usando o cmdlet Convert-VHD no Windows PowerShell. O cmdlet funciona criando um novo arquivo com o formato apropriado e copiando os dados nele a partir do arquivo original. O formato do destino é especificado pela extensão do nome do arquivo, que para um VHD Set é VHDS. Um comando típico seria:
>
> ```
> convert-vhd -path disk.vhdx -destinationpath disk.vhds
> ```

Para criar um novo arquivo VHDX ou VHD Set compartilhado para um cluster convidado, abra a caixa de diálogo Settings no Failover Cluster Manager, selecione o controlador SCSI, selecione Shared Drive e clique em Add. Você poderá, então, iniciar e executar o New Virtual Hard Disk Wizard, como faria em um servidor Hyper-V não clusterizado. A única diferença é a página Choose Disk Format, mostrada na Figura 5-46, na qual você especificará se deseja criar um arquivo VHDX ou VHD Set.

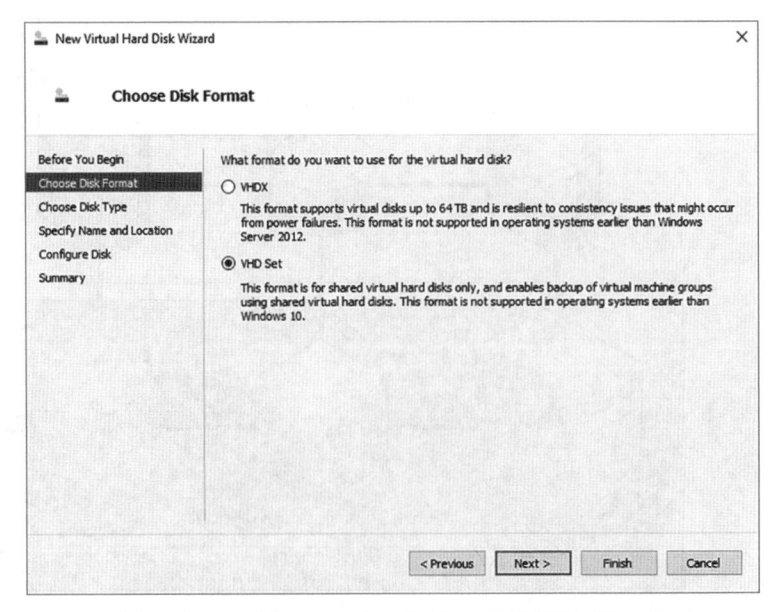

FIGURA 5-46   A página Choose Disk Format do Add Virtual Hard Disk Wizard.

CAPÍTULO 5   Implementação da alta disponibilidade   **349**

Objetivo 5.3: Implementar o Storage Spaces Direct

O *Storage Spaces Direct* (*S2D*) é o próximo estágio na evolução da tecnologia de armazenamento definida por software que apareceu pela primeira vez nos servidores como Storage Spaces no Windows Server 2012. O Storage Spaces permite criar pools contendo o espaço de várias unidades de disco físicas e, então, criar discos virtuais a partir do espaço de armazenamento do pool, não importando os limites do disco físico. O Storage Spaces Direct fornece o mesmo tipo de serviços em um ambiente clusterizado, tornando possível a criação de pools de armazenamento compartilhado com o uso das unidades padrão SAS, SATA ou NVMe locais dentro dos nós do cluster. Pela primeira vez, não é necessário comprar arrays de armazenamento externo caros para implantar um cluster de failover.

> Esta seção aborda como:
> - Determinar requisitos de cenário para a implementação do Storage Spaces Direct
> - Ativar o Storage Spaces Direct usando o PowerShell
> - Implementar um cenário desagregado do Storage Spaces Direct em um cluster
> - Implementar um cenário hiperconvergido do Storage Spaces Direct em um cluster

Determine requisitos de cenário para a implementação do Storage Spaces Direct

O Storage Spaces Direct fornece benefícios semelhantes aos do Storage Spaces, como a redundância de dados e o armazenamento em camadas, e o faz via software, usando unidades de disco padrão prontas para uso e componentes de rede comuns. No entanto, isso não quer dizer que o S2D não tenha requisitos especiais. As próximas seções explicarão alguns dos fatores que você deve considerar antes de implantar um cluster S2D.

> **NOTA** **DISPONIBILIDADE DO STORAGE SPACES DIRECT**
> O Storage Spaces Direct vem incluído somente na edição Datacenter do Windows Server 2016, e não na edição Standard. Contudo, você pode usar o S2D em um servidor Datacenter usando qualquer uma das opções de instalação, inclusive as opções Server Core e Nano Server, assim como a opção Desktop Experience completa.

Servidores

Um cluster Storage Spaces Direct pode ser composto por até 16 nós, com até 400 unidades de disco. Apesar do S2D poder funcionar com componentes padrão, os servidores do cluster têm que dar suporte a muitas unidades de disco e várias interfaces de rede.

Unidades de disco

A configuração de unidade de disco recomendada para o nó de um cluster S2D é de no mínimo seis unidades, com, pelo menos, duas unidades de estado sólido (SSDs) e quatro unidades de disco rígido (HDDs). Seja qual for o tipo (form fator) de enclosure, disco interno ou externo, não deve haver RAID ou outro tipo de inteligência que não possa ser desativada. O S2D fornece tolerância a falhas e alto desempenho. Qualquer hardware concorrente terá um efeito negativo sobre a funcionalidade geral do cluster.

Para o S2D detectar e usar os discos, eles devem ser inicializados, normalmente usando o GPT, mas não devem ser particionados. Discos ou volumes com partições não serão considerados como elegíveis para uso pelo Storage Spaces Direct.

Rede

O segredo do Storage Spaces Direct é o *barramento de armazenamento de software* (*software storage bus*), um condutor de rede lógico que conecta as unidades de dados locais de todos os nós do cluster. Teoricamente esse barramento fica entre os servidores e as unidades de disco existentes neles, como mostrado na Figura 5-47.

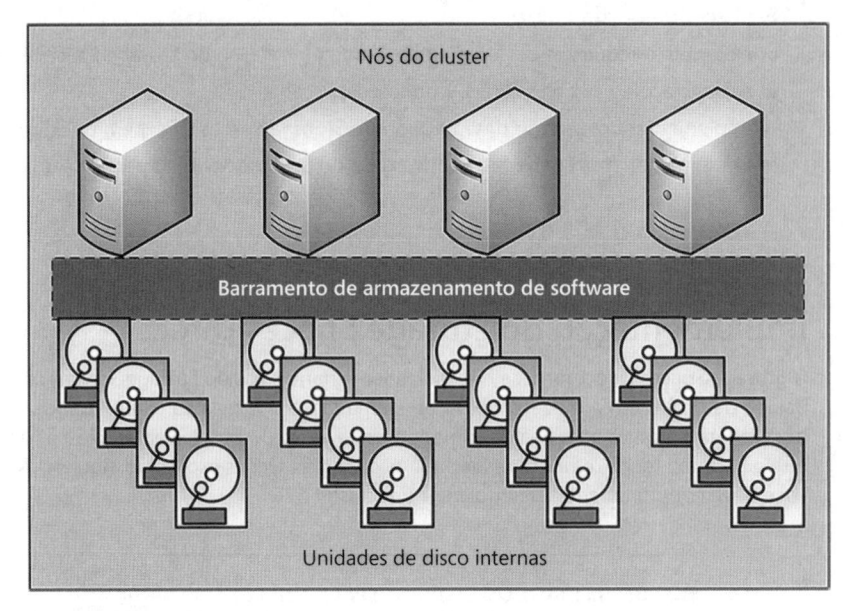

FIGURA 5-47 O barramento de armazenamento de software.

Já que o S2D cria um pool a partir do armazenamento interno de diferentes computadores, todo o tráfego de armazenamento é transportado por redes Ethernet padrão usando o Server Message Block versão 3 (SMB3) e o RDMA. Não há um esquema de rede de armazenamento tradicional, com o SAS ou o Fibre Channel, o que eliminina limitações de distância e a necessidade de diferentes tipos de cabeamento. Todavia, o gerenciamento do tráfego é, portanto, parte crucial de qualquer implantação de cluster S2D de produção.

A implementação física do barramento de armazenamento de software lógico deve transferir dados como se os discos dos vários nós do cluster fossem uma única entidade. Além disso, as redes devem transportar os dados adicionais gerados pelos esquemas de espelhamento e paridade de discos virtuais criados a partir do pool. Logo, o desempenho eficiente do S2D requer comunicações Ethernet dentro dos nós que forneçam tanto alta largura de banda quanto baixa latência.

Na camada física, a Microsoft recomenda o uso de, pelo menos, dois adaptadores Ethernet de 10 Gbps por nó, preferivelmente adaptadores que usem o RDMA, para retirar dos servidores parte da carga do processador.

O S2D usa o SMB3 para as comunicações entre os nós do cluster, empregando os recursos avançados do protocolo, como o SMB Direct e o SMB Multichannel, sempre que possível.

Ative o Storage Spaces Direct usando o Windows PowerShell

Grande parte do processo de implantação de um cluster com o uso do Storage Spaces Direct é quase igual ao de qualquer outro cluster. Você instala o Windows Server 2016 nos nós do cluster, atualiza-os de maneira idêntica, adiciona o recurso Failover Clustering e o nó Hyper-V, e cria o cluster.

Aqui temos uma variação importante do procedimento padrão. Embora possamos criar o cluster usando o assistente gráfico de criação de clusters do Failover Cluster Manager, devemos evitar que o sistema procure e adicione armazenamento automaticamente. Logo, devemos criar o cluster no Windows PowerShell, usando um comando como:

```
new-cluster -name cluster1 -node server1,server2,server3,server4 -nostorage
```

O parâmetro NoStorage é importante aqui, e a falta de armazenamento gerará um erro durante a criação do cluster. O armazenamento será adicionado quando você ativar o Storage Spaces Direct. Para fazê-lo, execute o cmdlet Enable-ClusterStorageSpacesDirect sem parâmetros, como em:

```
enable-clusterstoragespacesdirect
```

Esse cmdlet executa sozinho várias tarefas que são cruciais para a implantação com o S2D, que incluem:

- **Localiza discos** O sistema procura em todos os nós do cluster discos locais não particionados.
- **Cria caches** O sistema classifica os discos de cada nó por seus respectivos barramento e tipos de mídia e estabelece vinculações entre eles para criar parcerias em cada servidor que use os discos mais rápidos para o cache de leitura e gravação.
- **Cria um pool** O sistema adiciona todos os discos disponíveis de todos os nós a um único pool de armazenamento com abrangência em todo o cluster.

Uma vez que o pool de armazenamento for criado, você poderá gerar discos virtuais nele – como faria com o Storage Spaces no Server Manager para um servidor atônomo. No Failover Cluster Manager, selecione o pool de armazenamento, como mostrado na Figura 5-48, e inicie o New Virtual Disk Wizard (Storage Spaces Direct). No assistente, especifique um tamanho, e crie um disco usando a configuração padrão de resiliência com espelho bidirecional.

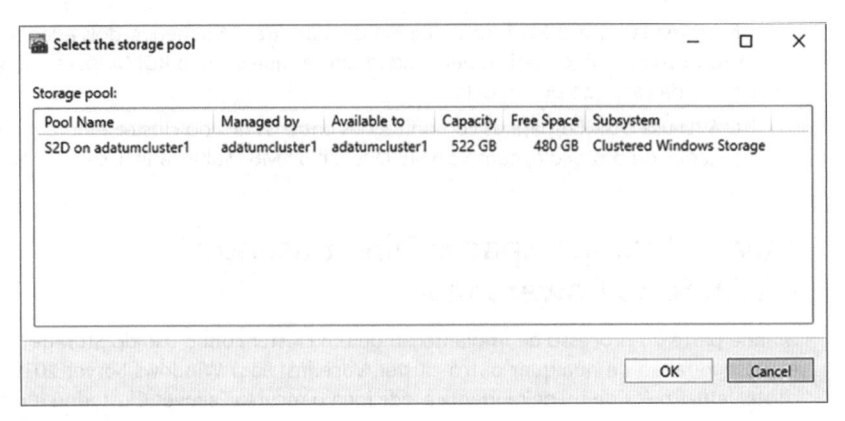

Select the storage pool					
Pool Name	Managed by	Available to	Capacity	Free Space	Subsystem
S2D on adatumcluster1	adatumcluster1	adatumcluster1	522 GB	480 GB	Clustered Windows Storage

FIGURA 5-48 A caixa de diálogo Select the Storage Pool.

No entanto, os discos virtuais do S2D podem dar suporte aos tipos de resiliência simples, de espelho e de paridade, assim como a camadas de armazenamento personalizadas. Para ter mais flexibilidade na criação de discos virtuais, você pode usar o cmdlet New-Volume no Windows PowerShell. Esse cmdlet executa, em uma única etapa, tarefas que em uma determinada época requeriam várias operações separadas, que incluem a criação, o particionamento e a formatação do disco virtual, sua conversão para o sistema de arquivos CSVFS e sua inclusão no cluster.

Por exemplo, para criar um disco virtual que use a resiliência de paridade e duas camadas, com os nomes amigáveis padrão Performance para SSDs e Capacity para HDDs, você pode usar um comando como:

```
new-volume -storagepool "s2d*" -friendlyname vdisk1 -filesystem csvfs_refs
-resiliencysettingname parity -storagetiersfriendlynames performance, capacity
-storagetiersizes 10gb, 100gb
```

Após criar os discos virtuais, você poderá adicioná-los a volumes compartilhados de cluster, para torná-los acessíveis em todos os nós.

Implemente um cenário desagregado do Storage Spaces Direct em um cluster

A aplicação designada para o Storage Spaces Direct, como definido nos dois cenários de implantação da Microsoft, é dar suporte a um cluster Hyper-V. No primeiro cenário, chamado implantação desagregada ou convergida, há dois clusters distintos. O primeiro é um cluster Scale-out File Server que usa o Storage Spaces Direct para fornecer o armazenamento para o segundo, um cluster Hyper-V hospedando máquinas virtuais, como mostrado na Figura 5-49.

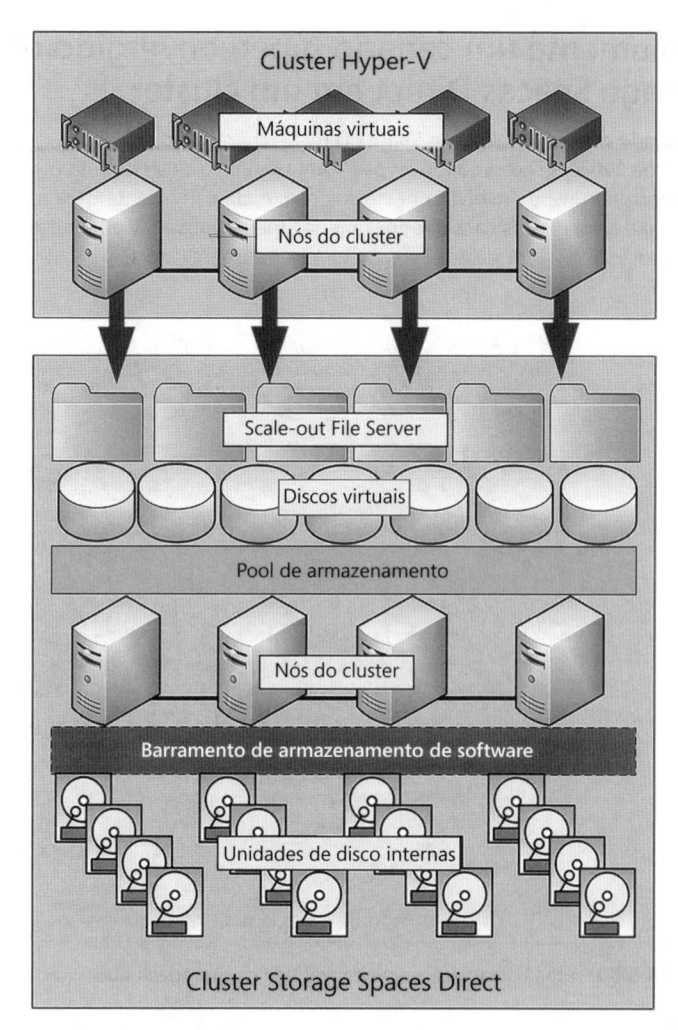

FIGURA 5-49 Uma implantação desagregada do Storage Spaces Direct.

Nesse cenário, a função do cluster S2D é fornecer o armazenamento que o cluster Hyper-V precisa para suas máquinas virtuais. Logo, o S2D é basicamente o substituto de uma SAN. Já que requer dois clusters separados, esse modelo exige mais servidores e, portanto, sua implementação é mais cara. Contudo, a vantagem desse tipo de implantação é que o cluster S2D e o cluster Hyper-V podem ser escalonados independentemente.

O Storage Spaces Direct cria um ambiente altamente escalável em que você pode adicionar unidades de disco aos nós ou adicionar nós ao cluster. Seja como for, o S2D assimilará qualquer armazenamento novo detectado no pool. Em uma implatação desagregada, você pode adicionar armazenamento ao cluster S2D sem afetar o cluster Hyper-V. Da mesma forma, é possível adicionar nós ao cluster Hyper-V sem afetar a infraestrutura de armazenamento.

Para implementar o cenário desagregado, você deve proceder como descrito anteriormente, criando um cluster, ativando o S2D, criando discos virtuais e adicionando-os a CSVs. Em seguida, adicione a função Scale-out File Server, para concluir a configuração do cluster de armazenamento. O segundo cluster é um cluster Hyper-V padrão que usa os compartilhamentos fornecidos pelo cluster SoFS para armazenar suas máquinas virtuais.

Implemente um cenário hiperconvergido do Storage Spaces Direct em um cluster

O segundo cenário do Storage Spaces Direct é chamado de hiperconvergido porque combina o Storage Services Direct com o Hyper-V em um único cluster, como mostrado na Figura 5-50. Há menos hardware envolvido nessa solução, e ela certamente gera menos tráfego de rede, também é bem menos cara e requer menos manutenção. Não há necessidade de configurar permissões de servidor de arquivos ou monitorar dois clusters.

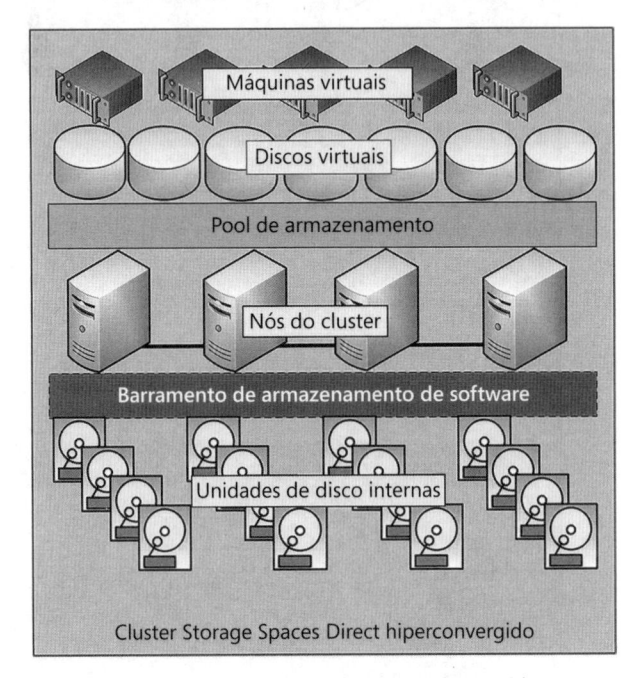

FIGURA 5-50 Uma implantação hiperconvergida do Storage Spaces Direct.

> **DICA DE EXAME**
>
> Com o Windows Server 2016, é possível criar um cluster S2D hiperconvergido em um servidor Hyper-V, para fins educativos e de teste. Após instalar o Failover Clustering e o Hyper-V, crie duas ou mais máquinas virtuais com vários arquivos VHDX em cada uma, agrupe-as em cluster e ative o Storage Spaces Direct. Em seguida, após expor as extensões de virtualização do servidor host, instale o Hyper-V nas VMs, crie VMs aninhadas e agrupe-as. Não será uma solução veloz, e a quantidade de solicitações tratadas pelos discos físicos do servidor host terá uma aparência caótica se você puder vê-las, mas funciona.

A desvantagem desse cenário é que você não pode escalonar os serviços SoFS e Hyper-V independentemente. Se quiser adicionar um servidor para fornecer mais armazenamento ao pool, também terá que incluir um nó no cluster Hyper-V.

A implantação de um cluster Storage Spaces Direct hiperconvergido não é muito diferente da de um cluster Hyper-V padrão, exceto por ser preciso ativar o S2D após a criação do cluster. Um dos aspectos positivos do S2D é que ele exige habilidades que é provável que os administradores já conheçam. Se você já trabalhou com clusters de failover do Windows, não deve haver muita coisa nova em uma implantação com o S2D. Na verdade, se comparado com a definição de uma SAN, o Storage Spaces Direct é muito mais fácil.

> **PRECISA DE MAIS INFORMAÇÕES?**
> Para ver um procedimento detalhado descrevendo a implantação hiperconvergida de um cluster Storage Spaces Direct, acesse *https://technet.microsoft.com/en-us/windows-server- -docs/storage/storage-spaces/hyper-converged-solution-using-storage-spaces-direct*.

✓ Verificação rápida

Qual das soluções de armazenamento compartilhado a seguir permite que os clusters utilizem os discos locais existentes dentro de um computador?

1. Fibre Channel
2. Volumes compartilhados de cluster
3. Serial Attached SCSI
4. Storage Spaces Direct

Resposta da verificação rápida

O Storage Spaces Direct (#4) pode criar um pool composto pelos discos do armazenamento local de todos os nós do cluster combinados e compartilhados com o cluster inteiro.

Objetivo 5.4: Gerenciar o cluster de failover

Uma vez que você instalar e configurar um cluster de failover, haverá tarefas de manutenção e gerenciamento contínuas para serem executadas, com o uso de ferramentas como o Failover Cluster Manager e os cmdlets do Windows PowerShell contidos no módulo FailoverClusters

Esta seção aborda como:

- Definir configurações específicas de funções, inclusive compartilhamentos disponíveis continuamente
- Configurar o monitoramento da VM
- Definir configurações de failover e preferências
- Implementar clusters de failover estendidos e com reconhecimento de sites
- Ativar e configurar a equidade de nós

Defina configurações específicas de funções, inclusive compartilhamentos disponíveis continuamente

Toda função de cluster que você instalar no Failover Cluster Manager ou usando um cmdlet do PowerShell terá configurações relacionadas especificamente à sua finalidade. Na página Roles do Failover Cluster Manager, quando você selecionar uma função, aparecerá uma seção para ela no painel Actions, como mostrado na Figura 5-51. Algumas das ações do painel são específicas da função, e outras são ações genéricas que aparecem no painel de todas as funções.

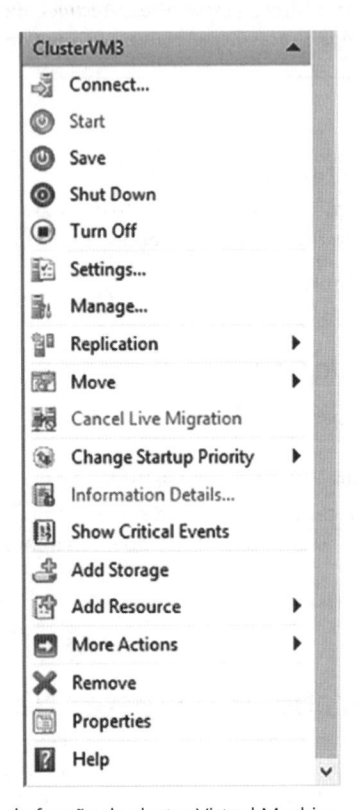

FIGURA 5-51 A lista Actions da função de cluster Virtual Machine.

Configurações da função Virtual Machine

Nesse exemplo, para a função Máquina Virtual (Virtual Machine), há ações do Hyper-V Manager que permitem iniciar, interromper e conectar-se com a VM, assim como abrir sua caixa de diálogo Settings. O menu Move permite executar migrações ao vivo, migrações rápidas, e migrar o armazenamento da máquina virtual, usando a interface mostrada na Figura 5-52.

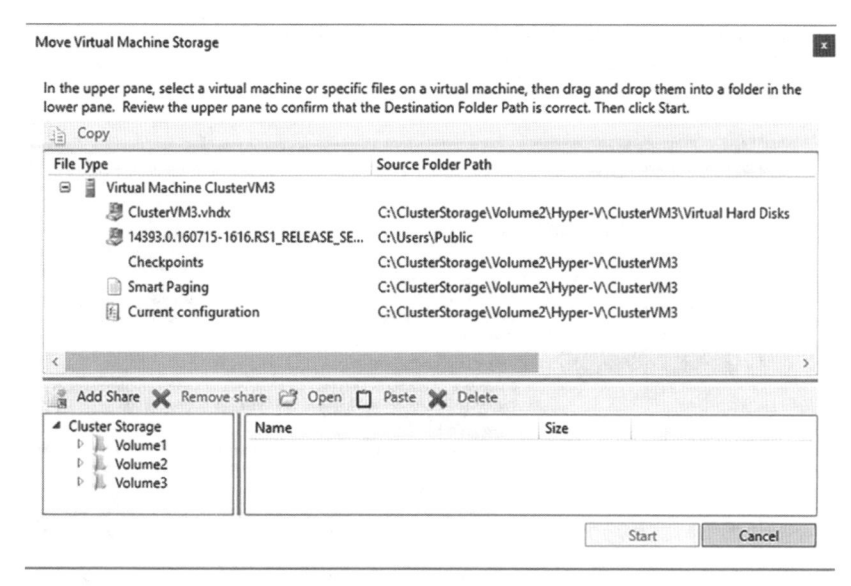

FIGURA 5-52 A caixa de diálogo Move Virtual Machine Storage.

Configurações de compartilhamentos disponíveis continuamente

Quando você instalar a função de cluster File Server, terá a opção de criar um servidor de arquivos de uso geral ou um Scale-out File Server projetado para fornecer armazenamento para aplicativos, como o Hyper-V e o SQL Server. As duas funções permitem criar compartilhamentos de disponibilidade contínua com o uso do protocolo SMB 3.0.

A versão 3.0 do protocolo SMB inclui melhorias que são particularmente úteis em um ambiente clusterizado, como as seguintes:

- **SMB Transparent Failover** Permite que uma sessão de cliente seja transferida de um nó do cluster para outro sem interrupção. Esse recurso é implementado por padrão em todos os compartilhamentos de servidor de arquivos do cluster de failover. Tanto o cliente quanto o servidor devem dar suporte ao SMB 3.0 (Windows Server 2012 ou Windows 8).
- **SMB Scale-out** Permite que os compartilhamentos possam ser acessados pelos clientes a partir de todos os nós do cluster simultaneamente. Isso aumenta a largura de banda disponível no compartilhamento pela combinação da largura de banda dos nós. Os compartilhamentos scale-out (expansão) só podem ser acessados por clientes executando o SMB versões 2 e 3.
- **SMB Multichannel** Permite que os servidores de arquivos combinem a largura de banda de vários adaptadores de interface de rede, para fornecer um melhor throughput e tolerância a falhas. O SMB pode detectar automaticamente a existência de vários adaptadores e configurar a si próprio para fazer uso deles.
- **SMB Direct** Usa o Acesso Direto à Memória Remota (RDMA) para executar transferências diretas de dados entre memórias de sistemas remotos, reduzindo a utilização do processador do sistema. Tanto o cliente quanto o servidor devem estar usando o SMB 3.0.
- **SMB Encryption** Fornece criptografia AES end-to-end entre servidores e clientes que estiverem usando o SMB 3.0.

Quando você criar ou modificar um compartilhamento de servidor de arquivos no Failover Cluster Manager, o New Share Wizard apresentará uma página Configure Share Settings, como mostrado na Figura 5-53. A caixa de seleção Enable Continuous Availability, marcada por padrão, ativa o recurso SMB Transparent Failover, e a caixa de seleção Encrypt Data Access ativa o SMB Encryption.

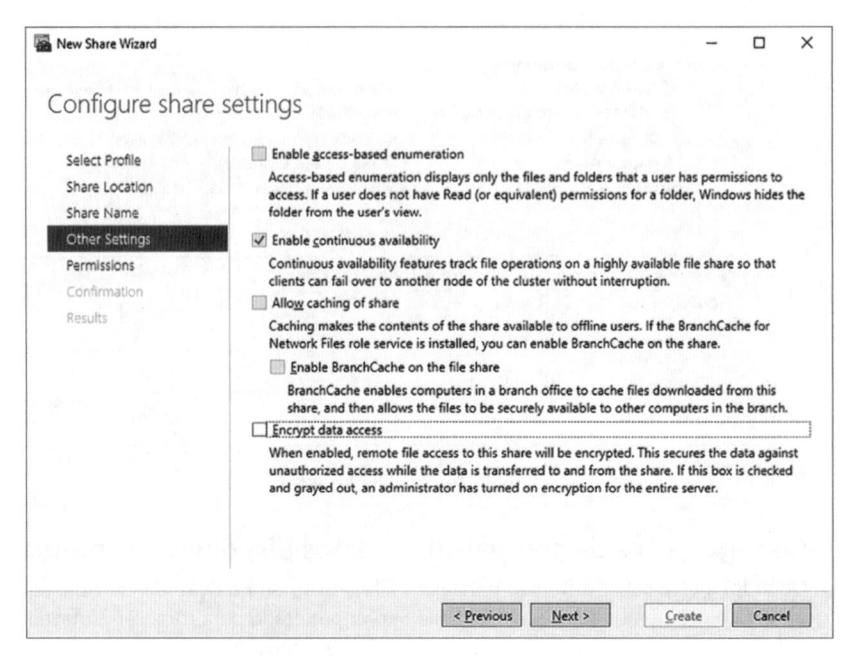

FIGURA 5-53 A página Configure Share Settings do New Share Wizard.

Configure o monitoramento da VM

Uma das vantagens da execução do Hyper-V em um cluster é que este pode monitorar serviços específicos das máquinas virtuais, relatando quando há a ocorrência de um problema e tomando medidas que podem ser configuradas. Dessa forma, você pode selecionar o serviço associado a um aplicativo crucial na VM e configurá-la para ser reiniciada ou executar um failover para outro nó quando um problema ocorrer.

Para usar o monitoramento de VMs do Failover Clustering, a máquina virtual deve atender aos seguintes pré-requisitos:

- A VM deve pertencer ao mesmo domínio do host Hyper-V.
- O Firewall do Windows usado na VM precisa estar com as regras de entrada do grupo Virtual Machine Monitoring ativadas.
- O administrador do cluster Hyper-V deve ser membro do grupo Administrators local da VM.

Para configurar o monitoramento para uma máquina virtual específica, use o procedimento a seguir.

1. Abra o Failover Cluster Manager e clique em Roles para exibir a página Roles.
2. Selecione a função Máquina Virtual que deseja monitorar e, no painel Actions, selecione More Actions, Configure Monitoring.
3. Na caixa de diálogo Select Services que aparecerá, como mostrado na Figura 5-54, marque a caixa de seleção do serviço que deseja monitorar e clique em OK.

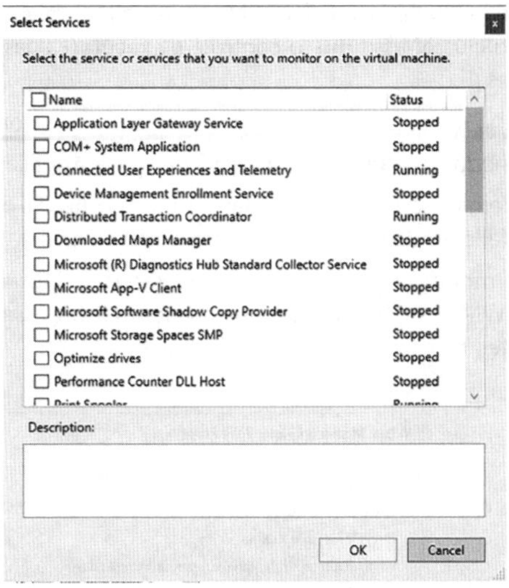

FIGURA 5-54 A caixa de diálogo Select Services.

Você também pode configurar o monitoramento usando o cmdlet Add-ClusterVMMonitoredItem em uma janela do Windows PowerShell como nesse exemplo:

```
add-clustervmmonitoreditem -virtualmachine clustervm3 -service spooler
```

Quando um serviço que você selecionou tiver problemas, eles serão tratados primeiro pelo Service Control Manager na VM, que usa as propriedades do serviço individual para controlar suas ações, como mostra a Figura 5-55. Você pode modificar essas propriedades para especificar que medidas o Service Control Manager deve tomar e com que frequência.

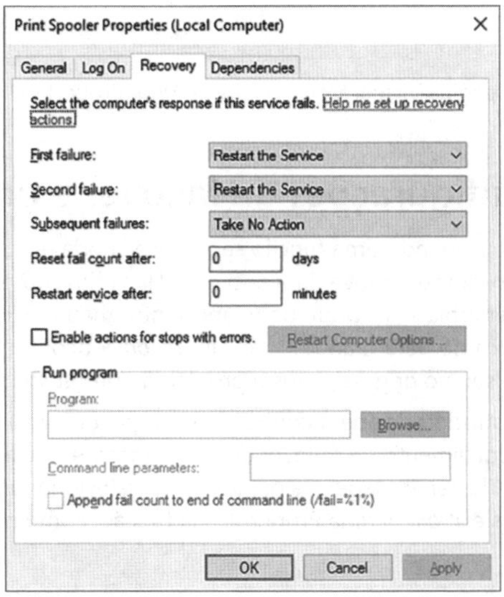

FIGURA 5-55 Página Properties de um serviço.

Se os esforços do Service Control Manager falharem, e o serviço ainda estiver com mau funcionamento, o cluster assumirá o controle e executará suas próprias ações de recuperação, como as seguintes:

- O cluster cria uma entrada no log de sistema do host com o ID de evento 1250.
- O cluster muda o status da máquina virtual para Application in VM Critical.
- O cluster reinicia a máquina virtual no mesmo nó. Se o serviço continuar a falhar, ele executa o failover da função para outro nó.

Você pode modificar essas atividades padrão de reinicialização abrindo a página Virtual Machine Cluster WMI Properties, mostrada na Figura 5-56. Essa opção fica localizada na página principal do cluster, na caixa Cluster Core Resources.

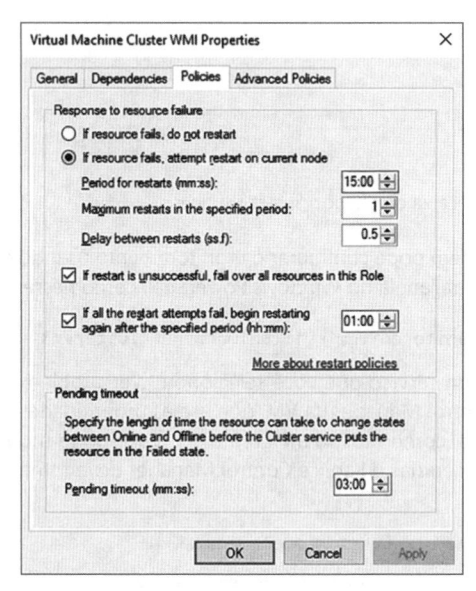

FIGURE 5-56 A página Virtual Machine Cluster WMI Properties.

Defina configurações de failover e preferências

Um *failover* ocorre quando uma função sendo executada em um nó do cluster não pode mais ser executada e o cluster a move para outro nó. Há várias razões para a ocorrência de um failover: pode faltar energia, o software pode apresentar mau funcionamento ou um administrador pode desativar um nó para manutenção. Um *failback* ocorre quando o cluster move a função novamente para seu nó original, após o problema que causou o failover ser corrigido.

Os administradores podem controlar o comportamento do cluster em relação à seleção de nós e o comportamento do failover de uma função específica modificando suas propriedades. No Failover Cluster Manager, na página Roles, selecionar uma função e clicar em Properties no painel Actions exibe a página Properties da função, como mostrado na Figura 5-57.

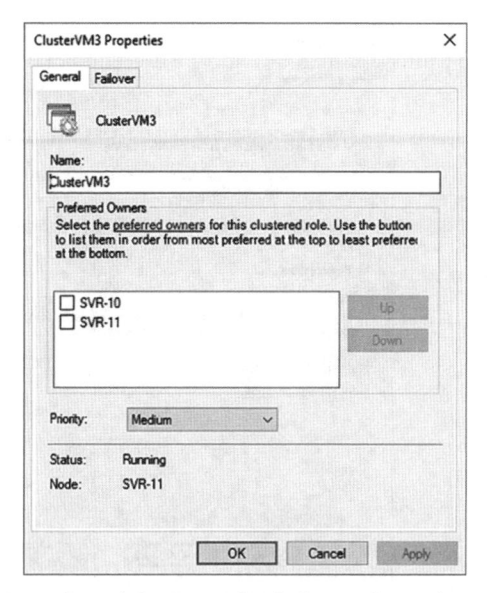

FIGURA 5-57 A guia General na página Properties da função de um cluster.

Na guia General, você pode especificar o nó que prefere que execute a função. Isso não é algo tão importante, já que os nós são funcionalmente idênticos, mas você pode fazê-lo marcando a caixa de seleção de um dos nós e usando os botões Up e Down para alterar a ordem de preferência.

Na lista suspensa Priority, é possível especificar os valores High, Medium ou Low para indicar quando a função deve ser iniciada, em relação às outras funções do cluster. Os valores são avaliados apenas em relação aos das outras funções, e também há uma configuração No Auto Start para impedir que o nó seja iniciado com o cluster. Você deve, então, iniciá-lo manualmente, se quiser que seja executado.

Na guia Failover, mostrada na Figura 5-58, você pode especificar o número máximo de vezes que o cluster deve tentar reiniciar uma função ou executar seu failover para outro nó durante o intervalo de tempo estabelecido pela configuração Setting. Você também pode especificar se a função deve retornar para o nó preferencial, e se deve fazê-lo assim que o nó voltar a ficar online, ou se deve esperar durante um intervalo informado.

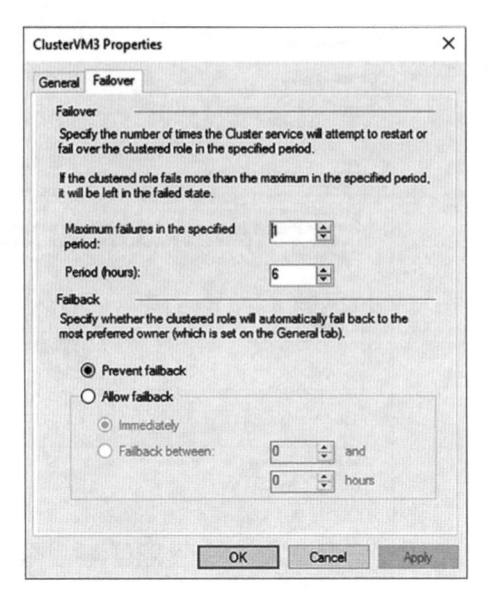

FIGURA 5-58 A guia Failover na página Properties da função de um cluster.

Implemente clusters de failover estendidos e com reconhecimento de sites

A tolerância a falhas lida com a preparação para qualquer eventualidade e os clusters de failover são um meio de antecipar falhas de hardware e software. No entanto, às vezes, ocorrem falhas em uma escala maior, em que não são unidades de disco rígido e servidores que são afetados e sim prédios e cidades. Logo, empresas que desejam manter seus aplicativos sendo executados em qualquer eventualidade podem criar stretch clusters (ou clusters estendidos).

Um *cluster estendido* é aquele que tem seus nós divididos entre diferentes locais (sites), com frequência em cidades diferentes. Dessa forma, se uma catástrofe ocorrer, como um furacão ou terremoto, o cluster pode executar o failover de seus nós para nós localizados bem longe do problema. Contudo, o cluster estendido apresenta alguns problemas difíceis para os administradores, por exemplo, como assegurar que os nós de cidades diferentes operem com os mesmos dados e como controlar o comportamento de failover em uma situação em que os nós não sejam intercambiáveis.

Já que geralmente não é prático criar uma solução de armazenamento compartilhado que possa conectar todos os nós de um cluster estendido às mesmas unidades de disco, muitos clusters estendidos usam o armazenamento assimétrico, em que cada local tem sua própria solução de armazenamento compartilhado. Os administradores podem, então, usar o recurso Storage Replica do Windows Server 2016 para sincronizar os dados entre os sites, como mostra a Figura 5-59.

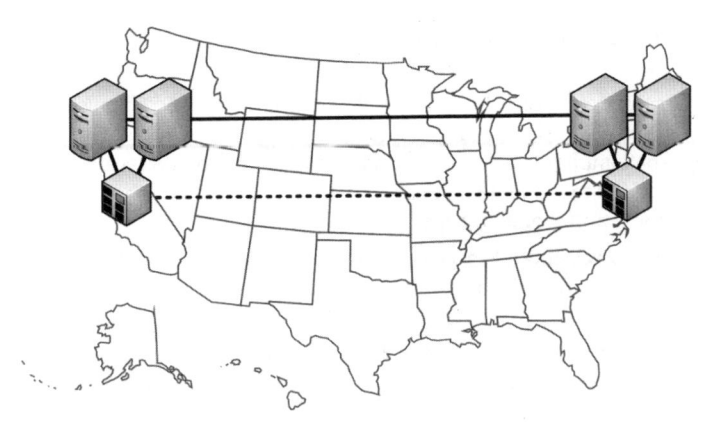

FIGURA 5-59 Um cluster estendido com armazenamento replicado.

Porém, mesmo com o problema dos dados compartilhados resolvido, há outros problemas gerados pelo cluster estendido. Por exemplo, em uma situação de failover, como o cluster deve diferenciar os nós localizados em Nova York dos nós de São Francisco? O Failover Clustering do Windows Server 2016 resolve esse problema permitindo a criação de clusters de failover com reconhecimento de sites (site-aware).

Um *cluster de failover com reconhecimento de sites* é aquele que contém dominios de falha baseados nos valores de uma propriedade de local (site) configurada para cada nó. O cluster usa esses domínios de falha para determiner seu comportamento durante failovers e outras transferências de função. Para criar um cluster com reconhecimento de sites, primeiro você usará o cmdlet New-ClusterFaultDomain do PowerShell para definir os sites. Em seguida, usará o cmdlet Set-ClusterFaultDomain para atribuir os nós do cluster aos sites que criou.

Por exemplo, para criar sites (locais) para os escritórios de Nova York e São Francisco, você poderia usar comandos como os seguintes:

```
new-clusterfaultdomain -name ny -type site -description "primary" -location "new york ny"

new-clusterfaultdomain -name sf -type site -description "secondary" -location "san francisco ca"
```

Então, para um cluster de quatro nós com dois nós em cada local, atribuiria os nós aos sites usando comandos como:

```
set-clusterfaultdomain -name node1 -parent ny

set-clusterfaultdomain -name node2 -parent ny

set-clusterfaultdomain -name node3 -parent sf

set-clusterfaultdomain -name node4 -parent sf
```

Uma vez que essas propriedades estiverem configuradas, o cluster usará as informações dos sites para controlar atividades que envolvam transferências de recursos entre nós. Quando um nó falhar, por exemplo, primeiro o cluster tentará transferí-lo para outro nó do mesmo site. Só quando todos os nós desse site estiverem indisponíveis é que ele executará o failover para um nó de outro site. Isso é conhecido como *afinidade de failover*.

Da mesma forma, quando um administrador remove as funções de um nó antes de desativá-lo para manutenção, o cluster move as funções para um nó do mesmo site. Os volumes compartilhados de cluster também distribuem conexões entre nós do mesmo site, sempre que possível.

Também é possível definir as configurações de emissão de pulsos que um cluster usa para determinar que nós estão funcionando. Em um cluster estendido, na comunicação entre sites sempre há tempos de latência mais longos do que na comunicação entre sub-redes, logo, você pode modificar as configurações a seguir para impedir que os nós sejam designados incorretamente como apresentando falha.

- **CrossSiteDelay** Especifica o intervalo de tempo (em milissegundos) que deve ocorrer entre pulsos enviados para nós de diferentes sites. A configuração padrão é 1000.
- **CrossSiteThreshold** Especifica quantos pulsos perdidos devem ocorrer antes de um nó de um site diferente ser considerado defeituoso. A configuração padrão é 20.

Para definir essas configurações, você pode usar comandos do PowerShell como os seguintes:

```
(get-cluster).crosssitedelay = 2000
```

```
(get-cluster).crosssitethreshold = 30
```

Você também pode configurar um dos sites que criou como o site preferencial do cluster, usando um comando como:

```
(get-cluster).preferredsite = ny
```

Quando o fizer, as funções serão iniciadas no site preferencial durante uma inicialização a frio, e o local preferencial terá precedência durante negociações de quórum, o que o manterá ativo em detrimento dos outros sites, se necessário.

Ative e configure a equidade de nós

Manutenção, failover e outras atividades podem fazer com que máquinas virtuais de um cluster Hyper-V sejam migradas de tal forma que alguns nós fiquem sobrecarregados, enquanto outros quase não são utilizados. O Windows Server 2016 inclui um recurso chamado *node fairness* (*equidade de nós*), que tenta balancear a distribuição entre os nós.

O recurso Node Fairness funciona pela avaliação das cargas de memória e CPU de cada nó com o passar do tempo, tentando identificar aqueles que estão sobrecarregados. Quando o cluster detecta um nó sobrecarregado, ele balanceia a carga executando a migração ao vivo de VMs para outros nós que estejam ociosos, observando ao mesmo tempo domínios de falha e proprietários preferenciais.

O Node Fairness é ativado por padrão, mas você pode configurar se ele será executado e quando ocorrerá o balanceamento de carga. Você também pode configurar a agressividade do balanceamento de carga que ocorrerá. Isso é feito na página Properties do cluster, na guia Balancer, como mostrado na Figura 5-60.

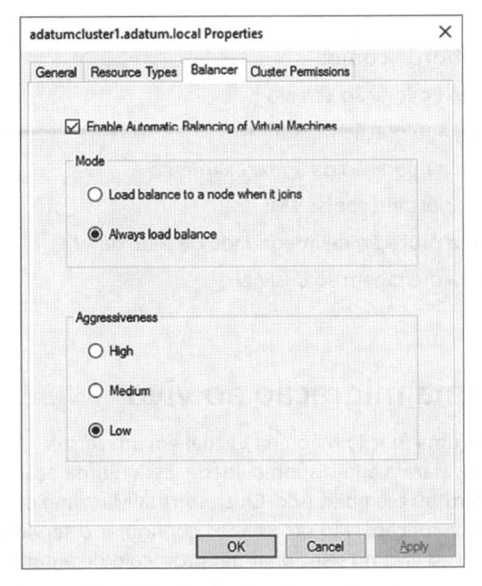

FIGURA 5-60 A guia Balancer da página Properties de um cluster.

Você também pode definir essas configurações com o Windows PowerShell, usando os seguintes comandos:

- **(Get-Cluster).AutoBalancerMode** Especifica se Node Fairness deve ser usada e com que frequência deve balancear a carga, usando os valores a seguir:
    - 0 Node Fairness é desativada
    - 1 O balanceamento de carga ocorre quando um nó é associado ao cluster
    - 2 O balanceamento de carga ocorre quando um nó é associado ao cluster e depois ele ocorre a cada 30 minutos Esse é o padrão.
- **(Get-Cluster).AutoBalancerLevel** Especifica a agressividade com a qual Node Fairness deve avaliar a carga em cada nó, usando os valores a seguir:
    - 1 Baixa. Migra VMs quando o host está com carga superior a 80%. Esse é o padrão.
    - 2 Média. Migra VMs quando o host está com carga superior a 70%.
    - 3 Alta. Migra VMs quando o host está com carga superior a 60%.

Objetivo 5.5: Gerenciar a movimentação de VMs em nós de um cluster

Uma vez que você estiver com um cluster instalado, configurado e funcionando, pode se deparar com situações em que seja necessário alterar a distribuição de máquinas virtuais entre os nós. O Windows Server 2016 fornece vários métodos para a movimentação de VMs e o controle de seu comportamento quando de sua transferência.

Esta seção aborda como:
- Executar uma migração ao vivo
- Executar uma migração rápida
- Executar uma migração de armazenamento
- Importar, exportar e copiar VMs
- Configurar a proteção de integridade de rede da VM
- Configurar a drenagem ao desligar

Execute uma migração ao vivo

Quando criamos uma função Máquina Virtual em um cluster, geramos a VM propriamente dita e a configuramos para a alta disponibilidade. Essa última ação, que é executada com o High Availability Wizard ou o cmdlet Add-ClusterVirtualMachineRole no PowerShell, ativa a migração ao vivo para a função. Não precisamos configurar o servidor Hyper-V manualmente para ativar a migração ao vivo ou selecionar um protocolo de autenticação.

Uma vez que a máquina virtual for criada no cluster, a execução de uma migração ao vivo demandará apenas clicar com o botão direito do mouse na VM na páginas Roles e, no menu de contexto, selecionar Move | Live Migration. Você pode deixar o cluster escolher o melhor nó ou selecionar qualquer um dos nós do cluster como destino, como mostrado na Figura 5-61.

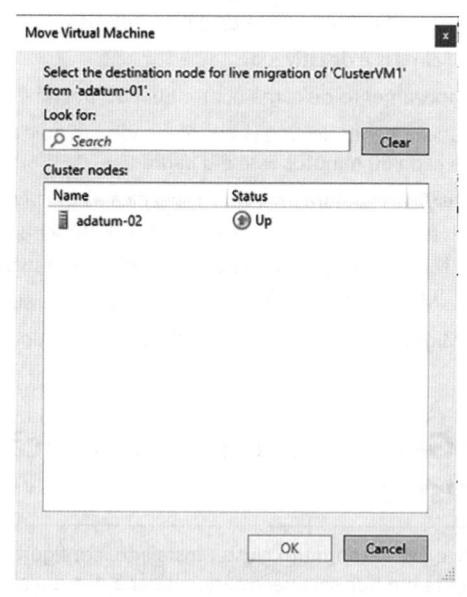

FIGURA 5-61 A caixa de diálogo Move Virtual Machine.

Para iniciar uma migração ao vivo no PowerShell, use o cmdlet Move-ClusterVirtualMachineRole, como no exemplo a seguir:

```
move-clustervirtualmachinerole -name clustervm1 -node server2
```

Execute uma migração rápida

A Migração Rápida (Quick Migration) é a antecessora da migração ao vivo e foi a primeira ferramenta de movimentação de uma máquina virtual de um nó do cluster para outro. Substituída em grande parte pela migração ao vivo no Windows Server 2012, a migração rápida ainda pode ser encontrada no Windows Server 2016, porque há situações em que ela continua sendo útil.

Em comparação com a migração ao vivo, na qual a transferência de uma VM de um nó para o outro é, na maioria dos casos, quase instântanea, a migração rápida envolve o que geralmente é uma breve pausa. Como em uma migração ao vivo, os arquivos de dados não são transferidos durante uma migração rápida. No entanto, você pode executar uma migração rápida em VMs que estejam sendo executadas ou paradas. Para a execução de uma migração ao vivo, as VMs devem estar sendo executadas. Na prática, normalmente os administradores só usam a migração rápida quando não podem executar uma migração ao vivo.

A migração ao vivo típica de uma função Máquina Virtual em execução ocorre assim:

1. O cluster pausa a função Máquina Virtual, suspendendo as funcionalidades de I/O e de CPU da VM.
2. O cluster salva o conteúdo da memória e o estado do sistema da VM de origem no armazenamento compartilhado e coloca a VM no estado Saved.
3. O cluster copia o link simbólico que especifica o local dos arquivos da VM de origem no nó de destino e trasfere a propriedade dos arquivos da VM de origem para a VM de destino.
4. O cluster remove o link simbólico da VM de origem.
5. O cluster retoma a função a partir do estado Saved, copiando o conteúdo da memória e o estado do sistema do armazenamento compartilhado para a VM de destino, colocando-a, então, em execução no nó de destino.

A diferença básica entre a migração rápida e a migração ao vivo é que uma migração rápida copia a memória da VM primeiro no disco, e depois a copia do disco para o destino, enquanto uma migração ao vivo copia a memória diretamente da origem para o destino. A duração da pausa em uma migração rápida depende do tamanho da memória da VM e do desempenho do subsistema de armazenamento. O único dado copiado diretamente da VM de origem para a de destino é o minúsculo link simbólico.

> **NOTA** **MIGRAÇÃO RÁPIDA EM VMS INATIVAS**
> Quando a máquina virtual está parada, uma migração rápida requer apenas a transferência do link simbólico da origem para o destino. Nesse caso, o processo é quase instantâneo.

O efeito da pausa na função clusterizada depende dos aplicativos executados na VM. Alguns aplicativos podem se recuperar facilmente de uma pausa de alguns segundos e outros não. No entanto, a situação era tão importante para os desenvolvedores do Windows Server 2012 que a criação de uma ferramenta de migração quase instantânea, a migração ao vivo, ganhou prioridade máxima entre eles.

O processo de execução de uma migração rápida é quase idêntico ao de uma migração ao vivo. Basta clicar com o botão direito do mouse na VM na página Roles, selecionar Move | Quick Migration no menu de contexto e escolher o nó de destino desejado. Durante a migração, é possível ver a função entrar no estado Saved e depois no estado Starting, quando ela é retomada.

Execute uma migração de armazenamento

A migração ao vivo e a migração rápida foram projetadas para mover o conteúdo da memória e o estado do sistema de uma máquina virtual para outra. Elas não movem os arquivos de disco rígido virtual que a VM usa para armazenar seu sistema operacional, arquivos de aplicativos e dados. Em um cluster de failover, espera-se que esses arquivos estejam localizados em armazenamento compartilhado, para que a VM de destino já tenha acesso a eles.

A migração de armazenamento tem o efeito oposto: ela move os arquivos de disco rígido virtual de uma VM, mas não sua memória e o estado do sistema. Há relativamente poucas limitações na migração de armazenamento. A máquina virtual não precisa fazer parte de um cluster, portanto, a vemos implementada tanto no Hyper-V quanto no Failover Clustering.

Em um servidor Hyper-V autônomo, você pode mover os arquivos para qualquer destino que tenha permissão para acessar, inclusive um local diferente no mesmo computador. Isso é útil, porque atualiza a VM com as novas localizações dos arquivos à medida que ela os transfere.

No Hyper-V, você usará o Move Wizard para executar migrações de armazenamento, mas há uma ferramenta diferente no Failover Cluster Manager. Quando você selecionar uma função Máquina Virtual e clicar em Move | Virtual Machine Storage, aparecerá a caixa de diálogo Move Virtual Machine Storage, como mostrado na Figura 5-62.

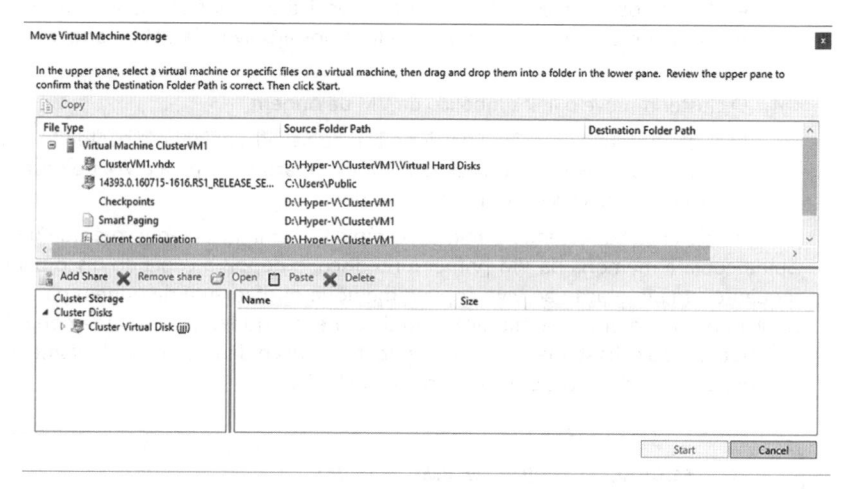

FIGURA 5-62 A caixa de diálogo Move Virtual Machine Storage

> **DICA DE EXAME**
>
> Ao se preparar para o Exame 70-740, lembre-se de que a migração de armazenamento e a migração ao vivo são processos separados. No Hyper-V Manager, o Move Wizard integra os recursos de migração ao vivo e migração de armazenamento em uma única interface, o que pode ser confuso. Usando esse assistente, você pode mover uma máquina virtual para um host Hyper-V diferente, mover o armazenamento de uma VM sem mudá-la de local, ou mover tanto a VM quanto seu armazenamento para um host diferente, aí sim combinando a migração ao vivo e a migração de armazenamento. Lembre-se, entretanto, de que essas são duas ferramentas separadas e dois procedimentos distintos, embora o assistente os faça parecer um único processo.

Nessa caixa de diálogo, você pode selecionar qualquer um dos recursos armazenados pertencentes à máquina virtual, inclusive arquivos VHD e VHDX, pontos de verificação e arquivos de Paginação Inteligente, e arrastar e soltá-los em um local qualquer do armazenamento do cluster. Um novo valor aparecerá para Destination Folder Path, especificando para onde a ferramenta moverá o arquivo. Quando você tiver selecionado destinos para todos os arquivos que deseja mover, poderá clicar no botão Start para fechar a caixa de diálogo e começar o processo de migração de armazenamento.

Importe, exporte e copie VMs

No Hyper-V, a possibilidade de exportar e importar VMs presta-se a vários fins úteis. É uma maneira simples, embora tediosa, de mover uma VM de um host para outro, com todos os seus arquivos de disco rígido virtual, pontos de verificação e Paginação Inteligente, sem os pré-requisitos necessários para a migração ao vivo ou migração rápida. Também é uma maneira de copiar – ou clonar – uma máquina virtual, com as suas atualizações, definições de configuração, e aplicativos intactos.

O Hyper-V Manager fornece acesso a uma caixa de diálogo Export Virtual Machine e a um Import Virtual Machine Wizard, como descrito no Capítulo 3, mas não há uma interface como essa no Failover Cluster Manager. Você pode, entretanto, usar os cmdlets Export-VM e Import-VM no Windows PowerShell para clonar uma máquina virtual clusterizada.

Para exportar uma máquina virtual, em execução ou parada, use um comando como o seguinte:

```
export-vm -name clustervm1 -path d:\vm
```

Você pode executar o comando a partir de qualquer nó do cluster, mas se especificar um disco local não compartilhado para o parâmetro Path, a VM será exportada para o caminho informado no nó em que ela estiver sendo executada. Logo, é preferível especificar um amazenamento compartilhado como valor de Path.

Para importar a máquina virtual para o host Hyper-V, copie os arquivos para as pastas padrão do host e gere um novo identificador de segurança (SID) para a VM. Para evitar conflitos, use um comando como o seguinte:

```
import-vm -path "d:\vm\virtual machines\5ae40946-3a98-428e-8c83-081a3c68d18c.xml" -copy -generatenewid
```

Quando o processo terminar, você terá uma nova máquina virtual nesse host. Se o host Hyper-V estiver configurado para armazenar arquivos da VM no armazenamento compartilhado por padrão, você poderá usar o Failover Cluster Manager para adicionar essa VM como uma função Máquina Virtual, configurando-a para a alta disponibilidade.

Configure a proteção de integridade de rede da VM

A proteção de integridade de rede (network health protection) é um recurso que detecta se uma VM de um nó do cluster tem uma conexão funcional com uma rede designada. Se não tiver, o cluster executará a migração ao vivo da função Máquina Virtual automaticamente para outro nó que tenha uma conexão com essa rede.

Sem esse recurso, as máquinas virtuais clusterizadas podem perder o contato com a rede que deveriam estar atendendo e continuarão a ser executadas como se nada estivesse errado. Se o problema for simples, como um cabo desconectado, talvez outros nós do cluster ainda tenham acesso à rede, e migrar a VM para um deles pode mantê-la operacional até a falha ser reparada.

A proteção de integridade de rede é ativada por padrão, mas há situações em que um administrador pode não querer que uma migração ao vivo ocorra automaticamente. Por exemplo, se os nós do cluster estiverem equipados com conexões com redes adicionais, você pode não querer que migrações ao vivo ocorram em resposta à falha em uma rede quando o nó ainda tiver acesso a outras.

Para controlar se a proteção de integridade de rede será aplicada, abra a caixa de diálogo Settings da VM, no Failover Cluster Manager ou no Hyper-V Manager, expanda o adaptador de rede que fornece a conexão com a rede em questão, e exiba a página Advanced Features, como mostrado na Figura 5-63. Quando você desmarcar a caixa de seleção Protected Network, impedirá que migrações ao vivo ocorram devido a falhas detectadas nessa rede específica.

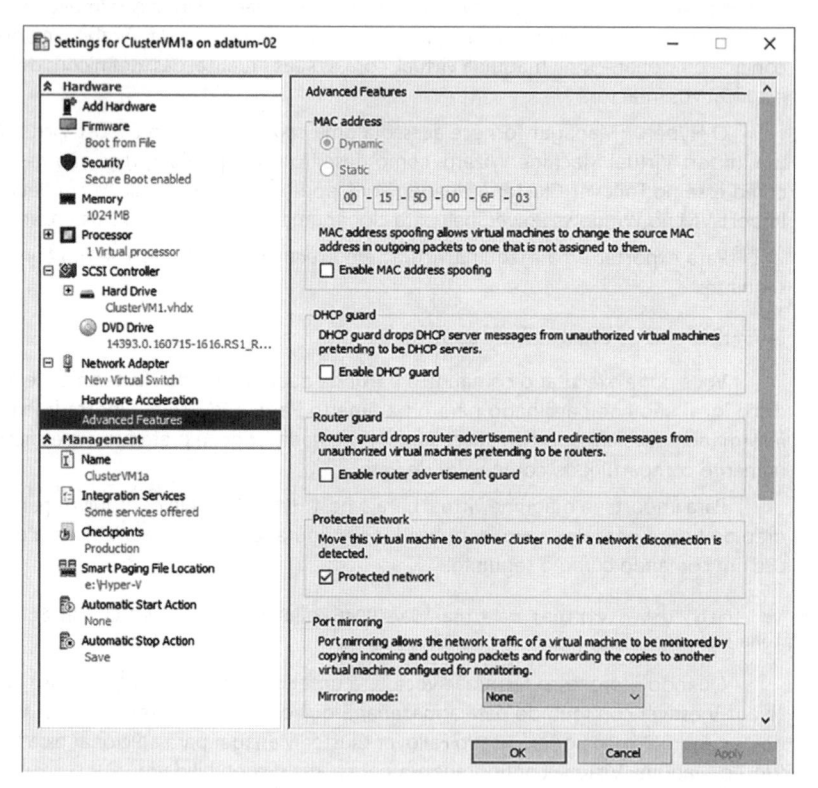

FIGURA 5-63 A página Advanced Settings de um adaptador de rede na caixa de diálogo Settings de uma VM.

Configure a drenagem ao desligar

Quando você quiser desligar um nó que contenha VMs, para manutenção ou qualquer outra razão, o procedimento apropriado é drenar as funções do nó – isto é, migrá-las dinamicamente para outros nós – antes de desligar a máquina. Em Failover Cluster Manager, você pode fazer isso selecionando um nó e clicando em Pause | Drain Roles no painel Actions. Se clicar na guia Roles na parte inferior da página, verá que cada função foi migrada dinamicamente para outro nó do cluster.

CAPÍTULO 5 Implementação da alta disponibilidade

No PowerShell, você pode drenar um nó usando o cmdlet Suspend-ClusterNode, como nesse exemplo:

```
suspend-clusternode
```

No passado, se não drenássemos o nó e apenas o desligássemos com as funções sendo executadas, estas eram colocadas em um estado Saved, causando falha no serviço até que as VMs pudessem ser movidas para outro nó e retomadas. Atualmente, o Failover Clustering do Windows Server 2016 inclui um recurso chamado drain on shutdown (drenagem ao desligar), que executa automaticamente a migração ao vivo de todas as funções de um nó antes de desligar o sistema. É bom ressaltar, entretanto, que a Microsoft continua recomendando pausar o nó e drená-lo antes de iniciar um desligamento.

Drain On Shutdown é ativado por padrão, como podemos constatar com a execução do comando (Get-Cluster).DrainOnShutdown, mostrado na Figura 5-64. Um valor igual a 1 indica que o recurso está ativado e 0 indica que ele está desativado.

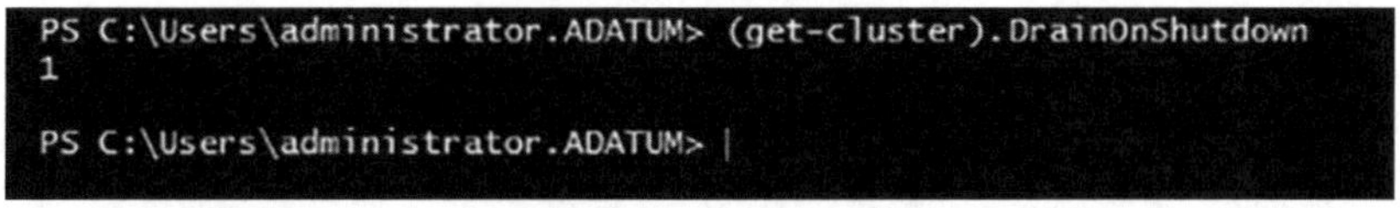

```
PS C:\Users\administrator.ADATUM> (get-cluster).DrainOnShutdown
1
PS C:\Users\administrator.ADATUM>
```

FIGURA 5-64 Saída do comando (Get-Cluster).DrainOnShutdown.

Logo, para desativar Drain On Shutdown, você usaria o comando:

```
(get-cluster).drainonshutdown = 0
```

Objetivo 5.6: Implementar o Network Load Balancing (NLB)

A filosofia básica de um cluster de failover é a tolerância a falhas, em que um único computador executa um serviço enquanto os outros permanecem ociosos, esperando para servir como substitutos em caso de falha. O *balanceamento de carga de rede* (*network load balancing*), por outro lado, se baseia na ideia de muitos computadores fornecendo o mesmo serviço simultaneamente. Esse esquema também oferece tolerância a falhas, mas o objetivo principal é distribuir a carga entre muitos computadores, permitindo que o cluster atenda ao mesmo tempo mais clientes do que um único computador atenderia.

> **Esta seção aborda como:**
> - Configurar os pré-requisitos do NLB
> - Instalar os nós NLB
> - Configurar a afinidade
> - Configurar regras de porta
> - Configurar o modo de operação do cluster
> - Fazer o upgrade de um cluster NLB

Configure os pré-requisitos do NLB

Um cluster do Network Load Balancing (NLB) pode ser composto por 2 a 32 servidores – chamados hosts – cada um executando uma cópia separada do aplicativo desejado. O NLB, então, usa o endereçamento TCP/IP para enviar solicitações recebidas de clientes para os diferentes hosts, balaceando a carga entre eles. O NLB é mais adequado para aplicativos stateless, como os servidores web, com cargas de clientes variáveis. À medida que o tráfego cresce, é possível adicionar hosts ao cluster, aumentando sua capacidade. Também é possível remover hosts facilmente, caso a carga de clientes seja reduzida.

> **DICA DE EXAME**
> Os clusters do Failover Clustering são compostos por *nós*, enquanto os clusters do Network Load Balancing são compostos por *hosts*. Lembre-se dessa diferença no Exame 70-740.

Os hosts NLB de um cluster trocam mensagens chamadas *pulsos* (*heartbeats*) a cada segundo. Essas mensagens permitem que eles detectem a funcionalidade continuada dos outros hosts. Quando os pulsos de um host param por um período de tempo específico, os outros hosts o removem do cluster. Sempre que um host é adicionado ou removido, o cluster NLB executa um processo conhecido como *convergência*, durante o qual ele avalia a associação atual ao cluster e determina como as solicitações de clientes devem ser distribuídas entre os hosts.

Como no Failover Clustering, um cluster NLB tem sua própria identidade virtual na rede, com um nome e um endereço IP que os clientes usam para se conectar com o aplicativo. Por exemplo, quando nos conectamos com um site grande na Internet, estamos nos conectando com um endereço de cluster com algum mecanismo como o NLB encaminhando a solicitação para um dos computadores de um farm de servidores. Não sabemos que servidor estamos acessando, e isso não importa, porque todos fornecem o mesmo serviço.

Já que o aplicativo é executado em todos os hosts do cluster, muitas das negociações complicadas requeridas no cluster de failover não são necessárias. Não há quórum, e nem problemas relacionados a que servidor está executando uma função específica. Todos eles ficam ativos. Logo, o NLB é muito mais fácil de configurar e administrar do que o Failover Clustering, e tem menos pré-requisitos.

Pré-requisitos de hardware

Os clusters NLB podem dar suporte a até 32 hosts. Em geral, não é necessário armazenamento compartilhado ou outro hardware especializado. Ao contrário do que ocorre em um cluster de failover, os computadores usados na criação de hosts NLB não precisam ser idênticos. No entanto, devem ser semelhantes em seus recursos, para que alguns hosts não sejam executados de maneira menos eficiente do que os outros.

Todos os hosts de um cluster NLB devem estar conectados à mesma sub-rede, e a latência de rede deve ser reduzida para permitir que o processo de convergência ocorra normalmente. Os hosts não precisam estar no mesmo rack de servidor ou data center, mas a dispersão dos computadores por longas distâncias pode resultar em hosts sendo removidos do cluster.

> **NOTA** **TOLERÂNCIA A FALHAS BASEADA EM SITES PARA O NLB**
>
> Para fornecer tolerância a falhas baseada em sites, no caso de um desastre de larga escala, a melhor prática é criar clusters NLB separados em diferentes regiões, e usar outro mecanismo para distribuir solicitações de clientes entre os dois sites. Por exemplo, o *round-robin* do DNS é uma técnica que permite que os servidores DNS resolvam o nome do cluster para fornecer diferentes endereços IP para solicitações sucessivas. Isso dividiria o tráfego recebido entre os sites, e o NLB o dividiria novamente entre os hosts de cada site.

Os hosts NLB podem ter quantos adaptadores de interface de rede forem necessários para outros fins, mas todos os usados para o NLB devem estar configurados igualmente em relação ao uso de transmissões multicast ou unicast. Os parâmetros do cluster – e especificamente o modo de operação do cluster – são influenciados pela configuração do hardware de rede. Já que eles são selecionados na definição do cluster NLB, você terá que considerar essa questão nesse momento.

Pré-requisitos de software

O Network Load Balancing tem alguns requisitos de configuração de software que você deve considerar antes de criar um cluster NLB, como os seguintes:

- **Sistema operacional** O Windows Server já vem dando suporte ao Network Load Balancing há várias versões e as implementações desde o Windows Server 2008 são em grande parte iguais. No entanto, a melhor prática é todos os hosts de um cluster NLB executarem a mesma versão e a mesma edição do Windows Server.
- **Endereços IP** Todos os hostst de um cluster NLB devem ter endereços IP estáticos. O NLB não dá suporte ao uso do Dynamic Host Configuration Protocol (DHCP) e desativará o cliente DHCP nos computadores que você configurar como hosts. Logo, é preciso ficar alerta para o endereçamento IP usado na sub-rede e ter endereços IP apropriados que possam ser atribuídos aos hosts e ao cluster. Se a sub-rede usar o DHCP em seus outros computadores, você deve ter endereços que não pertençam ao escopo do DHCP.
- **Contas de usuário locais** Todos os hosts de um cluster NLB devem ter contas de usuário idênticas, com associação ao grupo Administrators local, que o Network Load Balancing Manager usará para acessá-los. Se não usar contas idênticas, você terá que fornecer credenciais de autenticação para cada host que acessar. Embora a associação a um domínio do Active Directory Domain Services não seja necessária em um cluster NLB, ela facilita o gerenciamento, porque o grupo Domain Admins do AD DS é membro do grupo Administrators local em todos os computadores associados.

Instale nós NLB

O Network Load Balancing, como o Failover Clustering, é um recurso incluído no Windows Server 2016. Você deve instalá-lo em todos os servidores que funcionarão como hosts NLB, usando o Add Roles and Features Wizard no Server Manager. Ou pode instalar o recurso usando o cmdlet Install-WindowsFeature no Windows PowerShell, usando o comando a seguir:

```
install-windowsfeature -name nlb -includemanagementtools
```

Você também pode instalar as ferramentas de gerenciamento do NLB sem o recurso NLB, para administrar um cluster a partir de uma estação de trabalho remota, usando esse comando:

```
install-windowsfeature -name rsat-nlb
```

Uma vez que o recurso estiver instalado em todos os servidores, você poderá criar um cluster NLB, usando o procedimento a seguir.

1. Inicie o console Network Load Balancing Manager, mostrado na Figura 5-65, a partir do menu Tools no Server Manager.

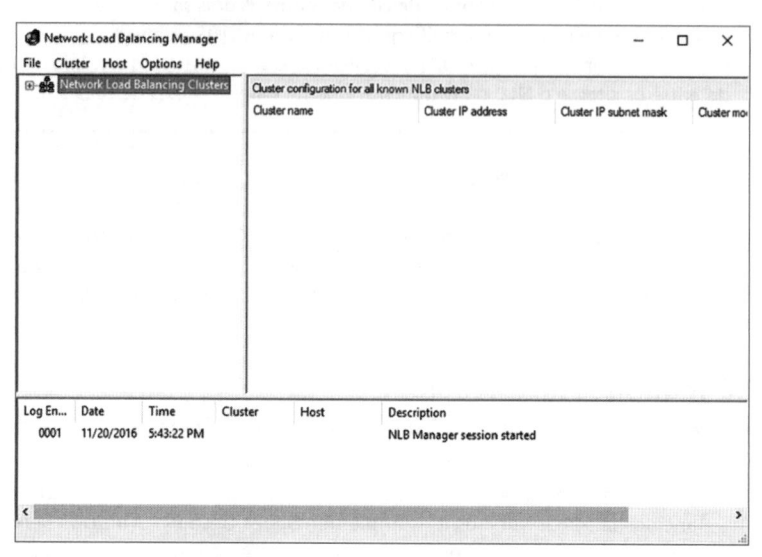

FIGURA 5-65 O console Network Load Balancing Manager.

2. No menu Cluster, clique em New.
3. Na página New Cluster: Connect, mostrada na Figura 5-66, na caixa de texto Host, digite o nome do primeiro host que deseja adicionar ao cluster, ainda que seja o nome do computador local, e clique em Connect. A(s) interface(s) e o(s) endereço(s) IP do computador aparecerão.

FIGURA 5-66 A página New Cluster: Connect.

4. Selecione a interface que o host usará para o cluster.
5. Na página New Cluster: Host Parameters, especifique um valor para Priority (Unique Host Identifier) usando a lista suspensa. Esse valor deve ser exclusivo em cada host que você instalar. Qualquer tráfego que não estiver de acordo com as regras de porta configuradas para o cluster será encaminhado para o host com menor valor de prioridade.
6. Na página New Cluster: Cluster IP Addresses, clique em Add.
7. Na caixa de diálogo Add IP Address, mostrada na Figura 5-67, especifique os valores de IPv4 Address e Subnet Mask que o cluster usará e clique em OK. Isso criará a identidade virtual do cluster, que será adicionada à configuração de adaptador de rede de cada host.

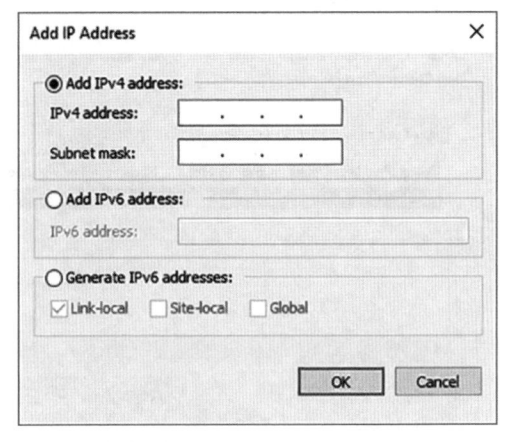

FIGURA 5-67 A caixa de diálogo Add IP Address.

8. Na página New Cluster: Cluster Parameters, mostrada na Figura 5-68, especifique o valor do nome completo de Internet (Full Internet Name) do cluster. Esse será o nome que os clientes usarão para se conectar com o aplicativo executado no cluster. Para um cluster de servidor web, por exemplo, esse será o nome de servidor incluído na URL do site.

FIGURA 5-68 A página New Cluster: Cluster Parameters.

9. Na caixa Cluster Operation Mode, selecione um dos valores a seguir:
   - **Unicast**   Especifica se o cluster deve usar um endereço de controle de acesso à mídia (MAC) unicast para suas comunicações.
   - **Multicast**   Especifica se o cluster deve usar um endereço MAC multicast para suas comunicações.
   - **IGMP Multicast**   Especifica se o cluster deve usar um endereço MAC multicast para suas comunicações, com o Internet Group Messaging Protocol (IGMP), para impedir port flooding (inundação de porta).
10. Na página New Cluster: Port Rules, mostrada na Figura 5-69, clique em Edit para modificar a regra de porta padrão.

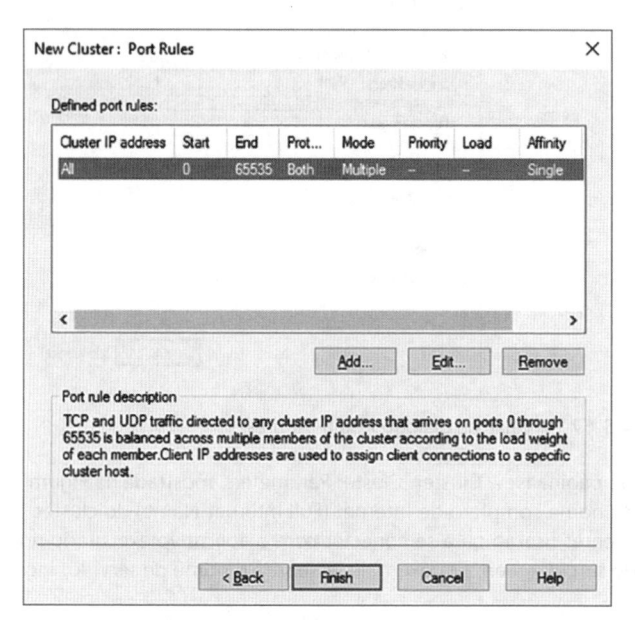

FIGURA 5-69   A página New Cluster: Port Rules.

11. Na caixa de diálogo Add/Edit Port Rule, mostrada na Figura 5-70, modifique as configurações de intervalo de portas (Port Range) para o aplicativo que o cluster executará.

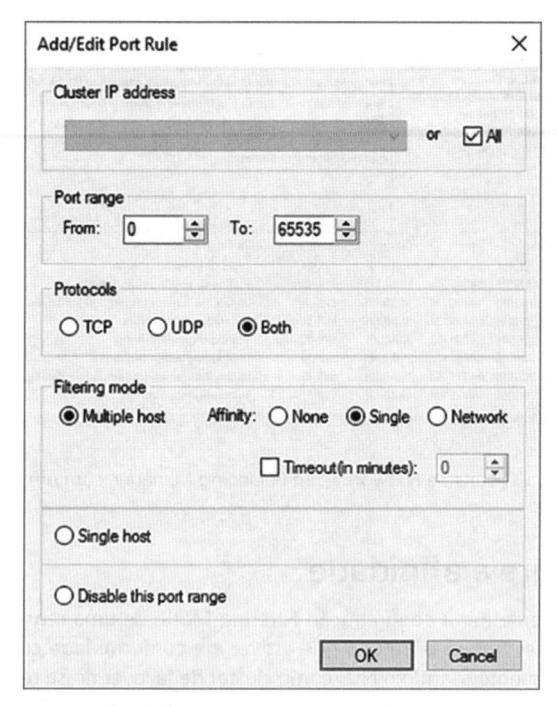

FIGURA 5-70 A caixa de diálogo Add/Edit Port Rule.

12. Na caixa Filtering Mode, selecione uma das opções a seguir e clique em OK para rever as configurações de regra de porta.

    - **Multiple Host** Permite que tráfego recebido em conformidade com a regra de porta seja tratado por vários hosts do cluster. Selecione uma configuração de afinidade para especificar como tráfego repetido dos clientes será distribuído entre os hosts.
    - **Single Host** Permite que tráfego recebido em conformidade com a regra de porta seja tratado por um único host do cluster.
    - **Disable This Port Range** Faz o cluster bloquear todo o tráfego que estiver de acordo com a regra de porta.

13. Clique em Finish.

Você criou um cluster NLB e configurou seu primeiro host. Para adicionar hosts ao cluster, selecione-o no console e clique em Cluster | Add Host. Para cada host que adicionar, será preciso configurar apenas as páginas Connect, Host Parameters, e Port Rules. À medida que você for adicionando hosts, o cluster convergirá, até todos os hosts terem sido reconhecidos e incorporados ao cluster, como mostrado na Figura 5-71.

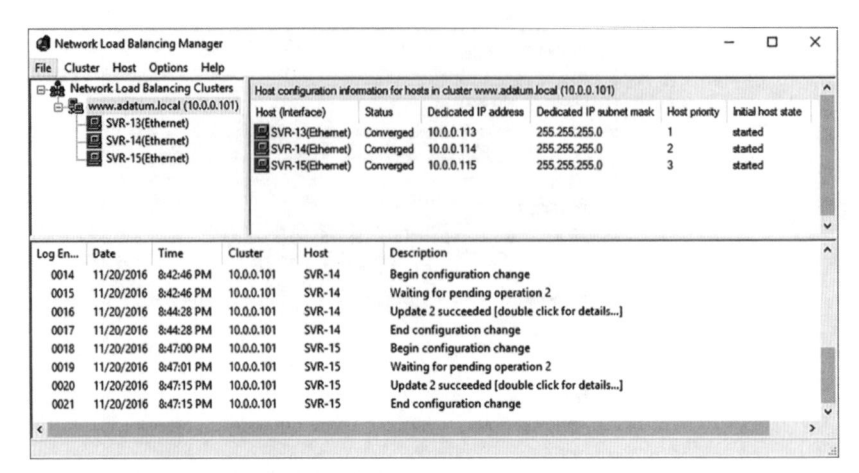

FIGURA 5-71   O console Network Load Balancing Manager, com um cluster de três nós.

Configure a afinidade

Quando você definir a configuração Filtering Mode de uma regra de porta, deve especificar como o cluster tratará o tráfego que estiver em conformidade com ela. Se selecionar Single, estará basicamente usando o NLB como cluster de failover nessa regra, com tolerância a falhas, mas sem escalabilidade. Só o host com menor valor de prioridade tratará o tráfego que estiver de acordo com a regra. Se ele falhar, o próximo host de menor prioridade assumirá.

Selecionar Disable impede que o cluster aceite qualquer tráfego que estiver de acordo com a regra. Você usará essa configuração para criar uma regra que bloqueie tráfego relacionado a um determinado endereço IP ou porta.

Quando você selecionar a opção Multiple Host, o tráfego que estiver de acordo com essa regra será distribuído entre todos os hosts do cluster. Essa opção fornece tolerância a falhas e escalabilidade. O problema é que se um cliente desconectar-se do cluster e conectar-se novamente, ele pode ser enviado para um host diferente.

Para alguns aplicativos, isso não é problema. Se, por exemplo, você estiver executando um servidor web que forneça apenas páginas estáticas, não terá importância se um cliente for deslocado de um host para outro. No entanto, para um site de comércio eletrônico, interromper uma sessão e mover o cliente para outro host interromperia a transação. As configurações de afinidade da opção Multiple Hosts resolvem esse problema.

A configuração de afinidade que você selecionar especificará como o cluster deve reagir a solicitações repetidas do mesmo cliente. As configurações disponíveis são:

- **None**   Sem a afinidade de cliente, as solicitações recebidas do mesmo endereço IP podem ser tratadas por qualquer host. Você deve evitar essa configuração para aplicativos baseados em transações que exijam conexões consistentes com um único host. Também deve evitá-la quando a regra usar UDP ou Both para a configuração Protocols, para que fragmentos IP não sejam enviados para hosts diferentes.
- **Single**   Essa configuração assegura que todo o tráfego proveniente do mesmo endereço IP seja enviado para o mesmo host. Se um cliente se desconectar, uma reconexão usará o mesmo endereço IP de origem e o NLB o reconhecerá e encaminhará o tráfego de acordo, permitindo que a sessão continue.

- **Network** Essa configuração permite que todo o tráfego originado pela mesma rede Classe C seja enviado para o mesmo host. Em alguns casos, os clientes podem usar servidores proxy diferentes na mesma rede ao se conectar com o cluster. Contanto que esses servidores estejam localizados na mesma sub-rede, o NLB reconhecerá que provavelmente o tráfego foi originado pelo mesmo cliente e o enviará para um único host.

Marque a caixa de seleção de tempo-limite para especificar o período de tempo máximo permitido entre as conexões antes da regra de afinidade não ser mais aplicável.

Configure regras de porta

As regras de porta definem que tipos de tráfego TCP/IP o cluster NLB deve tratar e como ele deve tratar cada tipo. Quando você criar um cluster, a regra de porta padrão admitirá tráfego usando todos os endereços IP e todas as portas. É possível modificar essa regra quando necessário e criar outras para especificar configurações distintas para diferentes tipos de tráfego.

Além das configurações Filter Mode e Affinity já descritas, as configurações disponíveis em uma regra de porta são:

- **Cluster IP Address** Um cluster pode ter vários endereços IP, representando serviços distintos, como os diferentes sites hospedados pelo Internet Information Services (IIS). Selecionando um endereço específico, você pode criar uma regra diferente para cada serviço. Marcar a caixa de seleção All cria uma regra global para todos os endereços IP do cluster.
- **Port Range** Um cluster também pode fornecer serviços que usem diferentes portas. Por exemplo, a porta conhecida para um servidor web é a 80, mas a de um servidor web seguro é a 443. Se você estiver usando o NLB para balancear o tráfego de um servidor web que execute vários sites, pode criar uma regra para cada site especificando seu endereço IP e/ou seu número de porta. Um site que forneça páginas web estáticas pode usar o modo de filtragem Multiple Host sem afinidade de cliente, mas para um site de e-commerce seguro suportado em um único host, você pode usar o modo de filtragem Single.
- **Protocols** Especifica se a regra deve ser aplicada a tráfego TCP ou UDP, ou a ambos. Normalmente, o TCP é usado para transações mais longas que exigem vários pacotes, enquanto o UDP é usado para transações rápidas de solicitação/resposta. Dependendo do aplicativo que você estiver executando no cluster, pode querer definir configurações de afinidade diferentes para cada protocolo.

Quando você acessar as regras de porta por intermédio da página Properties de um dos hosts, como mostrado na Figura 5-72, não poderá modificar as configurações de regras listadas anteriormente, mas há duas configurações específicas dos hosts que poderá definir:

- **Load Weight** Acessível somente no modo de múltiplos host, especifica a quantidade do tráfego em conformidade com a regra que deve ser tratada pelo host selecionado. A configuração padrão é o tráfego ser balanceado igualmente, mas você pode especificar um valor relativo de 0 a 100.
- **Handling Priority** Acessível somente no modo de host único, especifica uma prioridade para o host que irá tratar do tráfego concordante com a regra. O host de valor mais baixo tratará todo o tráfego da regra.

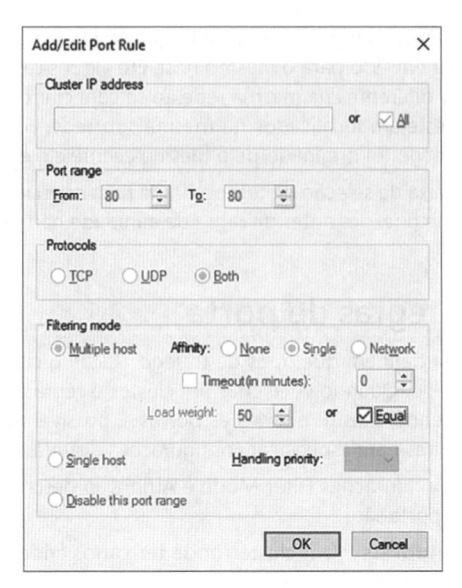

FIGURA 5-72 As configurações de regras de porta da página Properties de um host.

Configure o modo de operação do cluster

A configuração Cluster Operation Mode especifica que tipo de tráfegeo TCP/IP os hosts do cluster devem usar. Unicast é uma transmissão TCP/IP que é endereçada a um único destino. Multicast é uma transmissão enviada para vários destinos, usando um endereço IP multicast especial.

    O endereço MAC é um valor exclusivo de seis bytes codificado nos adaptadores de interface de rede pelo fabricante. Quando você selecionar o modo unicast para um cluster, o NLB substituirá o endereço MAC do hardware da interface escolhida para cada host pelo endereço MAC virtual do cluster. Isso fará o tráfego endereçado ao cluster seguir para todos os seus hosts. Essa prática pode confundir os switches de rede, que não conseguem determinar a que porta o endereço MAC do cluster pertence e, portanto, precisam encaminhar o tráfego de saída por todas as suas portas, inundando a rede.

    O modo unicast também impede que os hosts do cluster se comuniquem uns com os outros usando os adaptadores designados para eles. Já que todos os hosts usam o mesmo endereço MAC, o tráfego de saída entra em loopback e nunca alcança a rede. Logo, você deve instalar um segundo adaptador de rede em cada host se pretende usar o modo unicast e deseja que ocorra uma comunicação normal entre os hosts.

    Quando você selecionar a opção multicast, o NLB adicionará um segundo endereço MAC à interface de rede em cada host, e esse endereço MAC multicast não substituirá o original. Já que cada host retém seu endereço MAC exclusivo, não há necessidade de um segundo adaptador de rede. A opção multicast também causa a inundação de switches, por padrão, mas há soluções para isso. A opção IGMP multicast usa o Internet Group Management Protocol para programar os switches, para que o tráfego destinado ao endereço MAC do cluster só seja encaminhado para fora por intermédio das portas de switch conectadas a hosts NLB. Os administradores também podem criar uma rede local virtual (VLAN) no switch para obter os mesmos resultados.

    O modo multicast é a melhor opção, exceto em casos em que o hardware de rede não dê suporte a transmissões multicast ou o uso do multicast piore significativamente o desempenho do cluster.

Faça o upgrade de um cluster NLB

Há duas maneiras de fazer o upgrade de um cluster NLB já existente para a versão do Windows Server 2016:

- **Upgrade simultâneo** Nessa opção, desativamos o cluster NLB inteiro, fazemos o upgrade de todos os hosts e, então, ativamos o cluster novamente. É claro que isso gera um período de inatividade significativo para o aplicativo clusterizado. Essa só será uma opção viável se não nos importarmos em deixar o aplicativo indisponível durante algum tempo ou se tivermos um cluster de reserva disponível para tomar seu lugar.
- **Upgrade sem interrupção** Nessa opção, removemos os hosts do cluster um de cada vez, fazemos o upgrade de cada um e, em seguida, os adicionamos novamente ao cluster. O NLB foi projetado para acomodar a inclusão e a remoção de hosts, logo, o cluster convergirá sempre que removermos ou adicionarmos um dos servidores.

Resumo do capítulo

- O Hyper-V Replica é um recurso que pode duplicar o armazenamento da máquina virtual de maneira síncrona ou assíncrona.
- Migração ao vivo é o processo pelo qual a memória e o estado do sistema de uma máquina virtual são transferidos de um nó para outro quase instantaneamente.
- Migração de armazenamento é um processo pelo qual os arquivos de disco rígido virtual de uma VM são movidos de um local para outro, no mesmo host Hyper-V ou em um host diferente.
- O Windows Server 2016 dá suporte a clusters de failover contendo nós em um único domínio, em vários domínios e em grupos de trabalho.
- Quórum é o procedimento de votação que os clusters usam para determinar se devem continuar a ser executados ou se serão encerrados durante uma falha.
- Os clusters de failover requerem armazenamento compartilhado, para que os aplicativos executados nos nós continuem a funcionar, mesmo que haja falha em um nó.
- A atualização com suporte a cluster é um recurso que assegura que todos os nós de um cluster de failover recebam as mesmas atualizações no momento oportuno.
- O upgrade do sistema operacional sem interrupção do cluster é um novo modo operacional que permite que nós do cluster com diferentes sistemas operacionais coexistam temporariamente.
- Os volumes compartilhados de cluster são um armazenamento compartilhado que fica disponível em todos os nós do cluster simultaneamente.
- O cluster é chamado *convidado* quando criamos um cluster de failover usando máquinas virtuais em servidores Hyper-V.
- Uma testemunha de nuvem é um membro do quórum de votação que reside no Microsoft Azure, fornecendo o voto decisivo para clusters de múltiplos sites.
- O Storage Spaces Direct permite criar armazenamento compartilhado com o uso dos discos locais dos nós.
- O Storage Spaces Direct pode fornecer armazenamento compartilhado para um cluster separado ou para funções executadas no mesmo cluster.
- O monitoramento da VM permite especificar um serviço executado em uma máquina virtual, para que o cluster possa tomar medidas se o serviço falhar.

- Um cluster estendido é aquele que é dividido entre dois ou mais sites. O reconhecimento de sites é dado pela possibilidade de configurar os nós do cluster com sua localização, para o controle de seu comportamento de failover.
- Para executar migrações ao vivo e migrações de armazenamento, você pode usar o Failover Cluster Manager ou os cmdlets do Windows PowerShell.
- A migração rápida, a antecessora da migração ao vivo, copia o conteúdo da memória no armazenamento compartilhado e depois no nó de destino.
- A proteção de integridade de rede executa automaticamente o failover de uma função para um nó diferente quando uma rede não pode ser acessada.
- Network Load Balancing é um recurso do Windows Server 2016 que permite criar clusters em que todos os servidores executam o mesmo aplicativo simultaneamente.
- Os clusters NLB têm suas próprias identidades, com nomes e endereços IP que os clientes usam para acessá-los.
- Para criar um cluster NLB, basta usar o Network Load Balancing Manager para adicionar cada host e definir as configurações para os hosts e o cluster.
- As regras de porta permitem identificar os tipos de tráfego que os hosts do cluster NLB poderão tratar, com especificação de endereços IP, protocolos e portas.

Teste de raciocínio

Nesse teste de raciocínio, você demonstrará suas habilidades e conhecimentos referentes aos tópicos deste capítulo. As respostas podem ser encontradas na próxima seção.

Alice está configurando um cluster Network Load Balancing composto por cinco hosts executando o IIS para hospedar um site de e-commerce. Cada um dos servidores host tem um único adaptador de rede, e eles estão todos conectados à mesma sub-rede. Para criar o cluster NLB, Alice está trabalhando no primeiro servidor host, adicionando a máquina local, configurando o cluster para usar transmissões unicast e modificando a regra de porta padrão para usar o modo de filtragem Multiple Host com a configuração de afinidade Single.

Após adicionar o primeiro host ao cluster NLB, Alice descobre que não consegue se comunicar com os quatro computadores que seriam os outros hosts do cluster. Ela tenta adicioná-los ao cluster e não consegue se conectar. Tenta, então, detectá-los com um ping e o destino não pode ser alcançado. Ela tenta até mesmo encerrar o Firewall do Windows, mas não adianta.

O que está impedindo a comunicação e quais são as duas soluções que Alice pode usar para remediar a situação?

Resposta do teste de raciocínio

Esta seção contém a solução do teste de raciocínio.

A configuração de transmissão unicast fez o endereço MAC do adaptador de rede do host ser substituído pelo endereço MAC virtual do cluster. Já que o endereço MAC leva ao cluster, na verdade Alice está detectando a si própria com um ping quando tenta entrar em contato com os outros servidores. Para remediar a situação, ela pode adicionar um segundo adaptador de rede a todos os servidores host ou reconfigurar o cluster para usar transmissões multicast, que não suprimem o endereço MAC do servidor.

CAPÍTULO 6

Manutenção e monitoramento de ambientes de servidor

Uma vez que os servidores estiverem instalados e configurados, ainda há algumas tarefas que os administradores devem executar. Os servidores requerem manutenção, para assegurarmos que estejam atualizados e protegidos, e seu desempenho deve ser monitorado, para nos certificarmos se continuam sendo eficientes.

Objetivos deste capítulo:
- Fazer a manutenção de instalações de servidor
- Monitorar instalações de servidor

Objetivo 6.1: Fazer a manutenção de instalações de servidor

Independentemente dos mecanismos de tolerância a falhas que você estiver usando em sua rede, os servidores precisarão de manutenção para funcionar eficientemente. Os administradores devem aplicar atualizações aos sistemas operacionais e aplicativos, monitorar produtos de software antimalware e executar backups regulares para assegurar que os dados estejam protegidos contra perdas. O Windows Server 2016 inclui recursos que podem executar essas tarefas, como descrito nas próximas seções.

> **Esta seção aborda como:**
> - Implementar soluções do Windows Server Update Services (WSUS)
> - Configurar grupos do WSUS
> - Gerenciar o controle de patches em ambientes mistos
> - Implementar uma solução antimalware com o Windows Defender
> - Integrar o Windows Defender ao WSUS e ao Windows Update
> - Executar operações de backup e restauração usando o Backup do Windows Server
> - Determinar estratégias de backup para diferentes funções e cargas de trabalho do Windows Server, inclusive para o host Hyper-V, convidados Hyper-V, o Active Directory, servidores de arquivos e servidores web usando ferramentas e soluções nativas do Windows Server 2016

Implemente soluções do Windows Server Update Services (WSUS)

O Windows Server 2016 vem equipado com um cliente do Windows Update que baixa automaticamente atualizações do sistema operacional a partir dos servidores web da Microsoft e as instala. Ativando uma configuração opcional, você também pode permitir que o Windows Update baixe atualizações para outros produtos da Microsoft.

A estratégia de atualização de software mais simples que você pode implementar em uma rede é simplesmente deixar o Windows Update ser executado usando suas configurações padrão. O cliente costuma baixar e instalar atualizações aproximadamente uma vez por mês. No entanto, em um ambiente empresarial, essa prática pode resultar em alguns problemas, como os seguintes:

- **Utilização de largura de banda** Cada computador que estiver executando o cliente do Windows Update baixará sua própria cópia de cada atualização a partir dos servidores da Microsoft na Internet. Logo, uma rede maior pode consumir uma grande quantidade de largura de banda da Internet baixando centenas de cópias dos mesmos arquivos.
- **Aprovação da atualização** O padrão do cliente do Windows Update não dá aos usuários ou administradores a oportunidade de avaliar as atualizações antes que ele as instale. Você pode especificar um período durante o qual o sistema será reinicializado, se for necessário, mas isso exigiria que alguém gerenciasse cada computador individualmente.
- **Conformidade** A configuração padrão do Windows Update não fornece uma maneira dos administradores confirmarem se o cliente instalou com sucesso todas as atualizações necessárias, exceto pela verificação do histórico de atualizações em cada computador individualmente.

Em quase todas as redes, exceto as menores, o cliente do Windows Update com suas configurações padrão não é uma solução de atualização confiável. Para resolver esses problemas, você pode projetar uma estratégia de implantação de atualizações alternativa para sua rede, usando configurações de política de grupo e o Windows Server Update Services (WSUS).

Arquiteturas WSUS

O *Windows Server Update Services* (*WSUS*) é uma função incluída no Windows Server 2016 que permite que um servidor local da rede funcione como back end do cliente do Windows Update, como o fazem os servidores do Microsoft Update na Internet.

Após instalar um servidor WSUS, você poderá usá-lo para fornecer atualizações para todos os outros servidores e estações de trabalho de sua rede. O WSUS baixará todas as novas atualizações a partir dos servidores do Microsoft Update na Internet, e seus computadores baixarão as atualizações a partir do servidor WSUS. Dessa forma, você só pagará pela largura de banda necessária para baixar uma única cópia de cada atualização.

Além de conservar largura de banda, o WSUS permite que os administradores façam a triagem das atualizações disponíveis, testem-nas em um ambiente de laboratório e as aprovem para implantação para os clientes. Os administradores podem, então, ter controle total sobre que atualizações serão instaladas e quando elas ocorrerão.

Um único servidor WSUS pode dar suporte a muitos clientes do Windows Update, ou seja, teoricamente um único servidor é suficiente para quase todas as redes maiores. No entanto, o WSUS também dá suporte a algumas variações de arquitetura, para acomodar topologias de vários tamanhos que incluam usuários remotos e filiais de empresas com recursos de comunicação limitados.

Há cinco configurações básicas de arquitetura WSUS:

- **Servidor WSUS único**   Um único servidor WSUS baixa atualizações a partir do site do Microsoft Update e todos os outros computadores da rede baixam as atualizações a partir desse servidor WSUS, como mostrado na Figura 6-1. Um servidor WSUS pode dar suporte a até 25.000 clientes, logo, essa configuração é adequada para a maioria das redes corporativas.

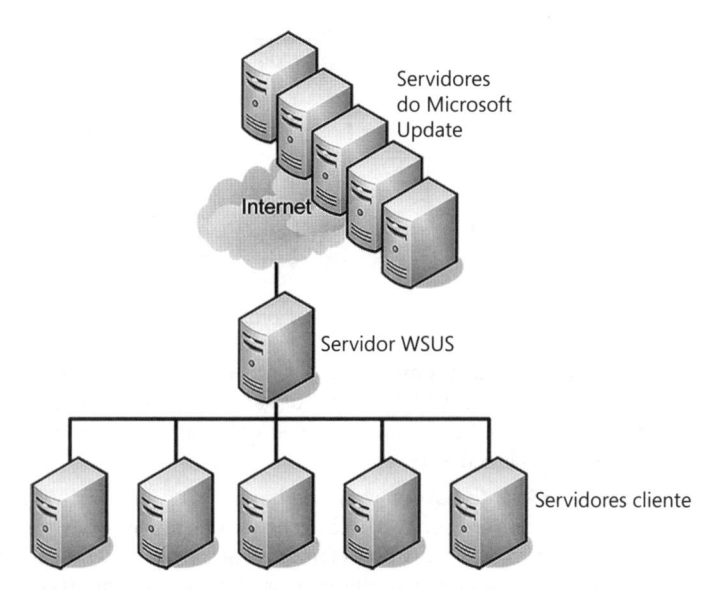

FIGURA 6-1   A arquitetura WSUS de servidor único.

- **Servidores WSUS de réplica**   Um servidor WSUS central baixa atualizações a partir do site do Microsoft Update na Internet. Os administradores desse local central avaliam e aprovam as atualizações baixadas e os servidores WSUS de locais remotos – chamados de servidores downstream – obtém com esse primeiro servidor as atualizações aprovadas, como mostrado na Figura 6-2. Projetado para redes de filiais da empresa com boa conectividade, esse esquema permite que os clientes acessem suas atualizações em uma fonte local, reduz a largura de banda de Internet usada e permite que os administradores do servidor central gerenciem as atualizações para a empresa inteira.

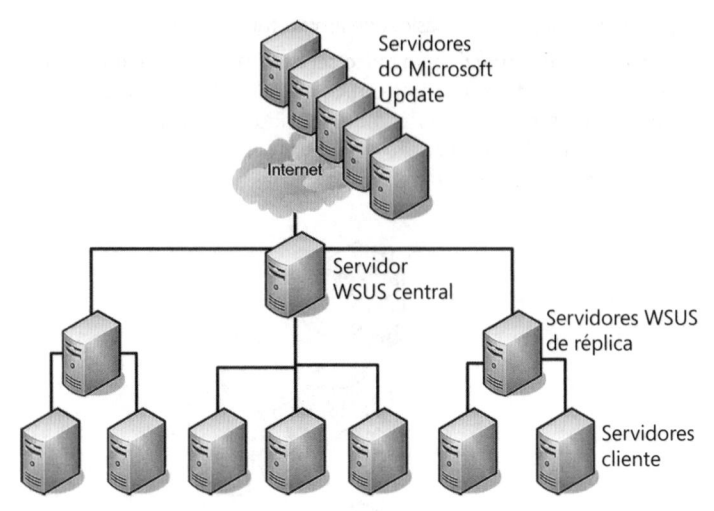

FIGURA 6-2 A arquitetura WSUS de servidor remoto.

- **Servidores WSUS autônomos** Semelhante à arquitetura de servidor WSUS de réplica, exceto pelos servidores WSUS remotos baixarem todas as atualizações disponíveis a partir do servidor central e os administradores de cada local serem responsáveis por avaliar e aprovar as atualizações de seus usuários.

- **Servidores WSUS de baixa largura de banda** Os servidores WSUS dos locais remotos só baixam do servidor WSUS central a lista de atualizações aprovadas, sem baixar as atualizações reais. Os servidores remotos baixam, então, as atualizações aprovadas a partir dos servidores do Microsoft Update na Internet, usando sua conexão relativamente rápida para fazê-lo. Esse esquema permite que locais remotos com baixa largura de banda ou conexões limitadas de Rede de Longa Distância (WAN) com o escritório central reduzam o tráfego de WAN.

- **Servidores WSUS desconectados** Os administradores do escritório central salvam as atualizações em uma mídia offline, como unidades de disco portáteis ou DVD-ROMs, e as enviam para os locais remotos, onde outros administradores as importam para implantação. Isso permite que os administradores do escritório central controlem o processo de atualização sem utilizar largura de banda de WAN ou Internet.

Se você usar vários servidores WSUS em sua rede corporativa, poderá criar uma arquitetura especificando o servidor upstream a partir do qual cada servidor deve obter suas atualizações. Para seu servidor WSUS central, os servidores upstream serão sempre os servidores do Microsoft Update na Internet. Depois basta configurar os servidores de segundo nível para usar o servidor central como seu servidor upstream.

Também é possível criar uma arquitetura de três níveis configurando o WSUS para usar um servidor de segundo nível como seu servidor upstream. Embora a Microsoft tenha testado arquiteturas WSUS de até cinco níveis, eles não recomendam o uso de mais de três camadas.

> ✓ **Verificação rápida**
>
> Qual das opções a seguir não é um dos tipos básicos de servidor WSUS?
>
> 1. Servidor WSUS desconectado
> 2. Servidor WSUS autônomo
> 3. Servidor WSUS de réplica
> 4. Servidor WSUS de alta largura de banda
>
> **Resposta da verificação rápida**
>
> A alta largura de banda (#4) não é um dos tipos padrão de servidor WSUS.

Banco de dados do WSUS

O WSUS requer um banco de dados SQL Server, para armazenar definições de configuração do servidor WSUS, metadados de cada atualização e informações sobre a interação cliente/servidor. Por padrão, o WSUS instala o recurso Windows Internal Database para esse fim no Windows Server 2016, mas você também pode usar o Microsoft SQL Server 2008 SP2 ou posterior, na edição Enterprise, Standard ou Express.

Quando você instalar a função Windows Server Update Services usando o Add Roles and Features Wizard no Server Manager, a página Select Role Services, mostrada na Figura 6-3, estará com o serviço de função WID Connectivity selecionado por padrão. Para usar uma versão completa do SQL Server, primeiro você deve desmarcar a caixa de seleção WID Connectivity e depois selecionar o serviço de função SQL Server Connectivity.

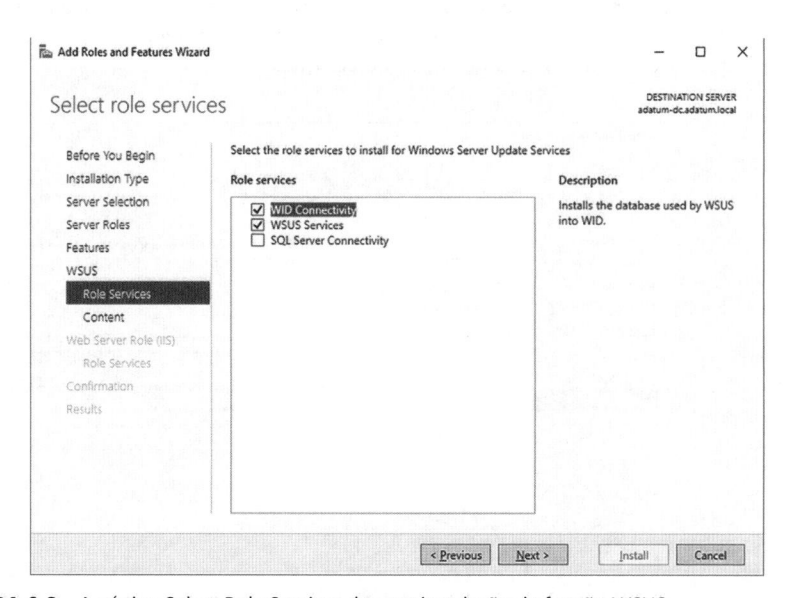

FIGURA 6-3 A página Select Role Services de uma instalação da função WSUS.

Para uma configuração de servidor WSUS único, não há melhoria no desempenho com o uso do SQL Server em vez do Windows Internal Database. O SQL Server inclui ferramentas de gerenciamento de banco de dados, o que não ocorre com o Windows Internal Database, mas o WSUS foi projetado para funcionar sem acesso administrativo direto ao seu banco de dados.

Uma versão completa do SQL Server permite hospedar o banco de dados em um servidor back-end, separado do WSUS. Isso permite que os administradores forneçam a um cluster de failover de servidores WSUS acesso compartilhado ao banco de dados. Uma configuração de vários servidores composta por dois servidores WSUS front-end e um único servidor back-end de banco de dados SQL Server pode atender a até 100.000 clientes.

Para usar uma versão completa do SQL Server com o WSUS, você deve configurar os servidores da seguinte forma:

- O computador que estiver executando o SQL Server não pode ser um controlador de domínio
- O servidor WSUS não pode ser configurado para usar os Serviços de Área de Trabalho Remota (Remote Desktop Services)
- Os servidores que estiverem executando o WSUS e o SQL Server devem ser membros do mesmo domínio, ou de um domínio confiável, do AD DS.
- Os servidores que estiverem executando o WSUS e o SQL Server devem estar no mesmo fuso horário ou ser sincronizados para usar o Tempo Universal Coordenado.
- Todos os servidores WSUS devem ter sua própria instância de banco de dados. O SQL Server pode fornecer várias instâncias, o que permite que os administradores usem o servidor para outros fins.

Armazenamento do WSUS

Como mostrado na Figura 6-4, a página Content Location Selection é exibida no Add Roles and Features Wizard. Nessa página, você pode especificar se deseja armazenar as atualizações baixadas na unidade NTFS local do servidor. A caixa de seleção Store Updates In the Following Location vem marcada por padrão e você deve especificar a unidade e a pasta em que deseja que o servidor armazene os arquivos de atualização.

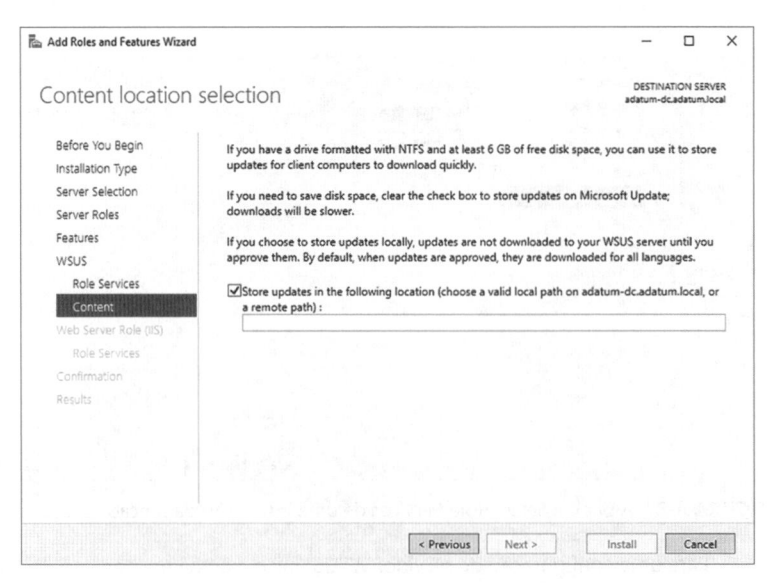

FIGURA 6-4 A página Content Location Selection no Add Roles and Features Wizard.

Se você desmarcar a caixa de seleção, o servidor WSUS só baixará os metadados das atualizações disponíveis e não as atualizações propriamente ditas. Isso conserva espaço em disco no servidor e basicamente configura o WSUS para funcionar como uma câmara de compensação das atualizações disponíveis nos servidores web do Microsoft Update. Os administradores podem selecionar as atualizações que desejam implantar e os clientes do Windows Update na rede baixam os arquivos reais a partir dos servidores Microsoft na Internet.

Implante o WSUS

Para instalar o WSUS no Windows Server 2016, você deve adicionar a função Windows Server Update Services. Iso pode ser feito no Server Manager, com o uso do Add Roles and Features Wizard da maneira usual. O assistente acrescentará as páginas adicionais em que você poderá selecionar o serviço de função SQL Server Connectivity e especificar onde serão armazenadas as atualizações baixadas. O assistente também instalará a função Web Server e exibirá uma página Select Role Services para ela.

O WSUS é apenas uma versão local de um servidor do Microsoft Update, logo, precisa de um servidor web com os quais os clientes possam se conectar. Por padrão, o assistente instala a função Web Server com os componentes de que o WSUS precisa, mas a página Select Role Services nos permite selecionar outros componentes que possam ser necessários para outros fins. Se a função Web Server (IIS) já estiver instalada no servidor, o assistente instalará qualquer serviço de função adicional requerido pelo WSUS.

Quando o assistente terminar de instalar as funções, clique no link Launch Post-Installation Tasks para abrir a caixa de diálogo Complete WSUS Installation, na qual você deve clicar em Run para concluir as tarefas de instalação.

Também é possível instalar a função WSUS a partir da linha de comando, usando o cmdlet Install-WindowsFeature do PowerShell e a ferramenta Wsusutil.exe. O comando para instalação da função com suas configurações padrão no PowerShell é:

```
install-windowsfeature -name updateservices -includemanagementtools
```

Você não pode usar o cmdlet Install-WindowsFeature para configurar parâmetros adicionais para uma função, portanto, após esse comando, deve executar a ferramenta Wsusutil.exe para especificar o local em que ficarão as atualizações baixadas, como nesse exemplo:

```
wsusutil.exe postinstall content_dir=d:\wsus
```

Quando você instalar o recurso UpdateServices com o PowerShell, o cmdlet incluirá o serviço de função WID Connectivity. Se quiser usar um servidor SQL separado, execute o seguinte comando:

```
install-windowsfeature -name updateservices-services,updateservices-db
-includemanagementtools
```

Quando o recurso UpdateServices-Services é especificado, não é instalada uma conexão com banco de dados, logo, também devemos incluir os recursos UpdateServices-Db do banco de dados SQL. Em seguida, para especificar o servidor e a instância de banco de dados que o WSUS deve usar, execute o Wsusutil.exe, como nesse exemplo:

```
wsusutil.exe postinstall sql_instance_name="db1\sqlinstance1☒ content_dir=d:\wsus
```

Configure o WSUS

Uma vez que você tiver instalado a função, deve iniciar o console Update Services. Na primeira vez que o fizer, o Windows Server Update Services Configuration Wizard aparecerá, permitindo que você conclua o processo de configuração do WSUS.

> **NOTA REABRINDO O ASSISTENTE**
>
> O Windows Server Update Services Configuration Wizard só será executado na primeira vez que você abrir o console Update Services. Se você não concluir as tarefas do assistente durante sua primeira exibição, é possível iniciá-lo novamente a partir do console. Ele estará na parte inferior da página Options.

Para configurar o WSUS, use o procedimento a seguir.

1. No Server Manager, clique em Tools | Windows Server Update Services. O Windows Server Update Services Configuration Wizard aparecerá.
2. Na página Choose Upstream Server, selecione uma das opções a seguir:
    - **Synchronize From Microsoft Update** Configura o servidor para baixar todas as informações de atualização e as atualizações propriamente ditas a partir dos servidores do Microsoft Update na Internet. Use essa opção para implementações WSUS de servidor único ou para o primeiro servidor WSUS que instalar no topo de uma hierarquia WSUS.
    - **Synchronize From Another Windows Software Update Services Server** Configura o servidor para baixar todas as informações de atualização a partir de outro servidor WSUS de sua rede. Você deve usar essa opção para criar os níveis mais baixos da hierarquia de servidores WSUS. Ao selecioná-la, como mostrado na Figura 6-5, especifique o nome e o número de porta de um servidor WSUS upstream e defina se a conexão entre os servidores deve usar a criptografia SSL. Marque a caixa de seleção This Is A Replica Of The Upstream Server para baixar somente as atualizações aprovadas no servidor upstream.

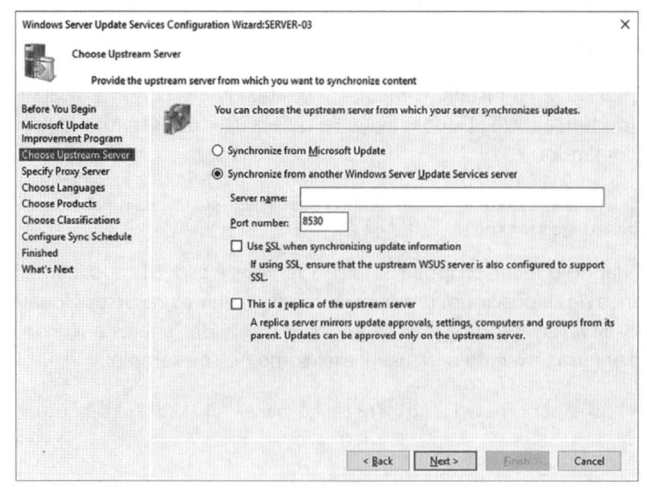

FIGURA 6-5 A página Choose Upstream Server no Windows Server Update Services Configuration Wizard.

CAPÍTULO 6   Manutenção e monitoramento de ambientes de servidor   **391**

3. Na página Specify Proxy Server, marque a caixa de seleção Use A Proxy Server When Synchronizing se o servidor precisar de um servidor proxy para acessar a Internet ou o servidor upstream especificado. Em seguida, informe o nome e o número de porta do servidor proxy, assim com as credenciais requeridas no acesso ao servidor, se necessário.

4. Na página Connect to Upstream Server, clique em Start Connecting para acessar o servidor upstream que você selecionou e baixe informações sobre as atualizações disponíveis. Esse processo se chama sincronização no WSUS.

5. Por padrão, o WSUS baixará atualizações em todos os idiomas disponíveis, o que pode consumir muita largura de banda e espaço em disco desnecessários. Na página Choose Languages, mostrada na Figura 6-6, você pode selecionar a opção Download Updates Only In These Languages e especificar que idiomas seus clientes WSUS usarão. Isso configurará o servidor WSUS para baixar atualizações somente nos idiomas selecionados.

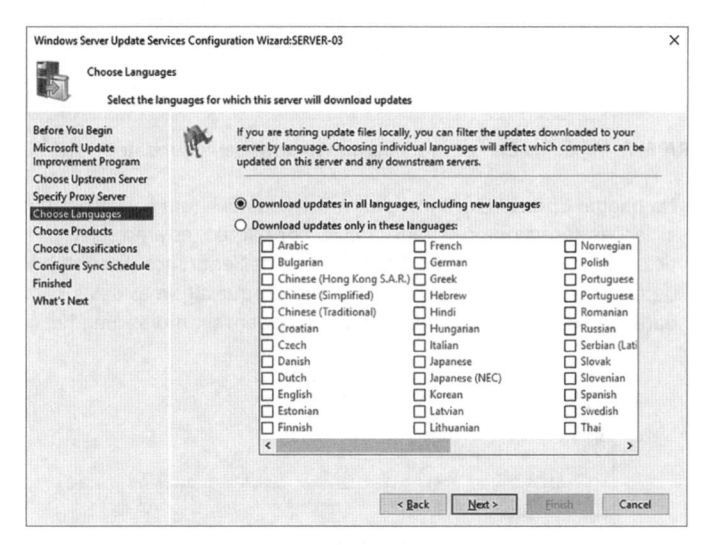

FIGURA 6-6   A página Choose Languages do Windows Server Update Services Configuration Wizard.

6. Na página Choose Products, mostrada na Figura 6-7, selecione os produtos e versões da Microsoft para os quais deseja baixar atualizações. Por padrão, todos os produtos e versões do Windows estarão selecionados. Se você não usa algumas das seleções em sua rede, pode desmarcar suas caixas de seleção e economizar mais largura de banda e espaço em disco.

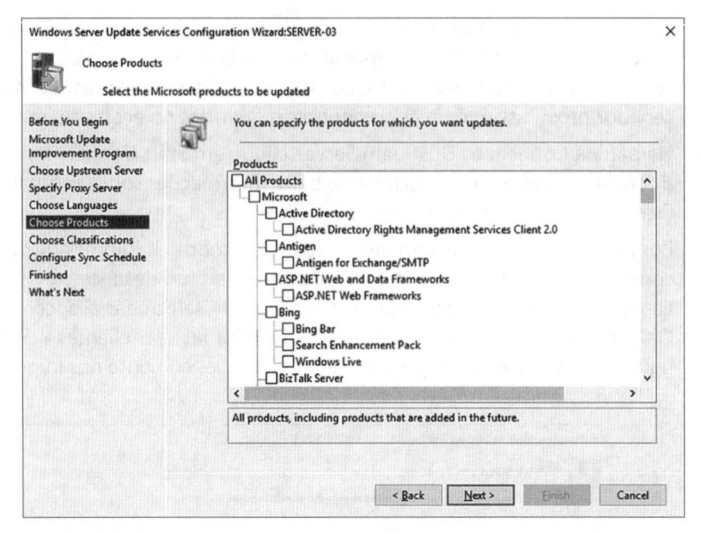

FIGURA 6-7 A página Choose Products do Windows Server Update Services Configuration Wizard.

7. Na página Choose Classifications, mostrada na Figura 6-8, especifique que tipos de atualizações deseja que o servidor baixe. Por padrão, estarão selecionadas atualizações Críticas (Critical), de Definição (Definition) e de Segurança (Security). Você pode selecionar outras classificações, mas tenha cuidado porque algumas delas, como a de Service Packs para versões mais antigas do Windows, podem ser muito grandes.

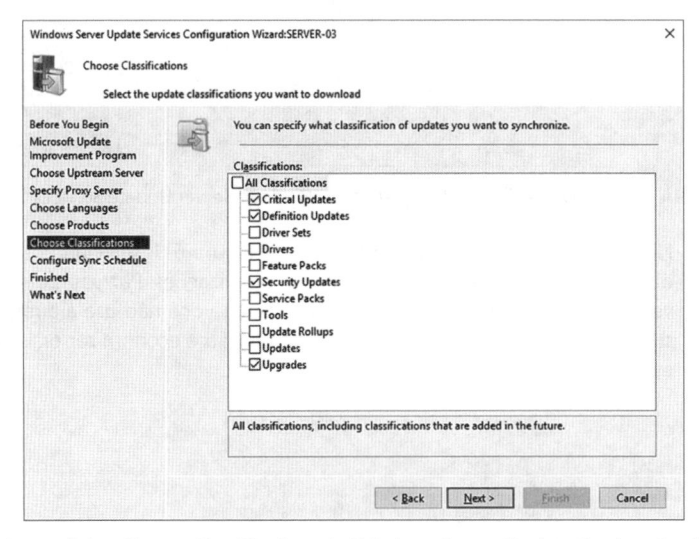

FIGURA 6-8 A página Choose Classifications do Windows Server Update Services Configuration Wizard.

CAPÍTULO 6 Manutenção e monitoramento de ambientes de servidor   393

> **DICA DE EXAME**
> Qual é a diferença entre uma atualização (update) e um upgrade? Semanticamente, atualização significa algo que está de acordo com o seu nível atual, enquanto upgrade significa melhorar alguma coisa, ou trazê-la para um nível mais alto. Quase sempre, essas definições são aplicáveis a softwares. Normalmente uma atualização resolve problemas no software ou adiciona o suporte a novas tecnologias, e um upgrade adiciona novos recursos ou funcionalidades. Em termos de números de versão, as atualizações costumam aumentar os números após o ponto decimal, como em 2.1 e 2.2, e os upgrades aumentam o número que vem antes do ponto decimal, como em 2.0 e 3.0. No passado, essas definições podiam ser aplicadas aos produtos da Microsoft. Com o Windows Server 2016 e Windows 10, entretanto, os termos atualização e upgrade tornaram-se mais nebulosos. Incrementos no número do build substituíram os números de versão, e o que parecem ser atualizações são upgrades de maior vulto contendo recursos novos significativos.

8. Na página Set Sync Schedule, Synchronize Manually é a opção padrão, que requer que você inicie uma sincronização para baixar novas atualizações. Você também pode selecionar a opção Synchronize Automatically, como mostrado na Figura 6-9, para definir uma hora de início agendada e o número de vezes por dia que a sincronização deve ocorrer.

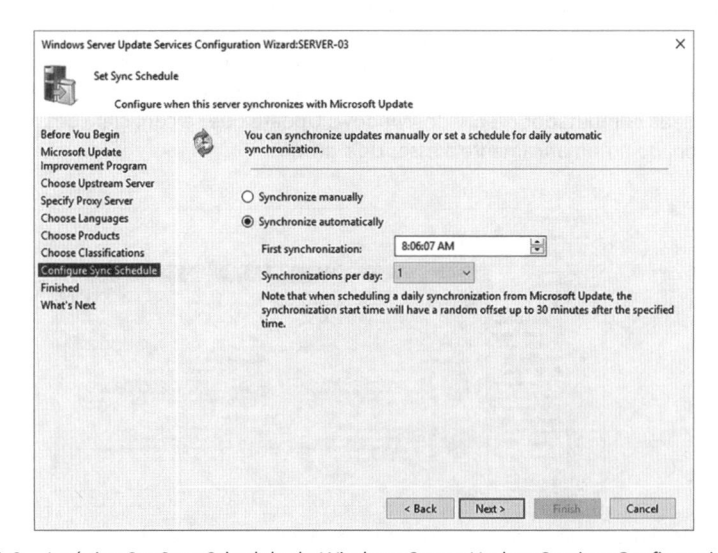

FIGURA 6-9   A página Set Sync Schedule do Windows Server Update Services Configuration Wizard.

9. Na página Finished, marque a caixa de seleção Begin Initial Synchronization e clique em Finish.

O WSUS começará a sincronização com seu servidor upstream e baixará informações sobre as atualizações que estiverem disponíveis.

Configure grupos do WSUS

Para controlar que clientes do Windows Update na rede receberão atualizações específicas, o WSUS usa um sistema de grupos, que são independentes dos grupos de segurança do AD DS e dos grupos locais do Windows. Quando você aprovar atualizações para implantação, poderá selecionar os grupos que devem recebê-la, como mostrado na Figura 6-10.

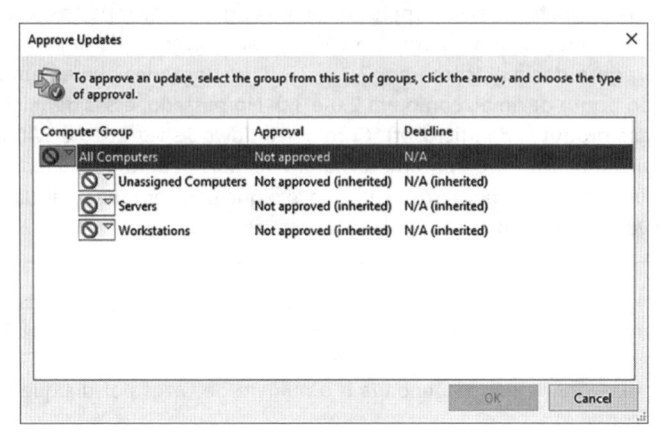

FIGURA 6-10 A caixa de diálogo Approve Updates.

Para criar e gerenciar grupos do WSUS, você pode usar o console Update Services, mostrado na Figura 6-11. Há dois grupos padrão, chamados All Computers e Unassigned Computers. Cada computador cliente do Windows Update que se conectar com o servidor WSUS será adicionado automaticamente a esses dois grupos.

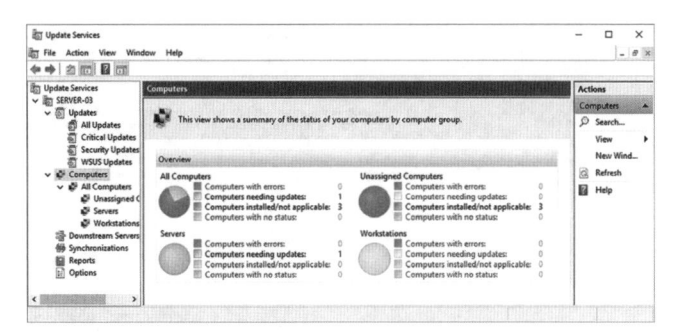

FIGURA 6-11 Grupos de computadores no console Update Services.

Para criar um novo grupo, clique com o botão direito do mouse no grupo All Computers e, no menu de contexto, selecione Add Computer Group para abrir a caixa de diálogo Add Computer Group, na qual você especificará um nome.

Após criar seus próprios grupos no console, você poderá mover computadores do grupo Unassigned Computers para o grupo de sua preferência de uma entre duas maneiras:

- **Server-Side Targeting (destino do lado do servidor)** Selecionando manualmente um computador no console Update Services, você pode alterar sua associação a algum grupo existente clicando nele com o botão direito do mouse e selecionando Change Membership, para abrir a caixa de diálogo Set Computer Group Membership, mostrada na Figura 6-12.

FIGURA 6-12 A caixa de diálogo Set Computer Group Membership.

- **Client-Side Targeting (destino do lado do cliente)** Ativando a configuração de política de grupo Enable Client-side Targeting, como mostrado na Figura 6-13, você pode configurar os clientes que a receberem para adicionar a si próprios automaticamente ao grupo especificado na definição da política.

FIGURA 6-13 A política Enable Client-side Targeting.

> ✓ **Verificação rápida**
>
> Qual das opções a seguir descreve melhor a função da configuração de política de grupo Enable Client-side Targeting?
>
> 1. Permite que os clientes baixem atualizações a partir de um servidor WSUS em vez de a partir dos servidores do Microsoft Update na Internet
> 2. Cria automaticamente grupos de computadores do WSUS
> 3. Permite que computadores clientes se adicionem automaticamente a um grupo do WSUS
> 4. Permite que os administradores adicionem manualmente computadores clientes do WSUS a grupos
>
> **Resposta da verificação rápida**
>
> A definição da política de grupo Enable client-side targeting permite que computadores clientes se adicionem automaticamente a um grupo do WSUS (#3).

Gerencie o controle de patches em ambientes mistos

Uma das principais vantagens do WSUS é que ele dá aos administradores a oportunidade de avaliar e testar atualizações antes de implantá-las em redes de produção. O processo de avaliação e teste de atualizações deve ser desenvolvido pelo administrador da rede. A Microsoft testa suas atualizações cuidadosamente antes de lançá-las para o público, mas não é possível testar todas as combinações de sistemas operacionais, drivers de dispositivos, aplicativos e outros componentes de software que existem em um ambiente misto. Conflitos e incompatibilidades podem ocorrer e cabe ao administrador desenvolver políticas que façam a triagem das atualizações quanto a esses tipos de problemas antes de sua implantação.

Dependendo da natureza das atualizações e da complexidade da configuração das estações de trabalho, o processo de avaliação de atualizações pode ser composto por algumas das etapas a seguir, ou por todas elas:

- Uma avaliação da documentação incluída com a versão da atualização
- Um período de espera, para determinar se outros usuários estão tendo problemas
- Uma implantação-piloto em uma pequena parte da rede
- Um regime de teste interno conduzido em uma rede de laboratório

Em um ambiente misto com computadores executando muitas versões e edições do Windows, o regime de avaliação de novas atualizações pode variar. Atualizações de servidor, por exemplo, devem ser avaliadas e testadas mais detalhadamente do que atualizações de estações de trabalho. Normalmente, versões de sistemas operacionais mais antigas requerem muito mais atualizações do que as mais novas e pode ser necessário um ajuste nas prioridades para que todas sejam avaliadas.

Aprove atualizações

Uma vez que o processo de avaliação de uma atualização específica terminar, o administrador poderá aprovar a atualização para implantação usando o console Update Services no servidor WSUS. Clicando com o botão direito do mouse em uma atualização e selecionando Approve no menu de contexto, você abrirá a caixa de diálogo Approve Updates, como mostrado anteriormente, na qual especificará que grupos deseja que recebam essa atualização.

Configure clientes WSUS

Antes dos computadores clientes da rede poderem baixar atualizações a partir do servidor WSUS, você deve configurar os clientes do Windows Update. A página do Windows Update nos sistemas operacionais Windows Server 2016 e Windows 10 não fornece uma maneira de configurar o cliente para usar um servidor WSUS interno em vez dos servidores do Microsoft Update, e mesmo se o fizesse, a configuração de clientes individuais não seria uma solução prática para uma rede grande. Em vez disso, você deve configurar os clientes do Windows Update de sua rede usando as definições de política de grupo.

Como sempre, em um ambiente do AD DS, a prática recomendada para a implantação de configurações de política de grupo é criar um novo Objeto de Política de Grupo (GPO, Group Policy object), definir as configurações necessárias do Windows Update, e vincular a GPO a um objeto de domínio, site ou unidade organizacional apropriado. Se você estiver usando vários servidores WSUS, poderá distribuir a carga do cliente entre eles criando uma GPO separada para cada servidor e vinculando-as a diferentes objetos.

> **NOTA** O WINDOWS UPDATE E AS VERSÕES DO SISTEMA OPERACIONAL
> As configurações de política de grupo do Windows Update são aplicáveis a todas as versões de servidor e estação de trabalho do Windows, voltando até o Windows 2000. Não há necessidade de criar GPOs ou objetos do AD DS distintos para versões diferentes do Windows, a fim de configurar o Windows Update.

Em uma GPO, as configurações do Windows Update ficam localizadas na pasta Computer Configuration\Policies\Administrative Templates\Windows Components\Windows Update. A principal configuração de política de grupo para o cliente do Windows Update é Configure Automatic Updates, como mostrado na Figura 6-14.

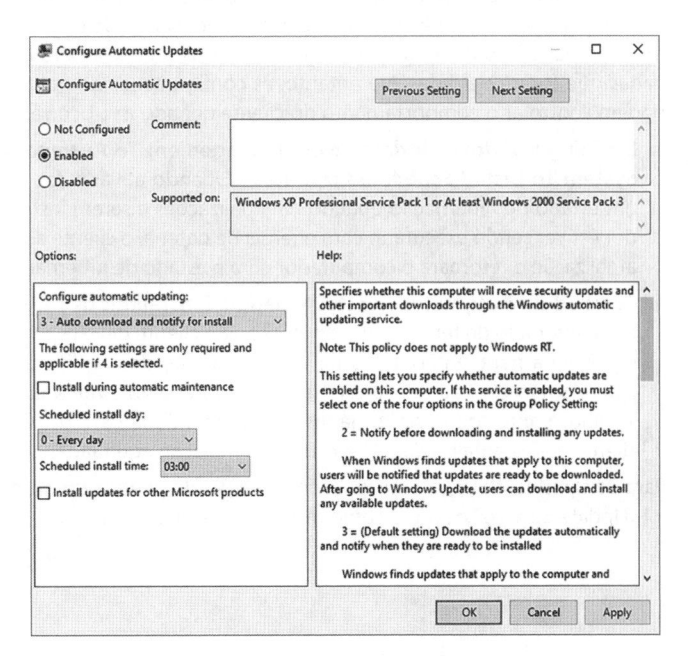

FIGURA 6-14 A caixa de diálogo Configure Automatic Updates.

Essa configuração, quando usada, ativa o cliente, especifica o nível de interatividade do usuário no processo de atualização e agenda a hora e o dia em que instalações de atualizações automatizadas devem ocorrer. Em um ambiente corporativo, é comum os administradores automatizarem totalmente o processo de atualização, não permitindo que o usuário decida se o computador deve baixar e instalar atualizações.

Há dois problemas importantes que podem complicar um processo de atualização automatizado desse tipo:

1. O primeiro é que algumas atualizações devem substituir arquivos que estão em uso enquanto o sistema operacional está sendo executado. O cliente precisa, então, que o sistema seja reiniciado para substituir esses arquivos. Uma reinicialização involuntária pode causar problemas para o usuário que estiver trabalhando na estação de trabalho, logo, há configurações de política de grupo que modificam o comportamento padrão do cliente com relação a isso.

   - **Delay Restart For Scheduled Installations** Quando ativada, especifica o intervalo de tempo (em minutos) que o cliente deve esperar após concluir uma instalação de atualização antes de reiniciar o sistema. Quando desativada ou não configurada, o intervalo de tempo padrão é de 15 minutos.

   - **Re-Prompt For Restart With Scheduled Installations** Quando um usuário adia uma reinicialização solicitada pelo cliente, essa configuração, quando ativada, especifica o intervalo de tempo (em minutos) antes do cliente notificar o usuário novamente.

   - **No Auto-Restart With Logged On Users For Scheduled Automatic Updates Installations** Quando ativada, impede que o cliente reinicie automaticamente o computador se um usuário tiver feito logon. Em vez disso, o cliente notifica o usuário para reiniciar o sistema e concluir a instalação da atualização.

2. O segundo problema é o comportamento do cliente do Windows Update quando o computador está desligado durante o período de uma atualização agendada. É claro que quando o computador não está sendo executado, não pode ocorrer uma atualização. Da próxima vez que o computador for iniciado, o cliente executará todas as tarefas agendadas que foram perdidas. No entanto, as configurações de política de grupo a seguir podem controlar o comportamento do cliente quando isso ocorre.

   - **Enabling Windows Update Power Management To Automatically Wake Up The System To Install Scheduled Updates** Quando ativada, faz o computador sair de um estado de hibernação quando há atualizações a serem instaladas. Se o computador estiver sendo executado com energia de bateria, o cliente abortará a instalação da atualização e retornará o computador para o estado de hibernação após dois minutos.

   - **Reschedule Automatic Updates Scheduled Installations** Quando ativada, especifica o intervalo de tempo (em minutos) que o cliente deve esperar após a inicialização do sistema para, então, executar uma instalação de atualização agendada perdida. Quando não configurada, o cliente espera durante um intervalo de tempo padrão de 1 minuto antes de iniciar uma instalação agendada perdida. Quando desativada, o cliente adia a atualização até a próxima instalação agendada.

Para os clientes WSUS, a principal configuração de política de grupo é Specify Intranet Microsoft Update Service Location, como mostrado na Figura 6-15.

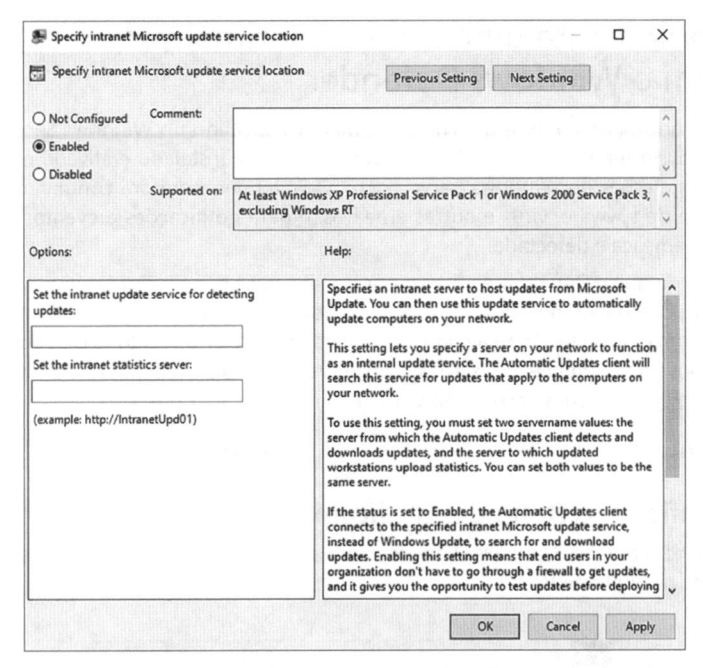

FIGURA 6-15 A caixa de diálogo Specify Intranet Microsoft Update Service Location.

Nas caixas de texto Set The Intranet Update Device For Detecting Updates e Set The Intranet Statistics Server, digite a URL do servidor WSUS que deseja que os clientes usem. Por padrão, terá um formato como o seguinte:

```
http://server1:8530
```

> **NOTA NÚMERO DE PORTA DO WSUS**
>
> O WSUS usa o número de porta 8350 por padrão na configuração do IIS para hospedar seu site. Se você modificar a configuração padrão do IIS, deve alterar a URL apropriadamente.

Essa configuração faz o cliente do Windows Update conectar-se com o servidor WSUS em busca de atualizações, e vez de conectar-se com os servidores do Microsoft Update. Se você configurar seu servidor WSUS para não armazenar atualizações localmente, o cliente o consultará para saber de quais arquivos precisa e, então, baixará esses arquivos a partir dos servidores da Internet.

Você também pode definir as configurações a seguir, que só têm efeito quando a configuração Specify Intranet Microsoft Update Service Location é ativada:

- **Automatic Updates Detection Frequency** Quando ativada, especifica o intervalo (em horas) segundo o qual o cliente procurará novas atualizações no servidor.
- **Allow Signed Updates From An Intranet Microsoft Update Service Location** Quando ativada, permite que os clientes baixem e instalem atualizações não assinadas pela Microsoft. No entanto, as atualizações devem ser assinadas com um certificado encontrado no container de fornecedores confiáveis do computador. Isso permite que os administradores implantem suas próprias atualizações usando o WSUS.

Implemente uma solução antimalware com o Windows Defender

O Windows Defender é o recurso antimalware incluído no Windows Server 2016. Executado como um serviço chamado Windefend, o recurso é instalado e ativado por padrão em todas as instalações do Windows Server 2016. O Defender monitora continuamente o sistema em busca de spyware, vírus e outras ameaças, e gera notificações e eventos do sistema quando uma ameaça é detectada.

Já que o Defender é ativado por padrão, você não precisa fazer nada para instalá-lo. Porém, pode querer desativá-lo, se, por exemplo, for executar um produto antimalware de terceiros com o qual ele não seja compatível. Para desinstalar o Windows Defender, você pode usar o Remove Roles and Features Wizard no Server Manager ou o cmdlet Uninstall-WindowsFeature do PowerShell, como no exemplo a seguir:

```
uninstall-windowsfeature -name windowsserverantimalware
```

Configure o Defender graficamente

Para configurar o Windows Defender, abra a janela Settings e selecione sua página, como mostrado na Figura 6-16.

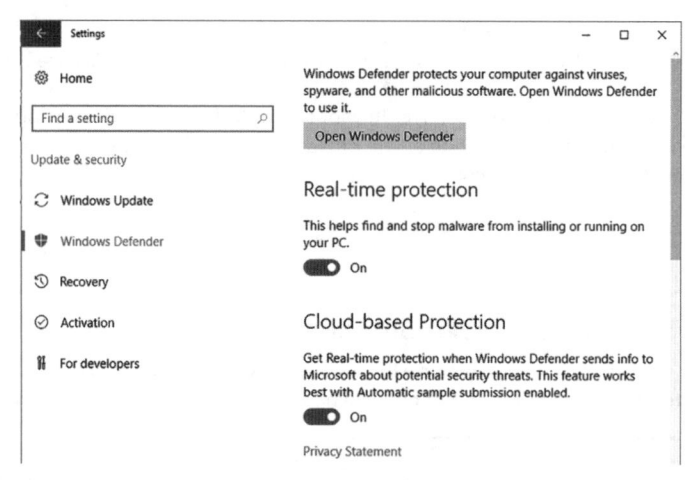

FIGURA 6-16 A página do Windows Defender na janela Settings.

Nessa página, você pode configurar as seguintes propriedades do Defender:

- **Proteção em tempo real**   Permite que o Windows Defender procure continuamente malwares no sistema. Se você desativar essa opção, o Windows acabará tentando ativá-la de novo. Se a desativar para instalar outra solução antimalware que seja incompatível com o Windows Defender, o sistema gerará erros quando não conseguir ativar a proteção em tempo real novamente. A melhor prática é desinstalar totalmente o Windows Defender se você pretende usar outro produto.

- **Proteção baseada em nuvem**   Permite que o Windows Defender envie informações sobre suas descobertas para os servidores da Microsoft na nuvem para fins de pesquisa.

- **Envio automático de amostra**   Permite que o Windows Defender envie amostras de arquivos infectados para os servidores da Microsoft na nuvem sem notificação. Desativar essa opção faz o Windows Defender notificar o usuário antes de fazer o upload de amostras.

- **Exclusões**   Permite que os usuários especifiquem os arquivos, pastas, tipos de arquivos, e processos que devem ser excluídos das varreduras do Windows Defender.
- **Notificações avançadas**   Permite que o Windows Defender gere notificações relacionadas às suas atividades. Desativar seus recursos faz o Defender suprimir as notificações, exceto as cruciais.

O Windows Defender executa varreduras regulares no sistema, mas também é possível executar varreduras manuais e examinar as atividades do Defender. Clicar em Open Windows Defender inicia a interface gráfica do Defender, como mostrado na Figura 6-17.

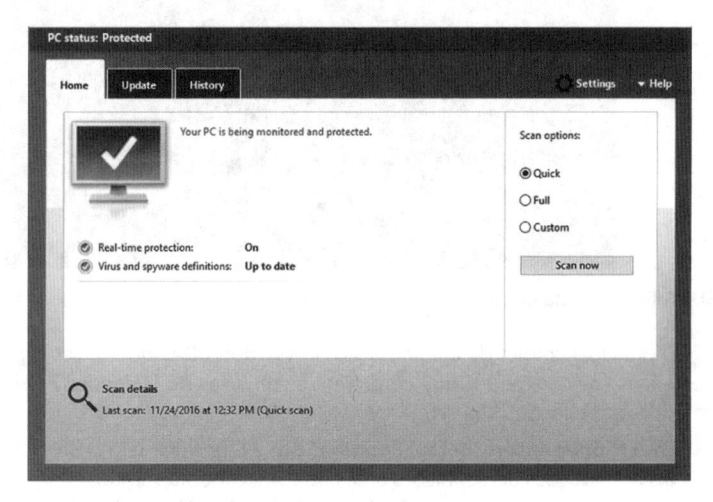

FIGURA 6-17   A interface gráfica do Windows Defender.

Essa janela exibe o status do Defender e permite examinar todo o sistema ou parte dele. Você também pode clicar na guia Update para verificar o status das definições de vírus e spyware do Defender ou clicar na guia History para examinar os resultados das varreduras.

Configure o Defender usando o PowerShell

A interface gráfica do Windows Defender só permite controlar algumas configurações básicas. Para um controle mais granular, o Windows Defender inclui um módulo do Windows PowerShell, também chamado Defender, contendo cmdlets que permitem monitorar e controlar suas atividades com maiores detalhes. Por exemplo, o cmdlet Get-MpComputerStatus exibe se as funções do Windows Defender estão ativadas e as datas das atualizações e varreduras mais recentes, como mostrado na Figura 6-18.

```
PS C:\Users\administrator.ADATUM> Get-MpComputerStatus

AMEngineVersion                : 1.1.13303.0
AMProductVersion               : 4.10.14393.0
AMServiceEnabled               : True
AMServiceVersion               : 4.10.14393.0
AntispywareEnabled             : True
AntispywareSignatureAge        : 1
AntispywareSignatureLastUpdated: 11/26/2016 7:07:34 AM
AntispywareSignatureVersion    : 1.233.672.0
AntivirusEnabled               : True
AntivirusSignatureAge          : 1
AntivirusSignatureLastUpdated  : 11/26/2016 7:07:35 AM
AntivirusSignatureVersion      : 1.233.672.0
BehaviorMonitorEnabled         : True
ComputerID                     : C7C703DC-CC17-4CDC-B097-32A5F06EB730
ComputerState                  : 0
FullScanAge                    : 4294967295
FullScanEndTime                :
FullScanStartTime              :
IoavProtectionEnabled          : True
LastFullScanSource             : 0
LastQuickScanSource            : 2
NISEnabled                     : True
NISEngineVersion               : 2.1.12706.0
NISSignatureAge                : 4294967295
NISSignatureLastUpdated        :
NISSignatureVersion            : 116.67.0.0
OnAccessProtectionEnabled      : True
QuickScanAge                   : 2
QuickScanEndTime               : 11/24/2016 12:37:57 PM
QuickScanStartTime             : 11/24/2016 12:32:18 PM
RealTimeProtectionEnabled      : True
RealTimeScanDirection          : 0
PSComputerName                 :
```

FIGURA 6-18 Saída do cmdlet Get-MpComputerStatus.

O principal cmdlet de configuração do Windows Defender é Set-MpPreference, que dá suporte a vários parâmetros que controlam os recursos do Defender. Alguns parâmetros que você pode usar com Set-MpPreference são:

- **CheckForSignaturesBeforeRunningScan** Especifica se o Defender deve procurar novas atualizações de definições antes de começar uma varredura.
- **DisableArchiveScanning** Especifica se o Defender deve examinar o conteúdo de arquivos compactados, como zips e cabs.
- **DisableEmailScanning** Especifica se o Defender deve examinar o conteúdo dos arquivos padrão de caixas de correio.
- **DisableIOAVProtection** Especifica se o Defender deve examinar arquivos e anexos baixados.
- **DisableRealtimeMonitoring** Especifica se o Defender deve usar a proteção em tempo real. Esse parâmetro segue o switch Real-time Protection da janela Settings.
- **ExclusionPath** Especifica um caminho que o Defender deve excluir de suas varreduras. Há parâmetros semelhantes que permitem excluir extensões e processos.
- **LowThreatDefaultAction {Clean | Quarantine | Remove | Allow | UserDefined | NoAction | Block}** Especifica que ação corretiva o Defender deve executar ao detectar uma ameaça de nível baixo. Há parâmetros semelhantes para ameaças de nível moderado e alto.
- **ScanParameters {QuickScan | FullScan}** Especifica que tipo de varredura o Defender deve executar durante suas varreduras agendadas.

Configure o Defender usando uma política de grupo

Configurar o Windows Defender nos servidores individualmente, ou deixar a configuração para administradores de servidores individuais, não é uma solução prática para uma empresa que leve a segurança a sério. A melhor alternativa nesse tipo de ambiente é definir configurações do Windows Defender a nível de rede. Você pode usar uma política de grupo para atribuir configurações do Windows Defender a todos os computadores de domínios, sites ou unidades organizacionais do Active Directory (AD DS).

As configurações do Windows Defender ficam localizadas em objetos de política de grupo na pasta Computer Configuration/Policies/Administrative Templates/Windows Components/Windows Defender, como mostrado na Figura 6-19.

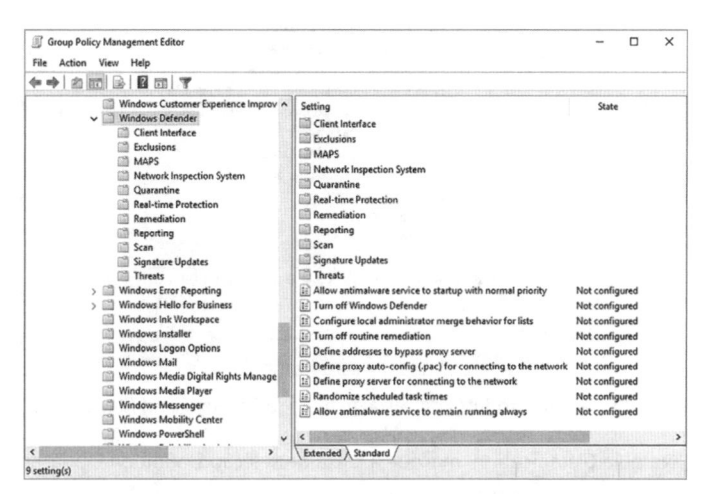

FIGURA 6-19 A pasta do Windows Defender em um objeto de política de grupo.

A política de grupo fornece um controle sobre o Windows Defender ainda mais granular do que o do Windows PowerShell. Há quase uma centena de configurações de políticas do Dedender em um objeto de política de grupo, permitindo configurar cada aspecto de seu desempenho e as informações que serão apresentadas para os usuários.

Integre o Windows Defender ao WSUS e ao Windows Update

Para manter a proteção que fornece, o Windows Defender precisa ter atualizações regulares de suas definições de assinaturas de vírus e spyware. Essas assinaturas informam ao Windows Defender o que procurar durante suas varreduras.

Por padrão, o Windows Server 2016 atualiza o Windows Defender junto com as atualizações do sistema operacional, baixando-as diretamente da Internet usando o Windows Update. No entanto, se você usa o WSUS para implantar atualizações no computador de sua rede, pode querer que as atualizações de definições do Windows Defender sejam aprovadas automaticamente, para serem implantadas o mais rápido possível. Você pode fazer isso executando as tarefas a seguir no console Windows Update.

1. Inicie o Update Services, expanda o ícone de servidor, e selecione a página Options.
2. Selecione Products and Classification.
3. Na guia Products, role para baixo, marque a caixa de seleção do Windows Defender, mostrada na Figura 6-20, e clique em Apply.

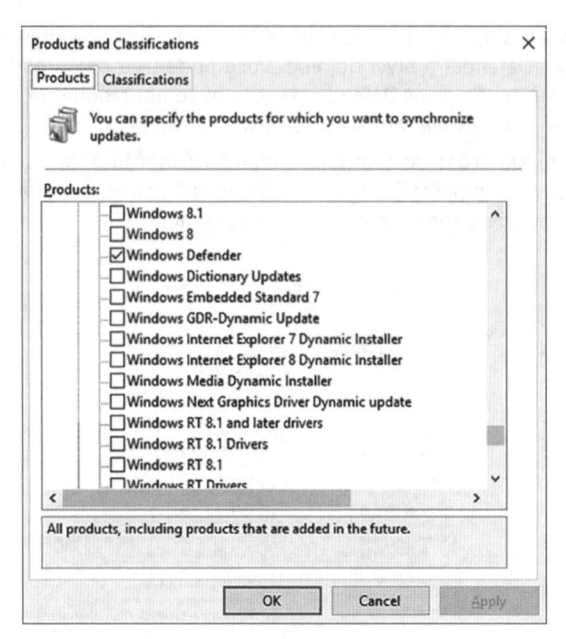

FIGURA 6-20 A guia Products da caixa de diálogo Products and Classifications.

4. Na guia Classification, marque a caixa de seleção Definition Updates e clique em OK.
5. Clique em Automatic Approvals.
6. Na guia Update Rules, clique em New Rule.
7. Na caixa de diálogo Add Rule, mostrada na Figura 6-21, na caixa Step 1, marque a caixa de seleção When An Update Is In A Specific Classification.

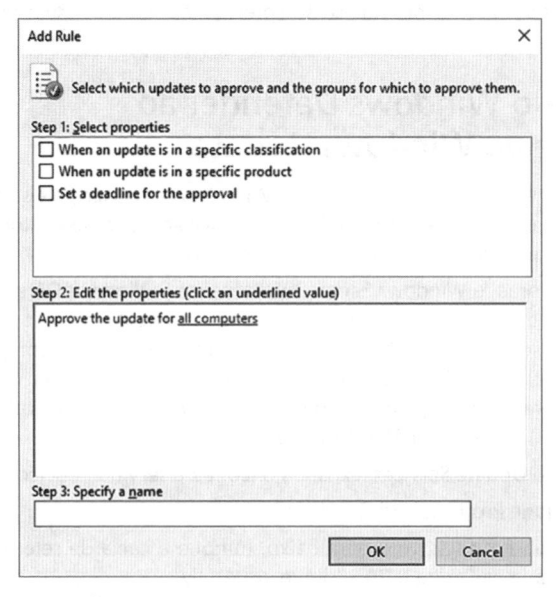

FIGURA 6-21 A caixa de diálogo Add Rule.

8. Na caixa Step 2, clique no link Any Classification.
9. Na caixa de diálogo Update Classifications, mostrada na Figura 6-22, desmarque todas as caixas de seleção exceto Definition Updates e clique em OK.

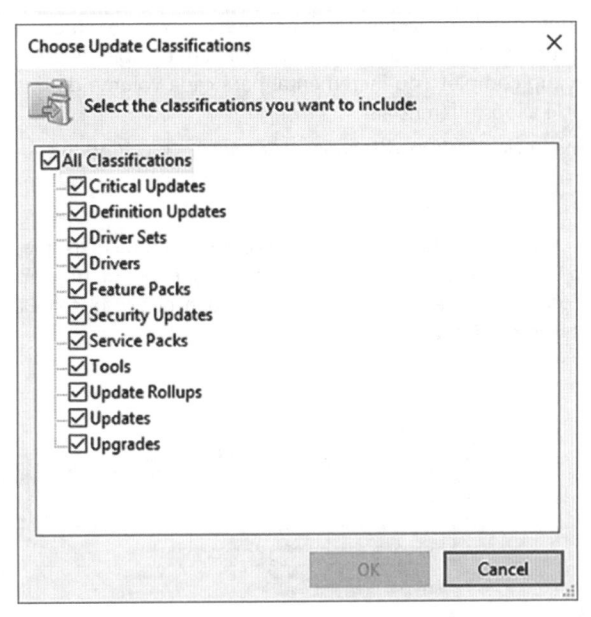

FIGURA 6-22   A caixa de diálogo Choose Update Classifications.

10. Na caixa Step 2, clique no link All Computers.
11. Na caixa de diálogo Choose Computer Groups, desmarque todas as caixas de seleção exceto as dos grupos que deseja que recebam as atualizações e clique em OK.
12. Na caixa Step 3, digite um nome para a regra e clique em OK.
13. Clique em OK para fechar a caixa de diálogo Automatic Approvals.

Execute operações de backup e restauração usando o Backup do Windows Server

O Windows Server 2016 inclui um programa de software de backup que você pode usar para fazer o backup de seus volumes em uma unidade de disco rígido interna ou externa, em uma unidade de DVD gravável ou em um compartilhamento de rede. O Backup do Windows Server foi projetado principalmente para criar backups de volumes de servidor inteiros em uma unidade de disco rígido externa. Logo, muitos dos recursos mais avançados de softwares de backup incluídos em produtos de terceiros estão ausentes.

Alguns fatores importantes que os administradores devem saber sobre o Backup do Windows Server são os seguintes:

- **O suporte às unidades é limitado**   O Backup do Windows Server não dá suporte a unidades óticas ou de fita que não possam ser acessadas por intermédio do sistema de arquivos. O programa foi projetado especialmente para uso com unidades de disco rígido externas, utilizando uma conexão USB ou IEEE 1394.

- **Agendamento limitado** O Backup do Windows Server só pode agendar um único job e está restrito à sua execução diária ou várias vezes ao dia. Você não pode agendar um job para uma data futura ou especificar um intervalo de mais de 24 horas entre os jobs.

- **Os tipos de jobs são limitados** O Backup do Windows Server não permite executar backups completos, incrementais e diferenciais em uma programação por job. Você pode configurar todos os seus backups para serem completos ou incrementais, ou selecionar o backup completo ou incremental para cada volume de destino. O programa não dá suporte a jobs diferenciais.

- **Formato de backup diferente** O Backup do Windows Server grava seus arquivos de backup no formato VHDX (Virtual Hard Disk), que os torna acessíveis com o uso do Hyper-V ou do snap-in Disk Management.

O Backup do Windows Server é considerado um recurso que deve ser instalado com o uso do Add Roles and Features Wizard no Server Manager ou do cmdlet Install-WindowsFeature no Windows PowerShell. A inclusão do recurso instala o console Backup do Windows Server, como mostrado na Figura 6-23.

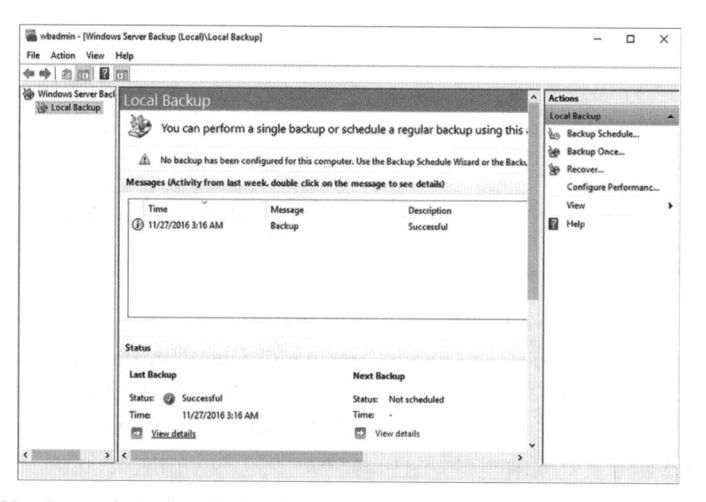

FIGURA 6-23 O console Backup do Windows Server.

Além da instalação do recurso Backup do Windows Server, é preciso que haja um dispositivo de backup que possa ser acessado pelo sistema, seja um disco rígido ou um compartilhamento de rede. Uma vez instalado o Backup do Windows Server, você poderá começar a criar seus jobs de backup.

Crie um único job de backup

O Backup do Windows Server pode executar jobs de backup individuais e interativos que comecem imediatamente, ou jobs agendados para começar posteriormente. Os jobs de backup individuais fornecem mais flexibilidade do que os agendados, com a óbvia desvantagem de que é preciso haver alguém para criar e iniciar o job. Você pode usar um disco local ou um compartilhamento de rede para seus backups. Se não houver espaço suficiente para o job de backup no destino selecionado, o job falhará.

Para criar um único job de backup usando um disco local como destino, use o procedimento a seguir.

CAPÍTULO 6 Manutenção e monitoramento de ambientes de servidor **407**

1. Abra o console do Backup do Windows Server e, no painel Actions, clique em Backup Once para iniciar o Backup Once Wizard.
2. Na página Backup Options, deixe a opção Different Options selecionada. Se você já tiver um job de backup agendado configurado no sistema, pode selecionar Scheduled Backup Options para executar uma única instância desse job imediatamente.
3. Na página Select Backup Configuration que aparecerá, mostrada na Figura 6-24, selecione a opção Custom.

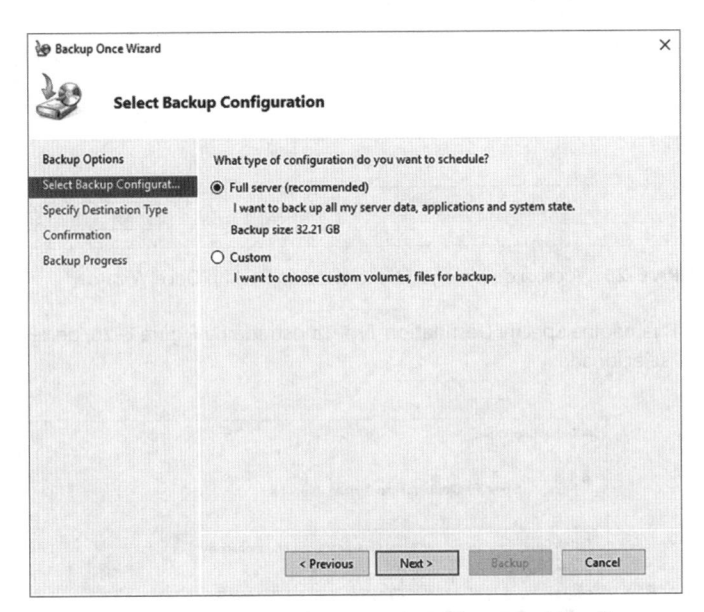

FIGURA 6-24 A página Select Backup Configuration do Backup Once Wizard.

4. Na página Select Items for Backup, clique em Add Items.

> **NOTA EXCLUINDO TIPOS DE ARQUIVOS**
> Clique no botão Advanced Settings na página Select Items for Backup para criar exclusões que impeçam o backup dos tipos de arquivos especificados durante o job.

5. Na caixa de diálogo Select Items, como mostrado na Figura 6-25, selecione os elementos do sistema dos quais deseja fazer o backup.

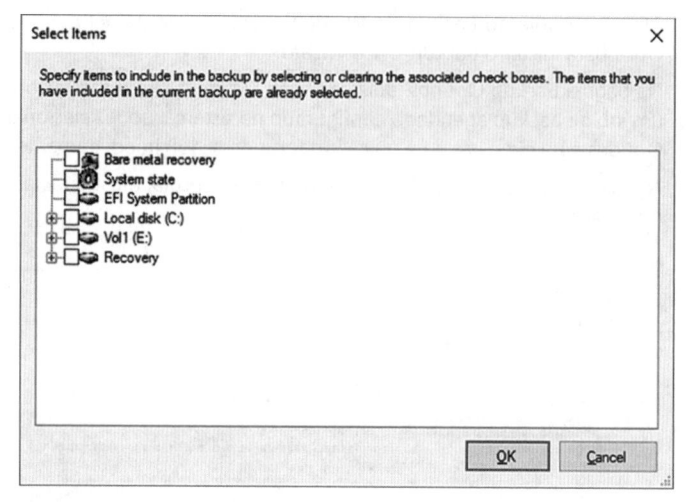

FIGURA 6-25 A caixa de diálogo Select Items do Backup Once Wizard.

6. Na página Specify Destination Type, mostrada na Figura 6-26, deixe a opção Local drives selecionada.

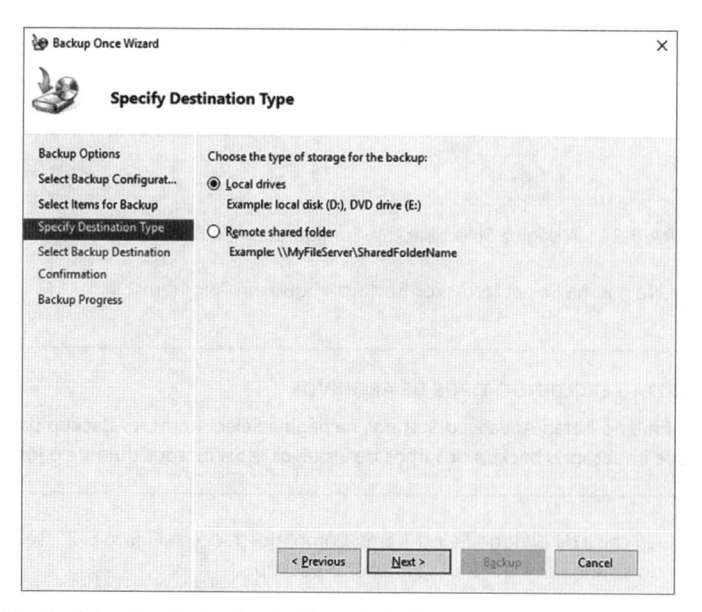

FIGURA 6-26 A página Specify Destination Type do Backup Once Wizard.

7. Na página Select Backup Destination, mostrada na Figura 6-27, use a lista suspensa Backup Destination para selecionar o volume em que deseja que o programa armazene os backups.

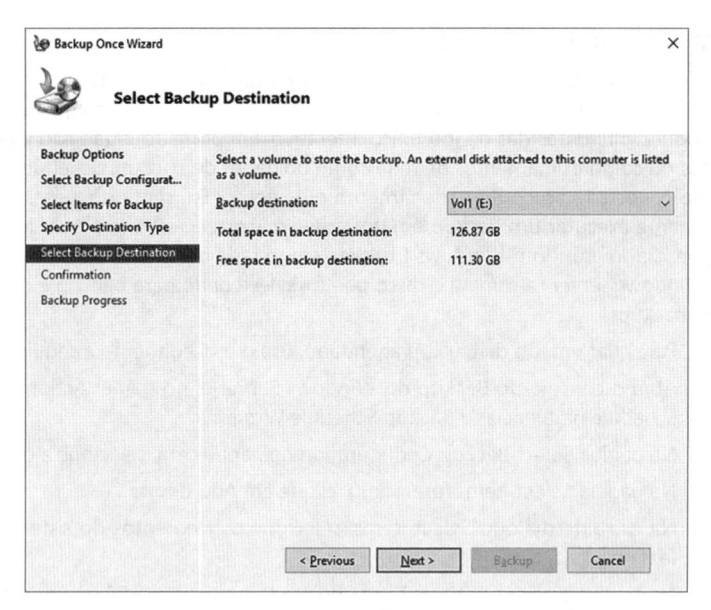

CAPÍTULO 6   Manutenção e monitoramento de ambientes de servidor   **409**

FIGURA 6-27   A página Select Backup Destination do Backup Once Wizard.

8. Na página Confirmation, clique em Backup para começar o job.
9. Na página Backup Progress, mostrada na Figura 6-28, você pode monitorar o job enquanto ele prossegue.

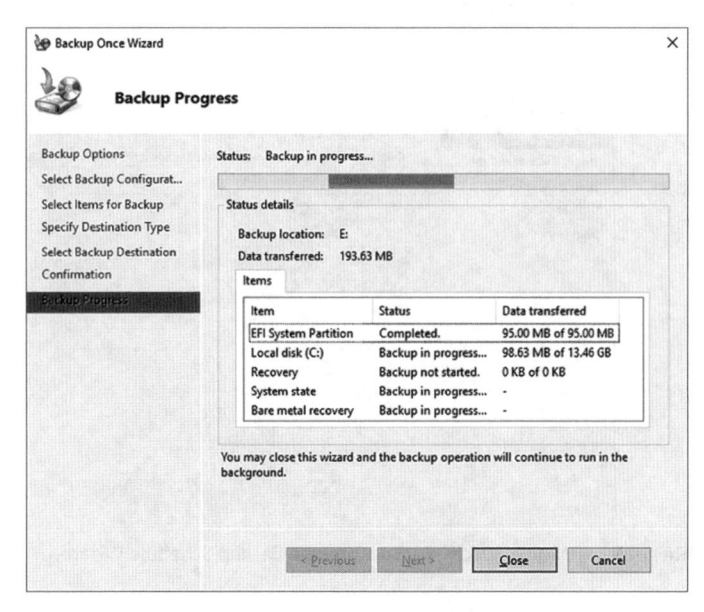

FIGURA 6-28   A página Backup Progress do Backup Once Wizard.

10. Clique em Close. O job de backup prosseguirá em segundo plano, mesmo após você fechar o assistente e o console.

Execute um backup agendado

O Backup do Windows Server permite agendar um job de backup para ser executado no(s) mesmo(s) horário(s) todo dia. Quando você criar um job de backup agendado, as opções serão um pouco diferentes das do job único interativo. Em primeiro lugar, não é possível usar discos óticos ou compartilhamentos de rede como unidades de backup, devendo ser usado um disco rígido conectado ao computador, interno ou externo. Em segundo lugar, você não pode simplesmente executar um backup em um arquivo armazenado em algum local no computador e gerenciá-lo usando o Windows Explorer, como faria com qualquer outro arquivo. O Backup do Windows Server reformata o disco que foi selecionado para backup e o usa exclusivamente para backups.

Para criar um job de backup agendado, use o procedimento a seguir.

1. Abra o console do Backup do Windows Server e, no painel Actions, clique em Backup Schedule para iniciar o Backup Schedule Wizard.
2. Na página Select Backup Configuration que aparecerá, selecione a opção Custom.
3. Na página Select Items for Backup, clique em Add Items.
4. Na caixa de diálogo Select Items, selecione os elementos do sistema dos quais deseja fazer backup.
5. Na página Specify Backup Time, mostrada na Figura 6-29, deixe a opção Once a Day selecionada e use a lista suspensa Select Time of Day para especificar quando o backup deve ocorrer.

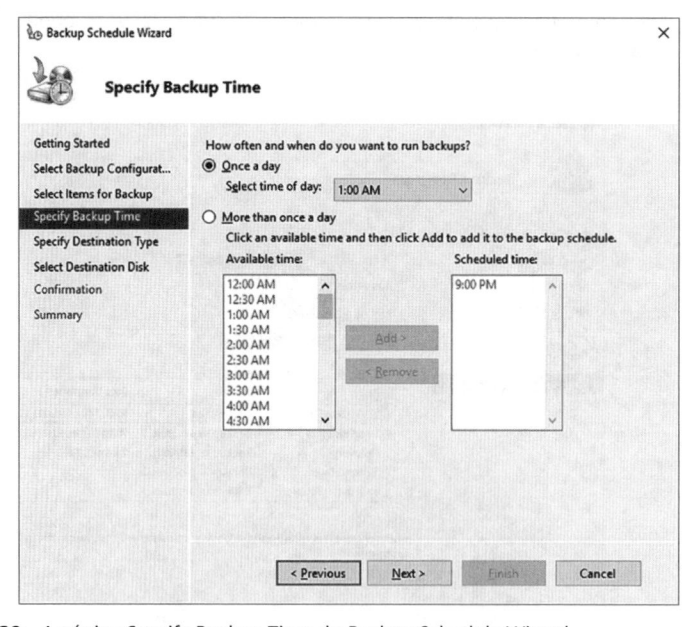

FIGURA 6-29 A página Specify Backup Time do Backup Schedule Wizard.

CAPÍTULO 6 Manutenção e monitoramento de ambientes de servidor   **411**

> **NOTA EXECUTANDO VÁRIOS BACKUPS DIÁRIOS**
>
> Para um computador executando um aplicativo volátil, como um servidor web, você pode querer selecionar a opção More Than Once a Day e escolher vários horários para a execução diária do backup.

6. Na página Specify Destination Type, mostrada na Figura 6-30, selecione a opção Back Up To A Hard Disk That Is Dedicated For Backups.

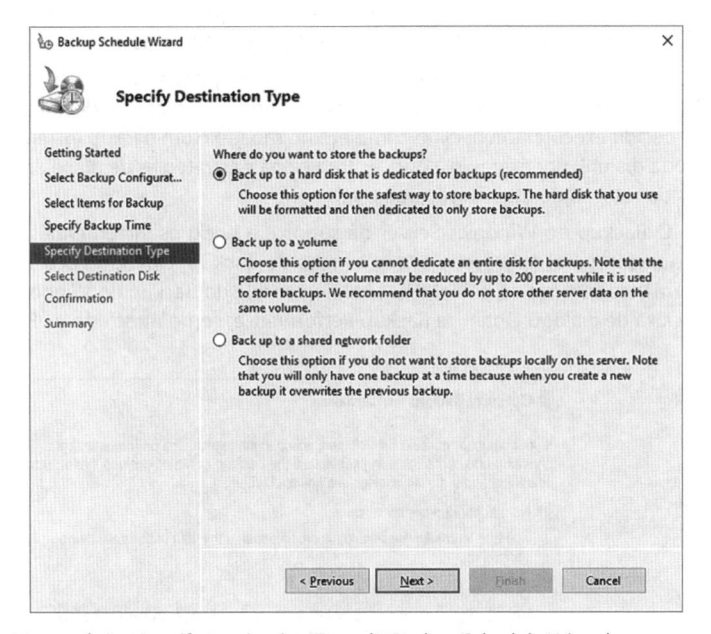

FIGURA 6-30 A página Specify Destination Type do Backup Schedule Wizard.

7. Na página Select Destination Disk, selecione o disco que deseja usar para seus backups. A caixa Available Disks lista somente os discos externos conectados ao computador. Para usar um disco interno, você deve clicar em Show All Available Disks e selecionar o(s) disco(s) que deseja adicionar à lista a partir da caixa de diálogo Show All Available Disks.

> **NOTA CRIANDO BACKUPS ESPELHADOS**
>
> Se você selecionar vários discos na página Select Destination Disk, o Backup do Windows Server criará cópias idênticas dos arquivos de backup em cada disco.

8. Uma caixa de mensagem do Backup do Windows Server aparecerá, informando que o programa reformatará o(s) disco(s) que você selecionou e os dedicará exclusivamente a backups. Clique em Yes para continuar.
9. Na página Confirmation, clique em Finish. O assistente formatará o disco de backup e agendará o job para começar na hora especificada.
10. Clique em Close.

O Backup do Windows Server só permite agendar um único job de backup, logo, na próxima vez que você iniciar o Backup Schedule Wizard, suas únicas opções serão modificar ou interromper o job de backup atual.

Configure backups incrementais

O Backup do Windows Server dá suporte a backups incrementais, mas de uma maneira que é diferente de alguns outros produtos de software de backup. Quando o Backup do Windows Server assume o controle de um disco de backup, ele cria novos arquivos separados para o(s) job(s) de backup que executa a cada dia. O sistema retém os arquivos de todos os jobs antigos até o disco ficar cheio ou 512 jobs serem armazenados no disco, o que ocorrer primeiro. Em seguida, ele começa a excluir os jobs mais antigos conforme necessário.

Ao contrário do que ocorre na maioria dos programas de software de backup, o Backup do Windows Server não permite especificar um tipo de job para cada job executado. Você não pode decidir executar um backup completo no sábado e um backup incremental ou diferencial em cada dia útil, por exemplo. Logo, as tradicionais estratégias de planejamento de jobs e métodos de rotação de fita não são aplicáveis aqui.

O Backup do Windows Server dá suporte a backups incrementais, mas só como uma configuração geral aplicável a todos os jobs de backup. Quando você selecionar Configure Performance Settings no painel de ações no console do Backup do Windows Server, aparecerá uma caixa de diálogo Optimize Backup Performance, como mostrado na Figura 6-31.

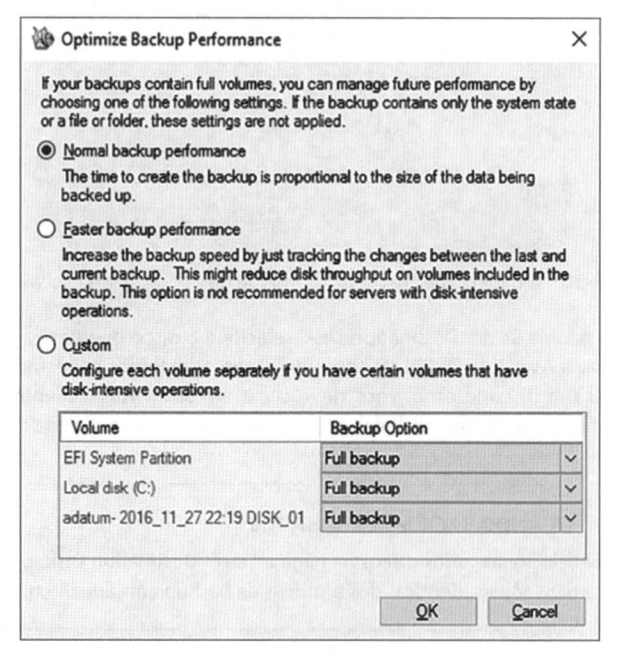

FIGURA 6-31 A caixa de diálogo Optimize Backup Performance.

A opção Normal Backup Performance, que é o padrão, fará o programa copiar cada arquivo do(s) volume(s) selecionado(s) para a mídia de backup, sempre que você executar um backup. Ou seja, o programa copia todos os arquivos do sistema operacional e de aplicativos existentes no(s) volume(s), arquivos os quais nunca mudam, repetidas vezes no disco de backup, ocupando muito espaço inutilmente.

CAPÍTULO 6   Manutenção e monitoramento de ambientes de servidor   **413**

Quando você selecionar a opção Faster Backup Performance, o programa só copiará os arquivos que mudaram desde o backup anterior, o que é chamado de backup incremental. É claro que o primeiro job de backup é sempre um backup completo, mas os jobs subsequentes usam muito menos espaço de armazenamento, permitindo que o programa mantenha um histórico de backups mais longo. A opção Custom permite especificar se serão executados backups completos ou incrementais para cada um dos volumes do computador.

Execute uma restauração

O Backup do Windows Server permite restaurar volumes inteiros ou arquivos, pastas e aplicativos selecionados, com o uso de uma interface baseada em assistente de seu console. Uma vez que você terminar pelo menos um job de backup, poderá usar o console do Backup do Windows Server para restaurar todos os dados ou parte deles em seu disco de backup. Os administradores devem executar restaurações de teste em intervalos regulares, para verificar se os backups estão sendo concluídos corretamente.

Para executar uma restauração de pastas ou arquivos selecionados, use o procedimento a seguir.

1. Abra o console do Backup do Windows Server e, no painel Actions, clique em Recover para iniciar o Recovery Wizard.
2. Na página Getting Started, deixe a opção This Server selecionada.
3. Na página Select Backup Date, mostrada na Figura 6-32, na caixa Available Backups, selecione a data do backup a partir do qual deseja fazer a restauração, e se tiver executado mais de um backup nessa data, selecione também a hora.

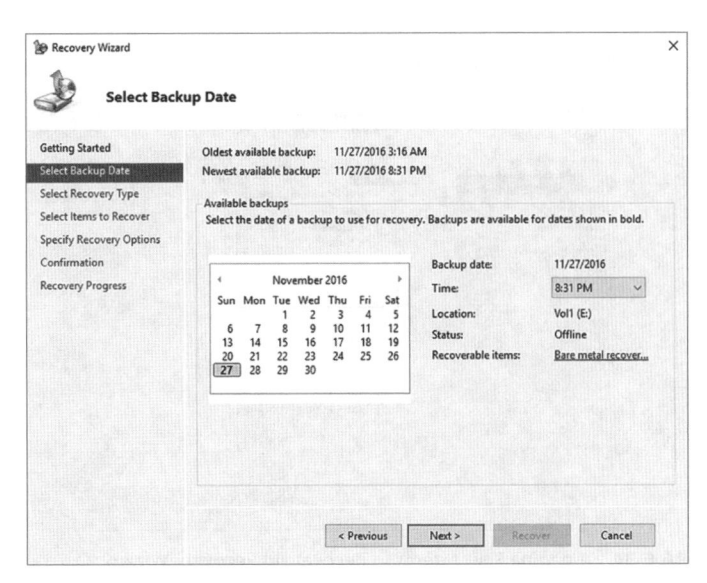

FIGURA 6-32   A página Select Backup Date, no Recovery Wizard.

4. Na página Select Recovery Type, mostrada na Figura 6-33, deixe a opção Files And Folders selecionada.

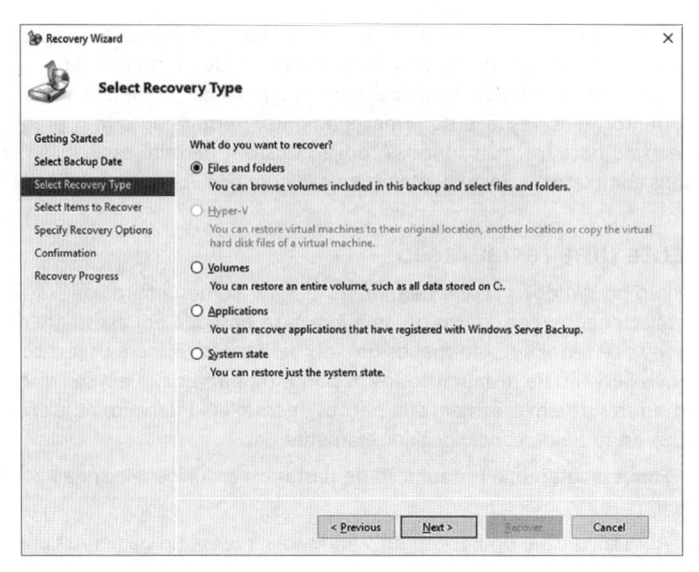

FIGURA 6-33 A página Select Recovery Type, no Recovery Wizard.

5. Na página Select Items to Recover, expanda a pasta do servidor, como mostrado na Figura 6-34, e selecione os arquivos ou subpastas que deseja restaurar.

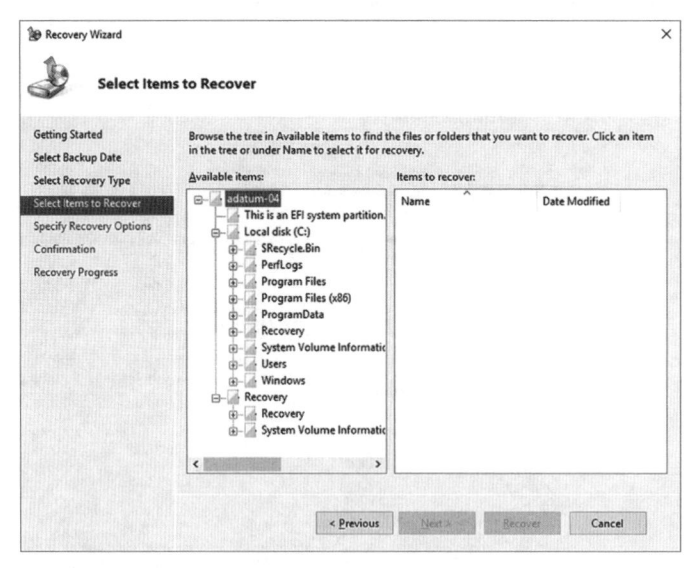

FIGURA 6-34 A página Select Items to Recover, no Recovery Wizard.

CAPÍTULO 6 Manutenção e monitoramento de ambientes de servidor **415**

> **NOTA RESTAURANDO VOLUMES E APLICATIVOS**
>
> A página Select Items to Recover também permite restaurar volumes inteiros, assim como aplicativos. Quando você fizer o backup de um volume contendo aplicativos que sejam compatíveis com o Volume Shadow Copy Service (VSS) e o Backup do Windows Server, poderá restaurar um aplicativo inteiro e seus dados, tudo de uma só vez, selecionando no assistente.

6. Na página Specify Recovery Options, mostrada na Figura 6-35, na caixa Recovery Destination, especifique se deseja restaurar as seleções para seus locais originais ou em outro local de sua escolha.

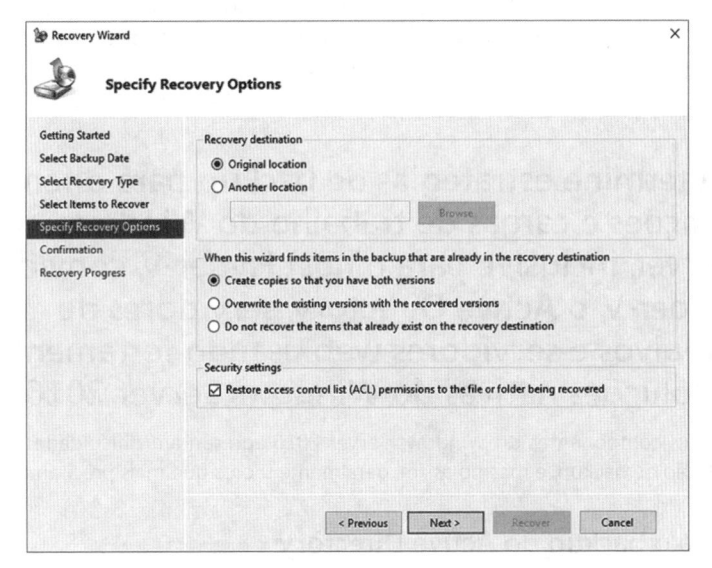

FIGURA 6-35 A página Specify Recovery Options, no Recovery Wizard.

7. Na caixa When The Wizard Finds Files And Folders In The Recovery Destination, especifique se deseja copiar, sobrescrever ou ignorar os arquivos e pastas existentes.
8. Na caixa Security Settings, especifique se deseja restaurar as listas de controle de acesso dos arquivos e pastas selecionados.
9. Na página Confirmation, clique em Recover. O assistente restaurará os arquivos selecionados.
10. Clique em Close.

Ao contrário do que ocorre em muitos produtos de software de backup, o tratamento de jobs incrementais no processo de restauração é totalmente invisível para o operador do console. Quando você selecionar uma pasta para restaurar, por exemplo, o Recovery Wizard acessará automaticamente todos os jobs anteriores necessários à localização da última versão de cada arquivo da pasta.

> ✓ **Verificação rápida**
>
> Qual dos tipos de dispositivo a seguir o Backup do Windows Server não pode usar como unidade de backup?
>
> 1. unidades de fita magnética
> 2. unidades de disco internas
> 3. unidades de disco rígido externas
> 4. compartilhamentos de rede remotos
>
> **Resposta da verificação rápida**
>
> O Backup do Windows Server não dá suporte às unidades de fita magnética (#1), mas pode fazer o backup em unidades de disco internas ou externas, assim como em compartilhamentos de rede remotos.

Determine estratégias de backup para diferentes funções e cargas de trabalho do Windows Server, inclusive para o host Hyper-V, convidados Hyper-V, o Active Directory, servidores de arquivos e servidores web usando ferramentas e soluções nativas do Windows Server 2016

Alguns componentes do Windows Server 2016 apresentam dificuldades especiais para uma solução de backup, e mesmo assim, geralmente são os que mais precisamos proteger.

Faça o backup do Active Directory

O banco de dados do Active Directory é um recurso crucial na maioria das redes Windows, recurso esse que os administradores de backup não devem ignorar. No entanto, o backup e a restauração do Active Directory é um processo diferente em quase todos os aspectos. Quando você executar um backup agendado de um controlador de domínio do Active Directory, ou executar um backup individual com a caixa de seleção System State marcada, o Backup do Windows Server incluirá o banco de dados do Active Directory como parte do estado do sistema, entre outras coisas.

Os domínios do Active Directory devem ter, pelo menos, dois controladores de domínio, e se for esse o caso, e um deles falhar ou for perdido, não deve ser necessário restaurar o banco de dados do Active Directory a partir de um backup. Em vez disso, você pode reinstalar a função Active Directory Domain Services, promover o computador a controlador de domínio, e permitir que o processo de replicação reconstrua o banco de dados no novo controlador de domínio.

A execução de uma restauração de servidor completa inclui o estado do sistema, e consequentemente o banco de dados do Active Directory, mas podem ocorrer situações em que você queira recuperar apenas partes do Active Directory, por exemplo, objetos que excluiu inadvertidamente.

CAPÍTULO 6   Manutenção e monitoramento de ambientes de servidor   **417**

> **NOTA BACKUP DO ESTADO DO SISTEMA**
> Você só pode trabalhar com o estado do sistema como uma entidade coesa. Não é possível submeter a backup ou restaurar elementos individuais do estado do sistema.

É permitido restaurar somente o estado do sistema a partir de um backup, mas você deve usar a ferramenta de linha de comando Wbadmin.exe, como nesse exemplo:

```
wbadmin start systemstaterecovery -version:11/27/2016-11:07
```

O valor de data e hora que vêm depois do parâmetro version: é o identificador de versão do backup a partir do qual você deseja restaurar o estado do sistema. Para listar os identificadores de versão dos backups disponíveis, use o comando a seguir, como mostrado na Figura 6-36:

```
wbadmin get versions
```

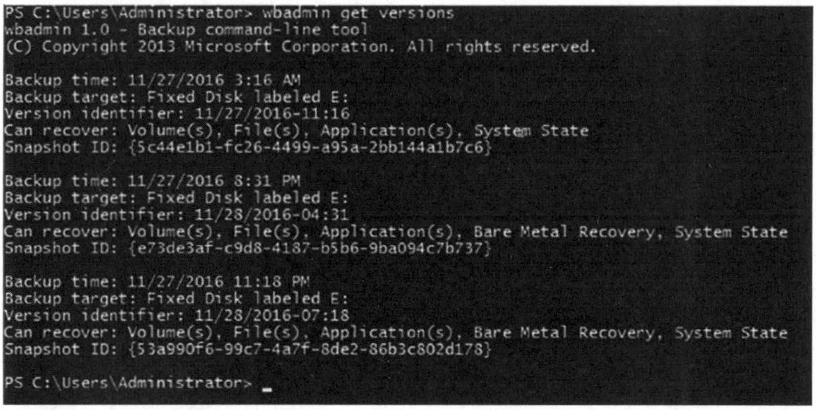

FIGURA 6-36   Resultado do comando wbadmin get versions.

É importante o administrador saber que há dois tipos de restaurações do estado do sistema: *autoritativa* e *não autoritativa*.

- **Não autoritativa**   Quando você abrir uma janela de prompt de comando em uma sessão padrão do Windows e restaurar o estado do sistema, estará executando uma restauração não autoritativa. Ou seja, o programa restaurará o banco de dados do Active Directory no estado exato em que se encontrava na hora do backup. No entanto, na próxima vez que houver uma replicação do Active Directory, os outros controladores de domínio atualizarão o sistema recém-restaurado com qualquer alteração que tenha ocorrido desde que o backup foi feito. Isso significa que se você estiver tentando recuperar objetos do AD que excluiu acidentalmente, o processo de replicação fará o sistema excluir os objetos recém-restaurados.

- **Autoritativa**   Para restaurar objetos excluídos, você deve executar uma restauração autoritativa, e para fazê-lo, deve reiniciar o computador no Directory Services Repair Mode (DSRM, Modo de Restauração dos Serviços de Diretório) pressionando F8 durante o processo de inicialização e selecionando a entrada apropriada no menu Advanced Boot Options. Após fazer login usando a conta Administrator e a senha DSRM especificada durante a instalação do Active Directory Domain Services, você poderá executar a restauração do estado do sistema usando o Wbadmin.exe. Uma vez que a restauração terminar, use a ferramenta Ntdsutil.exe para especificar os objetos que deseja que sejam restaurados de maneira autoritativa.

Faça o backup de objetos de política de grupo

Os objetos de política de grupo (GPOs) são um caso especial. Você não pode usar o procedimento de restauração autoritativo para restaurar GPOs que tenha excluído acidentalmente. Para fazer o backup de GPOs e restaurá-lo, deve usar o console Group Policy Management. Quando você clicar com o botão direito do mouse em uma GPO no console e selecionar Back Up no menu de contexto, uma caixa de diálogo Back Up Group Policy Object aparecerá, como mostrado na Figura 6-37, na qual deve ser especificado o local do backup.

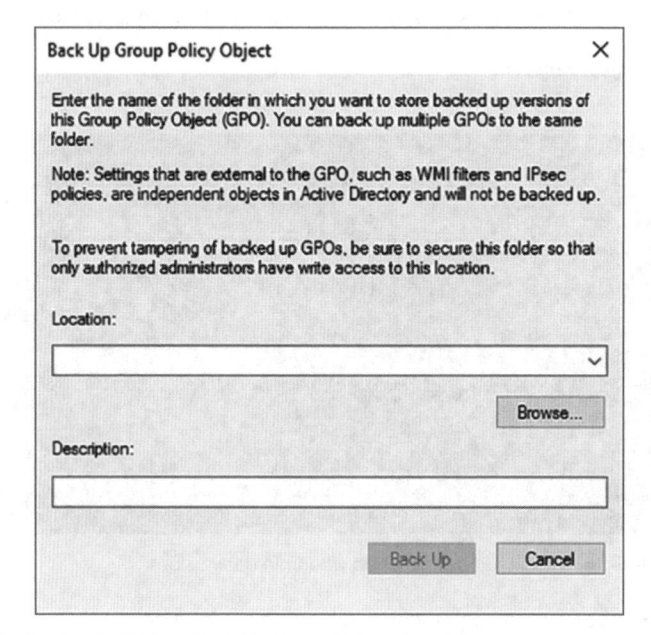

FIGURA 6-37 A caixa de diálogo Back Up Group Policy Object.

Para restaurar uma GPO, clique com o botão direito do mouse no contêiner Group Policy Objects e, no menu de contexto, selecione Manage Backups. A caixa de diálogo Manage Backups aparecerá, como mostra a Figura 6-38, e você poderá selecionar a GPO que deseja recuperar e clicar no botão Restore.

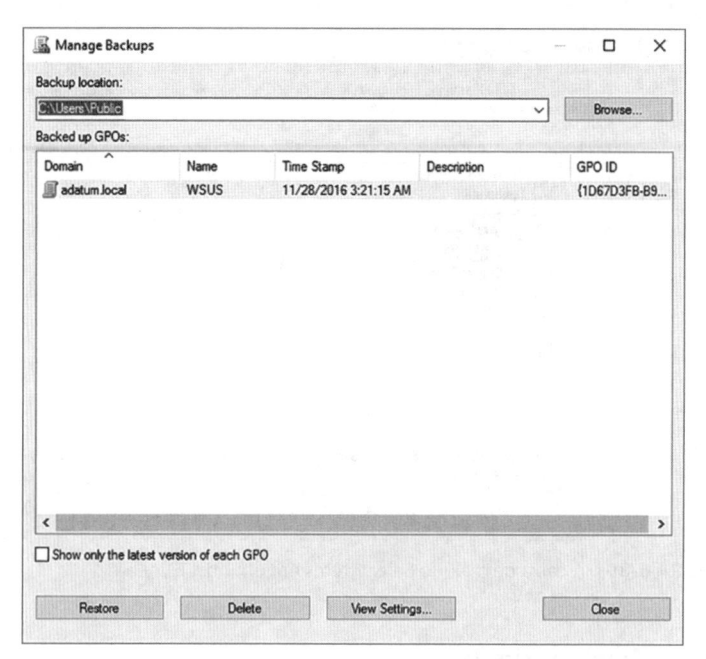

FIGURA 6-38   A caixa de diálogo Manage Backups.

Faça o backup do Hyper-V

O Hyper-V apresenta um problema para os administradores de backup. Você pode fazer o backup de máquinas virtuais com se elas fossem sistemas separados, executando o Backup do Windows Server no sistema operacional convidado. Também pode submetê-las ao backup como parte do servidor host, fazendo o backup dos arquivos da máquina virtual e dos discos rígidos virtuais.

O backup executado de dentro do sistema operacional convidado pode fornecer acesso a recursos que não estão disponíveis por intermédio do host, como os discos pass-through, mas ele não salva as configurações da máquina virtual. Se você tiver que executar uma restauração do convidado, primeiro deve recriar a máquina virtual, com as configurações apropriadas, para, então, restaurar o sistema operacional convidado. A Microsoft recomenda que os administradores usem esse método em acréscimo a um backup do host, e não no lugar dele.

O backup de máquinas virtuais a partir do host Hyper-V usa o serviço Hyper-V Volume Shadow Copy Requestor no sistema operacional convidado para permitir que o host faça o backup da VM enquanto ela está sendo executada. O serviço solicitante (requestor) no convidado se comunica com o Volume Shadow Copy Service (VSS) no host, permitindo que ele faça o backup dos arquivos de configuração da máquina virtual, dos discos rígidos virtuais e de qualquer ponto de verificação associado à VM. Você poderá, então, restaurar a máquina virtual a partir do host, se necessário, sem ter que antes configurá-la no Hyper-V.

O Backup do Windows Server inclui o suporte ao Gravador VSS (VSS Writer) e ao serviço solicitante do convidado, o que simplifica o problema do backup de máquinas virtuais e das configurações de seu host. Quando você criar o backup de um host Hyper-V, a caixa de diálogo Select Items incluirá um item chamado Hyper-V, como mostrado na Figura 6-39, que lhe permitirá selecionar os componentes do host e as VMs individuais sendo executadas no servidor.

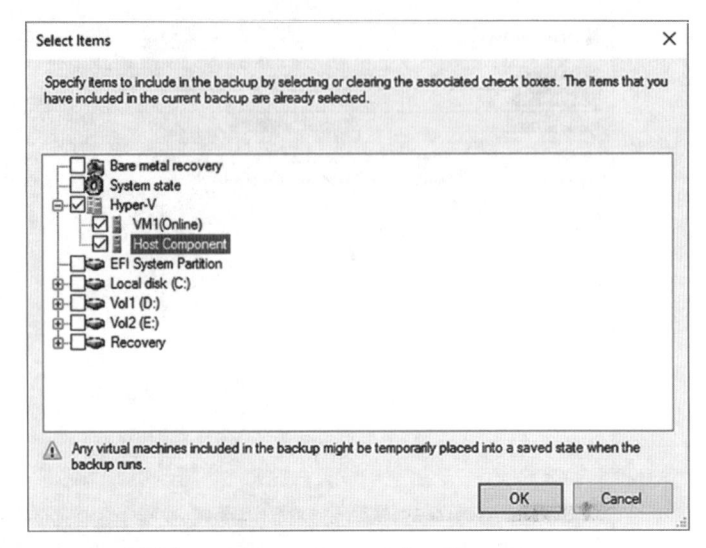

FIGURA 6-39   A caixa de diálogo Select Items em um host Hyper-V.

Faça o backup do IIS

Sites executando o Internet Information Services (IIS) podem incluir componentes que compliquem seu processo de backup. Os arquivos estáticos que compõem um site, como os arquivos HTML, não são um problema, porque podem ser tratados como arquivos em um servidor de arquivos e serem submetidos ao backup apropriadamente.

No entanto, muitos sites são conectados a bancos de dados back-end, hospedados pelo Microsoft SQL Server ou outros aplicativos. O banco de dados pode estar localizado no servidor que está executando o IIS ou em outro servidor. Para fazer seu backup, você deve usar um produto que dê suporte a backups do SQL Server. O Backup do Windows Server pode executar backups VSS de bancos de dados do SQL Server.

O terceiro componente possível em um site do IIS são os arquivos de configuração, que incluem ApplicationHost.config, Administration.config e Redirection.config. São arquivos XML, localizados na pasta Windows\System32\inetsrv, que contêm as definições de configuração dos sites e aplicativos do IIS.

Já que são arquivos XML, seu backup não é um problema, mas os administradores devem se lembrar de selecioná-los para o backup. Também é possível fazer o backup desses arquivos de configuração usando um utilitário do IIS chamado Appcmd.exe. Para executar um backup dos arquivos de configuração do IIS, execute um comando como o seguinte, na pasta Windows\System32\inetsrv:

```
appcmd add backup configbackup1
```

Para restaurar os arquivos de configuração a partir de um backup executado anteriormente, use um comando como:

```
appcmd restore backup configbackup1
```

CAPÍTULO 6   Manutenção e monitoramento de ambientes de servidor   **421**

Objetivo 6.2: Monitorar instalações de servidor

O desempenho do servidor pode mudar com o tempo por várias razões. As cargas de trabalho podem mudar, como também podem mudar os componentes de hardware. Parte do trabalho do administrador de servidores é acompanhar o desempenho destes continuamente, para assegurar que continuem a funcionar de maneira eficiente. O Windows Server 2016 inclui ferramentas que você pode usar nesse acompanhamento do desempenho, como o console Monitor de Desempenho (Performance Monitor).

> **Esta seção aborda como:**
> - Monitorar cargas de trabalho usando o Monitor de Desempenho
> - Configurar conjuntos de coletores de dados
> - Determinar contadores de CPU, memória, disco e rede apropriados para cargas de trabalho de armazenamento e computação
> - Configurar alertas
> - Monitorar cargas de trabalho usando o Resource Monitor

Monitore cargas de trabalho usando o Monitor de Desempenho

O Monitor de Desempenho é uma ferramenta que exibe estatísticas de desempenho do sistema em tempo real. Usando o Monitor de Desempenho, você pode exibir centenas de estatísticas diferentes, chamadas de contadores de desempenho, e criar gráficos personalizados contendo as informações que quiser.

Quando você abrir o console Monitor de Desempenho a partir do grupo Windows Administrative Tools, verá uma página de visão geral contendo um resumo do sistema. Clique no ícone do Monitor de Desempenho e se deparará com um gráfico de linhas, atualizado em tempo real, exibindo o nível atual do contador de desempenho %Processor Time, como mostrado na Figura 6-40.

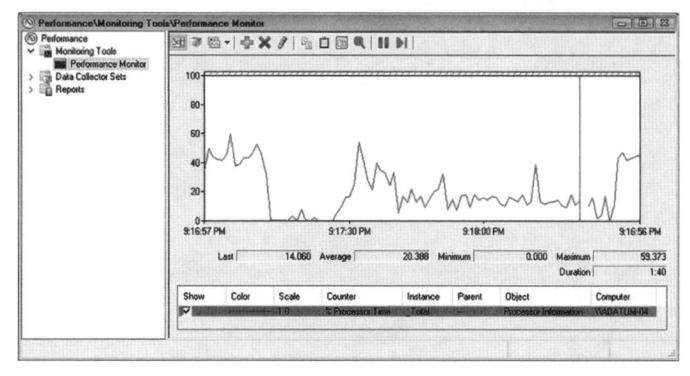

FIGURA 6-40 A exibição padrão do Monitor de Desempenho.

Um contador de desempenho é uma medida da atividade atual de um único aspecto de um componente de hardware ou software específico. O contador %Processor Time mede a porcentagem de ciclos de clock do processador do sistema que estão sendo utilizados por tarefas não ociosas. Essa é uma das medidas básicas da atividade do computador. Um contador %Processor Time que esteja consistentemente fixo em 100% indica que o processador não consegue acompanhar as tarefas que deve executar.

Há contadores disponíveis para medir o desempenho do processador de outras formas, assim como há contadores para muitos outros componentes do sistema. Você pode adicionar quantos contadores quiser ao gráfico, embora incluir muitos contadores possa dificultar a interpretação da exibição. Visualizando as estatísticas geradas por esses contadores e aprendendo o que elas significam, é possível avaliar o desempenho do computador de várias maneiras.

Modifique a exibição do gráfico

A legenda abaixo do gráfico do Monitor de Desempenho especifica a cor da linha de cada contador adicionado à exibição, a escala de valores de cada contador e outras informações de identificação. Quando você selecionar um contador na legenda, seus valores atuais aparecerão em forma numérica na parte inferior do gráfico.

> *NOTA* **REALÇANDO CONTADORES**
> Quando você tiver vários contadores no gráfico do Monitor de Desempenho, clicar no botão Highlight na barra de ferramentas (ou pressionar Ctrl+H) mudará o contador selecionado para uma linha grossa, mais fácil de distinguir das outras.

Se seu computador estiver ocioso, provavelmente você notará que a linha do gráfico padrão está suspensa perto da parte inferior da escala, dificultando ver seu valor exato. Você pode resolver esse problema modificando a escala do eixo Y (isto é, do eixo vertical) do gráfico. Clique no botão Properties na barra de ferramentas (ou pressione Ctrl+Q) para exibir a página Performance Monitor Properties e clique na guia Graph, como mostrado na Figura 6-41. Na caixa Vertical Scale, você pode reduzir o valor máximo do eixo X, usando, assim, uma parte maior do gráfico para exibir os dados do contador.

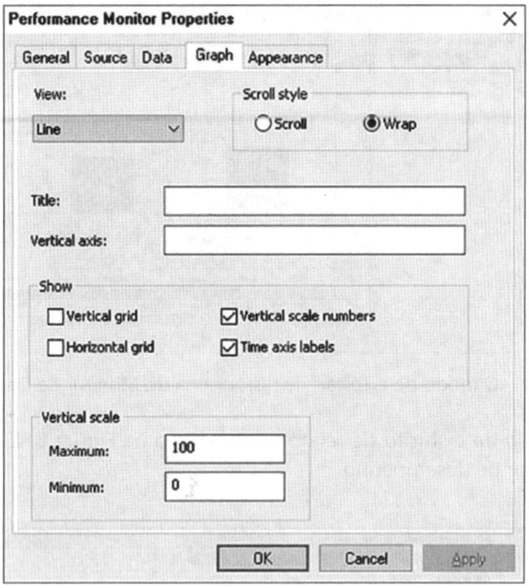

FIGURA 6-41 A guia Graph da página Performance Monitor Properties.

Dependendo da natureza dos contadores exibidos no gráfico, você pode querer aumentar ou diminuir os valores máximo e mínimo da caixa Vertical Scale para criar um intervalo ideal para o eixo Y. Diferentes contadores usam unidades de medida distintas para os dados que apresentam: nem todos são porcentagens. Parte da habilidade de usar o Monitor de Desempenho eficientemente está na seleção de contadores com unidades de medida e intervalos de valores que funcionem bem juntos no mesmo gráfico.

Na guia General da página Performance Monitor Properties, você também pode modificar a taxa de amostragem do gráfico. Por padrão, o gráfico atualiza os valores dos contadores a cada segundo e exibe o equivalente a 100 segundos de dados de cada vez, mas você pode aumentar esse valor para exibir dados de um período de tempo mais longo em uma única página do gráfico. Isso pode facilitar a detecção de tendências de longo prazo em valores do contador.

> **NOTA MODIFICANDO A APARÊNCIA DO GRÁFICO**
>
> A página Performance Monitor Properties contém outros controles que você pode usar para modificar a aparência do gráfico. Por exemplo, na guia Graph, você pode adicionar títulos de eixo e linhas de grade, e na guia Appearance, pode controlar o plano de fundo do gráfico e selecionar uma fonte diferente.

Outros modos de exibição de gráficos

Além do gráfico de linhas, o Monitor de Desempenho tem dois outros modos de exibição dos mesmos dados, a saber, um gráfico de barras (histograma) e uma exibição de relatório. Você pode alterar a visualização para um desses modos de exibição clicando no botão Change Graph Type da barra de ferramentas. A exibição de histograma é um gráfico de barras com uma barra vertical para cada contador, como mostrado na Figura 6-42. Nesse modo de exibição, é mais fácil monitorar uma quantidade maior de contadores, porque as linhas não se sobrepõem.

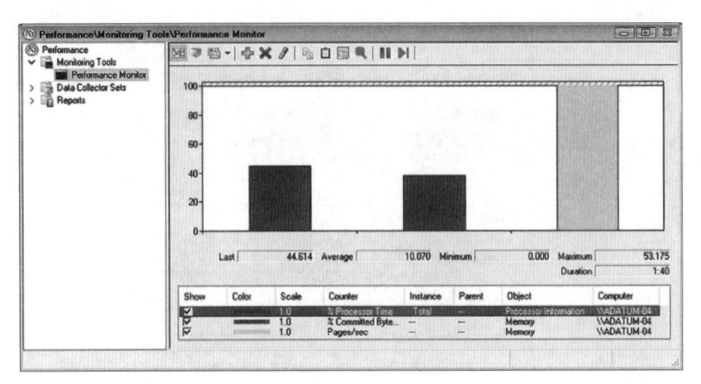

FIGURA 6-42 O modo de exibição de histograma do Monitor de Desempenho.

O modo de exibição de relatório, mostrado na Figura 6-43, exibe o valor numérico de cada contador de desempenho.

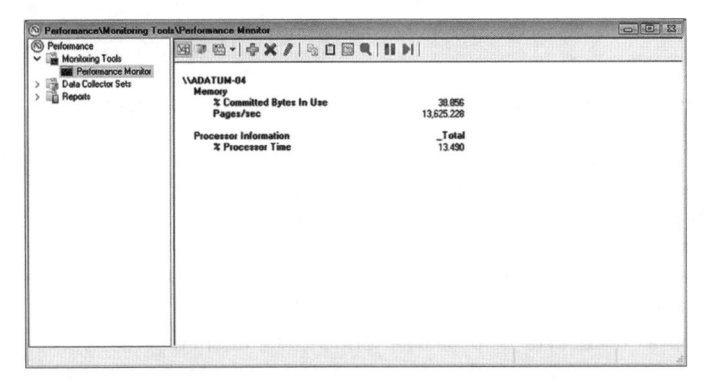

FIGURA 6-43 O modo de exibição de relatório do Monitor de Desempenho.

Como no gráfico de linhas, tanto a exibição de histograma quanto a de relatório atualizam os valores de seus contadores no intervalo especificado na guia General da página Performance Monitor Properties. A principal desvantagem desses modos de exibição, entretanto, é que eles não exibem um histórico dos valores dos contadores, só exibem o valor atual. Cada nova amostragem sobrepõe a anterior na exibição, ao contrário do que ocorre no gráfico de linhas, que também exibe os valores anteriores.

Adicione contadores de desempenho

Para adicionar contadores à exibição do Monitor de Desempenho, clique no botão Add na barra de ferramentas ou pressione Ctrl+I, para exibir a caixa de diálogo Add Counters, como mostrado na Figura 6-44.

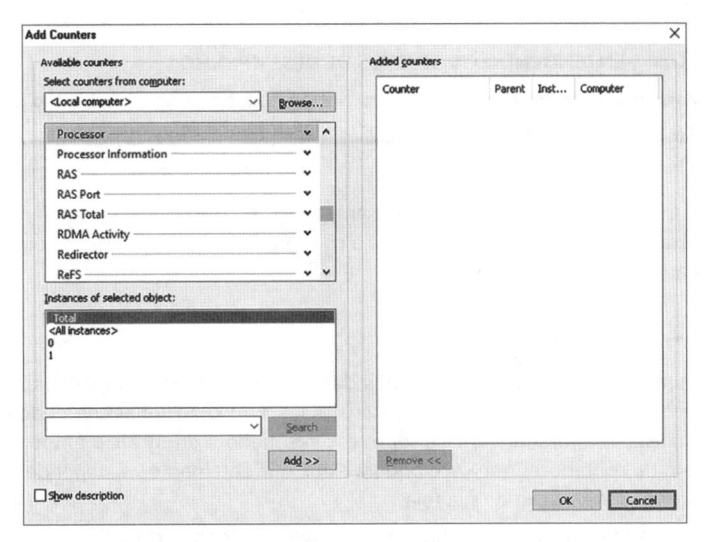

FIGURA 6-44 A caixa de diálogo Add Counters.

Na caixa de diálogo Add Counters, você deve especificar as quatro informações a seguir para adicionar um contador à exibição:

- **Computer** Especifica o nome do computador que você deseja monitorar com o contador selecionado. Ao contrário do que ocorre na maioria dos snap-ins do MMC, você não pode redirecionar o foco inteiro do Monitor de Desempenho para outro computador da rede. Em vez disso, deve especificar um nome de computador para cada contador que adicionar à exibição. Isso permite criar uma exibição mostrando contadores de vários computadores da rede, como em um gráfico de linhas que exibisse a atividade do processador de todos os seus servidores.
- **Performance Object** Especifica o componente de hardware ou software do computador que você deseja monitorar. Clique na seta para baixo de um objeto de desempenho para exibir os contadores relacionados a esse componente.
- **Performance Counter** Identifica uma estatísitca que representa um aspecto específico das atividades do objeto de desempenho selecionado.
- **Instance** Identifica uma ocorrência específica do contador de desempenho selecionado. Por exemplo, em um computador com dois adaptadores de interface de rede, cada contador do objeto de desempenho Interface de Rede (Network Interface) teria duas instâncias, o que permitiria acompanhar o desempenho de cada adaptador individualmente. Alguns contadores também têm instâncias como Total ou Average, que permitem acompanhar o desempenho de todas as instâncias combinadas ou o valor médio de todas as instâncias.

Uma vez que você selecionar um nome de computador, um objeto de desempenho, um contador de desempenho desse objeto e uma instância desse contador, clique em Add para adicionar o contador à lista Added Counters. A caixa de diálogo permanecerá aberta para que você possa adicionar mais contadores. Clique em OK quando terminar de atualizar o gráfico com os contadores selecionados.

> **NOTA ENTENDENDO OS OBJETOS DE DESEMPENHO**
> Marque a caixa de seleção Show Description para exibir uma explicação detalhada do objeto de desempenho ou do contador de desempenho selecionado.

O que definirá os objetos de desempenho, os contadores, e as instâncias que aparecerão na caixa de diálogo Add Counters será a configuração de hardware do computador, o software instalado nele e seu papel na rede.

Controle a exibição

Em muitos casos, quando os usuários descobrem o Monitor de Desempenho, eles veem as centenas de contadores disponíveis e criam um gráfico de linhas contendo uma dúzia ou mais de estatísticas diferentes. Quase sempre, o resultado é um gráfico embolado e incoerente. O número de contadores que você poderá exibir eficientemente vai depender do tamanho de seu monitor e da resolução de sua tela.

Considere as seguintes dicas quando selecionar contadores:

- **Limite o número de contadores** Contadores demais dificultam a compreensão do gráfico. Para exibir um grande número de estatísticas, você pode abrir várias janelas do console (clicando com o botão direito do mouse no Monitor de Desempenho e selecionando New Window From Here) e selecionar diferentes contadores em cada uma, ou usar a visualização de histograma ou de relatório para exibir um grande número de contadores de uma forma mais compacta.

- **Modifique as propriedades de exibição do contador** Dependendo do tamanho e dos recursos de seu monitor, as cores e as largura de linha padrão que o Monitor de Desempenho usa em seu gráfico podem tornar difícil diferenciar os contadores. Na guia Data da página Performance Monitor Properties, você pode modificar a cor, o estilo e a largura da linha de cada contador do gráfico, para facilitar a diferenciação.

- **Selecione contadores com valores comparáveis** O Monitor de Desempenho não impõe restrições às combinações de contadores que você pode selecionar para o mesmo gráfico, mas não é prático exibir juntas algumas estatísticas, devido aos seus valores discrepantes. Quando um gráfico tem um contador com um valor típico abaixo de vinte e outro com um valor na ordem das centenas, é difícil organizar a exibição para que os dois contadores sejam legíveis. Selecione contadores com valores que sejam razoavelmente comparáveis, para poder exibi-los de forma legível. Novamente nesse caso, se você tiver que exibir contadores com diferentes intervalos de valores, pode ser melhor usar a exibição de relatório em vez da de gráfico.

Configure conjuntos de coletores de dados

Gargalos no desempenho de um servidor vão surgindo ao longo do tempo e pode ser difícil detectá-los pela observação de níveis de desempenho em um único momento no tempo. É por isso que é uma boa ideia usar ferramentas como o Monitor de Desempenho para estabelecer níveis de linha de base para um servidor. Uma *linha de base* é um conjunto de leituras, capturadas em condições normais de operação, que você pode salvar e comparar a leituras tomadas posteriormente. Comparando as leituras de linha de base com as leituras atuais do servidor em intervalos regulares, é possível identificar tendências que podem afetar o desempenhho do computador.

CAPÍTULO 6 Manutenção e monitoramento de ambientes de servidor   427

Para capturar estatísticas de contadores no console Monitor de Desempenho para verificação posterior, você deve criar um *conjunto de coletores de dados*, usando o procedimento a seguir.

1. Abra o console Monitor de Desempenho e expanda a pasta Data Collector Sets.
2. Clique com o botão direito do mouse na pasta User Defined e, no menu de contexto, clique em New | Data Collector Set. O Create New Data Collector Set Wizard aparecerá, exibindo a página How Would You Like To Create This New Data Collector Set, como mostrado na Figura 6-45.

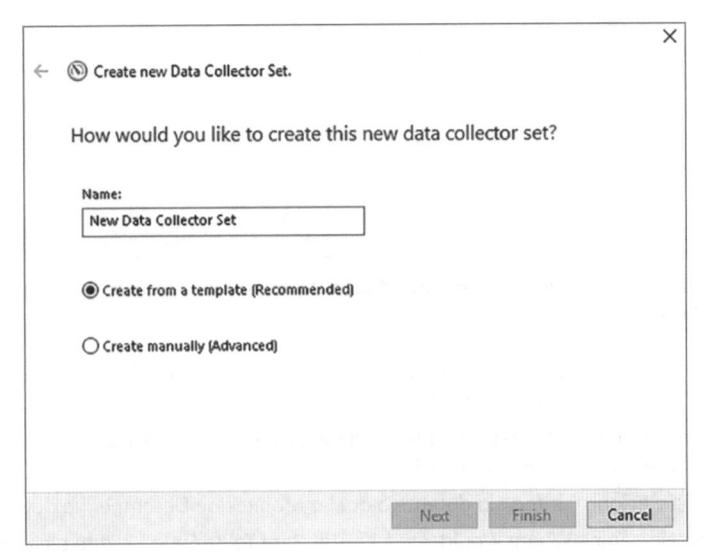

FIGURE 6-45 A página How Would You Like To Create This New Data Collector Set do Create New Data Collector Set Wizard.

3. Na caixa de texto Name, digite um nome para o conjunto de coletores de dados. Em seguida, selecione a opção Create Manually (Advanced).
4. Na página What Type Of Data Do You Want To Include?, mostrada na Figura 6-46, deixe a opção Create Data Logs selecionada e marque a caixa de seleção Performance Counter.

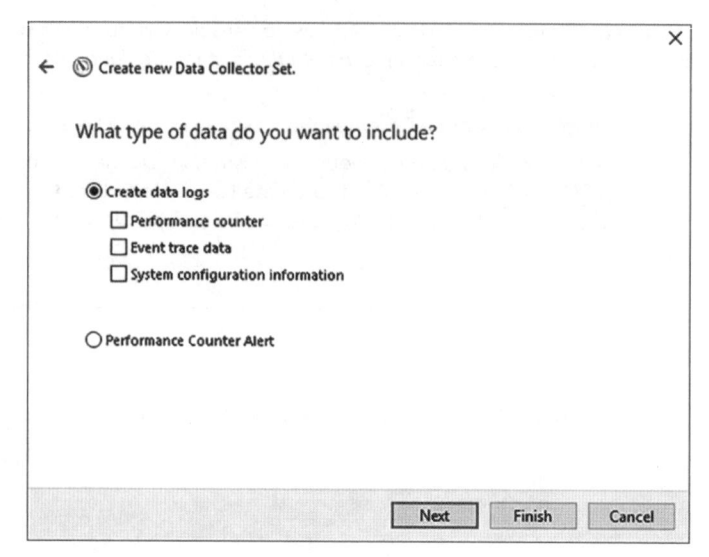

FIGURA 6-46 A página What Type Of Data Do You Want To Include? do Create New Data Collector Set Wizard.

5. Na página Which Performance Counters Would You Like To Log, clique em Add, para exibir a caixa de diálogo Add Counters.
6. Selecione os contadores que deseja registrar da maneira usual e clique em OK. Os contadores aparecerão na caixa Performance Counters.
7. Selecione o intervalo durante o qual o Monitor de Desempenho deve coletar amostras.
8. Na página Where Would You Like The Data To Be Saved, digite o nome da pasta em que deseja armazenar o conjunto de coletores de dados ou navegue até o local em que ela se encontra.
9. Na página Create The Data Collector Set, se a conta que está usando atualmente não tiver os privilégios necessários para a coleta de informações de log, clique em Change para exibir uma caixa de diálogo do Monitor de Desempenho na qual possa fornecer credenciais alternativas.
10. Selecione uma das opções a seguir:
    - **Open Properties For This Data Collector Set** Salva o conjunto de coletores de dados no local especificado e abre sua página Properties para modificações adicionais.
    - **Start This Data Collector Set Now** Salva o conjunto de coletores de dados no local especificado e começa a coleta de dados imediatamente.
    - **Save and Close** Salva o conjunto de coletores de dados no local especificado e fecha o assistente.
11. Clique em Finish. O novo conjunto de coletores de dados aparecerá na pasta User Defined.
12. Clique com o botão direito do mouse no novo conjunto de coletores de dados e, no menu de contexto, selecione Start. O console começará a coletar dados até você clicar com o botão direito do mouse e selecionar Stop.

Uma vez que você capturar dados usando o conjunto de coletores, poderá exibí-los clicando com o botão direito do mouse no arquivo do Monitor de Desempenho na pasta que especificou durante sua criação. Isso abrirá uma janela do Monitor de Desempenho contendo um gráfico dos dados coletados, como mostrado na Figura 6-47, em vez da atividade em tempo real.

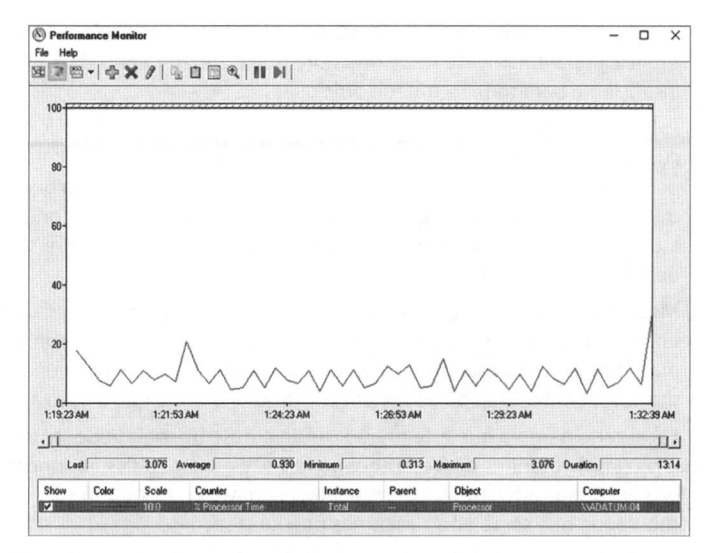

FIGURA 6-47 Informações do Monitor de Desempenho coletadas com o uso de um conjunto de coletores de dados.

Repetindo esse processo posteriormente e comparando as informações dos dois conjuntos de coletores de dados, podemos detectar tendências no desempenho indicando a presença de gargalos.

Determine contadores de CPU, memória, disco e rede apropriados para cargas de trabalho de armazenamento e computação

Agora que você aprendeu como operar o console Monitor de Desempenho, a próxima etapa é aprender como usá-lo para monitorar um computador e resolver seus problemas. Os administradores de servidor costumam encontrar problemas no desempenho que não são atribuíveis a uma causa óbvia, como uma falha de hardware ou serviço. Os usuários podem reclamar que o desempenho de um servidor está lento em certas horas do dia ou que o desempenho tem piorado gradualmente no decorrer de semanas ou meses. Quando isso ocorre, uma das causas mais comuns é um gargalo no desempenho em alguma parte do servidor.

Um *gargalo* é um componente que não está fornecendo um nível de desempenho aceitável, em relação aos outros componentes do sistema. Por exemplo, os usuários poderiam reclamar que o desempenho de seu servidor de arquivos está lento, o que o faria gastar muito tempo e dinheiro com o upgrade de sua rede, esperando ver uma melhora significativa. No entanto, se o servidor for um computador mais antigo usando um processador desatualizado, talvez a melhoria seja mínima porque é o processador, e não a rede, que é o gargalo. Todos os outros componentes funcionariam bem, mas o processador não acompanharia a capacidade de dados da rede nova que é mais rápida.

Gargalos podem surgir por várias razões, como as seguintes:

- **Aumento na carga do servidor** Inicialmente um servidor pode funcionar de maneira adequada desempenhando uma função específica, mas conforme você adicionar mais usuários ou tarefas, a inadequação de um ou mais componentes pode se tornar evidente. Por exemplo, à primeira vista um servidor web pode parecer suficiente para hospedar o site de uma empresa, mas então ela introduz um novo produto, e o tráfego para o site triplica. Repentinamente, você descobre que o desempenho do disco do servidor web é insuficiente para tratar o tráfego adicional.

- **Falha de hardware** Nem sempre falhas em hardware se manifestam como interrupções catastróficas. Um componente pode apresentar mau funcionamento intermitente por um longo período, causando uma irritante inconsistência na degradação de desempenho do servidor. Por exemplo, um cabo de rede defeituoso conectando um servidor a um switch pode causar interrupções ocasionais no tráfego que se manifestam como desempenho degradado do servidor.

- **Mudança nas funções do servidor** Diferentes aplicativos têm requisitos de recursos distintos. Você pode ter um computador que funcione adequadamente como servidor web, mas quando mudar sua função para a de um servidor de banco de dados, notará que o processador não é rápido o suficiente para tratar a carga que o novo aplicativo impõe a ele.

Localizar o gargalo que está prejudicando o desempenho pode ser uma tarefa complicada, mas o console Monitor de Desempenho fornece a maioria das ferramentas de que precisamos. Para encontrar um gargalo, geralmente examinamos os quatro subsistemas principais de um computador, que serão abordados nas próximas seções.

Contadores de CPU

Um conjunto de processadores inadequado ou com mau funcionamento pode fazer um servidor enfileirar solicitações recebidas de clientes, impedindo-o de atendê-las prontamente. Para o monitoramento geral do subsistema de processadores, considere usar os contadores de desempenho a seguir:

- **Processor: %Processor Time** Especifica a porcentagem de tempo durante a qual o processador permanece ocupado. Esse valor deve ser o mais baixo possível, com valores abaixo de 85% sendo aceitáveis. Se ele for consistentemente muito alto, você deve tentar determinar que processos estão usando muito tempo do processador, fazer o upgrade deste, ou adicionar outro processador, se possível.

- **System: Processor Queue Length** Especifica o número de threads de programas que estão esperando para ser executados pelo processador. Esse valor deve ser o mais baixo possível, com valores menores que 10 sendo aceitáveis. Se o valor estiver muito alto, faça o upgrade do processador ou adicione outro.

- **Server Work Queues: Queue Length** Especifica o número de solicitações que estão esperando para usar um processador específico. Esse valor deve ser o mais baixo possível, com valores menores que quatro sendo aceitáveis. Se o valor estiver muito alto, faça o upgrade do processador ou adicione outro.

- **Processor: Interrupts/Sec** Especifica o número de interrupções de hardware que o processador está vivenciando por segundo. O valor desse contador pode variar muito e só é significativo em relação a uma linha de base estabelecida. Um dispositivo de hardware que esteja gerando muitas interrupções pode monopolizar o processador, impedindo-o de executar outras tarefas. Se o valor aumentar subitamente, examine os outros componentes de hardware do sistema para determinar qual está gerando tantas interrupções.

Contadores de memória

Uma quantidade inadequada de memória em um servidor pode impedir o computador de armazenar em cache com agressividade suficiente dados usados com frequência, fazendo os processos dependerem mais de leituras em disco do que de leituras na memória, assim retardando o sistema inteiro. A memória é o sistema mais importante a ser monitorado porque problemas de memória podem afetar todos os outros subsistemas. Por exemplo, se uma condição de memória causar paginação de disco excessiva, o sistema pode aparentar ter um problema no subsistema de armazenamento, embora a memória seja a culpada.

Uma das condições mais comuns que pode causar problemas relacionados à memória é um vazamento de memória. Um vazamento de memória é resultado de um programa alocar memória para uso, mas não liberá-la ao terminar de usá-la. Com o tempo, a memória livre do computador pode ser totalmente consumida, degradando o desempenho e acabando por interromper o sistema. Os vazamentos de memória podem ser rápidos, causando uma degradação quase imediata no desempenho geral do sistema, mas também podem ser lentos e difíceis de detectar, degradando o desempenho do sistema gradualmente durante um período de dias ou semanas. Quase sempre, eles são causados por aplicativos de terceiros, mas vazamentos do sistema operacional não são inéditos.

Para monitorar o desempenho básico da memória, use os contadores a seguir:

- **Memory: Page Faults/Sec** Especifica quantas vezes por segundo o código ou os dados requeridos pelo processamento não estão sendo encontrados na memória. O valor deve ser o mais baixo possível, com valores abaixo de 5 sendo aceitáveis. Esse contador inclui tanto falhas de software, em que a página requerida se encontra em outro local da memória, quanto falhas de hardware, em que a página solicitada deve ser acessada a partir de um disco. Geralmente as falhas de software não são um grande problema, mas as falhas de hardware podem causar atrasos significativos porque os acessos ao disco são muito mais lentos do que os acessos à memória. Se esse valor for muito alto, você deve determinar se o sistema está vivenciando um número excessivo de falhas de hardware examinando o contador Memory: Pages/Sec. Se o número de falhas de página de hardware for excessivo, determine que processo está causando a paginação excessiva ou instale mais memória de acesso aleatório (RAM) no sistema.

- **Memory: Pages/Sec** Especifica quantas vezes por segundo informações requeridas não estavam na RAM e tiveram que ser acessadas em disco ou tiveram que ser gravadas no disco para fazer espaço na RAM. Esse valor deve ser o mais baixo possível, com valores de 0 a 20 sendo aceitáveis. Se o valor for muito alto, você deve determinar que processo está causando a paginação excessiva ou instalar mais RAM no sistema.

- **Memory: Available MBytes** Especifica a quantidade de memória física disponível em megabytes. Esse valor deve ser o mais alto possível e não pode estar abaixo de 5% da memória física total do sistema, já que isso pode ser indicação de vazamento de memória. Se o valor for muito baixo, considere instalar RAM adicional no sistema.

- **Memory: Committed Bytes** Especifica a quantidade de memória virtual que tem espaço reservado nos arquivos de paginação de disco. Esse valor deve ser o mais baixo possível e tem que ser sempre menor do que a quantidade de RAM física do computador. Se o valor for muito alto, pode ser indicação de vazamento de memória ou da necessidade de RAM adicional no sistema.

- **Memory: Pool Non-Paged Bytes** Especifica o tamanho de uma área da memória usada pelo sistema operacional para objetos que não possam ser gravados em disco. Esse valor deve ser um número estável que não cresça sem um crescimento correspondente na atividade do servidor. Se o valor aumentar com o tempo, pode ser indicação de vazamento de memória.

Contadores de disco

Um subsistema de armazenamento sobrecarregado com comandos de leitura e gravação pode diminuir a velocidade do sistema processar solicitações de clientes. As unidades de disco rígido do servidor suportam uma carga física maior do que os outros três subsistemas porque, no atendimento a solicitações de I/O de muitos clientes, os cabeçotes têm que se mover continuamente para diferentes locais nos discos. No entanto, o mecanismo de cabeçote não pode se mover mais rápido, e uma vez que a unidade alcançar sua velocidade máxima de leitura/gravação, solicitações adicionais podem começar a se empilhar na fila, esperando ser processadas. Logo, o subsistema de armazenamento é um ótimo candidato a gargalo.

Para monitorar o subsistema de armazenamento no Monitor de Desempenho, você pode usar os contadores a seguir:

- **PhysicalDisk: Disk Bytes/Sec** Especifica o número médio de bytes transferido de ou para o disco a cada segundo. Esse valor deve ser equivalente aos níveis estabelecidos nas leituras de linha de base originais ou mais alto. Uma redução no valor indica um disco com mau funcionamento que pode falhar. Se for esse o caso, considere fazer o upgrade do subsistema de armazenamento.
- **PhysicalDisk: Avg. Disk Bytes/Transfer** Especifica o número médio de bytes transferidos durante operações de leitura e gravação. Esse valor deve ser equivalente aos níveis estabelecidos nas leituras de linha de base originais ou mais alto. Uma redução no valor indica um disco com mau funcionamento que pode falhar. Se for esse o caso, considere fazer o upgrade do subsistema de armazenamento.
- **PhysicalDisk: Current Disk Queue Length** Especifica o número de solicitações pendentes de leitura ou gravação em disco. Esse valor deve ser o mais baixo possível, com valores menores que 2 sendo aceitáveis por unidade de disco. Valores altos para esse contador podem indicar que a unidade de disco apresenta mau funcionamento ou que não consegue atender as atividades exigidas dela. Se for esse o caso, considere fazer o upgrade do subsistema de armazenamento.
- **PhysicalDisk: %Disk Time** Especifica a porcentagem de tempo durante a qual a unidade de disco permanece ocupada. Esse valor deve ser o mais baixo possível, com valores menores do que 80% sendo aceitáveis. Valores altos para esse contador podem indicar que a unidade de disco apresenta mau funcionamento, que não consegue atender as atividades exigidas dela ou que um problema na memória está causando excesso de paginação de disco. Procure vazamentos de memória ou problemas relacionados e, se não forem encontrados, considere fazer o upgrade do subsistema de armazenamento.
- **LogicalDisk: %Free Space** Especifica a porcentagem de espaço livre no disco. Esse valor deve ser o mais alto possível, com valores maiores do que 20% sendo aceitáveis. Se o valor for muito baixo, considere adicionar mais espaço em disco.

Quase todos os problemas que ocorrem no subsistema de armazenamento, quando não são causados por hardware com mau funcionamento, podem ser resolvidos pelo upgrade do sistema. Esses upgrades podem incluir as medidas a seguir:

- Instalar unidades de disco rígido mais rápidas, como as unidades de estado sólido (SSDs).
- Instalar unidades de disco rígido adicionais e dividir os dados entre elas, reduzindo a carga de I/O em cada unidade.
- Substituir unidades de disco autônomas por um array de RAID (Redundant Array of Independent Disks).
- Adicionar mais unidades de disco a um array de RAID existente.

Contadores de rede

Monitorar o desempenho da rede é mais complicado do que monitorar os outros três subsistemas porque muitos fatores de fora do computador podem afetá-lo. Você pode usar os contadores a seguir para tentar determinar se existe um problema na rede, mas se suspeitar que existe um, deve procurar causas externas ao computador:

- **Network Interface: Bytes Total/Sec** Especifica o número de bytes enviados e recebidos por segundo pelo adaptador de interface de rede selecionado. Esse valor deve ser equivalente aos níveis estabelecidos nas leituras de linha de base originais ou mais alto. Uma redução no valor pode indicar hardware de rede com mau funcionamento ou outros problemas na rede.

- **Network Interface: Output Queue Length** Especifica o número de pacotes esperando para ser transmitidos pelo adaptador de interface de rede. Esse valor deve ser o mais baixo possível, preferivelmente igual a zero, embora valores iguais a dois ou menores sejam aceitáveis. Se o valor for muito alto, o adaptador de interface de rede pode estar com mau funcionamento ou pode existir outro problema na rede.

- **Server: Bytes Total/Sec** Especifica o número total de bytes enviados e recebidos pelo servidor por todas as suas interfaces de rede. Esse valor não deve ser maior do que 50% da capacidade de largura de banda total das interfaces de rede do servidor. Se o valor for muito alto, considere migrar alguns aplicativos para outros servidores ou fazer o upgrade para uma rede mais rápida.

A largura de banda das conexões limita a quantidade de tráfego que alcançará o servidor por suas interfaces de rede. Se os valores desse contador indicarem que a própria rede é o gargalo, há duas maneiras de fazer o upgrade da rede, e nenhuma delas é uma correção fácil:

- **Aumentar a velocidade da rede** Ou seja, substituir os adaptadores de interface de rede de todos os computadores, assim como os switches, roteadores e outros dispositivos da rede, e possivelmente substituir também o cabeamento.

- **Instalar adaptadores de rede adicionais no servidor e redistribuir a rede** Se o tráfego estiver saturando com frequência as interfaces de rede já existentes no servidor, a única maneira de aumentar o throughput da rede sem aumentar sua velocidade é instalar mais interfaces. No entanto, conectar mais interfaces à mesma rede não permitirá que um volume maior de tráfego alcance o servidor. Em vez disso, você deve criar sub-redes adicionais na rede e redistribuir os computadores entre elas, para que haja menos tráfego em cada sub-rede.

Configure alertas

O Monitor de Desempenho é uma ferramenta útil, mas poucos administradores têm tempo para ficar sentados observando gráficos de linhas rastrearem contadores de desempenho dos servidores. É por isso que também podemos usar o Create New Data Collector Set Wizard e criar *alertas de contador de desempenho*, cuja função é monitorar os valores de contadores específicos e executar uma tarefa, como enviar um email para um administrador, quando os contadores alcançarem um determinado valor.

Para criar um alerta, basta usar o procedimento de criação de um conjunto de coletores de dados, como descrito a seguir:

1. Abra o console Monitor de Desempenho e expanda a pasta Data Collector Sets.
2. Clique com o botão direito do mouse na pasta User Defined e, no menu de contexto, clique em New, Data Collector Set.
3. Na página How Would You Like To Create This New Data Collector Set?, digite um nome para o conjunto de coletores de dados e selecione a opção Create Manually (Advanced).
4. Na página What Type Of Data Do You Want To Include?, selecione a opção Performance Counter Alert.

5. Na página Which Performance Counters Would You Like To Log?, clique em Add e selecione o contador que deseja monitorar.
6. Na lista suspensa Alert When e na caixa de texto Limit, especifique o valor em que o Monitor de Desempenho deve acionar um alerta. Os valores usados para esses campos vão depender da natureza do contador selecionado. Por exemplo, ao monitorar o contador %Processor Time, você poderia acionar um alerta quando o valor ultrapassasse os 95%. No entanto, contadores que não medem porcentagens podem usar valores baseados em outros fatores.
7. Na página Create The Data Collector Set?, se a conta que está usando no momento não tiver os privilégios necessários para a coleta de informações de log, clique em Change para exibir uma caixa de diálogo do Monitor de Desempenho na qual possa fornecer credenciais alternativas.
8. Selecione uma das opções a seguir:
   - **Open Properties For This Data Collector Set**   Salva o conjunto de coletores de dados no local especificado e abre sua página Properties para modificações adicionais
   - **Start This Data Collector Set Now**   Salva o conjunto de coletores de dados no local especificado e começa a coleta de dados imediatamente.
   - **Save and Close**   Salva o conjunto de coletores de dados no local especificado e fecha o assistente.
9. Clique em Finish. O novo conjunto de coletores de dados aparecerá na pasta User Defined.
10. Selecione o novo conjunto de coletores de dados sob a pasta User Defined.
11. Clique com o botão direito do mouse no alerta e selecione Properties.
12. Na página Properties do alerta, selecione a guia Alert Task, como mostrado na Figura 6-48.

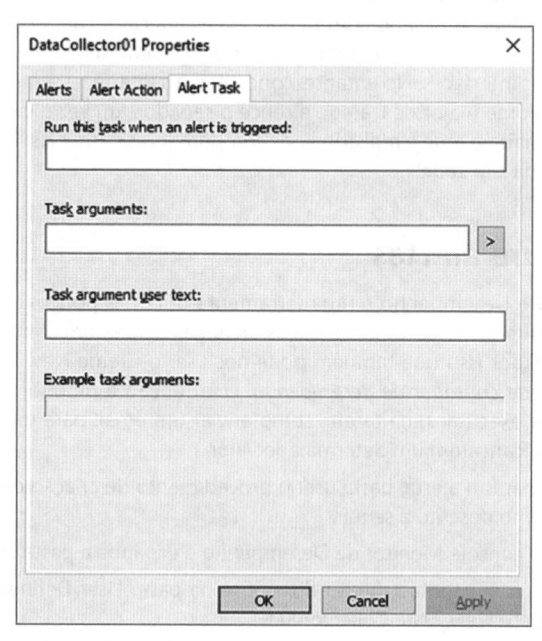

FIGURA 6-48   A guia Alert Task da página Properties de um alerta de contador de desempenho.

13. Nos campos fornecidos, especifique uma tarefa do Windows Management Instrumentation ou um script para ser executado quando o alerta for acionado.

14. Clique em OK.

Quando você iniciar o alerta, ele irá monitorar o contador selecionado e executará a tarefa se alcançar o valor especificado. Na mesma página Properties, na guia Alert, você também pode configurar o intervalo de amostragem do alerta, para que ele não interfira no desempenho do servidor ou acione alertas indesejados com muita frequência.

Monitore cargas de trabalho usando o Resource Monitor

Quando você iniciar o console Monitor de Desempenho, poderá clicar com o botão direito do mouse na pasta Monitoring Tools e, no menu de contexto, selecionar o Resource Monitor (Monitor de Recursos), para exibir sua janela, como mostrado na Figura 6-49.

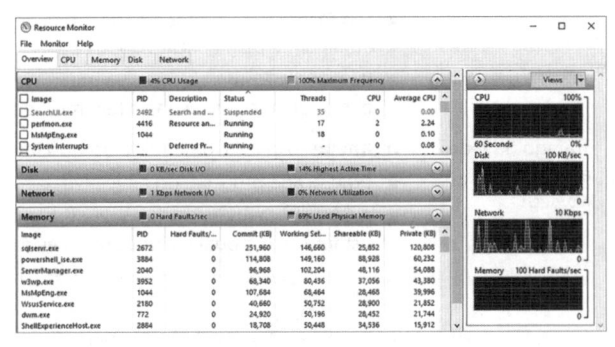

FIGURA 6-49 O console Resource Monitor.

Na guia Overview do Recource Monitor, há quatro gráficos de linhas exibidos em tempo real que mostram informações sobre os quatro principais componentes de hardware do servidor: CPU, disco, rede e memória. Cada um dos quatro componentes também tem uma seção expansível separada exibindo informações mais detalhadas em forma de texto, como sobre os recursos que estão sendo utilizados por aplicativos e processos individuais.

As estatísticas exibidas pelos gráficos e pelas seções de texto estão listadas na Tabela 6-1.

TABELA 6-1 Estatísticas de gráfico de linhas e de texto do Resource Monitor

Componente	Estatísticas de gráfico de linhas	Estatísticas de texto
CPU	Utilização geral da CPU (%)	■ **Image** Aplicativo que está usando recursos da CPU ■ **PID** ID de processo do aplicativo ■ **Status** Especifica se o aplicativo está sendo executado atualmente ou está suspenso ■ **Threads** O número de threads ativos gerado pelo aplicativo ■ **CPU** O número de ciclos de CPU sendo usados atualmente pelo aplicativo ■ **Average CPU** A porcentagem da capacidade total da CPU que está sendo usada pelo aplicativo

(continua)

TABELA 6-1 Estatísticas de gráfico de linhas e de texto do Resource Monitor (*continuação*)

Componente	Estatísticas de gráfico de linhas	Estatísticas de texto
Disco	Taxa de I/O de disco atual total (em KB/seg)	- **Image** Aplicativo que está usando recursos do disco - **PID** ID de processo do aplicativo - **File** O arquivo sendo lido ou gravado atualmente pelo aplicativo - **Read** A velocidade da operação de leitura atual (em bytes/seg) - **Write** A velocidade da operação de gravação atual (em bytes/seg) - **Total** A velocidade das operações combinadas de leitura/gravação atuais (em bytes/seg) - **I/O Priority** A prioridade da tarefa de I/O sendo executada atualmente pelo aplicativo - **Response Time** O intervalo entre a emissão de um comando para o disco e sua resposta (em milissegundos)
Rede	Tráfego de rede atual total (em Kb/seg)	- **Image** Aplicativo que está usando recursos de rede - **PID** ID de processo do aplicativo - **Address** O endereço de rede ou nome de computador do sistema com o qual o computador está se comunicando - **Send** A velocidade da operação atual de envio pela rede (em bytes/seg) - **Receive** A velocidade da operação atual de recebimento pela rede (em bytes/seg) - **Total** A largura de banda combinada dos processos atuais de envio e recebimento pela rede (em bytes/seg)
Memória	Falhas de hardware atuais por segundo Porcentagem de memória física atualmente em uso (%)	- **Image** Aplicativo que está usando recursos de memória - **PID** ID de processo do aplicativo - **Hard Faults/Sec** O número de falhas de hardware sendo geradas atualmente pelo aplicativo - **Commit** A quantidade de memória (em KB) comprometida pelo aplicativo - **Working Set** A quantidade de memória física (em KB) sendo usada atualmente pelo aplicativo - **Shareable** A quantidade de memória (em KB) sendo usada pelo aplicativo que ele pode compartilhar com outros aplicativos - **Private** A quantidade de memória (em KB) sendo usada pelo aplicativo que ele não pode compartilhar com outros aplicativos

Verificar os recursos utilizados por aplicativos e processos específicos com o passar do tempo pode ajudá-lo a determinar maneiras de melhorar o desempenho de um computador. Por exemplo, se toda a memória física estiver sendo utilizada com frequência, o sistema pode ficar lento devido a grandes quantidades de paginação de disco. O aumento da quantidade de memória física ou a redução da carga do aplicativo deve melhorar o nível de desempenho geral do computador.

Resumo do capítulo

- O Windows Server Update Services (WSUS) é um recurso incluído no Windows Server 2016 que permite que um servidor local da rede funcione como back end do cliente do Windows Update, como o fazem os servidores do Microsoft Update na Internet.
- Se você usar vários servidores WSUS em sua rede empresarial, poderá criar uma arquitetura especificando o servidor upstream a partir do qual cada servidor deve obter suas atualizações.
- Em uma configuração de servidor WSUS de réplica, um servidor WSUS central baixa atualizações a partir do site do Microsoft Update na Internet e os servidores WSUS de outros locais obtêm as atualizações aprovadas a partir desse primeiro servidor.
- Os servidores WSUS autônomos baixam todas as atualizações disponíveis a partir do servidor central e os administradores de cada local são responsáveis por avaliar e aprovar atualizações para seus próprios usuários.
- O processo pelo qual o WSUS baixa atualizações a partir de um servidor upstream se chama sincronização.
- Para ter controle sobre que clientes do Windows Update da rede receberão atualizações específicas, o WSUS usa um sistema de grupos.
- O Windows Defender é uma solução antimalware que é instalada e ativada automaticamente em todos os servidores que estejam executando o Windows Server 2016.
- Para o Windows Defender permanecer eficaz, atualizações devem ser aplicadas regularmente às suas definições de antispyware e antivírus.
- No Backup do Windows Server, os jobs de backup individuais fornecem mais flexibilidade do que os agendados, com a óbvia desvantagem de que é preciso haver alguém para criar e iniciar o job.
- Quando você criar um job de backup agendado, as opções serão um pouco diferentes das do job único interativo.
- Quando você executar um backup agendado de um controlador de domínio do Active Directory, ou executar um backup individual com a caixa de seleção System State marcada, o Backup do Windows Server incluirá o banco de dados do Active Directory como parte do job.
- O Backup do Windows Server pode fazer o backup de hosts Hyper-V e também das máquinas virtuais convidadas.
- O Monitor de Desempenho é uma ferramenta que exibe estatísticas de desempenho do sistema em tempo real. Ele pode exibir centenas de estatísticas diferentes, chamadas de contadores de desempenho. Você pode criar um gráfico personalizado contendo as estatísticas que quiser.
- Um gargalo é um componente que não está fornecendo um nível de desempenho aceitável em comparação com os outros componentes do sistema.
- O console Resource Monitor contém quatro gráficos de linhas exibidos em tempo real que mostram informações sobre os quatro principais componentes de hardware do servidor.

Teste de raciocínio

Nesse teste de raciocínio, você demonstrará suas habilidades e conhecimentos referentes aos tópicos deste capítulo. As respostas podem ser encontradas na próxima seção.

Norton, um administrador da Adatum, Ltd., recebeu a tarefa de implantar novos servidores em toda a empresa. Os computadores executarão o Windows Server 2016 e Norton está no processo de criar um plano de longo prazo para substituir os servidores nos cinco escritórios. Ele deseja instalar o Windows Server Update Services em um dos servidores de cada filial, para que os clientes possam baixar atualizações a partir de uma fonte segura, mas está tendo alguns problemas administrativos.

A filial canadense, em Winnipeg, opera com outro nome e tem sua própria equipe de TI. No entanto, sua conexão de Internet é consideravelmente mais cara do que as das filiais dos Estados Unidos e é cobrada de acordo com a largura de banda usada. As filiais de Minneapolis e Detroit têm conexões de alta velocidade com o escritório central da empresa em Chicago, mas não têm seus próprios administradores de TI. A recém-criada filial de St. Louis é pequena, com apenas dois parceiros de vendas. Ela tem uma conexão de Internet de alta velocidade, mas usa uma VPN para se conectar com a rede do escritório central.

Como Norton deve configurar a arquitetura WSUS para o escritório central e as quatro filiais?

Resposta do teste de raciocínio

Esta seção contém a solução do teste de raciocínio.

O servidor WSUS do escritório de Chicago deve ser configurado como servidor central e obter suas atualizações nos servidores do Microsoft Update na Internet. O servidor da filial de Winnipeg deve baixar atualizações do servidor de Chicago, mas os administradores devem avaliar e aprovar eles próprios as atualizações. Os servidores WSUS das filiais de Minneapolis e Detroit devem ser réplicas do servidor de Chicago. O servidor da filial de St. Louis precisa ter o servidor de Chicago como seu servidor upstream, mas a opção Do Not Store Update Files Locally; Computers Install From Microsoft Update da caixa de diálogo Update Files and Languages deve ser selecionada, para que o servidor baixe a lista de aprovação de Chicago e as atualizações reais venham dos servidores do Microsoft Update na Internet.

Índice

A

ACEs. *Consulte* Entradas de Controle de Acesso (ACEs); *veja também* entradas de controle de acesso (ACEs)
ACLL. *Consulte* Attempt Copy Last Logs
ACLs. *Consulte* listas de controle de acesso (ACLs)
acordos de Licenciamento de Volume MAK 37–39
Active Directory
  backup 416–417
Active Directory Domain Services (AD DS) 334–335
adaptador de barramento de host (HBA) 133–134
adaptador de rede convergida (CNA) 142–143
adaptadores de rede 244–246
  ativando o RMDA em 252–254
  legados 247–248
  NIC teaming 248–251
  sintéticos 245–248
  virtuais 250–251, 282
adaptadores de rede sintéticos 245–248
adaptadores de rede virtuais 282
adaptadores emulados 247–248
adatadores de rede legados 247–248
Add Roles And Features Wizard 14–19
administradores locais do Hyper-V 174
afinidade de failover 363–364
alertas de contador de desempenho 433–435
alta disponibilidade 294–382
  balanceamento de carga de rede 371–381
  cluster de failover 308–348, 355–365
  migração ao vivo 300–306, 365–367
  migração de armazenamento 306–308
  movimentação de VMs em nós clusterizados 365–372
  no Hyper-V 294–307
  Storage Spaces Direct (S2D) 349–355
ambientes de sistema operacional (OSEs) 8–9
armazenamento conectado à rede (NAS) 123–124
armazenamento de blocos 158–159
armazenamento de dados. *Consulte também* arquiteturas de armazenamento; requisitos de armazenamento
armazenamento em camadas 131–133

arquivos blob 46–49
arquivos de configuração de máquina virtual (.vmc) 181–182
arquivos de estado salvo (.vsv) 181–182
arquivos de gabinete (CAB) 50, 75–76
arquivos de imagem
  adicionando atualizações a 75–77
  adicionando drivers a 74–76
  atualizando 72–77
  confirmando 75–76
  contêiner 260–261, 289–292
  desmontando 75–76
  gerenciando, usando o Windows PowerShell 77–80
  instalando funções e recursos offline 76–79
  montando 73–74
  para implantação 59–81
  removendo 272–274
arquivos de log. *Consulte* arquivos de log de transacões
arquivos do Windows Update Stand-Alone Installer (MSU) 75–76
arquivos Management Object Format (MOF) 29–30
arquivos MOF. *Consulte* arquivos Management Object Format (MOF)
arquivos MSU 75–76
arquivos VHD Set 348
arquivos VHDX 181–182
  compartilhados 346–348
  criação de 89–93
    com o Windows PowerShell 92–93
    usando o Disk Management 89–92
  criando
    compartilhados 219–221
    usando o Hyper-V Manager 212–219
  montando 92–95
ativação baseada no Active Directory 41–43
Atualização com Suporte a Cluster (CAU) 325–330
atualizações
  gerenciamento de patches 396–400
  Windows Server Update Services 384–400
Automatic Virtual Machine Activation (AVMA) 43–44

autorização 113–114
avaliação do uso de recursos 192–195
AVMA. *Consulte* Automatic Virtual Machine Activation
Azure
　gerenciando imagens de contêiner usando 291–292
Azure Access Panel. *Consulte* Access Panel

B

Backup do Windows Server 321–323, 405–416, 419–420
backups
　Active Directory 416–417
　agendados 410–412
　antes do upgrade 32–33
　Backup do Windows Server 405–416
　clusters de failover e 321–324
　criação de job único 406–410
　desduplicação de dados e 163
　espelhados 411
　estratégias para 416–421
　Hyper-V 419–421
　IIS 419–421
　incrementais 412–413
　objetos de política de grupo 418–419
　restaurações a partir de 413–416
balanceamento de carga de rede (NLB) 371–381
　configuração de afinidade 377–379
　configuração do modo de operação do cluster 380–381
　instalação de nó 373–378
　pré-requisitos 371–374
　regras de porta 378–380
　upgrades de cluster 380–381
bancos de dados. *Consulte* bancos de dados de caixa de correio
barramento de armazenamento de software 349–350
Basic Input/Output System (BIOS) 88
bit Willing do DCBX 142–143
blocos 159–160

C

caixa de diálogo File Sharing 97
caminhos ponderados 149
cargas de trabalho
　considerações de virtualização para 71–72
carregador de inicialização GRUB 201–202
chaves de ativação múltipla (MAKs) 37–39

chaves genéricas de licenciamento de volume (GVLKs) 41
Chkdsk.exe 96
churn 158–159, 162
ciclos de CPU 286–288
classes de tráfego 144
clientes Server Message Blocks (SMB)
　definições de configuração 111–113
clusters de domínio único 311–314
clusters de failover 154, 219–220, 301, 308–348
　arquivos VHDX compartilhados 346–348
　Atualização com Suporte a Cluster 325–330
　cluster convidado 338–340, 346–348
　configuração de armazenamento 323–326
　configuração de cluster 321–324
　configurações específicas de função 355–358
　configurando sem nomes de rede 334–335
　de grupo de trabalho, de domínio único e multidomínios 311–314
　equidade de nós 363–365
　Espaços de Armazenamento Clusterizados 339–343
　estendidos 362–364
　gerenciando 355–365
　monitorando VMs em 357–360
　quórum 314–319
　reconhecimento de sites 362–364
　rede de cluster 318–321
　resiliência da VM e 345–347
　Scale-out File Server 334–339
　testemunhas de nuvem 342–346
　Upgrade do Sistema Operacional Sem Interrupção do Cluster 329–331
　volumes de cluster compartilhados 330–334, 338–339
clusters de failover com reconhecimento de sites 362–364
clusters de grupo de trabalho 311–314
clusters desconectados do Active Directory 334–335
clusters estendidos 150–156, 342–343, 362–364
clusters multidomínios 311–314
cmdlet Add-ClusterSharedVolume 154
cmdlet Add-ClusterVirtualMachineRole 301
cmdlet Add-ClusterVMMonitoredItem 358–359
cmdlet Add-Computer 23–24
cmdlet Add-ContainerImageTag 271–272
cmdlet Add-VMNetworkAdapter 236
cmdlet Attach-Container 278–279
cmdlet Block-SmbShareAccess 109–110
cmdlet Close-SmbOpenFile 108–109

Índice **441**

cmdlet Close-SmbSession 107–108
cmdlet Compare-VM 211
cmdlet ConvertTo-ContainerImage 278–279
cmdlet Convert-VHD 227
cmdlet Copy-Item 179–180
cmdlet Dismount-VHD 94
cmdlet Edit-NanoServerImage 50–53, 78–79
cmdlet Enable-DedupVolume 158–159
cmdlet Enter-ContainerSession 278–279
cmdlet Enter-PsSession 25, 57–58
cmdlet Exit-PSSession 176–177
cmdlet Exit-PsSession 25, 58–59
cmdlet Export-SmigServerSetting 35–36
cmdlet Export-VM 209
cmdlet Format-List 162
cmdlet Get-Command 24–25
cmdlet Get-ComputerInfo 273–274
cmdlet Get-Container 278–279
cmdlet Get-DedupStatus 162
cmdlet Get-help 24–25
cmdlet Get-NetAdapter 22–23
cmdlet Get-NetAdapterVmqQueue 251–253
cmdlet Get-SmbClientConfiguration 111–113
cmdlet Get-SmbOpenFile 108–109
cmdlet Get-SmbServerConfiguration 109–111
cmdlet Get-SmbSession 107–108
cmdlet Get-SmbShareAccess 108–109
cmdlet Get-SmigServerFeature 35–36
cmdlet Get-SRGroup 155
cmdlet Get-VM 176–177
cmdlet Get-VM PowerShell 207
cmdlet Get-VMHostSupportedVersion 208–209
cmdlet Get-WindowsFeature 19
cmdlet Grant-SmbShareAccess 109–110
cmdlet Grant-SRAccess 154
cmdlet Import-SmigServerSetting 35–36
cmdlet Import-VM 210–211
cmdlet Install-WindowsFeature 19, 171, 373–374
cmdlet Install-WindowsFeature do PowerShell 223–224
cmdlet Invoke-Command 179–180
cmdlet Measure-VM 193–194, 233–234
cmdlet Merge-VHD 227
cmdlet Mount-DiskImage 94
cmdlet Mount-VHD 94
cmdlet New-Cluster 334–335
cmdlet New-Container 274–275, 278–279
cmdlet New-NanoServerImage 46–54, 263–264
cmdlet New-NetIpAddress 22–24
cmdlet New-NetQosPolicy 144
cmdlet New-NetQosTrafficClass 144

cmdlet New-PSSession 176–177, 179–180
cmdlet New-PsSession 24–25, 56–57
cmdlet New-SmbShare 106–108, 338
cmdlet New-SRPartnership 152
cmdlet New-VHD 92, 218, 221–222
cmdlet New-VM 49, 183–184
cmdlet New-VM do PowerShell 196–197
cmdlet Optimize-VHD 227
cmdlet Receive-SmigServerData 35–36
cmdlet Remove-Container 279–280
cmdlet Remove-ContainerImage 272–273
cmdlet Remove-SmbShare 108–109
cmdlet Reset-VMResourceMetering 194–195
cmdlet Resize-VHD 227
cmdlet Revoke-SmbShareAccess 109–110
cmdlet Send-SmigServerData 35–36
cmdlet Set-Disk 225–226
cmdlet Set-DnsClientServerAddress 23–24
cmdlet Set-FileStorageTier 133
cmdlet Set-Item 57–58
cmdlet Set-NetAdapterVmq do PowerShell 252–253
cmdlet Set-NetQoSbcdxSetting 142–143
cmdlet Set-SmbPathAcl 338
cmdlet Set-SmbServerConfiguration 109–112
cmdlet Set-SRPartnership 156
cmdlet Set-VM 230
cmdlet Set-VMFirmware 207
cmdlet Set-VMMemory 184–185
cmdlet Set-VMNetworkAdapter 255
cmdlet Set-VmReplicationServer 296–297
cmdlet Start-DscConfiguration 29–30
cmdlet Suspend-ClusterNode 370–371
cmdlet Test-SRTopology 153–154
cmdlet Unblock-SmbShareAccess 109–110
cmdlet Update-VMVersion 208–209
CNA. *Consulte* adaptador de rede convergida (CNA)
coleta de lixo 158–159
comando /disable-feature 77–78
comando /enable-feature 77–79
comando Wbadmin 322–324
compactação de arquivos 96
compartilhamentos
  avançados 103–
  configuração
    usando o Windows PowerShell 106–109
  configuração, usando o Server Manager 97–107
  continuamente disponíveis 356–358
  gerenciamento de sessões 107–109
  NFS 98

criação de 102–104
  permissões 98, 104–110, 112–114
  removendo 108–109
  SMB 98
    criação de 98–102
compartilhamentos de pastas. *Consulte* compartilhamentos
compartilhamentos do Network File System (NFS) 98
  criação de 102–104
compartilhamentos Server Message Blocks (SMB) 98
    configuração de 106–109
    criação de 98–102
conectores. *Consulte também* conectores de recebimento; conectores de envio
configurações de BIOS 10–11
configurações de cluster para cluster 150, 152–156
configurações de failover 360–362
configurações de servidor para servidor 149–150, 152–156
configurações máximas de hardware 7–8
conjuntos de coletores de dados 426–429
conjuntos de unidades de disco 133–134
conjuntos just-a-bunch-of-disks (JBOD) 123–124
console Disk Management 86, 139–140
    criando arquivos VHD ou VHDX usando 89–92
    montando arquivos VHD e VHDX com 92–94
contadores de CPU 429–431
contadores de disco 431–433
contadores de memória 430–432
contadores de rede 432–434
contêineres. *Consulte* contêineres Linux; contêineres Windows
contêineres Linux
  gerenciando
    usando o daemon Docker 276–278
    usando o PowerShell 278–280
contêineres Windows 259–293
  arquitetura 261–262
  cenários de uso para 259–261
  ciclos de CPU 286–288
  conectando 278–279
  criando 273–276
  criando imagens 278–279, 287–289
  desinstalando a imagem do sistema operacional 272–274
  Docker e 265–270
  gerenciando
    com o DockerHub 289–292

    controle de recursos 285–288
    rede 279–284
    usando o daemon Docker 276–278
    usando o Microsoft Azure 291–292
    usando o PowerShell 278–280
    volumes de dados 284–286
  Hyper-V 260–264, 274–276
  imagens 260–261
  implantação de 259–276
  iniciando e encerrando 277–279
  instalação
    host do contêiner 261–263
    requisitos 259–261
    sistema operacional base 270–272
  listando 277–279
  marcação de imagens 271–273
  Nano Server como host do contêiner 263–265
  nomes de contêiner 285–286
  PowerShell e 269–271
  removendo 278–280
  restrições de memória 286–287
  Server Core e 263–264
  virtualizando 262–264
  Windows Server 260–261, 263–265, 273–275
controladores SCSI (Small Computer Systems Interface) 212–214
convergência 372–373
conversão de endereços de rede (NAT) 268–269, 283
cópias de sombra de volume 96
cotas 96
Create New Data Collector Set Wizard 433–435
Credential Security Support Provider (CredSSP) 304–306
CSV. *Consulte* volume de cluster compartilhado (CSV)

D

DAC. *Consulte* Datacenter Activation Coordination
daemon.json 268–270
DAGs. *Consulte* Database Availability Groups
DAS. *Consulte* Direct-Attached Storage
Data Deduplication Savings Evaluation Tool 160–161
Data Protection Manager (DPM) 163
datacenter bridging (DCB) 141–145
DCB. *Consulte* datacenter bridging (DCB)
DDA. *Consulte* Discrete Device Assignment (DDA)
Ddpeval.exe 160–161
densidade mínima da fila dinâmica 149

Índice **443**

Deployment Image Servicing and Management (DISM.exe) 172
  adicionando drivers a arquivos de imagem usando 74–76
  atualizando imagens com 72–74
  comando /disable-feature 77–78
  comando /enable-feature 77–79
  desmontando imagem com 75–76
  equivalentes do Windows PowerShell 78–81
  instalando funções e recursos em imagens offline com 76–79
desduplicação. *Consulte* desduplicação de dados
desduplicação de dados 156–163
  avaliação da carga de trabalho 159–161
  cenários de uso para 158–161
  configuração de 156–159
  monitoramento 160–162
  solução de backup e restauração com 163
  taxas de otimização 159–160
Desired State Configuration (DSC) 29–31
  criando scripts de configuração 29
  implantando configurações 29–31
Desktop Experience 6
desotimização 159–160
Device Specific Module (DSM) 144–145
  políticas 149
DFS. *Consulte* Distributed File Share
discos
  adicionando a CSVs 333–334
  de diferenciação 220–222
  físicos 125, 223–226
  inicializando novos 86–87
  MBR 86–87
  opções de layout de armazenamento 125–131
  pass-through 211, 223–226
  seleção de estilo de partição 88–89
  tabela de partição GUID 86–90
  virtuais. *Consulte* discos virtuais
discos de diferenciação 220–222
discos de tabela de partição GUID (GPT)
  comparado com o MBR 88–89
  configuração de 86–90
  inicializando a partir de 88–90
  vantagens de 88
discos físicos 223–226
  adicionando 125
discos pass-through 211, 223–226
discos rígidos. *Consulte* discos
discos rígidos virtuais (VHDs) 46, 61, 181–182
  adicionando a máquinas virtuais 218–219
  criação de 89–93

com o Windows PowerShell 92–93
usando o Disk Management 89–92
criando
  com VMs 213–215
  no PowerShell 218
  usando o Hyper-V Manager 212–219
formatos 213–214
gerenciando, usando o Windows PowerShell 77–80
modificando 221–224
montando 92–95, 222–224
redimensionando 225–227
discos virtuais
  criando 123–128, 132
Discrete Device Assignment (DDA) 211–212
DISM.exe. *Consulte* Deployment Image Servicing and Management
dispositivos
  detectando 147–148
Distributed Component Object Model (DCOM) 28
Docker
  comando Attach 278
  comando Build 288–289
  comando Commit 278
  comando Images 272–273
  comando Network Create 283–284
  comando Pull 270–271
  comando Push 290–291
  comando RM 278
  comando Run 273–276, 283–287
  comando Start 277
  comando Stop 277
  gerenciando contêineres com 276–278
  instalação
    no Nano Server 266–268
    no Windows Server 265–266
  opções de inicialização 268–270
  PowerShell e 269–271
Docker.exe 265–266
Dockerd.exe 265–266, 268–269
dockerfile 287–289
DockerHub 270–271, 289–292
Domain Name System (DNS) 41
domínios
  associando-se, com o Nano Server 46–49
driver balão 187–188
drivers
  adicionando a arquivos de imagem 74–76
DSC. *Consulte* Desired State Configuration (DSC)
Dynamic Host Configuration Protocol (DHCP) 52–53

E

edição Datacenter 7–9, 43
edição Essentials 8–10
edição Hyper-V Server 8–9
edição Multipoint 8–9
edição Standard 8–9
edição Storage Server 8–9
EFS. *Consulte* Encrypting File System
Encrypting File System (EFS) 96
endereço de hardware 242–245
endereço Media Access Control (MAC)
 configuração de 242–245
endereços de servidor DNS 269–270
endereços IP
 configuração
  Nano Server 52–55
entidade de segurança 112–113
entradas de controle de acesso (ACEs) 112–113, 115–116
equidade de nós 363–365
Espaços de Armazenamento Clusterizados 339–343
ESRA. *Consulte* EdgeSync replication account (ESRA)
Ethernet 141–143
explicit remoting 175–176
Extended Page Tables (EPT) 262–263

F

failbacks 360–361
failovers 151
ferramenta Djoin.exe 48
ferramenta Netdom.exe 24–25
ferramenta Winrm.exe 57–58
Fiber Channel over Ethernet (FCoE) 141–142
Fibre Channel 133, 323–324
 adaptador 230–232
fila de máquina virtual (VMQ) 241–242, 250–253
File Server Resource Manager (FSRM) 103–104
Firewall do Windows 296–298
 configuração 55–57
fragmentação de disco 85
FreeBSD Integration Services (BIS) 62
FreeBSD Integration Services (FIS) 203–204
FSW. *Consulte* File Share Witness
função de cluster File Server 356–357
função de máquina virtual 356–357
funções
 implementação no Nano Server 50–52
 instalação 14–21
  em imagens offline 76–79
 instalação offline 223–224
 migração de 34–36

G

gargalos 429–430
gerenciamento de largura de banda 253–256
gerenciamento dinâmico de quórum 315
gerenciamento remoto
 configuração de 56–57
 do Nano Server 56–59
 Hyper-V 174–179
 Nano Server 264–265
 usando o PowerShell 24–25
 usando o Server Manager 25–27
 usando snap-ins do MMC 28–29
governança de recursos 259–261
GPT. *Consulte* discos de tabela de partição GUID (GPT)
grupos Administrators 268–269

H

hardware de rede 319
herança
 permissão 115–117
hipervisor 167–168
hot spares 130–131
hotfixes 75–77
hyperthreading 7–8
Hyper-V 166–258
 adaptador Fibre Channel 230–232
 alta disponibilidade em 294–307
 armazenamento 211–234
  arquivos VHDX 212–219
  arquivos VHDX compartilhados 219–221
  discos de diferenciação 220–222
  qualidade de serviço 232–234
  VHDs 212–219, 221–224
 avaliação do uso de recursos 192–195
 backup 419–421
 configuração de máquina virtual 181–212
 contêineres 260–264, 274–276
 convertendo a partir de versões anteriores 207–209
 convidados 166, 167
 Discrete Device Assignment 211–212
 funções de exportação e importação 208–211
 gerenciamento remoto 174–179
 hosts 166, 174–179
 instalação 166–173
  ferramentas de gerenciamento 172–173
  requisitos de hardware e compatibilidade 167–171
  usando o PowerShell 171
  usando o Server Manager 170–171

Integration Services 194–196, 203
limitações de hardware 168–170
modo de sessão avançado 198–201
Nano Server e 45
New Virtual Hard Disk Wizard 89–90
paginação inteligente 191–193
permissões 174
pontos de verificação 227–230
PowerShell Direct 179–180
rede 234–256
    adaptadores de rede sintéticos 245–248
    configuração de endereço MAC 242–245
    fila de máquina virtual 250–253
    gerenciamento de largura de banda 253–256
    isolamento da rede 244–246
    NIC teaming 248–251
    otimização de desempenho 241–243
    placas virtuais de interface de rede 234–236
    Switch Embedded Teaming 252–254
    switches virtuais 237–243, 245–246
sistemas operacionais convidados 202–207
upgrade a partir de versões existentes de 173
virtualização aninhada 180–181
VMs convidadas suportadas 62
Hyper-V Manager 172–173
    criação de máquina virtual em 182–184
    criando arquivos VHDs e VHDX usando 212–219
    criando discos rígidos virtuais em 215–217
    gerenciamento remoto usando 174–176
    importando VMs usando 209–210
    instalação de host do contêiner em 261–263
    tratamento de conflitos 211
Hyper-V Replica 295–300
Hyper-V Server 168–169

I

identificador globalmente exclusivo (GUID) 88
identificador organizacional exclusivo (OUI) 242–243
identificadores de segurança (SIDs) 113–114
implantação em nuvem 7–8
implantações do FreeBSD 62
implantações para Linux 62
implicit remoting 176–179
infraestrutura de armazenamento 152–153
inicialização
    Secure Boot 203–207
    tradicional 203–204
inicialização do sistema 203–204

initiators
    iSCSI 133–140
instalação
    MAP Toolkit 63–64
    Nano Server 46–50
    Server Core 20–23
    upgrades 30–35
    Windows Server 2016 5–22
        implantação em massa 14–15
        instalação limpa 9–13
        modelos de ativação 37–38
        partições 13–14
        recursos e funções 14–21
        requisitos 6–8
    Windows Server Migration Tools 35–37
instalações de servidor
    manutenção 383–421
        Backup do Windows Server 405–416
        estratégias de backup 416–421
        gerenciamento de patches 396–400
        Windows Defender 399–405
        Windows Server Update Services 384–400
    monitorando 420–437
        alertas de contador de desempenho 433–435
        usando o Monitor de Desempenho 420–434
        usando o Resource Monitor 435–437
Institute of Electrical and Electronics Engineers (IEEE) 142–143
Integration Services 194–196, 203
Internet Information Services (IIS)
    backup 419–421
Internet SCSI (iSCSI) 324–325
Internet Small Computer System Interface (iSCSI) 133–140
    criando targets 133–138
    initiators e targets 133–134
    usando initiators 138–140
Internet Storage Name Service (iSNS) 140–142
intervalo de validade de ativação 39–40
Inventory And Assessment Wizard 66–69
iSNS Protocol (iSNSP) 140–141
isolamento de espaço de nomes 259–260

K

Kerberos 304–306
Key Management Service (KMS) 38–41
    configuração de cliente 41
    instalação de host 39–41
    limitações 38–40
KMS. *Consulte* Key Management Service

L

LANs virtuais (VLANs) 245–246
layout de armazenamento de espelhamento 128
layout de armazenamento de paridade 128–129
layout de armazenamento simples 128
Lightweight Directory Access Protocol (LDAP) 67–68
limite de ativação 39–40
limpeza de integridade 158–160
Linux
   máquinas virtuais 200–202
   Secure Boot e 204–207
Linux Integration Services (LIS) 62, 203–204
listas de controle de acesso (ACLs) 112–113
listas de controle de acesso discricionário (DACLs) 95
Local Configuration Manager (LCM) 29
Lync Online. *Consulte* Skype for Business

M

MAP Toolkit. *Consulte* Microsoft Assessment and Planning (MAP) Toolkit
mapeamento de porta 283
MapSetup.exe 63–66
máquinas virtuais (VMs) 167
   adicionando discos virtuais a 218–219
   adicionando ou removendo memória 184–185
   armazenamento 211–234
   Automatic Virtual Machine Activation 43–44
   configuração
      avaliação do uso de recursos 192–195
      definições 183–185
      FreeBSD 201–202
      Integration Services 194–196
      Linux 201–202
      memória dinâmica 185–188
      paginação inteligente 191–193
      usando o PowerShell Direct 179–180
   configuração de 298–300
   configuração de drenagem no desligamento 370–372
   containeres com 262–264
   convertendo gerações 198–199
   criando 49–50, 181–184, 200–202
   delegando o gerenciamento de 174
   exportando e importando 208–211
   FreeBSD 200–202
   Geração 1 196–197, 212–213
   Geração 2 196–199, 203–204, 213–214
   implantação do FreeBDS 62
   implantação do Linux 62
   importação, exportação e cópia de 368–370
   instalação
      sistema operacional convidado 202
   Linux 200–202
   migração ao vivo de 300–306, 365–367
   migração de armazenamento 306–308, 367–369
   migração rápida 367–368
   modo de sessão avançado 198–201
   monitorando 357–360
   movimentação de, em nós clusterizados 365–372
   movimentação entre hosts 294–307
   Nano Server para 45, 49–50
   proteção de integridade de rede 369–371
   protegidas 197–198
   resiliência 345–347
   upgrade para o Hyper-V do Windows Server 2016 207–209
   vantagens de 59–61
máquinas virtuais FreeBSD 200–202
máquinas virtuais protegidas 197–198
MBR. *Consulte* registro mestre de inicialização (MBR)
memória
   adicionando ou removendo, em VM 184–186
   contêineres 286–287
   dinâmica 185–188
   local 188–189
   Non-Uniform Memory Access 188–192
   remota 188–189
   virtual 259
memória dinâmica
   alocações 187–188
   configuração 185–188
   definições 185–188
   limitações 186–187
memória local 188–189
memória remota 188–189
memória virtual 259
Microsoft Assessment and Planning (MAP) Toolkit 62–71
   avaliação de resultados 70–71
   conjunto de informações de inventário 65–70
   funções de 63
   instalação 63–66
   métodos de descoberta 67–68
Microsoft Azure. *Consulte* Azure
Microsoft Azure Active Directory.
migração ao vivo
   de VM 365–367
   em cluster 301
   implementando 300–305

protocolo de autenticação CredSSP ou Kerberos para 304–306
sem compartilhamento 303–305
sem um cluster 301–304
migração ao vivo sem compartilhamento 303–305
migração de armazenamento 306–308, 367–369
migração P2V 61
migração rápida 367–368
migrações. *Consulte também* migração ao vivo
   funções 34–36
   guias de migração 36–38
   máquinas virtuais 365–369
   migração de armazenamento 306–308, 367–369
   migração rápida 367–368
   P2V 61
   servidores 34–38
modelos de ativação 37–38–44
   Automatic Virtual Machine Activation 43–44
   baseados no Active-Directory 41–43
   chaves de ativação múltipla 37–39
   Key Management Service 38–41
modo de sessão avançado 198–201
Monitor de Desempenho
   conjuntos de coletores de dados 426–429
   contadores de CPU 429–431
   contadores de disco 431–433
   contadores de memória 430–432
   contadores de rede 432–434
   gargalos e 429–430
   monitorando cargas de trabalho usando 420–426
monitor de máquina virtual (VMM) 167
monitoramento da carga de trabalho 420–426, 435–437
montando
   discos rígidos virtuais 92–95, 222–224
montando imagens
   imagens 73–74
Multipath I/O (MPIO) 144–149
multiprocessamento simétrico (SMP) 188–189

N

N_Port ID Virtualization (NPIV) 231
Nano Server 6–8, 44–59
   associando a um domínio 46–49
   cenários de uso e requisitos de 45–46
   como host do contêiner 263–265
   configuração 51–57
      endereço IP 52–55
      regras de firewall 55–57
   criação de imagem 46–47

   criação de máquina virtual 49–50
   desvantagens de 46
   gerenciamento remoto 264–265
   gerenciamento remoto de 56–59
   gerenciando, usando o Windows PowerShell 77–80
   implementação de funções e recursos em 50–52
   instalação 46–50
   instalação do Docker em 266–268
   recursos de 44, 45
   tela de autenticação 51–52
Nano Server Recovery Console 51–56
NAS. *Consulte* armazenamento conectado à rede (NAS)
NAT. *Consulte* conversão de endereços de rede (NAT)
New Virtual Hard Disk Wizard 89–90
NIC teaming 248–251
NLB. *Consulte* balanceamento de carga de rede (NLB)
Non-Uniform Memory Access (NUMA) 188–192
   expansão por nós 188–190
   nós 188–189
   taxa 188–189
   topologia 189–192
nós 308, 371–372
número de unidade lógica (LUN) 133–134

O

objeto de nome de cluster (CNO) 310, 334–335
Objetos de política de grupo (GPOs) 396–398, 403–404
   backup 418–419

P

pacotes
   Nano Server 50–51
página Windows Setup 10–11
paginação inteligente 191–193
partição de inicialização baseada no Extensible Firmware Interface (EFI) 88–89
partições 13–14, 168
partições de disco 13–14
partições filho 168
partições pai 168
pastas de servidor
   compartilhando 97–110
patches 75–77
patches de software 396–400
Performance Metrics Wizard 70

permissões
    atribuindo 117–122
    avançadas 114–116, 120–122
    básicas 114–115, 117–121
    compartilhamento 98, 104–110, 112–114
    concedendo 115–117
    configuração 112–123
    entendendo o acesso eficaz 116–118
    herança 115–117
    Hyper-V 174
    negando 115–117
    NTFS 112–115, 117–123
    posse de recursos e 122–123
permissões avançadas 114–116, 120–122
permissões básicas 114–115, 117–121
permissões de arquivo 112–123
permissões de pastas 112–123
permissões NTFS 112–115, 117–123
placas virtuais de interface de rede (vNICs) 234–236
Plug and Play (PnP) 147–148
política de failback 149
política de failover 149
política round-robin 149
políticas de qualidade de serviço (QoS) 144, 232–234
ponto de nova análise 158–159
pontos de acesso administrativos 334–335
pontos de verificação
    aplicando 228–229
    criando 227–228
    de produção 229–230
    gerenciando 227–229
    padrão 229
pontos de verificação de produção 229–230
pontos de verificação padrão 229
pools de armazenamento 123–125, 339–342
    expandindo 131
    hot spares 130–131
posse de arquivos 122–123
posse de pastas 122–123
posse de recursos 122–123
power-on self-test (POST) 203–204
PowerShell. *Consulte* Windows PowerShell
PowerShell Core 58–59
Preboot Execution Environment (PXE) 197–198, 248
Priority-based Flow Control (PFC) 144–145
proteção de integridade de rede 369–371
protocolo SMB 3.0 356–357
protocolos de autenticação para a migração ao vivo 304–306

provisionamento thin 126
Pull Server 29–31

Q

quórum 314–319
    gerenciamento dinâmico de quórum 315
    modificando a configuração de 315–318
    testemunhas 314–315, 317–319
    votando 318–319

R

recurso Preboot Execution Environment (PXE) 14–15
recursos
    implementação no Nano Server 50–52
    instalação de 17–19
        em imagens offline 76–79
    instalação offline 223–224
rede
    cluster 318–321
    contêiner 279–284
    Hyper-V 234–256
        adaptadores de rede sintéticos 245–248
        configuração de endereço MAC 242–245
        fila de máquina virtual 250–253
        gerenciamento de largura de banda 253–256
        isolamento da rede 244–246
        NIC teaming 248–251
        otimização de desempenho 241–243
        placas virtuais de interface de rede 234–236
        Switch Embedded Teaming 252–254
        switches virtuais 237–243, 245–246
    redes transparentes 283–284
    S2D 349–351
rede de área de armazenamento (SAN) 123–124, 133, 141–142
rede local (LAN) 141–142
redes convergidas 142–143
redes de área de armazenamento (SANs) 230
redes privadas 242–243
redes transparentes 283–284
redundância 128, 144–145
ReFS (Resilient File System) 95–97
registro mestre de inicialização (MBR) 86–89
Remote Direct Memory Access (RDMA) 252–254
Remote Server Administration Tools 174
replicação
    assíncrona 149
    DFS 151
    Hyper-V Replica 295–300

síncrona 149
  Storage Replica 149–156
replicação assíncrona 149
replicação de dados 149–156
replicação do Distributed File System (DFS) 151
replicação síncrona 149
requisitos de hardware 7–8
Resource Monitor 435–437
restaurações
  a partir de backups 413–416
  desduplicação de dados e 163
round robin DNS 372–373

S

SAN. *Consulte* rede de área de armazenamento (SAN)
Scale-out File Server (SoFS) 334–339
SCCM. *Consulte* System Center Configuration Manager
Secure Boot 203–207
Serial Attached SCSI (SAS) 324–325
Server Core 6–8, 44
  configuração 22–24
  contêineres Windows e 263–264
  gerenciamento de 24–28
    usando o Windows PowerShell 77–80
  Hyper-V Server e 168–169
  instalação 20–23
Server Manager
  configuração de compartilhamento usando 97–107
  configuração de desduplicação usando 156–158
  gerenciando o Server Core usando 25–27
  instalação do Hyper-V usando 170–171
  instalando funções usando 14–19
Server Virtualization And Consolidation Wizard 70–71
serviço de função File Server 98
serviço de função Server for NFS 98–99
serviços baseados em nuvem 45
servidor Dynamic Host Configuration Protocol (DHCP) 14–15
servidor Server Message Blocks (SMB)
  definições de configuração 109–112
servidores. *Consulte também* Windows Server 2016
  adicionando, no Server Manager 25–27
  configuração de vários 17
  DHCP 14–15, 52–53
  implantação em massa 14–15
  migração de 34–38

réplica 295–298
selecionando, para virtualizar 60–61
SMB 109–112
tolerância a falhas 128–131
upgrades 30–35
servidores de replica 295–298
servidores físicos
  migração para virtuais 61
setores de disco
  configuração de tamanho 84–86
single-root I/O virtualization (SR-IOV) 241–242
sistema de arquivos NTFS 95–97
sistemas de arquivos
  NTFS 95–97
  ReFS 95–97
slack space 84, 85
Small Computer System Interface (SCSI) 324–325
SmbShare 106–113
snap-ins do Microsoft Management Console (MMC)
  usando remotamente 28–29
snapshots 227. *Consulte também* pontos de verificação
solução antimalware 399–405
soluções de armazenamento 83–165
  armazenamento em camadas 131–133
  arquivos VHDX compartilhados 346–348
  clusters 323–326
  configuração de compartilhamentos
    usando o Server Manager 97–107
    usando o Windows PowerShell 106–109
  configuração de permissões 112–123
  configuração de tamanho de setor 84–86
  datacenter bridging 141–144
  desduplicação de dados 156–163
  discos de tabela de partição GUID (GPT) 86–90
  discos rígidos virtuais
    criando 89–93
    montando 92–95
  discos virtuais 125–128
  Hyper-V 211–234
  Implementação de 123–156
  Internet Storage Name Service (iSNS) 140–142
  opções de layout de armazenamento 125–131
  pools de armazenamento 123–125
  qualidade de serviço para 232–234
  sistema de arquivos NTFS 95–97
  sistema de arquivos ReFS 95–97
  Storage Replica 149–156
  targets e initiators iSCSI 133–140
  tolerância a falhas e 128–131

Storage Replica (SR)
  cenários de uso para 149–151
  configuração de cluster 154
  entradas de log de eventos 155
  implementando 152–156, 342–343
  infraestrutura de armazenamento para 152–153
  parcerias de replicação 155–156
  topologia de teste 153–154
Storage Spaces 123–124
  armazenamento em camadas 131–133
  clusterizado 339–343
  expandindo pools de armazenamento 131
  tolerância a falhas em 128–131
Storage Spaces Direct (S2D) 349–355
  ativando, usando o PowerShell 350–352
  desagregado 351–354
  hiperconvergido 353–355
  rede 349–351
  requisitos de cenário para 349–351
  servidores 349
  unidades de disco 349–350
Storage Spaces Direct 197–198
Switch Embedded Teaming (SET) 252–254
switches de rede externos 237–240
switches de rede internos 239–240
switches de rede privados 239–240
switches virtuais 237–243, 245–246, 249–250
System Center Configuration Manager (SCCM) 67–68, 248
Systeminfo.exe 169–171

T

tamanho de unidade de alocação 84–86
tamanhos de setor 84–86
Targets
  iSCSI 133–138
tecnologia Single Instance Store (SIS) 158–159
tecnologias coletoras 66–67
testemunhas
  de nuvem 342–346
  de quórum 314–315, 317–319
testemunhas de nuvem 342–346
tolerância a falhas 128–131
tolerância a falhas baseada em sites 372–373
Traffic Control Protocol (TCP) 144

U

unidades de disco rígido (HDDs) 131
unidades de estado sólido (SSDs) 131–132

Unified Extensible Firmware Interface (UEFI) 88, 203–205
Universal Extensible Firmware Interface (UEFI) 197–198
Upgrade do Sistema Operacional Sem Interrupção do Cluster 329–331
upgrades
  caminhos 30–31
  Hyper-V 173
  in-place 30–35
  máquinas virtuais 207
  preparando-se para 31–33
  procedimento para 32–35
upgrades in-place 30–35
User Datagram Protocol (UDP) 144

V

VAMT. *Consulte* Volume Activation Management Tool
variável AVMAkey 44
VHD sets 220
Virtual Machine Connection (VMConnect) 198–199
virtualização 259. *Consulte também* Hyper-V
  aninhada 180–181
  arquiteturas 167–168
  avaliação da carga de trabalho 62–71
  configurações máximas de hardware e 7–8
  considerações de implantação 71–72
  contêineres Windows 262–264
  definindo o escopo de 60–61
  estratégia 7
  N_Port ID Virtualization (NPIV) 231
  planejando 59–61
  single-root I/O virtualization (SR-IOV) 241–242
  Tipo I 168
  Tipo II 167
  vantagens de 300
virtualização aninhada 180–181
virtualização Tipo I 168
virtualização Tipo II 167
Virtualization Service Client (VSC) 245–247
Virtualization Service Provider (VSP) 245–247
Virtualized Backup Server 163
VMs Geração 1 196–197, 212–213
VMs Geração 2 196–199, 203–204, 213–214
Volume Activation Management Tool (VAMT) 38–39
Volume Activation Tools Wizard 40–41, 43
volume de cluster compartilhado (CSV) 154
volume de disco
  tamanho de unidade de alocação 84–86

Volume Shadow Copy Service (VSS) 419–420
volumes de cluster compartilhados (CSVs) 330–334, 338–339
volumes de dados 284–286

W

WDS. *Consulte* Windows Deployment Services
Windows
  Secure Boot e 203–205
Windows Defender 399–405
  configuração de 399–403
  integração com o WSUS e o Windows Update 403–405
Windows Deployment Services (WDS) 14–15, 248
Windows PowerShell
  ativando o S2D usando 350–352
  configuração de compartilhamento usando SMB 106–109
  configuração de desduplicação em 158–159
  configuração do Windows Defender usando 401–403
  criação de arquivos VHD e VHDX em 92–93
  criação de VMs em 183–184
  criando discos virtuais em 218
  Desired State Configuration 29–31
  equivalentes a comandos DISM.exe 78–81
  exibindo cmdlets 24–25
  gerenciamento de contêineres usando 278–280
  gerenciamento remoto do Nano Server usando 56–59
  gerenciamento remoto usando 175–179
  gerenciando o Nano Server usando 78–81
  gerenciando o Server Core usando 24–25, 78–81
  importando VMs usando 210–211
  instalação do Hyper-V usando 171
  instalando funções usando 19–20
  montando arquivos VHD e VHDX em 94–95
  usando contêineres com 269–271

Windows PowerShell Direct
  configuração de VM usando 179–180
Windows Remote Management (WinRM) 24–25
  configuração 56–57
Windows Server 2012
  upgrade 30–31
Windows Server 2012 R2
  upgrade 30–31
Windows Server 2016
  edições 6–10
  gerenciamento de permissões 112–123
  imagens para implantação 59–75
  instalação 5–22
    implantação em massa 14–15
    limpa 9–13
    modelo de ativação para 37–44
    recursos e funções 14–21
    requisitos 6–8
  instalação do Docker em 265–266
  migrações 34–38
  trabalhando com partições em 13–14
  upgrades para 30–35
  virtualização
    planejando 59–61
Windows Server Migration Tools 34–37
Windows Server Update Services (WSUS) 384–396
  armazenamento 388–389
  arquiteturas 384–387
  banco de dados 387–388
  configuração de 390–394
  configuração de cliente 396–400
  grupos 394–396
  implantando 389
  integração com o Windows Defender 403–405
World Wide Node Names (WWNNs) 231
World Wide Port Names (WWPNs) 231
WSUS. *Consulte* Windows Server Update Services (WSUS)